지방자치론은 결국, 신용한입니다

신용한
지방자치론

오늘을 이겨내는
하루하루의 치열함이
합격을 가져다주는
유일한 길임을 믿습니다.

신용한 지방자치론

최근 10년
단원별
기출문제집

메가 공무원

PREFACE

▌ 들어가면서

안녕하세요.
대한민국 공무원 행정학·지방자치론 대표강사 신용한입니다.

신용한 지방자치론은 초판 발행 하루 만에 품절이 될 정도로 많은 사랑을 받았고, 이제 10년이라는 시간이 흘러 이제는 정말 많은 수험생들이 지방직 7급 합격을 위해 지방자치론 과목을 선택하는 것이 절대적으로 유리하다는 것을 알아차린 것 같습니다. '넓지 않은 출제 범위'와 '빠른 문제풀이 시간'으로 선택과목이 갖춰야 할 최적의 요건을 모두 갖추고 있다는 걸, 공부해보면 바로 알 수 있기 때문입니다.

수험기간 동안, 시험장에서, 그리고 합격 성적을 받았을 때!
매 순간 지방자치론을 선택하길 잘했다고 생각하게 될 것입니다.

▌ 책의 특징

① S~D까지 중요도 표시
각 포인트의 빈출도에 따라 S~D급으로 구분하였습니다. 물론 D급이라고 해서 중요하지 않은 것은 아닙니다. 다만 출제 빈도를 기준으로 구분한 것이니, 우선순위를 정해 효율적으로 활용하시기 바랍니다.

② 문제마다 난도 표시 & 회독수 체크박스
문제의 난도는 어려운 문제를 확인하는 것보다 꼭 맞춰야 할 문제가 어떤 것인지 확인하는 데 활용하면 좋습니다. 난도 표시가 '하'로 되어있는 경우 절대 틀리지 않아야 합니다. 어려운 문제를 맞히기보다 쉬운 문제를 틀리지 않는 것이 공무원 시험에서 중요합니다. 그리고 최소한 3번 이상 문제를 풀어볼 수 있도록 합니다. 문제 옆의 회독수 체크박스를 활용하면 더 효율적으로 학습할 수 있습니다.

③ 상세한 해설 및 관련 기본서 페이지 적시
이 책은 단순히 문제의 정답만을 해설하지 않았습니다. 정답뿐만 아니라 다른 지문의 자세한 해설로 주요 내용을 5회독 이상 하는 효과를 낼 수 있도록 구성하였습니다. 혹시, 해설만으로 충분히 이해가 되지 않는다면 기본서와 연계하여 학습할 수 있도록 각 문제와 관련된 이론이 담겨있는 기본서 페이지를 적시해 놓았습니다. 이를 통해 심화이론 학습이 필요한 수험생들은 스스로 체크할 수 있도록 하였습니다. 여러분의 이해를 돕는 데 큰 역할을 할 것으로 생각됩니다.

마치면서

저도 여러분처럼 수험생일 때가 있었습니다. 그래서 힘든 시간을 보내고 있을 여러분의 마음을 누구보다 충분히 헤아릴 수 있습니다. 하지만, 돌이켜보면 어렵고 힘들었던 그 시기가 제 삶에 큰 자산이 된 것 같습니다. 수험은 스스로와의 약속이자, 삶의 한 시점에서 선택한 도전입니다. 우리는 분명 수험의 길이 쉽지 않다는 사실을 알고 있습니다. 그럼에도 불구하고 스스로 선택하여 합격으로의 여정을 시작하였고, 자신의 모든 것을 다 걸고 성실성의 한계에 도전하고 있는 것입니다. 이 시기는 인생에 있어 결코 버리는 시간이 아닙니다. 내가 나를 이기고, 내가 나를 뛰어넘는 이 경험은 앞으로의 긴 인생에 자신감과 자부심을 가져다 줄 것입니다.

결연하게 자신만의 각오를 다지고, 계획대로 실천에 옮기면 이루지 못할 일이 있을까요? 성취의 과정이자 삶의 자산을 쌓아가는 이 시기에, 저의 노력이 고스란히 담긴 이 교재가 여러분의 소중한 동반자가 되기를 소망합니다.

감사의 말씀

이번에도 많은 분들의 도움으로 이 책을 완성할 수 있었습니다.

저의 까다로움을 좋은 수험서를 만들겠다는 열정으로 너그럽게 이해해 준 넥스트스터디 출판사업부 여러분 감사합니다. 그리고 교재의 완성도를 높이기 위해 최선을 다해주는 조무현 팀장, 박성준 과장 그리고 권기쁨 과장에게 깊은 감사의 마음을 전합니다.

마지막으로 성실과 정직이란 단어가 가지는 무게를 삶으로 보여주신 부모님, 어떤 선택에도 늘 신뢰와 지지를 보내주는 아내, 그리고 바라보기만 해도 행복을 주는 아들 현범, 딸 현아에게 사랑한다는 말을 전하고 싶습니다.

여러분에게 신뢰받는 선생님, 가족들에게 사랑받는 가장이 될 수 있기를 늘 소망하며, 열심히 노력하겠습니다.

2025년 2월
대방동 연구실에서
신용한 씀

지방자치론 출제 유형별 분석

TYPE 1 말 바꾸기 문제 유형

1 유형 특징 및 학습전략

행정학과 유사하게 지방자치론에서도 가장 많이 출제되는 유형이다. 핵심개념 부분을 정반대적 특징을 나타내는 단어로 바꾸어 틀린 문장이나 옳은 문장을 찾는 방식으로 출제된다.
출제가능성을 염두에 두고 습관적으로 체크해 나가는 것이 필요하다.

2 출제사례

> **예제 1** 주민참여의 주요 기능에 대한 설명으로 옳지 않은 것은? '11 지방 7 지방자치론
> ③ 행정과정 상의 효율성 증대와 행정책임의 명확화
>
> **해설** 문제처럼 '효율성 – 비효율성 / 명확화 – 불명확화'와 같이 반대되는 의미의 단어가 가능한 경우 유념해서 보아야 한다. 주민참여는 전문적 지식을 소유하지 못한 주민들이 참여하거나 이해관계가 첨예하게 되는 경우는 중요한 정책이나 사업의 흐름을 방해할 수 있다. 이러한 경우 행정과정 상의 비효율성을 야기할 수 있으며 행정책임을 묻는 경우 혼란을 초래할 수 있다.

3 출제 가능 영역

반대어나 모순어가 가능한 지문에서는 항상 유념해서 보아야 한다. 중앙집권과 지방분권의 측정지표, 자치구역과 행정구역의 조정절차, 우리나라 지방행정체제, 지방채, 우리나라 중앙통제 등에서 특히 다수 출제되었다.

TYPE 2 짝짓기 문제 유형

1 유형 특징 및 학습전략

지방자치론에서는 지방자치의 역사와 관련하여 '정권별 추진법률 및 추진기구 간 짝짓기', '지방자치단체의 사무 짝짓기' 등이 출제될 수 있다. 학습내용 중 「개념 – 내용 – 사례」 또는 「정권 – 법률 – 추진기구」 등으로 구성된 부분은 이러한 유형의 문제가 출제될 수 있음을 인식하고 대비해야 한다.

2 출제사례

> **예제 1** 지방자치 역사에 대한 설명으로 옳지 않은 것은? '11 지방 7 지방자치론
> ① 조선시대 – 향청제도 실시
> ② 제1공화국 – 지방자치법 제정 및 공포
> ③ 제2공화국 – 도의원 및 시·읍·면의원 선거 실시
> ④ 제3공화국 – 시·도지사 및 시·군·구청장 선거 실시
>
> **해설** 모두 지방자치법 조문의 내용이다. 그대로 법령을 출제하기 때문에 문제 출제 오류 가능성도 낮아 출제자들이 선호할 수밖에 없는 유형이다. ③번은 '~시·도의회와 시·군 및 자치구의회가 할 수 있다.'를 '~할 수 없다.'로 출제하였다.

3 출제 가능 영역

지방자치의 역사와 관련된 문제는 반드시 짝짓기로 출제될 수 있음을 특히 조심해야 한다. 최근에는 외국의 사례까지 문제의 폭을 넓혀 가고 있으므로 기본서의 지방자치 역사 파트는 우리나라 뿐 아니라 외국의 사례까지 익혀 두어야 한다.

지방자치론 출제 유형별 분석

TYPE 3 내용 분류 문제 유형

1 유형 특징 및 학습전략

대분류 – 중분류 – 하위개념으로 구성되는 경우(광역자치단체 : 특별시, 광역시, 특별자치시, 도, 특별자치도 / 기초자치단체 : 시, 군, 자치구) 개념들의 분류가 가능한지를 묻는 문제유형이다. 상-하위 개념을 서로 연계하여 숙지하는 것이 필요하다.

2 출제사례

> **예제 1** 총액배분자율편성예산제도에 대한 설명으로 옳지 않은 것은? '13 국가 7
> ② 부처의 자율성이 높아지는 예산제도로 상향식(bottom-up) 방식이다.
>
> **해설** 광역자치단체와 기초자치단체를 체계적으로 분류하여 접근하여야 한다. 특별시, 광역시, 특별자치시, 도, 특별자치도는 정부의 직할로 두고, 시는 도 또는 특별자치도의 관할 구역 안에, 군은 광역시·도 또는 특별자치도의 관할 구역 안에 두며, 자치구는 특별시와 광역시의 관할 구역 안에 둔다. 다만, 특별자치도의 경우에는 법률이 정하는 바에 따라 관할 구역 안에 시 또는 군을 두지 아니할 수 있다.

3 출제 가능 영역

내용을 분류하여 주의 깊게 봐야 하는 영역은 우리나라 지방자치법상 집행기관의 분류, 주민참여의 단계에서 참여수준에 따른 분류(아른슈타인), 지방세의 분류 등이 있다.

TYPE 4 개념 유형 문제

1 유형 특징 및 학습전략

제시문이나 지문에서 특정 개념을 설명하고, 해당 개념을 보기 중에서 찾는 문제이다. 지방자치론의 경우 개념을 모른다면 맞출 수 없는 문제가 많으므로 개념에 대한 학습을 충실히 해야 한다.

2 출제사례

> **예제 1** 아른슈타인이 분류한 주민참여수준에 대한 설명으로 옳지 않은 것은? '11 지방 7 지방자치론
> ② 정보제공(Informing)은 행정기관과 주민간의 정보회로가 쌍방향적이어서 환류를 통한 협상과 타협에 연결되는 수준이다.
>
> **해설** 아른슈타인의 주민참여수준에서 각각의 개념을 묻는 문제이다. 이 문제는 짝짓기 형태도 같이 출제될 가능성이 높다. 정보제공은 정보회로가 쌍방향이 아니라 행정기관으로부터 주민으로 통하는 일방적인 것이어서 환류를 통한 협상과 타협에 연결되지 못하는 수준이다.

3 출제 가능 영역

지방자치권, 계층 간 기능배분, 지방권3구조이론, 지방세의 원칙, 지방재정력 평가, 라이트의 정부 간 관계모형 등에서 자주 빈출된다. 우선 모든 개념은 다른 내용을 학습할 때에도 기본이 되므로 충실히 학습할 것이 요구된다.

TYPE 5 순서 연결 유형

1 유형 특징 및 학습전략

이론의 발달순서, 법령의 체계화 순서, 지방자치의 역사 등을 순서대로 묻는 문제이다. 자주 출제되는 편은 아니지만, 출제범위가 정해져 있으므로 접근하기 용이한 유형이다.

2 출제사례

예제 1 **우리나라 주민참여의 법제화 순서로 옳은 것은?** '11 국가 9
① 조례제정개폐청구제도 → 주민투표제도 → 주민소송제도 → 주민소환제도

해설 주민참여제도의 법제화가 실질적 제도화를 의미한다고 볼 때 조례제정개폐청구제도(1999) → 주민투표제도(2004) → 주민소송제도(2006) → 주민소환제도(2007)가 된다.

3 출제 가능 영역

지방자치단체의 예산과 결산의 순서, 주민참여제도의 법제화 순서, 표준정원제→총액인건비제→기준인건비제 등이 순서 연결 유형의 대부분을 차지한다. 행정학과 다르게 지방자치론은 순서연결 문제가 빈출되는 영역은 아니지만, 제시한 부분만 충분히 연습하면 쉽게 정복할 수 있으므로 반드시 체크하고 넘어가자!

지방자치론 출제 유형별 분석

TYPE 6 제도 및 이론비교 유형

1 유형 특징 및 학습전략

지방자치론의 이론파트에서 가장 빈출될 뿐만 아니라, 출제하기도 가장 용이한 유형이다. 이 유형과 관련해서는 핵심쟁점이 너무나 많기 때문에 'VS'로 표현되는 곳은 모두 출제가능 영역이라고 보아야 한다.

2 출제사례

예제 1 다음 중 지방자치단체의 계층구조에 대한 설명으로 옳은 것은? '14 서울 7 지방자치론
④ 중층제보다 단층제에서 중앙정부의 직접적인 통솔범위가 좁아진다.

해설 지방자치단체의 계층구조는 단층제와 중층제로 나눈다. 따라서 단층제의 특징과 중층제의 특징을 비교하거나 서로 바꾸어 출제하게 된다.

예제 2 다음 중 지방자치단체의 기관구성형태 중 기관대립형의 장점에 해당하는 것은? '13 서울 7 지방자치론
① 집행기관의 장에게 행정권이 통합적으로 주어짐으로써 부처할거주의를 막고 행정에 대한 책임을 명확히 할 수 있다.
③ 의원들이 직접 행정집행기능을 담당함으로써 행정에 주민의사를 보다 정확히 반영할 수 있다.

해설 기관대립형의 장점에 해당하는 것은 ①번이다. 그러나 오답으로 만든 지문을 유심히 볼 필요가 있다. 지방자치단체의 기관구성형태는 기관대립형과 기관통합형으로 나눌 수 있는데 이런 형태의 문제는 반드시 대립되는 제도나 이론으로 지문을 구성하게 되어 있다. ③번은 기관통합형의 장점이다.

3 출제 가능 영역

주민자치와 단체자치, 신중앙집권과 신지방분권, 중층제와 단층제, 도농분리식과 도농통합식, 개별적 수권방식과 포괄적 수권방식, 기관분리형(기관대립형)과 기관통합형, 지방재정과 국가재정 등이 있다.

TYPE 7 법령 문제 유형

1 유형 특징 및 학습전략

가장 중요하고, 출제문제의 50% 이상을 차지한다. 더군다나 법령을 통해 변별력을 확보하려는 추세이다. 따라서 기본서의 부속법령집을 전부 외울 각오를 하여야 한다. 부속법령집의 경우 기본바탕은 지방자치론이지만, 사이사이 필요한 법령을 추가하였다. 지방자치법은 순서, 목차, 법의 목적까지 빠짐없이 출제되고 있다. 이것은 우리나라의 지방자치제도가 바로 지방자치법에 의해 실현되고 있기 때문이다.

2 출제사례

> **예제 1** 우리나라 지방의회의 권한에 대한 설명으로 옳지 않은 것은? '11 지방 7 지방자치론
> ① 지방의회는 조례의 제정·개정 및 폐지, 예산의 심의·확정, 결산의 승인 등의 사항을 의결한다.
> ② 지방의회는 매년 1회 행정사무 감사를 실시할 수 있다.
> ③ 지방자치단체 및 그 장이 위임받아 처리하는 국가사무와 시·도의 사무에 대한 감사를 각각 해당 시·도의회와 시·군 및 자치구의회가 할 수 없다.
> ④ 지방자치단체의 장이나 관계 공무원은 지방의회나 그 위원회에 출석하여 행정사무의 처리상황을 보고하거나 의견을 진술하고 질문에 응답할 수 있다.
>
> **해설** 모두 지방자치법 조문의 내용이다. 그대로 법령을 출제하기 때문에 문제 출제 오류 가능성도 낮아 출제자들이 선호할 수밖에 없는 유형이다. ③번은 '~시·도의회와 시·군 및 자치구의회가 할 수 있다.'를 '~할 수 없다.'로 출제하였다.

3 출제 가능 영역

지방자치법, 지방재정법, 공직선거법, 세종특별시특별법, 제주특별자치도특별법 등이 출제 가능하다. 이 중 지방자치법은 사소한 조문까지도 출제되고 있다.

CONTENTS

PART 1 지방자치의 기초적 이해

CHAPTER 1 지방자치와 지방행정
- POINT 01 　지방자치와 지방행정　…14
- POINT 02 　지방자치의 사상과 계보　…15
- POINT 03 　지방자치의 효용과 한계　…20

CHAPTER 2 지방자치의 발달과 동향
- POINT 01 　지방자치의 역사적 전개　…23
- POINT 02 　지방자치의 현대적 경향　…25
- POINT 03 　미국 지방자치의 변천　…26
- POINT 04 　주요 국가의 지방자치 역사 : 영국, 프랑스, 일본　…27
- POINT 05 　한국 지방자치의 변천　…28

PART 2 지방자치의 기본적 체계

CHAPTER 1 지방자치단체의 계층
- POINT 01 　지방자치단체의 의의 및 유형　…40
- POINT 02 　지방자치단체의 계층　…42
- POINT 03 　한국 지방자치단체의 계층　…46

CHAPTER 2 지방자치단체의 구역
- POINT 01 　지방자치단체의 구역 설정　…58
- POINT 02 　지방자치단체의 구역변경 및 조정 절차　…59

CHAPTER 3 지방자치단체의 자치권
- POINT 01-3 　지방자치단체 자치권　…64

CHAPTER 4 지방사무와 계층 간 기능배분
- POINT 01 　지방사무　…74
- POINT 02 　계층 간 지방사무의 배분　…86

CHAPTER 5 경찰, 교육 기능
- POINT 01-2 　경찰자치제 & 교육자치제　…94

PART 3 지방자치의 운영

CHAPTER 1 지방자치정부의 기관구성
- POINT 01 　지방자치정부의 형태　…104
- POINT 02 　의결기관-지방의회　…109
- POINT 03 　집행기관-지방자치단체의 장　…128

CHAPTER 2 지방자치정부의 공공서비스
- POINT 01 　지방정부 공공서비스의 유형　…155
- POINT 02 　지방공기업　…157

PART 4 지방정치와 주민의 참여

CHAPTER 1 지방정치

- POINT 01 지역사회의 권력구조 ··· 166
- POINT 02 지방선거제도 ··· 171
- POINT 03 우리나라 지방선거의 절차 ··· 177

CHAPTER 2 주민의 참여

- POINT 01 주민과 참여 ··· 179
- POINT 02 우리나라의 주민참여제도 ··· 184

PART 5 지방자치의 재정

CHAPTER 1 지방재정과 지방자치예산

- POINT 01 지방재정의 본질과 운영원칙 ··· 220
- POINT 02 지방자치예산 ··· 224

CHAPTER 2 지방자치재원

- POINT 01 지방자치재원의 구성체계 ··· 236
- POINT 02-3 자주재원 ··· 239
- POINT 04-6 의존재원 ··· 252
- POINT 07 지방채 ··· 267
- POINT 08 지방재정력 평가 및 문제점 ··· 270

PART 6 정부 간 관계

CHAPTER 1 중앙과 지방정부 간 관계

- POINT 01 중앙과 지방 간 관계모형 ··· 276
- POINT 02 중앙통제 ··· 285
- POINT 03 우리나라의 국가와 지방자치단체 간의 관계 ··· 285
- POINT 04 특별지방행정기관 ··· 296

CHAPTER 2 지방자치단체의 상호 간 관계

- POINT 01-2 지방정부 간 갈등과 분쟁조정제도 ··· 301
- POINT 03 광역행정 ··· 310
- POINT 04 우리나라의 광역행정제도 ··· 313

PART 1

지방자치의 기초적 이해

CHAPTER

지방자치와 지방행정

지방자치의 발달과 동향

CHAPTER 1   지방자치와 지방행정
CHAPTER 2   지방자치의 발달과 동향

POINT

- 지방자치와 지방행정 **D**
- 지방자치의 사상과 계보 **B**
- 지방자치의 효용과 한계 **C**
  * 지방자치와 민주주의의 상관관계

- 지방자치의 역사적 전개 **C**
- 지방자치의 현대적 경향 **C**
- 미국 지방자치의 변천 **D**
- 주요 국가의 지방자치 역사 : 영국, 프랑스, 일본 **D**
- 한국 지방자치의 변천 **A**

CHAPTER 1 지방자치와 지방행정

POINT 1 지방자치와 지방행정

001 □□□ '23 서울 7 경력경쟁 지방자치론

지방자치의 개념에 대한 설명으로 가장 옳지 않은 것은?

① 지방자치는 지방이 스스로 지역의 문제를 결정하고 처리해 가는 것을 뜻한다.
② 지방자치는 일정한 구역 또는 관할구역을 대상으로 한다.
③ 지방자치는 중앙의 통치권 간섭과 제약을 받지 않음을 뜻한다.
④ 지방자치에는 그 지역의 주민이 공동적으로 처리해야 할 공동문제가 있어야 한다.

출제유형 IV 개념
출제영역 지방자치와 지방행정

①, ②, ④ ◯ 지방자치란 '일정한 지역의 주민이 지방자치단체를 구성하여, 국가와의 협력아래, 그 지역의 공동문제를, 자기부담에 의하여, 스스로(또는 대표자를 통하여)처리하는 방식'을 의미한다.
③ ✕ 과거의 지방자치가 국가로부터의 독립과 독자적 사무처리를 강조하는 의미였다면, 오늘날에는 **국가와 지방자치단체 모두 국정운영의 동반자로서 국가가 지방자치에 관여하고, 지방이 국정에 참여하는 특성**을 지니게 된다.

2025 신용한 지방자치론 p.4 **정답** ③

002 □□□ '13 경간

지방자치에 대한 설명으로 가장 옳지 않은 것은?

① 지방행정은 지방자치를 반드시 수반한다.
② 지방자치는 국가의 통치영역이 미치는 범위 안에서 국가 또는 중앙정부와의 관계 속에서 이루어진다.
③ 지방정부는 지방행정에 한정하지 않고 지방의 정치·정책 기능까지 포함하는 개념이다.
④ 지방 거버넌스(local governance)는 지방정부와 NGO 등 시민사회 간의 협력적 통치 또는 공동통치를 의미한다.

출제유형 IV 개념
출제영역 지방자치와 지방행정

① ✕ 지방행정이란 주민이 그들의 의사와 책임하에 지방행정사무를 처리하는 지방자치보다는 광범위한 개념으로서 다양하게 이해되고 있다. 따라서 **지방행정은 지방자치를 반드시 수반하는 것은 아니다.**
② ◯ 오늘날 지방자치는 국가와 지방자치단체 모두 국정운영의 동반자로서 국가가 지방자치에 관여하고, 지방이 국정에 참여하는 특성을 지니게 된다.
④ ◯ 지방거버넌스(로컬거버넌스, local governance)는 시민 생활과 관련된 지역의 현안 문제를 지방정부, 이해관계집단, 전문가, 중립적 시민 등이 함께 모여 지혜를 짜내고 서로 양보와 타협, 적극적 협력을 통해 효과적으로 해결해 가는 지역단위의 거버넌스를 말한다.

SUMMARY 지방자치와 지방행정

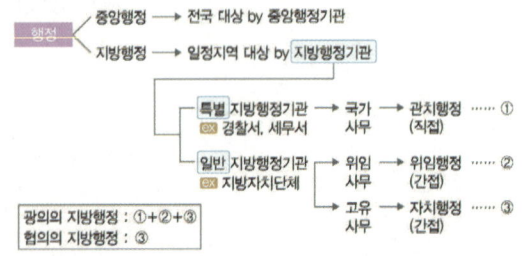

2025 신용한 지방자치론 p.5 **정답** ①

003

'13 서울 7 지방자치론

다음 중 지방행정의 수행방식에 관한 설명으로 옳지 않은 것은?

① 관치형 지방행정은 중앙정부가 지방에 특별지방행정기관을 설치하여 수행하는 방식이다.
② 실질적 의미의 지방행정은 보통지방행정기관에 의한 행정을 의미한다.
③ 지방행정의 수행방식은 관치행정과 자치행정 두 가지 방식으로 나눌 수 있다.
④ 자치행정방식은 간접행정방식에 해당한다.
⑤ 중앙정부에서 국토관리, 환경관리, 중소기업지원 등에 관한 사무를 일선집행기관을 설치해 처리하는 행정도 지방행정에 포함시킬 수 있다.

출제유형 Ⅳ 개념
출제영역 지방자치행정의 수행방식

지방자치와 지방행정은 서로 차이가 있는 개념이다. 지방자치는 특정지역을 대상으로 그 지역의 문제에 대한 자치적인 처리를 의미하며, 지방행정은 지방행정기관에 의하여 수행되는 행정을 의미한다.

① ○ 지방행정기관에는 두 가지 형태가 있다. 하나는 보통지방행정기관이며, 다른 하나는 특별지방행정기관이다. 이 중 중앙정부의 일선기관인 특별지방행정기관에 의해 수행되는 방식은 관치행정에 해당한다.
② ○ 실질적 의미의 지방행정은 보통지방행정기관에 의한 행정, 즉 자치단체의 지위에 의한 행정과 국가일선기관의 지위에 의한 행정을 의미한다. 물론 가장 좁은 의미의 지방행정은 중앙정부의 일선기관으로서의 지위에 의한 행정이 아닌 지방자치단체의 지위에 의한 자치행정을 의미한다.
③ ✕ 일반적으로 중앙정부는 일정 지역을 대상으로 한 사무의 처리를 위하여 특별지방행정기관에 의해 수행되는 방식(관치행정)과 보통지방행정기관에 의해 수행되는 방식(위임행정)을 택하고 있다. 여기에 지방자치단체의 지위에 의한 자치행정방식을 더하여 **지방행정을 수행하는 방식에는 세 가지가 있다.**
④ ○ 중앙정부가 직접 집행기관을 설치하여 처리하는 특별지방행정기관에 의해 수행되는 방식이 직접행정방식이며, 자치행정방식은 간접행정방식에 해당한다.
⑤ ○ 특별지방행정기관, 즉 중앙정부에서 국토관리, 환경관리, 중소기업지원 등에 관한 일선집행기관을 설치하여 사무를 처리하는 방식도 넓은 의미의 지방행정에 해당된다.

SUMMARY 지방행정수행방식의 구분

행정기관	처리사무	특징
일선기관	국가의 하급기관으로서 사무처리	㉠ 관치행정 - 중앙집권
지방자치단체	위임사무의 처리	㉡ 위임행정 - 단체자치
	고유사무의 처리	㉢ 자치행정 - 주민자치

2025 신용한 지방자치론 p.5   **정답** ③

POINT 2 지방자치의 사상과 계보

004

'16 서울 7 지방자치론

지방자치권의 근원에 대한 설명으로 가장 옳은 것은?

① 고유권설은 지방자치단체의 자치권이 국가로부터 주어진다고 본다.
② 지방자치단체를 국가의 창조물로 보는 준독립설은 고유권설의 하나이다.
③ 전래권설에서는 자치권을 지방자치단체가 본래부터 가지고 있는 권리라고 본다.
④ 지방자치단체가 국가로부터 위탁받은 정치적 지배권을 행사한다고 보는 순수탁설은 전래권설의 하나이다.

출제유형 Ⅵ 이론 비교
출제영역 지방자치의 사상

① ✕ **전래권설에 대한 설명이다**. 고유권설은 지방자치단체의 자치권이 지방의 고유한 권리로 보는 견해이다.
② ✕ 지방자치단체는 국가의 법률에 의한 창조물이라고 보는 견해는 **전래권설**이다.
③ ✕ **고유권설에 대한 설명이다**.
④ ○ 국권설, 수탁설은 지방자치권이 국가로부터 전래된 것이라는 **전래권설에 해당한다**.

2025 신용한 지방자치론 p.7   **정답** ④

005 '22 지방 7 지방자치론

지방자치권의 제도적 보장설에 대한 설명으로 옳은 것은?

① 지방자치단체는 국가의 성립 이전에 형성된 것으로 본다.
② 지방의 사무를 주민에 의해 처리하는 정치적 의미의 자치를 강조한다.
③ 지방자치를 헌법으로 보장함으로써 법률에 의해서 지방자치제도를 폐지할 수 없다고 본다.
④ 지방자치단체가 천부의 인권과 마찬가지로 자연법적인 권리를 갖는 것으로 본다.

출제유형 Ⅵ 이론 비교
출제영역 지방자치의 사상

①, ②, ④ ❌ **고유권설에 대한 설명**이다. 고유권설은 자치권은 지방의 고유한 권리로 보는 견해로, 자연법 사상에 입각하여 개인의 기본권처럼 지방자치단체도 고유한 지방권을 가진다는 견해와 지방자치단체는 국가의 성립이전에 형성된 것으로 자치권은 지방의 고유 권한이라는 견해에 근거한다. 고유권설은 주민의 자치사무를 처리한다는 측면에서 정치적 의미가 강하다.
③ ⭕ 제도적 보장설이란 헌법에 지방자치권을 규정함으로써 제도적으로 지방자치권이 보장된 것이라는 견해이다.

2025 신용한 지방자치론 p.7, 8   **정답** ③

006 '21 서울 7 경력경쟁 지방자치론

제도적 보장설 관점에서 지방자치권의 성질에 대한 설명으로 가장 옳지 않은 것은?

① 국가주권 아래의 권리이다.
② 제도적으로 보장된 권리이다.
③ 국법에 의하여 수여된 권리이다.
④ 국가의 성립 이전에 형성된 권리이다.

출제유형 Ⅲ 내용분류 + Ⅳ 개념
출제영역 지방자치의 사상

④ ❌ **고유권설에 대한 설명**이다. 제도적 보장설이란 자치권이 국가로부터 전래된 것으로 본다는 점에서 전래권설과 같지만, 일단 헌법에서 지방자치를 보장함으로써 법률에 의해 이 제도를 변경하지 못한다는 데 전래권설과는 다른 특징이 있다.

2025 신용한 지방자치론 p.7   **정답** ④

007 '19 지방 7 지방자치론

지방자치의 원리로서 주민자치에 대한 설명으로 옳은 것은?

① 자치권의 성질을 국가로부터 수탁, 전래된 것으로 본다.
② 지방자치단체의 사무를 자치사무와 위임사무로 엄격히 구분하려 한다.
③ 지방자치단체가 국가기관의 하부기관으로의 성격을 가진다는 점을 인정한다.
④ 지방자치단체와 주민과의 관계에 중점을 두며 주민의 직접 참여를 강조한다.

출제유형 Ⅵ 이론 비교
출제영역 단체자치 vs 주민자치

① ❌ **주민자치는 자치권을 지역의 고유한 권리로 보는 고유권설과 맥락을 같이한다**. 자치권의 성질을 국가로부터 수탁, 전래된 것으로 보는 것은 전래권설에 해당하며, 전래권설은 단체자치와 맥락을 같이 한다.
②, ③ ❌ **단체자치에 대한 설명이다**. 단체자치는 사무구분에 있어 자치사무와 위임사무를 구분하며, 국가의 일선기관으로서의 이중적 지위를 인정한다.
④ ⭕ 지방자치단체와 주민 간 관계에 중점을 두는 것은 주민자치로 참여를 핵심으로 한다.

SUMMARY 주민자치와 단체자치의 비교

1. 단체자치의 주요 쟁점 : 중앙정부와의 관계에서 자치권 확보의 정도
2. 주민자치의 주요 쟁점 : 주민과 지방자치단체와의 관계

2025 신용한 지방자치론 p.8   **정답** ④

008

'15 서울 7 지방자치론

다음 단체자치와 주민자치에 대한 설명으로 가장 옳지 않은 것은?

① 단체자치는 지방자치단체와 국가와의 관계에 중점을 둔다.
② 단체자치는 법률적 의미의 자치라고 한다.
③ 주민자치는 지방분권화를 핵심으로 한다.
④ 주민자치는 대내적 자치라고 할 수 있다.

출제유형 Ⅵ 이론 비교
출제영역 단체자치 vs 주민자치

① ⭕ 단체자치는 지방자치단체와 국가와의 관계에 중점을 둔다. 반면, 주민자치는 지방자치단체와 주민과의 관계에 중점을 둔다.
② ⭕ 단체자치는 법률적 의미의 자치이며, 주민자치는 정치적 의미의 자치이다.
③ ❌ **주민자치는 주민의 자치행정참여(민주주의)를 강조**하는 반면, 단체자치는 지방자치단체의 자치권(분권주의)을 강조한다.
④ ⭕ 주민자치는 주민의 참여에 의해서 자치를 운용해 나가는 대내적 자치라고 할 수 있다.

SUMMARY 주민자치와 단체자치의 비교

구분	주민자치	단체자치
의미	정치적 의미 (풀뿌리 민주주의)	법률적 의미 (민주주의와 상관관계 부정)
국가	영·미형	프랑스·독일 중심 대륙형
자치권	국가 이전의 고유권	국가로부터 부여받은 권리 (전래권)
강조점	주민참여, 지방정부와 주민과의 관계(민주주의)	중앙정부로부터의 독립 (분권주의)
사무구분	자치사무·위임사무 구분 없음	자치사무·위임사무 구분
권한부여 방식	개별적 지정주의	포괄적 예시주의(위임주의)
중앙정부 통제	주로 입법적·사법적 통제, 약한 통제	주로 행정적 통제, 강한 통제
조세 제도	독립세(자치단체가 과세주체)	부가세(국가가 과세주체)
지방정부 형태	기관통합형(의회중심)	기관대립형(기관장 ↔ 의회)
자치단체의 지위	순수한 자치단체	이중적 지위 (자치단체 + 일선기관)
통제	주민통제	중앙통제

2025 신용한 지방자치론 p.8 **정답** ③

009

'23 지방 7 지방자치론

지방자치의 계보에 대한 설명으로 옳지 않은 것은?

① 주민자치는 지방자치단체와 주민과의 관계에 초점을 두고 지방자치단체의 민주성을 강조한다.
② 단체자치는 지방자치단체의 자치권을 국가에 의해 부여된 권리로 받아들인다.
③ 단체자치는 국가의 위임사무와 지방자치단체의 자치사무를 구분하지 않는다.
④ 단체자치는 지방분권의 법률적 측면을 강조하는 반면, 주민자치는 주민참여의 정치적 측면을 강조한다.

출제유형 Ⅵ 이론 비교
출제영역 단체자치 vs 주민자치

① ⭕ 주민자치는 지방자치단체와 주민 간 관계에 중점을 두는 것으로 참여를 핵심으로 한다.
② ⭕ 단체자치에서의 자치권은 전래권설(자치권은 국가로부터 부여받은 권리)을 취한다.
③ ❌ **단체자치는** 주민자치와는 달리, 사무구분에 있어 **국가의 위임사무와 지방자치단체의 자치사무를 엄격히 구분**한다.
④ ⭕ 주민자치는 주민의 참여와 지방정부와 주민과의 관계(정치적 측면)를 강조하고, 단체자치는 중앙으로부터의 독립(법률적 측면)을 강조한다.

2025 신용한 지방자치론 p.8 **정답** ③

010

'17 지방 7 지방자치론

지방자치의 원리로서 단체자치에 대한 설명으로 옳지 않은 것은?

① 지방자치를 위해서는 별도의 법인격이 필요하다는 것을 강조한다.
② 단체자치에서 중시하는 권리는 주민의 권리(주민참여)이다.
③ 지방의 자치권을 인정하는 주체는 국가(중앙정부)이다.
④ 자치사무와 국가위임사무의 구분을 통해 지방자치단체는 자치기관과 국가하급기관으로서의 이중적 성격을 갖는다.

출제유형 Ⅵ 이론 비교
출제영역 단체자치 vs 주민자치

①, ③, ④ ⭕ 단체자치는 별개 법인격을 가진 지방자치단체가 지방행정사무의 일정부분을 독자적으로 운영해 나가는 형태에 강조점을 둔다. 또한 자치권은 국가의 필요에 따라 인정된 권리로 보는 전래권설과 맥락을 같이 한다. 따라서 지방자치단체는 자치기관과 국가의 일선기관으로서의 이중적 성격을 갖게 된다.

② ❌ 단체자치에서 중시하는 권리는 중앙정부로부터의 독립이다. 즉, 지방자치단체와 국가와의 관계를 중시한다(분권주의). **주민참여를 강조하는 것은 주민자치이다.**

SUMMARY 주민자치와 단체자치의 비교

구분	주민자치	단체자치
의미	정치적 의미 (풀뿌리 민주주의)	법률적 의미 (민주주의와 상관관계 부정)
국가	영·미형	프랑스·독일 중심 대륙형
자치권	국가 이전의 고유권	국가로부터 부여받은 권리 (전래권)
강조점	주민참여, 지방정부와 주민과의 관계(민주주의)	중앙정부로부터의 독립 (분권주의)
사무구분	자치사무·위임사무 구분 없음	자치사무·위임사무 구분
권한부여 방식	개별적 지정주의	포괄적 예시주의(위임주의)
중앙정부 통제	주로 입법적·사법적 통제, 약한 통제	주로 행정적 통제, 강한 통제
조세 제도	독립세(자치단체가 과세주체)	부가세(국가가 과세주체)
지방정부 형태	기관통합형(의회중심)	기관대립형(기관장 ↔ 의회)
자치단체의 지위	순수한 자치단체	이중적 지위 (자치단체 + 일선기관)
통제	주민통제	중앙통제

↪ 2025 신용한 지방자치론 p.8   **정답 ②**

011

'17 지방 7 지방자치론

단체자치와 주민자치에 관한 설명 중 옳은 것은?

① 단체자치는 주민의 참여와 지방정부와 주민과의 관계를, 그리고 주민자치는 중앙정부로부터의 독립을 강조한다.
② 단체자치는 자치권을 국가로부터 부여 받은 권리로, 그리고 주민자치는 자치권을 국가이전의 고유권으로 인식한다.
③ 주민자치는 프랑스, 독일 등을 중심으로 하는 대륙형 지방자치, 그리고 단체자치는 영국형 지방자치이다.
④ 주민자치에서의 중앙정부의 통제는 주로 행정적 통제이고, 단체자치에서의 중앙정부의 통제는 주로 입법적 통제이다.

출제유형 Ⅵ 이론 비교
출제영역 단체자치 vs 주민자치

① ❌ **주민자치는 주민의 참여와 지방정부와 주민과의 관계를 강조**하고, **단체자치는 중앙으로부터의 독립을 강조**한다.
② ⭕ 단체자치에서의 자치권은 전래권설(자치권은 국가로부터 부여받은 권리)을 취하고, 주민자치에서는 고유권설(자치권은 국가이전의 지방의 고유권에 해당)을 취한다.
③ ❌ **단체자치는 프랑스, 독일 중심의 대륙형 지방자치이고 주민자치는 영·미형 지방자치**이다.
④ ❌ **단체자치**에서의 중앙정부의 통제는 주로 **행정적, 강한 통제에 해당**하고 **주민자치**에서의 중앙정부의 통제는 주로 **입법적·사법적, 약한 통제**에 해당한다.

↪ 2025 신용한 지방자치론 p.8   **정답 ②**

012   '20 지방 7 지방자치론

단체자치와 주민자치에 대한 설명으로 옳은 것은?

① 단체자치는 영국을 중심으로 발전하였으며, 정치적 의미의 자치라고 불린다.
② 주민자치 개념이 발달한 국가에서는 주로 개별적 수권방식을 채택하였다.
③ 단체자치는 일정 지역 내의 행정이 주민에 의하여 행해져야 함을 강조하며, 지방자치의 실질적 요소이다.
④ 주민자치는 기초자치단체가 자주적으로 지역의 사무를 처리하는 형태를 뜻하며, 법적 의미의 자치라고 한다.

출제유형: Ⅵ 이론 비교
출제영역: 단체자치 vs 주민자치

① ✗ 영·미형을 중심으로 발전하고 정치적 의미의 자치라고 불리는 것은 주민자치(단체자치 ✗)이다. 단체자치는 프랑스·독일 중심으로 발전하였으며, 법률적 의미의 자치라고 불린다.
② ○ 주민자치 개념이 발달한 국가에서는 주로 개별적 수권방식을 채택하며, 단체자치 개념이 발달한 국가에서는 포괄적 위임방식을 채택한다.
③ ✗ 주민자치에 대한 설명이다. 주민자치는 지역의 문제를 지역 주민이 자신의 책임아래 스스로 처리한다는 것이다.
④ ✗ 주민자치는 기초자치단체가 자주적으로 지역의 사무를 처리하는 형태를 뜻하며, 정치적 의미(법적 의미 ✗)의 자치라고 한다.

2025 신용한 지방자치론 p.8   정답 ②

---

013   '18 서울 9

지방자치의 두 요소인 주민자치와 단체자치에 대한 설명으로 가장 옳은 것은?

① 주민자치의 원리는 주로 영국과 미국에서 발달하였으며, 단체자치의 원리는 주로 독일과 프랑스에서 발달하였다.
② 주민자치가 지방자치의 형식적·법제적 요소라고 한다면, 단체자치는 지방자치를 실현하기 위한 내용적·본질적 요소라고 할 수 있다.
③ 단체자치에서는 법률에 의한 권한이 명시적·한시적으로 규정되어 사무를 자주적으로 처리할 수 있는 재량의 범위가 크다.
④ 단체자치에서는 입법통제와 사법통제가 주된 통제방식이다.

출제유형: Ⅱ 짝짓기 + Ⅵ 이론 비교
출제영역: 단체자치 vs 주민자치

① ○ 주민자치의 원리는 주로 영·미계 국가에서 발달하였으며, 단체자치의 원리는 주로 독일, 프랑스 등 대륙계 국가에서 발달하였다.
② ✗ 단체자치가 지방자치의 형식적·법제적 요소라고 한다면, 주민자치는 지방자치를 실현하기 위한 내용적·본질적 요소라고 할 수 있다.
③ ✗ 단체자치에서는 법률에 의해 권한이 포괄적·일반적으로 규정되어 사무를 자주적으로 처리할 수 있는 재량의 범위가 작다.
④ ✗ 입법통제와 사법통제가 주된 통제방식인 것은 주민자치이다.

2025 신용한 지방자치론 p.8   정답 ①

POINT 3 지방자치의 효용과 한계

014

'18 지방 7 지방자치론

지방자치에 대한 설명으로 옳은 것만을 모두 고르면?

> ㄱ. 지역 단위에서 분야별 전문가를 고용하기 쉽기 때문에 행정 전문성을 제고하기에 유리하다.
> ㄴ. 자치사무에 대한 자율결정 및 집행권으로 인해 지역문제를 보다 신속하게 해결할 수 있다.
> ㄷ. 규모의 경제 확보로, 국가 전체적으로 볼 때 자원 배분의 효율성 향상에 유리하다.
> ㄹ. 지역개발과 관련하여 지역이기주의로 인한 사회적 갈등을 일으킬 수 있다.

① ㄱ, ㄷ
② ㄴ, ㄷ
③ ㄴ, ㄹ
④ ㄷ, ㄹ

출제유형 Ⅳ 개념
출제영역 지방자치의 효용성과 폐해

ㄱ ✗ **지방자치의 경우** 중앙집권체제에 비해 해당 분야의 **전문가를 고용하기 어려울 뿐만 아니라 비전문성, 낮은 기술** 등으로 인해 **낭비와 비능률이 발생할 수 있다**.
ㄴ ○ 지방자치는 각 지역의 특수성을 반영하여 자율적이고 자주적인 집행이 가능하고, 지역문제를 신속하게 해결할 수 있는 장점이 있다.
ㄷ ✗ **지방자치단체는 규모 경제의 낭비를 가져올 수 있으며**, 지방자치는 문제를 해당 지역의 입장에서 부분적으로 해결하는 데에 집중한 나머지, **국가 전체의 이익이나 전국적 차원에서의 효과를 소홀히 하는 경향**이 있다.
ㄹ ○ 지방자치에서 공동체의 결속력이 지역개발 시 지역의 특수이익을 극대화하는 방향으로 잘못 분출된 경우 사회적 갈등을 일으킬 수 있다.

SUMMARY 지방자치의 효용성과 폐해

구분	효용성	폐해
정치	① 민주주의 이념의 실현 ② 전제정치의 방파제 ③ 민주주의의 훈련장 ④ 정국마비의 방지	① 부분집착과 전체소홀 ② 위기대응 능력의 저하
행정	① 지역실정 적응행정 ② 분업을 통한 효율행정 ③ 정책의 지역적 실험 ④ 지역 안의 종합행정	① 낭비와 비능률 ② 외부효과와 비능률
경제	① 자원배분의 효율성 ② 소비자 선호성의 구현 ③ 후생의 극대화 ④ 지역 특수산업의 발전	① 규모경제의 낭비 ② 분배 경제시책의 실패
사회	① 경쟁성과 창의성의 제고 ② 다원적 사회의 형성 ③ 주체의식, 책임의식 ④ 인구의 균등분산	① 지역주의와 배타성 ② 지역이기주의로 인한 기능 마비

2025 신용한 지방자치론 p.10~12
정답 ③

015

'22 서울 7 경력경쟁 지방자치론

지방자치의 의의와 과제에 대한 설명으로 가장 옳지 않은 것은?

① 각 지역이 가지고 있는 특성에 맞는 개성있는 정책을 추진할 수 있다.
② 자치권이 보장되기 때문에 지자체 간 경쟁이 발생할 여지가 없다.
③ 주민의 정책참여가 용이하여 참여가 활성화될 수 있다.
④ 지방자치로 인해 국가 전체적 통합성이 결여될 우려가 있다.

출제유형 Ⅳ 개념
출제영역 지방자치의 효용성과 폐해

① ○ 지방자치는 각 지역의 여건에 맞는 개성있는 정책을 추진하기 용이하다.
② ✗ 지방자치는 지방자치들 간의 불필요한 경쟁과 극단적인 마찰 등으로 **낭비와 비능률을 초래할 수 있다**.
③ ○ 지역의 주민과 그 대표자들이 공동문제의 처리에 참여하여 토론과 비판과 협조를 실천함으로써 참여가 활성화 될 수 있으며, 민주주의의 학교이자 주민들의 정치교육에도 기여한다.
④ ○ 지방자치는 개별 지방자치단체별 이익에 집착함으로써 국가전체 이익이나 전국적 효과를 소홀히 하는 경향을 가져올 수 있다.

2025 신용한 지방자치론 p.10~12
정답 ②

016

'22 지방 7 지방자치론

지방자치의 한계에 대한 설명으로 옳지 않은 것은?

① 지역이기주의 현상으로 사회적 갈등이 발생할 수 있다.
② 지방 토호 세력이 지역의 이익을 독점할 가능성이 있다.
③ 행정서비스의 지역 간 형평성 문제가 발생할 수 있다.
④ 새로운 제도나 정책에 대한 지역적 실험을 어렵게 한다.

출제유형: IV 개념
출제영역: 지방자치의 효용성과 폐해

④ ✗ 지방자치는 **정책의 지역적 실험을 가능**하게 하고, 전국적 실시에서 발생할지도 모르는 시행착오를 최소화할 수 있다.

SUMMARY 지방자치의 효용성과 폐해

구분	효용성	폐해
정치	① 민주주의 이념의 실현 ② 전제정치의 방파제 ③ 민주주의의 훈련장 ④ 정국마비의 방지	① 부분집착과 전체소홀 ② 위기대응 능력의 저하
행정	① 지역실정 적응행정 ② 분업을 통한 효율행정 ③ 정책의 지역적 실험 ④ 지역 안의 종합행정	① 낭비와 비능률 ② 외부효과와 비능률
경제	① 자원배분의 효율성 ② 소비자 선호성의 구현 ③ 후생의 극대화 ④ 지역 특수산업의 발전	① 규모경제의 낭비 ② 분배 경제시책의 실패
사회	① 경쟁성과 창의성의 제고 ② 다원적 사회의 형성 ③ 주체의식, 책임의식 ④ 인구의 균등분산	① 지역주의와 배타성 ② 지역이기주의로 인한 기능마비

2025 신용한 지방자치론 p.11, 12
정답 ④

017

'14 서울 7 지방자치론

지방자치와 민주성, 효율성에 관계한 학자들의 주장으로 설명이 옳은 것은?

① 무렝(Leo Moulin)과 랑그로드(Georges Langrod)는 지방의원과 지방공무원의 질이 다소 떨어진다고 해도 지역사회 위주의 행정에는 결과적으로 중앙집권보다 지방행정이 주민들에게 더 좋은 행정을 제공한다고 주장하였다.
② 토크빌(Alexis de Tocqueville)은 지방자치가 지역의 이익을 지나치게 중시하는 배타주의와 분리주의를 양산해 낸다고 하였다.
③ 콕번(Cynthia Cockburn)은 지방자치는 민주주의를 위해 더 이상 좋을 수 없는 학교이며 민주주의의 성공을 보장받을 수 있는 가장 확실한 보증이라고 하였다.
④ 제임스 메디슨(James Madison)은 집권적 체제인 연방제로 통치의 권역을 넓혀 지방자치로 발생한 다수의 전제를 막자고 주장하였다.
⑤ 제임스 브라이스(James Bryce)는 지방선거의 투표율이 중앙선거의 투표율보다 낮은 경향을 보이는 것은 지방자치가 참여의 기회를 확대해 주는 것은 아니라고 주장하였다.

출제유형: IV 개념
출제영역: 지방자치의 효용(민주성, 효율성과의 관계)

① ✗ **밀(John Stuart Mill)**은 지방의원과 공무원의 질이 중앙정부에 비해 다소 떨어진다 해도 **지역사회 위주의 행정 때문에 결과적으로 지방자치가 주민들에게 더 좋은 행정으로 나타난다**고 주장하였다.
② ✗ **무렝(Moulin)과 랭그로드(Langrod)**는 지방자치를 통해 오히려 지역적 이익을 지나치게 중시하는 배타주의와 분리주의를 배울 수 있다고 주장하고 **중앙집권적인 체제가 더욱 좋은 민주시민 교육의 장이 될 수 있다**고 주장하였다.
③, ⑤ ✗ **제임스 브라이스(James Bryce)는 "지방자치는 민주주의를 위해 더 이상 좋을 수 없는 학교이며 민주주의의 성공을 보장받을 수 있는 가장 확실한 보증이다."** 는 말로 지방자치의 민주시민 교육 및 양성의 기능을 강조하였다.
④ ○ 제임스 메디슨(James Madison)은 집권적 체제인 연방제로 통치의 권역을 넓혀 지방자치에서 발생할 수 있는 다수의 전제를 막자고 주장하였다. 즉, 통치의 권역이 넓어질수록 어느 특정집단이 다수를 형성하기가 힘들어질 뿐 아니라, 여러 다른 집단이 출현하여 상호견제를 행함으로써 특정집단이 과도한 힘을 행사하는 것을 막을 수 있다고 보았다.

2025 신용한 지방자치론 p.10~13
정답 ④

018

'19 서울 7 추가채용 지방자치론

지방자치와 민주주의의 관계에 대한 설명으로 가장 옳지 않은 것은?

① 지방자치와 민주주의의 관계를 긍정적으로 평가한 학자는 랭그로드(G. Langrod)이다.
② '지방자치가 민주주의의 훈련의 장이다'라는 말은 지방자치와 민주주의의 관계가 긍정적 의미를 가진다는 것을 말한다.
③ 지방자치와 민주주의의 관계부정설을 제기하는 학자는 '현대사회는 민주적 지방분권보다 능률적 중앙집권화가 더 중요하다'고 주장한다.
④ 프랑스 학자 토크빌(A. de Toqueville)도 미국 민주주의론(Democracy in America)저서에서 지방자치와 민주주의의 관계를 긍정적으로 평가하였다.

출제유형 | Ⅳ 개념
출제영역 | 지방자치의 효용(민주성, 효율성과의 관계)

① ❌ 랭그로드(Langrod)는 무랭(Moulin)과 함께 지방자치가 지닌 민주시민 교육의 기능에 대해 강한 비판론을 제기하였다. 이들은 지방자치를 통해 오히려 지역적 이익을 지나치게 중시하는 배타주의와 분리주의를 배울 수 있다고 주장하고 중앙집권적인 체제가 더욱 좋은 민주시민 교육의 장이 될 수 있다고 주장하였다.

2025 신용한 지방자치론 p.10~13   정답 ①

CHAPTER 2 지방자치의 발달과 동향

POINT 1 지방자치의 역사적 전개

019
'15 서울 7 지방자치론

다음 중 지방분권화의 장점으로 옳지 않은 것은?

① 정책사업의 규모의 경제 실현
② 행정의 주민참여 기회확대
③ 지역 실정에 맞는 근린행정의 실현
④ 업무수행에 있어서 역사적, 지리적 여건 고려

출제유형 Ⅵ 이론 비교
출제영역 중앙집권 vs 지방분권

① ✗ **중앙집권의 장점에 해당한다**. 중앙집권은 규모의 경제와 훈련된 관료제를 통한 기계적 능률성의 향상이 장점이다.
②, ③, ④ ○ 지방분권은 행정의 주민참여 기회확대, 근린행정의 실현, 역사적·지리적 여건 고려 등이 장점이다.

SUMMARY 중앙집권과 지방분권의 촉진요인(장점)

중앙집권의 장점	① 행정의 통일성과 정책의 강력한 추진력의 확보 ② 규모의 경제와 훈련된 관료제를 통한 기계적 능률성의 향상 ③ 기능중복의 방지 ④ 유능한 인재와 최신기계, 기능별 전문화를 통한 행정의 전문성 향상 ⑤ 대규모적 사업의 추진이 가능하게 됨으로써 광역적 행정수요에 부응함. ⑥ '위기'와 '긴급사태'를 극복하는 데 용이함.
지방분권의 장점	① 지역별 특수성을 고려한 지역실정에 맞는 행정구현, 획일화로 인한 폐해 방지 ② 인간의 존엄성과 만족, 사회적 발전에 기여함으로써 사회적 능률성의 향상 ③ 지방정부와 주민의 사기 향상과 창의성 제고 ④ 주민통제를 통한 전제주의 방지의 기본수단으로서 작용함. ⑤ 일선 행정에서의 신속한 의사결정과 행정처리가 가능해짐으로써 지역주민에 대한 행정대응성의 제고 ⑥ 창의적·실험적 행정의 용이성

2025 신용한 지방자치론 p.14   **정답** ①

020
'19 서울 7 추가채용 지방자치론

지방분권의 장점으로 가장 옳지 않은 것은?

① 지역의 특수성과 실정에 부합하는 정책추진 및 행정수행에 적합
② 주민통제를 통한 책임행정 구현에 기여
③ 전국적·광역적 규모의 사무처리에 유리
④ 지방정부의 자치역량 제고

출제유형 Ⅵ 이론 비교
출제영역 중앙집권 vs 지방분권

① ○ 지방분권은 지역별 특수성을 고려한 지역실정에 맞는 행정구현과 획일화로 인한 폐해를 방지할 수 있다.
② ○ 지방분권은 주민통제를 통한 전제주의 방지의 기본수단으로써 작용한다.
③ ✗ **전국적·광역적 규모의 사무처리에 용이한 것은 중앙집권의 장점이다**.
④ ○ 지방분권은 지역주민에 대한 행정대응성과 지방정부의 자치역량을 제고시킨다.

2025 신용한 지방자치론 p.14   **정답** ③

021 '17 지방 7 지방자치론

중앙집권의 장점에 대한 설명으로 옳지 않은 것은?

① 강력한 행정추진으로 국가의 비상사태나 위기 상황에 유리하다.
② 규모의 경제 또는 외부효과 조정을 통한 자원배분의 효율성 달성에 유리하다.
③ 중앙부처의 감독계통의 다원화로 인해 지방행정의 종합적 처리가 용이해진다.
④ 부처별 전문적 행정분담을 통해 기능별 전문화를 달성하기 쉽다.

출제유형 Ⅵ 이론 비교
출제영역 중앙집권 vs 지방분권

①, ②, ④ ◯ 중앙집권은 권한·능력이 국가에 집중되어 있어 위기 상황과 긴급사태, 광역적 행정수요에 부응할 수 있으며, 규모의 경제, 기능별 전문화, 기계적 능률성의 향상이 가능하다.
③ ✗ **중앙집권은** 관치행정을 활성화하게 되고 **감독계통의 다원화를 유발한다.** 이는 할거주의로 이어지며 결국 **지방행정의 종합성 상실로 이어진다.**

정답 ③

---

022 '14 지방 7 지방자치론

중앙집권과 지방분권의 측정지표로 보기 어려운 것은?

① 특별지방행정기관의 비중
② 국세와 지방세의 종류
③ 전체공무원 대비 지방공무원 비율
④ 조세총액 중 지방세 비율

출제유형 Ⅳ 개념
출제영역 중앙집권과 지방분권의 측정지표

①, ③, ④ ◯ 모두 중앙집권과 지방분권의 측정지표에 해당한다.
② **중앙집권과 지방분권을 측정하기 위해서는 국세와 지방세의 종류가 아닌 그 비율을 확인해야 한다.** 국세의 상대적 비율이 높으면 높을수록 중앙집권성이 강하다는 것을 알 수 있다.

SUMMARY 중앙집권과 지방분권의 측정지표(최창호)

특별지방행정기관	국가 직속의 특별지방행정기관이 많을수록 중앙집권성이 강함.
지방자치단체 주요 직위 선임방식	지자체의 주요 직위가 주민선출보다 국가에 의한 임명직이 많을수록 중앙집권성이 강함.
국가공무원과 지방공무원	지자체 내 국가공무원의 비율이 높을수록 중앙집권성이 강함.
국가재정과 지방재정	국가재정이 상대적으로 규모가 클수록 중앙집권성이 강함.
국세와 지방세	국세의 상대적 비율이 높을수록 중앙집권성이 강함.
중앙정부의 지방예산에 대한 통제	중앙정부의 지방예산에 대한 통제강도가 크고 빈번할수록 중앙집권성이 강함.
지방자치단체의 사무구성	고유사무와 위임사무 중 위임사무의 비율이 높을수록 중앙집권성이 강함.
민원사무의 배분비율	주민생활관련 민원사무에 대한 국가의 관장 비율이 높을수록 중앙집권성이 강함.
감사 및 보고 횟수	중앙정부의 감사 및 지자체의 보고 횟수가 많고 중앙정부의 관여 범위가 넓을수록 중앙집권성이 강함.

정답 ②

POINT 2 지방자치의 현대적 경향

023

'15 서울 7 지방자치론

신중앙집권화와 관련성이 가장 적은 것은?

① 국제적 긴장감의 고조
② 고객지향적 행정의 강조
③ 광역행정수요의 증대
④ 정보통신기술의 발달

출제유형 | 말바꾸기 + IV 개념
출제영역 신중앙집권화의 개념과 촉진요인

① ○ 핵무기 등 오늘날의 국제적 대치상황에서 유사시 전(全) 국민을 총동원할 수 있는 집권적 체제를 필요로 하게 되면서 신중앙집권이 촉진되었다.
② ✗ **고객지향적 행정의 강조는 신지방분권의 촉진요인에 해당**한다.
③ ○ 광역행정수요의 증가는 지방정부에 대한 국가의 원조와 지도가 늘어나게 되는 이유가 된다.
④ ○ 정보통신기술의 발달로 시간과 공간을 단축시켜, 과거에는 불가능했던 국가의 지방정부에 대한 즉각적인 지시와 통제가 가능하게 되었다. 이는 신중앙집권화의 촉진요인에 해당한다.

SUMMARY 신중앙집권과 신지방분권의 비교

구분	신중앙집권	신지방분권
촉진 요인	① 근대지방자치의 쇠퇴 ② 교통·통신 수단의 발달 ③ 주민 생활권역의 확대 ④ 국민적 최저수준의 유지에 대한 요청 ⑤ 공공재정의 비중 증대 (지방재정의 취약성) ⑥ 국제적 긴장과 불안정 ⑦ 행정기능의 양적 확대와 질적 복잡화	① 중앙집권의 폐해(지역불균형과 개별격차의 심화) ② 대중문명에 대한 염증(개성 상실의 회복 지향) ③ 국제화·세계화의 대두 ④ 도시화의 발전 ⑤ 정보화의 진전 (재택근무 보편화)
성격	① 지배적 집권 ✗ ⇨ 지도적 (비권력적) 집권 ② 억압적 집권 ✗ ⇨ 협동적 (수평적) 집권 ③ 관료적 집권 ✗ ⇨ 사회적 집권 ④ 윤리적 집권 ✗ ⇨ 기술적 집권	① 절대적 분권 ✗ ⇨ 상대적 분권 ② 항거적 분권 ✗ ⇨ 협조적 분권 ③ 도피적 분권 ✗ ⇨ 참여적 분권 ④ 소극적 분권 ✗ ⇨ 적극적 분권

↪ 2025 신용한 지방자치론 p.17, 18   정답 ②

024

'17 지방 7 지방자치론

신중앙집권화 또는 신지방분권화에 대한 설명으로 옳은 것은?

① 신중앙집권화의 관점은 지방자치의 가치와 역사적 공헌을 비판하는 입장을 대표한다.
② 정보통신기술발전은 지방분산화를 통한 분권화의 요인으로 작동할 뿐 신중앙집권화와는 무관하다.
③ 자본과 노동의 세계화는 지역경제의 중요성을 부각시키며 신지방분권화의 동인이 되고 있다.
④ 도시와 농촌 사이의 경제적·사회적 불균형 해소가 신지방분권의 주요 촉진요인으로 작용한다.

출제유형 IV 개념 + VI 이론 비교
출제영역 신중앙집권화 vs 신지방분권화

① ✗ **신중앙집권은 중앙집권과 달리 지방자치의 가치와 역사적 공헌을 인정하는 토대(비판 ✗)** 위에 행정국가의 능률성 향상이라는 사회적 요청에 부응하기 위한 **중앙과 지방 간의 권력구조 재편성을 의미**한다.
② ✗ **정보통신기술발전은** 시간과 공간을 단축시켜, 과거에는 불가능했던 국가의 지방정부에 대한 즉각적인 지시와 통제가 가능하게 만들어 **신중앙집권화를 촉진시키는 요인도 되었다**.
③ ○ 자본과 노동의 세계화는 신지방분권의 촉진요인이다. 자본과 노동의 세계화는 국가 간 경쟁을 심화시키며, 이러한 상황은 지역사회 스스로가 국제경쟁력 있는 고유한 문화와 특성을 개발하여 신속하고 주도적으로 대응할 필요성을 증가시키고 있다.
④ ✗ **경제적·사회적 불균형 해소를 위한 국가 관여 범위의 확대는 신중앙집권화를 촉진시키는 요인**이다.

↪ 2025 신용한 지방자치론 p.17~20   정답 ③

025

'23 지방 7 지방자치론

신중앙집권화와 신지방분권화에 대한 설명으로 옳지 않은 것은?

① 신중앙집권은 중앙정부와 지방정부 간의 관계를 지배적·강압적 관계가 아니라 지도적·협동적 관계로 설정한다.
② 신지방분권은 절대적·소극적 분권이 아닌 상대적·적극적 분권의 특징을 지닌다.
③ 세계화에 따른 지방자치단체의 역할 강화에 대한 요구는 신지방분권화를 촉진했다.
④ 미국의 신연방주의(New Federalism)와 프랑스의 코뮌(Commune), 데파르트망(Département) 및 레지옹(Région)의 권리와 자유에 관한 법은 신중앙집권의 대표적 사례이다.

출제유형 Ⅵ 이론 비교＋Ⅳ 개념
출제영역 신중앙집권화 vs 신지방분권화

① ○ 절대국가의 중앙집권이 지배적·강압적 관계였다면 신중앙집권은 지도적·협력적 관계로 설정한다.
② ○ 자유방임주의 국가의 지방분권이 절대적·소극적 분권이었다면, 신지방분권은 상대적·적극적 분권이다.
③ ○ 신자유주의와 세계화의 확산으로 신지방분권화가 등장하였다.
④ ✕ 미국의 신연방주의(New Federalism)와 프랑스의 코뮌(Commune), 데파르트망(Département) 및 레지옹(Région)의 권리와 자유에 관한 법은 **신지방분권(신중앙집권 ✕)의 대표적 사례이다.**

🔗 2025 신용한 지방자치론 p.17~20　　정답 ④

POINT 3 미국 지방자치의 변천

026

'13 서울 7 지방자치론

다음 중 미국의 헌장제정 방식 중 자치헌장(home-rule charter)에 관한 설명으로 옳은 것은?

① 주(州)의회가 개별 지방정부마다 그에 맞는 특별한 내용을 담아 제정·부여하는 방식이다.
② 모든 지방정부에 같은 내용의 헌장을 부여하는 방식이다.
③ 헌장을 인구규모별로 나누어 제정하는 방식이다.
④ 지역사회에서 만든 헌장 안(案)을 주민들이 주민투표 등을 통해 결정하는 방식이다.
⑤ 지방정부의 고유한 특성을 반영할 수 없다는 단점이 있다.

출제유형 Ⅰ 말바꾸기 ＋ Ⅳ 개념
출제영역 미국의 지방자치

①, ② ✕ 홈룰(Home-rule)은 주(州)의회가 아닌 **각 지방자치단체가 그 스스로 자신의 상황에 맞는 헌장(홈룰)을 제정할 수 있는 완전한 자치권 획득을 위한 운동**이다.
③ ✕ 인구규모별로 나누어 제정한 것이 아니라 **각 주(州) 내에 지방정부별로 나누어 제정**하였다.
④ ○ 주(州) 헌법을 위반하지 않는 범위 내에서 스스로 헌장 안을 만들고, 이를 주민투표 등의 민주적 절차를 통해 확정하는 방식이다.
⑤ ✕ **일반헌장의 단점에 해당**된다.

SUMMARY 미국 지방정부의 헌장발부방식의 변화

특별헌장	주(州) 의회가 개별 지방정부마다 그에 맞는 특별한 내용을 담아 제정·부여하는 방식으로 일종의 '맞춤' 방식. 특정 세력이 주(州)의회와 결탁하여 자신들에게 유리한 내용으로 이끌어 가는 폐단이 발생함.
일반헌장	모든 지방정부에 같은 내용의 헌장을 부여하는 방식. 각 지방정부의 고유한 특성을 반영할 수 없는 폐단이 발생함.
분류헌장	지방정부를 인구규모별로 나누어 몇 가지로 분류된 형태의 헌장을 부여하는 방식. 인구규모의 분류기준에 대한 문제가 발생함.
자치헌장	지역사회에서 만든 헌장을 주민투표를 통해 결정하는 방식. 주(州)의회가 가졌던 헌장 제정권을 사실상 지역주민이 가지게 됨.

🔗 2025 신용한 지방자치론 p.21, 22　　정답 ④

POINT 4 주요 국가의 지방자치 역사 : 영국, 프랑스, 일본 **D**

027 ☐☐☐
'19 서울 7 추가채용 지방자치론

외국의 지방자치 발전에 대한 설명으로 가장 옳은 것은?

① 미국은 닉슨행정부와 레이건행정부를 거쳐 '신연방제'의 이름하에 연방의 권한과 책임을 축소하여 지방정부의 자율성을 제약하였다.
② 일본은 1990년대 「지방분권추진법」 제정과 지방분권추진위원회를 중심으로 지방분권정책을 추진하였다.
③ 프랑스의 근대적 지방제도는 영국보다 먼저 시작했으며 그에 따라 분권 및 자치 기능 역시 영국에 비해 더욱 발달하였다.
④ 뉴딜 이후 지방정부가 처리해야 할 문제들이 복잡해지고 지방정부의 전문성이 강조됨에 따라 전문가가 강조되고 시장의 권한이 약화되는 약시장 – 의회제를 채택하는 경향이 나타났다.

출제유형 Ⅰ 말바꾸기 + Ⅳ 개념
출제영역 각국의 지방자치 역사

① ✗ **1981년 출범한 레이건 행정부는 닉슨이 주창한 '신연방제'의 이름아래** 연방의 권한과 책임을 축소하고 **지방정부의 권한과 자율성을 높이기 위한 노력**을 기울였다.
② ○ 일본은 1995년 5월 「지방분권추진법」이 제정되었고, 지방분권추진위원회를 중심으로 강력한 지방분권정책을 추진하였다.
③ ✗ **근대적 지방제도의 성립은 사실상 영국(1835년)보다 프랑스(1789년)가 먼저 시작했으나 나폴레옹의 강력한 집권정책으로 분권 및 자치 기능은 늦게 발전**됐다.
④ ✗ **뉴딜 이후** 지방정부의 기능이 확대되고, 리더십과 전문성을 강조하는 지방정부가 요구됨에 따라 대도시 지역의 지방정부를 중심으로 시장이 보다 강한 권한을 생사하는 **강시장 – 의회제를 채택하는 경우가 많아졌다.**

2025 신용한 지방자치론 p.24~27 **정답** ②

028 ☐☐☐
'18 국가 7

정부간 관계에 대한 설명으로 옳은 것은?

① 미국 건국초기에는 연방의 권한이 상대적으로 강했으며, 연방과 주의 권한을 명확히 구분하지 않았다.
② 딜런의 규칙(Dillon's rule)에 의하면 지방정부는 '주정부의 피조물'로서 명시적으로 위임된 사항 외에도 포괄적인 권한을 지닌다.
③ 영국의 경우 개별적으로 수권 받은 사무에 대해서는 지방자치단체가 자치권을 보유하지만, 그 범위를 벗어나는 행위는 금지된다.
④ 일본의 경우 메이지유신 이래 강력한 중앙집권적 체제를 유지해 왔으며, 국가의 관여를 폐지하거나 축소시키는 등의 분권개혁은 이루어지지 못했다.

출제유형 Ⅰ 말바꾸기 + Ⅳ 개념
출제영역 집권 – 분권에 대한 역사적 원칙과 태도

① ✗ 미국은 건국초기에서 1930년대에 이르기 까지는 이중연방제라 불리는 시기로 연방정부와 주정부의 상호작용이 최소화되어 있었으며 **두 계층의 정부는 상호작용 없이 독자적인 기능을 독자적으로 수행**하고 있었다.
② ✗ **딜런의 규칙(Dillon's rule)**은 지방정부는 주(州) 의회가 명시적으로 부여한 권한만 수행할 수 있다고 보는 것으로 **지방정부의 권한을 소극적으로 해석**한 것이었다.
③ ○ **영국에서 발달한 유월행위의 법리에 대한 설명이다**. 영국의 경우 자연인과 달리 법인은 법에 의하여 권한이 부여된 사항만을 행사할 수 있다고 본다. 따라서 지방자치단체도 법률에 의해 개별적으로 수권받은 사무에 대해서는 지방자치단체가 자치권을 보유하지만, 그 범위를 벗어나는 행위는 금지된다.
④ ✗ **일본은** 메이지유신 이래 근대화를 추진하면서 강력한 중앙집권형 체제를 유지해왔다. 하지만 **1990년대 들어 지방분권화를 통한 중앙집권형 체제의 개혁에 착수**하였다.

2025 신용한 지방자치론 p.21~27 **정답** ③

POINT 5 한국 지방자치의 변천

029 '23 서울 7 경력경쟁 지방자치론

1949년 제정 당시 「지방자치법」에서 규정하고 있는 지방자치단체의 종류에 해당하지 않는 것은?

① 시
② 군
③ 읍
④ 면

출제유형 Ⅳ 개념
출제영역 우리나라 지방자치의 발전

② ✕ 1949년 제정 지방자치법에는 도와 서울특별시를 두도록 규정하고, 도 아래 **시・읍・면**(군 ✕)을 두도록 하였다.

> 제정 지방자치법 제2조 본법에서 지방자치단체라 함은 대별하여 좌의 2종을 말한다.
> 1. 도와 서울특별시
> 2. 시, 읍, 면
>   도와 서울특별시는 정부의 직할하에 두고 시, 읍, 면은 도의 관할구역내에 둔다.

2025 신용한 지방자치론 p.30   정답 ②

---

030 '19 지방 7 지방자치론

지방자치의 역사에 대한 설명으로 옳은 것은?

① 1949년 8월 15일에 제1차 시・읍・면의회 의원 선거가 실시되었다.
② 1956년에 시・읍・면장의 직선제가 실시되었다.
③ 1991년에 실시된 지방선거에서 지방의회의원과 지방자치단체장을 선출하였다.
④ 2000년 「지방자치법」 개정으로 직할시의 명칭을 광역시로 변경하였다.

출제유형 Ⅳ 개념
출제영역 우리나라 지방자치의 발전

① ✕ 1952년 4월, 5월 전시 중 일부지역의 '부분적' 광역・기초지방의회 의원선거가 실시되었다.
② ○ 1956년 「지방자치법」의 개정을 통해 지방자치단체장(시・읍・면장)의 직선제가 실시되었다.
③ ✕ 1991년 실시된 지방선거에서 지방자치단체장 선거는 실시되지 못하였다.
④ ✕ 1995년 지방자치의 시대를 맞아 과거 중앙집권적 용어였던 직할시를 광역시로 전환하였다.

SUMMARY 지방자치의 성립

구분	관련 법률	특별시장・도지사	시・읍・면장	지방의원	지방선거
제1공화국	지방자치법 제정(1949)	임명제 (대통령 임명)	간선제 (지방의회 선출)	직선제 (명예직)	제1차 지방선거 (1952. 4)
	지방자치법 제2차 개정 (1956)	임명제	직선제	직선제	제2차 지방선거 (1956. 2) * 서울시의회 최초 구성
	지방자치법 제4차 개정 (1958)	임명제	임명제	직선제	
제2공화국	지방자치법 제5차 개정 (1960)	직선제 *서울시장 최초 직선	직선제	직선제	제3차 지방선거 (1960. 12) * 최초로 모든 지방 정부의 집행・의결 기관 선거에 의해 구성

2025 신용한 지방자치론 p.30~32   정답 ②

031 '18 서울 7 지방자치론

1945년 이후 우리나라 지방자치제도의 역사에 대한 설명으로 가장 옳지 않은 것은?

① 우리나라의 「지방자치법」은 한국전쟁 이전에 제정되었다.
② 1952년 제1차 지방선거로 지방의회가 구성되었다.
③ 1956년 서울특별시장은 주민 직선으로 처음 선출되었다.
④ 제4공화국 「헌법」 부칙에 지방의회는 조국 통일까지 구성하지 않는다고 규정하여 지방자치를 부정하였다.

출제유형 Ⅰ 말 바꾸기
출제영역 우리나라 지방자치의 발전
③ ✗ 1956년 「지방자치법」 개정에 의해 직선 지방자치단체장 체제로의 전환이 이루어졌으나 서울특별시장과 도지사는 임명직을 유지하였다. **최초의 서울특별시장 주민직선은 1960년에 이루어졌다.**

2025 신용한 지방자치론 p.30~32   정답 ③

032 '15 지방 7 지방자치론

우리나라 지방자치의 역사에 대한 설명으로 옳지 않은 것은?

① 1949년 제정된 「지방자치법」에서 서울특별시장과 도지사는 대통령이 임명하고, 시·읍·면장은 각 시·읍·면의회에서 간접 선출하도록 규정하였다.
② 1960년 12월 지방선거에서는 지방자치단체의 장과 지방의회 의원을 주민이 직접 선출하였다.
③ 1961년 제정된 「지방자치에 관한 임시조치법」으로 군(郡)이 지방자치단체가 되었다.
④ 1998년 '6.4 지방선거'에서 처음으로 '전국동시지방선거'를 실시하여, 모든 지방자치단체의 장과 지방의회의원을 동시에 선출하였다.

출제유형 Ⅱ 짝짓기
출제영역 우리나라 지방자치의 발전
① ○ 제정 「지방자치법」에서는 서울특별시장과 도지사를 국가공무원으로 하되 대통령이 임명하고, 시·읍·면장은 지방공무원으로 하며, 각 지방의회에서 간접 선출되도록 하였다.
② ○ 1960년 개정된 「지방자치법」은 서울특별시장·도지사, 시·읍·면장과 지방의원 모두를 주민이 직접 선출을 규정하였으며, 이에 의거하여 지방자치단체가 구성되었다.
③ ○ 1961년 「지방자치에 관한 임시조치법」은 읍·면 자치제 대신 군 자치제를 채택하였다.
④ ✗ **1995년 6. 27 지방선거에서 처음으로 전국동시지방선거를 실시하여 기초·광역의회 의원 및 단체장을 선출하였다.** 1998년 6.4 지방선거는 두 번째 전국동시지방선거에 해당한다.

2025 신용한 지방자치론 p.30~32   정답 ④

033　'21 지방 7 지방자치론

지방자치의 역사에 대한 설명으로 옳은 것은?

① 1949년 「지방자치법」이 제정되면서 시와 군 자치제가 규정되었다.
② 지방자치단체의 장이 지방의회에 의해 불신임될 수 있는 규정이 존재하기도 하였다.
③ 제2공화국은 의원내각제 정부 형태였으므로 지방자치단체의 기관구성 형태도 기관통합형을 취하였다.
④ 「지방자치에 관한 임시조치법」이 시행되면서 지방의회는 구성되지 않았지만 주민직선의 단체장은 선출되었다.

출제유형 Ⅰ 말 바꾸기
출제영역 우리나라 지방자치의 발전

① ✗ 1949년 「지방자치법」이 제정되면서 시·읍·면 자치제에 대한 내용을 규정하였고, 1961년 「지방자치에 관한 임시조치법」에서 읍·면 자치제 대신 군 자치제를 채택하였다.
② ○ 제정 「지방자치법」(1949년 7월 4일 공포)에서 단체장 불신임권과 의회해산권이 부여되었다가 「지방자치법」 2차 개정(1956년 2월)때 지방의회의 단체장 불신임권이 삭제되었다.
③ ✗ 1960년 개정된 「지방자치법」은 서울특별시장·도지사, 시·읍·면장과 지방의원 모두를 주민에 의한 직접 선출로 규정하여, 모든 지방정부의 집행기관과 의결기관이 선거에 의해 구성되는 기관대립형을 취하였다.
④ ✗ 「지방자치에 관한 임시조치법」이 제정되어 지방자치법의 효력이 정지당함으로써 지방자치는 전면적으로 중단되었다.

2025 신용한 지방자치론 p.30~32　　정답 ②

034　'19 국가 9

지방선거에 대한 설명으로 옳은 것은?

① 이승만 정부에서 처음으로 시·읍·면 의회의원을 뽑는 지방선거가 실시되었다.
② 박정희 정부부터 노태우 정부 시기까지는 지방선거가 실시되지 않았다.
③ 지방자치단체장과 지방의회의원을 동시에 뽑는 선거는 김대중 정부에서 처음으로 실시되었다.
④ 2010년 지방선거부터 정당공천제가 기초지방의원까지 확대되었지만 많은 문제점이 지적되면서 현재는 실시되지 않고 있다.

출제유형 Ⅳ 개념
출제영역 우리나라 지방자치의 발전

① ○ 이승만 정부에서는 1949년 「지방자치법」을 제정·공포하여 1952년 전시 중 일부지역의 시·읍·면 의원선거가 실시되었다.
② ✗ 지방자치는 1961년 5월 16일 군사정부의 포고령에 의해 지방정부가 해산되고, 9월 1일 「지방자치에 관한 임시조치법」이 제정되어 「지방자치법」의 효력이 정지당함으로써 전면적으로 중단되었다. 박정희 정부 때에는 지방선거가 실시되지 않았고, 노태우 정부 때 지방자치제가 부활되어 1961년 중단된 이후 30년 만에 주민직선에 의한 지방의회를 구성하였다.
③ ✗ 지방자치단체장과 지방의회의원을 동시에 뽑는 전국 동시지방선거는 1995년에 김영삼 정부 때 이루어졌다.
④ ✗ 정당공천제는 1995년 제1회 전국동시지방선거를 앞두고 기초의회를 제외한 광역의회, 기초·광역단체장 선거에 정당공천제가 도입되었다. 이어 2006년에 지방의원들에 대한 유급제, 기초의원에 대한 정당공천제의 도입이 이루어졌으며 현재까지 이어져오고 있다.

2025 신용한 지방자치론 p.30~35　　정답 ①

035

'22 국가 7

우리나라 지방자치의 역사에 대한 설명으로 옳은 것은?

① 제헌의회가 성립하면서 1949년 전국에서 도의회의원 선거가 실시되었다.
② 1991년 지방선거에서 지방의회의원을 선출하였으나, 지방자치단체장 선거는 실시되지 않았다.
③ 1995년부터 주민직선제에 의한 시·도교육감 선거가 실시되면서 실질적 의미의 교육자치가 시작되었다.
④ 1960년 지방선거에서는 서울특별시장·도지사 선거는 실시되었으나, 시·읍·면장 선거는 실시되지 않았다.

출제유형 Ⅳ 개념
출제영역 우리나라 지방자치의 발전

① ✗ 1949년 「지방자치법」을 제정·공포한 이후 1952년 전시 중 일부 지역에서 부분적 광역·기초지방의회 의원 선거가 실시(1대)되었으며, 1956년 총선거 실시로 제2대 지방의원 및 제1대 자치단체장이 선출되었다.
② ○ 1991년 지방의회 의원 선출을 위한 총선거가 실시되고 지방의회가 구성되었으나, 지방자치단체장 선거는 실시되지 못하였다.
③ ✗ 주민직선제에 의한 교육감 선거는 2007년부터 시행되었다.
④ ✗ 1960년 개정된 「지방자치법」은 서울특별시장·도지사, 시·읍·면장과 지방의원 모두를 주민에 의한 직접 선출로 규정하였고, 1960년 개정된 「지방자치법」에 의거하여 제3차 지방선거가 실시되어 지방자치단체가 구성되었다.

2025 신용한 지방자치론 p.30~32   **정답** ②

036

'22 서울 7 경력경쟁 지방자치론

우리나라의 지방자치에 대한 설명으로 가장 옳지 않은 것은?

① 우리나라의 「지방자치법」은 1949년 7월 4일 처음으로 제정되었다.
② 1992년 노태우 대통령 당시, 광역의원과 지방자치단체장이 선출되었다.
③ 김영삼 정부 시절, 1995년 6월 27일 실시된 지방선거에서 지방의원과 지방자치단체장 동시선거가 실시되었다.
④ 2006년에는 제주특별자치도가, 2012년에는 세종특별자치시가 출범했다.

출제유형 Ⅰ 말 바꾸기 + Ⅳ 개념
출제영역 우리나라 지방자치의 발전

① ○ 우리나라의 「지방자치법」은 1949년 7월 4일 처음으로 제정되었다.
② ✗ 노태우 대통령 당시 지방의회 의원선출을 위한 총선거가 실시 되었지만, 지방자치단체장 선거는 실시되지 못하였다.
③ ○ 김영삼 정부 시절 1995년 전국 동시지방선거를 실시하여 기초·광역의회 의원 및 단체장을 선출하였다.
④ ○ 2006년에는 제주특별자치도가, 2012년에는 세종특별자치시가 출범하였다.

2025 신용한 지방자치론 p.30~34   **정답** ②

037　'20 지방 9

지방분권 추진 원칙 중 다음 설명에 해당하는 것은?

- 기능 배분에 있어 가까운 정부에게 우선적 관할권을 부여한다.
- 민간이 처리할 수 있다면 정부가 관여해서는 안 된다.
- 가까운 지방정부가 처리할 수 있는 업무에 상급 지방정부나 중앙정부가 관여해서는 안 된다.

① 보충성의 원칙　　② 포괄성의 원칙
③ 형평성의 원칙　　④ 경제성의 원칙

출제유형 Ⅲ 내용분류
출제영역 지방분권 추진을 위한 3대 원칙

① ◎ **보충성 원칙에 대한 설명이다.** 보충성 원칙은 중앙과 지방의 기능배분에 있어 지방사무는 원칙적으로 지방정부의 관할권으로 인정하고, 지방정부가 처리하기 어려운 일에 대하여 중앙정부가 관여한다는 원칙을 말한다.

SUMMARY 지방분권 추진을 위한 3대 원칙

선분권, 후보완의 원칙	지방에 대한 신뢰를 바탕으로 우선 분권조치를 취하고, 이후 발생하는 문제들을 지방정부와 시민사회가 스스로 자정능력을 갖도록 보완해 가도록 한다는 원칙
보충성의 원칙	중앙과 지방의 기능배분에 있어 지방사무는 원칙적으로 지방정부의 관할권으로 인정하고, 지방정부가 처리하기 어려운 일에 대하여 중앙정부가 관여한다는 원칙 ① 소극적 보충성: 기초자치단체가 할 수 있는 일은 가급적 상급단체나 국가에서 하지 않고 기초자치단체가 처리하도록 해야 한다는 원칙 ② 적극적 보충성: 기초자치단체가 활동할 수 있는 조건을 갖출 수 있도록 상급단체나 국가는 행정적·재정적 여건을 지원해 주어야 한다는 원칙
포괄적 이양의 원칙	단위사무 중심의 사무이양에서 벗어나, 중·대단위 사무를 포괄적으로 지방에 이양한다는 원칙

2025 신용한 지방자치론 p.33　　**정답** ①

038　'20 서울 7 경력경쟁 지방자치론

보충성의 원칙에 대한 설명으로 가장 옳지 않은 것은?

① 과거 우리나라의 정부혁신지방분권위원회에서 제시한 지방분권추진 3대 원칙에는 포함되지 못했다.
② 1985년 유럽평의회(Council of Europe)의 유럽지방자치헌장(European Charter of Local Self-Government)에 반영되었다.
③ 공공사무 처리의 우선적인 권한은 중앙정부보다는 기초지방정부에 있다는 주장과 부합한다.
④ 유럽연합체가 지니는 강력한 권력에 대해 각 국가가 견제할 수 있는 데 기여하는 원칙이다.

출제유형 Ⅰ 말바꾸기 + Ⅳ 개념
출제영역 보충성의 원칙

① ✗ 노무현 정부시절 지방분권 추진기구 였던 정부혁신지방분권위원회에서 제시한 지방분권추진에는 **보충성 원칙이 포함**되어 있다.

SUMMARY 지방분권 추진을 위한 3대 원칙

선분권, 후보완의 원칙	지방에 대한 신뢰를 바탕으로 **우선 분권조치**를 취하고, 이후 발생하는 문제들을 지방정부와 시민사회가 스스로 보완해 가도록 한다는 원칙
보충성의 원칙	중앙과 지방의 기능배분에 있어 **지방사무는 원칙적으로 지방정부**의 관할권으로 인정하고, 지방정부가 처리하기 어려운 일에 대하여 중앙정부가 관여한다는 원칙 ① 소극적 보충성: 기초자치단체가 할 수 있는 일은 가급적 상급단체나 국가에서 하지 않고 **기초자치단체가 처리**하도록 해야 한다는 원칙 ② 적극적 보충성: 기초자치단체가 활동할 수 있는 조건을 갖출 수 있도록 상급단체나 국가는 **행정적·재정적 여건을 지원**해 주어야 한다는 원칙
포괄적 이양의 원칙	단위사무 중심의 사무이양에서 벗어나, 중·대단위 사무를 포괄적으로 지방에 이양한다는 원칙

② ◎ 보충성의 원칙은 1985년 유럽평의회(Council of Europe)의 유럽지방자치헌장(European Charter of Local Self-Government)에 반영되었고, 이후 프랑스, 독일, 영국을 비롯한 44개 회원국 중 41개국이 이 헌장에 서명하였다.
③ ◎ 보충성 원칙은 중앙과 지방의 기능배분에 있어 지방사무는 원칙적으로 지방정부의 관할권으로 인정하고, 지방정부가 처리하기 어려운 일에 대하여 중앙정부가 관여한다는 원칙이다.

2025 신용한 지방자치론 p.33　　**정답** ①

039 '18 국회 9

지방분권의 추진 원칙인 보충성의 원칙에 대한 설명으로 옳은 것을 <보기>에서 모두 고르면?

| 보기 |

ㄱ. 단편적인 지방이양의 문제점을 보완하기 위하여 포괄적으로 사무를 이양해야 한다는 원칙
ㄴ. 우선적으로 분권조치를 취하고 자치단체가 분권의 부작용을 스스로 치유할 수 있는 자정능력을 갖도록 보완해 나가야 한다는 원칙
ㄷ. 중앙정부가 지방정부의 행정역량을 보완하기 위해 지원을 제공해야 한다는 원칙
ㄹ. 중앙정부와 지방정부 사이의 연계성 부족 문제 극복을 위해 최선을 다해야 한다는 원칙
ㅁ. 지방정부가 처리할 수 있는 업무를 상급 지방정부나 중앙정부가 관여해서는 안 된다는 원칙

① ㄱ, ㄴ   ② ㄱ, ㄹ
③ ㄴ, ㅁ   ④ ㄷ, ㄹ
⑤ ㄷ, ㅁ

출제유형 IV 개념 + VI 이론비교
출제영역 보충성의 원칙

ㄱ ✗ **포괄적 이양의 원칙에 대한 설명이다.** 포괄적 이양의 원칙은 단위사무 중심의 사무이양에서 벗어나 중·대단위 사무를 포괄적으로 지방에 이양한다는 원칙이다.
ㄴ ✗ **선분권 후보완의 원칙에 대한 설명**이다.
ㄷ, ㅁ ○ 보충성의 원칙은 기초지방정부가 할 수 있는 일을 상급정부가 관여해서는 안 된다는 것으로 기초정부 우선의 원칙을 말한다. 사무배분에 있어 기초자치단체가 우선적으로 처리하고 그러하지 못한 사무는 상위자치단체나 국가가 단계적으로 보충하는 방법으로 이루어져야 한다는 것이다.

2025 신용한 지방자치론 p.33   정답 ⑤

040 '18 지방 7

「지방자치분권 및 지역균형발전에 관한 특별법」 및 「지방자치법」상 지방자치분권에 대한 내용으로 옳은 것은?

① 정부업무평가위원회는 지방자치분권 및 지역균형발전을 효과적으로 추진하기 위하여 관계 중앙행정기간의 장과 협의하고 지방자치단체의 의견을 수렴하여 지방시대 종합계획을 수립하여야 한다.
② 국가와 지방자치단체 간 또는 지방자치단체 상호간의 사무를 배분하는 경우 원칙적으로 국가가 처리하기 어려운 사무는 특별시·광역시·특별자치시·도 및 특별자치도의 사무로, 특별시·광역시·특별자치시·도 및 특별자치도가 처리하기 어려운 사무는 시·군 및 자치구의 사무로 각각 배분하여야 한다.
③ 국가는 사무배분의 원칙에 따라 그 권한 및 사무를 적극적으로 지방자치단체에 이양하여야 하며, 그 과정에서 국가사무 또는 특별시·광역시·특별자치시·도 및 특별자치도의 사무로서 특별시·광역시·특별자치시·도 및 특별자치도 또는 시·군 및 자치구의 장에게 위임된 사무는 원칙적으로 폐지하고 자치사무와 국가사무로 이분화하여야 한다.
④ 국가는 지방자치분권 및 지역균형발전 정책을 추진하면서 필요한 경우에는 지방자치단체의 실정에 맞게 시범적으로 실시할 수 없다.

출제유형 VII 법령
출제영역 지방자치분권 및 지역균형발전에 관한 특별법

① ✗ **정부업무평가위원회가 아니라 지방시대위원회이다.**

지방자치분권 및 지역균형발전에 관한 특별법 제6조 【지방시대 종합계획의 수립】 ① 제62조에 따른 지방시대위원회(이하 "지방시대위원회"라 한다)는 지방자치분권 및 지역균형발전을 효과적으로 추진하기 위하여 관계 중앙행정기관의 장과 협의하고 지방자치단체의 의견을 수렴한 후 5년을 단위로 하는 지방시대 종합계획(이하 "지방시대 종합계획"이라 한다)을 수립한다.

② ✗ **지역주민생활과 밀접한 관련이 있는 사무는 원칙적으로 시·군 및 자치구의 사무로 해야하며, 시·군·구 처리하기 어려울 때 상급 지방자치단체의 사무로 하는 것이다.**

지방자치법 제11조 【사무배분의 원칙】 ② 국가는 제1항에 따라 사무를 배분하는 경우 지역주민생활과 밀접한 관련이 있는 사무는 원칙적으로 시·군 및 자치구(이하 "시·군·구"라 한다)의 사무로, 시·군·구가 처리하기 어려운 사무는 특별시·광역시·특별자치시·도 및 특별자치도(이하 "시·도"라 한다)의 사무로, 시·도가 처리하기 어려운 사무는 국가의 사무로 각각 배분하여야 한다.

③ ⭕ 지방자치분권 및 지역균형발전에 관한 특별법 제33조 제1항

> 지방자치분권 및 지역균형발전에 관한 특별법 제33조【권한이양 및 사무구분체계의 정비 등】① 국가는 「지방자치법」 제11조에 따른 사무배분의 기본원칙에 따라 그 권한 및 사무를 적극적으로 지방자치단체에 이양하여야 하며, 그 과정에서 국가사무 또는 시·도의 사무로서 시·도 또는 시·군·구의 장에게 위임된 사무는 원칙적으로 폐지하고 자치사무와 국가사무로 이분화하여야 한다.

④ ❌ 실정에 맞게 시범적으로 실시할 수 있다.

> 지방자치분권 및 지역균형발전에 관한 특별법 제4조【지방자치분권 및 지역균형발전 정책의 시범실시】국가는 지방자치분권 및 지역균형발전 정책을 추진하면서 필요한 경우에는 지방자치단체의 실정에 맞게 시범적으로 실시할 수 있다.

🔗 2025 신용한 지방자치론 p.36, 37, 95   정답 ③

---

041 ○○○   '17 지방 7 지방자치론

「지방자치분권 및 지역균형발전에 관한 특별법」상 통합 지방자치단체에 대한 특례로 옳지 않은 것은?

① 통합 지방자치단체는 폐지되는 지방자치단체 소속 공무원에 대하여 인사상 동등하게 처우
② 지방자치단체의 통합으로 초과되는 공무원 정원에 대하여 정원 내로 포함하여 정원 확대 인정
③ 통합 지방자치단체의 의회 구성을 위한 최초 선거에서 폐지되는 각 지방자치단체의 관할구역 의원정수는 인구의 등가성을 반영
④ 지방자치단체의 통합으로 인하여 종전의 지방자치단체 또는 특정 지역의 불이익 배제

상 중 **하**

출제유형 Ⅶ 법령
출제영역 지방자치분권 및 지역균형발전에 관한 특별법

① ⭕ 지방자치분권 및 지역균형발전에 관한 특별법 제49조 제2항

> 지방자치분권 및 지역균형발전에 관한 특별법 제49조【공무원에 대한 공정한 처우보장】② 통합 지방자치단체는 폐지되는 지방자치단체 소속 공무원에 대하여 인사상 동등하게 처우하여야 한다.

② ❌ 지방자치단체의 통합으로 초과되는 공무원 정원에 대하여 정원 외 (정원 내 ×)로 인정된다.

> 동법 제49조【공무원에 대한 공정한 처우보장】① 지방자치단체의 통합으로 초과되는 공무원 정원에 대하여는 정원 외로 인정하되, 지방자치단체는 이의 조속한 해소를 위하여 적극 노력하여야 한다.

③ ⭕ 지방자치분권 및 지역균형발전에 관한 특별법 제56조

> 동법 제56조【의원정수에 관한 특례】통합 지방자치단체의 의회를 구성하기 위한 최초 선거의 지역선거구를 획정하는 경우 폐지되는 각 지방자치단체의 관할 구역에서 선출할 의원정수는 인구의 등가성(等價性)이 반영될 수 있도록 정하여야 한다.

④ ⭕ 지방자치분권 및 지역균형발전에 관한 특별법 제48조

> 동법 제48조【불이익배제의 원칙】지방자치단체의 통합으로 인하여 종전의 지방자치단체 또는 특정 지역의 행정상·재정상 이익이 상실되거나 그 지역 주민에게 새로운 부담이 추가되어서는 아니 된다.

🔗 2025 신용한 지방자치론 p.39~41   정답 ②

---

042 ○○○   '15 지방 7 지방자치론

현행법상 우리나라의 지방자치분권 업무를 추진하는 기구는?

① 지방시대위원회
② 자치분권위원회
③ 정부혁신지방분권위원회
④ 기능이양합동심의회

상 중 **하**

출제유형 Ⅶ 법령
출제영역 정권별 지방자치분권 추진법률 및 추진기구

① ⭕ 현행법상 우리나라의 지방분권 업무를 추진하는 기구는 대통령 소속의 지방시대위원회이다.

> 지방자치분권 및 지역균형발전에 관한 특별법 제62조【지방시대위원회의 설치 및 존속기한】① 지방자치분권 및 지역균형발전을 추진하기 위하여 대통령 소속으로 지방시대위원회를 둔다.

🔗 2025 신용한 지방자치론 p.36   정답 ①

---

043 ○○○   '19 국회 8

지방자치분권과 지역균형발전 등의 추진을 위해 설치된 대통령 소속 위원회로 현재 운영 중인 것은?

① 자치분권위원회   ② 지방시대위원회
③ 지방분권촉진위원회   ④ 지방자치발전위원회
⑤ 지방이양추진위원회

상 중 **하**

출제유형 Ⅶ 법령
출제영역 정권별 지방분권 추진법률 및 추진기구

② ⭕ 지방자치분권 및 지역균형발전에 관한 특별법 제62조

> 지방자치분권 및 지역균형발전에 관한 특별법 제62조【지방시대위원회의 설치 및 존속기한】① 지방자치분권 및 지역균형발전을 추진하기 위하여 대통령 소속으로 지방시대위원회를 둔다.

🔗 2025 신용한 지방자치론 p.36   정답 ②

044 '17 국가 9

중앙과 지방의 권한배분에 대한 설명으로 옳지 않은 것은?

① 지방자치분권 및 지역균형발전을 추진하기 위하여 국무총리 소속으로 지방시대위원회를 둔다.
② 국가는 지방자치단체에 이양한 사무가 원활히 처리될 수 있도록 행정적·재정적 지원을 병행하여야 한다.
③ 중앙행정기관의 장과 지방자치단체의 장이 사무를 처리할 때 의견을 달리하는 경우 이를 협의·조정하기 위하여 국무총리 소속으로 행정협의조정위원회를 둔다.
④ 「지방자치법」은 원칙적으로 사무배분방식에 있어서 포괄적 예시주의를 취하고 있다.

출제유형 Ⅰ 말바꾸기 + Ⅶ 법령
출제영역 지방분권 추진법률 및 추진기구 등

① ✕ 지방자치분권 및 지역균형발전을 추진하기 위하여 **대통령**(국무총리 ✕) 소속으로 지방시대위원회를 둔다.

> 지방자치분권 및 지역균형발전에 관한 특별법 제62조【지방시대위원회의 설치 및 존속기한】① 지방자치분권 및 지역균형발전을 추진하기 위하여 대통령 소속으로 지방시대위원회를 둔다.

② ◯ 지방자치분권 및 지역균형발전에 관한 특별법 제33조 제3항

> 지방자치분권 및 지방행정체제개편에 관한 특별법 제33조【권한이양 및 사무구분체계의 정비 등】③ 국가는 지방자치단체에 이양한 권한 및 사무가 원활히 처리될 수 있도록 대통령령으로 정하는 바에 따라 행정적·재정적 지원을 병행하여야 한다.

③ ◯ 지방자치법 제187조 제1항

> 지방자치법 제187조【중앙행정기관과 지방자치단체 간 협의·조정】① 중앙행정기관의 장과 지방자치단체의 장이 사무를 처리할 때 의견을 달리하는 경우 이를 협의·조정하기 위하여 국무총리 소속으로 행정협의조정위원회를 둔다.

④ ◯ 1988년 이후의 「지방자치법」은 포괄적 예시주의 방식을 취하고 있다.

정답 ①

045 '15 지방 7 지방자치론

지방자치 관련 법률의 제정 순으로 바르게 나열한 것은?

ㄱ. 중앙행정 권한의 지방이양 촉진 등에 관한 법률
ㄴ. 주민투표법
ㄷ. 지방행정체제 개편에 관한 특별법
ㄹ. 주민소환에 관한 법률

① ㄱ → ㄴ → ㄷ → ㄹ
② ㄱ → ㄴ → ㄹ → ㄷ
③ ㄴ → ㄷ → ㄱ → ㄹ
④ ㄷ → ㄱ → ㄹ → ㄴ

출제유형 Ⅴ 순서연결
출제영역 정권별 지방자치

② ◯ ㄱ(1999) → ㄴ(2004) → ㄹ(2006) → ㄷ(2010) 각 정권별 지방자치에 대한 주요 내용을 묻는 문제이다.

ㄱ. 「중앙행정 권한의 지방이양 촉진 등에 관한 법률」 – 김대중 정부, 1999년 제정
ㄴ. 「주민투표법」 – 노무현 정부, 2004년 제정
ㄷ. 「지방행정체제개편에 관한 특별법」 – 이명박 정부, 2010년 제정
ㄹ. 「주민소환에 관한 법률」 – 노무현 정부, 2006년 제정

SUMMARY 정권별 지방분권 추진법률 및 추진기구

정권	법률	추진기구
김대중	중앙행정권한의 지방이양촉진에 관한 법률 (1999)	지방이양추진위원회
노무현	지방분권특별법(2004)	정부혁신지방분권위원회
이명박	지방분권촉진에 관한 특별법(2008) 지방행정체제 개편에 관한 특별법(2010)	지방분권촉진위원회 지방행정체제개편추진위원회
박근혜	지방분권 및 지방행정체제개편에 관한 특별법 (2013)	지방자치발전위원회
문재인	지방자치분권 및 지방행정체제개편에 관한 특별법(2018)	자치분권위원회
윤석열	지방자치분권 및 지역균형발전에 관한 특별법 (2023)	지방시대위원회

정답 ②

046

지방분권추진기구를 설치 시기가 이른 것부터 바르게 나열한 것은?

> 가. 지방분권촉진위원회
> 나. 지방이양추진위원회
> 다. 지방시대위원회
> 라. 정부혁신지방분권위원회
> 마. 자치분권위원회

① 가→나→다→라→마
② 가→라→나→마→다
③ 나→라→가→마→다
④ 나→라→마→가→다

출제유형 V 순서연결
출제영역 정권별 지방분권 추진법률 및 추진기구

③ ◎ 우리나라 지방분권 추진기구는 나. 지방이양추진위원회(김대중 정부) → 라. 정부혁신지방분권위원회(노무현 정부) → 가. 지방분권촉진위원회(이명박 정부) → 마. 자치분권위원회(문재인 정부) → 다. 지방시대위원회(윤석열 정부) 순이다.

정답 ③

047

2022년 1월 시행된 「지방자치법」에 새롭게 추가된 내용이 아닌 것은?

① 지방자치단체의 기관구성 형태의 특례
② 의원의 정책지원 전문인력
③ 주민의 의무 및 주민소환
④ 지방자치단체의 장의 직 인수위원회

출제유형 VII 법령
출제영역 지방자치법

① ◎ 개정 「지방자치법」에서는 지역여건별로 따로 법률로 정하는 바에 따라 주민투표로 단체장의 선임방법 등 자치단체의 기관구성의 형태를 선택할 수 있도록 하였다(지방자치법 제4조).

이전	개정
• 기관 분리형(단체장–지방의회)	• 주민투표 거쳐 지방의회와 집행기관의 구성 변경 가능(기관분리형·통합형 등)

② ◎ 개정 「지방자치법」에서는 지방의회의 독립성과 전문성 강화를 위해 자치입법·예산심의·행정사무감사 등을 지원할 정책지원 전문인력을 도입하였다(지방자치법 제41조).

이전	개정
• 규정없음 ※ 제주특별법에 따라 제주도만 의원정수 1/2범위에서 정책연구위원 운영(21명)	• 모든 지방의회에서 의원정수 1/2 범위에서 정책지원전문인력 운영 가능

④ ◎ 개정 「지방자치법」에서는 지방자치단체장의 직 인수위원회의 운영 근거가 마련되었다(지방자치법 제105조).

이전	개정
• 규정없음	• 시·도 20명, 시·군·구 15명 이내에서 임기 시작 후 20일 범위내로 단체장 인수위 자율 구성

정답 ③

신용한 지방자치론

―― 지방자치론은 결국 신용한입니다

PART 2

지방자치의 기본적 체계

CHAPTER

- 지방자치단체의 계층
- 지방자치단체의 구역
- 지방자치단체의 자치권
- 지방사무와 계층 간 기능배분
- 경찰, 교육 기능

CHAPTER 1   지방자치단체의 계층
CHAPTER 2   지방자치단체의 구역
CHAPTER 3   지방자치단체의 자치권
CHAPTER 4   지방사무와 계층 간 기능배분
CHAPTER 5   경찰, 교육 기능

POINT

- 지방자치단체의 의의 및 유형 — C
- 지방자치단체의 계층 — B
- 한국 지방자치단체의 계층 — S

- 지방자치단체의 구역 설정 — C
- 지방자치단체의 구역변경 및 조정 절차 — B

- 지방자치단체 자치권 — S

- 지방사무 — S
- 계층 간 지방사무의 배분 — B

- 경찰자치제 & 교육자치제 — B

CHAPTER 1 지방자치단체의 계층

POINT 1 지방자치단체의 의의 및 유형 C

048 □□□
'22 서울 7 경력경쟁 지방자치론

특별지방정부에 대한 설명으로 가장 옳지 않은 것은?

① 특별지방정부는 특정한 기능을 수행하는 지방정부를 말하며, 지방정부만 설립이 가능하여 통치기구의 성격을 갖는다.
② 우리나라의 경우 지방자치단체조합을 특별지방정부로 인정하고 있다.
③ 주로 상·하수도, 하천관리, 공원, 주택 등의 분야에서 설치된다.
④ 법인격을 갖고 있고, 기업과 달리 공적 권한을 행사할 수 있으며, 일정한 수준의 자치권을 지니고 있다.

출제유형 Ⅰ 말바꾸기 + Ⅳ 개념
출제영역 특별지방자치단체

① ❌ 특별지방정부는 특정 목적의 행정사무처리나 광역행정사무의 지방자치단체 간 공동처리를 위해 설치되는 공공단체이다. 주로 **서비스기관**(통치기구 ✕)**으로서의 성격**을 가지며, **지방정부만이 설립이 가능한 것은 아니다.**
② ⭕ 우리나라의 경우 지방자치단체조합, 특별지방자치단체 등이 특별지방정부로 인정되고 있다.
③ ⭕ 주로 상·하수도, 하천관리, 공원, 주택 등의 분야에서 설치된다.
④ ⭕ 특별지방정부는 자치권을 부여 받을 수 있는 법인격을 가진 주체이다. 따라서 재산을 소유할 수있고, 소송의 당사자가 될 수 있다.

📖 2025 신용한 지방자치론 p.53   **정답** ①

049 □□□
'16 사회복지직 9

특별지방자치단체에 대한 설명으로 옳지 않은 것은?

① 특정한 목적을 수행하기 위하여 필요한 경우에 설치되는 지방자치단체이다.
② 특정한 지방공공사무를 보다 편리하면서도 효율적으로 수행하기 위하여 별도의 관할구역과 행정조직이 필요하다는 것이 설립의 일반적 이유이다.
③ 특별지방자치단체의 설립을 통해 지방자치단체의 난립과 구역·조직·재무 등 지방제도의 복잡성과 혼란을 완화할 수 있다.
④ 특별지방자치단체는 행정사무처리 이외에 공기업의 경영을 위해 설립되기도 한다.

출제유형 Ⅳ 개념
출제영역 특별지방자치단체의 특징

③ ❌ **특별지방자치단체는** 특정 목적의 행정사무 처리나 광역행정사무를 지방자치단체 간 공동처리하기 위해 설치되는 공공단체이다. 특별지방자치단체는 광역행정방식 중 하나이므로 광역행정의 장단점을 같이 생각하면서 해결하는 것이 좋다. **광역행정은 기존 지방자치단체의 자치권의 침해 가능성을 높이고, 오히려 지방제도의 복잡성과 혼란을 가중시킬 수 있다.**

📖 2025 신용한 지방자치론 p.53   **정답** ③

050

'16 지방 7 지방자치론

특별지방자치단체에 대한 설명으로 옳지 않은 것은?

① 정책상의 견지에서 특정한 목적달성을 위하여 필요한 경우에 설치된다.
② 공기업의 경영을 위하여 설립되는 경우도 있다.
③ 현행법상 특별지방자치단체로서 광역사무단체인 시·읍·면 조합과 특수사무단체인 교육구가 있다.
④ 미국과 일본의 특별구는 주민을 구성원으로 한다.

출제유형 Ⅳ 개념 + Ⅶ 법령
출제영역 특별지방자치단체

③ ❌ 우리나라의 경우 특별지방자치단체로서 인정되는 것은 지방자치단체조합이다. 지방자치단체조합에는 부산·진해경제자유구역청, 지리산권관광개발조합 등이 있다.

2025 신용한 지방자치론 p.53, 54   정답 ③

051

'16 서울 7 지방자치론

지방자치단체의 설립목적을 중심으로 자치단체의 종류를 보통지방자치단체와 특별지방자치단체로 구분한다. 다음 중 보통지방자치단체의 개념에 해당하지 않는 것은?

① 서울특별시
② 대구·경북 경제자유구역청
③ 세종특별자치시
④ 청주시

출제유형 Ⅲ 내용분류
출제영역 보통지방자치단체 vs 특별지방자치단체

② ❌ 우리나라의 경우 특별지방자치단체는 지방자치단체조합이 해당된다. 대구·경북 경제자유구역청은 지방자치단체조합으로 특별지방자치단체이다. 이 외에도 부산·진해 자유구역청, 광양만권경제자유구역청, 지역상생발전기금조합 등의 지방자치단체조합이 있다.

2025 신용한 지방자치론 p.53, 54   정답 ②

052

'24 서울 7 경력경쟁 지방자치론

「지방자치법」상 지방자치단체의 기관구성에 대한 설명으로 가장 옳지 않은 것은?

① 개정된 「지방자치법」이 2002년 1월 시행됨에 따라 지방자치단체의 기관구성 형태를 달리할 수 있게 되었다.
② 지방의회와 집행기관의 구성을 달리하려는 경우 「주민투표법」에 따른 주민투표를 거쳐야 한다.
③ 특별지방자치단체는 집행기관인 특별지방자치단체의 장과 입법기관인 특별지방자치단체의 의회를 둔다.
④ 특별지방자치단체의 장은 규약으로 정하는 바에 따라 구성 지방자치단체 주민들에 의해 선출된다.

출제유형 Ⅶ 법령 + Ⅳ 개념
출제영역 특별지방자치단체 등

①, ② ⭕ 우리나라의 지방자치정부는 기본적으로 기관대립형으로 구성되어 있지만, 「지방자치법」개정(2022. 1. 13. 시행)으로 따로 법률로 정하는 경우 주민투표로 단체장의 선임방법을 포함하여 자치단체의 기관구성 형태를 선택하여 운영할 수 있게 되었다.

> **지방자치법 제4조【지방자치단체의 기관구성 형태의 특례】** ① 지방자치단체의 의회(이하 "지방의회"라 한다)와 집행기관에 관한 이 법의 규정에도 불구하고 따로 법률로 정하는 바에 따라 지방자치단체의 장의 선임방법을 포함한 지방자치단체의 기관구성 형태를 달리 할 수 있다.
> ② 제1항에 따라 지방의회와 집행기관의 구성을 달리하려는 경우에는 「주민투표법」에 따른 주민투표를 거쳐야 한다.

③ ⭕, ④ ❌ 특별지방자치단체는 집행기관인 특별지방자치단체의 장과 입법기관인 특별지방자치단체의 의회를 두며, 특별지방자치단체의 장은 규약으로 정하는 바에 따라 **특별지방자치단체의 의회(구성 지방자치단체 주민들 ×)에 의해 선출**된다.

> **동법 제204조【의회의 조직 등】** ① 특별지방자치단체의 의회는 규약으로 정하는 바에 따라 구성 지방자치단체의 의회 의원으로 구성한다.
> **동법 제205조【집행기관의 조직 등】** ① 특별지방자치단체의 장은 규약으로 정하는 바에 따라 **특별지방자치단체의 의회에서 선출**한다.

2025 신용한 지방자치론 p.71~73, 112   정답 ④

053

'17 서울 7 지방자치론

다음 중 외국의 특별지방자치단체에 대한 설명으로 가장 옳지 않은 것은?

① 영국에서 과거에 설립되었던 특별자치제(ad hoc authority)와 공동협의회를 예로 들 수 있다.
② 미국은 특정사무의 처리를 위한 각종 특별구역이 무수히 난립되어 있다.
③ 프랑스는 지역행정의 수요에 대처하기 위하여 1870년부터 목적조합(Zweckverband), 지역구 등의 특별자치단체를 도입하였다.
④ 독일은 광역적 사무를 처리하기 위한 특별자치단체로서, 게마인데(Gemeinde)연합 및 광역연합 등이 구성되어 있다.

출제유형 IV 개념
출제영역 외국의 특별지방자치단체

① ⭕ 영국에서는 과거에 빈번히 설립되었던 특별자치제(ad hoc authority)와 공동협의회(joint board)가 특별자치단체의 예가 될 수 있다.
② ⭕ 미국에는 특정사무의 처리를 위한 각종 특별구역(special district)이 무수히 난립되어 있고 특별구역은 지역주민의 청원과 주민투표를 거쳐 설립된다.
③ ❌, ④ ⭕ 프랑스에서는 광역행정의 수요에 대처하기 위한 코뮌(commune)조합, 연합구, 도시공동체 등의 특별자치단체가 설립되어 있다. 목적조합(Zweckverband)은 특정사무를 공동적으로 처리하기 위하여 복수의 게마인데에 의하여 설립된 사단(社團)으로 독일의 특별자치단체이다.

2025 신용한 지방자치론 p.54 **정답** ③

POINT 2 지방자치단체의 계층   B

054

'21 서울 7 경력경쟁 지방자치론

지방자치단체의 계층 구조 중 단층제에 대한 설명으로 가장 옳지 않은 것은?

① 단층제는 지방자치단체 간 수직적 협력과 경쟁을 촉진할 수 있다.
② 단층제는 중층제에 비해 어느 하나의 계층에서 유지되는 행정기구와 인력을 절감하여 행정의 효율성이 제고될 수 있다.
③ 단층제는 광역적 행정수요 대응과 지방자치단체 간 정책조정이 어려울 수 있다.
④ 단층제는 관할구역과 기능배분상의 중첩이 없으므로 해당 구역 및 기능 관련 문제에 대해서는 행정의 책임성을 명확히 할 수 있다.

출제유형 VI 이론 비교
출제영역 중층제 vs 단층제

① ❌ **중층제의 장점에 해당**한다. 단층제의 경우 기초지방정부의 능력을 초과하는 광역사무의 경우에는 중앙정부가 처리하게 되므로, 오히려 중앙정부의 비대화나 중앙집권화의 배경이 될 수 있다.

2025 신용한 지방자치론 p.55 **정답** ①

055

'17 서울 7 지방자치론

다음 중 지방자치단체의 계층구조 중 중층제의 장점으로 가장 옳지 않은 것은?

① 국가와 기초자치단체 간의 원활한 관계 유지 가능
② 업무수행의 신속성 확보
③ 공공기능의 분업적 수행 가능
④ 광역자치단체가 기초자치단체 기능 보완

출제유형 Ⅰ 말바꾸기 + Ⅵ 이론 비교
출제영역 중층제 vs 단층제

①, ③, ④ ○ 중층제는 광역자치단체가 국가의 강력한 간섭과 감독으로부터 기초자치단체를 보호할 수 있고, 기능을 보완할 수 있다. 또한 기초자치단체는 주민의 일상생활에 직결되는 공공사무를 담당하고, 광역자치단체는 광역사무를 처리하게 함으로써 공공기능의 분업적 수행을 가능하게 한다.

② 중층제는 기초자치단체와 광역자치단체 간 행정기능이 중첩됨으로써 이중행정으로 인한 불필요한 낭비와 지연이 발생할 수 있다는 단점이 있다.

SUMMARY 중층제와 단층제의 장·단점

구분	중층제	단층제
장점	• 공공기능의 분업적 수행을 가능케 함 • 국가의 감독기능 유지(중간단체에 감독기능 부여) • 민주주의 원리의 확산(국가의 직접 개입 차단) • 기초자치단체의 기능 보완	• 신속한 행정을 도모 • 이중행정과 감독의 폐해 방지 • 행정낭비 제거와 효율성 도모 • 지방의 특수성·개별성 고려에 유리 • 행정책임의 명확화
단점	• 이중행정의 폐단 • 행정책임의 모호성 • 행정지체와 낭비로 인한 불합리성 • 지역적 특성을 도외시할 가능성 • 주민의 의사전달과 중앙행정의 침투가 왜곡 저해될 우려	• 넓은 국토, 많은 인구에 적용이 불리함. • 중앙집권화로 흐를 가능성 • 중앙정부의 비대화로 이어질 가능성 • 광역행정사무 처리의 어려움.

2025 신용한 지방자치론 p.55　　정답 ②

056

'18 지방 7 지방자치론

중층의 지방정부 계층구조의 단점이 아닌 것은?

① 기초자치단체 간 분쟁 발생 시 조정의 어려움
② 행정기능 중첩으로 인한 불필요한 낭비와 지연 발생 가능성
③ 물적 자원의 흐름에 있어서의 지연 가능성
④ 의사와 정보의 왜곡 가능성

출제유형 Ⅵ 이론 비교
출제영역 중층제 vs 단층제

① 중층제는 중앙정부와 기초자치단체 사이에 광역적 관할구역을 관장하는 지방자치단체를 두는 구조로, 기초자치단체 간 정책갈등과 분쟁의 조정이 유리하다.
② ○ 중층제를 선택할 경우 이중 행정, 이중 감독의 폐단으로 불필요한 낭비와 지연 등이 발생할 수 있다.
③ ○ 중층제는 물적 자원의 흐름에 있어서 지연이 발생할 수 있는 등 업무수행의 신속성을 확보하기 어렵다.
④ ○ 중층제는 정보왜곡이 발생할 가능성이 높다. 특히 경유하는 계층이 많을수록 의사의 누수와 정보의 왜곡 가능성은 더욱 높아진다.

2025 신용한 지방자치론 p.55　　정답 ①

057 '23 지방 7 지방자치론

지방정부의 계층에 대한 설명으로 옳지 않은 것은?

① 단층제는 중층제에 비해 업무에 대한 행정책임이 명확하다.
② 단층제는 중층제에 비해 정부 간 보고체계에 따른 행정의 지연을 줄일 수 있다.
③ 중층제는 단층제에 비해 지방정부 간 수직적 분업에 불리하다.
④ 중층제는 단층제에 비해 의사소통 내용의 왜곡이 발생하기 쉽다.

출제유형 Ⅵ 이론 비교
출제영역 중층제 vs 단층제

① ○ 단층제는 중간계층을 두지 않음으로써 책임의 소재를 불명확하게 만든다는 문제를 방지할 수 있다.
② ○ 단층제에서 기초지방자치단체는 광역자치단체를 거치지 않고 직접 중앙정부와 연결되어 신속한 행정을 도모할 수 있다.
③ ✕ **중층제는** 한 지방자치단체가 다른 지방자치단체를 구역 안에 포괄하고 있어서 한 구역에 지방자치단체가 중첩되는 구조이다. 따라서 **단층제에 비해 지방정부 간 수직적 분업에 유리**하다.
④ ○ 중층제는 정보왜곡이 발생할 가능성이 높다. 특히 경유하는 계층이 많을수록 의사의 누수와 정보의 왜곡 가능성은 더욱 높아진다.

2025 신용한 지방자치론 p.55 **정답** ③

058 '19 경간

지방자치단체의 계층구조에 대한 설명으로 가장 옳지 않은 것은?

① 중층제에서는 단층제에서보다 기초자치단체와 중앙정부의 의사소통이 원활하지 못할 수 있다.
② 중층제는 국가의 감독기능 유지를 어렵게 한다.
③ 단층제는 중층제보다 중복행정으로 인한 행정지연의 낭비를 줄일 수 있다.
④ 단층제는 중앙집권화의 우려가 크다.

출제유형 Ⅵ 이론 비교
출제영역 중층제 vs 단층제

② ✕ **중층제는** 한 지방자치단체가 다른 지방자치단체를 구역 안에 포괄하고 있어서 한 구역에 지방자치단체가 중첩되는 구조이다. 중층제는 기초지방정부에 대해 지역사정에 밝은 상급지방정부가 일차적 감독기관의 역할을 함으로써 **국가의 감독기능을 원활하게 한다**.

2025 신용한 지방자치론 p.55 **정답** ②

059

'19 서울 7 추가채용 지방자치론

지방자치단체의 계층 구조에서 중층제의 장·단점에 대한 설명으로 가장 옳지 않은 것은?

① 중층제에서는 여러 지역에 걸쳐서 일어나는 행정문제를 해결하기 위한 광역행정수요에 효과적으로 대응할 수 있다.
② 중층제에서는 기초자치단체 간 갈등을 광역자치단체가 효율적으로 조정할 수 있다.
③ 중층제에서는 광역자치단체와 기초자치단체 간의 업무가 명확하게 구분되지 않으면 행정의 중복으로 인한 낭비가 초래될 가능성이 있다.
④ 중층제에서는 기초자치단체의 의사가 중앙정부에 신속하게 전달될 수 있다.

출제유형 Ⅳ 개념 + Ⅵ 이론 비교
출제영역 중층제 vs 단층제

④ ❌ 기초자치단체의 의사를 중앙정부에 신속하게 전달하고, 의사전달의 왜곡을 방지할 수 있는 것은 단층제의 장점이다. **중층제는** 주민의 중앙정부에 대한 의사전달과 중앙행정의 주민에 대한 침투가 중간 지방정부에 의해 왜곡될 수 있으며, **의사전달이 지연될 수 있다**.

2025 신용한 지방자치론 p.55   정답 ④

060

'23 경간

지방자치단체의 계층구조에 대한 설명으로 가장 옳지 않은 것은?

① 단층제는 중층제보다 행정책임소재를 명확하게 할 수 있다.
② 중층제는 지역 특수성에 맞는 신속한 행정을 도모할 수 있다.
③ 단층제는 중앙정부의 권한과 역할을 강화하는 배경이 될 수 있다.
④ 세종특별자치시와 제주특별자치도는 단층제로 운영되고 있다.

출제유형 Ⅵ 이론 비교
출제영역 중층제 vs 단층제

① ⭕ 단층제는 중간계층을 두지 않음으로써 책임의 소재를 불명확하게 만든다는 문제를 방지할 수 있다.
② ❌ **단층제에 대한 설명**이다. 중층제는 기초자치단체와 광역자치단체 간 행정기능이 중첩됨으로써 이중행정으로 인한 불필요한 낭비와 지연이 발생할 수 있다는 단점이 있다.
③ ⭕ 단층제에서는 중앙정부가 지방자치단체를 직접 감독, 통제할 수 있고 따라서 중앙집권화로 흐를 수 있다. 또한 중앙정부의 통솔범위가 넓어져서 중앙정부의 비대화로 이어질 수 있다.
④ ⭕ 세종특별자치시와 제주특별자치도는 단층제로 운영되고 있다.

> 세종특별자치시 등에 관한 특별법 제6조【설치 등】② 세종특별자치시의 관할구역에는 「지방자치법」 제2조제1항제2호의 지방자치단체를 두지 아니한다.
> 제주특별자치도 설치 및 국제자유도시 조성을 위한 특별법 제10조【행정시의 폐지·설치·분리·합병 등】① 제주자치도는 「지방자치법」 제2조제1항 및 제3조제2항에도 불구하고 그 관할구역에 지방자치단체인 시와 군을 두지 아니한다.

SUMMARY 중층제와 단층제의 장·단점

구분	중층제	단층제
장점	• 공공기능의 분업적 수행을 가능케 함 • 국가의 감독기능 유지(중간단체에 감독기능 부여) • 민주주의 원리의 확산(국가의 직접 개입 차단) • 기초자치단체의 기능 보완	• 신속한 행정을 도모 • 이중행정과 감독의 폐해 방지 • 행정낭비 제거와 효율성 도모 • 지방의 특수성·개별성 고려에 유리 • 행정책임의 명확화
단점	• 이중행정의 폐단 • 행정책임의 모호성 • 행정지체와 낭비로 인한 불합리성 • 지역적 특성을 도외시할 가능성 • 주민의 의사전달과 중앙행정의 침투가 왜곡 저해될 우려	• 넓은 국토, 많은 인구에 적용이 불리함. • 중앙집권화로 흐를 가능성 • 중앙정부의 비대화로 이어질 가능성 • 광역행정사무 처리의 어려움.

2025 신용한 지방자치론 p.55   정답 ②

061

'18 서울 7 지방자치론

외국의 지방행정체제에 대한 설명으로 가장 옳지 않은 것은?

① 일본의 도쿄도는 시·정·촌과 특별구를 두고 있다.
② 영국에서는 1990년대 이후 메트로폴리탄 디스트릭트(metro politan district)를 통합시(unitary authority)로 개편하는 작업이 진행되고 있다.
③ 프랑스의 자치계층은 레지옹(region), 데파르트망(département), 꼬뮨(commune) 3계층으로 이루어져 있다.
④ 독일의 경우 베를린 등 3개 도시주(city-state)를 제외한 나머지 주의 경우 단층제와 중층제가 혼용되고 있다.

[출제유형] Ⅳ 개념
[출제영역] 외국 지방자치 사례

① ◎ 일본의 도쿄도는 37개의 시·정·촌과 함께 도심지역에는 23개의 특별구를 두고 있다.

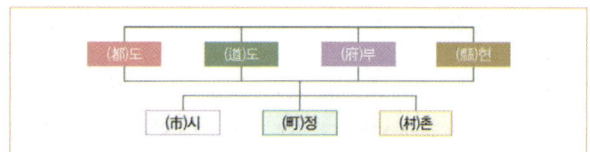

② ✕ 영국의 경우 1996년 이후 비메트로폴리탄 카운티에서 카운티를 없애는 대신 디스트릭트의 기능을 확대하는 방향으로 단층화 작업이 진행되고 있는 그 결과로 만들어진 지방정부가 통합시(unitary authority)이다.

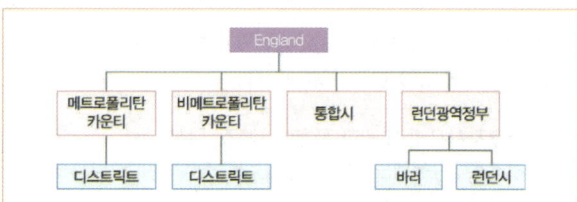

③ ◎ 프랑스는 가장 상위에 있는 자치정부인 레지옹(region)과 레지옹의 안에 있는 광역자치정부인 데파르트망(departement), 지역공동체를 중심으로 하는 꼬뮨(commune) 3계층으로 이루어져 있다.

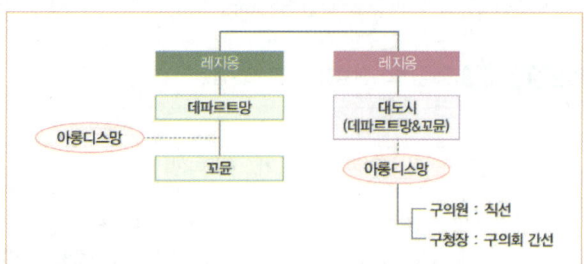

④ ◎ 독일의 경우 베를린 등 3개 도시주를 제외한 나머지의 경우 단층제와 중층제가 혼용되고 있다.

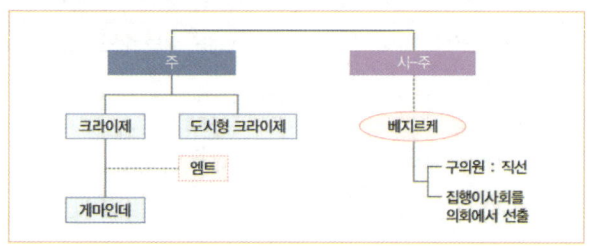

2025 신용한 지방자치론 p.56~59 정답 ②

POINT 3 한국 지방자치단체의 계층

062

'17 지방 7 지방자치론

「헌법」상 지방자치에 대한 규정으로 옳지 않은 것은?

① 지방자치단체의 종류는 대통령령으로 정한다.
② 지방자치단체는 주민의 복리에 관한 사무를 처리하고 재산을 관리하며, 법령의 범위 안에서 자치에 관한 규정을 제정할 수 있다.
③ 지방의회의 조직·권한·의원선거에 관한 사항은 법률로 정한다.
④ 지방자치단체의 장의 선임방법 기타 지방자치단체의 조직과 운영에 관한 사항은 법률로 정한다.

[출제유형] Ⅶ 법령
[출제영역] 우리나라 지방자치

① ✕ 지방자치단체의 종류는 법률(대통령령 ✕)로 정한다.

> 헌법 제117조 ① 지방자치단체는 주민의 복리에 관한 사무를 처리하고 재산을 관리하며, 법령의 범위안에서 자치에 관한 규정을 제정할 수 있다.
> ② 지방자치단체의 종류는 법률로 정한다.
> 헌법 제118조 ① 지방자치단체에 의회를 둔다.
> ② 지방의회의 조직·권한·의원선거와 지방자치단체의 장의 선임방법 기타 지방자치단체의 조직과 운영에 관한 사항은 법률로 정한다.

2025 신용한 지방자치론 p.61, 83, 116 정답 ①

063　'19 서울 7 지방자치론

우리나라 지방자치단체의 계층구조에 대한 설명으로 가장 옳지 않은 것은?

① 일반시라도 인구 50만 이상의 경우 자치구가 아닌 구를 둘 수 있다.
② 우리나라의 자치계층은 2계층의 중층제이다.
③ 자치계층은 행정계층보다 더 많은 계층 수가 존재하고 있다.
④ 광역시에 군을 설치할 수 있다.

출제유형 Ⅰ 말바꾸기 + Ⅶ 법령
출제영역 우리나라 지방자치단체의 계층

① ○ 지방자치법 제3조 제3항

> 지방자치법 제3조【지방자치단체의 법인격과 관할】③ 특별시・광역시 또는 특별자치시가 아닌 인구 50만 이상의 시에는 자치구가 아닌 구를 둘 수 있고, 군에는 읍・면을 두며, 시와 구(자치구를 포함한다)에는 동을, 읍・면에는 리를 둔다.

② ○ 지방자치법 제2조 제1항

> 동법 제2조【지방자치단체의 종류】① 지방자치단체는 다음의 두 가지 종류로 구분한다.
> 1. 특별시, 광역시, 특별자치시, 도, 특별자치도
> 2. 시, 군, 구

③ ✕ 우리나라는 자치 2층제를 기조로 하면서 일부 지역에서만 단층제를 채택하고 있다. 행정계층은 지역별로 다양하며 2~4층제를 유지하고 있다.

④ ○ 광역시의 관할구역 안에는 군과 자치구를 둘 수 있다.

> 동법 제3조【지방자치단체의 종류】② 특별시, 광역시, 특별자치시, 도, 특별자치도(이하 "시・도"라 한다)는 정부의 직할(直轄)로 두고, 시는 도 또는 특별자치도의 관할 구역 안에, 군은 광역시・도 또는 특별자치도의 관할 구역 안에 두며, 자치구는 특별시와 광역시의 관할 구역 안에 둔다. 다만, 특별자치도의 경우에는 법률이 정하는 바에 따라 관할 구역 안에 시 또는 군을 두지 아니할 수 있다.

SUMMARY 우리나라 지방자치단체의 종류

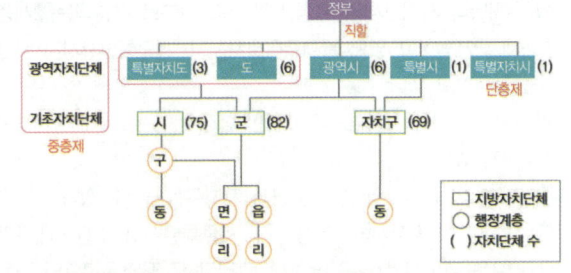

※ 다만, 특별자치도의 경우에는 법률이 정하는 바에 따라 관할 구역 안에 시 또는 군을 두지 아니할 수 있음.
※ 특별자치시와 관할 구역 안에 시 또는 군을 두지 아니하는 특별자치시의 하부행정기관에 관한 사항은 따로 법률로 정함.

2025 신용한 지방자치론 p.61~71　　정답 ③

064　'18 서울 7 추가채용 지방자치론

지방행정계층으로서의 법적 지위가 동일하지 않은 지방자치단체의 묶음만을 <보기>에서 모두 고른 것은?

| 보기 |
ㄱ. 경상북도 문경시 - 제주특별자치도 제주시
ㄴ. 서울특별시 동작구 - 경상북도 울릉군
ㄷ. 경기도 수원시 - 세종특별자치시
ㄹ. 경기도 용인시 수지구 - 대전광역시 유성구

① ㄱ, ㄷ
② ㄷ, ㄹ
③ ㄱ, ㄷ, ㄹ
④ ㄴ, ㄷ, ㄹ

출제유형 Ⅱ 짝짓기
출제영역 우리나라 지방자치단체의 계층

ㄱ ✕ 경상북도 문경시는 지방자치단체인 시이고 제주특별자치도 제주시는 지방자치단체가 아닌 시(행정시)이다.
ㄷ ✕ 경기도 수원시는 기초자치단체이고 세종특별자치시는 광역자치단체이다.
ㄹ ✕ 경기도 용인시 수지구는 자치구가 아닌 구(행정구)이고 대전광역시 유성구는 자치구이다.

2025 신용한 지방자치론 p.61~71　　정답 ③

065　'24 지방 7 지방자치론

자치계층 수가 같은 지방자치단체만을 모두 고르면?

ㄱ. 서울특별시
ㄴ. 제주특별자치도
ㄷ. 세종특별자치시
ㄹ. 강원특별자치도
ㅁ. 전북특별자치도

① ㄱ, ㄴ, ㄷ
② ㄱ, ㄹ, ㅁ
③ ㄱ, ㄷ, ㄹ, ㅁ
④ ㄴ, ㄷ, ㄹ, ㅁ

출제유형 Ⅲ 내용 분류 + Ⅳ 개념
출제영역 우리나라 지방자치단체의 계층

② ○ ㄱ. 서울특별시, ㄹ. 강원특별자치도, ㅁ. 전북특별자치도의 자치계층은 2계층의 중층제이며, 제주특별자치도, 세종특별자치시의 경우 자치 1계층제를 채택하고 있다.

2025 신용한 지방자치론 p.61~71　　정답 ②

066

'15 지방 7 지방자치론

우리나라 지방자치단체의 계층에 대한 설명으로 옳지 않은 것은?

① 제주특별자치도는 자치 1계층제를 채택하고 있다.
② 특별시·광역시 또는 특별자치시가 아닌 인구 50만 이상의 시(市)는 자치구를 둘 수 있다.
③ 세종특별자치시는 자치 1계층제를 채택하고 있다.
④ 광역시에 군(郡) 자치단체를 두고 있는 곳도 있다.

출제유형 Ⅶ 법령
출제영역 우리나라 자치단체의 계층

① ◯ 제주특별자치도는 자치 1계층제를 채택하고 있다.

> 제주특별자치도 설치 및 국제자유도시 조성을 위한 특별법 제10조 【행정시의 폐지·설치·분리·합병 등】 ① 제주자치도는 「지방자치법」 제2조제1항 및 제3조제2항에도 불구하고 <u>그 관할구역에 지방자치단체인 시와 군을 두지 아니한다.</u>

② ✗ <mark>특별시·광역시 또는 특별자치시가 아닌 인구 50만 이상의 시에는 자치구가 아닌 구를 둘 수 있다.</mark>

> 지방자치법 제3조 【지방자치단체의 법인격과 관할】 ③ 특별시·광역시 또는 특별자치시가 아닌 인구 50만 이상의 시에는 자치구가 아닌 구를 둘 수 있고, 군에는 읍·면을 두며, 시와 구(자치구를 포함한다)에는 동을, 읍·면에는 리를 둔다.

③ ◯ 세종특별자치시는 자치 1계층제를 채택하고 있다.

> 세종특별자치시 설치 등에 관한 특별법 제6조 【설치 등】 ② 세종특별자치시의 관할구역에는 「지방자치법」 제2조제1항제2호의 지방자치단체를 두지 아니한다.

④ ◯ 광역시에 군(郡) 자치단체를 두고 있는 곳도 있다.

> 지방자치법 제3조 【지방자치단체의 종류】 ② 특별시, 광역시, 특별자치시, 도, 특별자치도(이하 "시·도"라 한다)는 정부의 직할(直轄)로 두고, 시는 도 또는 특별자치도의 관할 구역 안에, 군은 광역시·도 또는 특별자치도의 관할 구역 안에 두며, 자치구는 특별시와 광역시의 관할 구역 안에 둔다. 다만, 특별자치도의 경우에는 법률이 정하는 바에 따라 관할 구역 안에 시 또는 군을 두지 아니할 수 있다.

SUMMARY 우리나라 지방자치단체의 종류

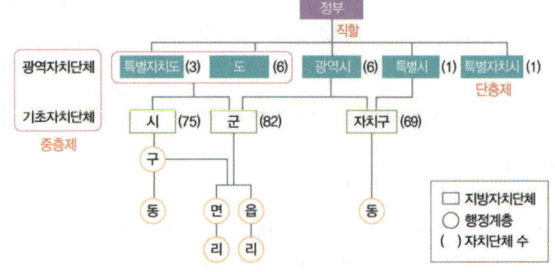

※ 다만, 특별자치도의 경우에는 법률이 정하는 바에 따라 관할 구역 안에 시 또는 군을 두지 아니할 수 있음.
※ 특별자치시와 관할 구역 안에 시 또는 군을 두지 아니하는 특별자치도의 하부행정기관에 관한 사항은 따로 법률로 정함.

2025 신용한 지방자치론 p.61~71 정답 ②

067

'21 지방 7 지방자치론

지방자치단체의 계층에 대한 설명으로 옳지 않은 것은?

① 우리나라의 자치계층은 2계층제를 기조로 하지만 일부 지역에서는 단층제를 채택하고 있다.
② 우리나라에서 자치계층을 포함한 행정계층은 2~4개의 계층으로 이루어져 있다.
③ 광역시의 경우는 '광역시 - 자치구·군'의 자치 2계층제를 채택하고 있다.
④ 1949년 「지방자치법」 제정 이후 제주특별자치도가 출범하기 전까지는 모든 시·도가 지속적으로 자치 2계층제를 유지하고 있었다.

출제유형 Ⅶ 법령
출제영역 우리나라 자치단체의 계층

① ◯ 우리나라 자치단체의 유형은 광역과 기초로 구분되는 2계층의 중층제를 채택하고 있으나 제주특별자치도, 세종특별자치시는 단층제를 채택하고 있다.
② ◯ 우리나라에서 자치계층을 포함한 행정계층은 2~4개의 계층으로 이루어져 있다.
③ ◯ 광역시의 관할구역 안에는 군과 자치구를 둘 수 있다.
④ ✗ 1949년 「지방자치법」 제정 이후 <mark>서울특별시와 부산·대구광역시와 같은 대도시 지역은 단층제, 그리고 도 지역은 2층의 중층제를 이루는 형태가 유지</mark>되기도 하였다.

2025 신용한 지방자치론 p.61~71 정답 ④

068

'20 서울 7 경력경쟁 지방자치론

지방자치단체의 계층 구조 중 단층제를 택하고 있는 유형을 <보기>에서 모두 고른 것은?

| 보기 |
ㄱ. 미국의 시티-카운티 통합시(consolidated cities)
ㄴ. 미국의 카운티에 소속되지 않은 독립시(independent cities)
ㄷ. 영국의 런던광역정부(Greater London Authority)
ㄹ. 우리나라의 세종특별자치시

① ㄹ
② ㄱ, ㄷ
③ ㄱ, ㄴ, ㄹ
④ ㄱ, ㄴ, ㄷ, ㄹ

출제유형: Ⅲ 내용분류
출제영역: 외국 지방자치 사례 등

ㄱ, ㄴ ○ 미국의 시티-카운티 통합시(consolidated cities), 카운티에 소속되지 않은 독립시(independent cities)는 단층제에 해당한다.
ㄷ ✗ 수도로서의 특별한 지위를 갖는 **런던광역정부**는 그 안에 32개의 바러(Barough)와 런던시(City of London)를 두는 **2계층의 중층구조**이다.
ㄹ ○ 우리나라의 세종특별자치시는 단층제이다.

2025 신용한 지방자치론 p.56, 57, 67 정답 ③

069

'16 지방 7 지방자치론

제주특별자치도에 대한 설명으로 옳지 않은 것은?

① 「제주특별자치도 설치 및 국제자유도시 조성을 위한 특별법」을 제정하여 2006년에 출범하였다.
② 제주시장은 일반직 또는 정무직 지방공무원으로 도지사가 임명한다.
③ 자치경찰단의 조직과 자치경찰공무원의 정원 등에 관한 사항은 규칙으로 정한다.
④ 감사위원장은 도의회의 동의를 받아 도지사가 임명한다.

출제유형: Ⅶ 법령
출제영역: 제주특별자치도의 특례

③ ✗ 자치경찰단의 조직과 자치경찰공무원의 정원 등에 관한 사항은 **도조례(규칙 ✗)로 정한다**.

제주특별자치도 설치 및 국제자유도시 조성을 위한 특별법 제88조 【자치경찰기구의 설치】 ① 제90조에 따른 자치경찰사무를 처리하기 위하여 「국가경찰과 자치경찰의 조직 및 운영에 관한 법률」 제18조에 따라 설치되는 제주특별자치도자치경찰위원회(이하 "자치경찰위원회"라 한다) 소속으로 자치경찰단을 둔다.
② 자치경찰단의 조직과 자치경찰공무원의 정원 등에 관한 사항은 도조례로 정한다.

2025 신용한 지방자치론 p.64~66 정답 ③

070 '16 교행 9

우리나라 지방자치단체에 대한 설명으로 옳지 않은 것은?

① 세종특별자치시와 제주특별자치도에는 자치구를 두고 있다.
② 특별시·광역시 및 특별자치시가 아닌 인구 50만 이상의 시에는 행정구를 둘 수 있다.
③ 도농복합형태의 시에서 도시의 형태를 갖춘 지역에는 동을, 그 밖의 지역에는 읍·면을 둔다.
④ 보통지방자치단체 외에 특정한 목적을 수행하기 위해 필요하면 따로 특별지방자치단체를 설치할 수 있다.

출제유형 Ⅶ 법령
출제영역 우리나라 지방자치단체

① ❌ 현행 「세종특별자치시 설치 등에 관한 특별법」 제6조 제2항에 따라 **세종특별자치시의 관할 구역 안에는 자치구를 둘 수 없으며**, 현재 제주특별자치도는 **시·군을 두지 아니한다**.

> 세종특별자치시 설치 등에 관한 특별법 제6조 【설치 등】 ① 정부의 직할(直轄)로 세종특별자치시를 설치한다.
> ② 세종특별자치시의 관할구역에는 「지방자치법」 제2조제1항제2호의 지방자치단체(시, 군, 구)를 두지 아니한다.
> 제주특별자치도 설치 및 국제자유도시 조성을 위한 특별법 제10조 【행정시의 폐지·설치·분리·합병 등】 ① 제주자치도는 「지방자치법」 제2조제1항 및 제3조제2항에도 불구하고 그 관할구역에 지방자치단체인 시와 군을 두지 아니한다.

2025 신용한 지방자치론 p.61~71 **정답** ①

071 '16 지방 7 지방자치론

우리나라 대도시의 자치 특례에 대한 설명으로 옳지 않은 것은?

① 인구 50만 이상의 시에 대해서는 도가 처리하는 사무의 일부를 직접 처리하게 할 수 있다.
② 광역시는 정부의 직할 하에 있으며, 광역시 구역 안에는 자치구뿐만 아니라 군도 둘 수 있다.
③ 광역시는 광역자치단체로서 인구 50만 이상의 특례시와는 달리 도와 동일한 세목을 갖고 있다.
④ 특별시 소속 국가공무원 중 4급 이하 일반직 국가공무원의 임면·징계 기타 임용에 관한 권한은 특별시장이 행사한다.

출제유형 Ⅶ 법령
출제영역 우리나라 지방자치단체의 종류

① ⭕ 인구 50만 이상의 시는 도의 일부 사무를 직접 처리할 수 있으며, 사무의 내용은 「지방자치법 시행령」에 따른다.
② ⭕ 광역시는 정부의 직할로 두고, 광역시 구역 안에는 자치구 외에 군도 둘 수 있다.
③ ❌ **광역시의 세목**(취득세, 주민세, 자동차세, 레저세, 담배소비세, 지방소비세, 지방소득세, 지방교육세, 지역자원시설세)**은 도의 세목** (취득세, 레저세, 등록면허세, 지방소비세, 지방교육세, 지역자원시설세) **과 동일하지 않다**.
④ ⭕ 서울특별시 특례에 따라 4급 이하 일반직 국가공무원의 임면·징계 기타 임용에 관한 권한은 특별시장이 행사한다.

> 서울특별시 행정특례에 관한 법률 시행령 제3조 【국가공무원의 임용에 관한 특례】 ① 법 제4조제5항의 규정에 의하여 서울특별시장(이하 "시장"이라 한다)이 행하는 소속장관 또는 중앙행정기관의 장의 권한은 다음과 같다.
> 1. 4급 이하 일반직 국가공무원의 임면·징계 기타 임용에 관한 권한
> 2. 연구직및지도직공무원의임용등에관한규정 제4조의 규정에 의한 연구직 국가공무원에 대한 임면·징계 기타 임용에 관한 권한

2025 신용한 지방자치론 p.62, 63, 69, 70 **정답** ③

072 '19 지방 7 지방자치론

대도시의 자치특례에 대한 설명으로 옳은 것은?

① 특별시·광역시 또는 특별자치시가 아닌 인구 50만 이상의 시에는 행정구를 설치할 수 있다.
② 특별시는 조직운영상의 특례와 달리 인사 및 서훈과 관련하여서는 특례를 인정받지 않고 있다.
③ 인구 100만 이상인 기초자치단체는 부시장을 3명으로 한다.
④ 특별시는 관할 구역 안에 자치구와 군을 두고 있다.

출제유형 Ⅶ 법령
출제영역 우리나라 지방자치단체의 종류

① ⭕ 지방자치법 제3조 제3항

> 지방자치법 제3조【지방자치단체의 법인격과 관할】③ 특별시·광역시 또는 특별자치시가 아닌 인구 50만 이상의 시에는 자치구가 아닌 구를 둘 수 있고, 군에는 읍·면을 두며, 시와 구(자치구를 포함한다)에는 동을, 읍·면에는 리를 둔다.

② ❌ 특별시는 인사 및 서훈과 관련하여 특례를 인정받고 있다.

> 서울특별시 행정특례에 관한 법률 제4조【일반행정 운영상의 특례】⑦ 서울특별시 소속 공무원 등에 대한 서훈(敍勳)의 추천은 「상훈법」 제5조제1항에도 불구하고 서울특별시장이 한다.

③ ❌ 인구 100만 이상 대도시(특례시)의 부시장은 2명으로 한다.

> 지방자치분권 및 지역균형발전에 관한 특별법 제60조【특례시의 보조기관 등】① 「지방자치법」 제123조제1항에도 불구하고 특례시의 부시장은 2명으로 한다. 이 경우 부시장 1명은 「지방자치법」 제123조제4항에도 불구하고 일반직, 별정직 또는 임기제 지방공무원으로 보(補)할 수 있다.

④ ❌ 특별시는 관할 구역 안에 자치구를 두고 있다(군 ✕).

> 지방자치법 제3조【지방자치단체의 법인격과 관할】② 특별시, 광역시, 특별자치시, 도, 특별자치도(이하 "시·도"라 한다)는 정부의 직할(直轄)로 두고, 시는 도 또는 특별자치도의 관할 구역 안에, 군은 광역시·도 또는 특별자치도의 관할 구역 안에 두며, 자치구는 특별시와 광역시의 관할 구역 안에 둔다. 다만, 특별자치도의 경우에는 법률이 정하는 바에 따라 관할 구역 안에 시 또는 군을 두지 아니할 수 있다.

2025 신용한 지방자치론 p.62, 63, 69, 70 **정답** ①

---

073 '23 서울 7 경력경쟁 지방자치론

우리나라 지방자치단체의 자치 특례에 대한 설명으로 가장 옳은 것은?

① 인구 50만 이상의 시에는 자치구를 둘 수 있다.
② 인구 100만 이상의 대도시는 지방의회의 승인 없이 지역개발채권을 발행할 수 있다.
③ 도는 기초자치단체가 직접 처리하는 사무가 광역시보다 많아 폭넓은 세금의 부과·징수를 보장받고 있다.
④ 행정안전부장관이 특별시의 자치사무에 관한 감사를 하려는 경우에는 국무총리의 조정을 거쳐야 한다.

출제유형 Ⅳ 개념 + Ⅶ 법령
출제영역 지방자치단체의 자치 특례

① ❌ 인구 50만 이상의 시에는 자치구가 아닌 구를 둘 수 있다.

> 지방자치법 제3조【지방자치단체의 법인격과 관할】③ 특별시·광역시 또는 특별자치시가 아닌 인구 50만 이상의 시에는 자치구가 아닌 구를 둘 수 있고, 군에는 읍·면을 두며, 시와 구(자치구를 포함한다)에는 동을, 읍·면에는 리를 둔다.

② ❌ 지역개발채권을 발행하기 위해서는 지방의회의 승인이 필요하다.

> 지방공기업법 제19조【지방채 등】② 특별시, 광역시, 특별자치시, 도 및 특별자치도(이하 "시·도"라 한다) 또는 특별시, 광역시, 특별자치시가 아닌 인구 100만 이상의 대도시(이하 "특례시"라 한다)는 제1항에도 불구하고 제2조에 따른 사업을 위한 투자재원을 확보하거나 지역개발을 위한 기금을 조성하기 위하여 의회의 승인을 받아 지역개발채권을 발행할 수 있다.

③ ❌ 도의 기초자치단체인 시군의 사무가 광역시의 기초자치단체인 자치구 보다 많다. 따라서 도의 경우 특별시·광역시보다 세목의 종류가 적고, 제한적이다.

참고

구분	광역자치단체		기초자치단체	
	특별시·광역시세	도세	자치구세	시·군세
지방세 보통세(9)	취득세, 주민세, 자동차세, 레저세, 담배소비세, 지방소비세, 지방소득세	취득세, 레저세, 등록면허세, 지방소비세	등록면허세, 재산세	주민세, 재산세, 자동차세, 담배소비세, 지방소득세
목적세(2)	지방교육세, 지역자원시설세	지방교육세, 지역자원시설세		

④ ⭕ 서울특별시 행정특례에 관한 법률 제4조 제2항

> 서울특별시 행정특례에 관한 법률 제4조【일반행정 운영상의 특례】① 행정안전부장관이 「지방재정법」 제11조에 따라 서울특별시의 지방채 발행의 승인 여부를 결정하려는 경우에는 국무총리에게 보고하여야 한다.
> ② 행정안전부장관은 「지방자치법」 제190조에 따라 서울특별시의 자치사무에 관한 감사를 하려는 경우에는 국무총리의 조정을 거쳐야 한다.

2025 신용한 지방자치론 p.63, 69, 70, 207 **정답** ④

074

'24 지방 7 지방자치론

지방자치단체의 특례에 대한 설명으로 옳은 것만을 모두 고르면?

> ㄱ. 인구 20만 이상인 지방자치단체로서 면적이 1천제곱킬로미터 이상인 지방자치단체의 경우 이를 특례를 둘 수 있는 인구 50만 이상 대도시로 본다.
> ㄴ. 세종특별자치시와 제주특별자치도의 지위·조직 및 행정·재정 등의 운영에 대해서는 행정체제의 특수성을 고려하여 법률로 정하는 바에 따라 특례를 둘 수 있다.
> ㄷ. 특례를 둘 수 있는 인구 50만 이상 대도시는 전년도 말일 현재 해당 지방자치단체의 관할구역에 주민등록이 되어 있는 사람 수를 합산한 주민 수가 1년 간 50만 이상인 시로 한다.
> ㄹ. 특례시의 부시장은 2명으로 하며, 이 경우 부시장 1명은 일반직, 별정직 또는 임기제 지방공무원으로 보할 수 있다.

① ㄱ, ㄴ ② ㄱ, ㄷ
③ ㄴ, ㄹ ④ ㄷ, ㄹ

출제유형 Ⅷ 법령 + Ⅰ 말바꾸기
출제영역 지방자치단체의 자치 특례

ㄱ ❌ 인구 **30만**(20만 ❌) 이상인 지방자치단체로서 면적이 1천제곱킬로미터 이상인 지방자치단체의 경우 이를 특례를 둘 수 있는 인구 50만 이상 대도시로 본다.

> **지방자치분권 및 지역균형발전에 관한 특별법 제58조 【대도시에 대한 사무 특례】** ① 특별시와 광역시가 아닌 다음 각 호의 어느 하나에 해당하는 대도시의 행정·재정 운영 및 지도·감독에 대해서는 그 특성을 고려하여 관계 법률에서 정하는 바에 따라 특례를 둘 수 있다. 다만, 인구 30만 이상인 지방자치단체로서 면적이 1천제곱킬로미터 이상인 지방자치단체의 경우 이를 인구 50만 이상 대도시로 본다.
> 1. 인구 50만 이상 대도시
> 2. 인구 100만 이상 대도시(이하 "특례시"라 한다)

ㄴ ⭕ 지방자치법 제197조 제2항

> **지방자치법 제197조 【특례의 인정】** ② 세종특별자치시와 제주특별자치도의 지위·조직 및 행정·재정 등의 운영에 대해서는 행정체제의 특수성을 고려하여 법률로 정하는 바에 따라 특례를 둘 수 있다.

ㄷ ❌ 특례를 둘 수 있는 인구 50만 이상 대도시는 전년도 말일 현재 해당 지방자치단체의 관할구역에 주민등록이 되어 있는 사람 수를 합산한 주민 수가 **2년**(1년 ❌) 간 50만 이상인 시로 한다.

> **지방자치법 시행령 제118조 【인구 50만 이상 대도시와 특례시의 인구 인정기준】** ① 법 제198조제1항에 따라 특례를 둘 수 있는 인구 50만 이상 대도시는 전년도 말일 현재 다음 각 호의 어느 하나에 해당하는 사람 수를 합산한 주민 수가 2년 간 연속하여 50만 이상인 시로 한다.
> 1. 해당 지방자치단체의 관할 구역에 주민등록이 되어 있는 사람

ㄹ ⭕ 지방자치분권 및 지역균형발전에 관한 특별법 제60조 제1항

> **지방자치분권 및 지역균형발전에 관한 특별법 제60조 【특례시의 보조기관 등】** ①「지방자치법」제123조제1항에도 불구하고 특례시의 부시장은 2명으로 한다. 이 경우 부시장 1명은「지방자치법」제123조제4항에도 불구하고 일반직, 별정직 또는 임기제 지방공무원으로 보(補)할 수 있다.

🔗 2025 신용한 지방자치론 p.70   정답 ③

075

'24 서울 7 경력경쟁 지방자치론

「지방자치법」상 행정특례에 대한 설명으로 가장 옳지 않은 것은?

① 서울특별시는 수도로서의 특수성을 가지지만 지위·조직 및 운영에 대해서는 특례를 둘 수 없다.
② 세종특별자치시는 행정체제의 특수성을 고려하여 법률로 정하는 바에 따라 지위·조직 및 행정·재정 등의 운영에 대해서 특례를 둘 수 있다.
③ 제주특별자치도는 행정체제의 특수성을 고려하여 법률로 정하는 바에 따라 행정·재정 등의 운영에 대해서는 특례를 둘 수 있다.
④ 서울특별시·광역시 및 특별자치시를 제외한 인구 100만 이상 대도시의 행정, 재정 운영 및 국가의 지도·감독에 대해서는 그 특성을 고려하여 관계 법률로 정하는 바에 따라 추가로 특례를 둘 수 있다.

출제유형 Ⅷ 법령
출제영역 우리나라 지방자치단체의 종류

① ❌ 서울특별시는 수도로서의 특수성을 고려하여 지위·조직 및 운영에 대해서는 **특례를 둘 수 있다.**

> **지방자치법 제197조 【특례의 인정】** ① 서울특별시의 지위·조직 및 운영에 대해서는 수도로서의 특수성을 고려하여 법률로 정하는 바에 따라 특례를 둘 수 있다.

②, ③ ⭕ 지방자치법 제197조 제2항

> **동법 제197조 【특례의 인정】** ② 세종특별자치시와 제주특별자치도의 지위·조직 및 행정·재정 등의 운영에 대해서는 행정체제의 특수성을 고려하여 법률로 정하는 바에 따라 특례를 둘 수 있다.

④ ⭕ 지방자치법 제198조 제2항

> 동법 제198조【대도시 등에 대한 특례 인정】② 제1항에도 불구하고 서울특별시·광역시 및 특별자치시를 제외한 다음 각 호의 어느 하나에 해당하는 대도시 및 시·군·구의 행정, 재정 운영 및 국가의 지도·감독에 대해서는 그 특성을 고려하여 관계 법률로 정하는 바에 따라 추가로 특례를 둘 수 있다.
> 1. 인구 100만 이상 대도시(이하 "특례시"라 한다)

🔗 2024 신용한 지방자치론 p.63, 64, 67, 70   정답 ①

077

'15 지방 7 지방자치론

「지방자치법」상 시(市)·읍(邑)의 설치기준에 대한 설명으로 옳지 않은 것은?

① 시(市)는 그 대부분이 도시의 형태를 갖추고 인구 5만 이상이 되어야 한다.
② 시(市)·읍(邑)의 설치에 관한 세부기준은 법률로 정한다.
③ 인구 5만 이상의 도시 형태를 갖춘 지역이 있는 군(郡)은 도농(都農)복합 형태의 시(市)로 할 수 있다.
④ 읍(邑)이 없는 도농(都農)복합 형태의 시(市)에서 그 면(面) 중 1개 면(面)은 인구 2만 미만인 경우에도 읍(邑)으로 할 수 있다.

출제유형 Ⅶ 법령
출제영역 우리나라 기초지방자치단체

① ⭕ 지방자치법 제10조 제1항

> 지방자치법 제10조【시·읍의 설치기준 등】① 시는 그 대부분이 도시의 형태를 갖추고 인구 5만 이상이 되어야 한다.

② ❌ 시·읍의 설치에 관한 세부기준은 법률이 아닌 대통령령으로 정한다.

> 동법 제10조【시·읍의 설치기준 등】④ 시·읍의 설치에 관한 세부기준은 대통령령으로 정한다.

③ ⭕ 지방자치법 제10조 제2항 각 호 2

> 동법 제10조【시·읍의 설치기준 등】② 다음 각 호의 어느 하나에 해당하는 지역은 도농(都農) 복합형태의 시로 할 수 있다.
> 2. 인구 5만 이상의 도시 형태를 갖춘 지역이 있는 군

④ ⭕ 지방자치법 제10조 제3항 각 호 2

> 동법 제10조【시·읍의 설치기준 등】③ 읍은 그 대부분이 도시의 형태를 갖추고 인구 2만 이상이 되어야 한다. 다만, 다음 각 호의 어느 하나에 해당하면 인구 2만 미만인 경우에도 읍으로 할 수 있다.
> 2. 읍이 없는 도농 복합형태의 시에서 그 면 중 1개 면

076

'18 서울 7 추가채용 지방자치론

우리나라의 지방정부 계층구조에 대한 설명 중 가장 옳지 않은 것은?

① 건국 초기부터 1961년 「지방자치에 관한 임시조치법」이 시행되기까지 농촌지역에서는 읍(邑)·면(面)을 기초지방정부로 두고 있었다.
② 2006년 제주특별자치도의 출범으로 제주도는 단층제로 전환되었다.
③ 인구 50만명 이상의 시에는 「지방자치법」으로 자치구를 둘 수 있기 때문에 지방정부를 3층제를 이룰 수 있다.
④ 우리나라는 지방정부의 계층을 법률에 획일적으로 정함에 따라 지역의 정치경제적 상황이나 지역사회의 특수성을 반영할 수 없다는 비판이 제기된다.

출제유형 Ⅶ 법령
출제영역 우리나라 지방자치단체의 종류

③ ❌ 인구 50만 이상의 시에는 「지방자치법」으로 자치구가 아닌 구를 둘 수 있다.

> 지방자치법 제3조【지방자치단체의 법인격과 관할】③ 특별시·광역시 또는 특별자치시가 아닌 인구 50만 이상의 시에는 자치구가 아닌 구를 둘 수 있고, 군에는 읍·면을 두며, 시와 구(자치구를 포함한다)에는 동을, 읍·면에는 리를 둔다.

🔗 2025 신용한 지방자치론 p.30, 64, 69, 73   정답 ③

🔗 2025 신용한 지방자치론 p.69, 70   정답 ②

078

'22 지방 7 지방자치론

「지방자치법」상 지방자치단체의 관할 구역에 대한 설명으로 옳은 것은?

① 군사무소 소재지의 면은 인구 2만 미만인 경우에도 읍으로 할 수 있다.
② 지방자치단체를 폐지하거나 설치하거나 나누거나 합칠 때와 지방자치단체의 관할 구역의 경계를 변경할 때에는 법률로 정한다.
③ 자치구가 아닌 구와 읍·면·동의 명칭과 구역 변경은 행정안전부장관의 승인을 받아 그 지방자치단체의 조례로 정한다.
④ 읍·면·동의 사무소 소재지를 변경하거나 새로 설정하려면 그 지방의회의 제적의원 3분의 1 이상의 찬성을 받아 조례로 정한다.

출제유형 Ⅶ 법령
출제영역 우리나라 지방자치단체의 구역

① ⭕ 지방자치법 제10조 제3항

> 지방자치법 제10조【시·읍의 설치기준 등】③ 읍은 그 대부분이 도시의 형태를 갖추고 인구 2만 이상이 되어야 한다. 다만, 다음 각 호의 어느 하나에 해당하면 인구 2만 미만인 경우에도 읍으로 할 수 있다.
> 1. 군사무소 소재지의 면

② ❌ 지방자치단체를 폐지하거나 설치하거나 나누거나 합칠 때에는 법률로 정하지만, 관할 구역 경계변경은 **대통령령**으로 정한다.

> 동법 제5조【지방자치단체의 명칭과 구역】① 지방자치단체의 명칭과 구역은 종전과 같이 하고, 명칭과 구역을 바꾸거나 지방자치단체를 폐지하거나 설치하거나 나누거나 합칠 때에는 법률로 정한다.
> ② 제1항에도 불구하고 지방자치단체의 구역변경 중 관할 구역 경계변경(이하 "경계변경"이라 한다)과 지방자치단체의 한자 명칭의 변경은 <u>대통령령으로 정한다</u>. 이 경우 경계변경의 절차는 제6조에서 정한 절차에 따른다.

③ ❌ 자치구가 아닌 구와 읍·면·동의 명칭과 구역 변경은 **지방자치단체의 조례로 정하고, 그 결과를 특별시장·광역시장·도지사에게 보고**하여야 한다.

> 동법 제7조【자치구가 아닌 구와 읍·면·동 등의 명칭과 구역】① 자치구가 아닌 구와 읍·면·동의 명칭과 구역은 종전과 같이 하고, 자치구가 아닌 구와 읍·면·동을 폐지하거나 설치하거나 나누거나 합칠 때에는 행정안전부장관의 승인을 받아 그 지방자치단체의 조례로 정한다. 다만, 명칭과 구역의 변경은 그 지방자치단체의 조례로 정하고, 그 결과를 특별시장·광역시장·도지사에게 보고하여야 한다.

④ ❌ 읍·면·동의 사무소 소재지를 변경하거나 새로 설정하려면 그 지방의회의 <u>제적의원 과반수</u>(3분의 1 이상 ×)<u>의 찬성을 받아 조례로 정한다</u>.

> 동법 제9조【사무소의 소재지】① 지방자치단체의 사무소 소재지와 자치구가 아닌 구 및 읍·면·동의 사무소 소재지는 종전과 같이 하고, 이를 변경하거나 새로 설정하려면 지방자치단체의 조례로 정한다. 이 경우 면·동은 행정면·행정동(行政洞)을 말한다.
> ② 제1항의 사항을 조례로 정할 때에는 그 지방의회의 재적의원 과반수의 찬성이 있어야 한다.

2025 신용한 지방자치론 p.69, 78~80   **정답** ①

079

'15 서울 7 지방자치론

우리나라 지방자치단체의 계층구조 및 구역에 대한 설명으로 옳은 것은?

① 지방자치단체 계층 간의 기능적 독립성이 강하여 행정의 통일성 확보가 어렵다는 단점이 있다.
② 광역시는 「지방자치법」에 인구 100만 이상을 설치 기준으로 정하고 있다.
③ 현재 기초자치단체의 평균적인 인구 규모는 다른 주요 외국에 비해 작은 편에 속한다.
④ 지방자치단체를 나누거나 합칠 때에는 법률로 정하지만 지방자치단체의 관할구역 경계 변경은 대통령령으로 정한다.

출제유형 Ⅳ 개념
출제영역 우리나라 계층구조의 문제점 등

① ❌ <u>우리나라는 계층 간 기능적 독립성이 낮은 편이다</u>. 같은 내용의 사무를 두고 그 규모가 크면 광역지방정부가, 그 규모가 작으면 기초지방정부가 수행하는 식의 사무배분이 되어 있다.
② ❌ <u>광역시의 지정에 대한 요건(인구규모 등)은 법정화되어 있지 않다</u>.
③ ❌ <u>현재 기초자치단체의 평균적인 인구 규모는 다른 주요 외국에 비해 많은 편</u>에 속한다.
④ ⭕ 지방자치법 제5조 제1항 및 제2항

> 지방자치법 제5조【지방자치단체의 명칭과 구역】① 지방자치단체의 명칭과 구역은 종전과 같이 하고, 명칭과 구역을 바꾸거나 지방자치단체를 폐지하거나 설치하거나 나누거나 합칠 때에는 법률로 정한다.
> ② 제1항에도 불구하고 지방자치단체의 구역변경 중 관할 구역 경계변경(이하 "경계변경"이라 한다)과 지방자치단체의 한자 명칭의 변경은 대통령령으로 정한다. 이 경우 경계변경의 절차는 제6조에서 정한 절차에 따른다.

2025 신용한 지방자치론 p.62~78   **정답** ④

080 '22 국가 9

특별지방자치단체에 대한 설명으로 옳지 않은 것은?

① 2개 이상의 지방자치단체가 공동으로 특정한 목적을 위하여 광역적으로 사무를 처리할 필요가 있을 때에는 특별지방자치단체를 설치할 수 있다.
② 보통의 지방자치단체와 같이 법인격을 갖는다.
③ 특별지방자치단체의 의회는 규약으로 정하는 바에 따라 구성 지방자치단체의 의회 의원으로 구성한다.
④ 구성 지방자치단체의 장은 「지방자치법」상 겸임 제한 규정에 의해 특별지방자치단체의 장을 겸할 수 없다.

출제유형 Ⅶ 법령
출제영역 특별지방자치단체

① ◎ 지방자치법 제199조 제1항

> **지방자치법 제199조【설치】** ① 2개 이상의 지방자치단체가 공동으로 특정한 목적을 위하여 광역적으로 사무를 처리할 필요가 있을 때에는 특별지방자치단체를 설치할 수 있다. 이 경우 특별지방자치단체를 구성하는 지방자치단체(이하 "구성 지방자치단체"라 한다)는 상호 협의에 따른 규약을 정하여 구성 지방자치단체의 지방의회 의결을 거쳐 행정안전부장관의 승인을 받아야 한다.

② ◎ 특별지방자치단체는 보통지방자치단체와 마찬가지로 법인격을 갖는다.

③ ◎ 지방자치법 제204조 제1항

> **동법 제204조【의회의 조직 등】** ① 특별지방자치단체의 의회는 규약으로 정하는 바에 따라 구성 지방자치단체의 의회 의원으로 구성한다.

④ ✗ 구성 지방자치단체의 장은 「지방자치법」상 겸임 제한 규정에도 불구하고 특별지방자치단체의 장을 겸할 수 있다.

> **동법 제205조【집행기관의 조직 등】** ① 특별지방자치단체의 장은 규약으로 정하는 바에 따라 특별지방자치단체의 의회에서 선출한다.
> ② 구성 지방자치단체의 장은 제109조에도 불구하고 특별지방자치단체의 장을 겸할 수 있다.
> **동법 제109조【겸임 등의 제한】** ① 지방자치단체의 장은 다음 각 호의 어느 하나에 해당하는 직을 겸임할 수 없다.
>   1. 대통령, 국회의원, 헌법재판소 재판관, 각급 선거관리위원회 위원, 지방의회의원
>   2. 「국가공무원법」 제2조에 따른 국가공무원과 「지방공무원법」 제2조에 따른 지방공무원
>   3. 다른 법령에 따라 공무원의 신분을 가지는 직
>   4. 「공공기관의 운영에 관한 법률」 제4조에 따른 공공기관(한국방송공사, 한국교육방송공사 및 한국은행을 포함한다)의 임직원
>   5. 농업협동조합, 수산업협동조합, 산림조합, 엽연초생산협동조합, 신용협동조합 및 새마을금고(이들 조합·금고의 중앙회와 연합회를 포함한다)의 임직원
>   6. 교원
>   7. 「지방공기업법」 제2조에 따른 지방공사와 지방공단의 임직원
>   8. 그 밖에 다른 법률에서 겸임할 수 없도록 정하는 직

2025 신용한 지방자치론 p.71~73   **정답** ④

081 '23 지방 7 지방자치론

「지방자치법」상 특별지방자치단체에 대한 설명으로 옳지 않은 것은?

① 특별지방자치단체를 설치하기 위하여 국가 또는 시·도 사무의 위임이 필요할 때에는 특별지방자치단체를 구성하는 지방자치단체의 장이 관계 중앙행정기관의 장 또는 시·도지사에게 그 사무의 위임을 요청할 수 있다.
② 특별지방자치단체의 장은 규약으로 정하는 바에 따라 특별지방자치단체의 의회에서 선출하며, 특별지방자치단체를 구성하는 지방자치단체의 장은 특별지방자치단체의 장을 겸할 수 있다.
③ 특별지방자치단체를 구성하는 지방자치단체는 특별지방자치단체의 운영 및 사무처리에 필요한 경비를 규약으로 정하는 바에 따라 분담하며, 그 경비에 대하여 특별회계를 설치하여 운영하여야 한다.
④ 특별지방자치단체를 구성하는 지방자치단체는 특별지방자치단체가 그 설치 목적을 달성하는 등 해산의 사유가 있을 때에는 해당 지방의회의 의결을 거쳐 시·도지사의 승인을 받아 특별지방자치단체를 해산하여야 한다.

출제유형 Ⅶ 법령
출제영역 특별지방자치단체

① ◎ 지방자치법 제199조 제4항

> **지방자치법 제199조【설치】** ④ 특별지방자치단체를 설치하기 위하여 국가 또는 시·도 사무의 위임이 필요할 때에는 구성 지방자치단체의 장이 관계 중앙행정기관의 장 또는 시·도지사에게 그 사무의 위임을 요청할 수 있다.

② ◎ 지방자치법 제205조 제1항, 제2항

> **동법 제205조【집행기관의 조직 등】** ① 특별지방자치단체의 장은 규약으로 정하는 바에 따라 특별지방자치단체의 의회에서 선출한다.
> ② 구성 지방자치단체의 장은 제109조에도 불구하고 특별지방자치단체의 장을 겸할 수 있다.

③ ◎ 지방자치법 제206조 제1항, 제2항

> **동법 제206조【경비의 부담】** ① 특별지방자치단체의 운영 및 사무처리에 필요한 경비는 구성 지방자치단체의 인구, 사무처리의 수혜범위 등을 고려하여 규약으로 정하는 바에 따라 구성 지방자치단체가 분담한다.
> ② 구성 지방자치단체는 제1항의 경비에 대하여 특별회계를 설치하여 운영하여야 한다.

④ ✗ 특별지방자치단체를 구성하는 지방자치단체는 특별지방자치단체가 그 설치 목적을 달성하는 등 해산의 사유가 있을 때에는 해당 지방의회의 의결을 거쳐 **행정안전부장관(시·도지사 ✗)의 승인을 받아 특별지방자치단체를 해산**하여야 한다.

> 동법 제209조【해산】① 구성 지방자치단체는 특별지방자치단체가 그 설치 목적을 달성하는 등 해산의 사유가 있을 때에는 해당 지방의회의 의결을 거쳐 행정안전부장관의 승인을 받아 특별지방자치단체를 해산하여야 한다.

2025 신용한 지방자치론 p.71~73   정답 ④

082　'23 서울 7 경력경쟁 지방자치론

「지방자치법」상 특별지방자치단체에 대한 설명으로 가장 옳지 않은 것은?

① 2개 이상의 지방자치단체가 공동으로 특정한 목적을 위하여 광역적으로 사무를 처리할 필요가 있을 때 설치할 수 있다.
② 특별지방자치단체는 법인으로 한다.
③ 특별지방자치단체의 설치는 최종적으로 대통령의 승인을 받아야 한다.
④ 지방의회의원은 특별지방자치단체의 의회의원을 겸할 수 있다.

출제유형 Ⅶ 법령
출제영역 특별지방자치단체

① ◯ ③ ✗ **특별지방자치단체**는 2개 이상의 지방자치단체가 공동으로 특정한 목적을 위하여 광역적으로 사무를 처리할 필요가 있을 때 설치할 수 있으며, 구성 지방자치단체의 지방의회 의결을 거쳐 **행정안전부장관**(대통령 ✗)의 **승인**을 받아야 한다.

> 지방자치법 제199조【설치】① 2개 이상의 지방자치단체가 공동으로 특정한 목적을 위하여 광역적으로 사무를 처리할 필요가 있을 때에는 특별지방자치단체를 설치할 수 있다. 이 경우 특별지방자치단체를 구성하는 지방자치단체(이하 "구성 지방자치단체"라 한다)는 상호 협의에 따른 규약을 정하여 구성 지방자치단체의 지방의회 의결을 거쳐 행정안전부장관의 승인을 받아야 한다.

② ◯ 지방자치법 제199조 제3항

> 동법 제199조【설치】③ 특별지방자치단체는 법인으로 한다.

④ ◯ 지방자치법 제204조 제2항

> 동법 제204조【의회의 조직 등】① 특별지방자치단체의 의회는 규약으로 정하는 바에 따라 구성 지방자치단체의 의회 의원으로 구성한다.
> ② 제1항의 지방의회의원은 제43조제1항에도 불구하고 특별지방자치단체의 의회 의원을 겸할 수 있다.

2025 신용한 지방자치론 p.71~73   정답 ③

083　'24 경간

「지방자치법」상 특별지방자치단체에 대한 설명으로 옳은 것을 모두 고른 것은?

> 가. 2개 이상의 지방자치단체가 공동으로 특정한 목적을 위하여 광역적으로 사무를 처리할 필요가 있을 때에는 특별지방자치단체를 설치할 수 있다.
> 나. 특별지방자치단체를 구성하는 지방의회의원은 특별지방자치단체의 의회 의원을 겸할 수 없다.
> 다. 특별지방자치단체의 장은 규약으로 정하는 바에 따라 특별지방자치단체의 의회에서 선출한다.

① 가, 나　　② 가, 다
③ 나, 다　　④ 가, 나, 다

출제유형 Ⅶ 법령
출제영역 특별지방자치단체

가 ◯ 지방자치법 제199조 제1항

> 지방자치법 제199조【설치】① 2개 이상의 지방자치단체가 공동으로 특정한 목적을 위하여 광역적으로 사무를 처리할 필요가 있을 때에는 특별지방자치단체를 설치할 수 있다. 이 경우 특별지방자치단체를 구성하는 지방자치단체(이하 "구성 지방자치단체"라 한다)는 상호 협의에 따른 규약을 정하여 구성 지방자치단체의 지방의회 의결을 거쳐 행정안전부장관의 승인을 받아야 한다.

나 ✗ 특별지방자치단체를 구성하는 지방의회의원은 **특별지방자치단체의 의회 의원을 겸할 수 있다**.

> 동법 제204조【의회의 조직 등】① 특별지방자치단체의 의회는 규약으로 정하는 바에 따라 구성 지방자치단체의 의회 의원으로 구성한다.
> ② 제1항의 지방의회의원은 제43조제1항에도 불구하고 특별지방자치단체의 의회 의원을 겸할 수 있다.

다 ◯ 지방자치법 제205조 제1항

> 동법 제205조【집행기관의 조직 등】① 특별지방자치단체의 장은 규약으로 정하는 바에 따라 특별지방자치단체의 의회에서 선출한다.

2025 신용한 지방자치론 p.71~73   정답 ②

084

'14 지방 7 지방자치론

대도시 자치구 폐지론에 대한 설명으로 옳지 않은 것은?

① "대도시 정부도 다른 지역과 같이 2계층이 되어야 한다."는 형평의 논리에서 출발했다.
② 인위적인 구역에 불과하기 때문에 주민의 관심과 참여가 높을 수 없다.
③ 많은 국가에서 대도시 지방정부는 그 일체성을 존중해야 한다는 차원에서 하위 지방정부를 두지 않고 있다.
④ 광역행정을 실현하여 지역주민에 대한 일상적 행정수요의 대응성을 높일 수 있다.

출제유형 | 말바꾸기
출제영역 | 대도시 자치구 폐지론

우리나라 특별시와 광역시의 자치구를 폐지해야 한다는 주장과 반대로 유지해야한다는 주장에 대한 설명이다. 1번부터 3번지문은 자치구를 폐지해야 한다는 폐지론의 주장이다.

① ◯ 폐지론에서 대도시의 자치구는 "대도시 지역 지방정부도 다른 지역과 같이 2층이 되어야 한다."는 잘못된 형평의 논리에서 출발한다. 즉, 잘못된 형평의 논리가 오히려 중요한 기준이 되는 생활권이나 경제권 문제보다 앞서 이를 제대로 고려하지 못한 것으로 보았다.

② ◯ 자치구는 인위적인 구역에 불과하기 때문에 주민의 관심과 참여 또한 높을 수가 없다고 주장한다. 주민들은 자신을 자치구의 구민으로 인식하기보다는 특별시와 광역시 등 대도시 자체의 시민으로 인식하는 경향이 있기 때문이다.

③ ◯ 많은 국가에서 대도시 지방정부는 그 일체성을 존중해야 한다는 차원에서 하위 지방정부를 두지 않고 있으므로 대도시의 자치구는 폐지되어야 한다고 주장한다.

④ ✗ 우선 자치구는 광역행정을 실현하기 위한 방안이 아니다. 물론 자치구는 주민의 일상적 생활과 직결되는 지방자치의 가장 본래적인 것으로 지역주민에 대한 일상적 행정수요의 대응성을 높일 수 있다. 그러나 이러한 이유는 자치구를 유지해야 한다는 근거가 된다.

2025 신용한 지방자치론 p.74   정답 ④

CHAPTER 2 지방자치단체의 구역

POINT 1 지방자치단체의 구역 설정 C

085 □□□ '18 지방 7 지방자치론

지방정부 구역 규모의 적정성과 관련한 통합옹호론과 통합반대론의 설명으로 옳지 않은 것은?

① 통합반대론은 통합의 효과가 공공서비스의 유형에 따라 다를 수 있다는 점을 지적하고 있다.
② 통합옹호론은 분절된 구역 간의 소모적인 경쟁과 책임성 저하의 문제를 지적하고 있다.
③ 통합반대론은 지방정부 간 경쟁이 공공서비스의 혁신과 효율성 증대를 가져온다고 주장한다.
④ 통합옹호론은 통합이 구역 내 수평적 형평성 확보는 물론 시민과의 접근성도 용이하게 한다고 주장한다.

출제유형 Ⅵ 이론비교
출제영역 통합옹호론 vs 통합반대론

① ○ 통합반대론은 자치단체를 통합하자는 것에 대해 통합의 효과는 공공서비스의 유형에 따라 다를 수 있어 분절화 된 구역에서 공공서비스를 제공하는 것이 유리하다고 주장한다.
② ○ 통합옹호론은 자치단체의 통합을 반대하는 것에 대해 분절화 된 구역에서 공공서비스를 제공하게 되면, 오히려 경쟁이 과다하게 되고, 행정책임소재의 분산으로 책임성 저하 등의 문제가 발생한다고 본다.
③ ○ 통합반대론은 지방자치단체 간 경쟁을 하는 것이 효율을 증대시킨다고 본다.
④ ✕ 지방자치단체 간 통합을 하는 경우 규모의 경제에 따른 효율성 확보 뿐만 아니라 구역 내 수평적 형평성을 확보할 수 있다. 그러나 **시민과의 접근성을 용이하게 하는 것은 분절화 된 구역이 더 유리하다.**

2025 신용한 지방자치론 p.76 **정답** ④

086 □□□ '19 지방 7 지방자치론

「지방자치법」상 도농 복합형태의 시(市)가 될 수 있는 지역만을 모두 고르면?

ㄱ. 인구 5만의 시와 인구 3만의 군을 통합한 지역
ㄴ. 인구 4만의 도시 형태를 갖춘 지역이 있는 군
ㄷ. 인구 1만 이상의 도시 형태를 갖춘 3개 지역의 인구가 4만이며, 총인구가 10만인 군

① ㄱ
② ㄱ, ㄷ
③ ㄴ, ㄷ
④ ㄱ, ㄴ, ㄷ

출제유형 Ⅶ 법령
출제영역 우리나라 행정계층

ㄱ ○, ㄴ, ㄷ ✕ 지방자치법 제10조 제2항

지방자치법 제10조【시·읍의 설치기준 등】 ② 다음 각 호의 어느 하나에 해당하는 지역은 도농(都農) 복합형태의 시로 할 수 있다.
1. 제1항에 따라 설치된 시와 군을 통합한 지역
2. 인구 5만 이상의 도시 형태를 갖춘 지역이 있는 군
3. 인구 2만 이상의 도시 형태를 갖춘 2개 이상의 지역 인구가 5만 이상인 군. 이 경우 군의 인구는 15만 이상으로서 대통령령으로 정하는 요건을 갖추어야 한다.
4. 국가의 정책으로 인하여 도시가 형성되고, 제128조에 따라 도의 출장소가 설치된 지역으로서 그 지역의 인구가 3만 이상이며, 인구 15만 이상의 도농 복합형태의 시의 일부인 지역

2025 신용한 지방자치론 p.77 **정답** ①

087

'22 서울 7 경력경쟁 지방자치론

「지방자치법」에 명시된 도농 복합형태의 시 설치 기준으로 가장 옳은 것은?

① 인구 3만 이상의 도시 형태를 갖춘 지역이 있는 군
② 인구 1만 이상의 도시 형태를 갖춘 2개 이상의 지역 인구가 4만 이상인 군
③ 도의 출장소가 설치된 지역으로서 그 지역의 인구가 2만 이상인 지역
④ 대부분이 도시의 형태를 갖추고 인구 5만 이상으로 설치된 시와 군을 통합한 지역

출제유형 VII 법령
출제영역 우리나라 행정계층

①, ②, ③ ✗ ④ ○ 지방자치법 제199조 제2항 각 호

지방자치법 제10조【시·읍의 설치기준 등】② 다음 각 호의 어느 하나에 해당하는 지역은 도농(都農) 복합형태의 시로 할 수 있다.
1. 제1항에 따라 설치된 시와 군을 통합한 지역
2. 인구 5만 이상의 도시 형태를 갖춘 지역이 있는 군
3. 인구 2만 이상의 도시 형태를 갖춘 2개 이상의 지역 인구가 5만 이상인 군. 이 경우 군의 인구는 15만 이상으로서 대통령령으로 정하는 요건을 갖추어야 한다.
4. 국가의 정책으로 인하여 도시가 형성되고, 제128조에 따라 도의 출장소가 설치된 지역으로서 그 지역의 인구가 3만 이상이며, 인구 15만 이상의 도농 복합형태의 시의 일부인 지역
③ 읍은 그 대부분이 도시의 형태를 갖추고 인구 2만 이상이 되어야 한다. 다만, 다음 각 호의 어느 하나에 해당하면 인구 2만 미만인 경우에도 읍으로 할 수 있다.

2025 신용한 지방자치론 p.77 **정답** ④

POINT 2 지방자치단체의 구역변경 및 조정 절차 B

088

'15 지방 7 지방자치론

다음 ㉠, ㉡에 들어갈 용어가 바르게 연결된 것은?

「지방자치법」제5조【지방자치단체의 명칭과 구역】
① 지방자치단체의 명칭과 구역은 종전과 같이 하고, 명칭과 구역을 바꾸거나 지방자치단체를 폐지하거나 설치하거나 나누거나 합칠 때에는 (㉠)로 정한다.
② 제1항에도 불구하고 지방자치단체의 구역변경 중 관할 구역 경계변경(이하 "경계변경"이라 한다)과 지방자치단체의 한자 명칭의 변경은 (㉡)으로 정한다. 이 경우 경계변경의 절차는 제6조에서 정한 절차에 따른다.

	㉠	㉡
①	법률	대통령령
②	법률	규칙
③	조례	대통령령
④	조례	규칙

출제유형 IV 개념 + VII 법령
출제영역 지방자치단체의 구역변경 및 조정

① ○ 지방자치법 제5조 제1항 및 제2항

지방자치법 제5조【지방자치단체의 명칭과 구역】① 지방자치단체의 명칭과 구역은 종전과 같이 하고, 명칭과 구역을 바꾸거나 지방자치단체를 폐지하거나 설치하거나 나누거나 합칠 때에는 ㉠ 법률로 정한다.
② 제1항에도 불구하고 지방자치단체의 구역변경 중 관할 구역 경계변경(이하 "경계변경"이라 한다)과 지방자치단체의 한자 명칭의 변경은 ㉡ 대통령령으로 정한다. 이 경우 경계변경의 절차는 제6조에서 정한 절차에 따른다.

SUMMARY 자치구역과 행정구역의 조정절차

구분	형식	대상 및 절차
자치구역 (광역 & 기초자치단체)	법률	명칭변경, 구역변경, 폐치분합 (지방의회 의견청취 必要. 단, 주민투표를 거친 경우 제외)
	대통령령	한자명칭변경, 경계변경
행정구역 (자치구가 아닌 구, 읍, 면, 동)	조례	폐치분합(행정안전부 장관의 승인) 명칭변경, 구역변경 (광역자치단체장에게 보고)

2025 신용한 지방자치론 p.78 **정답** ①

089

'18 서울 7 지방자치론

서울특별시 양천구와 강서구의 관할구역경계를 변경하기 위해서 필요한 조치는?

① 서울특별시 규칙 개정
② 서울특별시 조례 개정
③ 대통령령 개정
④ 「지방자치법」 개정

- 출제유형 Ⅳ 개념 + Ⅶ 법령
- 출제영역 지방자치단체의 구역변경 및 조정

③ ○ 기초자치단체인 양천구와 강서구의 관할구역경계를 변경하기 위해서는 대통령령의 개정이 필요하다.

> 지방자치법 제5조 【지방자치단체의 명칭과 구역】 ② 제1항에도 불구하고 지방자치단체의 구역변경 중 관할 구역 경계변경(이하 "경계변경"이라 한다)과 지방자치단체의 한자 명칭의 변경은 대통령령으로 정한다. 이 경우 경계변경의 절차는 제6조에서 정한 절차에 따른다.

2025 신용한 지방자치론 p.78   정답 ③

090

'23 서울 7 경력경쟁 지방자치론

부산광역시의 해운대구와 금정구의 관할 구역 경계를 변경하기 위하여 필요한 조치로 가장 옳은 것은?

① 부산광역시의 규칙 개정
② 부산광역시의 조례 개정
③ 대통령령 개정
④ 지방자치법 개정

- 출제유형 Ⅳ 개념 + Ⅶ 법령
- 출제영역 구역변경 및 조정

③ ○ 지방자치단체의 관할 구역 경계를 경계를 변경하기 위해서는 대통령령의 개정이 필요하다.

> 지방자치법 제5조 【지방자치단체의 명칭과 구역】 ① 지방자치단체의 명칭과 구역은 종전과 같이 하고, 명칭과 구역을 바꾸거나 지방자치단체를 폐지하거나 설치하거나 나누거나 합칠 때에는 법률로 정한다.
> ② 제1항에도 불구하고 지방자치단체의 구역변경 중 관할 구역 경계변경(이하 "경계변경"이라 한다)과 지방자치단체의 한자 명칭의 변경은 대통령령으로 정한다. 이 경우 경계변경의 절차는 제6조에서 정한 절차에 따른다.

2025 신용한 지방자치론 p.78   정답 ③

091

'16 서울 7 지방자치론

다음 중 지방자치단체의 관할구역에 대한 설명으로 가장 옳은 것은?

① 지방자치단체의 명칭과 구역을 바꾸거나 지방자치단체를 폐지, 설치, 분리, 통합할 때에는 법률로 정한다.
② 지방자치단체의 관할 구역 경계변경과 한자 명칭의 변경은 조례로 정한다.
③ 자치구가 아닌 구와 읍·면·동의 명칭과 구역을 폐지, 설치, 분리, 통합할 때에는 대통령령으로 정한다.
④ 지방자치단체의 구역을 통합할 때에는 행정안전부가 그 사무와 재산을 승계한다.

- 출제유형 Ⅶ 법령
- 출제영역 지방자치단체의 구역변경 및 조정

② ✗ 지방자치단체의 관할 구역 경계변경과 한자 명칭의 변경은 대통령령(조례 ×)으로 정한다.
③ ✗ 자치구가 아닌 구와 읍·면·동의 명칭과 구역을 폐지, 설치, 분리, 통합할 때에는 행정안전부장관의 승인을 받아 조례(대통령령 ×)로 정한다.
④ ✗ 지방자치단체의 구역을 변경하거나 지방자치단체를 폐지하거나 설치하거나 나누거나 합칠 때에는 새로 그 지역을 관할하게 된 지방자치단체(행정안전부 ×)가 그 사무와 재산을 승계한다(지방자치법 제8조 제1항).

SUMMARY 자치구역과 행정구역의 조정절차

구분	형식	대상 및 절차
자치구역 (광역 & 기초자치단체)	법률	명칭변경, 구역변경, 폐치분합 (지방의회 의견청취 必要. 단, 주민투표를 거친 경우 제외)
	대통령령	한자명칭변경, 경계변경
행정구역 (자치구가 아닌 구, 읍, 면, 동)	조례	폐치분합(행정안전부 장관의 승인)
		명칭변경, 구역변경 (광역자치단체장에게 보고)

2025 신용한 지방자치론 p.78, 79   정답 ①

092

'18 지방 7 지방자치론

「지방자치법」상 군(郡)과 면(面)의 명칭 변경에 대한 설명으로 옳은 것은?

① 면의 명칭 변경은 광역자치단체의 승인을 받을 필요가 없다.
② 군의 명칭 변경은 대통령령으로 정해야 한다.
③ 군의 영문 및 한자 명칭 변경은 행정안전부장관의 승인을 얻어 지방자치단체의 조례로 정한다.
④ 군의 명칭 변경의 경우 반드시 관계 지방의회의 의견을 들어야 한다.

출제유형 Ⅶ 법령
출제영역 지방자치단체의 구역변경 및 조정

① ◎ 면의 명칭 변경의 경우 그 결과를 광역자치단체에게 보고하면 된다.

> 지방자치법 제7조【자치구가 아닌 구와 읍·면·동 등의 명칭과 구역】① 자치구가 아닌 구와 읍·면·동의 명칭과 구역은 종전과 같이 하고, 자치구가 아닌 구와 읍·면·동을 폐지하거나 설치하거나 나누거나 합칠 때에는 행정안전부장관의 승인을 받아 그 지방자치단체의 조례로 정한다. 다만, 명칭과 구역의 변경은 그 지방자치단체의 조례로 정하고, <u>그 결과를 특별시장·광역시장·도지사에게 보고하여야 한다</u>.

②, ③ ✕ 지방자치단체인 군의 명칭변경은 법률(대통령령 ✕)로 정하고 한자 명칭 변경은 대통령령(조례 ✕)로 정한다.

> 동법 제5조【지방자치단체의 명칭과 구역】① 지방자치단체의 명칭과 구역은 종전과 같이 하고, 명칭과 구역을 바꾸거나 지방자치단체를 폐지하거나 설치하거나 나누거나 합칠 때에는 법률로 정한다.
> ② 제1항에도 불구하고 지방자치단체의 구역변경 중 관할 구역 경계변경(이하 "경계변경"이라 한다)과 지방자치단체의 <u>한자 명칭의 변경은 대통령령으로 정한다</u>. 이 경우 경계변경의 절차는 제6조에서 정한 절차에 따른다.

④ ✕ 군의 명칭 변경의 경우 지방의회의 의견을 들어야 하지만 주민투표를 거친 경우에는 제외된다.

> 동법 제5조【지방자치단체의 명칭과 구역】③ 다음 각 호의 어느 하나에 해당할 때에는 관계 지방의회의 의견을 들어야 한다. 다만, 「주민투표법」 제8조에 따라 <u>주민투표를 한 경우에는 그러하지 아니하다</u>.
> 1. 지방자치단체를 폐지하거나 설치하거나 나누거나 합칠 때
> 2. 지방자치단체의 구역을 변경할 때(경계변경을 할 때는 제외한다)
> 3. 지방자치단체의 명칭을 변경할 때(한자 명칭을 변경할 때를 포함한다)

🔗 2025 신용한 지방자치론 p.78, 79

정답 ①

093

'23 지방 7 지방자치론

「지방자치법」상 지방자치단체의 관할 구역에 대한 설명으로 옳지 않은 것은?

① 지방자치단체의 구역을 변경하기 위해 주민투표를 한 경우에도 관계 지방의회의 의견을 들어야 한다.
② 지방자치단체의 관할 구역 경계변경과 한자 명칭의 변경은 대통령령으로 정한다.
③ 인구 감소 등 행정여건의 변화로 인하여 필요한 경우 그 지방자치단체의 조례로 정하는 바에 따라 행정 운영상 면을 따로 둘 수 있다.
④ 지방자치단체를 폐지하거나 나눌 때 지역으로 지방자치단체의 사무와 재산을 구분하기 곤란하면 시·도에서는 행정안전부장관이 그 사무와 재산의 한계 및 승계할 지방자치단체를 지정한다.

출제유형 Ⅶ 법령
출제영역 지방자치단체의 구역변경 및 조정

① ✕ 지방자치단체의 구역을 변경하기 위해 주민투표를 한 경우에는 관계 **지방의회의 의견을 듣지 않아도 된다**.

> 지방자치법 제5조【지방자치단체의 명칭과 구역】③ 다음 각 호의 어느 하나에 해당할 때에는 관계 지방의회의 의견을 들어야 한다. 다만, 「주민투표법」 제8조에 따라 <u>주민투표를 한 경우에는 그러하지 아니하다</u>.
> 1. 지방자치단체를 폐지하거나 설치하거나 나누거나 합칠 때
> 2. 지방자치단체의 구역을 변경할 때(경계변경을 할 때는 제외한다)
> 3. 지방자치단체의 명칭을 변경할 때(한자 명칭을 변경할 때를 포함한다)

② ◎ 지방자치법 제5조 제2항

> 동법 제5조【지방자치단체의 명칭과 구역】① 지방자치단체의 명칭과 구역은 종전과 같이 하고, 명칭과 구역을 바꾸거나 지방자치단체를 폐지하거나 설치하거나 나누거나 합칠 때에는 법률로 정한다.
> ② 제1항에도 불구하고 지방자치단체의 구역변경 중 관할 구역 경계변경(이하 "경계변경"이라 한다)과 지방자치단체의 한자 명칭의 변경은 대통령령으로 정한다. 이 경우 경계변경의 절차는 제6조에서 정한 절차에 따른다.

③ ⭕ 지방자치법 제7조 제3항

> 동법 제7조【자치구가 아닌 구와 읍·면·동 등의 명칭과 구역】③ 인구 감소 등 행정여건 변화로 인하여 필요한 경우 그 지방자치단체의 조례로 정하는 바에 따라 2개 이상의 면을 하나의 면으로 운영하는 등 행정 운영상 면[이하 "행정면"(行政面)이라 한다]을 따로 둘 수 있다.

④ ⭕ 지방자치법 제8조 제2항

> 동법 제8조【구역의 변경 또는 폐지·설치·분리·합병 시의 사무와 재산의 승계】② 제1항의 경우에 지역으로 지방자치단체의 사무와 재산을 구분하기 곤란하면 시·도에서는 행정안전부장관이, 시·군 및 자치구에서는 특별시장·광역시장·특별자치시장·도지사·특별자치도지사(이하 "시·도지사"라 한다)가 그 사무와 재산의 한계 및 승계할 지방자치단체를 지정한다.

🔗 2025 신용한 지방자치론 p.78, 79   정답 ①

---

094 '19 지방 7 지방자치론

지방자치단체의 구역에 대한 설명으로 옳지 않은 것은?

① 지방자치단체의 자치권이 미치는 지역적 범위를 말한다.
② 지방자치단체의 관할구역 경계 변경은 법률로 정한다.
③ 행정 수요 및 서비스 형평성 요구의 증가는 구역의 광역화를 추구하게 한다.
④ 1990년대에는 시·군 통합이 이루어졌고 해당 자치단체의 구역이 확대되었다.

출제유형 Ⅶ 법령
출제영역 지방자치단체의 구역변경 및 조정 등

① ⭕ 구역이란 지방자치단체의 자치권과 통치권이 미치는 지리적 영역을 의미한다.
② ❌ **지방자치단체의 관할구역 경계 변경은 대통령령(법률 ×)으로 정한다.**

> 지방자치법 제5조【지방자치단체의 명칭과 구역】② 제1항에도 불구하고 지방자치단체의 구역변경 중 관할 구역 경계변경(이하 "경계변경"이라 한다)과 지방자치단체의 한자 명칭의 변경은 대통령령으로 정한다. 이 경우 경계변경의 절차는 제6조에서 정한 절차에 따른다.

③ ⭕ 광역행정은 지방자치단체 간의 재정 및 행정서비스의 형평적 배분을 기할 수 있는 의의를 가지고 있다.
④ ⭕ 1990년대에는 중심 시와 그 주변의 군을 하나로 통합하는 시·군 통합이 행해졌으며, 이로 인해 해당 자치단체의 구역이 확대되었다.

🔗 2025 신용한 지방자치론 p.75~78   정답 ②

095

'21 지방 7 지방자치론

A 지방자치단체는 「공유수면 관리 및 매립에 관한 법률」에 따라 관내 해안지역의 해수면 매립을 완료하였다. 이에 대한 설명으로 옳은 것은?

① 매립지가 속할 지방자치단체는 행정안전부장관이 결정한다.
② 관내 해안지역을 매립한 것이므로 매립지는 당연히 A지방자치단체에 속하게 되지만 몇 가지 행정적 절차를 거치게 된다.
③ A지방자치단체의 장은 지방자치단체중앙분쟁조정위원회의 결정에 이의가 있으면 그 결과를 통보받은 날부터 30일 이내에 대법원에 소송을 제기할 수 있다.
④ 매립 공사를 시작하기 이전에 행정안전부장관에게 신고하였다면, 매립된 시역은 A지방자치단체에 속하게 된다.

④ ✕ 행정안전부장관은 신고를 받으면 지방자치중앙분쟁조정위원회의 심의·의결에 따라 매립지가 속할 지방자치단체를 결정한다.

> **동법 제5조【지방자치단체의 명칭과 구역】** ⑦ 행정안전부장관은 제6항에 따른 기간이 끝나면 다음 각 호에서 정하는 바에 따라 결정하고, 그 결과를 면허관청이나 지적소관청, 관계 지방자치단체의 장 등에게 통보하고 공고하여야 한다.
> 1. 제6항에 따른 기간 내에 신청내용에 대하여 이의가 제기된 경우: 제166조에 따른 지방자치단체중앙분쟁조정위원회(이하 이 조 및 제6조에서 "위원회"라 한다)의 심의·의결에 따라 제4항 각 호의 지역이 속할 지방자치단체를 결정
> 2. 제6항에 따른 기간 내에 신청내용에 대하여 이의가 제기되지 아니한 경우: 위원회의 심의·의결을 거치지 아니하고 신청내용에 따라 제4항 각 호의 지역이 속할 지방자치단체를 결정

SUMMARY 공유수면 & 매립지 등의 구역결정

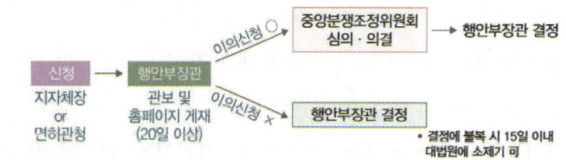

🔗 2025 신용한 지방자치론 p.79, 80   정답 ①

출제유형 Ⅶ 법령
출제영역 매립지 등의 구역결정

① ⭕ 매립지가 속할 지방자치단체는 행정안전부장관이 결정한다.

> **지방자치법 제5조【지방자치단체의 명칭과 구역】** ④ 제1항 및 제2항에도 불구하고 다음 각 호의 지역이 속할 지방자치단체는 제5항부터 제8항까지의 규정에 따라 행정안전부장관이 결정한다.
> 1. 「공유수면 관리 및 매립에 관한 법률」에 따른 매립지
> 2. 「공간정보의 구축 및 관리 등에 관한 법률」제2조제19호의 지적공부(이하 "지적공부"라 한다)에 등록이 누락된 토지

② ✕ 면허관청, 소관청, 관련 지방자치단체의 장은 해당지역이 속할 지방자치단체의 결정을 행정안전부장관에게 신청하여야 한다.

> **동법 제5조【지방자치단체의 명칭과 구역】** ⑤ 제4항제1호의 경우에는 「공유수면 관리 및 매립에 관한 법률」제28조에 따른 매립면허관청(이하 이 조에서 "면허관청"이라 한다) 또는 관련 지방자치단체의 장이 같은 법 제45조에 따른 준공검사를 하기 전에, 제4항제2호의 경우에는 「공간정보의 구축 및 관리 등에 관한 법률」제2조제18호에 따른 지적소관청(이하 이 조에서 "지적소관청"이라 한다)이 지적공부에 등록하기 전에 각각 해당 지역의 위치, 귀속희망 지방자치단체(복수인 경우를 포함한다) 등을 명시하여 행정안전부장관에게 그 지역이 속할 지방자치단체의 결정을 신청하여야 한다. 이 경우 제4항제1호에 따른 매립지의 매립면허를 받은 자는 면허관청에 해당 매립지가 속할 지방자치단체의 결정 신청을 요구할 수 있다.

③ ✕ 관계 지방자치단체의 장은 지방자치단체중앙분쟁조정위원회의 결정에 이의가 있으면 그 **결과를 통보 받은 날부터 15일(30일 ✕) 이내에 대법원에 소송을 제기할 수 있다.**

> **동법 제5조【지방자치단체의 명칭과 구역】** ⑨ 관계 지방자치단체의 장은 제4항부터 제7항까지의 규정에 따른 행정안전부장관의 결정에 이의가 있으면 그 결과를 통보받은 날부터 15일 이내에 대법원에 소송을 제기할 수 있다.

CHAPTER 3 지방자치단체의 자치권

POINT 1~3 지방자치단체 자치권

096

'19 서울 7 추가채용 지방자치론

지방자치의 구성 요소에 대한 설명으로 가장 옳지 않은 것은?

① 지방자치는 일정한 지역 혹은 구역을 대상으로 이루어지는 행위이다.
② 자치권에는 자치입법권, 자치행정권, 자치재정권, 자치조직권, 자치사법권 등이 있다.
③ 지방자치단체에 부여된 자치권 중 자치사법권은 우리나라에서 인정되지 않는다.
④ 자치권 부여와 관련하여 자치권의 내용은 어느 국가나 동일하게 부여되어 있다.

출제유형 | 말바꾸기
출제영역 지방자치권

④ ❌ 지방자치권을 구성하는 핵심적 사항은 자치입법권, 자치행정권, 자치조직권, 자치재정권, 자치사법권 등으로 **나라마다 자치권의 부여와 내용은 서로 다르다.** 우리나라는 이 중 자치사법권은 부여되어 있지 않다.

SUMMARY 지방자치권

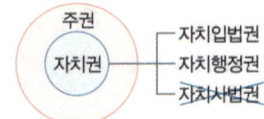

SUMMARY 지방자치권

자치권		내 용
자치입법권		헌법과 지방자치법은 '법령의 범위 안'에서 자치에 관한 규정(조례)를 제정할 수 있다고 규정하여 자치입법권이 직·간접적으로 제약됨.
자치행정권	자치조직권	기준인건비제(변천 : 표준운영제 ⇨ 총액인건비제 ⇨ 기준인건비제로 변화하면서 자치조직의 자율권과 권한이 확대)
	자치재정권	• 조세법률주의에 따라 지방 세목은 설치할 수 없음. • 법률로 정하는 바에 따라 지방세 부과·징수 可 • 사용료·수수료 징수 및 기금 설치 可

▶ 우리나라는 자치사법권을 인정 ×(외교, 국방은 자치권의 범주에 들어가지 않음.)

🔗 2025 신용한 지방자치론 p.81, 82 **정답** ④

097

'17 국회 8

다음 중 우리나라 지방자치단체의 자치권에 대한 설명으로 옳지 않은 것은?

① 지방자치단체는 자치재정권이 인정되어 조례를 통해서 독립적인 지방 세목을 설치할 수 있다.
② 행정기구의 설치는 대통령령이 정하는 범위 안에서 지방자치단체의 조례로 정한다.
③ 자치사법권이 부여되어 있지 않다.
④ 중앙정부가 분권화시킨 결과가 지방정부의 자치권 확보라고 할 수 있다.
⑤ 중앙과 지방의 기능배분에 있어서 포괄적 예시형 방식을 적용한다.

출제유형 | 말바꾸기 + Ⅳ 개념
출제영역 우리나라 지방자치권

① ❌ **우리나라는 조세법률주의를 택하고 있어 조례를 통한 독립적인 지방 세목은 설치할 수 없다.** 다만, 지방세 탄력세율, 재산과세의 과표 등과 같은 자치재정권이 인정된다.
② ⭕ 「지방자치법」 제125조에 따르면 행정기구의 설치와 지방공무원의 정원은 인건비 등 대통령령으로 정하는 기준에 따라 그 지방자치단체의 조례로 정한다.

> 지방자치법 제125조【행정기구와 공무원】 ① 지방자치단체는 그 사무를 분장하기 위하여 필요한 행정기구와 지방공무원을 둔다.
> ② 제1항에 따른 행정기구의 설치와 지방공무원의 정원은 인건비 등 대통령령으로 정하는 기준에 따라 그 지방자치단체의 조례로 정한다.

③ ⭕ 우리나라는 자치사법권을 인정하지 않고 있다.
④ ⭕ 지방자치권은 지방자치단체가 그 존립목적을 실현하기 위하여 가지는 일정한 범위의 권리 또는 권한으로 국가로부터 일정한 권한과 재원을 넘겨받아 자율적인 사무 처리가 가능함을 의미한다.
⑤ ⭕ 1988년 이후의 「지방자치법」 규정에 의해 기능배분방식은 포괄적 예시주의(예시형)이다.

🔗 2025 신용한 지방자치론 p.81, 82, 87, 97 **정답** ①

098

'24 지방 7 지방자치론

우리나라 지방자치단체의 자치권에 대한 설명으로 옳지 않은 것은?

① 지방자치단체는 소관 사무의 범위에서 필요하면 대통령령이나 대통령령으로 정하는 범위에서 그 지방자치단체의 조례로 소방기관, 교육훈련기관, 중소기업지도기관 등을 직속기관으로 설치할 수 있다.
② 지방자치권으로 자치입법권, 자치행정권을 인정하고 있으나, 자치사법권은 인정하지 않고 있다.
③ 광역지방자치단체는 자치인사권을 가지므로, 일반직 국가공무원으로 보하는 부시장·부지사는 시·도지사가 임명한다.
④ 지방자치단체는 자치재정권을 가지지만 새로운 세목을 조례로 신설하는 것은 불가능하다.

출제유형 Ⅰ 말바꾸기 + Ⅶ 법령
출제영역 지방자치권

① ⭕ 지방자치법 제126조

> **지방자치법 제126조【직속기관】** 지방자치단체는 소관 사무의 범위에서 필요하면 대통령령이나 대통령령으로 정하는 범위에서 그 지방자치단체의 조례로 자치경찰기관(제주특별자치도만 해당한다), 소방기관, 교육훈련기관, 보건진료기관, 시험연구기관 및 중소기업지도기관 등을 직속기관으로 설치할 수 있다.

② ⭕ 지방자치권으로 자치입법권, 자치행정권을 인정하고 있으나, 자치사법권은 인정하지 않고 있다.

③ ❌ 일반직 국가공무원으로 보하는 부시장·부지사는 **대통령이 임명**한다.

> **지방자치법 제29조의3【지방자치단체의 관할 구역 경계변경 등】** ② 특별시·광역시 및 특별자치시의 부시장, 도와 특별자치도의 부지사는 대통령령으로 정하는 바에 따라 정무직 또는 일반직 국가공무원으로 보한다. 다만, 제1항제1호 및 제2호에 따라 특별시·광역시 및 특별자치시의 부시장, 도와 특별자치도의 부지사를 2명이나 3명 두는 경우에 1명은 대통령령으로 정하는 바에 따라 정무직·일반직 또는 별정직 지방공무원으로 보하되, 정무직과 별정직 지방공무원으로 보할 때의 자격기준은 해당 지방자치단체의 조례로 정한다.
> ③ 제2항의 정무직 또는 일반직 국가공무원으로 보하는 부시장·부지사는 시·도지사의 제청으로 행정안전부장관을 거쳐 대통령이 임명한다. 이 경우 제청된 사람에게 법적 결격사유가 없으면 시·도지사가 제청한 날부터 30일 이내에 임명절차를 마쳐야 한다.

④ ⭕ 헌법 제59조

> **헌법 제59조** 조세의 종목과 세율은 법률로 정한다.

2025 신용한 지방자치론 p.81~86, 128 　　정답 ③

099

'21 지방 7 지방자치론

「지방자치법」상 자치입법권에 대한 설명으로 옳지 않은 것은?

① 조례와 규칙은 특별한 규정이 없으면 공포한 날부터 효력이 발생한다.
② 지방자치단체의 장이 조례안을 이송받고 20일 이내에 공포하지 않거나 재의요구를 하지 않으면 그 조례안은 조례로서 확정된다.
③ 지방자치단체가 주민의 권리 제한 또는 의무 부과에 관한 사항이나 벌칙을 조례로 정할 때에는 법률의 위임이 있어야 한다.
④ 두 지방자치단체를 합하여 새로운 지방자치단체가 설치된다면 그 지방자치단체의 장은 새로운 조례가 제정·시행될 때까지 종래 그 지역에 시행되던 조례를 계속 시행할 수 있다.

출제유형 Ⅳ 개념 + Ⅶ 법령
출제영역 우리나라 자치입법권

① ❌ **공포한 날부터 20일이 지나면** 효력이 발생한다.

> **지방자치법 제32조【조례와 규칙의 제정 절차 등】** ⑧ 조례와 규칙은 특별한 규정이 없으면 공포한 날부터 20일이 지나면 효력을 발생한다.

② ⭕ 지방자치단체의 장은 조례안을 이송받고 20일 이내에 공포하지 아니하거나 재의요구를 하지 않으면 그 조례안은 조례로서 확정된다.

> **동법 제32조【조례와 규칙의 제정 절차 등】** ② 지방자치단체의 장은 제1항의 조례안을 이송받으면 20일 이내에 공포하여야 한다.
> ⑤ 지방자치단체의 장이 제2항의 기간에 공포하지 아니하거나 재의 요구를 하지 아니하더라도 그 조례안은 조례로서 확정된다.

③ ⭕ 주민의 권리제한 또는 의무 부과에 관한 사항이나 벌칙을 조례로 정할 때에는 법률의 위임이 있어야 한다.

> **동법 제28조【조례】** ① 지방자치단체는 법령의 범위에서 그 사무에 관하여 조례를 제정할 수 있다. 다만, 주민의 권리 제한 또는 의무 부과에 관한 사항이나 벌칙을 정할 때에는 법률의 위임이 있어야 한다.

④ ⭕ 지방자치단체를 신설하거나 격이 변경되면 그 지방자치단체의 장은 새로운 조례가 제정·시행될 때까지 종래 그 지역에서 시행되던 조례를 계속 시행할 수 있다.

> **동법 제31조【지방자치단체를 신설하거나 격을 변경할 때의 조례·규칙 시행】** 지방자치단체를 나누거나 합하여 새로운 지방자치단체가 설치되거나 지방자치단체의 격이 변경되면 그 지방자치단체의 장은 필요한 사항에 관하여 새로운 조례나 규칙이 제정·시행될 때까지 종래 그 지역에서 시행되던 조례나 규칙을 계속 시행할 수 있다.

2025 신용한 지방자치론 p.83~86 　　정답 ①

100 '18 서울 7 지방자치론

「지방자치법」상 지방자치단체가 조례로 정할 수 없는 사항은?

① 공익상 필요한 재산의 보유, 기금의 설치·운용에 관하여 필요한 사항
② 지방공기업의 설치·운영에 관하여 필요한 사항
③ 조례 위반 행위에 대한 1천만원 이하 과태료
④ 지방의회의 연간 회의 총일수와 정례회 및 임시회의 회기

출제유형 Ⅶ 법령
출제영역 우리나라 자치입법권

① ○ 지방자치법 제159조 제2항

> 지방자치법 제159조【재산과 기금의 설치】② 제1항의 재산의 보유, 기금의 설치·운용에 관하여 필요한 사항은 조례로 정한다.

② ✗ 지방공기업의 설치 및 운영에 관하여 필요한 사항은 따로 법률(「지방공기업법」)에서 정하도록 되어있다.

> 동법 제163조【지방공기업의 설치·운영】① 지방자치단체는 주민의 복리증진과 사업의 효율적 수행을 위하여 지방공기업을 설치·운영할 수 있다.
> ② 지방공기업의 설치·운영에 필요한 사항은 따로 법률로 정한다.

③ ○ 지방자치법 제34조 제1항

> 동법 제34조【조례 위반에 대한 과태료】① 지방자치단체는 조례를 위반한 행위에 대하여 조례로써 1천만원 이하의 과태료를 정할 수 있다.

④ ○ 지방자치법 제56조 제2항

> 동법 제56조【개회·휴회·폐회와 회의일수】② 연간 회의 총일수와 정례회 및 임시회의 회기는 해당 지방자치단체의 조례로 정한다.

2025 신용한 지방자치론 p.83, 84, 126, 144 **정답** ②

101 '16 지방 7 지방자치론

「지방자치법」상 조례의 재정절차에 대한 설명으로 옳지 않은 것은?

① 조례는 특별한 규정이 없으면 공포한 날부터 20일이 지나면 효력을 발생한다.
② 재의요구를 받은 지방의회가 재직의원 과반수의 출석과 출석의원 3분의 2 이상의 찬성으로 전과 같은 의결을 하면 그 조례안은 조례로서 확정된다.
③ 조례안이 지방의회에서 의결되면 의장은 의결된 날부터 5일 이내에 그 지방자치단체의 장에게 이를 이송하여야 한다.
④ 지방자치단체의 장은 이송 받은 조례안에 대하여 이의가 있으면 20일 이내에 이를 수정하여 재의를 요구할 수 있다.

출제유형 Ⅰ 말바꾸기 + Ⅶ 법령
출제영역 우리나라 자치입법권

① ○ 지방자치법 제32조 제8항

> 지방자치법 제32조【조례와 규칙의 제정 절차 등】⑧ 조례와 규칙은 특별한 규정이 없으면 공포한 날부터 20일이 지나면 효력을 발생한다.

②, ③ ○ 지방자치법 제32조 제1항 및 제4항

> 동법 제32조【조례와 규칙의 제정 절차 등】① 조례안이 지방의회에서 의결되면 지방의회의 의장은 의결된 날부터 5일 이내에 그 지방자치단체의 장에게 이송하여야 한다.
> ④ 지방의회는 제3항에 따라 재의 요구를 받으면 조례안을 재의에 부치고 재적의원 과반수의 출석과 출석의원 3분의 2 이상의 찬성으로 전(前)과 같은 의결을 하면 그 조례안은 조례로서 확정된다.

④ ✗ 20일의 기간에 이유를 붙여 지방의회로 환부(還付)하고, 재의(再議)를 요구할 수 있다. 그러나 이 때 조례안을 수정하여 재의를 요구할 수 없다.

> 동법 제32조【조례와 규칙의 제정 절차 등】② 지방자치단체의 장은 제1항의 조례안을 이송받으면 20일 이내에 공포하여야 한다.
> ③ 지방자치단체의 장은 이송받은 조례안에 대하여 이의가 있으면 제2항의 기간에 이유를 붙여 지방의회로 환부(還付)하고, 재의(再議)를 요구할 수 있다. 이 경우 지방자치단체의 장은 조례안의 일부에 대하여 또는 조례안을 수정하여 재의를 요구할 수 없다.

2025 신용한 지방자치론 p.84~86 **정답** ④

102

'22 지방 7 지방자치론

「지방자치법」상 지방의회의 조례 및 의결사항에 대한 설명으로 옳지 않은 것은?

① 시·군 및 자치구의 조례는 시·도의 조례를 위반해서는 아니 된다.
② 지방자치단체가 법령의 범위에서 그 사무에 관하여 조례를 제정하는 경우 주민의 권리 제한에 관한 사항을 정할 때에는 법률의 위임이 있어야 한다.
③ 지방의회의 의결사항에는 기금의 설치·운용이 포함된다.
④ 지방의회에서 의결할 의안은 지방자치단체의 장이나 대통령령으로 정하는 수 이상의 지방의회의원의 찬성으로 발의한다.

출제유형 Ⅳ 개념 + Ⅶ 법령
출제영역 우리나라 자치입법권

① ⭕ 지방자치법 제30조

> 지방자치법 제30조【조례와 규칙의 입법한계】시·군 및 자치구의 조례나 규칙은 시·도의 조례나 규칙을 위반해서는 아니 된다.

② ⭕ 지방자치법 제28조 제1항

> 동법 제28조【조례】① 지방자치단체는 법령의 범위에서 그 사무에 관하여 조례를 제정할 수 있다. 다만, 주민의 권리 제한 또는 의무 부과에 관한 사항이나 벌칙을 정할 때에는 법률의 위임이 있어야 한다.

③ ⭕ 지방자치법 제47조 제1항

> 동법 제47조【지방의회의 의결사항】① 지방의회는 다음 각 호의 사항을 의결한다.
> 1. 조례의 제정·개정 및 폐지
> 2. 예산의 심의·확정
> 3. 결산의 승인
> 4. 법령에 규정된 것을 제외한 사용료·수수료·분담금·지방세 또는 가입금의 부과와 징수
> 5. 기금의 설치·운용
> 6. 대통령령으로 정하는 중요 재산의 취득·처분
> 7. 대통령령으로 정하는 공공시설의 설치·처분
> 8. 법령과 조례에 규정된 것을 제외한 예산 외의 의무부담이나 권리의 포기
> 9. 청원의 수리와 처리
> 10. 외국 지방자치단체와의 교류·협력
> 11. 그 밖에 법령에 따라 그 권한에 속하는 사항

④ ❌ 지방의회에서 의결할 의안은 지방자치단체의 장이나 (대통령령 ✕)로 정하는 이상의 지방의회의원의 찬성으로 발의한다.

2025 신용한 지방자치론 p.83~85   **정답** ④

103

'20 서울 7 경력경쟁 지방자치론

조례에 대한 설명으로 가장 옳지 않은 것은?

① 조례안이 지방의회에서 의결되면 의장은 의결된 날부터 5일 이내에 그 지방자치단체의 장에게 이송해야 한다.
② 조례를 폐지할 경우 지방의회에서 조례가 이송된 날부터 15일 이내에 시·도지사는 행정안전부장관에게 보고해야 한다.
③ 조례는 특별한 규정이 없으면 공포한 날부터 20일이 지나면 효력이 발생한다.
④ 지방자치단체는 조례를 위반한 행위에 대해 조례로써 1천만원 이하의 과태료를 정할 수 있다.

출제유형 Ⅶ 법령
출제영역 지방자치단체의 조례

① ⭕ 지방자치법 제32조 제1항

> 지방자치법 제32조【조례와 규칙의 제정 절차 등】① 조례안이 지방의회에서 의결되면 지방의회의 의장은 의결된 날부터 5일 이내에 그 지방자치단체의 장에게 이송하여야 한다.

② ❌ 조례를 폐지할 경우 지방의회에서 조례가 이송된 날부터 5일 (15일 ✕) 에 시·도지사는 행정안전부장관에게 보고해야 한다.

> 동법 제35조【보고】조례나 규칙을 제정하거나 개정하거나 폐지할 경우 조례는 지방의회에서 이송된 날부터 5일 이내에, 규칙은 공포 예정일 15일 전에 시·도지사는 행정안전부장관에게, 시장·군수 및 자치구의 구청장은 시·도지사에게 그 전문(全文)을 첨부하여 각각 보고하여야 하며, 보고를 받은 행정안전부장관은 그 내용을 관계 중앙행정기관의 장에게 통보하여야 한다.

③ ⭕ 지방자치법 제32조 제8항

> 동법 제32조【조례와 규칙의 제정 절차 등】⑧ 조례와 규칙은 특별한 규정이 없으면 공포한 날부터 20일이 지나면 효력을 발생한다.

④ ⭕ 지방자치법 제34조 제1항

> 동법 제34조【조례 위반에 대한 과태료】① 지방자치단체는 조례를 위반한 행위에 대하여 조례로써 1천만원 이하의 과태료를 정할 수 있다.

2025 신용한 지방자치론 p.83~86   **정답** ②

104 '22 경간

조례와 규칙에 대한 설명 중 가장 적절하지 않은 것은?

① 지방의회는 자치단체의 내부구조, 운영, 사무처리 등을 규정하는 조례를 제정할 수 있다.
② 자치단체의 장은 법령 또는 조례의 범위에서 그 권한에 속하는 사무에 관하여 규칙을 제정할 수 있다.
③ 지방자치단체 조례를 위반한 행위에 대하여 조례로써 1천만원 이하의 과태료를 정할 수 있다.
④ 지방의회는 조례를 통하여 지방세의 종목과 세율을 자체적으로 결정할 수 있다.

출제유형 Ⅶ 법령
출제영역 지방자치단체의 조례와 규칙

① ○ 지방의회는 자치단체의 내부구조, 운영, 사무처리 등을 규정하는 조례를 제정할 수 있다.

> **지방자치법 제28조【조례】** ① 지방자치단체는 법령의 범위에서 그 사무에 관하여 조례를 제정할 수 있다. 다만, 주민의 권리 제한 또는 의무 부과에 관한 사항이나 벌칙을 정할 때에는 법률의 위임이 있어야 한다.

② ○ 지방자치법 제29조

> **지방자치법 제29조【규칙】** 지방자치단체의 장은 법령 또는 조례의 범위에서 그 권한에 속하는 사무에 관하여 규칙을 제정할 수 있다.

③ ○ 지방자치법 제34조 제1항

> **지방자치법 제34조【조례 위반에 대한 과태료】** ① 지방자치단체는 조례를 위반한 행위에 대하여 조례로써 1천만원 이하의 과태료를 정할 수 있다.

④ ✗ 지방세 탄력세율, 재산과세의 과표 등과 같은 자치재정권은 인정되는 반면 조세법률주의에 따라 조례를 통한 독립적인 지방 세목은 설치할 수 없다.

> **헌법 제59조** 조세의 종목과 세율은 법률로 정한다.

2025 신용한 지방자치론 p.83, 84, 88 **정답** ④

---

105 '19 서울 7 추가채용 지방자치론

지방자치단체의 조례와 규칙에 대한 설명으로 가장 옳지 않은 것은?

① 지방자치단체는 법률에 위반되지 않는 범위에서 그 사무에 관하여 조례를 제정할 수 있다.
② 주민의 의무부과 사항에 대해 법률의 위임을 받아 지방자치단체가 조례를 제정할 수 있다.
③ 서울시 자치구 조례는 서울특별시 조례를 위반하여서는 아니된다.
④ 서울특별시장은 법령 또는 조례의 범위에서 그 권한에 속하는 사무에 관하여 규칙을 제정할 수 있다.

출제유형 Ⅳ 개념 + Ⅶ 법령
출제영역 지방자치단체의 조례와 규칙

① ✗, ② ○ 지방자치단체는 법령(법률 ×)의 범위에서 그 사무에 관하여 조례를 제정할 수 있다.

> **지방자치법 제28조【조례】** ① 지방자치단체는 법령의 범위에서 그 사무에 관하여 조례를 제정할 수 있다. 다만, 주민의 권리 제한 또는 의무 부과에 관한 사항이나 벌칙을 정할 때에는 법률의 위임이 있어야 한다.

③ ○ 지방자치법 제30조

> **동법 제30조【조례와 규칙의 입법한계】** 시·군 및 자치구의 조례나 규칙은 시·도의 조례나 규칙을 위반하여서는 아니 된다.

④ ○ 지방자치법 제29조

> **동법 제29조【규칙】** 지방자치단체의 장은 법령 또는 조례의 범위에서 그 권한에 속하는 사무에 관하여 규칙을 제정할 수 있다.

2025 신용한 지방자치론 p.83, 84 **정답** ①

106

'24 지방 7 지방자치론

「지방자치법」상 조례와 규칙에 대한 설명으로 옳지 않은 것은?

① 조례안이 지방의회에서 의결되면 지방의회의 의장은 의결된 날부터 5일 이내에 그 지방자치단체의 장에게 이송하여야 한다.
② 지방자치단체의 장은 지방의회에서 의결된 조례안을 이송받으면 20일 이내에 공포하거나, 이유를 붙여 지방의회로 환부하고 재의를 요구할 수 있다.
③ 법령에서 조례로 정하도록 위임한 사항은 그 법령의 하위 법령에서 그 위임의 내용과 범위를 제한하거나 직접 규정할 수 있다.
④ 조례와 규칙은 특별한 규정이 없으면 공포한 날부터 20일이 지나면 효력을 발생한다.

출제유형 Ⅶ 법령
출제영역 지방자치단체의 조례와 규칙

①, ② ⭕ 지방자치법 제32조 각항

> 지방자치법 제32조【조례와 규칙의 제정 절차 등】① 조례안이 지방의회에서 의결되면 지방의회의 의장은 의결된 날부터 5일 이내에 그 지방자치단체의 장에게 이송하여야 한다.
> ② 지방자치단체의 장은 제1항의 조례안을 이송받으면 20일 이내에 공포하여야 한다.
> ③ 지방자치단체의 장은 이송받은 조례안에 대하여 이의가 있으면 제2항의 기간에 이유를 붙여 지방의회로 환부(還付)하고, 재의(再議)를 요구할 수 있다. 이 경우 지방자치단체의 장은 조례안의 일부에 대하여 또는 조례안을 수정하여 재의를 요구할 수 없다.

③ ❌ 법령에서 조례로 정하도록 위임한 사항은 그 법령의 하위 법령에서 **그 위임의 내용과 범위를 제한하거나 직접 규정할 수 없다.**

> 동법 제28조【조례】① 지방자치단체는 법령의 범위에서 그 사무에 관하여 조례를 제정할 수 있다. 다만, 주민의 권리 제한 또는 의무 부과에 관한 사항이나 벌칙을 정할 때에는 법률의 위임이 있어야 한다.
> ② 법령에서 조례로 정하도록 위임한 사항은 그 법령의 하위 법령에서 그 위임의 내용과 범위를 제한하거나 직접 규정할 수 없다.

④ ⭕ 지방자치법 제32조 제8항

> 동법 제32조【조례와 규칙의 제정 절차 등】⑧ 조례와 규칙은 특별한 규정이 없으면 공포한 날부터 20일이 지나면 효력을 발생한다.

정답 ③

107

'15 지방 7 지방자치론

조례와 규칙의 제정에 대한 설명으로 옳지 않은 것은?

① 조례안이 지방의회에서 의결되면 의장은 의결된 날부터 10일 이내에 그 지방자치단체의 장에게 이를 이송하여야 한다.
② 지방자치단체의 장은 이송 받은 조례안에 대하여 이의가 있으면 20일 이내에 이유를 붙여 지방의회로 환부(還付)하고 재의(再議)를 요구할 수 있다.
③ 확정조례가 지방자치단체의 장에게 이송된 후 5일 이내에 지방자치단체의 장이 공포하지 아니하면 지방의회의 의장이 이를 공포한다.
④ 시·군 및 자치구의 조례나 규칙은 시·도의 조례나 규칙을 위반하여서는 아니 된다.

출제유형 Ⅶ 법령
출제영역 지방자치단체의 조례와 규칙

① ❌ 10일이 아니라 5일이다.

> 지방자치법 제32조【조례와 규칙의 제정 절차 등】① 조례안이 지방의회에서 의결되면 지방의회의 의장은 의결된 날부터 <u>5일 이내</u>에 그 지방자치단체의 장에게 이송하여야 한다.

② ⭕ 지방자치법 제32조 제2항 및 제3항

> 동법 제32조【조례와 규칙의 제정 절차 등】② 지방자치단체의 장은 제1항의 조례안을 이송받으면 20일 이내에 공포하여야 한다.
> ③ 지방자치단체의 장은 이송받은 조례안에 대하여 이의가 있으면 제2항의 기간에 이유를 붙여 지방의회로 환부(還付)하고, 재의(再議)를 요구할 수 있다. 이 경우 지방자치단체의 장은 조례안의 일부에 대하여 또는 조례안을 수정하여 재의를 요구할 수 없다.

③ ⭕ 지방자치법 제32조 제6항

> 동법 제32조【조례와 규칙의 제정 절차 등】⑥ 지방자치단체의 장은 제4항 또는 제5항에 따라 확정된 조례를 지체 없이 공포하여야 한다. 이 경우 제5항에 따라 조례가 확정된 후 또는 제4항에 따라 확정된 조례가 지방자치단체의 장에게 이송된 후 5일 이내에 지방자치단체의 장이 공포하지 아니하면 지방의회의 의장이 공포한다.

④ ⭕ 지방자치법 제30조

> 동법 제30조【조례와 규칙의 입법한계】시·군 및 자치구의 조례나 규칙은 시·도의 조례나 규칙을 위반해서는 아니 된다.

SUMMARY 조례제정의 절차

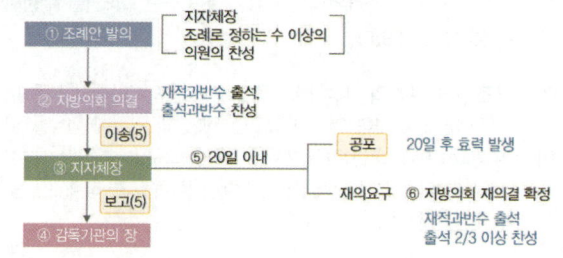

정답 ①

108

'24 서울 7 경력경쟁 지방자치론

「지방자치법」상의 조례와 규칙에 대한 설명으로 가장 옳지 않은 것은?

① 지방자치단체의 장은 법령 또는 조례의 범위에서 그 권한에 속하는 사무에 관하여 규칙을 제정할 수 있다.
② 법령에서 조례로 정하도록 위임한 사항은 그 법령의 하위 법령에서 그 위임의 내용과 범위를 제한할 수 없다.
③ 지방의회에서 의결된 조례안은 의결된 날부터 5일 이내에 그 지방자치단체의 장에게 이송되어야 한다.
④ 지방자치단체의 장은 이송받은 조례안에 대하여 이의가 있으면 조례안을 수정하여 재의를 요구할 수 있다.

출제유형 Ⅶ 법령
출제영역 우리나라 자치입법권

① ⭕ 지방자치법 제29조

> 지방자치법 제29조【규칙】지방자치단체의 장은 법령이나 조례의 범위에서 그 권한에 속하는 사무에 관하여 규칙을 제정할 수 있다.

② ⭕ 지방자치법 제28조 제2항

> 동법 제28조【조례】② 법령에서 조례로 정하도록 위임한 사항은 그 법령의 하위 법령에서 그 위임의 내용과 범위를 제한하거나 직접 규정할 수 없다.

③ ⭕ 지방자치법 제32조 제1항

> 동법 제28조【조례와 규칙의 제정 절차 등】① 조례안이 지방의회에서 의결되면 지방의회의 의장은 의결된 날부터 5일 이내에 그 지방자치단체의 장에게 이송하여야 한다.

④ ❌ 지방자치단체장은 조례안의 일부에 대하여 또는 조례안을 <u>수정하여 재의를 요구할 수 없다.</u>

> 제32조【조례와 규칙의 제정 절차 등】③ 지방자치단체의 장은 이송받은 조례안에 대하여 이의가 있으면 제2항의 기간에 이유를 붙여 지방의회로 환부(還付)하고, 재의(再議)를 요구할 수 있다. 이 경우 지방자치단체의 장은 <u>조례안의 일부에 대하여 또는 조례안을 수정하여 재의를 요구할 수 없다.</u>

2025 신용한 지방자치론 p.83~86 **정답** ④

109

'16 서울 7 지방자치론

「지방자치법」상 조례와 규칙에 대한 설명으로 가장 옳지 않은 것은?

① 지방자치단체는 조례를 위반한 행위에 대하여 규칙으로써 1천만원 이하의 과태료를 정할 수 있다.
② 지방자치단체의 장은 법령 또는 조례의 범위에서 그 권한에 속하는 사무에 관하여 규칙을 제정할 수 있다.
③ 시·군 및 자치구의 조례나 규칙은 시·도의 조례나 규칙에 위반하여서는 아니 된다.
④ 지방자치단체는 법령의 범위 안에서 그 사무에 관하여 조례를 제정할 수 있다. 다만, 주민의 권리 제한 또는 의무 부과에 관한 사항이나 벌칙을 정할 때에는 법률의 위임이 있어야 한다.

출제유형 Ⅰ 말바꾸기 + Ⅶ 법령
출제영역 지방자치단체의 조례와 규칙

① ❌ <u>조례</u>(규칙 ×)로써 과태료를 정할 수 있다.

> 지방자치법 제34조【조례위반에 대한 과태료】① 지방자치단체는 조례를 위반한 행위에 대하여 <u>조례로써 1천만원 이하의 과태료를 정할 수 있다</u>.

② ⭕ 지방자치법 제29조

> 동법 제29조【규칙】지방자치단체의 장은 법령 또는 조례의 범위에서 그 권한에 속하는 사무에 관하여 규칙을 제정할 수 있다.

③ ⭕ 지방자치법 제30조

> 동법 제30조【조례와 규칙의 입법한계】시·군 및 자치구의 조례나 규칙은 시·도의 조례나 규칙을 위반해서는 아니 된다.

④ ⭕ 지방자치법 제28조 제1항

> 동법 제28조【조례】① 지방자치단체는 법령의 범위에서 그 사무에 관하여 조례를 제정할 수 있다. 다만, 주민의 권리 제한 또는 의무 부과에 관한 사항이나 벌칙을 정할 때에는 법률의 위임이 있어야 한다.

2025 신용한 지방자치론 p.83 **정답** ①

110

'14 지방 7 지방자치론

우리나라 지방자치단체의 기준인건비 제도에 대한 설명으로 옳지 않은 것은?

① 지방자치단체는 기준인건비를 기준으로 기구와 정원을 자율성과 책임성이 조화되도록 운영하여야 한다.
② 최근에는 기준인건비 자율범위까지 폐지하여 자율권이 더욱 확대되었다.
③ 기준인건비제는 기존의 총액인건비제를 대체한 것으로 볼 수 있다.
④ 광역지방자치단체의 장은 매년 기준인건비를 산정하여 행정안전부장관의 승인을 받아야 한다.

출제유형 Ⅶ 법령
출제영역 기준인건비 제도

④ ✗ 기준인건비는 행정안전부장관이 매년 산정하여 각 지방자치단체의 장에게 통보한다.

> 지방자치단체의 행정기구와 정원기준 등에 관한 규정 제4조 【기준인건비제 운영】 ① 지방자치단체는 기준인건비를 기준으로 기구와 정원을 자율적으로 운영하되, 자율성과 책임성이 조화되도록 운영하여야 한다.
> ② 행정안전부장관은 지방자치단체의 행정수요, 인건비 등을 고려하여 매년 기준인건비를 산정하고 전년도 12월 31일까지 각 지방자치단체의 장에게 통보하여야 한다.
> ③ 제2항의 기준인건비의 구성요소, 산정방법 등 기준인건비의 산정에 관한 구체적인 사항은 행정안전부장관이 정하는 바에 따른다.
> ④ 행정안전부장관은 지방자치단체의 기준인건비 운영에 대한 분석을 실시하고 그 결과를 다음 연도 기준인건비에 반영하는 등 필요한 조치를 할 수 있다.

2025 신용한 지방자치론 p.87 **정답** ④

111

'18 서울 7 추가채용 지방자치론

현행 「지방자치법」상 지방자치단체가 징수하는 사용료에 관한 설명으로 가장 옳지 않은 것은?

① 부정한 방법으로 사용료의 징수를 면한 사람에게 조례로 과태료를 부과할 수 있다.
② 시·군 및 자치구의 사용료의 징수에 대하여 시·도지사에게 이의신청을 할 수 있다.
③ 사용료의 징수에 대한 행정소송은 처분청을 당사자로 한다.
④ 공공시설의 이용에 대하여 사용료를 부과할 수 있다.

출제유형 Ⅶ 법령
출제영역 우리나라 자치재정권

① ◯ 지방자치법 제156조 제2항

> 지방자치법 제156조 【사용료의 징수조례 등】 ② 사기나 그 밖의 부정한 방법으로 사용료·수수료 또는 분담금의 징수를 면한 자에게는 그 징수를 면한 금액의 5배 이내의 과태료를, 공공시설을 부정 사용한 자에게는 50만원 이하의 과태료를 부과하는 규정을 조례로 정할 수 있다.

② ✗ 시·군 자치구의 사용료의 징수에 대하여 이의가 있을 경우 그 지방자치단체의 장(시·도지사 ×)에게 이의신청을 할 수 있다.

> 동법 제157조 【사용료 등의 부과·징수, 이의신청】 ② 사용료·수수료 또는 분담금의 부과나 징수에 대하여 이의가 있는 자는 그 처분을 통지받은 날부터 90일 이내에 그 지방자치단체의 장에게 이의신청할 수 있다.

③ ◯ 지방자치법 제157조 제4항

> 동법 제157조 【사용료 등의 부과·징수, 이의신청】 ④ 사용료·수수료 또는 분담금의 부과나 징수에 대하여 행정소송을 제기하려면 제3항에 따른 결정을 통지받은 날부터 90일 이내에 처분청을 당사자로 하여 소를 제기하여야 한다.

④ ◯ 지방자치법 제153조

> 동법 제153조 【사용료】 지방자치단체는 공공시설의 이용 또는 재산의 사용에 대하여 사용료를 징수할 수 있다.

2025 신용한 지방자치론 p.88 **정답** ②

112

'23 지방 7 지방자치론

지방자치단체의 자치재정권에 대한 설명으로 옳지 않은 것은?

① 지방자치단체의 장은 공익을 위하여 필요하다고 인정하면 미리 지방의회의 의결을 받아 보증채무부담행위를 할 수 있다.
② 지방자치단체는 공공시설의 이용 또는 재산의 사용에 대하여는 사용료를 징수할 수 없다.
③ 지방자치단체는 행정목적을 달성하기 위한 경우나 공익상 필요한 경우에는 특정한 자금을 운용하기 위한 기금을 설치할 수 있다.
④ 지방자치단체의 장은 지방채 발행 한도액 범위더라도 외채를 발행하는 경우에는 지방의회의 의결을 거치기 전에 행정안전부장관의 승인을 받아야 한다.

113

'17 서울 7 지방자치론

다음 중 우리나라 지방자치제에 대한 설명으로 가장 옳은 것은?

① 대체로 대통령이나 국회의원 선거에 비해 지방선거에서 높은 투표율을 보여 지방자치가 정착되고 있다.
② 지방자치단체장은 긴급 상황에서 의회 의결을 거치지 않고 선결처분 할 수 있는 권한이 있다.
③ 재정자립도란 일반회계 세입에서 자주재원과 지방교부세를 합한 비중을 말한다.
④ 자치재정권이 인정되므로 조례를 통한 독립적인 지방 세목을 설치할 수 있다.

출제유형 Ⅶ 법령
출제영역 우리나라 자치재정권

① ○ 지방재정법 제139조 제3항

> 지방자치법 제139조 【지방채무 및 지방채권의 관리】 ③ 지방자치단체의 장은 공익을 위하여 필요하다고 인정하면 미리 지방의회의 의결을 받아 보증채무부담행위를 할 수 있다.

② ✕ 지방자치단체는 공공시설의 이용 또는 재산의 사용에 대하여 **사용료를 징수할 수 있다.**

> 지방자치법 제153조 【사용료】 지방자치단체는 공공시설의 이용 또는 재산의 사용에 대하여 사용료를 징수할 수 있다.

③ ○ 지방자치법 제159조 제1항

> 지방자치법 제159조 【재산과 기금의 설치】 ① 지방자치단체는 행정목적을 달성하기 위한 경우나 공익상 필요한 경우에는 재산(현금 외의 모든 재산적 가치가 있는 물건과 권리를 말한다)을 보유하거나 특정한 자금을 운용하기 위한 기금을 설치할 수 있다.

④ ○ 지방재정법 제11조 제2항

> 지방재정법 제11조 【지방채의 발행】 ② 지방자치단체의 장은 제1항에 따라 지방채를 발행하려면 재정 상황 및 채무 규모 등을 고려하여 대통령령으로 정하는 지방채 발행 한도액의 범위에서 지방의회의 의결을 얻어야 한다. 다만, 지방채 발행 한도액 범위더라도 외채를 발행하는 경우에는 지방의회의 의결을 거치기 전에 행정안전부장관의 승인을 받아야 한다.

2025 신용한 지방자치론 p.88, 197, 230   **정답** ②

출제유형 Ⅳ 개념
출제영역 우리나라 지방자치권

① ✕ 대체로 대통령이나 국회의원 선거의 투표율이 높게 나타난다.
② ○ 자치단체장은 일정한 요건 하에서 지방자치단체의 존립 또는 효율적 운영을 위해 지방의회의 의결을 거치지 않고 독자적 판단 하에 우선적으로 행하는 선결처분권을 가진다.
③ ✕ 재정자립도는 일반회계 세입에서 자주재원(지방교부세 ✕)의 비중을 말한다.
④ ✕ 우리나라의 경우 조세법률주의로 조례를 통한 독립적인 지방 세목을 설치 할 수 없다.

2025 신용한 지방자치론 p.88, 132, 232   **정답** ②

114

'15 지방 7 지방자치론

우리나라 지방자치단체의 자치권 제약에 관한 사항으로 옳지 않은 것은?

① 지방자치단체가 주민의 권리 제한 또는 의무 부과에 관한 사항이나 벌칙을 조례로 정할 때에는 법률의 위임이 있어야 한다.
② 중앙행정기관의 장이나 시·도지사는 지방자치단체의 사무에 관하여 필요하면 지방자치단체에 자료의 제출을 요구할 수 있다.
③ 지방자치단체는 그 사무를 분장하기 위하여 필요한 행정기구를 설치할 경우 대통령령에 따라 규칙으로 정한다.
④ 지방자치단체는 조례를 위반한 행위에 대하여 조례로써 1천만원 이하의 과태료를 정할 수 있다.

출제유형 | Ⅶ 법령
출제영역 | 우리나라 지방자치권

① ⭕ 지방자치법 제28조 제1항

> **지방자치법 제28조【조례】** ① 지방자치단체는 법령의 범위에서 그 사무에 관하여 조례를 제정할 수 있다. 다만, 주민의 권리 제한 또는 의무 부과에 관한 사항이나 벌칙을 정할 때에는 법률의 위임이 있어야 한다.

② ⭕ 지방자치법 제184조 제1항

> **동법 제184조【지방자치단체의 사무에 대한 지도와 지원】** ① 중앙행정기관의 장이나 시·도지사는 지방자치단체의 사무에 관하여 조언 또는 권고하거나 지도할 수 있으며, 이를 위하여 필요하면 지방자치단체에 자료 제출을 요구할 수 있다.

③ ❌ **행정기구의 설치와 지방공무원의 정원은 인건비 등 대통령령으로 정하는 기준에 따라 그 지방자치단체의 조례(규칙 ×)로 정한다.**

> **동법 제125조【행정기구와 공무원】** ① 지방자치단체는 그 사무를 분장하기 위하여 필요한 행정기구와 지방공무원을 둔다.
> ② 제1항에 따른 행정기구의 설치와 지방공무원의 정원은 인건비 등 대통령령으로 정하는 기준에 따라 그 지방자치단체의 조례로 정한다.

④ ⭕ 지방자치법 제34조 제1항

> **동법 제34조【조례 위반에 대한 과태료】** ① 지방자치단체는 조례를 위반한 행위에 대하여 조례로써 1천만원 이하의 과태료를 정할 수 있다.

2025 신용한 지방자치론 p.83, 87, 247 　정답 ③

115

'23 국회 9

우리나라의 지방자치에 대한 설명으로 옳지 않은 것은?

① 단체위임사무의 예로서 시·군의 재해구호, 도의 국도 유지 및 보수에 관한 사무 등이 있다.
② 주민소송을 제기하기 위해서는 먼저 감사를 청구하여야 한다.
③ 지방자치단체는 조례로 정하는 바에 따라 지방세를 부과·징수한다.
④ 일정한 요건을 갖춘 외국인에게는 주민소환투표권이 부여될 수 있다.
⑤ 지방의회에 청원을 할 때에는 지방의회 의원의 소개를 받아 청원서를 제출하여야 한다.

출제유형 | Ⅰ 말바꾸기+Ⅳ 개념
출제영역 | 우리나라 지방자치권

① ⭕ 단체위임사무는 법령에 의하여 국가 또는 상급 자치단체로부터 그 지방자치단체에 위임된 사무를 의미한다. 단체위임사무는 지역적 이해관계와 국가적 이해관계가 공존하는 사무이므로 보건소, 생활보호, 의료보호, 재해구호, 도세징수, 공과금 징수, 직업안정, 하천유지보수, 국도유지보수 등이 해당된다.

② ⭕ 지방자치법 제22조 제1항

> **지방자치법 제22조【주민소송】** ① 제21조제1항에 따라 공금의 지출에 관한 사항, 재산의 취득·관리·처분에 관한 사항, 해당 지방자치단체를 당사자로 하는 매매·임차·도급 계약이나 그 밖의 계약의 체결·이행에 관한 사항 또는 지방세·사용료·수수료·과태료 등 공금의 부과·징수를 게을리한 사항을 감사 청구한 주민은 다음 각 호의 어느 하나에 해당하는 경우에 그 감사 청구한 사항과 관련이 있는 위법한 행위나 업무를 게을리한 사실에 대하여 해당 지방자치단체의 장(해당 사항의 사무처리에 관한 권한을 소속 기관의 장에게 위임한 경우에는 그 소속 기관의 장을 말한다. 이하 이 조에서 같다)을 상대방으로 하여 소송을 제기할 수 있다.

③ ❌ 지방자치단체는 **법률**(조례 ×)로 정하는 바에 따라 지방세를 부과·징수한다.

> **동법 제152조【지방세】** 지방자치단체는 법률로 정하는 바에 따라 지방세를 부과·징수할 수 있다.

④ ⭕ 주민소환에 관한 법률 제3조 제1항 각 호

> **주민소환에 관한 법률 제3조【주민소환투표권】** ① 제4조제1항의 규정에 의한 주민소환투표인명부 작성기준일 현재 다음 각 호의 어느 하나에 해당하는 자는 주민소환투표권이 있다.
> 1. 19세 이상의 주민으로서 당해 지방자치단체 관할구역에 주민등록이 되어 있는 자(「공직선거법」 제18조의 규정에 의하여 선거권이 없는 자를 제외한다)
> 2. 19세 이상의 외국인으로서 「출입국관리법」 제10조의 규정에 따른 영주의 체류자격 취득일 후 3년이 경과한 자 중 같은 법 제34조의 규정에 따라 당해 지방자치단체 관할구역의 외국인등록대장에 등재된 자

⑤ ⭕ 지방자치법 제85조 제1항

> **지방자치법 제85조【청원서의 제출】** ① 지방의회에 청원을 하려는 자는 지방의회의원의 소개를 받아 청원서를 제출하여야 한다.

2025 신용한 지방자치론 p.88, 90, 122, 181, 184 　정답 ③

CHAPTER 4 지방사무와 계층 간 기능배분

POINT 1 지방사무

116

'17 지방 7 지방자치론

「지방자치법」상 지방자치단체의 사무처리에 관한 기본원칙에 해당하지 않는 것은?

① 지방자치단체는 지역경제 활성화를 위해 노력하여야 한다.
② 지방자치단체는 법령이나 상급 지방자치단체의 조례를 위반하여 그 사무를 처리할 수 없다.
③ 지방자치단체는 조직과 운영을 합리적으로 하고 그 규모를 적정하게 유지하여야 한다.
④ 지방자치단체는 그 사무를 처리할 때 주민의 편의와 복리 증진을 위하여 노력하여야 한다.

출제유형   Ⅶ 법령
출제영역   지방자치단체의 사무처리원칙
① ❌ 지역경제활성화를 위한 노력은 「지방자치법」상 사무처리에 관한 기본원칙에 해당되지 않는다.

> 지방자치법 제12조【사무처리의 기본원칙】① 지방자치단체는 사무를 처리할 때 주민의 편의와 복리증진을 위하여 노력하여야 한다. ② 지방자치단체는 조직과 운영을 합리적으로 하고 규모를 적절하게 유지하여야 한다. ③ 지방자치단체는 법령을 위반하여 사무를 처리할 수 없으며, 시·군 및 자치구는 해당 구역을 관할하는 시·도의 조례를 위반하여 사무를 처리할 수 없다.

2025 신용한 지방자치론 p.89   정답 ①

117

'17 사회복지직 9

지방자치단체의 사무에 관한 설명 중 가장 옳지 않은 것은?

① 기관위임사무에 소요되는 비용은 원칙적으로 자치단체와 위임기관이 공동으로 부담한다.
② 지방의회는 단체위임사무에 대해 조사·감사를 시행한다.
③ 예방접종에 관한 사무는 통상 자치단체에 위임된 사무로 본다.
④ 자치사무에 대한 국가의 감독에서 적극적 감독, 즉 예방적 감독과 합목적성의 감독은 배제되는 것이 원칙이다.

출제유형   Ⅳ 개념 + Ⅵ 이론 비교
출제영역   지방자치단체의 사무구분
① ❌ 기관위임사무에 소요되는 비용은 원칙적으로 위임기관이 전액 부담하는 것이 원칙이다.

> 지방재정법 제21조【부담금과 교부금】② 국가가 스스로 하여야 할 사무를 지방자치단체나 그 기관에 위임하여 수행하는 경우 그 경비는 국가가 전부를 그 지방자치단체에 교부하여야 한다.

② ⭕ 단체위임사무는 해당 자치단체 자체에 위임된 사무이기 때문에 해당 자치의회가 그 사무의 처리에 참여하게 된다.
③ ⭕ 예방접종은 단체위임사무에 해당한다.
④ ⭕ 자치사무에 대한 국가의 감독은 소극적 감독, 즉 합법성에 관한 교정적 감독에만 한정되고, 적극적 감독, 즉 예방적 감독과 합목적성의 감독은 배제되는 것이 원칙이다.

2025 신용한 지방자치론 p.89~91   정답 ①

118

'24 지방 7 지방자치론

우리나라 지방자치단체의 사무에 관한 설명으로 옳지 않은 것은?

① 자치사무(고유사무)는 일반적으로 지방자치단체의 존립을 목적으로 하는 사무를 말하며, 보건소 운영사무가 이에 해당한다.
② 단체위임사무는 법령에 의하여 국가 또는 상급 지방자치단체로부터 그 지방자치단체에 위임된 사무를 말하며, 재해구호사무가 이에 해당한다.
③ 기관위임사무는 법령에 의하여 국가 또는 상급 지방자치단체로부터 지방자치단체의 장 등 집행기관에 위임된 사무를 말하며, 대통령·국회의원 선거사무가 이에 해당한다.
④ 기초자치단체와 광역자치단체 간의 사무가 경합하면 기초자치단체에서 우선 처리한다.

출제유형 Ⅵ 이론 비교 + Ⅰ 말바꾸기
출제영역 지방자치단체의 사무구분

① 자치사무(고유사무)는 일반적으로 지방자치단체의 존립을 목적으로 하는 사무를 말하며, 자치단체의 존립·유지사무(조례, 규칙제정), 주민복지사무가 이에 해당한다. **보건소 운영사무는 단체위임사무에 해당**한다.

SUMMARY 지방자치단체 사무구분

구분	자치사무	단체위임사무	기관위임사무
개념	지방자치단체가 자기의 책임과 부담으로 처리하는 지방적 공공사무	법령에 의하여 국가 또는 상급 자치단체로부터 그 지방자치단체에 위임된 사무	법령에 의하여 국가 또는 상급 지방자치단체로부터 지방자치단체의 집행기관에게 위임된 사무
결정 주체	지방의회 (본래의 사무)	지방의회 (지방자치단체에 위임)	국가 (지방자치단체 개입 불가)
사무 처리 주체	지방자치단체	지방자치단체	지방자치단체장 (일선행정기관의 성격)
조례 제정권	○	○	×
국가의 감독	합법성 중심의 교정적 (사후) 감독	합법성과 합목적성의 교정적 감독	교정적 감독 + 예방적 감독
경비의 부담	자치단체 보조금 = 장려적 보조금	공동 부담 보조금 = 부담금	국가 부담 보조금 = 교부금
사무 예시	자치단체의 존립·유지사무, 주민복지사무 (상하수도, 지역민방위, 지역소방, 도서관, 주민등록, 학교, 병원, 도로, 도시계획 쓰레기 처리 등)	보건소, 생활보호, 의료보호, 재해구호, 도세 징수, 공과금 징수, 직업안정, 하천유지보수, 국도유지보수 등	대통령·국회의원 선거, 근로기준설정, 가족관계등록, 의약사면허, 도량형, 외국인등록, 여권발급 등

2025 신용한 지방자치론 p.89~91   **정답 ①**

119

'20 지방 7 지방자치론

기관위임사무에 대한 설명으로 옳은 것은?

① 보건소 운영, 시·군의 도세징수 등 지방적 이해와 국가적 이해가 같이 걸린 사무들이 많다.
② 자치사무와의 구별이 명확하고 지방자치단체가 수행하는 사무 중에서 20% 정도를 차지한다.
③ 국가의 기관위임사무는 원칙적으로 소요되는 경비를 국가가 지방자치단체에 전부 교부하여야 한다.
④ 단체위임사무에 비하여 자치적 처리의 영역이 넓다.

출제유형 Ⅰ 말바꾸기 + Ⅶ 법령
출제영역 기관위임사무

① ❌ **보건소 운영, 시·군의 도세징수** 등 지방적 이해와 국가적 이해가 같이 걸린 사무들이 많은 것은 **단체위임사무에 해당**한다.
② ❌ **어디까지가 자치사무이고, 어디까지가 위임사무인지 구분이 명확하지 않는 경우가 많다.** 따라서 이러한 사무들이 지방정부 사무 중 각각 어느 정도를 차지하고 있는지 파악하기가 쉽지 않지만, 대개 자치사무가 50 ~ 60%, 기관위임사무가 30 ~ 40%, 그리고 단체위임사무가 10% 정도를 차지하는 것으로 보고 있다.
③ 지방재정법 제21조 제2항

> **지방재정법 제21조【부담금과 교부금】** ② 국가가 스스로 하여야 할 사무를 지방자치단체나 그 기관에 위임하여 수행하는 경우 그 경비는 국가가 전부를 그 지방자치단체에 교부하여야 한다.

④ ❌ **기관위임사무**에 있어서 지방자치단체는 국가의 하급기관의 지위를 갖기 때문에 **단체위임사무에 비하여 자치적 처리의 영역이 좁다.**

2025 신용한 지방자치론 p.90, 91   **정답 ③**

120 '20 국회 8

지방자치단체가 수행하는 기관위임사무에 대한 설명으로 옳은 것은?

① 기관위임사무의 처리에 필요한 경비는 수임한 지방자치단체가 전액 부담한다.
② 상·하수도 설치 및 관리, 도시계획사업의 시행, 소비자 보호 및 저축장려는 기관위임사무이다.
③ 기관위임사무는 지방자치단체의 장과 지방의회가 공동으로 수임 주체가 된다.
④ 지방자치단체가 그 권한에 속하는 사무의 일부를 소속 행정기관에 위임할 때는 개별적인 법령의 근거가 필요하지 않다.
⑤ 지방의회는 자치단체의 기관위임사무를 지휘할 수 있는 권한이 있다.

출제유형 | 말바꾸기 + Ⅷ 법령
출제영역 기관위임사무

① ✗ 기관위임사무의 처리에 필요한 경비는 위임기관이 전액 부담하는 것이 원칙이다.

> 지방재정법 21조【부담금과 교부금】② 국가가 스스로 하여야 할 사무를 지방자치단체나 그 기관에 위임하여 수행하는 경우 그 경비는 국가가 전부를 그 지방자치단체에 교부하여야 한다.

② ✗ 상수도·하수도의 설치 및 관리, 도시계획사업의 시행, 소비자 보호 및 저축 장려는 지방자치단체의 사무이다.

> 지방자치법 제13조【지방자치단체의 사무범위】② 제1항에 따른 지방자치단체의 사무를 예시하면 다음 각 호와 같다. 다만, 법률에 이와 다른 규정이 있으면 그러하지 아니하다.
> 3. 농림·수산·상공업 등 산업 진흥
>   카. 소비자 보호 및 저축 장려
> 4. 지역개발과 자연환경보전 및 생활환경시설의 설치·관리
>   다. 도시·군계획사업의 시행
>   자. 상수도·하수도의 설치 및 관리

③ ✗ 기관위임사무는 지방자치단체의 장이 수임 주체가 된다.

> 지방자치법 제115조【국가사무의 위임】시·도와 시·군 및 자치구에서 시행하는 국가사무는 시·도지사와 시장·군수 및 자치구의 구청장에게 위임하여 수행하는 것을 원칙으로 한다. 다만, 법령에 다른 규정이 있는 경우에는 그러하지 아니하다.

④ ○ 지방자치법 제117조 제1항

> 지방자치법 제117조【사무의 위임 등】① 지방자치단체의 장은 조례나 규칙으로 정하는 바에 따라 그 권한에 속하는 사무의 일부를 보조기관, 소속 행정기관 또는 하부행정기관에 위임할 수 있다.

⑤ ✗ 기관위임사무는 해당 지방자치단체에 위임된 것이 아니라 그 집행기관에게만 위임된 사무이므로 그 처리는 집행기관의 전권에 속하는 것이며, 따라서 이에 관하여 지방의회는 관여할 수 없다. 단만, 사무처리를 위해 지방자치단체에 경비를 부담하는 경우에는 지방의회가 관여할 수 있다.

2025 신용한 지방자치론 p.90, 91 **정답** ④

---

121 '16 지방 7 지방자치론

지방자치단체의 기관위임사무에 대한 설명으로 옳은 것은?

① 국가적 차원의 이해관계보다는 지방적 차원의 이해관계에 중점을 둔다.
② 「지방자치법」상 농산물·임산물·축산물·수산물의 생산 및 유통지원업무는 원칙적으로 기관위임사무에 해당된다.
③ 사무집행에 따른 경비는 지방자치단체가 부담하는 것이 원칙이다.
④ 사무처리에 대한 지방의회의 관여는 단체위임사무보다 제한된다.

출제유형 | 말바꾸기 + Ⅷ 법령
출제영역 기관위임사무

① ✗ 기관위임사무는 일반적으로 지방적 이해관계보다 전국적 이해관계가 큰 사무의 특성을 갖는다.
② ✗ 농산물·임산물·축산물·수산물의 생산 및 유통지원업무는 지방자치단체에 속하는 사무이다.

> 지방자치법 제13조【지방자치단체의 사무 범위】① 지방자치단체는 관할 구역의 자치사무와 법령에 따라 지방자치단체에 속하는 사무를 처리한다.
> ② 제1항에 따른 지방자치단체의 사무를 예시하면 다음 각 호와 같다. 다만, 법률에 이와 다른 규정이 있으면 그러하지 아니하다.
> 3. 농림·수산·상공업 등 산업 진흥
>   나. 농산물·임산물·축산물·수산물의 생산 및 유통 지원

③ ✗ 기관위임사무의 사무집행에 따른 경비는 위임기관이 전액 부담하는 것이 원칙이다.

2025 신용한 지방자치론 p.90, 91 **정답** ④

122

'24 경간

기관위임사무에 대한 설명으로 가장 옳지 않은 것은?

① 법령에 의해 해당 지방자치단체에 위임된 사무로서 전국적 이해관계를 가지는 통일적 사무들이다.
② 기관위임사무에 드는 소요 경비는 원칙적으로 국가가 부담해야한다.
③ 지방의회는 국회와 상급 자치단체가 직접 감사하기로 한 기관 위임사무 외에는 감사 가능하다.
④ 단체위임사무에 비해 기관위임사무에 대한 상급기관의 감독은 더 광범위하다.

- 출제유형 | I 말바꾸기 + IV 개념
- 출제영역 | 기관위임사무

① ✖ 기관위임사무는 지방자치단체에 위임된 것이 아니라 그 **집행기관에게 위임된 사무**이며, 전국적이고 국가적 이해관계가 크게 걸려있는 사무이다.
② ○ 기관위임사무의 소요경비는 위임기관이 전액 부담하는 것이 원칙이다.
③ ○ 지방자치법 제49조 제3항

> 지방자치법 제49조【행정사무 감사권 및 조사권】③ 지방자치단체 및 그 장이 위임받아 처리하는 국가사무와 시·도의 사무에 대하여 국회와 시·도의회가 직접 감사하기로 한 사무 외에는 그 감사를 각각 해당 시·도의회와 시·군 및 자치구의회가 할 수 있다. 이 경우 국회와 시·도의회는 그 감사 결과에 대하여 그 지방의회에 필요한 자료를 요구할 수 있다.

④ ○ 기관위임사무는 지방자치단체에 위임된 것이 아니라 그 집행기관에게 위임된 사무이므로 위임기관은 전면적인 직무감독권을 가진다. 반면 단체위임사무에서 위임기관은 합법성과 합목적성의 사후 교정적 감독에 한하고 예방적 감독은 배제된다.

2025 신용한 지방자치론 p.90, 91 | 정답 ①

123

'17 국가 7 하반기채용

우리나라 지방자치단체의 사무에 대한 설명으로 옳지 않은 것은?

① 위임사무와 자치사무로 구분되며, 위임사무는 다시 기관위임사무와 단체위임사무로 구분된다.
② 병역자원의 관리업무 등 주로 국가적 이해관계가 크게 걸려있는 사무는 단체위임사무에 속한다.
③ 제주특별자치도에서는 국가경찰과 자치경찰이 함께 활동할 수 있다.
④ 「지방자치법」에서 지방자치단체의 사무를 예시하고 있지만, 법률에 이와 다른 규정이 있으면 그렇지 않다.

- 출제유형 | IV 개념 + VII 법령
- 출제영역 | 지방자치단체의 사무구분

① ○ 우리나라 지방사무는 자치사무와 단체위임사무, 기관위임사무로 구분할 수 있다.
② ✖ **전국적이고 국가적 이해관계가 크게 걸려있는 사무는 기관위임사무이다.** 단체위임사무는 지역적 이해관계와 국가적 이해관계가 공존하는 사무의 특징을 가진다.
④ ○ 지방자치법 제13조 제2항 단서규정

> 지방자치법 제13조【지방자치단체의 사무 범위】① 지방자치단체는 관할 구역의 자치사무와 법령에 따라 지방자치단체에 속하는 사무를 처리한다.
> ② 제1항에 따른 지방자치단체의 사무를 예시하면 다음 각 호와 같다. 다만, 법률에 이와 다른 규정이 있으면 그러하지 아니하다.

SUMMARY 지방자치단체 사무구분

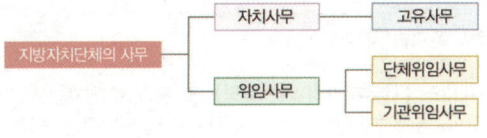

2025 신용한 지방자치론 p.89~91 | 정답 ②

CHAPTER 04 지방사무와 계층 간 기능배분

124

'24 서울 7 경력경쟁 지방자치론

<보기>에서 「지방자치법」상 지방자치단체 사무에 대한 설명으로 옳지 않은 것을 모두 고른 것은?

── 보기 ──
ㄱ. 지방자치단체는 우편, 철도, 지하철 등 전국적 규모나 이와 비슷한 규모의 사무를 담당한다.
ㄴ. 국가가 지방자치단체나 그 기관에 위임한 사무와 자치사무의 수수료 중 전국적으로 통일할 필요가 있는 수수료는 다른 법령의 규정에도 불구하고 대통령령으로 정하는 표준금액으로 징수하되, 성동구는 표준금액의 50퍼센트 범위에서 조례로 가감 조정하여 징수할 수 있다.
ㄷ. 서초구는 법령을 위반하여 사무를 처리할 수 없으며, 서울시 조례를 위반하여 사무를 처리할 수 없다.
ㄹ. 송파구와 강동구가 공동으로 설치하는 것이 적당하다고 인정되는 규모의 시설을 설치하고 관리하는 사무는 서울시에 배분하는 것이 적절하다.

① ㄱ
② ㄱ, ㄴ
③ ㄱ, ㄴ, ㄷ
④ ㄱ, ㄴ, ㄷ, ㄹ

출제유형 Ⅶ 법령
출제영역 지방자치단체의 사무

ㄱ ❌ 우편, 철도, 지하철 등 전국적 규모나 이와 비슷한 규모의 사무는 **국가사무**이다.

> **지방자치법 제15조【국가사무의 처리 제한】** 지방자치단체는 다음 각 호의 국가사무를 처리할 수 없다. 다만, 법률에 이와 다른 규정이 있는 경우에는 국가사무를 처리할 수 있다.
> 6. 우편, 철도 등 전국적 규모나 이와 비슷한 규모의 사무

ㄴ ⭕ 지방자치법 제156조 제1항

> **동법 제156조【사용료의 징수조례 등】** ① 사용료·수수료 또는 분담금의 징수에 관한 사항은 조례로 정한다. 다만, 국가가 지방자치단체나 그 기관에 위임한 사무와 자치사무의 수수료 중 전국적으로 통일할 필요가 있는 수수료에 관한 사항은 다른 법령의 규정에도 불구하고 대통령령으로 정하는 표준금액으로 징수하되, 지방자치단체가 다른 금액으로 징수하고자 하는 경우에는 표준금액의 100분의 50의 범위에서 조례로 가감 조정하여 징수할 수 있다.

ㄷ ⭕ 지방자치법 제12조 제3항

> **동법 제12조【사무처리의 기본원칙】** ③ 지방자치단체는 법령을 위반하여 사무를 처리할 수 없으며, 시·군 및 자치구는 해당 구역을 관할하는 시·도의 조례를 위반하여 사무를 처리할 수 없다.

ㄹ ⭕ 지방자치법 제14조 제1항

> **동법 제14조【지방자치단체의 종류별 사무배분기준】** ① 제13조에 따른 지방자치단체의 사무를 지방자치단체의 종류별로 배분하는 기준은 다음 각 호와 같다. 다만, 제13조제2항제1호의 사무는 각 지방자치단체에 공통된 사무로 한다.
> 1. 시·도
>   바. 2개 이상의 시·군 및 자치구가 공동으로 설치하는 것이 적당하다고 인정되는 규모의 시설을 설치하고 관리하는 사무

2025 신용한 지방자치론 p.89, 97, 98, 212 | 정답 ①

125

'16 국가 7

우리나라 지방자치제도에 대한 설명으로 옳지 않은 것은?

① 자치사무(고유사무)와 달리 법령에 의하여 지방자치단체에 속하는 사무(단체위임사무)에 관해서는 조례로 규정할 수 없다.
② 합의제 행정기관의 설치·운영에 관하여 필요한 사항은 대통령령 또는 조례로 정한다.
③ 지방자치단체는 공공시설을 부정사용한 자에 대하여 과태료를 부과하는 규정을 조례로 정할 수 있다.
④ 지방자치단체는 공공시설을 관계 지방자치단체의 동의를 얻어 그 지방자치단체의 구역 밖에 설치할 수 있다.

출제유형 Ⅰ 말바꾸기 + Ⅶ 개념
출제영역 지방자치단체의 사무구분 등(종합)

① ❌ **단체위임사무**는 위임된 사무이지만 해당 자치단체 자체에 위임된 사무이기 때문에 해당 **자치의회가 그 사무의 처리에 참여하며, 조례제정권을 가진다**.

② ⭕ 지방자치법 제129조 제2항

> **지방자치법 제129조【합의제행정기관】** ① 지방자치단체는 소관 사무의 일부를 독립하여 수행할 필요가 있으면 법령이나 그 지방자치단체의 조례로 정하는 바에 따라 합의제행정기관을 설치할 수 있다.
> ② 제1항의 합의제행정기관의 설치·운영에 필요한 사항은 대통령령이나 그 지방자치단체의 조례로 정한다.

③ ⭕ 지방자치법 제156조 제2항

> **동법 제156조【사용료의 징수조례 등】** ② 사기나 그 밖의 부정한 방법으로 사용료·수수료 또는 분담금의 징수를 면한 자에게는 그 징수를 면한 금액의 5배 이내의 과태료를, 공공시설을 부정사용한 자에게는 50만원 이하의 과태료를 부과하는 규정을 조례로 정할 수 있다.

④ ⭕ 지방자치법 제161조 제3항

> **동법 제161조【공공시설】** ③ 제1항의 공공시설은 관계 지방자치단체의 동의를 받아 그 지방자치단체의 구역 밖에 설치할 수 있다.

2025 신용한 지방자치론 p.90, 137, 212 | 정답 ①

126 '23 국가 7

정부 간 관계와 지방자치권에 대한 설명으로 옳지 않은 것은?

① 라이트(Wright)는 미국의 연방정부, 주정부, 지방정부 간 관계에 주목하면서 중앙·지방정부 간 관계를 3가지 형태로 구분하였다.
② 엘코크(Elcock)가 제시한 대리인모형은 지방정부의 자율성이 제약되는 상황을 특징으로 한다.
③ 우리나라 지방자치단체의 자치조직권은 「지방자치법」의 위임에 따라 제정된 대통령령의 제약을 받는다.
④ 우리나라 지방자치단체의 단체위임사무는 의결기관인 지방의회가 그 사무의 처리에 관여할 수 없다.

출제유형 Ⅰ 말 바꾸기 + Ⅳ 개념
출제영역 단체위임사무 등

① ⭕ 라이트(Wright)는 정부 간 관계모형에서 포괄권위형(포괄형), 분리권위형(분리형), 중첩권위형(중첩형)으로 나누고 각 유형에서 지방정부의 사무구성, 중앙·지방 간 재정관계와 인사관계의 차이를 밝히고 있다.
② ⭕ 엘코크(Elcock)가 제시한 대리인모형은 지방은 단순한 대리인에 불과하다고 인식하며, 지방정부는 중앙정부의 위임된 사무를 수행하는 것이며, 재량권이 거의 없는 것으로 설명하는 모형이다.
③ ⭕ 지방자치법 제125조 제2항

> 지방자치법 제125조【행정기구와 공무원】 ① 지방자치단체는 그 사무를 분장하기 위하여 필요한 행정기구와 지방공무원을 둔다.
> ② 제1항에 따른 행정기구의 설치와 지방공무원의 정원은 인건비 등 대통령령으로 정하는 기준에 따라 그 지방자치단체의 조례로 정한다.

④ ❌ 단체위임사무는 위임된 사무이지만 해당 자치단체 자체에 위임된 사무이기 때문에 해당 **지방의회가 그 사무의 처리에 참여하며, 조례 제정권을 가진다.**

🔗 2025 신용한 지방자치론 p.87, 90, 238~241   **정답** ④

---

127 '18 지방 7 지방자치론

「지방재정법」에 규정된 지방자치단체의 경비부담에 대한 사항으로 옳지 않은 것은?

① 지방자치단체의 관할구역 자치사무에 필요한 경비는 그 지방자치단체가 전액을 부담한다.
② 재정부담 및 재정위기관리에 관한 사항을 심의하기 위하여 국무총리 소속으로 지방재정관리위원회를 둔다.
③ 국고보조사무가 지방자치단체에 이양된 경우 중앙관서의 장은 해당 사무 수행에 대하여 지방자치단체 재정운용의 자율성을 해치거나 지방재정에 부당한 영향을 미치는 조치를 하여서는 아니 된다.
④ 국가가 스스로 하여야 할 사무를 지방자치단체나 그 기관에 위임하여 수행하는 경우 그 경비는 국가가 전부를 그 지방자치단체에 교부하여야 한다.

출제유형 Ⅶ 법령
출제영역 지방자치단체의 경비부담

① ⭕ 지방재정법 제20조

> 지방재정법 제20조【자치사무에 관한 경비】 지방자치단체의 관할구역 자치사무에 필요한 경비는 그 <u>지방자치단체가 전액을 부담한다</u>.

② ❌ **지방재정관리위원회는 국무총리가 아닌 행정안전부장관 소속**이다.

> 동법 제27조의2【지방재정관리위원회】 ① 지방자치단체의 재정부담 및 재정위기관리에 관한 다음 각 호의 사항을 심의하기 위하여 <u>행정안전부장관 소속으로 지방재정관리위원회</u>(이하 "위원회"라 한다)를 둔다.

③ ⭕ 지방재정법 제27조의7

> 동법 제27조의7【국고보조사무의 지방이양에 따른 사무 수행】 국고보조사무가 지방자치단체에 이양된 경우 중앙관서의 장은 해당 사무 수행에 대하여 <u>지방자치단체 재정운용의 자율성을 해치거나 지방재정에 부당한 영향을 미치는 조치를 하여서는 아니 된다</u>.

④ ⭕ 지방재정법 제21조 제2항

> 동법 제21조【부담금과 교부금】 ② 국가가 스스로 하여야 할 사무를 지방자치단체나 그 기관에 위임하여 수행하는 경우 <u>그 경비는 국가가 전부를 그 지방자치단체에 교부하여야 한다</u>.

🔗 2025 신용한 지방자치론 p.90, 91, 222   **정답** ②

128 '15 지방 7 지방자치론

다음 중 지방자치단체의 사무로 옳지 않은 것은?

① 농업용수 개발사업 추진
② 수산물 및 양곡의 수급조절
③ 전염병 예방접종 실시
④ 사회복지 시설의 설치·운영

출제유형 Ⅲ 내용분류 + Ⅶ 법령
출제영역 지방자치단체의 사무구분

② ❌ 수산물 및 양곡의 수급조절은 국가사무에 해당한다.

> **지방자치법 제15조【국가사무의 처리 제한】** 지방자치단체는 다음 각 호의 국가사무를 처리할 수 없다. 다만, 법률에 이와 다른 규정이 있는 경우에는 국가사무를 처리할 수 있다.
> 1. 외교, 국방, 사법(司法), 국세 등 국가의 존립에 필요한 사무
> 2. 물가정책, 금융정책, 수출입정책 등 전국적으로 통일적 처리를 할 필요가 있는 사무
> 3. 농산물·임산물·축산물·수산물 및 양곡의 수급조절과 수출입 등 전국적 규모의 사무
> 4. 국가종합경제개발계획, 국가하천, 국유림, 국토종합개발계획, 지정항만, 고속국도·일반국도, 국립공원 등 전국적 규모나 이와 비슷한 규모의 사무
> 5. 근로기준, 측량단위 등 전국적으로 기준을 통일하고 조정하여야 할 필요가 있는 사무
> 6. 우편, 철도 등 전국적 규모나 이와 비슷한 규모의 사무
> 7. 고도의 기술이 필요한 검사·시험·연구, 항공관리, 기상행정, 원자력개발 등 지방자치단체의 기술과 재정능력으로 감당하기 어려운 사무

2025 신용한 지방자치론 p.92, 93 　　정답 ②

129 '18 교행 9

지방자치단체 자치사무의 종류로 옳은 것을 <보기>에서 고른 것은?

ㄱ. 교원능력개발평가	ㄴ. 부랑인선도시설 감독
ㄷ. 주민등록 관리	ㄹ. 공유재산관리
ㅁ. 국회의원 선거사무	ㅂ. 상하수도사업

① ㄱ, ㄴ, ㅁ
② ㄱ, ㄹ, ㅁ
③ ㄴ, ㄷ, ㅂ
④ ㄷ, ㄹ, ㅂ

출제유형 Ⅶ 법령
출제영역 지방자치단체의 사무구분

ㄷ, ㄹ, ㅂ ⭕ 지방자치법 제13조 제2항

> **지방자치법 제13조【지방자치단체의 사무 범위】** ① 지방자치단체는 관할 구역의 자치사무와 법령에 따라 지방자치단체에 속하는 사무를 처리한다.
> ② 제1항에 따른 지방자치단체의 사무를 예시하면 다음 각 호와 같다. 다만, 법률에 이와 다른 규정이 있으면 그러하지 아니하다.
> 1. 지방자치단체의 구역, 조직, 행정관리 등
>   자. 공유재산(公有財産) 관리
>   차. 주민등록 관리
> 4. 지역개발과 자연환경보전 및 생활환경시설의 설치·관리
>   자. 상수도·하수도의 설치 및 관리

ㄱ, ㄴ, ㅁ ❌ 기관위임사무에 해당한다.

2025 신용한 지방자치론 p.92, 93 　　정답 ④

130

'19 서울 9 추가채용 사회복지직

「지방자치법」상 지방자치단체의 사무범위에 해당하지 않는 것은?

① 농림·상공업 등 산업 진흥에 관한 사무
② 교육·체육·문화·예술의 진흥에 관한 사무
③ 축산물·수산물 및 양곡의 수급 조절과 수출입 사무
④ 지역민방위 및 지방소방에 관한 사무

출제유형 Ⅲ 내용분류 + Ⅶ 법령
출제영역 지방자치단체의 사무 종류

①, ②, ④ ⭕ 농림·상공업 등 산업 진흥에 관한 사무, 교육·체육·문화·예술의 진흥에 관한 사무, 지역민방위 및 지방소방에 관한 사무는 지방자치단체의 사무에 해당한다.

> **지방자치법 제13조【지방자치단체의 사무 범위】** ① 지방자치단체는 관할 구역의 자치사무와 법령에 따라 지방자치단체에 속하는 사무를 처리한다.
> ② 제1항에 따른 지방자치단체의 사무를 예시하면 다음 각 호와 같다. 다만, 법률에 이와 다른 규정이 있으면 그러하지 아니하다.
>   3. 농림·수산·상공업 등 산업 진흥
>   5. 교육·체육·문화·예술의 진흥
>   6. 지역민방위 및 지방소방

③ ❌ 축산물·수산물 및 양곡의 수급 조절과 수출입 사무는 **국가사무에 해당**한다.

> **동법 제15조【국가사무의 처리 제한】** 지방자치단체는 다음 각 호의 국가사무를 처리할 수 없다. 다만, 법률에 이와 다른 규정이 있는 경우에는 국가사무를 처리할 수 있다.
>   3. 농산물·임산물·축산물·수산물 및 양곡의 수급조절과 수출입 등 전국적 규모의 사무

2025 신용한 지방자치론 p.92, 93, 98 　　**정답** ③

131

'23 지방 7 지방자치론

「지방자치법」상 지방자치단체의 사무로 예시된 것이 아닌 것은?

① 농림·수산·상공업 등 산업 진흥
② 지방자치단체의 구역, 조직, 행정관리 등
③ 지역개발과 자연환경보전 및 생활환경시설의 설치·관리
④ 농산물·임산물·축산물·수산물 및 양곡의 수급 조절과 수출입

출제유형 Ⅲ 내용분류 + Ⅶ 법령
출제영역 지방자치단체의 사무구분

①, ②, ③ ⭕ 지방자치법 제13조 제2항 각 호

> **지방자치법 제13조【지방자치단체의 사무 범위】** ① 지방자치단체는 관할 구역의 자치사무와 법령에 따라 지방자치단체에 속하는 사무를 처리한다.
> ② 제1항에 따른 지방자치단체의 사무를 예시하면 다음 각 호와 같다. 다만, 법률에 이와 다른 규정이 있으면 그러하지 아니하다.
>   1. 지방자치단체의 구역, 조직, 행정관리 등
>   3. 농림·수산·상공업 등 산업 진흥
>   4. 지역개발과 자연환경보전 및 생활환경시설의 설치·관리

④ ❌ 농산물·임산물·축산물·수산물 및 양곡의 수급 조절과 수출입은 **국가사무**에 해당한다.

> **동법 제15조【국가사무의 처리 제한】** 지방자치단체는 다음 각 호의 국가사무를 처리할 수 없다. 다만, 법률에 이와 다른 규정이 있는 경우에는 국가사무를 처리할 수 있다.
>   3. 농산물·임산물·축산물·수산물 및 양곡의 수급조절과 수출입 등 전국적 규모의 사무

2025 신용한 지방자치론 p.92, 93 　　**정답** ④

132 '23 국회 8

다음 <보기> 중 「지방자치법」에서 규정하는 지방자치단체의 사무에 해당하는 것만을 모두 고르면?

> ㄱ. 국제교류 및 협력에 관한 사무
> ㄴ. 교육·체육·문화·예술의 진흥에 관한 사무
> ㄷ. 농산물·임산물·축산물·수산물 및 양곡의 수급조절에 관한 사무
> ㄹ. 지역개발과 자연환경보전 및 생활환경시설의 설치·관리에 관한 사무.
> ㅁ. 지역민방위 및 지방소방에 관한 사무

① ㅁ
② ㄹ, ㅁ
③ ㄱ, ㄴ, ㄷ
④ ㄱ, ㄷ, ㄹ
⑤ ㄱ, ㄴ, ㄹ, ㅁ

출제유형 Ⅰ 말바꾸기 + Ⅶ 법령
출제영역 지방자치단체의 사무 범위

ㄷ ✗ 농산물·임산물·축산물·수산물 및 양곡의 수급조절에 관한 사무는 국가사무에 해당한다.

> 지방자치법 제15조【국가사무의 처리 제한】지방자치단체는 다음 각 호의 국가사무를 처리할 수 없다. 다만, 법률에 이와 다른 규정이 있는 경우에는 국가사무를 처리할 수 있다.
> 1. 외교, 국방, 사법(司法), 국세 등 국가의 존립에 필요한 사무
> 2. 물가정책, 금융정책, 수출입정책 등 전국적으로 통일적 처리를 할 필요가 있는 사무
> 3. 농산물·임산물·축산물·수산물 및 양곡의 수급조절과 수출입 등 전국적 규모의 사무

ㄱ, ㄴ, ㄹ, ㅁ ◯ 지방자치법 제13조 제2항 각 호

> 지방자치법 제13조【지방자치단체의 사무 범위】① 지방자치단체는 관할 구역의 자치사무와 법령에 따라 지방자치단체에 속하는 사무를 처리한다.
> ② 제1항에 따른 지방자치단체의 사무를 예시하면 다음 각 호와 같다. 다만, 법률에 이와 다른 규정이 있으면 그러하지 아니하다.
> 4. 지역개발과 자연환경보전 및 생활환경시설의 설치·관리
> 5. 교육·체육·문화·예술의 진흥
> 6. 지역민방위 및 지방소방
> 7. 국제교류 및 협력

2025 신용한 지방자치론 p.92, 93, 98 **정답** ⑤

133 '21 서울 7 경력경쟁 지방자치론

「지방자치법」 제13조에 명시된 지방자치단체의 사무에 해당하는 것을 <보기>에서 모두 고른 것은?

> —— 보기 ——
> ㄱ. 감염병 예방
> ㄴ. 주민등록 관리
> ㄷ. 지정항만
> ㄹ. 중소기업 육성

① ㄴ
② ㄴ, ㄷ
③ ㄱ, ㄴ, ㄹ
④ ㄱ, ㄴ, ㄷ, ㄹ

출제유형 Ⅶ 법령
출제영역 지방자치단체의 사무구분

ㄱ, ㄴ, ㄹ ◯ 지방자치법 제13조 제2항 각 호

> 동법 제13조【지방자치단체의 사무 범위】② 제1항에 따른 지방자치단체의 사무를 예시하면 다음 각 호와 같다. 다만, 법률에 이와 다른 규정이 있으면 그러하지 아니하다
> 1. 지방자치단체의 구역, 조직, 행정관리 등
>   차. 주민등록 관리
> 2. 주민의 복지증진
>   바. 감염병과 그 밖의 질병의 예방과 방역
> 3. 농림·수산·상공업 등 산업 진흥
>   타. 중소기업의 육성

ㄷ ✗ 지정항만 사무는 국가사무에 해당한다.

> 동법 제15조【국가사무의 처리 제한】지방자치단체는 다음 각 호의 국가사무를 처리할 수 없다. 다만, 법률에 이와 다른 규정이 있는 경우에는 국가사무를 처리할 수 있다.
> 1. 외교, 국방, 사법(司法), 국세 등 국가의 존립에 필요한 사무
> 2. 물가정책, 금융정책, 수출입정책 등 전국적으로 통일적 처리를 할 필요가 있는 사무
> 3. 농산물·임산물·축산물·수산물 및 양곡의 수급조절과 수출입 등 전국적 규모의 사무
> 4. 국가종합경제개발계획, 국가하천, 국유림, 국토종합개발계획, 지정항만, 고속국도·일반국도, 국립공원 등 전국적 규모나 이와 비슷한 규모의 사무

2025 신용한 지방자치론 p.92, 93, 98 **정답** ③

134   '19 지방 7 지방자치론

「지방자치법」상 지방자치단체의 사무범위에서 '주민의 복지증진에 관한 사무'에 해당하는 것은?

① 소비자 보호 및 저축 장려
② 주거생활환경 개선의 장려 및 지원
③ 소속 공무원의 인사·후생복지 및 교육
④ 감염병과 그 밖의 질병의 예방과 방역

출제유형 Ⅲ 내용분류 + Ⅶ 법령
출제영역 지방자치단체의 사무 종류
④ ◯ 지방자치법 제13조 제2항

> 지방자치법 제13조 【지방자치단체의 사무 범위】 ② 제1항에 따른 지방자치단체의 사무를 예시하면 다음 각 호와 같다. 다만, 법률에 이와 다른 규정이 있으면 그러하지 아니하다.
>   2. 주민의 복지증진
>   가. 주민복지에 관한 사업
>   나. 사회복지시설의 설치·운영 및 관리
>   다. 생활이 어려운 사람의 보호 및 지원
>   라. 노인·아동·장애인·청소년 및 여성의 보호와 복지증진
>   마. 공공보건의료기관의 설립·운영
>   바. <u>감염병과 그 밖의 질병의 예방과 방역</u>
>   사. 묘지·화장장(火葬場) 및 봉안당의 운영·관리
>   아. 공중접객업소의 위생을 개선하기 위한 지도
>   자. 청소, 생활폐기물의 수거 및 처리
>   차. 지방공기업의 설치 및 운영

2025 신용한 지방자치론 p.92, 93   정답 ④

---

135   '23 서울 7 경력경쟁 지방자치론

「지방자치법」 제13조상 지방자치단체의 사무 범위 중 주민의 복지증진 사무에 해당하는 것은?

① 공유림 관리
② 주민등록 관리
③ 가축전염병 예방
④ 지방공기업의 설치 및 운영

출제유형 Ⅲ 내용분류 + Ⅶ 법령
출제영역 지방자치단체의 사무 종류
④ ◯ 지방자치법 제13조 제2항 각 호

> 지방자치법 제13조 【지방자치단체의 사무 범위】 ② 제1항에 따른 지방자치단체의 사무를 예시하면 다음 각 호와 같다. 다만, 법률에 이와 다른 규정이 있으면 그러하지 아니하다
>   1. 지방자치단체의 구역, 조직, 행정관리 등
>   차. 주민등록 관리
>   2. <u>주민의 복지증진</u>
>   <u>차. 지방공기업의 설치 및 운영</u>
>   3. 농림·수산·상공업 등 산업 진흥
>   사. 공유림 관리
>   자. 가축전염병 예방

2025 신용한 지방자치론 p.92, 93   정답 ④

136

「지방자치법 시행령」에 규정된 지방자치단체의 종류별 사무 중 주민의 복지증진에 관한 사무에 해당하는 것만을 모두 고르면?

> ㄱ. 가축전염병 예방 및 진료
> ㄴ. 지방소비자보호위원회 설치
> ㄷ. 지방공기업 관련 지방채의 발행
> ㄹ. 재단법인이 설치하는 묘지·화장장(火葬場) 및 봉안당의 허가

① ㄱ, ㄴ
② ㄱ, ㄹ
③ ㄴ, ㄷ
④ ㄷ, ㄹ

출제유형 Ⅲ 내용분류 + Ⅶ 법령
출제영역 지방자치단체의 사무 종류

ㄱ, ㄴ ✖ 「지방자치법 시행령」 별표1의 지방자치단체의 종류별 사무에 따르면 **가축전염병 예방 및 진료, 지방소비자보호위원회 설치는 농림·수산·상공업 등 산업진흥에 관한 사무에 해당**한다.

ㄷ, ㄹ ⭕ 「지방자치법 시행령」 별표1의 지방자치단체의 종류별 사무에 따르면 지방공기업 관련 지방채의 발행, 재단법인이 설치하는 묘지·화장장(火葬場) 및 봉안당의 허가는 주민의 복지증진에 관한 사무에 해당한다.

2025 신용한 지방자치론 p.92, 93 **정답** ④

137

수원시가 처리할 수 있는 사무는?

① 농산물·임산물·축산물·수산물 및 양곡의 수급조절
② 국가하천·국유림·일반국도·국토종합개발계획 사무
③ 수원시의 지방공사 설립·운영
④ 수원시의 지방채 발행 계획안 승인·결정

출제유형 Ⅲ 내용분류 + Ⅶ 법령
출제영역 지방자치단체의 사무 종류

①, ② ✖ 보기의 내용은 국가사무로 지방자치단체인 수원시는 처리할 수 없다.

> 지방자치법 제15조【국가사무의 처리제한】지방자치단체는 다음 각 호의 국가사무를 처리할 수 없다. 다만, 법률에 이와 다른 규정이 있는 경우에는 국가사무를 처리할 수 있다.
> 3. 농산물·임산물·축산물·수산물 및 양곡의 수급조절과 수출입 등 전국적 규모의 사무
> 4. 국가종합경제개발계획, 국가하천, 국유림, 국토종합개발계획, 지정항만, 고속국도·일반국도, 국립공원 등 전국적 규모나 이와 비슷한 규모의 사무

③ 「지방공기업법」상 수원시는 지방공사를 설립·운영할 수 있다.

> 지방공기업법 제49조【설립】① 지방자치단체는 제2조에 따른 사업을 효율적으로 수행하기 위하여 필요한 경우에는 지방공사(이하 "공사"라 한다)를 설립할 수 있다. 이 경우 공사를 설립하기 전에 특별시장, 광역시장, 특별자치시장, 도지사 및 특별자치도지사(이하 "시·도지사"라 한다)는 행정안전부장관과, 시장·군수·구청장(자치구의 구청장을 말한다)은 관할 특별시장·광역시장 및 도지사와 협의하여야 한다.

④ ✖ **수원시의 지방채 발행계획안의 승인은 행정안전부장관**이 한다.

2025 신용한 지방자치론 p.92, 93, 230 **정답** ③

138

'16 지방 7 지방자치론

「지방자치법 시행령」상 원칙적으로 자치구에서 처리하지 아니하고 특별시·광역시에서 처리하는 사무를 모두 고르면?

> ㄱ. 보건진료소의 설치·운영
> ㄴ. 도시기본계획의 수립
> ㄷ. 사회복지시설의 설치·운영
> ㄹ. 상수도사업의 기본계획 수립
> ㅁ. 수도사업소 설치·운영

① ㄱ, ㄴ ② ㄱ, ㄷ
③ ㄴ, ㅁ ④ ㄹ, ㅁ

출제유형 Ⅰ 말바꾸기 + Ⅶ 법령
출제영역 지방자치단체의 사무구분

ㄴ, ㅁ ⭕ 지방자치법 시행령 제10조 제2항

> **지방자치법 시행령 제10조 제2항 별표**
> 자치구에서 처리하지 아니하고 특별시·광역시에서 처리하는 사무
> 1. 지방자치단체의 인사 및 교육 등에 관한 사무
> 2. 지방재정에 관한 사무
> 3. 매장 및 묘지 등에 관한 사무
> 4. 청소·생활폐기물에 관한 사무
> 5. 지방토목·주택건설 등에 관한 사무
> 6. 도시·군계획에 관한 사무
>   가. <u>도시·군기본계획의 수립</u>
> 8. 상수도사업에 관한 사무
>   라. <u>수도사업소 설치·운영</u>

2025 신용한 지방자치론 p.92, 93 정답 ③

139

'16 서울 7 지방자치론

「지방자치법」상 지방자치단체의 사무범위가 아닌 것은?

① 예산의 편성·집행, 공유재산관리
② 도서관, 운동장, 광장, 체육관 등 공공교육·체육·문화시설의 설치 및 관리
③ 물가정책·근로기준 등의 운영
④ 공공보건의료기관의 설립·운영

출제유형 Ⅲ 내용분류 + Ⅶ 법령
출제영역 지방자치단체의 사무구분

③ <u>물가정책과 같이 전국적으로 통일적 처리를 요하는 사무나 근로기준과 같이 전국적으로 기준을 통일하고 조정하여야 할 필요가 있는 사무는 국가사무</u>에 해당한다.

> **지방자치법 제13조【지방자치단체의 사무 범위】** ② 제1항에 따른 지방자치단체의 사무를 예시하면 다음 각 호와 같다. 다만, 법률에 이와 다른 규정이 있으면 그러하지 아니하다.
>   1. 지방자치단체의 구역, 조직, 행정관리 등
>   사. 예산의 편성·집행 및 회계감사와 재산관리
>   자. 공유재산(公有財産) 관리
>   2. 주민의 복지증진
>   마. 공공보건의료기관의 설립·운영
>   5. 교육·체육·문화·예술의 진흥
>   나. 도서관·운동장·광장·체육관·박물관·공연장·미술관·음악당 등 공공교육·체육·문화시설의 설치 및 관리

> **동법 제15조【국가사무의 처리제한】** <u>지방자치단체는 다음 각 호의 국가사무를 처리할 수 없다.</u> 다만, 법률에 이와 다른 규정이 있는 경우에는 국가사무를 처리할 수 있다.
>   2. <u>물가정책</u>, 금융정책, 수출입정책 등 전국적으로 통일적 처리를 할 필요가 있는 사무
>   5. <u>근로기준</u>, 측량단위 등 전국적으로 기준을 통일하고 조정하여야 할 필요가 있는 사무

2025 신용한 지방자치론 p.92, 93, 98 정답 ③

140

'21 서울 7 경력경쟁 지방자치론

우리나라 지방자치단체의 사무범위에 대한 설명으로 가장 옳지 않은 것은?

① 우리나라는 「지방자치법」에 포괄적 예시주의를 취하고 있다.
② 관할지역의 경찰사무 중 생활안전·경비에 대한 사무는 지방자치단체의 사무이고, 교통·수사에 관한 사무는 국가사무에 해당된다.
③ 농림·상공업 등 산업 진흥에 관한 사무는 지방자치단체의 사무범위 안에 있다.
④ 지역의 화재예방·진압·조사 및 구조·구급 사무는 지방자치단체의 사무범위 안에 있다.

출제유형 Ⅶ 법령
출제영역 지방자치단체의 사무구분 등

① ○ 우리나라 지방자치법에는 포괄적 예시주의를 채택하고 있다.

> 지방자치법 제13조【지방자치단체의 사무범위】② 제1항에 따른 지방자치단체의 사무를 예시하면 다음 각 호와 같다. 다만, 법률에 이와 다른 규정이 있으면 그러하지 아니하다.

② ✕ 교통·수사에 관한 사무는 자치경찰사무에 해당한다.

> 국가경찰과 자치경찰의 조직 및 운영에 관한 법률 제4조【경찰의 사무】① 경찰의 사무는 다음 각 호와 같이 구분한다.
> 1. 국가경찰사무 : 제3조에서 정한 경찰의 임무를 수행하기 위한 사무. 다만, 제2호의 자치경찰사무는 제외한다.
> 2. 자치경찰사무 : 제3조에서 정한 경찰의 임무 범위에서 관할 지역의 생활안전·교통·경비·수사 등에 관한 다음 각 목의 사무

③, ④ ○ 지방자치법 제13조 제2항 각 호

> 지방자치법 제13조【지방자치단체의 사무 범위】② 제1항에 따른 지방자치단체의 사무를 예시하면 다음 각 호와 같다. 다만, 법률에 이와 다른 규정이 있으면 그러하지 아니하다
> 3. 농림·수산·상공업 등 산업 진흥
> 6. 지역민방위 및 지방소방
>   나. 지역의 화재예방·경계·진압·조사 및 구조·구급

2025 신용한 지방자치론 p.92, 93, 95, 100 **정답** ②

POINT 2 계층 간 지방사무의 배분

141

'23 경간

다음 중 (가)와 (나) 안에 들어갈 지방자치단체 사무배분 원칙으로 올바르게 짝지어진 것은?

> • (가) - 모든 사무는 기본적으로 지방정부가 담당하고 중앙정부는 지방정부가 처리하기 곤란한 사무를 처리해야 한다.
> • (나) - 지방정부가 배분받은 사무는 되도록 지방정부가 자기 책임 아래 독자적으로 처리할 수 있게 해야 한다.

	(가)	(나)
①	보충성의 원칙	포괄성의 원칙
②	불경합의 원칙	효율성의 원칙
③	현지성의 원칙	불경합의 원칙
④	효율성의 원칙	보충성의 원칙

출제유형 Ⅳ 개념
출제영역 계층 간 기능(사무)배분의 원칙

① ○ (가) - 보충성의 원칙, (나) - 포괄성의 원칙
(가) 보충성 원칙은 중앙과 지방의 기능배분에 있어 지방사무는 원칙적으로 지방정부의 관할권으로 인정하고, 지방정부가 처리하기 어려운 일에 대하여 중앙정부가 관여한다는 원칙을 말한다.
(나) 포괄성의 원칙은 지방자치단체가 그 사무를 자기의 책임 하에 종합적으로 처리할 수 있도록 포괄적으로 배분해야 한다는 것이다.

2025 신용한 지방자치론 p.95 **정답** ①

142

'18 서울 7 추가채용 지방자치론

사무배분의 원칙에 대한 설명으로 가장 옳지 않은 것은?

① 보충성의 원칙 - 중층의 국가공동체 조직의 하급단위에서 잘 처리할 수 있는 업무를 상급단위에서 직접 처리해서는 안된다는 원칙
② 효율성의 원칙 - 사무배분에 있어 동종의 업무나 상호 밀접히 연관된 업무는 같이 배분해 주어야 한다는 원칙
③ 현지성의 원칙 - 지역사회에 가깝고 주민의 통제가 용이한 정부에 사무를 우선적으로 배분해야 한다는 원칙
④ 충분재정의 원칙 - 지방정부가 그 사무를 처리하는데 필요한 재원이나 재정적 능력을 가질 수 있도록 해야 한다는 원칙

143

'20 지방 7 지방자치론

중앙과 지방 간 사무배분 원칙에 대한 설명으로 옳은 것은?

① 비경합성의 원칙은 기초자치단체 수준에서 행정수요의 충족이 불가능할 경우 광역자치단체, 중앙정부 순으로 행정수요의 충족 책임이 옮겨가는 것을 뜻한다.
② 주민의 의사를 적극적으로 반영하는 기초자치단체가 광역자치단체나 중앙정부보다 더 경쟁력이 있다는 것을 경제성의 원칙 또는 효율성의 원칙이라고 한다.
③ 보충성의 원칙은 광역자치단체와 기초자치단체가 사무를 처리할 때 서로 다투지 아니하여야 한다는 원칙으로 기초자치단체에도 재정 지원이 충분하게 이루어져야 한다는 내용을 담고 있다.
④ 포괄성의 원칙은 동종의 업무나 상호 밀접하게 연관된 업무는 같이 배분해 주어야 한다는 것을 뜻한다.

출제유형 | 짝짓기
출제영역 | 계층 간 기능(사무)배분의 원칙

① ❌ **보충성의 원칙에 대한 설명이다.** 보충성의 원칙은 기초지방정부가 할 수 있는 일을 상급정부가 관여해서는 안 된다는 것으로 기초정부 우선의 원칙을 말한다. 사무배분에 있어 기초자치단체가 우선적으로 처리하고 그러하지 못한 사무는 상위 자치단체나 국가가 단계적으로 보충하는 방법으로 이루어져야 한다는 것이다.
② ❌ **현지성 원칙에 대한 설명이다.** 효율성의 원칙은 사무에 따라서는 보다 넓은 지역을 담당하는 광역지방정부나 중앙정부가 처리하는 것이 더 효율적일 수 있다는 것이다. 경제성의 원칙은 정책의 능률적 집행을 위해 사무를 각 단체의 규모, 행·재정능력, 인구 수 등을 고려하여 최소비용으로 최대효과를 달성할 수 있는 단체에 배분해야 한다는 원칙이다.
③ ❌ 국가와 각급자치단체가 그 사무를 처리함에 있어 서로 경합하지 않도록 사무의 소속과 그 처리의 책임을 명백히 하여야 한다는 것은 비경합성(불경합)의 원칙이며, **지방정부가 그 사무를 처리하는 데 필요한 재원**이나 **재정적 능력을 가질 수 있도록 해주어야 한다는 것은 충분재정의 원칙**이다.
④ ⭕ 포괄성의 원칙은 사무배분에 있어 동종의 업무나 상호 밀접히 연관된 업무는 같이 배분해 주어야 한다는 원칙이다.

2025 신용한 지방자치론 p.94, 95   정답 ④

출제유형 | 짝짓기
출제영역 | 계층 간 기능(사무)배분의 원칙

① ⭕ 보충성 원칙은 기초정부가 할 수 있는 일을 상급정부가 관여해서는 안 된다는 원칙이다.
② ❌ 포괄성의 원칙에 대한 설명이다. **효율성의 원칙(경제성의 원칙)은** 정책의 능률적 집행을 위해 사무를 각 단체의 규모, 행·재정능력, 인구 수 등을 고려하여 **최소비용으로 최대효과를 달성할 수 있는 단체에 배분해야 한다는 원칙**이다.
③ ⭕ 현지성의 원칙은 사무를 현지실정에 맞게 민주적으로 수행하기 위해 기초자치단체에 많이 배분해야 한다는 원칙이다.
④ ⭕ 충분재정의 원칙은 지방정부가 그 사무를 처리하는 데 필요한 재원이나 재정적 능력을 가질 수 있도록 해주어야 한다는 원칙이다.

2025 신용한 지방자치론 p.94, 95   정답 ②

144

'22 군무원 7

우리나라 「지방자치법」 제11조에서 정하는 사무 배분의 원칙에 대한 설명으로 가장 옳지 않은 것은?

① 국가는 지방자치단체가 사무를 종합적·자율적으로 수행할 수 있도록 국가와 지방자치단체 간 또는 지방자치단체 상호 간의 사무를 주민의 편익증진, 집행의 효과 등을 고려하여 서로 중복되지 아니하도록 배분하여야 한다.

② 국가는 지역주민생활과 밀접한 관련이 있는 사무는 원칙적으로 시·군 및 자치구의 사무로, 시·군 및 자치구가 처리하기 어려운 사무는 시·도의 사무로, 시·도가 처리하기 어려운 사무는 국가의 사무로 각각 배분하여야 한다.

③ 국가가 지방자치단체에 사무를 배분하거나 지방자치단체가 사무를 다른 지방자치단체에 재배분할 때에는 사무를 배분받거나 재배분 받는 지방자치단체가 그 사무를 자기의 책임 하에 종합적으로 처리할 수 있도록 관련 사무를 포괄적으로 배분하여야 한다.

④ 국가는 지방자치단체에 이양한 권한 및 사무가 원활히 처리될 수 있도록 대통령령으로 정하는 바에 따라 행정적·재정적 지원을 병행하여야 한다.

출제유형 Ⅶ 법령
출제영역 계층 간 기능(사무)배분의 원칙

①, ②, ③ 지방자치법 제11조 제1항, 제2항, 제3항

> 지방자치법 제11조【사무배분의 기본원칙】① 국가는 지방자치단체가 사무를 종합적·자율적으로 수행할 수 있도록 국가와 지방자치단체 간 또는 지방자치단체 상호 간의 사무를 주민의 편익증진, 집행의 효과 등을 고려하여 서로 중복되지 아니하도록 배분하여야 한다.
> ② 국가는 제1항에 따라 사무를 배분하는 경우 지역주민생활과 밀접한 관련이 있는 사무는 원칙적으로 시·군 및 자치구의 사무로, 시·군 및 자치구가 처리하기 어려운 사무는 시·도의 사무로, 시·도가 처리하기 어려운 사무는 국가의 사무로 각각 배분하여야 한다.
> ③ 국가가 지방자치단체에 사무를 배분하거나 지방자치단체가 사무를 다른 지방자치단체에 재배분할 때에는 사무를 배분받거나 재배분받는 지방자치단체가 그 사무를 자기의 책임하에 종합적으로 처리할 수 있도록 관련 사무를 포괄적으로 배분하여야 한다.

④ ✗ 「지방자치분권 및 지역균형발전에 관한 특별법」의 사무배분의 원칙에 해당한다.

> 지방자치분권 및 지역균형발전에 관한 특별법 제33조【권한이양 및 사무구분체계의 정비 등】③ 국가는 지방자치단체에 이양한 권한 및 사무가 원활히 처리될 수 있도록 대통령령으로 정하는 바에 따라 행정적·재정적 지원을 병행하여야 한다.

정답 ④

145

'21 지방 7 지방자치론

「지방자치법」에 규정된 사무배분 원칙으로 옳은 것은?

① 경합의 원칙
② 중복배분의 원칙
③ 종합성의 원칙
④ 민간참여 최소화의 원칙

출제유형 Ⅶ 법령
출제영역 계층 간 기능(사무)배분의 원칙

③ 「지방자치법」에 규정된 사무배분 원칙에는 중복배분금지의 원칙, 불경합의 원칙, 종합성의 원칙 등이 있다.

> 지방자치법 제11조【사무배분의 기본 원칙】① 국가는 지방자치단체가 사무를 종합적·자율적으로 수행할 수 있도록 국가와 지방자치단체 간 또는 지방자치단체 상호 간의 사무를 주민의 편익증진, 집행의 효과 등을 고려하여 서로 중복되지 아니하도록 배분하여야 한다.
> ② 국가는 제1항에 따라 사무를 배분하는 경우 지역주민생활과 밀접한 관련이 있는 사무는 원칙적으로 시·군 및 자치구의 사무로, 시·군 및 자치구가 처리하기 어려운 사무는 시·도의 사무로, 시·도가 처리하기 어려운 사무는 국가의 사무로 각각 배분하여야 한다.
> ③ 국가가 지방자치단체에 사무를 배분하거나 지방자치단체가 사무를 다른 지방자치단체에 재배분할 때에는 사무를 배분받거나 재배분받는 지방자치단체가 그 사무를 자기의 책임하에 종합적으로 처리할 수 있도록 관련 사무를 포괄적으로 배분하여야 한다.

정답 ③

146 '21 국가 7

중앙정부의 지방자치단체 사무배분 원칙에 대한 설명으로 옳은 것만을 모두 고르면?

ㄱ. 지역주민생활과 밀접한 관련이 있는 사무는 원칙적으로 시·군 및 자치구의 사무로 배분하여야 한다.
ㄴ. 서로 관련된 사무들을 배분할 때는 포괄적으로 배분하여야 한다.
ㄷ. 시·군 및 자치구가 처리하기 어려운 사무는 국가보다는 시·도에 우선적으로 배분하여야 한다.
ㄹ. 시·군 및 자치구가 해당 사무를 원활히 처리할 수 있도록 행정적·재정적 지원을 병행하여야 한다.
ㅁ. 주민의 편익증진과 집행의 효과 등을 고려하여 지방자치단체 상호 간 중복되지 않도록 해야 한다.

① ㄱ, ㄷ, ㅁ
② ㄴ, ㄷ, ㄹ
③ ㄱ, ㄴ, ㄹ, ㅁ
④ ㄱ, ㄴ, ㄷ, ㄹ, ㅁ

출제유형 Ⅶ 법령
출제영역 계층 간 기능(사무)배분의 원칙

「지방자치법」 제11조에 규정된 사무배분의 원칙 및 「지방자치분권 및 지역균형발전에 관한 특별법」에 대한 문제이다.

ㄱ, ㄷ ○ **보충성의 원칙**에 대한 설명이다

> 지방자치법 제11조【사무배분의 기본 원칙】② 국가는 제1항에 따라 사무를 배분하는 경우 지역주민생활과 밀접한 관련이 있는 사무는 원칙적으로 시·군 및 자치구의 사무로, 시·군 및 자치구가 처리하기 어려운 사무는 시·도의 사무로, 시·도가 처리하기 어려운 사무는 국가의 사무로 각각 배분하여야 한다.

ㄴ ○ **포괄성의 원칙**으로 지방자치단체가 그 사무를 자기의 책임 하에 종합적으로 처리할 수 있도록 포괄적으로 배분해야 한다는 것이다.

> 지방자치법 제11조【사무배분의 기본 원칙】③ 국가가 지방자치단체에 사무를 배분하거나 지방자치단체가 사무를 다른 지방자치단체에 재배분할 때에는 사무를 배분받거나 재배분받는 지방자치단체가 그 사무를 자기의 책임하에 종합적으로 처리할 수 있도록 관련 사무를 포괄적으로 배분하여야 한다.

ㄹ ○ **국가는** 지방자치단체에 이양한 권한 및 사무가 원활히 처리될 수 있도록 **행정적·재정적 지원을 병행**하여야 한다.

> 지방자치분권 및 지역균형발전에 관한 특별법 제33조【권한이양 및 사무구분체계의 정비 등】③ 국가는 지방자치단체에 이양한 권한 및 사무가 원활히 처리될 수 있도록 대통령령으로 정하는 바에 따라 행정적·재정적 지원을 병행하여야 한다.

ㅁ ○ **중복배분금지의 원칙**으로 지방자치단체 상호간의 사무는 서로 중복되지 않도록 배분해야 한다.

> 지방자치법 제11조【사무배분의 기본 원칙】① 국가는 지방자치단체가 사무를 종합적·자율적으로 수행할 수 있도록 국가와 지방자치단체 간 또는 지방자치단체 상호 간의 사무를 주민의 편익증진, 집행의 효과 등을 고려하여 서로 중복되지 아니하도록 배분하여야 한다.

2025 신용한 지방자치론 p.37, 95 | **정답** ④

147 '18 서울 9

「지방자치법」상 지방자치단체의 사무처리에 관한 설명으로 가장 옳지 않은 것은?

① 지방자치단체는 법령을 위반하여 그 사무를 처리할 수 없다.
② 행정처리 결과가 2개 이상의 시·군 및 자치구에 미치는 광역적 사무는 시·도가 처리한다.
③ 시·도와 시·군 및 자치구의 사무가 서로 겹치면 시·도에서 먼저 처리한다.
④ 지방자치단체는 법률에 다른 규정이 있는 경우를 제외하고 외교, 국방, 사법, 국세 등 국가의 존립에 필요한 사무를 처리할 수 없다.

출제유형 Ⅶ 법령
출제영역 우리나라의 계층 간 사무배분의 원칙

① ○ 지방자치법 제12조 제3항

> 지방자치법 제12조【사무처리의 기본원칙】③ 지방자치단체는 법령을 위반하여 사무를 처리할 수 없으며, 시·군 및 자치구는 해당 구역을 관할하는 시·도의 조례를 위반하여 사무를 처리할 수 없다.

② ○ 지방자치법 제14조 제1항

> 동법 제14조【지방자치단체의 종류별 사무배분기준】① 제13조에 따른 지방자치단체의 사무를 지방자치단체의 종류별로 배분하는 기준은 다음 각 호와 같다. 다만, 제13조제2항제1호의 사무는 각 지방자치단체에 공통된 사무로 한다.
> 1. 시·도
> 가. 행정처리 결과가 2개 이상의 시·군 및 자치구에 미치는 광역적 사무

③ ✕ 시·도와 시·군 및 자치구의 사무가 서로 겹치면 시·군 및 자치구에서 먼저 처리한다.

> 동법 제14조【지방자치단체의 종류별 사무배분기준】③ 시·도와 시·군 및 자치구는 사무를 처리할 때 서로 겹치지 아니하도록 하여야 하며, 사무가 서로 겹치면 시·군 및 자치구에서 먼저 처리한다.

④ ○ 지방자치법 제15조

> 동법 제15조【국가사무의 처리 제한】지방자치단체는 다음 각 호의 국가사무를 처리할 수 없다. 다만, 법률에 이와 다른 규정이 있는 경우에는 국가사무를 처리할 수 있다.
> 1. 외교, 국방, 사법(司法), 국세 등 국가의 존립에 필요한 사무

2025 신용한 지방자치론 p.89, 95, 98 | **정답** ③

148

'17 지방 7 지방자치론

국가와 지방자치단체 간 사무배분에 대한 설명으로 옳지 않은 것은?

① 광역지방자치단체와 기초지방자치단체는 사무를 처리할 때 서로 겹치지 아니하도록 하여야 하며, 사무가 서로 겹치면 시·군 및 자치구에서 먼저 처리한다.
② 인구 50만 명 이상의 도시에 대한 특례를 두고 있고, 이들 도시들은 도가 처리하는 사무의 일부를 직접 처리하게 할 수 있도록 하고 있다.
③ 자치구에 대한 특례를 두고 있으며, 이를 통해 자치구의 사무를 일반 시·군에 비해 확대하고 있다.
④ 포괄적 배분방식이 아닌 포괄적 예시주의를 채택하고 있다.

출제유형 Ⅶ 법령
출제영역 우리나라의 계층 간 사무배분의 원칙

①, ② ◯ 지방자치법 제14조 제1항 및 제3항

> 지방자치법 제14조 【지방자치단체의 종류별 사무배분기준】 ① 제13조에 따른 지방자치단체의 사무를 지방자치단체의 종류별로 배분하는 기준은 다음 각 호와 같다. 다만, 제13조제2항제1호의 사무는 각 지방자치단체에 공통된 사무로 한다.
>   2. 시·군 및 자치구
>   제1호에서 시·도가 처리하는 것으로 되어 있는 사무를 제외한 사무. 다만, 인구 50만 이상의 시에 대해서는 도가 처리하는 사무의 일부를 직접 처리하게 할 수 있다.
>   ③ 시·도와 시·군 및 자치구는 사무를 처리할 때 서로 겹치지 아니하도록 하여야 하며, 사무가 서로 겹치면 시·군 및 자치구에서 먼저 처리한다.

③ ✕ 자치구는 제한적 지방자치단체로서, 자치권의 범위는 법령으로 정하는 바에 따라 시·군과 다르게 할 수 있다. 이는 **자치구의 사무를 일반 시·군에 비해 축소(확대 ×)하고 있는 것이다.**

④ ◯ 지방자치법 제13조 제2항

> 동법 제13조 【지방자치단체의 사무범위】 ② 제1항에 따른 지방자치단체의 사무를 예시하면 다음 각 호와 같다. 다만, 법률에 이와 다른 규정이 있으면 그러하지 아니하다.

2025 신용한 지방자치론 p.70~72, 95   **정답** ③

149

'22 지방 7 지방자치론

「지방자치법」상 지방자치단체의 사무에 대한 설명으로 옳지 않은 것은?

① 지방자치단체의 구역, 조직, 행정관리 등에 관한 사무에는 지방세 및 지방세외 수입의 부과 및 징수가 포함된다.
② 시·군 및 자치구는 해당구역을 관할하는 시·도의 조례를 위반하여 사무를 처리할 수 없다.
③ 근로기준, 측량단위 등 전국적으로 기준을 통일하고 조정하여야 할 필요가 있는 사무는 국가사무로서 법률에 이와 다른 규정이 있는 경우를 제외하고는 지방자치단체가 처리할 수 없다.
④ 시·도와 시·군 및 자치구는 사무를 처리할 때 서로 겹치지 아니하도록 하여야 하며, 사무가 서로 겹치면 시·도에서 먼저 처리한다.

출제유형 Ⅶ 법령
출제영역 우리나라의 계층 간 사무배분의 원칙 등

① ◯ 지방자치법 제13조 제2항

> 지방자치법 제13조 【지방자치단체의 사무 범위】 ② 제1항에 따른 지방자치단체의 사무를 예시하면 다음 각 호와 같다. 다만, 법률에 이와 다른 규정이 있으면 그러하지 아니하다.
>   1. 지방자치단체의 구역, 조직, 행정관리 등
>   바. 지방세 및 지방세외 수입의 부과 및 징수

② ◯ 지방자치법 제12조 제3항

> 동법 제12조 【사무처리의 기본원칙】 ③ 지방자치단체는 법령을 위반하여 사무를 처리할 수 없으며, 시·군 및 자치구는 해당 구역을 관할하는 시·도의 조례를 위반하여 사무를 처리할 수 없다.

③ ◯ 지방자치법 제15조

> 동법 제15조 【국가사무의 처리 제한】 지방자치단체는 다음 각 호의 국가사무를 처리할 수 없다. 다만, 법률에 이와 다른 규정이 있는 경우에는 국가사무를 처리할 수 있다.
>   5. 근로기준, 측량단위 등 전국적으로 기준을 통일하고 조정하여야 할 필요가 있는 사무

④ ✕ 시·도와 시·군 및 자치구는 사무를 처리할 때 서로 겹치지 아니하도록 하여야 하며, 사무가 서로 겹치면 **시·군 및 자치구에서 먼저 처리한다.**

> 동법 제14조 【지방자치단체의 종류별 사무배분기준】 ③ 시·도와 시·군 및 자치구는 사무를 처리할 때 서로 겹치지 아니하도록 하여야 하며, 사무가 서로 겹치면 시·군 및 자치구에서 먼저 처리한다.

2025 신용한 지방자치론 p.89, 92, 95, 98   **정답** ④

150

'22 국가 7

「지방자치법」상 지방자치단체 종류별 사무배분의 기준에 대한 설명으로 옳지 않은 것은?

① 인구 30만 이상의 시에 대해서는 도가 처리하는 사무의 일부를 직접 처리하게 할 수 있다.
② 시·군 및 자치구가 독자적으로 처리하기 어려운 사무는 시·도의 사무이다.
③ 지방자치단체의 구역, 조직, 행정관리 등은 시·도와 시·군 및 자치구에 공통된 사무이다.
④ 국가와 시·군 및 자치구 사이의 연락·조정 등의 사무는 시·도의 사무이다.

출제유형 Ⅵ 법령
출제영역 우리나라의 계층 간 사무배분의 원칙 등

① , ②, ④ ⭕ 지방자치법 제14조 제1항

> 지방자치법 제14조 【지방자치단체의 종류별 사무배분기준】 ① 제13조에 따른 지방자치단체의 사무를 지방자치단체의 종류별로 배분하는 기준은 다음 각 호와 같다.
> 1. 시·도
>   가. 행정처리 결과가 2개 이상의 시·군 및 자치구에 미치는 광역적 사무
>   나. 시·도 단위로 동일한 기준에 따라 처리되어야 할 성질의 사무
>   다. 지역적 특성을 살리면서 시·도 단위로 통일성을 유지할 필요가 있는 사무
>   라. 국가와 시·군 및 자치구 사이의 연락·조정 등의 사무
>   마. 시·군 및 자치구가 독자적으로 처리하기 어려운 사무
>   바. 2개 이상의 시·군 및 자치구가 공동으로 설치하는 것이 적당하다고 인정되는 규모의 시설을 설치하고 관리하는 사무
> 2. 시·군 및 자치구
>   제1호에서 시·도가 처리하는 것으로 되어 있는 사무를 제외한 사무. 다만, <u>인구 50만 이상의 시에 대하여는 도가 처리하는 사무의 일부를 직접 처리하게 할 수 있다.</u>

③ ⭕ 지방자치법 제13조 제2항

> 동법 제13조 【지방자치단체의 사무 범위】 ① 지방자치단체는 관할 구역의 자치사무와 법령에 따라 지방자치단체에 속하는 사무를 처리한다.
> ② 제1항에 따른 지방자치단체의 사무를 예시하면 다음 각 호와 같다. 다만, 법률에 이와 다른 규정이 있으면 그러하지 아니하다.
>   1. 지방자치단체의 구역, 조직, 행정관리 등

2025 신용한 지방자치론 p.92, 95 　　　정답 ①

151

'15 지방 7 지방자치론

다음 중 사무의 개별적 배분방식의 단점으로 옳지 않은 것은?

① 주어진 사무에 관한 한 중앙정부의 간섭이 증가할 수 있다.
② 개별 지방정부를 대상으로 하는 특별법의 형태를 이루는 경우 업무상의 부담이 크다.
③ 행정문제 처리에 있어서 시의성을 놓칠 수 있다.
④ 운영상의 유연성이 떨어진다.

출제유형 Ⅵ 이론 비교
출제영역 포괄적 수권방식 vs 개별적 수권방식

① 개별적 배분방식이란 개개의 지방자치단체별로 개별법을 통하여 사무종목을 지정하여 배분하는 방식이다. **개별적 배분방식**은 지방자치단체별로 책임한계가 명확하고, **중앙정부의 간섭을 배제하여 자치권의 영역이 확대될 수 있다.**

②, ③, ④ ⭕ 개별적 배분방식은 운영상의 유연성이 저해되며, 특별법 제정에 대한 업무상 부담이 가중될 수 있고, 제·개정 지체 시 행정문제 처리의 시의성을 놓칠 수 있다는 단점이 있다.

SUMMARY 개별적 수권방식 vs 포괄적 수권방식

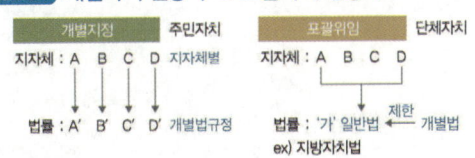

1. 개별적 수권방식

장점	단점
① 지방자치단체별 책임한계의 명확화 ② 지방자치단체별 특수성을 고려 ③ 자치권의 영역 확대	① 운영상 유연성이 저해 ② 지나친 개별성의 남용으로 통일성을 저해 ③ 특별법 제정에 대한 업무상 부담 가중 ④ 제·개정 지체 시 행정문제 처리의 시의성 저해

2. 포괄적 수권방식

장점	단점
① 운영상의 융통성과 탄력성 제고 ② 배분방식이 간단	① 상급단체의 무제한적인 통제 초래 가능성 ② 계층 간 사무배분의 불명확과 중복 ③ 사무배분에 있어 지역별 특성의 고려 부족

2025 신용한 지방자치론 p.96 　　　정답 ①

152

<보기>의 지방분권 방식에 대한 설명으로 가장 옳은 것은?

| 보기 |
헌법 또는 법률에 의해 지방업무를 처리할 수 있는 권한을 지방에 일괄적으로 부여하는 방식

① 사무처리에 융통성이 확보된다.
② 지방자치단체별 책임의 한계가 명확하다.
③ 자치사무에 대해 중앙정부가 개입할 여지가 적어 자치권의 영역이 넓다.
④ 지방의 특수성과 개별성을 고려한 지방행정이 가능하다.

출제유형 VI 이론 비교
출제영역 포괄적 수권방식 vs 개별적 수권방식

① ○ 개괄적(포괄적) 수권방식에 대한 설명이다. 개괄적(포괄적) 수권방식은 지방자치단체의 구별 없이 지방자치에 관한 일반법에서 모든 자치단체에 포괄적으로 배분하는 방식으로 운영상의 융통성과 탄력성 제고하고 배분방식이 간단하고 간편하다는 장점이 있다.
②, ③, ④ ✗ 개별적 수권방식에 대한 설명이다.

2025 신용한 지방자치론 p.96 정답 ①

153

우리나라 지방자치제의 특징에 대한 설명으로 옳지 않은 것은?

① 자치계층과 행정계층의 이원적 구조로 되어 있다.
② 「지방자치법」에는 주민투표, 주민의 감사청구, 주민소송이 규정되어 있다.
③ 지방정부의 기관구성 형태로서 기관대립형을 채택하고 있다.
④ 중앙과 지방의 사무배분에 있어서 포괄적 예시주의의 단점을 보완한 포괄적 배분방식을 채택하고 있다.

출제유형 IV 개념 + VII 법령
출제영역 우리나라 지방자치 등

① ○ 우리나라의 지방자치제는 자치계층과 행정계층의 구조로 이루어져 있다.
② ○ 「지방자치법」에는 주민참여제도로서 주민투표제도, 주민감사청구제도, 주민소송제도, 조례개폐청구제도 등이 규정되어 있다.
③ ○ 우리나라는 기관대립형을 택하고 있지만, 따로 법률로 정하는 바에 따라 지방자치단체의 장의 선임방법을 포함한 지방자치단체의 기관구성 형태를 달리할 수 있다.

지방자치법 제4조【지방자치단체의 기관구성 형태의 특례】① 지방자치단체의 의회(이하 "지방의회"라 한다)와 집행기관에 관한 이 법의 규정에도 불구하고 따로 법률로 정하는 바에 따라 지방자치단체의 장의 선임방법을 포함한 지방자치단체의 기관구성 형태를 달리 할 수 있다.
② 제1항에 따라 지방의회와 집행기관의 구성을 달리하려는 경우에는 「주민투표법」에 따른 주민투표를 거쳐야 한다.

④ ✗  우리나라의 사무배분은 절충적 수권방식으로서 포괄적 예시주의로 분류된다. 1988년 이전의 「지방자치법」에는 "지방자치단체는 그 지방의 공공사무와 법령에 의하여 그 단체에 소속된 사무를 처리한다."고 하여 포괄적 배분방식을 취하였다가 1988년 이후 포괄적 예시주의 방식을 채택하였다.

2025 신용한 지방자치론 p.62, 97, 112, 172 정답 ④

154

'16 국가 9

우리나라 지방자치제에 대한 설명으로 옳지 않은 것은?

① 지방자치단체의 의사를 결정하는 의결기관과 의사를 집행하는 집행기관을 이원적으로 구성하는 기관대립(분립)형이다.
② 지방분권화의 세계적 흐름에 따라 지방사무의 배분방식은 제한적 열거방식을 채택하고 있다.
③ 현재 제주특별자치도에서는 자치경찰제가 실시되고 있다.
④ 특별지방행정기관은 중앙행정기관이 소관 사무를 집행하기 위해 설치한 지방행정기관이며, 세무서와 출입국관리사무소는 특별지방행정기관에 해당한다.

출제유형 Ⅳ 개념
출제영역 우리나라 지방자치 등

① ○ 우리나라는 기관대립형을 택하고 있지만, 따로 법률로 정하는 바에 따라 지방자치단체의 장의 선임방법을 포함한 지방자치단체의 기관구성 형태를 달리 할 수 있다.

> 지방자치법 제4조 【지방자치단체의 기관구성 형태의 특례】 ① 지방자치단체의 의회(이하 "지방의회"라 한다)와 집행기관에 관한 이 법의 규정에도 불구하고 따로 법률로 정하는 바에 따라 지방자치단체의 장의 선임방법을 포함한 지방자치단체의 기관구성 형태를 달리 할 수 있다.
> ② 제1항에 따라 지방의회와 집행기관의 구성을 달리하려는 경우에는 「주민투표법」에 따른 주민투표를 거쳐야 한다.

② ✕ **우리나라 지방사무의 사무배분 방식**은 포괄적 수권방식 혹은 절충적 수권방식으로서 **포괄적 예시주의로 분류**된다.
③ ○ 2006년에 '제주특별자치도제'가 되면서 제주특별자치도는 자치경찰제가 채택되었다.
④ ○ 특별지방행정기관은 국가의 특정한 중앙행정기관에 소속되어, 당해 관할 구역 내에서 소속 중앙행정기관의 사무에 속하는 특수한 전문분야의 행정사무를 처리하는 지방행정기관으로 경찰서, 세무서, 출입국관리사무소 등이 있다.

2025 신용한 지방자치론 p.97, 100, 112, 254, 255 **정답** ②

155

'19 서울 7 지방자치론

「지방자치법」상 시·도의 사무에 해당하지 않는 것은?

① 2개 이상의 시·군 및 자치구가 공동으로 설치하는 것이 적당하다고 인정되는 규모의 시설을 설치하고 관리하는 사무
② 국가와 시·군 및 자치구 사이의 연락·조정 등의 사무
③ 농산물·임산물·축산물·수산물 및 양곡의 수급조절 등 광역적 규모의 사무
④ 지역적 특성을 살리면서 시·도 단위로 통일성을 유지할 필요가 있는 사무

출제유형 Ⅲ 내용분류 + Ⅶ 법령
출제영역 계층 간 사무배분의 원칙

①, ②, ④ ○ 지방자치법 제14조 제1항

> 지방자치법 제14조 【지방자치단체의 종류별 사무배분기준】 ① 제13조에 따른 지방자치단체의 사무를 지방자치단체의 종류별로 배분하는 기준은 다음 각 호와 같다. 다만, 제13조제2항제1호의 사무는 각 지방자치단체에 공통된 사무로 한다.
>   1. 시·도
>   가. 행정처리 결과가 2개 이상의 시·군 및 자치구에 미치는 광역적 사무
>   나. 시·도 단위로 동일한 기준에 따라 처리되어야 할 성질의 사무
>   다. 지역적 특성을 살리면서 시·도 단위로 통일성을 유지할 필요가 있는 사무
>   라. 국가와 시·군 및 자치구 사이의 연락·조정 등의 사무
>   마. 시·군 및 자치구가 독자적으로 처리하기 어려운 사무
>   바. 2개 이상의 시·군 및 자치구가 공동으로 설치하는 것이 적당하다고 인정되는 규모의 시설을 설치하고 관리하는 사무

③ ✕ **농산물·임산물·축산물·수산물 및 양곡의 수급조절 등 전국적 규모의 사무는 국가사무**에 해당한다.

> 동법 제15조 【국가사무의 처리제한】 지방자치단체는 다음 각 호의 국가사무를 처리할 수 없다. 다만, 법률에 이와 다른 규정이 있는 경우에는 국가사무를 처리할 수 있다.
>   3. 농산물·임산물·축산물·수산물 및 양곡의 수급조절과 수출입 등 전국적 규모의 사무

SUMMARY 지방사무의 범위

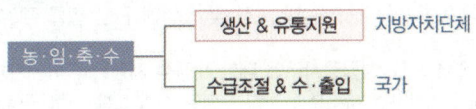

2025 신용한 지방자치론 p.97, 98 **정답** ③

CHAPTER 5 경찰, 교육 기능

POINT 1~2 경찰자치제 & 교육자치제

156　　　　　　　　　　　'23 지방 7 지방자치론

「국가경찰과 자치경찰의 조직 및 운영에 관한 법률」상 자치경찰제에 대한 설명으로 옳지 않은 것은?

① 변호사 자격이 있는 사람으로서 국가기관, 지방자치단체, 공공기관의 운영에 관한 법률 제4조에 따른 공공기관에서 법률에 관한 사무에 5년 이상 종사한 경력이 있는 사람은 시·도자치경찰위원회 위원의 자격이 있다.
② 시·도 경찰청 및 경찰서의 명칭, 위치, 관할구역, 하부조직, 공무원의 정원, 그 밖에 필요한 사항은 「정부조직법」을 준용하여 대통령령 또는 행정안전부령으로 정한다.
③ 국가는 지방자치단체가 이관받은 자치경찰사무를 원활히 수행할 수 있도록 인력, 장비 등에 소요되는 비용에 대하여 재정적 지원을 하여야 한다.
④ 시·도자치경찰위원회 위원장과 위원의 임기는 3년으로 하며, 연임할 수 있다.

출제유형 Ⅶ 법령
출제영역 자치경찰제

① ⭘ 국가경찰과 자치경찰의 조직 및 운영에 관한 법률 제20조 제2항 각 호

> 국가경찰과 자치경찰의 조직 및 운영에 관한 법률 제20조【시·도자치경찰위원회 위원의 임명 및 결격사유】② 시·도자치경찰위원회 위원은 다음 각 호의 어느 하나에 해당하는 자격을 갖추어야 한다.
> 2. 변호사 자격이 있는 사람으로서 국가기관등에서 법률에 관한 사무에 5년 이상 종사한 경력이 있는 사람

② ⭘ 국가경찰과 자치경찰의 조직 및 운영에 관한 법률 제31조

> 동법 제31조【직제】시·도경찰청 및 경찰서의 명칭, 위치, 관할구역, 하부조직, 공무원의 정원, 그 밖에 필요한 사항은 「정부조직법」 제2조제4항 및 제5항을 준용하여 대통령령 또는 행정안전부령으로 정한다.

③ ⭘ 국가경찰과 자치경찰의 조직 및 운영에 관한 법률 제34조

> 동법 제34조【자치경찰사무에 대한 재정적 지원】국가는 지방자치단체가 이관받은 사무를 원활히 수행할 수 있도록 인력, 장비 등에 소요되는 비용에 대하여 재정적 지원을 하여야 한다.

④ ❌ 시·도자치경찰위원회 위원장과 위원의 임기는 3년으로 하며, **연임할 수 없다**.

> 동법 제23조【시·도자치경찰위원회 위원의 임기 및 신분보장】
> ① 시·도자치경찰위원회 위원장과 위원의 임기는 3년으로 하며, 연임할 수 없다.

🔗 2025 신용한 지방자치론 p.100~102　　정답 ④

157　　　　　　　　　　　'21 지방 7 지방자치론

「국가경찰과 자치경찰의 조직 및 운영에 관한 법률」상 자치경찰위원회에 대한 설명으로 옳지 않은 것은?

① 자치경찰사무를 관장하게 하기 위하여 시·도지사 소속으로 시·도자치경찰위원회를 둔다.
② 시·도자치경찰위원회는 합의제 행정기관으로서 그 권한에 속하는 업무를 독립적으로 수행한다.
③ 시·도자치경찰위원회 위원은 시·도의회, 국가경찰위원회, 해당 시·도 교육감의 의견을 들어 시·도 자치경찰위원회 위원추천위원회가 추천한다.
④ 시·도자치경찰위원회는 위원장 1명을 포함한 7명의 위원으로 구성하되, 위원장과 1명의 위원은 상임으로 하고, 5명의 위원은 비상임으로 한다.

출제유형 Ⅲ 내용 분류 + Ⅶ 법령
출제영역 자치경찰제

①, ② ⭘ 국가경찰과 자치경찰의 조직 및 운영에 관한 법률 제18조 제1항 및 제2항

> 국가경찰과 자치경찰의 조직 및 운영에 관한 법률 제18조【시·도자치경찰위원회의 설치】① 자치경찰사무를 관장하게 하기 위하여 특별시장·광역시장·특별자치시장·도지사·특별자치도지사(이하 "시·도지사"라 한다) 소속으로 시·도자치경찰위원회를 둔다. 다만, 제13조 후단에 따라 시·도에 2개의 시·도경찰청을 두는 경우 시·도지사 소속으로 2개의 시·도자치경찰위원회를 둘 수 있다.
> ② 시·도자치경찰위원회는 합의제 행정기관으로서 그 권한에 속하는 업무를 독립적으로 수행한다.

③ ❌ 시·도자치경찰위원회 위원은 시·도의회 2명, 국가경찰위원회 1명, 해당 시·도 교육감 1명, 시·도 자치경찰위원회 위원추천위원회 2명, 시·도지사가 지명하는 1명을 시·도지사가 임명한다.

> 동법 제20조【시·도자치경찰위원회 위원의 임명 및 결격사유】
> ① 시·도자치경찰위원회 위원은 다음 각 호의 사람을 시·도지사가 임명한다.
>   1. 시·도의회가 추천하는 2명
>   2. 국가경찰위원회가 추천하는 1명
>   3. 해당 시·도 교육감이 추천하는 1명
>   4. 시·도자치경찰위원회 위원추천위원회가 추천하는 2명
>   5. 시·도지사가 지명하는 1명

④ ⭕ 국가경찰과 자치경찰의 조직 및 운영에 관한 법률 제19조 제1항

> 동법 제19조【시·도자치경찰위원회의 구성】① 시·도자치경찰위원회는 위원장 1명을 포함한 7명의 위원으로 구성하되, 위원장과 1명의 위원은 상임으로 하고, 5명의 위원은 비상임으로 한다.

🔗 2025 신용한 지방자치론 p.100~102 　　정답 ③

158 　'23 서울 7 경력경쟁 지방자치론

「국가경찰과 자치경찰의 조직 및 운영에 관한 법률」 및 「자치경찰사무와 시·도자치경찰위원회의 조직 및 운영 등에 관한 규정」상 자치경찰제도에 대한 설명으로 가장 옳지 않은 것은?

① 시·도자치경찰위원회는 합의제 행정기관으로서 그 권한에 속하는 업무를 독립적으로 수행한다.
② 가정폭력 범죄의 수사사무에 관한 자치경찰사무의 구체적인 사항 및 범위 등은 대통령령으로 정하는 기준에 따라 시·도조례로 정한다.
③ 시·도지사는 시·도자치경찰위원회의 위원을 임명하기 위하여 위원 추천권자에게 추천을 요청하여야 한다.
④ 지역 내 다중운집 행사의 안전 관리를 위한 자치경찰사무를 조례로 정하는 경우 국가경찰사무와 유기적으로 연계되고 균형이 이루어지도록 하는 사항을 포함하여야 한다.

출제유형 Ⅶ 법령
출제영역 자치경찰제

① ⭕ 국가경찰과 자치경찰의 조직 및 운영에 관한 법률 제18조 제2항

> 국가경찰과 자치경찰의 조직 및 운영에 관한 법률 제18조【시·도자치경찰위원회의 설치】② 시·도자치경찰위원회는 합의제 행정기관으로서 그 권한에 속하는 업무를 독립적으로 수행한다.

② ❌ 가정폭력 범죄의 수사사무에 관한 자치경찰사무의 구체적인 사항 및 범위 등은 대통령령으로 정한다.

> 국가경찰과 자치경찰의 조직 및 운영에 관한 법률 제4조【경찰의 사무】① 경찰의 사무는 다음 각 호와 같이 구분한다.
>   1. 국가경찰사무 : 제3조에서 정한 경찰의 임무를 수행하기 위한 사무. 다만, 제2호의 자치경찰사무는 제외한다.
>   2. 자치경찰사무 : 제3조에서 정한 경찰의 임무 범위에서 관할 지역의 생활안전·교통·경비·수사 등에 관한 다음 각 목의 사무
>   라. 다음의 어느 하나에 해당하는 수사사무
>   1) 학교폭력 등 소년범죄
>   2) 가정폭력, 아동학대 범죄
> ③ 제1항제2호라목의 자치경찰사무에 관한 구체적인 사항 및 범위 등은 대통령령으로 정한다.

③ ⭕ 자치경찰사무와 시·도자치경찰위원회의 조직 및 운영 등에 관한 규정 제4조의2 제1항

> 자치경찰사무와 시·도자치경찰위원회의 조직 및 운영 등에 관한 규정 제4조의2【시·도자치경찰위원회 위원의 임명방법 및 절차 등】① 특별시장·광역시장·특별자치시장·도지사·특별자치도지사(이하 "시·도지사"라 한다)는 법 제18조제1항에 따른 시·도자치경찰위원회(이하 "시·도자치경찰위원회"라 한다)의 위원을 임명하기 위하여 법 제20조제1항제1호부터 제4호까지의 규정에 따른 위원 추천권자(이하 이 조에서 "추천권자"라 한다)에게 위원으로 임명할 사람의 추천을 요청해야 한다.

④ ⭕ 자치경찰사무와 시·도자치경찰위원회의 조직 및 운영 등에 관한 규정 제2조

> 자치경찰사무와 시·도자치경찰위원회의 조직 및 운영 등에 관한 규정 제2조【생활안전·교통·경비 관련 자치경찰사무의 범위 등】「국가경찰과 자치경찰의 조직 및 운영에 관한 법률」(이하 "법"이라 한다) 제4조제1항제2호가목부터 다목까지의 규정에 따른 자치경찰사무에 관한 구체적인 사항 및 범위 등을 같은 조 제2항에 따라 특별시·광역시·특별자치시·도·특별자치도(이하 "시·도"라 한다)의 조례로 정하는 경우 지켜야 하는 기준은 다음 각 호와 같다.
>   3. 기관 간 협의체 구성, 상호협력·지원 및 중복감사 방지 등 자치경찰사무가 국가경찰사무와 유기적으로 연계되고 균형이 이루어지도록 하는 사항을 포함할 것

🔗 2025 신용한 지방자치론 p.100~102 　　정답 ②

159 '23 국회 9

우리나라의 경찰제도에 대한 설명으로 옳지 않은 것은?

① 시·도자치경찰위원회는 특별시장·광역시장·특별자치시장·도지사·특별자치도지사 소속으로 자치경찰사무를 관장한다.
② 2019년부터 자치경찰제가 시행되었다.
③ 시·도자치경찰위원회는 합의제 행정기관으로서 그 권한에 속하는 업무를 독립적으로 수행한다.
④ 국가경찰사무로 국민의 생명·신체 및 재산의 보호, 범죄의 예방·진압 및 수사 등이 있다.
⑤ 자치경찰사무로 지역 내 주민의 생활안전 활동에 관한사무, 지역 내 다중운집 행사 관련 혼잡 교통 및 안전 관리 등이 있다.

출제유형 Ⅶ 법령
출제영역 자치경찰제

① ◎ 국가경찰과 자치경찰의 조직 및 운영에 관한 법률 제18조 제1항

> **국가경찰과 자치경찰의 조직 및 운영에 관한 법률 제18조【시·도자치경찰위원회의 설치】** ① 자치경찰사무를 관장하게 하기 위하여 특별시장·광역시장·특별자치시장·도지사·특별자치도지사(이하 "시·도지사"라 한다) 소속으로 시·도자치경찰위원회를 둔다. 다만, 제13조 후단에 따라 시·도에 2개의 시·도경찰청을 두는 경우 시·도지사 소속으로 2개의 시·도자치경찰위원회를 둘 수 있다.

② ✗ 우리나라의 자치경찰제도는 2006년 「제주특별자치도 설치 및 국제자유도시 조성을 위한 특별법」을 통해 제주특별자치도에서의 자치경찰제의 도입을 위한 법적 근거를 마련했으며, 2021. 1. 1.부터 「국가경찰과 자치경찰의 조직 및 운영에 관한 법률」을 통해 전국적으로 확대되었다.

③ ◎ 국가경찰과 자치경찰의 조직 및 운영에 관한 법률 제18조 제2항

> **동법 제18조【시·도자치경찰위원회의 설치】** ② 시·도자치경찰위원회는 합의제 행정기관으로서 그 권한에 속하는 업무를 독립적으로 수행한다.

④, ⑤ ◎ 국가경찰과 자치경찰의 조직 및 운영에 관한 법률 제3조, 제4조 제1항 각 호

> **동법 제3조【경찰의 임무】** 경찰의 임무는 다음 각 호와 같다.
> 1. 국민의 생명·신체 및 재산의 보호
> 2. 범죄의 예방·진압 및 수사
>
> **동법 제4조【경찰의 사무】** ① 경찰의 사무는 다음 각 호와 같이 구분한다.
> 1. 국가경찰사무: 제3조에서 정한 경찰의 임무를 수행하기 위한 사무. 다만, 제2호의 자치경찰사무는 제외한다.
> 2. 자치경찰사무: 제3조에서 정한 경찰의 임무 범위에서 관할 지역의 생활안전·교통·경비·수사 등에 관한 다음 각 목의 사무
>   가. 지역 내 주민의 생활안전 활동에 관한 사무
>   나. 지역 내 교통활동에 관한 사무
>   다. 지역 내 다중운집 행사 관련 혼잡 교통 및 안전 관리

2025 신용한 지방자치론 p.100~102 **정답** ②

---

160 '21 지방 9

자치경찰제도에 대한 설명으로 옳지 않은 것은?

① 지역 실정에 맞는 치안 행정을 펼칠 수 있다.
② 경찰 업무의 통일성과 효율성을 높일 수 있다.
③ 제주자치경찰단은 주민의 생활안전 활동에 관한 사무를 수행한다.
④ 자치경찰 사무를 관장하기 위하여 광역자치단체에 시·도자치경찰위원회를 둔다.

출제유형 Ⅳ 개념 + Ⅶ 법령
출제영역 자치경찰제

① ◎ 자치경찰제도는 경찰조직을 지방정부의 관할하에 두는 방식으로, 책임성 있는 생활치안의 실현, 경찰행정의 분권화와 민주화 구현 등의 장점이 있다.

② ✗ 국가경찰제도의 장점에 해당한다. 자치경찰제도는 지역 간 치안격차의 발생 가능성이 존재한다.

③ ◎ 제주특별법 제90조 각 호

> **제주특별자치도 설치 및 국제자유도시 조성을 위한 특별법 제90조【사무】** 자치경찰은 다음 각 호의 사무(이하 "자치경찰사무"라 한다)를 처리한다.
> 1. 주민의 생활안전활동에 관한 사무
>   가. 생활안전을 위한 순찰 및 시설 운영
>   나. 주민참여 방범활동의 지원 및 지도
>   다. 안전사고와 재해·재난 등으로부터의 주민보호
>   라. 아동·청소년·노인·여성 등 사회적 보호가 필요한 사람의 보호와 가정·학교 폭력 등의 예방
>   마. 주민의 일상생활과 관련된 사회질서의 유지와 그 위반행위의 지도·단속

④ ◎ 국가경찰과 자치경찰의 조직 및 운영에 관한 법률 제18조 제1항

> **국가경찰과 자치경찰의 조직 및 운영에 관한 법률 제18조【시·도자치경찰위원회의 설치】** ① 자치경찰사무를 관장하게 하기 위하여 특별시장·광역시장·특별자치시장·도지사·특별자치도지사 소속으로 시·도자치경찰위원회를 둔다. 다만, 제13조 후단에 따라 시·도에 2개의 시·도경찰청을 두는 경우 시·도지사 소속으로 2개의 시·도자치경찰위원회를 둘 수 있다.
> ② 시·도자치경찰위원회는 합의제 행정기관으로서 그 권한에 속하는 업무를 독립적으로 수행한다.

2025 신용한 지방자치론 p.99~105 **정답** ②

161

'22 서울 7 경력경쟁 지방자치론

자치경찰제도에 대한 설명으로 가장 옳지 않은 것은?

① 자치경찰제의 도입을 통해 비대해진 경찰권을 분산하여야 한다는 의견을 바탕으로 추진되었다.
② 학교폭력 등 소년범죄의 수사사무는 자치경찰의 사무가 아니다.
③ 시·도지사 소속의 시·도자치경찰위원회가 자치경찰 사무를 관장한다.
④ 1개 시·도에 2개의 시·도자치경찰위원회를 설치할 수 있다.

출제유형 Ⅳ 개념 + Ⅶ 법령
출제영역 자치경찰제

② ❌ 학교폭력 등 소년범죄의 수사사무는 자치경찰의 사무에 해당한다.

> 국가경찰과 자치경찰의 조직 및 운영에 관한 법률 제4조【경찰의 사무】① 경찰의 사무는 다음 각 호와 같이 구분한다.
> 1. 국가경찰사무: 제3조에서 정한 경찰의 임무를 수행하기 위한 사무. 다만, 제2호의 자치경찰사무는 제외한다.
> 2. 자치경찰사무: 제3조에서 정한 경찰의 임무 범위에서 관할 지역의 생활안전·교통·경비·수사 등에 관한 다음 각 목의 사무
>   라. 다음의 어느 하나에 해당하는 수사사무
>   1) 학교폭력 등 소년범죄
>   2) 가정폭력, 아동학대 범죄

③, ④ ⭕ 국가경찰과 자치경찰의 조직 및 운영에 관한 법률 제18조 제1항

> 동법 제18조【시·도자치경찰위원회의 설치】① 자치경찰사무를 관장하게 하기 위하여 특별시장·광역시장·특별자치시장·도지사·특별자치도지사(이하 "시·도지사"라 한다) 소속으로 시·도자치경찰위원회를 둔다. 다만, 제13조 후단에 따라 시·도에 2개의 시·도경찰청을 두는 경우 시·도지사 소속으로 2개의 시·도자치경찰위원회를 둘 수 있다.

📘 2025 신용한 지방자치론 p.99~102 **정답** ②

162

'23 경간

자치경찰제에 대한 설명으로 옳은 것을 모두 묶은 것은?

> 가. 제주도 자치경찰단장은 자치경찰위원회가 임명하고 도지사의 지휘·감독을 받는다.
> 나. 공공안녕에 대한 위험의 예방과 대응을 위한 정보의 수집작성 및 배포는 자치경찰사무에 해당한다.
> 다. 지역 간 치안 격차의 발생 가능성이 존재한다.
> 라. 시·도자치경찰위원회는 합의제 행정기관으로서 그 권한에 속하는 업무를 독립적으로 수행한다.

① 가, 나
② 나, 다
③ 다, 라
④ 가, 다, 라

출제유형 Ⅶ 법령 + Ⅳ 개념
출제영역 자치경찰제

가 ❌ 제주특별자치도 설치 및 국제자유도시 조성을 위한 특별법 제89조 제1항

> 제주특별자치도 설치 및 국제자유도시 조성을 위한 특별법 제89조【자치경찰단장의 임명】① 자치경찰단장은 도지사가 임명하며, 자치경찰위원회의 지휘·감독을 받는다.

나 ❌ 공공안녕에 대한 위험의 예방과 대응을 위한 정보의 수집·작성 및 배포 사무의 경우 「국가경찰과 자치경찰의 조직 및 운영에 관한 법률」에 따른 **국가경찰사무에 해당**한다.

> 국가경찰과 자치경찰의 조직 및 운영에 관한 법률 제3조【경찰의 임무】경찰의 임무는 다음 각 호와 같다.
>   5. 공공안녕에 대한 위험의 예방과 대응을 위한 정보의 수집·작성 및 배포
> 제4조【경찰의 사무】① 경찰의 사무는 다음 각 호와 같이 구분한다.
>   1. 국가경찰사무: 제3조에서 정한 경찰의 임무를 수행하기 위한 사무. 다만, 제2호의 자치경찰사무는 제외한다.

다 ⭕ 자치경찰제는 지역 간 치안 격차의 발생 가능성, 광역사건 처리의 비능률성 등의 단점이 발생할 수 있다.

라 ⭕ 국가경찰과 자치경찰의 조직 및 운영에 관한 법률 제18조 제2항

> 국가경찰과 자치경찰의 조직 및 운영에 관한 법률 제18조【시·도자치경찰위원회의 설치】② 시·도자치경찰위원회는 합의제 행정기관으로서 그 권한에 속하는 업무를 독립적으로 수행한다.

SUMMARY 경찰자치

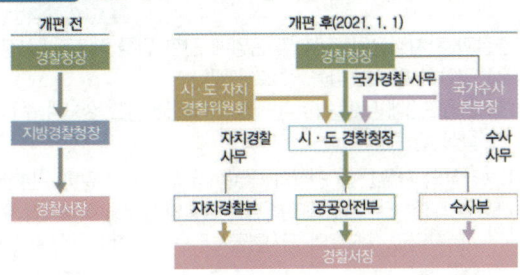

📘 2025 신용한 지방자치론 p.99~102 **정답** ③

163

'18 지방 7 지방자치론

「제주특별법」상 제주 자치경찰사무가 아닌 것은?

① 생활안전을 위한 순찰 및 시설 운영
② 교통법규위반 지도·단속
③ 안전사고와 재해·재난 등으로부터의 주민보호
④ 공공안녕에 대한 위험의 예방과 대응을 위한 정보의 수집·작성 및 배포

출제유형 Ⅲ 내용 분류 + Ⅶ 법령
출제영역 제주특별자치도 자치경찰제

①, ②, ③ ⊙ 제주특별자치도의 자치경찰사무는 재해재난 등으로부터의 주민을 보호하는 생활안전활동에 관한 사무, 지역교통활동에 관한 사무, 공공시설 및 지역행사장 등의 지역경비에 관한 사무 등이다.

> 제주특별자치도 설치 및 국제자유도시 조성을 위한 특별법 제90조 【사무】 자치경찰은 다음 각 호의 사무(이하 "자치경찰사무"라 한다)를 처리한다.
> 1. 주민의 생활안전활동에 관한 사무
>   가. 생활안전을 위한 순찰 및 시설 운영
>   나. 주민참여 방범활동의 지원 및 지도
>   다. 안전사고와 재해·재난 등으로부터의 주민보호
>   라. 아동·청소년·노인·여성 등 사회적 보호가 필요한 사람의 보호와 가정·학교 폭력 등의 예방
>   마. 주민의 일상생활과 관련된 사회질서의 유지와 그 위반행위의 지도·단속
> 2. 지역교통활동에 관한 사무
>   가. 교통안전과 교통소통에 관한 사무
>   나. 교통법규위반 지도·단속
>   다. 주민참여 지역교통활동의 지원·지도
> 3. 공공시설과 지역행사장 등의 지역경비에 관한 사무
> 4. 「사법경찰관리의 직무를 수행할 자와 그 직무범위에 관한 법률」에서 자치경찰공무원의 직무로 규정하고 있는 사법경찰관리의 직무
> 5. 「즉결심판에 관한 절차법」 등에 따라 「도로교통법」 또는 「경범죄 처벌법」 위반에 따른 통고처분 불이행자 등에 대한 즉결심판 청구 사무

④ ❌ **공공안녕에 대한 위험의 예방과 대응을 위한 정보의 수집·작성 및 배포의 경우** 「국가경찰과 자치경찰의 조직 및 운영에 관한 법률」에 따른 **국가경찰사무에 해당**한다.

> 국가경찰과 자치경찰의 조직 및 운영에 관한 법률 제3조 【경찰의 임무】 경찰의 임무는 다음 각 호와 같다.
>   5. 공공안녕에 대한 위험의 예방과 대응을 위한 정보의 수집·작성 및 배포
> 제4조 【경찰의 사무】 ① 경찰의 사무는 다음 각 호와 같이 구분한다.
>   1. 국가경찰사무: 제3조에서 정한 경찰의 임무를 수행하기 위한 사무. 다만, 제2호의 자치경찰사무는 제외한다.

🔗 2025 신용한 지방자치론 p.100, 104, 105   **정답** ④

164

'17 서울 7 지방자치론

다음은 지방교육자치의 관점에 대한 설명이다. ㉠~㉢에 들어갈 용어로 옳은 것은?

> 가. (㉠) 관점은 본질적 요소인 교육사무의 지방분권, 주민참여 및 정부의 중립성이 균형되게 강조되어야 한다고 본다.
> 나. (㉡) 관점은 지방교육자치의 목적이 교육의 자주성, 전문성, 중립성의 보장에 있으며, 목적달성을 위해서는 분리형이 유리한 제도임을 주장한다.
> 다. (㉢) 관점은 교육행정기관의 획일적인 규제와 간섭으로부터 독립하여 법규의 범위 내에서 자기책임 하에 교육을 하도록 보장함으로써 교육의 목적을 달성하고자 한다.

	㉠	㉡	㉢
①	교육행정기관의 자치	교육주체의 자치	지방교육자치의 일환
②	교육행정기관의 자치	지방교육자치의 일환	교육주체의 자치
③	지방교육자치의 일환	교육행정기관의 자치	교육주체의 자치
④	지방교육자치의 일환	교육주체의 자치	교육행정기관의 자치

출제유형 Ⅲ 내용분류 + Ⅳ 개념
출제영역 교육자치제

㉠ 지방교육자치의 일환 - 교육의 지방분권, 주민참여, 정부의 중립성 등을 주장하는 관점이다.
㉡ 교육행정기관의 자치 - 일반 - 교육행정의 분리·독립보장을 주장하는 관점이다.
㉢ 교육주체의 자치 - 교육현장의 자율성을 주장하는 관점이다.

SUMMARY 교육자치의 관점

구분	교육행정기관의 자치	교육주체의 자치	지방교육자치
강조측면	일반기관과 교육기관 간 관계	교육행정기구와 교육주체 간 관계	중앙-지방관계, 교육행정기관과 교육주체와의 관계 및 정부-기득권층의 관계
지향방향	교육영역의 독자성 (교육자치)	교육주체의 자율성	교육의 자율성 지방자치 발전
일반-교육관계	분리·독립	통합	통합
교육의 특수성	매우 강조	강조	강조
분권의 성격	기능분권	기능분권	지역분권, 기능분권
주요 참여자	교육자	교육주체	교육주체 및 주민
처방	일반·교육행정의 분리·독립보장	교육현장의 자율성	교육의 지방분권, 주민참여, 정부의 중립성

🔗 2025 신용한 지방자치론 p.106, 107   **정답** ③

165

'15 지방 7 지방자치론(수정)

우리나라의 교육자치에 대한 설명으로 옳지 않은 것은?

① 시·도의 교육·학예에 관한 사무의 집행기관으로 시·도에 교육감을 둔다.
② 국가행정사무 중 시·도에 위임하여 시행하는 사무로서 교육·학예에 관한 사무는 교육감에게 위임하여 행한다.
③ 정당은 교육감선거에 후보자를 추천할 수 있다.
④ 주민은 교육감을 소환할 권리를 가진다.

출제유형 Ⅶ 법령
출제영역 우리나라 교육자치

① ◯ 지방교육자치에 관한 법률 제18조 제1항

> 지방교육자치에 관한 법률 제18조【교육감】① 시·도의 교육·학예에 관한 사무의 집행기관으로 시·도에 교육감을 둔다.

② ◯ 지방교육자치에 관한 법률 제19조

> 동법 제19조【국가행정사무의 위임】국가행정사무 중 시·도에 위임하여 시행하는 사무로서 교육·학예에 관한 사무는 교육감에게 위임하여 행한다. 다만, 법령에 다른 규정이 있는 경우에는 그러하지 아니하다.

③ ✗ 정당은 교육감선거에 후보자를 추천할 수 없다.

> 동법 제46조【정당의 선거관여행위 금지 등】① 정당은 교육감선거에 후보자를 추천할 수 없다.

④ ◯ 지방교육자치에 관한 법률 제24조의2 제1항

> 동법 제24조의2【교육감의 소환】① 주민은 교육감을 소환할 권리를 가진다.

SUMMARY 교육자치제

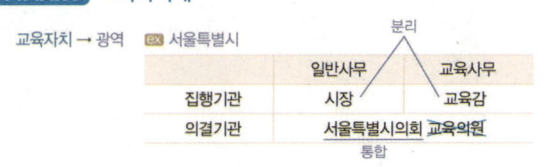

🔗 2025 신용한 지방자치론 p.106~109 　정답 ③

166

'20 지방 7 지방자치론

지방교육자치에 대한 설명으로 옳지 않은 것은?

① 교육감의 임기는 4년이며, 계속 재임은 3기에 한한다.
② 교육감을 선출하는 주민직선제는 2002년부터 실시되었다.
③ 지방교육행정협의회의 구성·운영에 관하여 필요한 사항은 교육감과 시·도지사가 협의하여 조례로 정한다.
④ 1개 또는 2개 이상의 시·군 및 자치구를 관할구역으로 하는 하급교육행정기관으로 교육지원청을 둔다.

출제유형 Ⅶ 법령
출제영역 우리나라 교육자치

① ◯ 지방교육자치에 관한 법률 제21조

> 지방교육자치에 관한 법률 제21조【교육감의 임기】교육감의 임기는 4년으로 하며, 교육감의 계속 재임은 3기에 한한다.

② ✗ 교육감의 선출방식이 직선으로 바뀐 것은 2007년부터이다. 2006년 12월 「지방교육자치에 관한 법률」이 개정되어, 2007년부터 시행되었다. 2007년 이전에는 각급 학교 운영위원선거인단에 의한 간접선거방식이었다.

③ ◯ 지방교육자치에 관한 법률 제41조 제1항 및 제2항

> 동법 제41조【지방교육행정협의회의 설치】① 지방자치단체의 교육·학예에 관한 사무를 효율적으로 처리하기 위하여 지방교육행정협의회를 둔다.
> ② 제1항의 규정에 따른 지방교육행정협의회의 구성·운영에 관하여 필요한 사항은 교육감과 시·도지사가 협의하여 조례로 정한다.

④ ◯ 지방교육자치에 관한 법률 제34조 제1항

> 동법 제34조【하급교육행정기관의 설치 등】① 시·도의 교육·학예에 관한 사무를 분장하기 위하여 1개 또는 2개 이상의 시·군 및 자치구를 관할구역으로 하는 하급교육행정기관으로서 교육지원청을 둔다.

🔗 2025 신용한 지방자치론 p.106~109 　정답 ②

167

「지방교육자치에 관한 법률」상 교육감 선거에 대한 설명으로 옳지 않은 것은?

① 정당은 교육감 선거에 후보자를 추천할 수 없다.
② 교육감 후보자는 특정 정당을 지지·반대하거나 특정 정당으로부터 지지·추천받고 있음을 표방해서는 아니 된다.
③ 해당 지방자치단체의 교육감이 그 직을 가지고 입후보하는 경우 선거일 전 90일까지 그 직을 그만두어야 한다.
④ 교육감 선거구선거사무를 수행할 선거관리위원회는 「선거관리위원회법」에 따른 시·도선거관리위원회로 한다.

출제유형 Ⅶ 법령
출제영역 우리나라 교육자치

①, ② ◯ 지방교육자치에 관한 법률 제46조 제1항 및 제3항

> 지방교육자치에 관한 법률 제46조 【정당의 선거관여행위 금지 등】
> ① 정당은 교육감선거에 후보자를 추천할 수 없다.
> ③ 후보자는 특정 정당을 지지·반대하거나 특정 정당으로부터 지지·추천받고 있음을 표방(당원경력의 표시를 포함한다)하여서는 아니 된다.

③ ✗ 지방교육자치에 관한 법률 제47조 제1항

> 동법 제47조 【공무원 등의 입후보】 ① 「공직선거법」 제53조제1항 각 호의 어느 하나에 해당하는 사람 중 후보자가 되려는 사람은 선거일 전 90일(제49조제1항에서 준용되는 「공직선거법」 제35조제4항의 보궐선거등의 경우에는 후보자등록신청 전을 말한다)까지 그 직을 그만두어야 한다. 다만, <u>교육감선거에서 해당 지방자치단체의 교육감이 그 직을 가지고 입후보하는 경우에는 그러하지 아니하다.</u>

④ ◯ 지방교육자치에 관한 법률 제44조 제1항

> 동법 제44조 【선거구선거관리】 ① 교육감선거에 관한 사무 중 선거구선거사무를 수행할 선거관리위원회(이하 "선거구선거관리위원회"라 한다)는 「선거관리위원회법」에 따른 시·도선거관리위원회로 한다.

정답 ③

신용한 지방자치론

지방자치론은 결국 신용한입니다

PART 3
지방자치의 운영

CHAPTER
지방자치정부의 기관구성

지방자치정부의 공공서비스

CHAPTER 1 지방자치정부의 기관구성
CHAPTER 2 지방자치정부의 공공서비스

POINT

지방자치정부의 형태	C
의결기관 – 지방의회	S
집행기관 – 지방자치단체의 장	S

| 지방정부 공공서비스의 유형 | C |
| 지방공기업 | B |

CHAPTER 1 지방자치정부의 기관구성

POINT 1 지방자치정부의 형태

168 ☐☐☐ '15 경간

지방자치단체의 기관구성에 관한 설명으로 가장 옳지 않은 것은?

① 우리나라는 권력분립주의 원칙에 입각한 기관대립형을 채택하고 있다.
② 기관대립형은 대의기관에 의한 민주정치와 책임행정의 구현에 적합하다.
③ 기관통합형은 견제와 균형의 상실로 권력남용의 우려가 있다.
④ 기관통합형은 의결기관과 집행기관이 단일기관으로 되어 있어 행정의 안정성과 능률성을 기대할 수 있다.

출제유형 Ⅰ 말바꾸기 + Ⅳ 개념
출제영역 기관대립형 vs 기관통합형
② ✗ 기관대립형이 아닌 기관통합형의 장점이다. 기관통합형은 의결기관과 집행기관이 단일기관에 속하므로 대의기관에 의한 민주정치와 책임행정의 구현에 적합하다.

SUMMARY 지방자치단체의 기관구성 : 기관통합형 vs 기관대립(분리)형

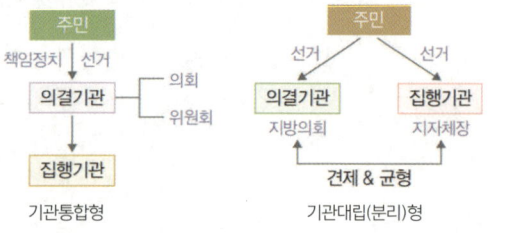

🔗 2025 신용한 지방자치론 p.112~115   정답 ②

---

169 ☐☐☐ '20 지방 7 지방자치론

지방자치단체의 기관구성 형태에 대한 설명으로 옳은 것은?

① 기관통합형은 의결기능과 집행기능을 단일기관에 귀속시키는 것으로, 영국의 의회형을 예로 들 수 있다.
② 의원내각제가 발달한 일본의 지방자치단체는 기관통합형에 해당한다.
③ 기관대립형은 의결기능과 집행기능을 분리하고, 집행기관의 장은 주로 의회에서 선임한다.
④ 위원회 형태의 미국 지방자치단체와 참사회·이사회 형태의 독일 지방자치단체는 기관대립형에 해당한다.

출제유형 Ⅵ 이론 비교
출제영역 기관대립형 vs 기관통합형
① ◯ 기관통합형은 지방자치정부 조직에 있어서 의결기능과 집행기능을 모두 단일의 기관에 집중시키는 유형으로, 영국 등 영연방국가의 의회형을 예로 들 수 있다.
② ✗ **일본은 중앙정부의 형태가 의원내각제이지만, 지방자치단체는** 지방의회가 입법권을 갖고, 지방자치단체장이 집행권을 갖는 **기관대립형에 해당한다.**
③ ✗ **기관대립형은 의결기능과 집행기능을 분리하고, 의결기관과 집행기관은 주로 주민에 의해 선출**된다.
④ ✗ **위원회 형태의 미국 지방자치단체는** 카운티(county)에서 흔히 볼 수 있는데 이는 **기관통합형에 속한다.** 참사회·이사회 형태의 독일 지방자치단체는 기관대립형에 해당한다.

🔗 2025 신용한 지방자치론 p.112~115   정답 ①

170

'16 지방 9

지방자치단체의 기관구성에 대한 설명으로 옳지 않은 것은?

① 기관대립형(기관분리형)은 견제와 균형을 통해 민주적이고 합리적인 지방자치를 실시하는 방식이다.
② 기관통합형은 주민 직선으로 지방의회를 구성하고 의회 의장이 단체장을 겸하는 방식이다.
③ 기관대립형(기관분리형)은 집행부와 의회의 기구가 병존함에 따라 비효율성을 줄일 수 있다는 장점이 있다.
④ 기관통합형은 의결기능과 집행기능이 통합되어 있기 때문에 지방자치행정을 기관 간 마찰 없이 안정적으로 수행할 수 있다는 장점이 있다.

출제유형 Ⅳ 개념 + Ⅵ 이론 비교
출제영역 기관대립형 VS 기관통합형

① ○ 기관대립형은 의결기능과 집행기능을 각각 다른 기관에 분담시켜 상호 견제와 균형을 통해 지방자치를 운용해 나가는 방식이다.
② ○ 기관통합형은 의결기관과 집행기능을 모두 단일의 기관에 집중시키는 유형으로 지방의회를 주민 직선으로 선출하고, 단체장은 의회가 선출하거나 의장이 겸하는 방식 등으로 운용해 나간다.
③ ✕ **기관대립형은** 집행부와 의회의 기구가 병존되어 있으므로 상호 견제와 균형을 통해 민주적인 지방자치를 실시할 수 있지만, **집행부와 의회가 대립할 경우 오히려 비효율성이 발생할 수 있다.**
④ ○ 기관통합형은 의결기관과 집행기관이 통합되어 있으므로 기관 사이의 알력을 피하고, 안정적으로 수행할 수 있다는 장점이 있다.

SUMMARY 지방자치단체의 기관구성 : 기관통합형 vs 기관대립(분리)형

(1) 기관통합형
  ① 의의 : 의결기능과 집행기능을 모두 단일의 기관에 통합. 지방의회만 주민직선으로 선출. 내각책임제와 유사
  ② 기관통합형의 장단점

장점	단점
① 권한이 집중되어 책임정치 실현에 용이	① 견제와 균형이 결여되어 권력 남용 우려
② 의결·집행기관 사이의 알력을 피할 수 있음	② 행정의 전문성 저해
③ 신중하고 공정한 통치 가능	③ 단일의 지도자가 없어 책임소재가 모호함
④ 정책결정과 집행의 유기적 관련성 제고	

(2) 기관대립형
  ① 의의 : 의결기능과 집행기능을 각각 다른 기관에 분담. 지방의회와 집행기관의 장을 각각 주민직선으로 선출. 대통령중심제와 유사
  ② 기관대립형의 장단점

장점	단점
① 견제와 균형을 통한 권력남용의 방지	① 기관 간 대립알력의 심화
② 집행기관 전담을 통한 행정의 전문화	② 주민대표기관에게 책임귀일의 약화
③ 단일 지도자를 통한 행정책임의 명백화	③ 단일지도자에 의한 편견적 결정 가능성

2025 신용한 지방자치론 p.112~115   정답 ③

171

'19 지방 7

지방자치단체의 기관구성에 대한 설명으로 옳은 것은?

① 우리나라는 시장의 권한이 지방의회의 권한에 비해 상대적으로 약한 기관대립형을 유지하고 있다.
② 영국의 의회형에서는 집행기관의 장을 주민이 직선으로 선출한다.
③ 미국의 위원회형은 기관대립형의 특수한 형태로 볼 수 있다.
④ 기관통합형의 집행기관은 기관대립형에 비해 행정의 전문성이 높지 않을 가능성이 크다.

출제유형 Ⅳ 개념 + Ⅵ 이론 비교
출제영역 기관대립형 vs 기관통합형

① ✕ **우리나라 지방자치단체의 기관구성 형태는 기관대립형**이며, 집행권을 가진 집행기관의 수장이 집행업무에 관한 실질적 책임자일 뿐 아니라, 의회와의 관계에서 지도자적 지위에 있는 **강시장 - 의회형을 채택하고 있다.**
② ✕ **영국의 의회형에서는 지방의회만 주민직선으로 선출**한다.
③ ✕ **미국의 위원회형은 기관통합형**이다.
④ ○ 기관통합형의 집행기관은 기관대립형에 비해 행정의 전문성의 발전을 저해할 수 있다.

2025 신용한 지방자치론 p.112~115   정답 ④

172 '22 국가 7

지방자치단체의 기관구성형태에 대한 설명으로 옳지 않은 것은?

① 기관통합형은 행정에 주민들의 의사를 보다 정확하게 반영할 수 있다는 장점이 있다.
② 기관통합형은 지방의회에서 의결기능과 집행기능을 모두 수행하는 형태로, 영국의 의회형이 대표적이다.
③ 기관대립형 중 약시장 - 의회형은 시장의 고위직 지방공무원 인사에 대해서 의회의 동의를 요하는 반면, 시장은 지방의회 의결에 대한 거부권을 가진다.
④ 기관대립형은 견제와 균형을 통해 권력남용을 방지하는 장점이 있지만, 의결기관과 집행기관 간의 대립 및 마찰 가능성이 있다는 단점이 있다.

출제유형 Ⅵ 이론 비교
출제영역 기관대립형 vs 기관통합형

① ⭕ 기관통합형은 주민에 의해 선출된 대표 기구가 의결기능과 집행기능을 함께 수행하는 형태이다. 주민에 의해 선출된 위원들이 직접 행정을 담당하기 때문에 행정에 주민의 의사를 보다 정확히 반영할 수 있다.
② ⭕ 기관통합형은 지방자치정부 조직에 있어서 의결기능과 집행기능을 모두 단일의 기관에 집중시키는 유형으로, 영국 등 영연방국가의 의회형을 예로 들 수 있다.
③ ❌ 기관대립형 중 <mark>약시장 - 의회형은</mark> 의회가 입법권을 행사할 뿐 아니라 직접 집행업무에 관여하여 수장은 지극히 제한된 범위의 행정권한만을 가지는 유형이다. 장의 고위직 지방공무원 인사에 대해 의회의 동의를 요하고, <mark>시장은 지방의회 의결에 대한 거부권을 가지지 못한다</mark>. 지방의결에 대한 거부권을 가지는 것은 강시장 - 의회형이다.
④ ⭕ 기관대립형은 집행부와 의회의 기구가 병존되어 있으므로 상호 견제와 균형을 통해 민주적인 지방자치를 실시할 수 있지만, 집행부와 의회가 대립할 경우 오히려 비효율성이 발생할 수 있다.

2025 신용한 지방자치론 p.112~115 **정답** ③

173 '23 경간

지방자치단체의 기관구성에 대한 설명으로 옳지 않은 것은?

① 기관통합형은 주민이 선출한 의원들이 행정을 담당하기 때문에 행정에 주민의 의사를 보다 정확하게 반영할 수 있다.
② 기관분리형은 견제와 균형의 원리가 적용되어 권력 남용을 방지할 수 있다.
③ 우리나라는 기본적으로 기관통합형이며 중앙통제형 강시장 - 약의회의 구도를 취하고 있다.
④ 우리나라는 따로 법률로 정하는 바에 따라 주민투표를 거쳐 지방자치단체의 기관구성 형태를 달리할 수 있다.

출제유형 Ⅰ 말바꾸기 + Ⅳ 개념
출제영역 지방자치체의 기관구성

① ⭕ 기관통합형은 주민에 의해 선출된 대표기구가 의결기능과 집행기능을 함께 수행하는 형태이다. 주민에 의해 선출된 위원들이 직접 행정을 담당하기 때문에 행정에 주민의 의사를 보다 정확히 반영될 수 있다.
② ⭕ 기관대립형은 의결기능과 집행기능을 각각 다른 기관에 분담시켜 상호 견제와 균형을 통해 지방자치를 운용해 나가는 방식이다.
③ ❌ 우리나라 지방자치단체의 기관구성 형태는 <mark>기본적으로 기관대립형</mark>(기관통합형 ×)이며, 집행권을 가진 집행기관의 수장이 집행업무에 관한 실질적 책임자일 뿐 아니라, 의회와의 관계에서 지도자적 지위에 있는 <mark>강수장-의회형</mark>을 채택하고 있다.
④ ⭕ 지방자치법 제4조 제1항

> **지방자치법 제4조 【지방자치단체의 기관구성 형태의 특례】** ① 지방자치단체의 의회(이하 "지방의회"라 한다)와 집행기관에 관한 이 법의 규정에도 불구하고 따로 법률로 정하는 바에 따라 지방자치단체의 장의 선임방법을 포함한 지방자치단체의 기관구성 형태를 달리할 수 있다.
> ② 제1항에 따라 지방의회와 집행기관의 구성을 달리하려는 경우에는 「주민투표법」에 따른 주민투표를 거쳐야 한다.

2025 신용한 지방자치론 p.112~115 **정답** ③

174

'15 지방 7 지방자치론

지방자치단체의 기관구성 형태에 대한 설명으로 옳지 않은 것은?

① 우리나라는 기관대립형이면서 강(强)시장 - 의회형에 가깝다고 볼 수 있다.
② 기관통합형의 경우는 의결기구와 집행기구 간의 갈등이 발생할 가능성이 크다.
③ 상호 견제와 균형의 원리가 강조되는 것은 기관대립형이다.
④ 지방의회가 그 책임 아래 전문행정인을 임명하여 행정을 처리하게 하는 형태는 시정관리관형이다.

출제유형 Ⅰ 말바꾸기 + Ⅳ 개념
출제영역 지방자치단체의 기관구성

① ○ 우리나라 지방자치단체의 기관구성의 기본형태는 기관대립형(기관분립형)을 택하고 있으며, 기관대립형의 유형중에서도 강시장 - 의회형(시장우위형)에 해당한다. 다만, **따로 법률로 정하는 바에 따라 지방자치단체의 장의 선임방법을 포함한 지방자치단체의 기관구성 형태를 달리 할 수 있다.**
② ✗ **기관통합형이 아닌 기관대립형의 단점에 해당**한다. 기관통합형의 경우에는 의결기관과 집행기관 사이의 알력을 피할 수 있다는 장점이 있다.
③ ○ 기관대립형은 의결기능과 집행기능을 각각 다른 기관에 분담시켜 상호견제와 균형을 통해 지방자치를 운용해 나가는 방식이다.
④ ○ 시정관리관형이란 지방의회가 그 책임 아래 전문행정인을 임명하여 행정을 처리하는 형태를 말한다.

참고 시정관리형(절충형)의 장단점

장점	① 의회중심 체제를 유지하면서도 행정의 전문성을 살릴 수 있음. ② 행정에 있어 책임소재를 분명히 함으로써 책임행정을 구현할 수 있음. ③ 임명과 계약에 있어 실적과 결과가 중시됨에 따라 행정혁신과 이를 통한 생산성 향상이 가속화될 수 있음.
단점	① 지방의회의 권한이 강하거나 지방의회 내에 정치적 갈등이 심한 경우 정치적 기반이 약한 시정관리관이 제대로 기능하지 못할 수 있음. ② 경영성과와 실적이 지나치게 강조되다 보면 행정이 단기적이고 가시적인 성과에 집착하여 장기적이고 지역사회 이익이 훼손될 수 있음. ③ 실제에 있어 시정관리관이 지방의원들 간의 세력다툼에 연계되거나 시장과의 마찰가능성이 나타날 수 있음.

2025 신용한 지방자치론 p.112~115 **정답** ②

175

'21 지방 9

지방정부의 기관구성 형태에 대한 설명으로 옳지 않은 것은?

① 강시장 - 의회(strong mayor-council) 형태에서는 시장이 강력한 정치적 리더십을 행사한다.
② 위원회(commision) 형태에서는 주민 직선으로 선출된 의원들이 집행부서의 장을 맡는다.
③ 약시장 - 의회(week mayor-council) 형태에서는 일반적으로 의회가 예산을 편성한다.
④ 의회 - 시지배인(council-manager) 형태에서는 시지배인이 의례적이고 명목적인 기능을 수행한다.

출제유형 Ⅰ 말바꾸기 + Ⅳ 개념
출제영역 지방자치단체의 기관구성

① ○ 강시장 - 의회형(기관대립형)은 집행권을 가진 시장이 집행업무에 관한 실질적 책임자일 뿐만 아니라, 의회와의 관계에서 지도자적 지위에 있는 유형으로 시장이 강력한 정치적 리더십을 행사한다.
② ○ 위원회형(기관통합형)은 주민에 의해 직선되는 3~5인 정도의 위원으로 구성된 위원회가 입법권과 행정권을 모두 행사하는 유형으로 선출된 의원들이 집행부서의 장을 맡게 된다.
③ ○ 약시장 - 의회형(기관대립형)은 의회가 입법권을 행사할 뿐 아니라 직접 집행업무에 관여하여 시장은 지극히 제한된 범위에서 행정권한만을 가지는 유형이다.
④ ✗ 의회 - 시지배인 형태에서는 의회가 시지배인(관리인, city manager)을 고용하고, 시지배인을 통해 집행권을 행사한다. 따라서 **시지배인은 의례적이고 명목적인 기능을 수행하는 것이 아니라 자치단체의 행정 운영 전반에 대하여 책임을 지는 전문가**이다. 이 제도는 주민의 선출을 거치지 아니한 자에게 막중한 권한을 집중시키는 결과를 가져와 독선화할 위험을 가지고 있어 비판을 받는다.

2025 신용한 지방자치론 p.112~115 **정답** ④

176 '23 서울 7 경력경쟁 지방자치론

미국 지방정부의 기관구성 유형 중에서 의회·행정담당관(Council–Manager)형태에 대한 설명으로 가장 옳은 것은?

① 20세기 중반 시장의 전문성과 행정적·정치적 리더십이 강조되는 상황에서 대도시를 중심으로 등장한 제도이다.
② 해당 제도를 채택하는 지방정부의 80% 이상이 주민의 직접 선거를 통해 시장을 선출하며, 시장은 법안에 대한 거부권을 행사한다.
③ 시장과 의회는 행정담당관을 임명·해고할 수 있고, 행정적 전문성을 지닌 최고 관리 책임자(Chief Administrative Officer)를 두어 시장을 보좌하게 한다.
④ 행정담당관은 의회 동의를 받아 행정부서장에 대한 인사권을 행사하고, 예산 집행권을 갖는다.

출제유형 Ⅰ 말바꾸기 + Ⅳ 개념
출제영역 지방자치단체의 기관구성

① ✗ 의회·행정담당관(council-manager) 형태는 의회가 지니는 민주성과 행정담당관이 지니는 전문성을 조화시킬 수 있는 제도로 1911년 처음 시도된 이후 **중소규모**(대도시 ✗)**도시**를 중심으로 퍼져 나간 제도이다.
② ✗ 의회·행정담당관(council-manager) 형태는 주민의 직접 선거를 통해 시장을 선출하는 것이 아니라, **지방의회에 의해 간접적으로 시장을 선출**한다.
③ ✗ **시장은** 집행기관장이나 행정책임자가 아닌 지방정부의 수장으로서 의례적인 기능만을 수행할 뿐 **행정담당관의 임면권을 가지지 못한다**. 행정담당관의 임면권을 가지는 것은 지방의회이다.
④ ○ 행정담당관은 의회 동의를 받아 행정부서장에 대한 인사권, 예산 집행권 등을 행사할 수 있으며, 지방정부의 행정책임자로서 역할을 하게 된다.

2025 신용한 지방자치론 p.115   정답 ④

177 '18 서울 7 추가채용 지방자치론

지방의회의 전문성을 강화하기 위한 조치로 가장 거리가 먼 것은?

① 유급보좌관제 도입
② 전문위원의 확대
③ 수석행정관제 도입
④ 사무기구의 인사권 독립

출제유형 Ⅰ 말바꾸기 + Ⅳ 개념
출제영역 지방자치단체의 기관구성

③ ✗ **수석행정관은 강시장제를 채택하고 있는 미국의 도시에서 부분적으로 도입되고 있는 제도**로, 시정 전반에 관한 전문지식을 갖고 시장에게 정보 및 조언을 제공하고 그의 정치적 결정을 보좌하는 시정관리관을 말한다.

2025 신용한 지방자치론 p.113   정답 ③

178 '16 서울 7 지방자치론

우리나라의 지방자치제도에 대한 설명으로 가장 옳은 것은?

① 1991년에 시행된 지방선거에서 지방자치단체의 장과 지방의회의원이 동시에 선출되었다.
② 지방자치단체의 정부형태는 지방자치단체의 장과 지방의회가 분리된 기관분리형이다.
③ 현행 「지방자치법」에는 주민투표·주민발의·주민소환제도가 채택되지 않았다.
④ 제주특별자치도는 자치계층이 2계층인 중층제이다.

출제유형 Ⅰ 말바꾸기 + Ⅳ 개념
출제영역 지방자치단체의 기관구성 등

① ✗ 지방자치단체의 장과 지방의회의원을 동시에 선출하는 **전국동시지방선거는 1995년에** 처음 치러졌다.
② ○ 우리나라는 기관대립형을 택하고 있지만, 따로 법률로 정하는 바에 따라 지방자치단체의 장의 선임방법을 포함한 지방자치단체의 기관구성 형태를 달리 할 수 있다.

> 지방자치법 제4조 【지방자치단체의 기관구성 형태의 특례】 ① 지방자치단체의 의회(이하 "지방의회"라 한다)와 집행기관에 관한 이 법의 규정에도 불구하고 따로 법률로 정하는 바에 따라 지방자치단체의 장의 선임방법을 포함한 지방자치단체의 기관구성 형태를 달리 할 수 있다.
> ② 제1항에 따라 지방의회와 집행기관의 구성을 달리하려는 경우에는 「주민투표법」에 따른 주민투표를 거쳐야 한다.

③ ✗ 현행 「지방자치법」에는 **주민투표·주민발의·주민소환제도가 모두** 채택되었다.
④ ✗ **제주특별자치도는** 자치계층이 1계층인 단층제이다.

2025 신용한 지방자치론 p.32, 64, 112, 172   정답 ②

POINT 2 의결기관 – 지방의회

179

'18 서울 7 지방자치론

현행 우리나라의 지방자치제도에 대한 설명으로 가장 옳은 것은?

① 「헌법」에는 지방자치단체장의 선임 방법을 법률에 위임하고 있다.
② 지방자치단체에 의회를 두지 않아도 위헌이 아니다.
③ 지방자치단체의 종류는 법령으로 정한다.
④ 지방의회 의원선거는 반드시 주민 직선으로 하도록 「헌법」에 규정하고 있다.

출제유형 | 말 바꾸기 + Ⅶ 법령
출제영역 지방의회의 지위

① ○, ④ ✗ 「헌법」에는 지방자치단체장의 선임방법과 지방의회 의원선거를 법률로 정하도록하고 있다.

> 헌법 제118조 ② 지방의회의 조직·권한·의원선거와 지방자치단체의 장의 선임방법 기타 지방자치단체의 조직과 운영에 관한 사항은 법률로 정한다.

② ✗ 지방자치단체에 의회를 두지 않으면 위헌이다.

> 동법 제118조 ① 지방자치단체에 의회를 둔다.

③ ✗ 지방자치단체의 종류는 법률(법령 ×)로 정한다.

> 동법 제117조 ② 지방자치단체의 종류는 법률로 정한다.

2025 신용한 지방자치론 p.61, 116 **정답** ①

180

'16 지방 7 지방자치론

지방의회의 권한과 지위에 대한 설명으로 옳은 것은?

① 예산의 심의·확정권과 결산의 승인권을 모두 가지는 심의기관으로서의 지위를 가진다.
② 지방자치단체의 장의 선결처분을 허용하지 않는 의사결정기관으로서의 지위를 가진다.
③ 조례제정권과 규칙제정권을 모두 가지는 지방입법기관으로서의 지위를 가진다.
④ 지방자치단체 전체 주민보다 선출된 선거구의 주민을 대표하는 대표기관으로서의 지위를 가진다.

출제유형 Ⅶ 법령
출제영역 지방의회의 권한과 지위

① ○ 지방의회는 주민의 대표기관으로 예산의 심의·확정, 결산의 승인권을 가진다.
② ✗ 선결처분은 지방자치단체장의 권한으로 지방의회의 사전의결 없이 행하여 질 수 있다.
③ ✗ 규칙제정권은 지방자치단체의 장의 권한이다(지방자치법 제28조, 제29조).
④ ✗ 지방의회는 주민이 선출한 의원에 의하여 구성되어 전체 주민의 대표기관으로서의 지위를 갖는다.

2025 신용한 지방자치론 p.116, 119, 131 **정답** ①

181

'15 지방 7 지방자치론

우리나라의 지방의회의원에 대한 설명으로 옳지 않은 것은?

① 지방의회의원은 4년 임기의 선출직 지방공무원이다.
② 지방의회의원에게는 의정활동비, 여비, 월정수당이 지급된다.
③ 지방의회의원은 재산등록의 의무를 지니고 있지 않다.
④ 지방의회의원의 제명에는 재적의원 3분의 2 이상의 찬성이 있어야 한다.

출제유형 Ⅶ 법령
출제영역 우리나라 지방의회의원

① ◯ 지방자치법 제39조(의원의 임기)

> **지방자치법 제39조【의원의 임기】** 지방의회의원의 임기는 4년으로 한다.

② ◯ 지방자치법 제40조 제1항(의원의 의정활동비 등)

> **동법 제40조【의원의 의정활동비 등】** ① 지방의회의원에게는 다음 각 호의 비용을 지급한다.
> 1. 의정(議政) 자료를 수집하고 연구하거나 이를 위한 보조 활동에 사용되는 비용을 보전(補塡)하기 위하여 매월 지급하는 의정활동비
> 2. 지방의회의원의 직무활동에 대하여 지급하는 월정수당
> 3. 본회의 의결, 위원회 의결 또는 지방의회의 의장의 명에 따라 공무로 여행할 때 지급하는 여비

③ ✕ **지방의회의원은 재산등록의 의무를 지닌다**(공직자윤리법 제3조 제1항 각 호).

④ ◯ 지방자치법 제100조 제2항

> **동법 제100조【징계의 종류와 의결】** ② 제1항제4호에 따른 제명 의결에는 재적의원 3분의 2 이상의 찬성이 있어야 한다.

2025 신용한 지방자치론 p.116, 117, 125   **정답** ③

182

'15 지방 7 지방자치론

「지방자치법」상 지방의회에 대한 설명으로 옳지 않은 것은?

① 지방의회는 매년 2회 정례회를 개최한다.
② 지방의회의원은 「지방공기업법」에 규정된 지방공사의 임직원을 겸직할 수 없다.
③ 총선거 후 최초로 집회되는 임시회는 지방의회 사무처장·사무국장·사무과장이 지방의회의원 임기 개시일부터 30일 이내에 소집한다.
④ 지방의회의 의장이나 부의장이 법령을 위반하거나 정당한 사유 없이 직무를 수행하지 아니하면 지방의회는 불신임을 의결할 수 있다.

출제유형 Ⅶ 법령
출제영역 우리나라 지방의회의원

① ◯ 지방자치법 제53조 제1항

> **지방자치법 제53조【정례회】** ① 지방의회는 매년 2회 정례회를 개최한다.

② ◯ 지방의회의원은 「지방공기업법」에 규정된 지방공사와 지방공단의 임직원을 겸직할 수 없다.

> **동법 제43조【겸직 등 금지】** ① 지방의회의원은 다음 각 호의 어느 하나에 해당하는 직(職)을 겸할 수 없다.
> 5. 「지방공기업법」 제2조에 규정된 지방공사와 지방공단의 임직원

③ ✕ **총선거 후 최초로 집회되는 임시회는** 지방의회 사무처장·사무국장·사무과장이 지방의회의원 **임기 개시일부터 25일(30일 ✕) 이내에 소집한다.**

> **동법 제54조【임시회】** ① 지방의회의원 총선거 후 최초로 집회되는 임시회는 지방의회 사무처장·사무국장·사무과장이 지방의회의원 임기 개시일부터 25일 이내에 소집한다.

④ ◯ 지방자치법 제62조 제1항

> **동법 제62조【의장·부의장 불신임의 의결】** ① 지방의회의 의장이나 부의장이 법령을 위반하거나 정당한 사유 없이 직무를 수행하지 아니하면 지방의회는 불신임을 의결할 수 있다.

2025 신용한 지방자치론 p.117, 124, 126   **정답** ③

183

'24 서울 7 경력경쟁 지방자치론

「지방자치법」상 지방의회의원의 정책지원 전문인력에 대한 설명으로 가장 옳지 않은 것은?

① 개정된 「지방자치법」이 2022년 1월 시행됨에 따라 지방의회에 정책지원 전문인력을 둘 수 있게 되었다.
② 지방의회의원의 의정활동을 지원하기 위하여 지방의회의원 정수의 2분의 1 범위에서 해당 지방자치단체의 조례로 정하는 바에 따라 지방의회에 정책지원 전문인력을 둘 수 있다.
③ 정책지원 전문인력은 지방공무원으로 보한다.
④ 정책지원 전문인력의 직급·직무 및 임용절차 등 운영에 필요한 사항은 해당 지방자치단체의 조례로 정한다.

출제유형 Ⅶ 법령
출제영역 우리나라 지방의회의 운영

① ○ 개정 「지방자치법」에서는 지방의회의 독립성과 전문성 강화를 위해 자치입법·예산심의·행정사무감사 등을 지원할 정책지원 전문인력을 도입하였다(지방자치법 제41조).
② ○ 지방자치법 제41조 제1항

> 지방자치법 제41조【의원의 정책지원 전문인력】① 지방의회의원의 의정활동을 지원하기 위하여 지방의회의원 정수의 2분의 1 범위에서 해당 지방자치단체의 조례로 정하는 바에 따라 지방의회에 정책지원 전문인력을 둘 수 있다.

③ ○, ④ ✕ 정책지원 전문인력은 지방공무원으로 보하며, 직급·직무 및 임용절차 등 운영에 필요한 사항은 해당 **대통령령**(지방자치단체의 조례 ✕)으로 정한다.

> 동법 제41조【의원의 정책지원 전문인력】② 정책지원 전문인력은 지방공무원으로 보하며, 직급·직무 및 임용절차 등 운영에 필요한 사항은 대통령령으로 정한다.

2025 신용한 지방자치론 p.125   **정답** ④

184

'23 서울 7 경력경쟁 지방자치론

「지방자치법」상 지방의회의원 정수가 총 26명일 때, 지방의회에 둘 수 있는 최대 정책지원 전문인력의 수는?

① 13명
② 26명
③ 36명
④ 52명

출제유형 Ⅳ 개념 + Ⅶ 법령
출제영역 우리나라 지방의회의원

① ○ 정책지원 전문인력은 지방의회의원 정수의 2분의 1 범위에서 해당 지방자치단체의 조례로 정하는 바에 따라 둘 수 있다. 따라서 13명에 해당한다.

> 지방자치법 제41조【의원의 정책지원 전문인력】① 지방의회의원의 의정활동을 지원하기 위하여 지방의회의원 정수의 2분의 1 범위에서 해당 지방자치단체의 조례로 정하는 바에 따라 지방의회에 정책지원 전문인력을 둘 수 있다.

2025 신용한 지방자치론 p.117   **정답** ①

185

「지방자치법」상 지방의회에 관한 내용으로 옳지 않은 것은?

① 지방의회의 의장은 지방의회의원의 겸직신고를 받으면 그 내용을 연 1회 이상 해당 지방의회의 인터넷 홈페이지에 게시하거나 지방자치단체의 조례로 정하는 방법에 따라 공개하여야 한다.

② 본회의에서 표결할 때 의장·부의장 선거, 임시의장 선출은 조례 또는 회의규칙으로 정하는 표결방식에 의한 기록표결로 가부를 결정한다.

③ 지방의회의원의 윤리강령과 윤리실천규범 준수 여부 및 징계에 관한 사항을 심사하기 위하여 윤리특별위원회를 둔다.

④ 지방자치단체는 사무처리의 투명성을 높이기 위하여 「공공기관의 정보공개에 관한 법률」에서 정하는 바에 따라 지방의회의 의정활동, 집행기관의 조직과 재무에 관한 정보를 주민에게 공개하여야 한다.

정답 ②

186

다음 지방의회에 대한 설명 중 옳은 것으로만 묶인 것은?

ㄱ. 지방의회의원은 전국 농업협동조합 중앙회장을 겸직할 수 있다.
ㄴ. 지방의회의원의 청렴의무와 품위유지의무는 법적의무가 아니다.
ㄷ. 기금의 설치·운영은 지방의회 의결사항이다.
ㄹ. 지방의회의 의장과 부의장이 모두 사고가 있을 때에는 의원 중 연장자가 의장의 직무를 대행한다.
ㅁ. 지방의회는 본회의 의결로 감사 또는 조사 결과를 처리한다.

① ㄱ, ㄴ
② ㄴ, ㄷ
③ ㄷ, ㅁ
④ ㄹ, ㅁ

정답 ③

187

'18 국회 8

다음 중 「지방자치법」상 지방의회의 의결사항에 해당하지 않는 것은?

① 조례의 제정·개정 및 폐지
② 재의요구권
③ 기금의 설치·운용
④ 대통령령으로 정하는 중요 재산의 취득·처분
⑤ 청원의 수리와 처리

출제유형 Ⅶ 법령
출제영역 우리나라 지방의회의 권한

①, ③, ④, ⑤ 지방자치법 제47조 제1항

> 지방자치법 제47조【지방의회의 의결사항】① 지방의회는 다음 각 호의 사항을 의결한다.
> 1. 조례의 제정·개정 및 폐지
> 5. 기금의 설치·운용
> 6. 대통령령으로 정하는 중요 재산의 취득·처분
> 9. 청원의 수리와 처리

② ❌ 재의요구권은 지방자치단체장의 권한에 해당한다.

> 동법 제120조【지방의회의 의결에 대한 재의 요구와 제소】① 지방자치단체의 장은 지방의회의 의결이 월권이거나 법령에 위반되거나 공익을 현저히 해친다고 인정되면 그 의결사항을 이송받은 날부터 20일 이내에 이유를 붙여 재의를 요구할 수 있다.

SUMMARY 지방의회의 권한 vs 지방자치단체장의 권한

지방의회	지방자치단체의 장
① 조례 제정 및 개폐	① 자치단체의 대표 및 사무총괄권
② 예산의 의결 및 결산 승인	② 사무의 관리집행권
③ 중요정책의 심의·결정 : 사용료·수수료·분담금의 부과·징수·감면 등	③ 소속행정청관할자치단체에 대한 지도감독권
④ 기타 법률이 정하는 사항의 의결	④ 소속직원에 대한 임면 및 지휘감독권
⑤ 소속 사무직원에 대한 임면 및 지휘감독권	⑤ 지방의회에의 발안권
⑥ 행정감시권(행정사무처리상황 보고 요구, 행정사무조사, 행정사무감사)	⑥ 규칙제정권
	⑦ 지방의회에 대한 견제권 (재의요구 및 제소)
⑦ 청원수리·처리권	⑧ 선결처분
⑧ 기관선출 및 자율운영권	⑨ 임시회소집요구권(총선거후 최초 임시회 소집권은 지방의회 사무국에서 함)

▶ 주의 : 지방의회와 지방자치단체장 간의 견제와 균형을 위한 장치 중 하나인 '의회의 단체장에 대한 불신임 의결권'과 '단체장의 의회해산권'은 우리나라에서는 1960년에 폐지되어 현재까지 인정되지 않고 있음.

정답 ②

188

'19 서울 7 지방자치론

「지방자치법」상 지방의회의 의결권한에 속하는 것을 <보기>에서 모두 고른 것은?

| 보기 |
ㄱ. 결산의 승인
ㄴ. 기금의 설치·운용
ㄷ. 재의 요구
ㄹ. 예산 편성
ㅁ. 청원의 수리·처리

① ㄱ, ㄴ
② ㄱ, ㄴ, ㅁ
③ ㄴ, ㄷ, ㄹ
④ ㄱ, ㄴ, ㄹ, ㅁ

출제유형 Ⅶ 법령
출제영역 우리나라 지방의회의 권한

ㄱ, ㄴ, ㅁ 결산의 승인, 기금의 설치·운용, 청원의 수리·처리는 지방의회의 의결권한에 속한다.

> 지방자치법 제47조【지방의회의 의결사항】① 지방의회는 다음 각 호의 사항을 의결한다.
> 3. 결산의 승인
> 5. 기금의 설치·운용
> 9. 청원의 수리와 처리

ㄷ, ㄹ ❌ 재의요구, 예산 편성은 지방자치단체장의 권한에 속한다.

> 동법 제32조【조례와 규칙의 제정 절차 등】③ 지방자치단체의 장은 이송받은 조례안에 대하여 이의가 있으면 제2항의 기간에 이유를 붙여 지방의회로 환부(還付)하고, 재의(再議)를 요구할 수 있다. 이 경우 지방자치단체의 장은 조례안의 일부에 대하여 또는 조례안을 수정하여 재의를 요구할 수 없다.
> 동법 제142조【예산의 편성 및 의결】① 지방자치단체의 장은 회계연도마다 예산안을 편성하여 시·도는 회계연도 시작 50일 전까지, 시·군 및 자치구는 회계연도 시작 40일 전까지 지방의회에 제출하여야 한다.

정답 ②

189

'16 지방 7 지방자치론

「지방자치법」상 지방의회에 대한 설명으로 옳지 않은 것은?

① 지방자치단체의 기금 설치와 운용에 대해 의결한다.
② 외국 지방자치단체와의 교류협력에 관한 사항은 지방의회의 의결사항이 아니다.
③ 법령과 조례에 규정된 것을 제외한 예산 외의 의무부담이나 권리의 포기에 대해 의결한다.
④ 지방자치단체간 통합 시 주민투표를 실시한 경우에는 지방의회의 의견을 듣지 않아도 된다.

출제유형 Ⅶ 법령
출제영역 우리나라 지방의회의 권한

①, ③ ◯, ② ✕ 지방자치법 제47조 제1항 각 호

> **지방자치법 제47조【지방의회의 의결사항】** ① 지방의회는 다음 각 호의 사항을 의결한다.
> 1. 조례의 제정·개정 및 폐지
> 2. 예산의 심의·확정
> 3. 결산의 승인
> 4. 법령에 규정된 것을 제외한 사용료·수수료·분담금·지방세 또는 가입금의 부과와 징수
> 5. 기금의 설치·운용
> 6. 대통령령으로 정하는 중요 재산의 취득·처분
> 7. 대통령령으로 정하는 공공시설의 설치·처분
> 8. 법령과 조례에 규정된 것을 제외한 예산 외의 의무부담이나 권리의 포기
> 9. 청원의 수리와 처리
> 10. 외국 지방자치단체와의 교류·협력
> 11. 그 밖에 법령에 따라 그 권한에 속하는 사항

④ ◯ 지방자치단체의 폐치분합시 주민투표를 실시한 경우에는 지방자치단체의 의회의 의견을 듣지 않아도 된다.

> **동법 제5조【지방자치단체의 명칭과 구역】** ③ 다음 각 호의 어느 하나에 해당할 때에는 관계 지방의회의 의견을 들어야 한다. 다만, 「주민투표법」 제8조에 따라 주민투표를 한 경우에는 그러하지 아니하다.
> 1. 지방자치단체를 폐지하거나 설치하거나 나누거나 합칠 때
> 2. 지방자치단체의 구역을 변경할 때(경계변경을 할 때는 제외한다)
> 3. 지방자치단체의 명칭을 변경할 때(한자 명칭을 변경할 때를 포함한다)

2025 신용한 지방자치론 p.78, 119   **정답** ②

190

'23 서울 7 경력경쟁 지방자치론

「지방자치법」상 지방의회에 대한 설명으로 가장 옳은 것은?

① 제주특별자치도의 경우 지방자치단체의 장은 행정시장 후보자에 대하여 지방의회에 인사청문을 요청할 수 있다.
② 조례로 정하는 수 이상의 소속의원을 가진 정당에 속하지 아니하는 지방의회의원은 따로 교섭단체를 구성할 수 없다.
③ 지방의회의 의장이 법령을 위반하면 재적의원 4분의 1 이상의 발의와 출석의원 과반수의 찬성으로 불신임을 의결할 수 있다.
④ 법령과 조례에 규정된 것을 제외한 예산 외의 의무 부담이나 권리의 포기는 지방의회의 의결사항에 포함되지 않는다.

출제유형 Ⅶ 법령
출제영역 우리나라 지방의회의 권한 등

① ◯ 지방자치법 제47조의2 제1항

> **지방자치법 제47조의2【인사청문회】** ① 지방자치단체의 장은 다음 각 호의 어느 하나에 해당하는 직위 중 조례로 정하는 직위의 후보자에 대하여 지방의회에 인사청문을 요청할 수 있다.
> 2. 「제주특별자치도 설치 및 국제자유도시 조성을 위한 특별법」 제11조에 따른 행정시장

② ✕ 조례로 정하는 수 이상의 **소속의원을 가진 정당에 속하지 아니하는 지방의회의원은 따로 교섭단체를 구성할 수 있다.**

> **동법 제63조의2【교섭단체】** ① 지방의회에 교섭단체를 둘 수 있다. 이 경우 조례로 정하는 수 이상의 소속의원을 가진 정당은 하나의 교섭단체가 된다.
> ② 제1항 후단에도 불구하고 다른 교섭단체에 속하지 아니하는 의원 중 조례로 정하는 수 이상의 의원은 따로 교섭단체를 구성할 수 있다.

③ ✕ 지방의회의 의장이 법령을 위반하거나 정당한 사유 없이 직무를 수행하지 아니하면, 재적의원 4분의 1이상의 발의와 **재적의원 과반수의 찬성**으로 불신임을 의결할 수 있다.

> **동법 제62조【의장·부의장 불신임의 의결】** ① 지방의회의 의장이나 부의장이 법령을 위반하거나 정당한 사유 없이 직무를 수행하지 아니하면 지방의회는 불신임을 의결할 수 있다.
> ② 제1항의 불신임 의결은 재적의원 4분의 1 이상의 발의와 재적의원 과반수의 찬성으로 한다.

④ ✕ **법령과 조례에 규정된 것을 제외한 예산 외의 의무 부담이나 권리의 포기는 지방의회의 의결사항에 포함된다.**

> **동법 제47조【지방의회의 의결사항】** ① 지방의회는 다음 각 호의 사항을 의결한다.
> 1. 조례의 제정·개정 및 폐지
> 2. 예산의 심의·확정
> 3. 결산의 승인
> 4. 법령에 규정된 것을 제외한 사용료·수수료·분담금·지방세 또는 가입금의 부과와 징수
> 5. 기금의 설치·운용
> 6. 대통령령으로 정하는 중요 재산의 취득·처분
> 7. 대통령령으로 정하는 공공시설의 설치·처분
> 8. 법령과 조례에 규정된 것을 제외한 예산 외의 의무부담이나 권리의 포기

2025 신용한 지방자치론 p.119, 125~127, 133   **정답** ①

191 '23 지방 7 지방자치론

「지방자치법」상 지방자치단체의 국제교류·협력에 대한 설명으로 옳지 않은 것은?

① 외국 지방자치단체와의 교류·협력에 대한 사항은 지방의회 의결사항에 포함되지 않는다.
② 지방자치단체는 국가의 외교·통상 정책과 배치되지 아니하는 범위에서 국제기구와 협력을 추진할 수 있다.
③ 지방자치단체는 국제기구 설립·유치 또는 활동 지원을 위하여 국제기구에 공무원을 파견하거나 운영비용 등 필요한 비용을 보조할 수 있다.
④ 지방자치단체는 국제교류·협력 등의 업무를 원활히 수행하기 위하여 필요한 곳에 지방자치단체 간 협력을 통해 공동으로 해외사무소를 설치할 수 있다.

출제유형 Ⅶ 법령
출제영역 우리나라 지방의회의 권한 등

① ✕ 외국 지방자치단체와의 교류·협력에 대한 사항은 지방의회 의결사항에 포함된다.

> 지방자치법 제13조【지방자치단체의 사무 범위】② 제1항에 따른 지방자치단체의 사무를 예시하면 다음 각 호와 같다. 다만, 법률에 이와 다른 규정이 있으면 그러하지 아니하다.
> 7. 국제교류 및 협력
> 가. 국제기구·행사·대회의 유치·지원
> 나. 외국 지방자치단체와의 교류·협력

② ◯ 지방자치법 제193조

> 동법 제193조【지방자치단체의 역할】 지방자치단체는 국가의 외교·통상 정책과 배치되지 아니하는 범위에서 국제교류·협력, 통상·투자유치를 위하여 외국의 지방자치단체, 민간기관, 국제기구(국제연합과 그 산하기구·전문기구를 포함한 정부 간 기구, 지방자치단체 간 기구를 포함한 준정부 간 기구, 국제 비정부기구 등을 포함한다. 이하 같다)와 협력을 추진할 수 있다.

③ ◯ 지방자치법 제194조

> 동법 제194조【지방자치단체의 국제기구 지원】 지방자치단체는 국제기구 설립·유치 또는 활동 지원을 위하여 국제기구에 공무원을 파견하거나 운영비용 등 필요한 비용을 보조할 수 있다.

④ ◯ 지방자치법 제195조 제1항

> 동법 제195조【해외사무소 설치·운영】 ① 지방자치단체는 국제교류·협력 등의 업무를 원활히 수행하기 위하여 필요한 곳에 단독 또는 지방자치단체 간 협력을 통해 공동으로 해외사무소를 설치할 수 있다.

2025 신용한 지방자치론 p.93, 119   **정답** ①

192 '24 지방 7 지방자치론

「지방자치법」상 지방의회의 권한 및 운영에 대한 설명으로 옳지 않은 것은?

① 지방의회는 매년 1회 그 지방자치단체의 사무에 대하여 감사를 실시하고, 본회의 의결 없이 위원회별 의결로 지방자치단체의 사무 중 특정 사안에 관하여 조사할 수 있다.
② 행정사무 조사를 발의할 때에는 재적의원 3분의 1 이상의 찬성이 있어야 한다.
③ 지방의회의원 총선거 후 최초로 집회되는 임시회는 지방의회 사무처장·사무국장·사무과장이 지방의회의원 임기 개시일부터 25일 이내에 소집한다.
④ 지방의회의 위원회에 두는 전문위원의 직급과 수 등에 관하여 필요한 사항은 대통령령으로 정한다.

출제유형 Ⅶ 법령
출제영역 우리나라 지방의회의 권한 등

① ✕, ② ◯ 지방의회는 매년 1회 그 지방자치단체의 사무에 대하여 감사를 실시 할 수 있으며, 지방자치단체의 사무 중 특정 사안에 관하여 **본회의 의결로 본회의나 위원회에서 조사하게 할 수 있다.**

> 지방자치법 제49조【행정사무 감사권 및 조사권】 ① 지방의회는 매년 1회 그 지방자치단체의 사무에 대하여 시·도에서는 14일의 범위에서, 시·군 및 자치구에서는 9일의 범위에서 감사를 실시하고, 지방자치단체의 사무 중 특정 사안에 관하여 본회의 의결로 본회의나 위원회에서 조사하게 할 수 있다.
> ② 제1항의 조사를 발의할 때에는 이유를 밝힌 서면으로 하여야 하며, 재적의원 3분의 1 이상의 찬성이 있어야 한다.

③ ◯ 지방자치법 제54조 제1항

> 동법 제54조【임시회】 ① 지방의회의원 총선거 후 최초로 집회되는 임시회는 지방의회 사무처장·사무국장·사무과장이 지방의회의원 임기 개시일부터 25일 이내에 소집한다.

④ ◯ 지방자치법 제68조 제3항

> 동법 제68조【전문위원】 ① 위원회에는 위원장과 위원의 자치입법 활동을 지원하기 위하여 지방의회의원이 아닌 전문지식을 가진 위원(이하 "전문위원"이라 한다)을 둔다.
> ② 전문위원은 위원회에서 의안과 청원 등의 심사, 행정사무감사 및 조사, 그 밖의 소관 사항과 관련하여 검토보고 및 관련 자료의 수집·조사·연구를 한다.
> ③ 위원회에 두는 전문위원의 직급과 수 등에 관하여 필요한 사항은 대통령령으로 정한다.

2025 신용한 지방자치론 p.120~122, 124~127   **정답** ①

193

'16 지방 7 지방자치론

「지방자치법」상 지방의회의 행정사무 감사권 및 조사권에 대한 설명으로 옳지 않은 것은?

① 지방의회는 매년 1회 그 지방자치단체의 사무에 대하여 시·도에서는 14일의 범위에서, 시·군 및 자치구에서는 9일의 범위에서 감사를 실시한다.
② 지방자치단체의 사무 중 특정 사안에 관하여 본회의 의결로 본회의나 위원회에서 조사를 발의할 때에는 이유를 밝힌 서면으로 하여야 하며, 재적의원 3분의 2 이상의 찬성이 있어야 한다.
③ 지방의회는 감사 또는 조사 결과 해당 지방자치단체나 기관의 시정을 필요로 하는 사유가 있을 때에는 그 시정을 요구하고, 그 지방자치단체나 기관에서 처리함이 타당하다고 인정되는 사항은 그 지방자치단체나 기관으로 이송한다.
④ 지방자치단체 및 그 장이 위임받아 처리하는 국가사무와 시·도의 사무에 대하여 국회와 시·도의회가 직접 감사하기로 한 사무 외에는 그 감사를 각각 해당 시·도의회와 시·군 및 자치구의회가 할 수 있다.

출제유형 Ⅶ 법령
출제영역 행정사무 감사 및 행정조사

② ✗ 재적의원 3분의 1이상의 찬성이 있어야 한다.

지방자치법 제49조 【행정사무 감사권 및 조사권】 ① 지방의회는 매년 1회 그 지방자치단체의 사무에 대하여 시·도에서는 14일의 범위에서, 시·군 및 자치구에서는 9일의 범위에서 감사를 실시하고, 지방자치단체의 사무 중 특정 사안에 관하여 본회의 의결로 본회의나 위원회에서 조사하게 할 수 있다.
② 제1항의 조사를 발의할 때에는 이유를 밝힌 서면으로 하여야 하며, 재적의원 3분의 1 이상의 찬성이 있어야 한다.
③ 지방자치단체 및 그 장이 위임받아 처리하는 국가사무와 시·도의 사무에 대하여 국회와 시·도의회가 직접 감사하기로 한 사무 외에는 그 감사를 각각 해당 시·도의회와 시·군 및 자치구의회가 할 수 있다. 이 경우 국회와 시·도의회는 그 감사 결과에 대하여 그 지방의회에 필요한 자료를 요구할 수 있다.

제50조 【행정사무 감사 또는 조사 보고의 처리】 ② 지방의회는 감사 또는 조사 결과 해당 지방자치단체나 기관의 시정이 필요한 사유가 있을 때에는 시정을 요구하고, 지방자치단체나 기관에서 처리함이 타당하다고 인정되는 사항은 그 지방자치단체나 기관으로 이송한다.

2025 신용한 지방자치론 p.118~120 **정답** ②

194

'19 서울 7 추가채용 지방자치론

서울특별시 의회의 행정사무 감사권 및 조사권에 대한 설명으로 가장 옳지 않은 것은?

① 서울특별시 의회는 14일의 범위에서, 자치구 의회는 9일의 범위에서 행정사무감사를 실시한다.
② 서울특별시 의회가 요구하더라도 특별한 사유가 있으면 서울특별시장이 아닌 관계공무원이 출석·답변할 수 있다.
③ 서울특별시 사무 중 특정사안에 관하여 본회의 의결 없이 본회의나 위원회에서 조사하게 할 수 있다.
④ 서울특별시는 시의회가 감사결과 시정을 요구하면 지체 없이 처리하고 그 결과를 시의회에 보고하여야 한다.

출제유형 Ⅶ 법령
출제영역 행정사무 감사 및 행정조사

① ○, ③ ✗ 서울특별시 의회는 14일의 범위에서, 자치구 의회는 9일의 범위에서 행정사무감사를 실시하고, **특정 사안에 관하여 본회의 의결로 본회의나 위원회에서 조사하게 할 수 있다.**

지방자치법 제49조 【행정사무 감사권 및 조사권】 ① 지방의회는 매년 1회 그 지방자치단체의 사무에 대하여 시·도에서는 14일의 범위에서, 시·군 및 자치구에서는 9일의 범위에서 감사를 실시하고, 지방자치단체의 사무 중 특정 사안에 관하여 본회의 의결로 본회의나 위원회에서 조사하게 할 수 있다.

② ○ 지방자치법 제51조 제2항

동법 제51조 【행정사무처리상황의 보고와 질의응답】 ② 지방자치단체의 장이나 관계 공무원은 지방의회나 그 위원회가 요구하면 출석·답변하여야 한다. 다만, 특별한 이유가 있으면 지방자치단체의 장은 관계 공무원에게 출석·답변하게 할 수 있다.

④ ○ 지방자치법 제50조 제3항

동법 제50조 【행정사무 감사 또는 조사 보고의 처리】 ③ 지방자치단체나 기관은 제2항에 따라 시정 요구를 받거나 이송받은 사항을 지체 없이 처리하고 그 결과를 지방의회에 보고하여야 한다.

SUMMARY 행정감사 및 조사권

구분	행정사무감사권	행정사무조사권
실시	매년 1회 : 시·도는 14일, 시·군·자치구는 9일의 범위 내 실시	본회의 의결로써 실시
내용	행정사무처리 전반	특정한 사안
절차	매년 정례회의 회기 내에 행함.	의원의 1/3 이상의 발의로 본회의의 의결을 거쳐서 행함.

2025 신용한 지방자치론 p.120~122 **정답** ③

195 '19 서울 7 지방자치론

지방의회 행정사무감사에 대한 설명으로 가장 옳은 것은?

① 행정사무감사의 현지확인은 중요한 증거를 수집하기 위한 것으로 위원회 의결에 의해 당일 통보하여 행사할 수 있다.
② 공익을 현저히 해친다고 인정되면 계속 중인 재판이나 수사 중인 사건의 소추에 관여할 목적으로 행사될 수 있다.
③ 해당 지방자치단체의 소속 행정기관과 하부행정기관은 감사나 조사의 대상 기관이 아니다.
④ 지방자치단체 및 그 장이 위임받아 처리하는 국가사무와 시·도의 사무에 대하여 국회와 시·도의회가 직접 감사하기로 한 사무 외에는 그 감사를 각각 해당 시·도의회와 시·군 및 자치구의회가 할 수 있다.

출제유형 Ⅰ 말바꾸기 + Ⅶ 법령
출제영역 행정사무 감사 및 행정조사

① ✗ 현지확인은 사무감사과정에서 민원이 제기된 사항 등 특정사안에 대해 증거자료를 확보하기 위하여 행정집행 현장에 직접 나가서 서류를 확인하고 상황설명을 듣거나 현장의 실태를 파악하는 것이다. **현지확인의 요구는 늦어도 현지확인일 3일 전까지 의장을 통하여 행해져야 한다.**

지방자치법 시행령 제46조【행정사무 감사 또는 조사의 방법 등】 ① 법 제49조제4항에 따른 현지확인, 서류제출의 요구, 지방자치단체의 장 또는 관계 공무원이나 그 사무에 관계되는 사람의 출석·증언 또는 의견진술의 요구는 늦어도 그 현지확인, 서류제출 요구일, 출석·증언이나 의견진술 요구일의 3일 전까지 지방의회의 의장을 통하여 해야 한다.

② ✗ 지방자치법 시행령 제48조

동법 시행령 제48조【행정사무 감사 또는 조사의 한계】 감사 또는 조사는 개인의 사생활을 침해하거나 계속 중인 재판이나 수사 중인 사건의 소추에 관여할 목적으로 행사되어서는 안 된다.

③ ✗ 지방자치법 시행령 제44조

동법 시행령 제44조【행정사무 감사 또는 조사의 대상 기관】 ① 감사 또는 조사의 대상 기관은 다음 각 호와 같다.
1. 해당 지방자치단체
2. 법 제126조부터 제129조까지의 규정에 따른 해당 지방자치단체의 소속 행정기관과 법 제131조 및 제134조에 따른 하부행정기관 및 하부행정기구

④ ○ 지방자치법 제49조 제3항

동법 제49조【행정사무 감사권 및 조사권】 ③ 지방자치단체 및 그 장이 위임받아 처리하는 국가사무와 시·도의 사무에 대하여 국회와 시·도의회가 직접 감사하기로 한 사무 외에는 그 감사를 각각 해당 시·도의회와 시·군 및 자치구의회가 할 수 있다. 이 경우 국회와 시·도의회는 그 감사 결과에 대하여 그 지방의회에 필요한 자료를 요구할 수 있다.

정답 ④

196 '22 지방 7 지방자치론

「지방자치법」상 지방의회의 행정사무 감사 및 조사에 대한 설명으로 옳은 것만을 모두 고르면?

ㄱ. 지방의회는 지방자치단체의 사무 중 특정 사안에 관하여 본회의 의결로 본회의나 위원회에서 조사하게 할 수 있고, 이때는 재적의원 4분의 1 이상의 찬성이 있어야 한다.
ㄴ. 지방의회는 상임위원회의 의결로 감사 또는 조사 결과를 처리한다.
ㄷ. 감사를 위해 출석요구를 받은 증인이 정당한 사유 없이 출석하지 아니하거나 선서 또는 증언을 거부한 경우에는 500만 원 이하의 과태료를 부과할 수 있다.
ㄹ. 지방의회는 매년 1회 그 지방자치단체의 사무에 대하여 시·도에서는 14일의 범위에서, 시·군 및 자치구에서는 9일의 범위에서 감사를 실시한다.

① ㄱ, ㄴ
② ㄱ, ㄷ
③ ㄴ, ㄹ
④ ㄷ, ㄹ

출제유형 Ⅵ 이론 비교
출제영역 행정사무 감사 및 행정조사

ㄱ ✗, ㄹ ○ 지방자치법 제49조 제1항, 제2항

지방자치법 제49조【행정사무 감사권 및 조사권】 ① 지방의회는 매년 1회 그 지방자치단체의 사무에 대하여 시·도에서는 14일의 범위에서, 시·군 및 자치구에서는 9일의 범위에서 감사를 실시하고, 지방자치단체의 사무 중 특정 사안에 관하여 본회의 의결로 본회의나 위원회에서 조사하게 할 수 있다.
② 제1항의 조사를 발의할 때에는 이유를 밝힌 서면으로 하여야 하며, 재적의원 3분의 1 이상의 찬성이 있어야 한다.

ㄴ ✗ 지방의회는 **본회의**(상임위원회 ✗)**의 의결**로 감사 또는 조사 결과를 처리한다.

동법 제50조【행정사무 감사 또는 조사 보고의 처리】 ① 지방의회는 본회의의 의결로 감사 또는 조사 결과를 처리한다.

ㄷ ○ 지방자치법 제49조 제5항

지방자치법 제49조【행정사무 감사권 및 조사권】 ⑤ 제4항에 따른 증언에서 거짓증언을 한 사람은 고발할 수 있으며, 제4항에 따라 서류제출을 요구받은 자가 정당한 사유 없이 서류를 정해진 기한까지 제출하지 아니한 경우, 같은 항에 따라 출석요구를 받은 증인이 정당한 사유 없이 출석하지 아니하거나 선서 또는 증언을 거부한 경우에는 500만원 이하의 과태료를 부과할 수 있다.

정답 ④

197

'21 서울 7 경력경쟁 지방자치론

「지방자치법」상 행정사무감사에 대한 설명으로 가장 옳지 않은 것은?

① 지방의회는 매년 1회 그 지방자치단체의 사무에 대하여 시·도에서는 20일의 범위에서, 시·군 및 자치구에서는 10일의 범위에서 감사를 실시한다.
② 지방자치단체 및 그 장이 위임받아 처리하는 국가사무와 시·도의 사무에 대하여 국회와 시·도의회가 직접 감사하기로 한 사무 외에는 그 감사를 각각 해당 시·도의회와 시·군 및 자치구의회가 할 수 있다.
③ 감사 출석요구를 받은 증인이 정당한 사유 없이 출석하지 아니하거나 선서 또는 증언을 거부한 경우에는 500만원 이하의 과태료를 부과할 수 있다.
④ 지방의회의 감사 결과 시정을 요구받은 지방자치단체나 기관은 해당 요구사항을 지체 없이 처리하고 그 결과를 지방의회에 보고하여야 한다.

출제유형 Ⅶ 법령
출제영역 행정사무 감사 및 행정조사

① ✗ 지방의회는 매년 1회 그 지방자치단체의 사무에 대하여 시·도에서는 **14일**(20일 ✗)의 범위에서, 시·군 및 자치구에서는 **9일**(10일 ✗)의 범위에서 감사를 실시한다.

> 지방자치법 제49조【행정사무 감사권 및 조사권】① 지방의회는 매년 1회 그 지방자치단체의 사무에 대하여 시·도에서는 14일의 범위에서, 시·군 및 자치구에서는 9일의 범위에서 감사를 실시하고, 지방자치단체의 사무 중 특정 사안에 관하여 본회의 의결로 본회의나 위원회에서 조사하게 할 수 있다.

② ○ 지방자치법 제49조 제3항

> 동법 제49조【행정사무 감사권 및 조사권】③ 지방자치단체 및 그 장이 위임받아 처리하는 국가사무와 시·도의 사무에 대하여 국회와 시·도의회가 직접 감사하기로 한 사무 외에는 그 감사를 각각 해당 시·도의회와 시·군 및 자치구의회가 할 수 있다. 이 경우 국회와 시·도의회는 그 감사 결과에 대하여 그 지방의회에 필요한 자료를 요구할 수 있다.

③ ○ 지방자치법 제49조 제5항

> 동법 제49조【행정사무 감사권 및 조사권】④ 제1항의 감사 또는 조사와 제3항의 감사를 위하여 필요하면 현지확인을 하거나 서류제출을 요구할 수 있으며, 지방자치단체의 장 또는 관계 공무원이나 그 사무에 관계되는 사람을 출석하게 하여 증인으로서 선서한 후 증언하게 하거나 참고인으로서 의견을 진술하도록 요구할 수 있다.
> ⑤ 제4항에 따른 증언에서 거짓증언을 한 사람은 고발할 수 있으며, 제4항에 따라 서류제출을 요구받은 자가 정당한 사유 없이 서류를 정해진 기한까지 제출하지 아니한 경우, 같은 항에 따라 출석요구를 받은 증인이 정당한 사유 없이 출석하지 아니하거나 선서 또는 증언을 거부한 경우에는 500만원 이하의 과태료를 부과할 수 있다

④ ○ 지방자치법 제50조 제3항

> 동법 제50조【행정사무 감사권 또는 조사 보고의 처리】① 지방의회는 본회의의 의결로 감사 또는 조사 결과를 처리한다.
> ② 지방의회는 감사 또는 조사 결과 해당 지방자치단체나 기관의 시정이 필요한 사유가 있을 때에는 시정을 요구하고, 지방자치단체나 기관에서 처리함이 타당하다고 인정되는 사항은 그 지방자치단체나 기관으로 이송한다.
> ③ 지방자치단체나 기관은 제2항에 따라 시정 요구를 받거나 이송받은 사항을 지체 없이 처리하고 그 결과를 지방의회에 보고하여야 한다.

2025 신용한 지방자치론 p.120~122 정답 ①

198

'15 서울 7 지방자치론

다음 중 「지방자치법」에 규정된 청원에 관한 내용으로 옳지 않은 것은?

① 청원을 하려는 자는 지방의회의원의 소개를 받아 지방의회에 청원서를 제출하여야 한다.
② 재판에 간섭하거나 법령에 위배되는 내용의 청원은 수리하지 아니한다.
③ 지방의회의 의장은 청원서를 접수하면 소관 위원회나 본회의에 회부하여 심사를 하게 한다.
④ 청원서에는 청원자의 비밀보장을 위하여 무기명을 원칙으로 한다.

출제유형 Ⅶ 법령
출제영역 우리나라 지방의회의 권한(청원)

①, ②, ③ ○ ④ ✗ **청원서에는** 성명 및 주소를 적고 서명, 날인 하여야 하므로 **기명이 원칙이다.**

> 지방자치법 제85조【청원서의 제출】① 지방의회에 청원을 하려는 자는 지방의회의원의 소개를 받아 청원서를 제출하여야 한다.
> ② 청원서에는 청원자의 성명(법인인 경우에는 그 명칭과 대표자의 성명을 말한다) 및 주소를 적고 서명·날인하여야 한다.
> 제86조【청원의 불수리】재판에 간섭하거나 법령에 위배되는 내용의 청원은 수리하지 아니한다.
> 제87조【청원의 심사·처리】① 지방의회의 의장은 청원서를 접수하면 소관 위원회나 본회의에 회부하여 심사를 하게 한다.

2025 신용한 지방자치론 p.122, 123 정답 ④

199 '17 지방 7 지방자치론

지방자치단체의 의결기관과 집행기관의 관계에 대한 설명으로 옳지 않은 것은?

① 지방자치단체의 장은 선결처분한 때 지체 없이 지방의회에 보고하여 승인받아야 하며, 지방의회에서 승인을 받지 못하면 그 선결처분은 그때부터 효력을 상실한다.
② 지방자치단체의 장의 재의 요구에 대하여 지방의회가 재적의원 과반수의 출석과 출석의원 3분의 2 이상의 찬성으로 전과 같은 의결을 하면 그 의결사항은 확정된다.
③ 지방자치단체의 장은 법령에 위반된 조례안에 대하여 이송받은 날부터 20일 이내에 이유를 붙여 지방의회로 재의를 요구할 수 있다.
④ 지방의회의 지방자치단체장 불신임의결권과 지방자치단체상의 의회해산권은 인정된 적이 없다.

출제유형 Ⅵ 이론비교 + Ⅶ 법령
출제영역 지방의회와 지방자치단체장의 관계

① ○ 지방자치법 제122조 제2항 및 제3항

> 지방자치법 제122조 【지방자치단체의 장의 선결처분】 ② 제1항에 따른 선결처분은 지체 없이 지방의회에 보고하여 승인을 받아야 한다.
> ③ 지방의회에서 제2항의 승인을 받지 못하면 그 선결처분은 그때부터 효력을 상실한다.

②, ③ ○ 지방자치법 제120조 제1항 및 제2항

> 동법 제120조 【지방의회의 의결에 대한 재의 요구와 제소】 ① 지방자치단체의 장은 지방의회의 의결이 월권이거나 법령에 위반되거나 공익을 현저히 해친다고 인정되면 그 의결사항을 이송받은 날부터 20일 이내에 이유를 붙여 재의를 요구할 수 있다.
> ② 제1항의 요구에 대하여 재의한 결과 재적의원 과반수의 출석과 출석의원 3분의 2 이상의 찬성으로 전과 같은 의결을 하면 그 의결사항은 확정된다.

④ ✗ 의회의 지방자치단체에 대한 불신임의결권과 지방자치단체장의 의회해산권은 1949년 「지방자치법」 제정 시 도입되었으나 1956년 개정 시 폐지되었다가 1958년 개정 시 다시 부활하였으나, 1960년 「지방자치법」에서 이를 폐지한 이후 **현재까지 인정되지 않고 있다**.

🔗 2025 신용한 지방자치론 p.123, 131, 132　　**정답** ④

200 '16 서울 7

지방의회가 지방자치단체에 대하여 행사할 수 있는 권한으로 옳지 않은 것은?

① 예산불성립 시 예산집행
② 선결처분의 사후승인
③ 행정사무의 감사·조사
④ 청원서의 이송·보고요구

출제유형 Ⅶ 법령
출제영역 지방의회와 지방자치단체장의 관계

① ✗ **예산불성립 시 준예산 집행은 지방자치단체 장의 권한**이다.

②, ③, ④ ○ 선결처분의 사후승인, 행정감시권으로서 행정사무감사권·행정사무조사권, 청원수리·처리권, 청원의 이송과 처리보고 등은 지방의회가 지방자치단체에 대하여 행사할 수 있는 권한이다.

🔗 2025 신용한 지방자치론 p.120~123, 132　　**정답** ①

201 '21 지방 7 지방자치론

「지방자치법」상 지방의회의 권한으로 옳지 않은 것은?

① 행정사무의 감사권
② 선결처분권
③ 특정 사안에 대한 조사권
④ 외국 지방자치단체와의 교류협력에 관한 사항의 의결권

출제유형 Ⅶ 법령
출제영역 지방의회와 지방자치단체장의 관계

①, ③ ⭕ 지방자치법 제49조 제1항

> **지방자치법 제49조【행정사무 감사권 및 조사권】** ① 지방의회는 매년 1회 그 지방자치단체의 사무에 대하여 시·도에서는 14일의 범위에서, 시·군 및 자치구에서는 9일의 범위에서 감사를 실시하고, 지방자치단체의 사무 중 특정 사안에 관하여 본회의 의결로 본회의나 위원회에서 조사하게 할 수 있다.

② ❌ **선결처분권**은 지방의회가 아닌 **지방자치단체장의 권한**에 해당된다.

> **동법 제122조【지방자치단체의 장의 선결처분】** ① 지방자치단체의 장은 지방의회가 지방의회의원이 구속되는 등의 사유로 제73조에 따른 의결정족수에 미달될 때와 지방의회의 의결사항 중 주민의 생명과 재산 보호를 위하여 긴급하게 필요한 사항으로서 지방의회를 소집할 시간적 여유가 없거나 지방의회에서 의결이 지체되어 의결되지 아니할 때에는 선결처분(先決處分)을 할 수 있다.

④ ⭕ 지방자치법 제47조 제1항 각 호

> **동법 제47조【지방의회의 의결사항】** ① 지방의회는 다음 각 호의 사항을 의결한다.
> 1. 조례의 제정·개정 및 폐지
> 2. 예산의 심의·확정
> 3. 결산의 승인
> 4. 법령에 규정된 것을 제외한 사용료·수수료·분담금·지방세 또는 가입금의 부과와 징수
> 5. 기금의 설치·운용
> 6. 대통령령으로 정하는 중요 재산의 취득·처분
> 7. 대통령령으로 정하는 공공시설의 설치·처분
> 8. 법령과 조례에 규정된 것을 제외한 예산 외의 의무부담이나 권리의 포기
> 9. 청원의 수리와 처리
> 10. 외국 지방자치단체와의 교류·협력
> 11. 그 밖에 법령에 따라 그 권한에 속하는 사항

2025 신용한 지방자치론 p.119~123, 132 **정답** ②

---

202 '17 지방 7 지방자치론

지방의회의 조직에 대한 설명으로 옳지 않은 것은?

① 지방의회 의장과 부의장은 의원 중 무기명투표로 선출하며, 임기는 2년이다.
② 시·군·자치구의 의회는 대통령령이 정하는 기준에 따라 상임위원회를 설치하여 운영할 수 있다.
③ 지방의회 위원회에는 입법활동을 지원하기 위하여 전문위원을 두며, 그 직급과 정수 등에 관한 사항은 대통령령으로 정한다.
④ 지방의회의 사무직원은 지방의회의 의장이 임명한다.

출제유형 Ⅶ 법령
출제영역 지방의회의 조직

① ⭕ 의장과 부의장은 무기명투표로 선출하며, 임기는 2년으로 한다.

> **지방자치법 제57조【의장·부의장의 선거와 임기】** ① 지방의회는 지방의회의원 중에서 시·도의 경우 의장 1명과 부의장 2명을, 시·군 및 자치구의 경우 의장과 부의장 각 1명을 무기명투표로 선출하여야 한다.
> ③ 의장과 부의장의 임기는 2년으로 한다.

② ❌ **지방의회는 조례로 정하는 바(대통령령이 정하는 기준 ×)에 따라 위원회를 둘 수 있다.**

> **동법 제64조【위원회의 설치】** ① 지방의회는 조례로 정하는 바에 따라 위원회를 둘 수 있다.
> ② 위원회의 종류는 다음 각 호와 같다.
> 1. 소관 의안(議案)과 청원 등을 심사·처리하는 상임위원회
> 2. 특정한 안건을 심사·처리하는 특별위원회

③ ⭕ 지방자치법 제68조 제1항 및 제3항

> **동법 제68조【전문위원】** ① 위원회에는 위원장과 위원의 자치입법 활동을 지원하기 위하여 지방의회의원이 아닌 전문지식을 가진 위원(이하 "전문위원"이라 한다)을 둔다.
> ③ 위원회에 두는 전문위원의 직급과 수 등에 관하여 필요한 사항은 대통령령으로 정한다.

④ ⭕ 지방자치법 제103조 제2항

> **동법 제103조【사무직원의 정원과 임면 등】** ① 지방의회에 두는 사무직원의 수는 인건비 등 대통령령으로 정하는 기준에 따라 조례로 정한다.
> ② 지방의회의 의장은 지방의회 사무직원을 지휘·감독하고 법령과 조례·의회규칙으로 정하는 바에 따라 그 임면·교육·훈련·복무·징계 등에 관한 사항을 처리한다.

2025 신용한 지방자치론 p.123~127 **정답** ②

203

'18 서울 7 지방자치론

우리나라 지방의회의 조직에 대한 설명으로 가장 옳지 않은 것은?

① 위원회의 종류는 상임위원회와 특별위원회의 두 가지로 구분한다.
② 소규모 지방의회의 경우에도 상임위원회를 설치할 수 있다.
③ 조례로 정하는 바에 따라 광역의회에는 사무처를 둘 수 있으며, 기초의회에는 사무국이나 사무과를 둘 수 있다.
④ 지방의회의 사무직원은 지방자치단체의 장이 임명한다.

출제유형 Ⅶ 법령
출제영역 지방의회의 조직

① ⭕ 위원회의 종류는 소관 의안과 청원 등을 심사·처리하는 상임위원회와 특정한 안건을 일시적으로 심사·처리하기 위한 특별위원회 두 가지로 한다.

> **지방자치법 제64조【위원회의 설치】** ② 위원회의 종류는 다음 각 호와 같다.
> 1. 소관 의안(議案)과 청원 등을 심사·처리하는 상임위원회
> 2. 특정한 안건을 심사·처리하는 특별위원회

② ⭕ 우리나라의 경우 상임위원회의 설치에 관한 사항을 지방자치단체의 조례로 정할 수 있게 함으로써 소규모 지방의회의 경우에도 상임위원회를 설치 할 수 있다.

> **동법 제64조【위원회의 설치】** ① 지방의회는 조례로 정하는 바에 따라 위원회를 둘 수 있다.

③ ⭕ 지방자치법 제102조 제1항 및 제2항

> **동법 제102조【사무처 등의 설치】** ① 시·도의회에는 사무를 처리하기 위하여 조례로 정하는 바에 따라 사무처를 둘 수 있으며, 사무처에는 사무처장과 직원을 둔다.
> ② 시·군 및 자치구의회에는 사무를 처리하기 위하여 조례로 정하는 바에 따라 사무국이나 사무과를 둘 수 있으며, 사무국·사무과에는 사무국장 또는 사무과장과 직원을 둘 수 있다.

④ ❌ 지방의회의 **사무직원은 지방의회의 의장(지방자치단체의 장 ×)이 임명한다.**

> **동법 제103조【사무직원의 정원과 임면 등】** ② 지방의회의 의장은 지방의회 사무직원을 지휘·감독하고 법령과 조례·의회규칙으로 정하는 바에 따라 그 임면·교육·훈련·복무·징계 등에 관한 사항을 처리한다.

정답 ④

204

'24 서울 7 경력경쟁 지방자치론

「지방자치법」상 지방의회의 위원회에 대한 설명으로 가장 옳지 않은 것은?

① 위원회에는 지방의회의원이 아닌 전문지식을 가진 위원을 둔다.
② 위원회의 위원은 본회의에서 선임한다.
③ 윤리심사자문위원회의 경우 공정성을 위해 윤리특별위원회와는 별개로 독립적으로 둔다.
④ 상임위원회에서는 소관 의안(議案)과 청원 등을 심사·처리한다.

출제유형 Ⅶ 법령
출제영역 지방의회의 조직

① ⭕ 지방자치법 제68조 제1항

> **지방자치법 제68조【전문위원】** ① 위원회에는 위원장과 위원의 자치입법활동을 지원하기 위하여 지방의회의원이 아닌 전문지식을 가진 위원(이하 "전문위원"이라 한다)을 둔다.

② ⭕ 지방자치법 제64조 제3항

> **동법 제64조【위원회의 설치】** ③ 위원회의 위원은 본회의에서 선임한다.

③ ❌ 윤리심사자문위원회는 **윤리특별위원회에 둔다.**

> **동법 제66조【윤리심사자문위원회】** ① 지방의회의원의 겸직 및 영리행위 등에 관한 지방의회의 의장의 자문과 지방의회의원의 윤리강령과 윤리실천규범 준수 여부 및 징계에 관한 윤리특별위원회의 자문에 응하기 위하여 윤리특별위원회에 윤리심사자문위원회를 둔다.

④ ⭕ 지방자치법 제64조 제2항

> **동법 제64조【위원회의 설치】** ② 위원회의 종류는 다음 각 호와 같다.
> 1. 소관 의안(議案)과 청원 등을 심사·처리하는 상임위원회
> 2. 특정한 안건을 심사·처리하는 특별위원회

정답 ③

205

「지방자치법」상 지방의회 의장에 대한 설명으로 가장 옳지 않은 것은?

① 지방의회의 의장이 법령을 위반하거나 정당한 사유 없이 직무를 수행하지 아니하면 지방의회는 불신임을 의결할 수 있다.
② 불신임의결은 재적의원 과반수의 출석과 출석의원 3분의 2 이상의 찬성으로 행한다.
③ 불신임의결이 있으면 의장은 그 직에서 해임된다.
④ 지방의회의 의장이 궐위된 경우 보궐선거를 실시하고, 보궐선거로 당선된 의장의 임기는 전임자의 남은 임기로 한다.

출제유형 Ⅶ 법령
출제영역 우리나라 지방의회의 권한

① ○ 지방자치법 제62조 제1항

> 지방자치법 제62조【의장·부의장 불심임의 의결】① 지방의회의 의장이나 부의장이 법령을 위반하거나 정당한 사유 없이 직무를 수행하지 아니하면 지방의회는 불신임을 의결할 수 있다.

② ✗ 불신임 의결은 재적의원 4분의 1 이상의 발의와 **재적의원 과반수의 찬성**으로 한다.

> 동법 제62조【의장·부의장 불심임의 의결】② 제1항의 불신임 의결은 재적의원 4분의 1 이상의 발의와 재적의원 과반수의 찬성으로 한다.

③ ○ 지방자치법 제62조 제3항

> 동법 제62조【의장·부의장 불심임의 의결】③ 제2항의 불신임 의결이 있으면 지방의회의 의장이나 부의장은 그 직에서 해임된다.

④ ○ 지방자치법 제61조 제1항, 제2항

> 동법 제61조【보궐선거】① 지방의회의 의장이나 부의장이 궐위(闕位)된 경우에는 보궐선거를 실시한다.
> ② 보궐선거로 당선된 의장이나 부의장의 임기는 전임자 임기의 남은 기간으로 한다.

정답 ②

206

지방의회의 사무직원에 대한 설명으로 옳지 않은 것은?

① 지방의회에 두는 사무직원의 수는 인건비 등 대통령령으로 정하는 기준에 따라 조례로 정한다.
② 지방의회의 사무직원은 지방자치단체의 장이 임명한다.
③ 사무처장 또는 사무과장은 지방의회 의장의 명을 받아 의회의 사무를 처리한다.
④ 사무직원의 임용, 보수, 신분보장 등은 「지방자치법」과 「지방공무원법」을 적용한다.

출제유형 Ⅶ 법령
출제영역 지방공무원 인사제도

① ○ 지방자치법 제103조 제1항

> 지방자치법 제103조【사무직원의 정원과 임면 등】① 지방의회에 두는 사무직원의 수는 인건비 등 대통령령으로 정하는 기준에 따라 조례로 정한다.

② ✗ 지방의회의 **사무직원은 지방의회의 의장(지방자치단체의 장 ×)이 임명**한다.

> 동법 제103조【사무직원의 정원과 임면 등】② 지방의회의 의장은 지방의회 사무직원을 지휘·감독하고 법령과 조례·의회규칙으로 정하는 바에 따라 그 임면·교육·훈련·복무·징계 등에 관한 사항을 처리한다.

③ ○ 지방자치법 제104조 제1항

> 동법 제104조【사무직원의 직무와 신분보장 등】① 사무처장·사무국장 또는 사무과장은 지방의회 의장의 명을 받아 의회의 사무를 처리한다.

④ ○ 지방자치법 제104조 제2항

> 동법 제104조【사무직원의 직무와 신분보장 등】② 사무직원의 임용·보수·복무·신분보장·징계 등에 관하여는 이 법에서 정한 것 외에는 「지방공무원법」을 적용한다.

정답 ②

207

'16 지방 7 지방자치론

「지방자치법」상 지방의원의 사직·퇴직과 자격심사에 대한 설명으로 옳은 것을 모두 고르면?

ㄱ. 지방의회는 그 의결로 소속 의원의 사직을 허가할 수 있다.
ㄴ. 지방의회의 의원은 다른 의원의 자격에 대하여 이의가 있으면 재적의원 4분의 1 이상의 찬성으로 의장에게 자격심사를 청구할 수 있다.
ㄷ. 피심의원은 자기의 자격심사에 관한 회의에 출석하여 변명을 할 수 없다.
ㄹ. 지방의회가 폐회 중에는 소속 의원은 사직할 수 없다.

① ㄱ, ㄴ
② ㄱ, ㄹ
③ ㄴ, ㄷ
④ ㄷ, ㄹ

출제유형 Ⅶ 법령
출제영역 지방의회의원의 징계

ㄱ ⭕, ㄹ ❌ 지방의회가 폐회 중에는 의장이 대신 소속 의원의 사직을 허가할 수 있다.

지방자치법 제89조 【의원의 사직】 지방의회는 그 의결로 소속 지방의회의원의 사직을 허가할 수 있다. 다만, 폐회 중에는 지방의회의 의장이 허가할 수 있다.

ㄴ ⭕, ㄷ ❌ 지방자치법 제91조 제1항 및 제2항

동법 제91조 【의원의 자격심사】 ① 지방의회의원은 다른 의원의 자격에 대하여 이의가 있으면 재적의원 4분의 1 이상의 찬성으로 지방의회의 의장에게 자격심사를 청구할 수 있다.
② 심사 대상인 지방의회의원은 자기의 자격심사에 관한 회의에 출석하여 의견을 진술할 수 있으나, 의결에는 참가할 수 없다.

정답 ①

208

'17 지방 7 지방자치론

「지방자치법」상 지방의회 의원에 대한 징계의 종류로 옳지 않은 것은?

① 공개회의에서의 경고
② 공개회의에서의 사과
③ 30일 이내의 출석정지
④ 재적의원 2분의 1 이상의 찬성에 의한 제명

출제유형 Ⅶ 법령
출제영역 지방의회의원의 징계

①, ②, ③ ⭕, ④ ❌ 제명에는 재적의원 3분의 2 이상(2분의 1 이상 ×)의 찬성이 있어야 한다.

지방자치법 제100조 【징계의 종류와 의결】 ① 징계의 종류는 다음과 같다.
1. 공개회의에서의 경고
2. 공개회의에서의 사과
3. 30일 이내의 출석정지
4. 제명
② 제1항제4호에 따른 제명 의결에는 재적의원 3분의 2 이상의 찬성이 있어야 한다.

정답 ④

209 '20 국가 7

「지방자치법」상 지방의회 의원이 받을 수 있는 징계의 사례가 아닌 것은?

① A의원은 45일간 출석정지를 내용으로 하는 징계를 받았다.
② B의원은 공개회의에서 사과를 하는 징계를 받았다.
③ C의원은 재적의원 3분의 2 이상 찬성에 따라 제명되는 징계를 받았다.
④ D의원은 공개회의에서 경고를 받는 징계를 받았다.

출제유형 Ⅶ 법령
출제영역 지방의회의원의 징계

① ✗ 「지방자치법」상 의원의 징계에 있어 출석정지는 30일(45일간 ✗) 이내에서 이뤄진다.
②, ③, ④ ○ 「지방자치법」상 징계의 종류에는 공개회의에서의 경고, 공개회의에서의 사과, 30일 이내의 출석정지, 제명이 있다.

> 지방자치법 제100조【징계의 종류와 의결】① 징계의 종류는 다음과 같다.
> 1. 공개회의에서의 경고
> 2. 공개회의에서의 사과
> 3. 30일 이내의 출석정지
> 4. 제명
> ② 제1항제4호에 따른 제명 의결에는 재적의원 3분의 2 이상의 찬성이 있어야 한다.

2025 신용한 지방자치론 p.125 **정답** ①

210 '23 경간

지방의회에 대한 설명으로 가장 옳지 않은 것은?

① 지방자치단체의 사무에 대한 행정사무 감사권 및 조사권을 갖는다.
② 지방의회에서 부결된 의안은 회기 중에 다시 발의하거나 제출할 수 없다.
③ 의회 의원의 자격상실 결정은 재적의원 과반수 출석과 출석의원 3분의 2 이상 찬성이 필요하다.
④ 지방의회의 사무직원의 수는 지방의회가 조례로 정하고, 사무직원은 지방의회의 의장이 임명한다.

출제유형 Ⅶ 법령
출제영역 지방의회의원의 징계 등

① ○ 지방자치법 제49조 제1항

> 지방자치법 제49조【행정사무 감사권 및 조사권】① 지방의회는 매년 1회 그 지방자치단체의 사무에 대하여 시·도에서는 14일의 범위에서, 시·군 및 자치구에서는 9일의 범위에서 감사를 실시하고, 지방자치단체의 사무 중 특정 사안에 관하여 본회의 의결로 본회의나 위원회에서 조사하게 할 수 있다.

② ○ 지방자치법 제80조

> 동법 제80조【일사부재의 원칙】지방의회에서 부결된 의안은 같은 회기 중에 다시 발의하거나 제출할 수 없다.

③ ✗ 의회 의원의 자격상실 결정은 재적의원(출석의원 ✗) 3분의 2 이상 찬성이 필요하다.

> 동법 제92조【자격상실 의결】① 제91조제1항의 심사 대상인 지방의회의원에 대한 자격상실 의결은 재적의원 3분의 2 이상의 찬성이 있어야 한다.

④ ○ 지방자치법 제103조 제2항

> 동법 제103조【사무직원의 정원과 임면 등】① 지방의회에 두는 사무직원의 수는 인건비 등 대통령령으로 정하는 기준에 따라 조례로 정한다.
> ② 지방의회의 의장은 지방의회 사무직원을 지휘·감독하고 법령과 조례·의회규칙으로 정하는 바에 따라 그 임면·교육·훈련·복무·징계 등에 관한 사항을 처리한다.

2025 신용한 지방자치론 p.120~125, 127 **정답** ③

211

'16 서울 7 지방자치론

지방의회의 소집과 회기에 대한 설명으로 가장 옳지 않은 것은?

① 정례회는 매년 1회 개최한다.
② 현행법상 휴회는 지방의회가 의결로 정하도록 되어 있다.
③ 정례회의 회기 등은 해당 지방자치단체의 조례로 정한다.
④ 지방의회의 장은 지방자치단체의 장이 요구하면 15일 이내에 임시회를 소집하여야 한다.

출제유형 Ⅶ 법령
출제영역 우리나라 지방의회의 운영

① ✗ 정례회는 매년 2회 개최한다.

> 지방자치법 제53조【정례회】① 지방의회는 매년 2회 정례회를 개최한다.

②, ③ ○ 지방자치법 제56조 제1항 및 제2항

> 동법 제56조【개회·휴회·폐회와 회의일수】① 지방의회의 개회·휴회·폐회와 회기는 지방의회가 의결로 정한다.
> ② 연간 회의 총일수와 정례회 및 임시회의 회기는 해당 지방자치단체의 조례로 정한다.

④ ○ 지방자치법 제54조 제3항

> 동법 제54조【임시회】③ 지방의회의 의장은 지방자치단체의 장이나 조례로 정하는 수 이상의 지방의회의원이 요구하면 15일 이내에 임시회를 소집하여야 한다. 다만, 지방의회의 의장과 부의장이 부득이한 사유로 임시회를 소집할 수 없을 때에는 지방의회의원 중 최다선의원이, 최다선의원이 2명 이상인 경우에는 그 중 연장자의 순으로 소집할 수 있다.

정답 ①

212

'22 서울 7 경력경쟁 지방자치론

「지방자치법」상 <보기>의 ㉠ ~ ㉢에 들어갈 숫자의 합은?

---보기---

- 지방의회는 매년 ㉠ 회 정례회를 개최한다.
- 지방의회의원 총선거 후 최초로 집회되는 임시회는 지방의회 사무처장·사무국장·사무과장이 지방의회의원 임기 개시일로부터 ㉡ 일 이내에 소집한다.
- 긴급할 때를 제외하고 임시회 소집은 집회일 ㉢ 일 전에 공고하여야 한다.

① 26
② 28
③ 30
④ 32

출제유형 Ⅶ 법령
출제영역 우리나라 지방의회의 운영

③ ○ 30이다(㉠ 2회, ㉡ 25일, ㉢ 3일).

> 지방자치법 제53조【정례회】① 지방의회는 매년 ㉠ 2회 정례회를 개최한다.
> 동법 제54조【임시회】① 지방의회의원 총선거 후 최초로 집회되는 임시회는 지방의회 사무처장·사무국장·사무과장이 지방의회의원 임기 개시일부터 ㉡ 25일 이내에 소집한다.
> ④ 임시회 소집은 집회일 ㉢ 3일 전에 공고하여야 한다. 다만, 긴급할 때에는 그러하지 아니하다.

정답 ③

213

'18 지방 7 지방자치론

「지방자치법」상 지방의회의 회의 운영에 대한 설명으로 옳지 않은 것은?

① 지방의회에서 부결된 의안은 같은 회기 중에 다시 발의하거나 제출할 수 없다.
② 지방의회에서 의결할 의안은 지방자치단체의 장이나 조례로 정하는 수 이상의 지방의회의원의 찬성으로 발의해야 한다.
③ 지방의회는 재적의원 과반수 이상의 출석으로 개의한다.
④ 의원 3인 이상의 발의로써 출석의원 3분의 2 이상이 찬성하거나 의장이 사회의 안녕질서를 위하여 필요하다고 인정하는 경우에는 비공개로 할 수 있다.

출제유형 Ⅶ 법령
출제영역 우리나라 지방의회의 운영 등

① ⭕ 지방자치법 제80조

> 지방자치법 제80조【일사부재의의 원칙】지방의회에서 부결된 의안은 같은 회기 중에 다시 발의하거나 제출할 수 없다.

② ⭕ 지방자치법 제76조 제1항

> 동법 제76조【의안의 발의】① 지방의회에서 의결할 의안은 지방자치단체의 장이나 조례로 정하는 수 이상의 지방의회의원의 찬성으로 발의한다.

③ ❌ 과반수가 아닌 3분의 1이상이다.

> 동법 제72조【의사정족수】① 지방의회는 재적의원 3분의 1 이상의 출석으로 개의(開議)한다.

④ ⭕ 지방자치법 제75조 제1항

> 동법 제75조【회의의 공개 등】① 지방의회의 회의는 공개한다. 다만, 지방의회의원 3명 이상이 발의하고 출석의원 3분의 2 이상이 찬성한 경우 또는 지방의회의 의장이 사회의 안녕질서 유지를 위하여 필요하다고 인정하는 경우에는 공개하지 아니할 수 있다.

2025 신용한 지방자치론 p.126, 127 **정답** ③

214

'23 국가 7

「지방자치법」상 지방의회에 대한 설명으로 옳지 않은 것은?

① 지방의회의원의 의정활동을 지원하기 위하여 정책지원 전문인력을 둘 수 있다.
② 지방의회의 의장은 지방의회의 사무직원을 지휘·감독한다.
③ 지방의회는 매년 4회 정례회를 개최한다.
④ 지방의회의원은 각급 선거관리위원회 위원을 겸직할 수 없다.

출제유형 Ⅶ 법령
출제영역 우리나라 지방의회의 운영 등

① ⭕ 지방자치법 제41조 제1항

> 지방자치법 제41조【의원의 정책지원 전문인력】① 지방의회의원의 의정활동을 지원하기 위하여 지방의회의원 정수의 2분의 1 범위에서 해당 지방자치단체의 조례로 정하는 바에 따라 지방의회에 정책지원 전문인력을 둘 수 있다.

② ⭕ 지방자치법 제103조 제2항

> 동법 제103조【사무직원의 정원과 임면 등】② 지방의회의 의장은 지방의회 사무직원을 지휘·감독하고 법령과 조례·의회규칙으로 정하는 바에 따라 그 임면·교육·훈련·복무·징계 등에 관한 사항을 처리한다.

③ ❌ 지방의회의 정례회는 **매년 2회** 개최한다.

> 동법 제53조【정례회】① 지방의회는 매년 2회 정례회를 개최한다.

④ ⭕ 지방자치법 제109조 제1항

> 동법 제109조【겸직 등 금지】① 지방의회의원은 다음 각 호의 어느 하나에 해당하는 직(職)을 겸할 수 없다.
> 2. 헌법재판소 재판관, 각급 선거관리위원회 위원

2025 신용한 지방자치론 p.117~126 **정답** ③

215

'21 지방 7 지방자치론

「지방자치법」상 지방의회의 의결정족수에 대한 설명으로 옳지 않은 것은?

① 지방자치단체 사무소의 소재지를 변경하기 위한 조례는 그 지방의회의 재적의원 과반수의 찬성을 받아야 한다.
② 지방의회 의원의 제명에는 재적의원 3분의 2이상의 찬성이 있어야 한다.
③ 지방의회 의원에 대한 자격상실의결은 재적의원 3분의 2 이상의 찬성이 있어야 한다.
④ 「지방자치법」에 특별히 규정된 경우 외에는 재적의원 과반수의 찬성이 있어야 한다.

출제유형 Ⅶ 법령
출제영역 우리나라 지방의회의 운영 등

① ○ 사무소의 소재지 변경을 위한 조례는 지방의회의 재적의원 과반수 찬성을 받아야 한다.

> 지방자치법 제9조【사무소의 소재지】① 지방자치단체의 사무소 소재지와 자치구가 아닌 구 및 읍·면·동의 사무소 소재지는 종전과 같이 하고, 이를 변경하거나 새로 설정하려면 지방자치단체의 조례로 정한다. 이 경우 면·동은 행정면·행정동(行政洞)을 말한다.
> ② 제1항의 사항을 조례로 정할 때에는 그 지방의회의 재적의원 과반수의 찬성이 있어야 한다.

② ○ 지방의회 의원의 제명에는 재적의원 3분의 2 이상 찬성이 있어야 한다.

> 동법 제100조【징계의 종류와 의결】② 제1항제4호에 따른 제명 의결에는 재적의원 3분의 2 이상의 찬성이 있어야 한다.

③ ○ 지방의회 의원의 자격상실의결은 재적의원 3분의 2이상의 찬성이 있어야 한다.

> 동법 제92조【자격상실의결】① 제91조제1항의 심사 대상인 지방의회의원에 대한 자격상실 의결은 재적의원 3분의 2 이상의 찬성이 있어야 한다.

④ ✗ 의결사항은 **재적의원 과반수출석과 출석의원 과반수의 찬성으로 의결**한다.

> 동법 제73조【의결정족수】① 회의는 이 법에 특별히 규정된 경우 외에는 <u>재적의원 과반수의 출석과 출석의원 과반수의 찬성으로 의결</u>한다.

2025 신용한 지방자치론 p.80, 127 정답 ④

216

'22 서울 7 경력경쟁 지방자치론

우리나라 지방의회의 의결정족수와 내용을 옳게 짝지은 것은?

① 재적의원 과반수의 출석과 출석의원 3분의 2 이상의 찬성 - 징계에 따른 지방의회의원의 제명 의결
② 재적의원 과반수의 찬성 - 지방자치단체의 사무소 소재지 변경 조례
③ 재적의원 과반수의 출석과 출석의원 3분의 1 이상의 찬성 - 지방자치단체의 관할 구역 경계변경 동의
④ 재적의원 과반수의 출석과 출석의원 과반수의 찬성 - 지방의회의원에 대한 자격상실 의결

출제유형 Ⅶ 법령
출제영역 지방의회

① ✗ 징계에 따른 지방의회의원의 제명 의결에는 **재적의원 3분의 2 이상의 찬성**(출석의원 3분의 2 ✗)이 있어야 한다.

> 지방자치법 제100조【징계의 종류와 의결】① 징계의 종류는 다음과 같다.
> 1. 공개회의에서의 경고
> 2. 공개회의에서의 사과
> 3. 30일 이내의 출석정지
> 4. 제명
> ② 제1항제4호에 따른 제명 의결에는 재적의원 3분의 2 이상의 찬성이 있어야 한다.

② ○ 지방자치법 제9조 제2항

> 동법 제9조【사무소의 소재지】① 지방자치단체의 사무소 소재지와 자치구가 아닌 구 및 읍·면·동의 사무소 소재지는 종전과 같이 하고, 이를 변경하거나 새로 설정하려면 지방자치단체의 조례로 정한다. 이 경우 면·동은 행정면·행정동(行政洞)을 말한다.
> ② 제1항의 사항을 조례로 정할 때에는 그 지방의회의 재적의원 과반수의 찬성이 있어야 한다.

③ ✗ 지방자치단체의 관할 구역 경계변경 동의에는 지방의회 재적의원 과반수의 출석과 **출석의원 3분의 2 이상의 동의**를 받아야 한다.

> 동법 제6조【지방자치단체의 관할 구역 경계변경 등】① 지방자치단체의 장은 관할 구역과 생활권과의 불일치 등으로 인하여 주민생활에 불편이 큰 경우 등 대통령령으로 정하는 사유가 있는 경우에는 행정안전부장관에게 경계변경이 필요한 지역 등을 명시하여 <u>경계변경에 대한 조정을 신청</u>할 수 있다. 이 경우 지방자치단체의 장은 <u>지방의회 재적의원 과반수의 출석과 출석의원 3분의 2 이상의 동의</u>를 받아야 한다.

④ ✗ 지방의회의원에 대한 자격상실 의결에는 **재적의원 3분의 2 이상의 찬성**이 있어야 한다.

> 동법 제92조【자격상실 의결】① 제91조제1항의 심사 대상인 지방의회의원에 대한 자격상실 의결은 재적의원 3분의 2 이상의 찬성이 있어야 한다.
> ② 심사 대상인 지방의회의원은 제1항에 따라 자격상실이 확정될 때까지는 그 직을 상실하지 아니한다

2025 신용한 지방자치론 p.80, 127 정답 ②

POINT 3 집행기관 – 지방자치단체의 장

217
'15 지방 7 지방자치론

「지방자치법」상 지방자치단체의 '보조기관'에 해당하는 것은?

① 소방기관
② 출장소
③ 부지사
④ 사업소

출제유형 Ⅲ 내용분류 + Ⅶ 법령
출제영역 우리나라 지방자치법상 집행기관

③ ⭕ 「지방자치법」상 지방자치단체의 보조기관에는 부단체장(부지사), 행정기구, 지방공무원이 있다.

SUMMARY 우리나라 지방자치법상 집행기관

지방자치단체의 장	특별시장, 광역시장, 도지사, 시장, 군수, 구청장
보조기관	① 부단체장 : 부시장, 부지사, 부군수, 부구청장 ② 행정기구 : 대통령령이 정하는 기준에 따라 조례로 정함. ③ 지방공무원 : 지방공무원의 정원은 인건비 등 대통령령으로 정하는 기준에 따라 조례로 정함.
소속 행정기관	① 직속기관 : 소방, 교육훈련, 보건진료, 시험연구, 중소기업지도 등 ② 사업소 ③ 출장소 ④ 합의제 행정기관 ⑤ 자문기관
하부 행정기관	자치구가 아닌 구(구청장), 읍(읍장), 면(면장), 동(동장)

정답 ③

218
'17 서울 7 지방자치론

다음 중 「지방자치법」에 설치 근거를 두고 있는 기구(기관)가 아닌 것은?

① 주민자치회
② 자치구가 아닌 구와 읍·면·동의 행정기구
③ 교육·과학 및 체육에 관한 기관
④ 시험연구기관

출제유형 Ⅲ 내용분류 + Ⅶ 법령
출제영역 우리나라 지방자치법상 집행기관

① ❌ 주민자치회는 「지방자치분권 및 지역균형발전에 관한 특별법」에 따라 만들어진 협의기구이다.

> **지방자치분권 및 지역균형발전에 관한 특별법 제40조 【주민자치회의 설치 등】** ① 풀뿌리자치의 활성화와 민주적 참여의식 고양을 위하여 읍·면·동에 해당 행정구역의 주민으로 구성되는 주민자치회(이하 "자치회"라 한다)를 둘 수 있다.

② ⭕ 지방자치법 제134조

> **지방자치법 제134조 【하부행정기구】** 지방자치단체는 조례로 정하는 바에 따라 자치구가 아닌 구와 읍·면·동에 소관 행정사무를 분장하기 위하여 필요한 행정기구를 둘 수 있다. 이 경우 면·동은 행정면·행정동을 말한다.

③ ⭕ 지방자치법 제135조 제1항

> **지방자치법 제135조 【교육·과학 및 체육에 관한 기관】** ① 지방자치단체의 교육·과학 및 체육에 관한 사무를 분장하기 위하여 별도의 기관을 둔다.

④ ⭕ 지방자치법 제126조

> **지방자치법 제126조 【직속기관】** 지방자치단체는 소관 사무의 범위에서 필요하면 대통령령이나 대통령령으로 정하는 범위에서 그 지방자치단체의 조례로 자치경찰기관(제주특별자치도만 해당한다), 소방기관, 교육훈련기관, 보건진료기관, 시험연구기관 및 중소기업지도기관 등을 직속기관으로 설치할 수 있다.

정답 ①

219 '23 군무원 7

다음 중 지방자치단체의 집행기관인 소속 행정기관에 속하지 않은 것은?

① 보조기관
② 직속기관
③ 합의제행정기관
④ 자문기관

출제유형 Ⅲ 내용분류
출제영역 우리나라 지방자치법상 집행기관

① ✗ 지방자치단체의 집행기관인 소속 행정기관에는 직속기관, 합의제 행정기관, 자문기관, 사업소, 출장소가 있으며 **보조기관은 해당하지 않는다**.

참고 우리나라 「지방자치법」상 집행기관

지방자치단체의 장	특별시장, 광역시장, 도지사, 시장, 군수, 구청장
보조기관	① 부단체장 : 부시장, 부지사, 부군수, 부구청장 ② 행정기구 : 대통령령이 정하는 기준에 따라 조례로 정함. ③ 지방공무원 : 지방공무원의 정원은 인건비 등 대통령령으로 정하는 기준에 따라 조례로 정함.
소속 행정기관	① 직속기관 : 소방, 교육훈련, 보건진료, 시험연구, 중소기업지도 등 ② 사업소 ③ 출장소 ④ 합의제 행정기관 ⑤ 자문기관
하부 행정기관	자치구가 아닌 구(구청장), 읍(읍장), 면(면장), 동(동장)

2025 신용한 지방자치론 p.128 **정답** ①

220 '18 지방 7 지방자치론

「지방자치법」상 지방자치단체장의 권한에 해당하는 것으로만 묶은 것은?

ㄱ. 주민투표실시권
ㄴ. 규칙제정권
ㄷ. 재의요구권
ㄹ. 청원의 수리와 처리
ㅁ. 조례제정권

① ㄱ, ㄴ, ㄷ
② ㄱ, ㄴ, ㄹ
③ ㄴ, ㄹ, ㅁ
④ ㄷ, ㄹ, ㅁ

출제유형 Ⅲ 내용 분류
출제영역 지방자치단체장의 권한

ㄱ, ㄴ, ㄷ ○ 주민투표실시권, 규칙제정권, 재의요구권은 지방자치단체장의 권한에 해당한다.
ㄹ, ㅁ ✗ **청원의 수리와 처리, 조례제정권은 지방의회의 권한**이다.

2025 신용한 지방자치론 p.130~132, 176 **정답** ①

221

'15 지방 7 지방자치론

「지방자치법」상 지방의회와의 관계에서 지방자치단체장에게 전혀 인정되지 않는 권한은?

① 지방의회의 의결에 대한 재의요구와 제소권
② 지방자치단체장의 의회해산권
③ 예산상 집행 불가능한 의결의 재의요구권
④ 지방자치단체장의 선결처분권

출제유형 Ⅲ 내용분류 + Ⅶ 법령
출제영역 지방자치단체장의 권한

① ✗ 지방자치법 제120조 제1항

> 지방자치법 제120조 【지방의회의 의결에 대한 재의 요구와 제소】 ① 지방자치단체의 장은 지방의회의 의결이 월권이거나 법령에 위반되거나 공익을 현저히 해친다고 인정되면 그 의결사항을 이송받은 날부터 20일 이내에 이유를 붙여 재의를 요구할 수 있다.

② ○ 우리나라의 경우 의회의 단체장 불신임권과 단체장의 의회해산권은 1949년 「지방자치법」 제정 시 도입되었으나, 1960년 개정 시 폐지되었고 이후 현재까지 인정되고 있지 않다.

③ ✗ 지방자치법 제121조 제1항

> 동법 제121조 【예산상 집행 불가능한 의결의 재의요구】 ① 지방자치단체의 장은 지방의회의 의결이 예산상 집행할 수 없는 경비를 포함하고 있다고 인정되면 그 의결사항을 이송받은 날부터 20일 이내에 이유를 붙여 재의를 요구할 수 있다.

④ ✗ 지방자치법 제122조 제1항

> 동법 제122조 【지방자치단체의 장의 선결처분】 ① 지방자치단체의 장은 지방의회가 지방의회의원이 구속되는 등의 사유로 제73조에 따른 의결정족수에 미달될 때와 지방의회의 의결사항 중 주민의 생명과 재산 보호를 위하여 긴급하게 필요한 사항으로서 지방의회를 소집할 시간적 여유가 없거나 지방의회에서 의결이 지체되어 의결되지 아니할 때에는 선결처분(先決處分)을 할 수 있다.

SUMMARY 의회의 단체장 불신임권 vs 단체장의 의회해산권

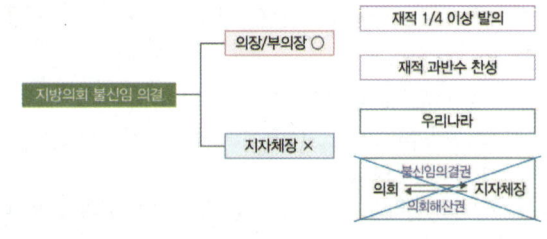

정답 ②

222

'16 서울 7 지방자치론

우리나라 지방자치단체의 장에 대한 설명으로 가장 옳은 것은?

① 지방자치단체의 장은 소속행정청의 위법·부당한 행정행위에 대해 직무이행명령을 할 수 있다.
② 지방자치단체의 장의 보조기관으로는 소속공무원, 부시장, 부지사, 구청장, 동장, 면장 등이 있다.
③ 지방자치단체의 장은 주민소환투표에 의해 소환이 확정된 경우 그 직을 상실하나, 그 보궐선거에는 후보자로 등록할 수 있다.
④ 지방자치단체의 장은 위임 또는 위탁받은 사무의 일부를 다시 위임·위탁할 수 있다.

출제유형 Ⅶ 법령
출제영역 지방자치단체장의 권한

① ✗ 지방자치단체의 장은 기관위임사무의 관리와 처리가 명백히 게을리하고 있다고 인정되는 때에는 그 관할구역 안의 **지방자치단체의 장**(소속행정청 ✗)에게 **직무이행명령을 할 수 있다**.

> 지방자치법 제189조 【지방자치단체의 장에 대한 직무이행명령】 ① 지방자치단체의 장이 법령에 따라 그 의무에 속하는 국가위임사무나 시·도위임사무의 관리와 집행을 명백히 게을리하고 있다고 인정되면 시·도에 대해서는 주무부장관이, 시·군 및 자치구에 대해서는 시·도지사가 기간을 정하여 서면으로 이행할 사항을 명령할 수 있다.

② ✗ 지방자치단체의 장의 보조기관은 부단체장, 행정기구, 지방공무원 등이 있다. **자치구가 아닌 구에 구청장, 읍장, 면장, 동장 등은 하부 행정기관**이다.

③ ✗ **주민소환에 의해 직을 상실한 경우 그로 인하여 실시하는 해당 보궐선거에 후보자로 등록할 수 없다.**

> 주민소환에 관한 법률 제23조 【주민소환투표의 효력】 ① 제22조 제1항의 규정에 의하여 주민소환이 확정된 때에는 주민소환투표대상자는 그 결과가 공표된 시점부터 그 직을 상실한다.
> ② 제1항의 규정에 의하여 그 직을 상실한 자는 그로 인하여 실시하는 이 법 또는 「공직선거법」에 의한 해당보궐선거에 후보자로 등록할 수 없다.

④ ○ 지방자치단체의 장은 위임 또는 위탁받은 사무의 일부를 재위임하고 위탁할 수 있다. 단, 이 경우에 그 사무를 위임, 위탁한 기관의 장의 승인을 받아야 한다.

> 지방자치법 제117조 【사무의 위임 등】 ④ 지방자치단체의 장이 위임받거나 위탁받은 사무의 일부를 제1항부터 제3항까지의 규정에 따라 다시 위임하거나 위탁하려면 미리 그 사무를 위임하거나 위탁한 기관의 장의 승인을 받아야 한다.

정답 ④

223 '16 서울 7 지방자치론

「지방자치법」상 지방자치단체의 장에 대한 설명으로 가장 옳지 않은 것은?

① 지방자치단체의 장은 그 직을 사임하려면 지방의회의 의장에게 미리 사임일을 적은 서면으로 알려야 한다.
② 지방자치단체의 장의 임기는 4년으로 하며, 지방자치단체의 장의 계속 재임(在任)은 2기에 한한다.
③ 지방자치단체의 장이 형사사건으로 공소가 제기되어 그 판결이 확정되면 각급 법원장은 지체 없이 해당 지방자치단체에 알려야 한다.
④ 체포 또는 구금된 지방자치단체의 장이 있으면 관계 수사기관의 장은 지체 없이 영장의 사본을 첨부하여 해당 지방자치단체에 알려야 한다.

출제유형 Ⅶ 법령
출제영역 지방자치단체장의 권한

① ○ 지방자치단체의 장은 사임하려면 지방의회의 의장에게 미리 사임통지서로 알려야 한다.

> 지방자치법 제111조【지방자치단체의 장의 사임】① 지방자치단체의 장은 그 직을 사임하려면 지방의회의 의장에게 미리 사임일을 적은 서면(이하 "사임통지서"라 한다)으로 알려야 한다.

② 지방자치단체의 장의 계속 재임은 3기(2기 ×)에 한한다.

> 동법 제108조【지방자치단체의 장의 임기】지방자치단체의 장의 임기는 4년으로 하며, 3기 내에서만 계속 재임(在任)할 수 있다.

③, ④ ○ 지방자치법 제113조 제1항 및 제2항

> 동법 제113조【지방자치단체의 장의 체포 및 확정판결의 통지】① 수사기관의 장은 체포되거나 구금된 지방자치단체의 장이 있으면 지체 없이 영장의 사본을 첨부하여 해당 지방자치단체에 알려야 한다. 이 경우 통지를 받은 지방자치단체는 그 사실을 즉시 행정안전부장관에게 보고하여야 하며, 시·군 및 자치구가 행정안전부장관에게 보고할 때에는 시·도지사를 거쳐야 한다.
> ② 각급 법원장은 지방자치단체의 장이 형사사건으로 공소가 제기되어 판결이 확정되면 지체 없이 해당 지방자치단체에 알려야 한다. 이 경우 통지를 받은 지방자치단체는 그 사실을 즉시 행정안전부장관에게 보고하여야 하며, 시·군 및 자치구가 행정안전부장관에게 보고할 때에는 시·도지사를 거쳐야 한다.

2025 신용한 지방자치론 p.129, 130   정답 ②

224 '19 서울 7 지방자치론

「지방자치법」상 지방자치단체의 장에 대한 설명으로 가장 옳지 않은 것은?

① 지방자치단체의 장의 임기는 4년이고, 계속 재임은 3기에 한한다.
② 지방자치단체의 장은 지방자치단체의 구역변경이나 없어지거나 합한 것 외의 다른 사유로 그 지방자치단체의 구역 밖으로 주민등록을 이전하였을 때 그 직에서 퇴직된다.
③ 지방자치단체의 장은 그 직을 사임하려면 지방의회의장에게 미리 사임통지서로 알려야 한다.
④ 체포 또는 구금된 지방자치단체의 장이 있으면 관계 수사기관의 장은 지체 없이 영장의 사본을 첨부하여 행정안전부장관에게 알려야 한다.

출제유형 Ⅶ 법령
출제영역 지방자치단체장의 권한

① ○ 지방자치법 제108조

> 지방자치법 제108조【지방자치단체의 장의 임기】지방자치단체의 장의 임기는 4년으로 하며, 3기 내에서만 계속 재임(在任)할 수 있다.

② ○ 지방자치법 제112조

> 동법 제112조【지방자치단체의 장의 퇴직】지방자치단체의 장이 다음 각 호의 어느 하나에 해당될 때에는 그 직에서 퇴직한다.
> 1. 지방자치단체의 장이 겸임할 수 없는 직에 취임할 때
> 2. 피선거권이 없게 될 때. 이 경우 지방자치단체의 구역이 변경되거나 없어지거나 합한 것 외의 다른 사유로 그 지방자치단체의 구역 밖으로 주민등록을 이전하였을 때를 포함한다.
> 3. 제110조에 따라 지방자치단체의 장의 직을 상실할 때

③ ○ 지방자치법 제111조 제1항

> 동법 제111조【지방자치단체의 장의 사임】① 지방자치단체의 장은 그 직을 사임하려면 지방의회의 의장에게 미리 사임일을 적은 서면(이하 "사임통지서"라 한다)으로 알려야 한다.

④ 체포 또는 구금된 지방자치단체의 장이 있으면 관계 수사기관의 장은 지체 없이 영장의 사본을 첨부하여 해당 지방자치단체(행정안전부장관 ×)에게 알려야 한다.

> 동법 제113조【지방자치단체의 장의 체포 및 확정판결의 통지】① 수사기관의 장은 체포되거나 구금된 지방자치단체의 장이 있으면 지체 없이 영장의 사본을 첨부하여 해당 지방자치단체에 알려야 한다. 이 경우 통지를 받은 지방자치단체는 그 사실을 즉시 행정안전부장관에게 보고하여야 하며, 시·군 및 자치구가 행정안전부장관에게 보고할 때에는 시·도지사를 거쳐야 한다.

2025 신용한 지방자치론 p.129, 130   정답 ④

225

'20 지방 7 지방자치론

지방자치 관계 법령상 지방자치단체장의 권한에 대한 설명으로 옳은 것은?

① 대통령령으로 정하는 공공시설의 설치·처분에 대한 의결권을 갖는다.
② 조례를 위반한 행위에 대해 5천만원 이하의 과태료를 부과한다.
③ 시·도지사는 관할 구역 안의 기초지방자치단체의 자치사무에 관하여 보고를 받을 수 있다.
④ 시장·군수·자치구청장은 소방서장을 지휘·감독한다.

출제유형 Ⅲ 내용분류 + Ⅶ 법령
출제영역 지방자치단체장의 권한

① ✗ 대통령령으로 정하는 **공공시설의 설치·처분에 대한 의결권은 지방의회의 의결사항**이다.

> **지방자치법 제47조【지방의회의 의결사항】** ① 지방의회는 다음 각 호의 사항을 의결한다.
> 1. 조례의 제정·개정 및 폐지
> 2. 예산의 심의·확정
> 3. 결산의 승인
> 4. 법령에 규정된 것을 제외한 사용료·수수료·분담금·지방세 또는 가입금의 부과와 징수
> 5. 기금의 설치·운용
> 6. 대통령령으로 정하는 중요 재산의 취득·처분
> 7. 대통령령으로 정하는 공공시설의 설치·처분
> 8. 법령과 조례에 규정된 것을 제외한 예산 외의 의무부담이나 권리의 포기
> 9. 청원의 수리와 처리
> 10. 외국 지방자치단체와의 교류·협력
> 11. 그 밖에 법령에 따라 그 권한에 속하는 사항

② ✗ **조례를 위반한 행위에 대해 1천만원(5천만원 ✗) 이하의 과태료를 부과**한다.

> **지방자치법 제34조【조례 위반에 대한 과태료】** ① 지방자치단체는 조례를 위반한 행위에 대하여 조례로써 1천만원 이하의 과태료를 정할 수 있다.
> ② 제1항에 따른 과태료는 해당 지방자치단체의 장이나 그 관할 구역의 지방자치단체의 장이 부과·징수한다.

③ ○ 지방자치법 제190조 제1항

> **지방자치법 제190조【지방자치단체의 자치사무에 대한 감사】** ① 행정안전부장관이나 시·도지사는 지방자치단체의 자치사무에 관하여 보고를 받거나 서류·장부 또는 회계를 감사할 수 있다. 이 경우 감사는 법령 위반사항에 대해서만 한다.

④ ✗ **소방서장은** 그 소재지를 관할하는 **특별시장·광역시장·특별자치시장·도지사 또는 특별자치도지사의 지휘와 감독**을 받는다.

> **소방기본법 제3조【소방기관의 설치 등】** ② 소방업무를 수행하는 소방본부장 또는 소방서장은 그 소재지를 관할하는 특별시장·광역시장·특별자치시장·도지사 또는 특별자치도지사(이하 "시·도지사"라 한다)의 지휘와 감독을 받는다.

정답 ③

226

'24 지방 7 지방자치론

「지방자치법」상 지방자치단체의 장의 권한에 대한 설명으로 옳지 않은 것은?

① 지방자치단체의 장은 지방의회가 지방의회의원이 구속되는 등의 사유로 의결정족수에 미달될 때와 지방의회의 의결사항 중 주민의 생명과 재산 보호를 위하여 긴급하게 필요한 사항으로서 지방의회를 소집할 시간적 여유가 없거나 지방의회에서 의결이 지체되어 의결되지 아니할 때에는 선결처분을 할 수 있다.
② 지방자치단체의 장은 조례나 규칙으로 정하는 바에 따라 그 권한에 속하는 사무의 일부를 보조기관, 소속 행정기관 또는 하부행정기관에 위임할 수 있다.
③ 지방자치단체의 장은 지방의회를 견제하기 위하여 지방의회의 의결사항을 이송받은 날부터 20일 이내에 이유를 붙여 재의를 요구할 수 있다.
④ 지방자치단체의 장은 지방의회 사무직원에 대한 인사권을 행사할 수 있다.

출제유형 Ⅳ 개념 + Ⅶ 법령
출제영역 지방자치단체장의 권한

① ○ 지방자치법 제122조 제1항

> **지방자치법 제122조【지방자치단체의 장의 선결처분】** ① 지방자치단체의 장은 지방의회가 지방의회의원이 구속되는 등의 사유로 제73조에 따른 의결정족수에 미달될 때와 지방의회의 의결사항 중 주민의 생명과 재산 보호를 위하여 긴급하게 필요한 사항으로서 지방의회를 소집할 시간적 여유가 없거나 지방의회에서 의결이 지체되어 의결되지 아니할 때에는 선결처분(先決處分)을 할 수 있다.

② ○ 지방자치법 제117조 제1항

> **동법 제117조【사무의 위임 등】** ① 지방자치단체의 장은 조례나 규칙으로 정하는 바에 따라 그 권한에 속하는 사무의 일부를 보조기관, 소속 행정기관 또는 하부행정기관에 위임할 수 있다.

③ ○ 지방자치법 제120조 제1항

> **동법 제120조【지방의회의 의결에 대한 재의 요구와 제소】** ① 지방자치단체의 장은 지방의회의 의결이 월권이거나 법령에 위반되거나 공익을 현저히 해친다고 인정되면 그 의결사항을 이송받은 날부터 20일 이내에 이유를 붙여 재의를 요구할 수 있다.

④ ✗ **지방의회의 의장**(지방자치단체의 장 ✗)은 **지방의회 사무직원에 대한 인사권을 행사**한다.

> **동법 제103조【책임운영기관의 종합평가】** ② 지방의회의 의장은 지방의회 사무직원을 지휘·감독하고 법령과 조례·의회규칙으로 정하는 바에 따라 그 임면·교육·훈련·복무·징계 등에 관한 사항을 처리한다.

정답 ④

227

'22 서울 7 경력경쟁 지방자치론

「지방자치법」상 우리나라 지방자치단체의 장의 직 인수위원회에 대한 설명으로 가장 옳지 않은 것은?

① 인수위원회는 당선인으로 결정된 때부터 지방자치단체장의 임기 시작일 이후 20일의 범위에서 존속한다.
② 인수위원회는 해당 지방자치단체의 정책기조를 설정하기 위한 준비 업무를 수행한다.
③ 자치구의 인수위원회는 위원장 1명 및 부위원장 1명을 포함하여 20명 이내로 구성한다.
④ 인수위원회 위원은 명예직으로 하고, 당선인이 임명하거나 위촉한다.

출제유형 Ⅶ 법령
출제영역 지방자치단체의 장의 직 인수위원회

① ◯ 지방자치법 제105조 제3항

> 지방자치법 제105조【지방자치단체의 장의 직 인수위원회】③ 인수위원회는 당선인으로 결정된 때부터 지방자치단체의 장의 임기 시작일 이후 20일의 범위에서 존속한다.

② ◯ 지방자치법 제105조 제4항

> 동법 제105조【지방자치단체의 장의 직 인수위원회】④ 인수위원회는 다음 각 호의 업무를 수행한다.
> 1. 해당 지방자치단체의 조직·기능 및 예산현황의 파악
> 2. 해당 지방자치단체의 정책기조를 설정하기 위한 준비

③ ✕ 자치구의 인수위원회는 위원장 1명 및 부위원장 1명을 포함하여 **15명**(20명 ✕) 이내로 구성한다.

> 동법 제105조【지방자치단체의 장의 직 인수위원회】⑤ 인수위원회는 위원장 1명 및 부위원장 1명을 포함하여 다음 각 호의 구분에 따른 위원으로 구성한다.
> 1. 시·도: 20명 이내
> 2. 시·군 및 자치구: 15명 이내

④ ◯ 지방자치법 제105조 제6항

> 동법 제105조【행정기구와 공무원】⑥ 위원장·부위원장 및 위원은 명예직으로 하고, 당선인이 임명하거나 위촉한다.

🔗 2025 신용한 지방자치론 p.129

정답 ③

228

'23 지방 7 지방자치론

「지방자치법」상 지방자치단체의 장에 대한 설명으로 옳은 것만을 모두 고르면?

> ㄱ. 지방자치단체의 장의 직 인수위원회의 위원 중 공무원이 아닌 사람은 인수위원회 업무와 관련하여「형법」에 따른 벌칙을 적용할 때는 공무원으로 본다.
> ㄴ. 둘 이상의 기초지방자치단체를 통폐합하여 새로운 지방자치단체를 설치하는 경우 행정안전부장관은 종전의 지방자치단체의 장 중에서 해당 지방자치단체의 장의 직무를 대행할 사람을 지정한다.
> ㄷ. 구금된 지방자치단체의 장에 관한 통지를 수사기관의 장으로부터 받은 시·군 및 자치구는 그 사실을 즉시 행정안전부장관에게 보고하되 시·도지사를 거쳐야 한다.
> ㄹ. 지방의회가 법령에 따라 지방자치단체에서 의무적으로 부담하여야 할 경비를 줄이는 의결을 한 경우 지방자치단체의 장의 재의요구에 대하여 지방의회 재적의원 과반수의 출석과 출석의원 3분의 2 이상의 찬성으로 전과 같은 의결을 하면 그 의결사항은 확정된다.

① ㄱ, ㄴ
② ㄷ, ㄹ
③ ㄱ, ㄴ, ㄹ
④ ㄱ, ㄷ, ㄹ

출제유형 Ⅳ 개념 + Ⅶ 법령
출제영역 지방자치단체장의 권한 등

ㄱ ◯ 지방자치법 제105조 제9항

> 지방자치법 제105조【지방자치단체의 장의 직 인수위원회】⑨ 인수위원회의 위원장·부위원장 및 위원과 그 직에 있었던 사람 중 공무원이 아닌 사람은 인수위원회의 업무와 관련하여「형법」이나 그 밖의 법률에 따른 벌칙을 적용할 때에는 공무원으로 본다.

ㄴ ✕ 둘 이상의 기초지방자치단체를 통폐합하여 새로운 지방자치단체를 설치하는 경우 **시·도지사**(행정안전부장관 ✕)가 각각 그 직무를 대행할 사람을 지정하여야 한다.

> 동법 제110조【지방자치단체의 폐지·설치·분리·합병과 지방자치단체의 장】지방자치단체를 폐지하거나 설치하거나 나누거나 합쳐 새로 지방자치단체의 장을 선출하여야 하는 경우에는 그 지방자치단체의 장이 선출될 때까지 시·도지사는 행정안전부장관이, 시장·군수 및 자치구의 구청장은 시·도지사가 각각 그 직무를 대행할 사람을 지정하여야 한다. 다만, 둘 이상의 동격의 지방자치단체를 통폐합하여 새로운 지방자치단체를 설치하는 경우에는 종전의 지방자치단체의 장 중에서 해당 지방자치단체의 장의 직무를 대행할 사람을 지정한다.

ㄷ. ⭕ 지방자치법 제113조 제1항

> **동법 제113조【지방자치단체의 장의 체포 및 확정판결의 통지】** ① 수사기관의 장은 체포되거나 구금된 지방자치단체의 장이 있으면 지체 없이 영장의 사본을 첨부하여 해당 지방자치단체에 알려야 한다. 이 경우 통지를 받은 지방자치단체는 그 사실을 즉시 행정안전부장관에게 보고하여야 하며, 시·군 및 자치구가 행정안전부장관에게 보고할 때에는 시·도지사를 거쳐야 한다.

ㄹ. ⭕ 지방자치법 제121조 제1항, 제2항 각 호

> **동법 제121조【예산상 집행 불가능한 의결의 재의 요구】** ① 지방자치단체의 장은 지방의회의 의결이 예산상 집행할 수 없는 경비를 포함하고 있다고 인정되면 그 의결사항을 이송받은 날부터 20일 이내에 이유를 붙여 재의를 요구할 수 있다.
> ② 지방의회가 다음 각 호의 어느 하나에 해당하는 경비를 줄이는 의결을 할 때에도 제1항과 같다.
>   1. 법령에 따라 지방자치단체에서 의무적으로 부담하여야 할 경비

2025 신용한 지방자치론 p.129~132   정답 ④

229

'24 서울 7 경력경쟁 지방자치론

지방자치법령상 보조기관에 대한 설명으로 가장 옳지 않은 것은?

① 특별시의 부시장과 인구 800만 이상의 광역시의 부시장은 3명으로 한다.

② 시의 부시장, 군의 부군수, 자치구의 부구청장은 일반직 지방공무원으로 보하되, 그 직급은 대통령령으로 정하며 시장·군수·구청장이 임명한다.

③ 지방자치단체의 장의 권한을 대행하는 경우 부지사나 부시장이 2명 이상인 시·도에서는 해당 지방자치단체의 조례로 정하는 순서에 따라 그 권한을 대행한다.

④ 특별시·광역시 및 특별자치시의 부시장, 도와 특별자치도의 부지사가 2명이나 3명인 경우에 1명은 정무직·일반직 또는 별정직 지방공무원으로 보한다.

출제유형 Ⅶ 법령
출제영역 지방자치단체의 보조기관

① ⭕ 지방자치법 제123조 제1항

> **지방자치법 제123조【부지사·부시장·부군수·부구청장】** ① 특별시·광역시 및 특별자치시에 부시장, 도와 특별자치도에 부지사, 시에 부시장, 군에 부군수, 자치구에 부구청장을 두며, 그 수는 다음 각 호의 구분과 같다.
>   1. 특별시의 부시장의 수: 3명을 넘지 아니하는 범위에서 대통령령으로 정한다.
>   2. 광역시와 특별자치시의 부시장 및 도와 특별자치도의 부지사의 수: 2명(인구 800만 이상의 광역시나 도는 3명)을 넘지 아니하는 범위에서 대통령령으로 정한다.

② ⭕ 지방자치법 제123조 제4항

> **동법 제123조【부지사·부시장·부군수·부구청장】** ④ 시의 부시장, 군의 부군수, 자치구의 부구청장은 일반직 지방공무원으로 보하되, 그 직급은 대통령령으로 정하며 시장·군수·구청장이 임명한다.

③ ❌ 지방자치단체의 장의 권한을 대행하는 경우 부지사나 부시장이 2명 이상인 시·도에서는 해당 지방자치단체의 **대통령령**(조례 ×)으로 정하는 순서에 따라 그 권한을 대행한다.

> **동법 제124조【부지사·부시장·부군수·부구청장】** ④ 제1항부터 제3항까지의 경우에 부지사나 부시장이 2명 이상인 시·도에서는 대통령령으로 정하는 순서에 따라 그 권한을 대행하거나 직무를 대리한다.

④ ⭕ 지방자치법 제123조 제2항

> **동법 제123조【부지사·부시장·부군수·부구청장】** ② 특별시·광역시 및 특별자치시의 부시장, 도와 특별자치도의 부지사는 대통령령으로 정하는 바에 따라 정무직 또는 일반직 국가공무원으로 보한다. 다만, 제1항제1호 및 제2호에 따라 특별시·광역시 및 특별자치시의 부시장, 도와 특별자치도의 부지사를 2명이나 3명 두는 경우에 1명은 대통령령으로 정하는 바에 따라 정무직·일반직 또는 별정직 지방공무원으로 보하되, 정무직과 별정직 지방공무원으로 보할 때의 자격기준은 해당 지방자치단체의 조례로 정한다.

2025 신용한 지방자치론 p.132~134   정답 ③

230

'23 서울 7 경력경쟁 지방자치론

「지방자치법」상 지방자치단체의 집행기관에 대한 설명으로 가장 옳지 않은 것은?

① 자치구의 부구청장은 일반직 지방공무원으로 보하되, 그 직급은 대통령령으로 정하며 구청장이 임명한다.
② 지방자치단체는 소관 사무의 범위에서 법령이나 그 지방자치단체의 조례로 정하는 바에 따라 자문기관을 설치할 수 있다.
③ 지방자치단체는 특정 업무를 효율적으로 수행하기 위하여 법령으로 정하는 범위에서 그 지방자치단체의 조례로 출장소를 설치할 수 있다.
④ 지방공무원의 정원은 인건비 등 대통령령으로 정하는 기준에 따라 그 지방자치단체의 조례로 정한다.

출제유형 Ⅶ 법령
출제영역 우리나라 지방자치법상 집행기관

① ○ 지방자치법 제123조 제4항

> 지방자치법 제123조【부지사·부시장·부군수·부구청장】④ 시의 부시장, 군의 부군수, 자치구의 부구청장은 일반직 지방공무원으로 보하되, 그 직급은 대통령령으로 정하며 시장·군수·구청장이 임명한다.

② ○ 지방자치법 제130조 제1항

> 동법 제130조【자문기관의 설치 등】① 지방자치단체는 소관 사무의 범위에서 법령이나 그 지방자치단체의 조례로 정하는 바에 따라 자문기관(소관 사무에 대한 자문에 응하거나 협의, 심의 등을 목적으로 하는 심의회, 위원회 등을 말한다. 이하 같다)을 설치·운영할 수 있다.

③ ✕ 사업소에 대한 설명이다. 출장소는 외진 곳의 주민의 편의와 특정지역의 개발 촉진을 위하여 필요하면 대통령령으로 정하는 범위에서 그 지방자치단체의 조례로 설치한다.

> 동법 제127조【출장소】지방자치단체는 특정 업무를 효율적으로 수행하기 위하여 필요하면 대통령령으로 정하는 범위에서 그 지방자치단체의 조례로 사업소를 설치할 수 있다.

> 동법 제128조【출장소】지방자치단체는 외진 곳의 주민의 편의와 특정지역의 개발 촉진을 위하여 필요하면 대통령령으로 정하는 범위에서 그 지방자치단체의 조례로 출장소를 설치할 수 있다.

④ ○ 지방자치법 제125조 제2항

> 동법 제125조【행정기구와 공무원】① 지방자치단체는 그 사무를 분장하기 위하여 필요한 행정기구와 지방공무원을 둔다.
> ② 제1항에 따른 행정기구의 설치와 지방공무원의 정원은 인건비 등 대통령령으로 정하는 기준에 따라 그 지방자치단체의 조례로 정한다.

정답 ③

231

'22 서울 7 경력경쟁 지방자치론

우리나라의 지방자치단체 기관 구성에서 지방의회에 대한 집행기관의 권한으로 가장 옳지 않은 것은?

① 선결처분권
② 지방의회의 의결에 대한 재의요구권
③ 예산상 집행 불가능한 의결의 재의요구권
④ 행정사무 조사권

출제유형 Ⅲ 내용분류
출제영역 지방의회 VS 지방자치단체장

①, ②, ③ ○ 집행기관인 지방자치단체의 장과 의결기관의 관계에 있어 의결기관에 대한 집행기관의 통제수단으로는 선결처분권, 의결에 대한 견제(재의요구권), 재의결에 대한 견제(제소권) 등이 있다.
④ ✕ 행정사무 조사권은 지방의회의 권한이다.

SUMMARY 지방의회의 권한 vs 지방자치단체장의 권한

지방의회	지방자치단체의 장
① 조례 제정 및 개폐	① 자치단체의 대표 및 사무총괄권
② 예산의 의결 및 결산 승인	② 사무의 관리집행권
③ 중요정책의 심의·결정: 사용료·수수료·분담금의 부과·징수·감면 등	③ 소속행정청관할자치단체에 대한 지도감독권
④ 기타 법률이 정하는 사항의 의결	④ 소속직원에 대한 임면 및 지휘감독권
⑤ 소속 사무직원에 대한 임면 및 지휘감독권	⑤ 지방의회에의 발안권
⑥ 행정감사권(행정사무처리상황 보고 요구, 행정사무조사, 행정사무감사)	⑥ 규칙제정권
⑦ 청원수리·처리권	⑦ 지방의회에 대한 견제권(재의요구 및 제소)
⑧ 기관선출 및 자율운영권	⑧ 선결처분
	⑨ 임시회소집요구권(총선거후 최초 임시회 소집권은 지방의회 사무국에서 함)

▶ 지방의회와 지방자치단체장 간의 견제와 균형을 위한 장치 중 하나인 '의회의 단체장에 대한 불신임 의결권'과 '단체장의 의회해산권'은 우리나라에서는 1960년에 폐지되어 현재까지 인정되지 않고 있음.

정답 ④

232 '24 서울 7 경력경쟁 지방자치론

지방의회와 집행기관의 상호권한에 대한 비교로 가장 옳은 것은?

	지방회의	집행기관
①	의결권	조례의 공포권
②	사무의 관리 및 집행권	행정사무감사 및 조사권
③	자치단체의 통할대표권	청원의 심사와 처리권
④	예산안 편성 및 제출권	예산안 심의 및 확정

출제유형 Ⅲ 내용분류 + Ⅶ 법령
출제영역 지방의회 VS 지방자치단체장

② ❌ **사무의 관리 및 집행권**은 집행기관의 권한이고, **행정사무감사 및 조사권**은 **지방의회**의 권한이다.

> 지방자치법 제116조 【사무의 관리 및 집행권】 지방자치단체의 장은 그 지방자치단체의 사무와 법령에 따라 그 지방자치단체의 장에게 위임된 사무를 관리하고 집행한다.
> 동법 제49조 【행정사무 감사권 및 조사권】 ① 지방의회는 매년 1회 그 지방자치단체의 사무에 대하여 시·도에서는 14일의 범위에서, 시·군 및 자치구에서는 9일의 범위에서 감사를 실시하고, 지방자치단체의 사무 중 특정 사안에 관하여 본회의 의결로 본회의나 위원회에서 조사하게 할 수 있다.

③ ❌ **자치단체의 통할대표권**은 집행기관의 권한이고, **청원의 심사와 처리권**은 **지방의회**의 권한이다.

> 동법 제114조 【지방자치단체의 통할대표권】 지방자치단체의 장은 지방자치단체를 대표하고, 그 사무를 총괄한다.
> 동법 제87조 【청원의 심사·처리】 ① 지방의회의 의장은 청원서를 접수하면 소관 위원회나 본회의에 회부하여 심사를 하게 한다.

④ ❌ **예산안 편성 및 제출권**은 집행기관의 권한이고, **예산안 심의 및 확정**은 **지방의회**의 권한이다.

> 동법 제142조 【예산의 편성 및 의결】 ① 지방자치단체의 장은 회계연도마다 예산안을 편성하여 시·도는 회계연도 시작 50일 전까지, 시·군 및 자치구는 회계연도 시작 40일 전까지 지방의회에 제출하여야 한다.
> 동법 제47조 【지방의회의 의결사항】 ① 지방의회는 다음 각 호의 사항을 의결한다.
> 　2. 예산의 심의·확정

2025 신용한 지방자치론 p.119, 120, 122, 130, 131　　**정답** ①

233 '15 지방 7 지방자치론

우리나라 지방자치단체장과 지방의회의 관계에 대한 설명으로 가장 옳은 것은?

① 지방자치단체장은 조례안의 일부에 대하여 이의가 있으면 조례안을 수정하여 재의를 요구할 수 있다.
② 지방공무원으로 보하는 광역자치단체의 정무부지사는 지방의회의 동의를 받아 지방자치단체장이 임명한다.
③ 지방의회가 비상재해로 인한 시설의 응급 복구를 위하여 필요한 경비를 줄이는 의결을 할 때 지방자치단체장은 재의를 요구할 수 있다.
④ 지방자치단체장의 선결처분은 지방의회에 보고하여야 하지만 승인을 받을 필요는 없다.

출제유형 Ⅰ 말바꾸기 + Ⅶ 법령
출제영역 지방의회 VS 지방자치단체장

① ❌ **지방자치단체장은 조례안의 일부에 대하여 또는 조례안을 수정하여 재의를 요구할 수 없다.**

> 지방자치법 제32조 【조례와 규칙의 제정 절차 등】 ③ 지방자치단체의 장은 이송받은 조례안에 대하여 이의가 있으면 제2항의 기간에 이유를 붙여 지방의회로 환부(還付)하고, 재의(再議)를 요구할 수 있다. 이 경우 지방자치단체의 장은 조례안의 일부에 대하여 또는 조례안을 수정하여 재의를 요구할 수 없다.

② ❌ 광역자치단체의 정무부지사는 단체장이 임명하는 별정직 지방공무원이다. 이때 **지방의회의 동의는 불필요하다.**

③ ⭕ 지방자치법 제121조 제2항

> 동법 제121조 【예산상 집행 불가능한 의결의 재의요구】 ① 지방자치단체의 장은 지방의회의 의결이 예산상 집행할 수 없는 경비를 포함하고 있다고 인정되면 그 의결사항을 이송받은 날부터 20일 이내에 이유를 붙여 재의를 요구할 수 있다.
> ② 지방의회가 다음 각 호의 어느 하나에 해당하는 경비를 줄이는 의결을 할 때에도 제1항과 같다.
> 　1. 법령에 따라 지방자치단체에서 의무적으로 부담하여야 할 경비
> 　2. 비상재해로 인한 시설의 응급 복구를 위하여 필요한 경비

④ ❌ **선결처분은 지체 없이 지방의회에 보고하여 승인을 받아야 한다.**

> 동법 제122조 【지방자치단체의 장의 선결처분】 ② 제1항에 따른 선결처분은 지체 없이 지방의회에 보고하여 승인을 받아야 한다.

2025 신용한 지방자치론 p.131~133　　**정답** ③

234

'23 지방 7 지방자치론

「지방자치법」상 지방자치단체의 장과 지방의회와의 관계에 대한 설명으로 옳지 않은 것은?

① 지방자치단체의 장은 지방의회의 의결이 월권이거나 법령에 위반되거나 공익을 현저히 해친다고 인정되면 그 의결사항을 이송받은 날부터 20일 이내에 이유를 붙여 재의를 요구할 수 있다.

② 지방자치단체의 장은 지방의회의 의결이 예산상 집행할 수 없는 경비를 포함하고 있다고 인정되면 그 의결사항을 이송받은 날부터 20일 이내에 이유를 붙여 재의를 요구할 수 있다.

③ 지방자치단체의 장은 지방의회의 의결사항 중 주민의 생명과 재산 보호를 위하여 긴급하게 필요한 사항으로서 지방의회를 소집할 시간적 여유가 없을 때에는 선결처분을 할 수 있다.

④ 지방자치단체의 장이 지방의회에 보고하여 승인을 얻지 못한 선결처분은 선결처분을 한 시점으로부터 효력을 상실한다.

출제유형 | 말 바꾸기 + Ⅶ 법령
출제영역 지방의회 vs 지방자치단체의 장

① ⭕ 지방자치법 제120조 제1항

> 지방자치법 제120조【지방의회의 의결에 대한 재의 요구와 제소】① 지방자치단체의 장은 지방의회의 의결이 월권이거나 법령에 위반되거나 공익을 현저히 해친다고 인정되면 그 의결사항을 이송받은 날부터 20일 이내에 이유를 붙여 재의를 요구할 수 있다.

② ⭕ 지방자치법 제121조 제1항

> 동법 제121조【예산상 집행 불가능한 의결의 재의 요구】① 지방자치단체의 장은 지방의회의 의결이 예산상 집행할 수 없는 경비를 포함하고 있다고 인정되면 그 의결사항을 이송받은 날부터 20일 이내에 이유를 붙여 재의를 요구할 수 있다.

③ ⭕ 지방자치법 제122조 제1항

> 동법 제122조【지방자치단체의 장의 선결처분】① 지방자치단체의 장은 지방의회가 지방의회의원이 구속되는 등의 사유로 제73조에 따른 의결정족수에 미달될 때와 지방의회의 의결사항 중 주민의 생명과 재산 보호를 위하여 긴급하게 필요한 사항으로서 지방의회를 소집할 시간적 여유가 없거나 지방의회에서 의결이 지체되어 의결되지 아니할 때에는 선결처분(先決處分)을 할 수 있다.

④ ❌ 지방자치단체의 장이 지방의회에 보고하여 승인을 얻지 못한 선결처분은 그때부터(선결처분을 한 시점부터 ×) 효력을 상실한다.

> 동법 제122조【지방자치단체의 장의 선결처분】② 제1항에 따른 선결처분은 지체 없이 지방의회에 보고하여 승인을 받아야 한다.
> ③ 지방의회에서 제2항의 승인을 받지 못하면 그 선결처분은 그때부터 효력을 상실한다.

정답 ④

235

'23 지방 7 지방자치론

지방자치단체의 권한에 대한 설명으로 옳지 않은 것은?

① 행정사무 처리상황에 대해 지방의회나 그 위원회가 요구하더라도 특별한 이유가 있으면 지방자치단체의 장은 관계 공무원에게 출석·답변하게 할 수 있다.

② 지방자치단체는 「지방자치법」에서 정하는 의결사항 외에 조례로 정하는 바에 따라 지방의회에서 의결되어야 할 사항을 따로 정할 수 있다.

③ 지방자치단체의 장은 법령의 범위에서 그 권한에 속하는 사무에 관하여 조례와 규칙을 제정할 수 있다.

④ 지방의회는 지방자치단체의 사무 중 특정 사안에 관하여 조사가 필요한 경우 재적의원 3분의 1 이상의 찬성으로 서면 발의하여야 하며 본회의의 의결로 본회의나 위원회에서 조사하게 할 수 있다.

출제유형 | 말 바꾸기 + Ⅶ 법령
출제영역 지방의회 VS 지방자치단체장

① ⭕ 지방자치법 제51조 제2항

> 지방자치법 제51조【행정사무처리상황의 보고와 질의응답】① 지방자치단체의 장이나 관계 공무원은 지방의회나 그 위원회에 출석하여 행정사무의 처리상황을 보고하거나 의견을 진술하고 질문에 답변할 수 있다.
> ② 지방자치단체의 장이나 관계 공무원은 지방의회나 그 위원회가 요구하면 출석·답변하여야 한다. 다만, 특별한 이유가 있으면 지방자치단체의 장은 관계 공무원에게 출석·답변하게 할 수 있다.

② ⭕ 지방자치법 제47조 제2항

> 동법 제47조【지방의회의 의결사항】② 지방자치단체는 제1항 각 호의 사항 외에 조례로 정하는 바에 따라 지방의회에서 의결되어야 할 사항을 따로 정할 수 있다.

③ ❌ 조례를 제정할 수 있는 주체는 **지방자치단체**(지방자치단체의 장 ×)이다.

> 동법 제28조【조례】① 지방자치단체는 법령의 범위에서 그 사무에 관하여 조례를 제정할 수 있다. 다만, 주민의 권리 제한 또는 의무 부과에 관한 사항이나 벌칙을 정할 때에는 법률의 위임이 있어야 한다.
> 동법 제29조【규칙】지방자치단체의 장은 법령 또는 조례의 범위에서 그 권한에 속하는 사무에 관하여 규칙을 제정할 수 있다.

④ ⭕ 지방자치법 제49조 제1항, 제2항

> 동법 제49조【행정사무 감사권 및 조사권】① 지방의회는 매년 1회 그 지방자치단체의 사무에 대하여 시·도에서는 14일의 범위에서, 시·군 및 자치구에서는 9일의 범위에서 감사를 실시하고, 지방자치단체의 사무 중 특정 사안에 관하여 본회의 의결로 본회의나 위원회에서 조사하게 할 수 있다.
> ② 제1항의 조사를 발의할 때에는 이유를 밝힌 서면으로 하여야 하며, 재적의원 3분의 1 이상의 찬성이 있어야 한다.

정답 ③

236 '18 서울 7 지방자치론

우리나라 지방자치단체장과 지방의회의 관계에 대한 설명으로 가장 옳지 않은 것은?

① 지방의회가 예산심의 시 지출예산 각 항의 금액을 증액하거나 새로운 비목을 설치하고자 할 때는 지방자치단체장의 동의를 받아야 한다.
② 지방자치단체장이 지방의회에서 의결된 조례안을 이송받고 20일 이내에 공포하지 않거나 재의요구를 하지 아니할 때에는 그 조례안은 조례로서 확정된다.
③ 지방의회의 사무직원은 지방자치단체의 장이 임명한다.
④ 지방자치단체장의 선결처분은 지방의회에 보고하여 승인을 받아야 하며 승인을 받지 못하면 그 선결처분은 그때부터 효력을 상실한다.

출제유형 Ⅰ 말 바꾸기 + Ⅶ 법령
출제영역 지방의회 VS 지방자치단체장

① ◎ 지방자치법 제142조 제3항

> **지방자치법 제142조【예산의 편성 및 의결】** ③ 지방의회는 지방자치단체의 장의 동의 없이 지출예산 각 항의 금액을 증가시키거나 새로운 비용항목을 설치할 수 없다.

② ◎ 지방자치법 제32조 제2항 및 제5항

> **동법 제32조【조례와 규칙의 제정 절차 등】** ② 지방자치단체의 장은 제1항의 조례안을 이송받으면 20일 이내에 공포하여야 한다.
> ⑤ 지방자치단체의 장이 제2항의 기간에 공포하지 아니하거나 재의 요구를 하지 아니하더라도 그 조례안은 조례로서 확정된다.

③ ✗ 지방의회의 사무직원은 지방의회의 의장(지방자치단체의 장 ×)이 임명한다.

> **동법 제103조【사무직원의 정원과 임면 등】** ① 지방의회에 두는 사무직원의 수는 인건비 등 대통령령으로 정하는 기준에 따라 조례로 정한다.
> ② 지방의회의 의장은 지방의회 사무직원을 지휘·감독하고 법령과 조례·의회규칙으로 정하는 바에 따라 그 임면·교육·훈련·복무·징계 등에 관한 사항을 처리한다.

④ ◎ 지방자치법 제122조 제2항 및 제3항

> **동법 제122조【지방자치단체의 장의 선결처분】** ② 제1항에 따른 선결처분은 지체 없이 지방의회에 보고하여 승인을 받아야 한다.
> ③ 지방의회에서 제2항의 승인을 받지 못하면 그 선결처분은 그때부터 효력을 상실한다.

2025 신용한 지방자치론 p.86, 125, 132 **정답** ③

---

237 '19 서울 7 추가채용 지방자치론

「지방자치법」상 지방자치단체의 장과 지방의회와의 관계에 대한 설명으로 가장 옳지 않은 것은?

① 지방자치단체의 장은 지방의회의 의결이 공익을 현저히 해친다고 인정되면 그 의결사항을 이송받은 날로부터 20일 이내에 이유를 붙여 재의를 요구할 수 있다.
② 재의한 결과 재적의원 과반수의 출석과 출석의원 3분의 1 이상의 찬성으로 전과 같은 의결을 하면 그 의결사항은 확정된다.
③ 지방자치단체의 장은 예산상 집행불가능한 의결이라고 인정되면 그 의결사항을 이송받은 날로부터 20일 이내에 이유를 붙여 재의를 요구할 수 있다.
④ 지방의회가 비상재해로 인한 시설의 응급복구를 위하여 필요한 경비를 줄이는 의결을 할 경우에도 20일 이내에 이유를 붙여 재의를 요구할 수 있다.

출제유형 Ⅶ 법령
출제영역 지방의회 VS 지방자치단체장

① ◎ 지방자치법 제120조 제1항

> **지방자치법 제120조【지방의회의 의결에 대한 재의요구와 제소】** ① 지방자치단체의 장은 지방의회의 의결이 월권이거나 법령에 위반되거나 공익을 현저히 해친다고 인정되면 그 의결사항을 이송받은 날부터 20일 이내에 이유를 붙여 재의를 요구할 수 있다.

② ✗ 재적의원 과반수의 출석과 출석의원 3분의 2 이상의 찬성으로 전과 같은 의결을 하면 그 의결사항은 확정된다.

> **동법 제120조【지방의회의 의결에 대한 재의요구와 제소】** ② 제1항의 요구에 대하여 재의한 결과 재적의원 과반수의 출석과 출석의원 3분의 2 이상의 찬성으로 전과 같은 의결을 하면 그 의결사항은 확정된다.

③ ◎ 지방자치법 제121조 제1항

> **동법 제121조【예산상 집행 불가능한 의결의 재의요구】** ① 지방자치단체의 장은 지방의회의 의결이 예산상 집행할 수 없는 경비를 포함하고 있다고 인정되면 그 의결사항을 이송받은 날부터 20일 이내에 이유를 붙여 재의를 요구할 수 있다.

④ ◎ 지방자치법 제121조 제2항 제2호

> **동법 제121조【예산상 집행 불가능한 의결의 재의요구】** ② 지방의회가 다음 각 호의 어느 하나에 해당하는 경비를 줄이는 의결을 할 때에도 제1항과 같다.
> 1. 법령에 따라 지방자치단체에서 의무적으로 부담하여야 할 경비
> 2. 비상재해로 인한 시설의 응급 복구를 위하여 필요한 경비

2025 신용한 지방자치론 p.131, 132 **정답** ②

238

'16 서울 7 지방자치론

다음 중 지방자치단체의 장과 지방의회와의 관계에 대한 설명으로 가장 옳지 않은 것은?

① 지방자치단체의 장은 지방의회의 의결이 공익을 현저히 해친다고 인정되면 재의를 요구할 수 있다.
② 지방의회에서 재의한 결과 재적의원 과반수의 출석과 출석의원 3분의 2 이상의 찬성으로 전과 같은 의결을 하면 그 의결사항은 확정된다.
③ 지방자치단체의 장은 지방의회에서 재의결된 사항에 대해서는 대법원에 소(訴)를 제기할 수 없다.
④ 지방자치단체의 장은 지방의회의 의결이 예산상 집행할 수 없는 경비를 포함하고 있다고 인정되면 재의를 요구할 수 있다.

출제유형 Ⅶ 법령
출제영역 지방의회 VS 지방자치단체장

①, ② ○ 지방자치법 제120조 제1항 및 제2항

> **지방자치법 제120조【지방의회의 의결에 대한 재의요구와 제소】**
> ① 지방자치단체의 장은 지방의회의 의결이 월권이거나 법령에 위반되거나 공익을 현저히 해친다고 인정되면 그 의결사항을 이송받은 날부터 20일 이내에 이유를 붙여 재의를 요구할 수 있다.
> ② 제1항의 요구에 대하여 재의한 결과 재적의원 과반수의 출석과 출석의원 3분의 2 이상의 찬성으로 전과 같은 의결을 하면 그 의결사항은 확정된다.

③ ✗ 지방자치단체의 장은 재의결된 사항이 법령에 위반된다고 인정되는 경우 대법원에 소를 제기할 수 있다.

> **동법 제120조【지방의회의 의결에 대한 재의요구와 제소】** ③ 지방자치단체의 장은 제2항에 따라 재의결된 사항이 법령에 위반된다고 인정되면 대법원에 소(訴)를 제기할 수 있다. 이 경우에는 제192조 제4항을 준용한다.

④ ○ 지방자치법 제121조 제1항

> **동법 제121조【예산상 집행 불가능한 의결의 재의요구】** ① 지방자치단체의 장은 지방의회의 의결이 예산상 집행할 수 없는 경비를 포함하고 있다고 인정되면 그 의결사항을 이송받은 날부터 20일 이내에 이유를 붙여 재의를 요구할 수 있다.

SUMMARY 재의요구 및 제소권

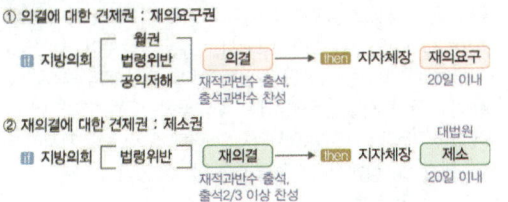

📖 2025 신용한 지방자치론 p.131, 132 **정답** ③

239

'20 서울 7 경력경쟁 지방자치론

집행기관과 지방의회의 관계에 대한 설명으로 가장 옳지 않은 것은?

① 한국의 지방정부 형태는 지방의회와 집행기관의 기능 수행과 권한행사를 둘러싸고 대립·갈등이 유발될 가능성이 크다.
② 지방의회는 주민 이익의 조정과 주민대표성을 중시하고, 집행기관은 합법성, 효율성, 능률성을 추구한다.
③ 지방자치단체의 장은 임시회 소집을 요구할 수 있고, 의안 제출권을 가진다.
④ 지방의회는 예산을 편성·확정하는 권한을 가진다.

출제유형 Ⅰ 말 바꾸기 + Ⅳ 개념
출제영역 지방의회 VS 지방자치단체장

① ○ 한국의 지방정부 형태는 원칙적으로 기관대립형으로 지방의회와 집행기관의 기능 수행과 권한행사를 둘러싸고 대립·갈등이 유발될 가능성이 있다.

③ ○ 지방자치단체의 장은 임시회 소집을 요구할 수 있으며, 의안 제출권을 가진다.

> **지방자치법 제54조【임시회】** ③ 지방의회의 의장은 지방자치단체의 장이나 조례로 정하는 수 이상의 지방의회의원이 요구하면 15일 이내에 임시회를 소집하여야 한다. 다만, 지방의회의 의장과 부의장이 부득이한 사유로 임시회를 소집할 수 없을 때에는 지방의회의원 중 최다선의원이, 최다선의원이 2명 이상인 경우에는 그 중 연장자의 순으로 소집할 수 있다.

> **동법 제76조【의안의 발의】** ① 지방의회에서 의결할 의안은 지방자치단체의 장이나 조례로 정하는 수 이상의 지방의회의원의 찬성으로 발의한다.

④ ✗ 지방의회는 예산을 심의하고 확정하는 권한을 가지지만, **예산의 편성권한은 지방자치단체의 장**에게 있다.

📖 2025 신용한 지방자치론 p.115, 116, 119, 126 **정답** ④

240

'22 지방 7 지방자치론

「지방자치법」상 지방자치단체장의 재의요구권에 대한 설명으로 옳지 않은 것은?

① 지방자치단체의 장은 지방의회의 의결이 월권이라고 인정되면 재의를 요구할 수 있다.
② 지방자치단체의 장은 재의결된 사항이 법령에 위반된다고 인정되면 헌법재판소에 심판청구를 할 수 있다.
③ 지방자치단체의 장의 재의 요구에 대하여 지방의회가 재의한 결과 재적의원 과반수의 출석과 출석의원 3분의 2 이상의 찬성으로 전과 같은 의결을 하면 그 의결사항은 확정된다.
④ 지방의회가 비상재해로 인한 시설의 응급 복구를 위하여 필요한 경비를 줄이는 의결을 할 때 지방자치단체의 장은 재의를 요구할 수 있다.

출제유형 Ⅶ 법령
출제영역 재의요구권 및 대법원에의 제소

① ○ 지방자치법 제120조 제1항

> **지방자치법 제120조 【지방의회의 의결에 대한 재의 요구와 제소】**
> ① 지방자치단체의 장은 지방의회의 의결이 월권이거나 법령에 위반되거나 공익을 현저히 해친다고 인정되면 그 의결사항을 이송받은 날부터 20일 이내에 이유를 붙여 재의를 요구할 수 있다.

② ✗ 지방자치단체의 장은 재의결된 사항이 법령에 위반된다고 인정되면 **대법원(헌법재판소 ✗)에 소를 제기할 수 있다.**

> **동법 제120조 【지방의회의 의결에 대한 재의 요구와 제소】** ③ 지방자치단체의 장은 제2항에 따라 재의결된 사항이 법령에 위반된다고 인정되면 대법원에 소(訴)를 제기할 수 있다. 이 경우에는 제192조 제4항을 준용한다.

③ ○ 지방자치법 제120조 제2항

> **동법 제120조 【지방의회의 의결에 대한 재의 요구와 제소】** ② 제1항의 요구에 대하여 재의한 결과 재적의원 과반수의 출석과 출석의원 3분의 2 이상의 찬성으로 전과 같은 의결을 하면 그 의결사항은 확정된다.

④ ○ 지방자치법 제121조 제1항, 제2항

> **동법 제121조 【예산상 집행 불가능한 의결의 재의 요구】** ① 지방자치단체의 장은 지방의회의 의결이 예산상 집행할 수 없는 경비를 포함하고 있다고 인정되면 그 의결사항을 이송받은 날부터 20일 이내에 이유를 붙여 재의를 요구할 수 있다.
> ② 지방의회가 다음 각 호의 어느 하나에 해당하는 경비를 줄이는 의결을 할 때에도 제1항과 같다.
>   1. 법령에 따라 지방자치단체에서 의무적으로 부담하여야 할 경비
>   2. 비상재해로 인한 시설의 응급 복구를 위하여 필요한 경비

2025 신용한 지방자치론 p.131, 132 **정답** ②

241

'18 서울 7 추가채용 지방자치론

지방의회의 의결이 법령에 위반되거나 공익을 현저히 해친다고 판단될 때, 나타날 수 있는 조치로 옳은 것을 <보기>에서 모두 고른 것은?

― | 보기 | ―

ㄱ. 시·도지사가 재의를 요구하면 시·군·구 지방자치단체의 장은 의결사항을 이송 받은 날부터 20일 이내에 지방의회에 이유를 붙여 재의를 요구하여야 한다.
ㄴ. 지방자치단체의 재의요구에 대하여 재의의 결과 재적의원 과반수의 출석과 출석의원 3분의 2 이상의 찬성으로 전과 같은 의결을 하면 그 의결사항은 확정된다.
ㄷ. 지방자치단체의 장은 (ㄴ)에 따라 재의결된 사항이 법령에 위반된다고 판단되면 재의결된 날부터 15일 이내에 대법원에 소를 제기할 수 있다.
ㄹ. 재의결된 사항이 법령에 위반된다고 판단됨에도 불구하고 해당 지방자치단체의 장이 소(訴)를 제기하지 아니하면 주무부장관이나 시·도지사는 직접 제소할 수 없다.

① ㄱ
② ㄱ, ㄴ
③ ㄱ, ㄴ, ㄷ
④ ㄱ, ㄴ, ㄷ, ㄹ

출제유형 Ⅶ 법령
출제영역 재의요구권 및 대법원에의 제소

ㄱ ○, ㄴ ✗ 재의요구는 지방자치단체의 장(지방자치단체 ✗)의 지방의회에 대한 견제권이다.

> **지방자치법 제192조 【지방의회 의결의 재의와 제소】** ① 지방의회의 의결이 법령에 위반되거나 공익을 현저히 해친다고 판단되면 시·도에 대해서는 주무부장관이, 시·군 및 자치구에 대해서는 시·도지사가 해당 지방자치단체의 장에게 재의를 요구하게 할 수 있고, 재의 요구 지시를 받은 지방자치단체의 장은 의결사항을 이송받은 날부터 20일 이내에 지방의회에 이유를 붙여 재의를 요구하여야 한다.
> ③ 제1항 또는 제2항의 요구에 대하여 재의한 결과 재적의원 과반수의 출석과 출석의원 3분의 2 이상의 찬성으로 전과 같은 의결을 하면 그 의결사항은 확정된다.

ㄷ, ㄹ ✗ 지방자치법 제192조 제4항 및 제5항

> **동법 제192조 【지방의회 의결의 재의와 제소】** ④ 지방자치단체의 장은 제3항에 따라 재의결된 사항이 법령에 위반된다고 판단되면 재의결된 날부터 20일 이내에 대법원에 소를 제기할 수 있다. 이 경우 필요하다고 인정되면 그 의결의 집행을 정지하게 하는 집행정지결정을 신청할 수 있다.
> ⑤ 주무부장관이나 시·도지사는 재의결된 사항이 법령에 위반된다고 판단됨에도 불구하고 해당 지방자치단체의 장이 소를 제기하지 아니하면 시·도에 대해서는 주무부장관이, 시·군 및 자치구에 대해서는 시·도지사(제2항에 따라 주무부장관이 직접 재의 요구 지시를 한 경우에는 주무부장관을 말한다. 이하 이 조에서 같다)가 그 지방자치단체의 장에게 제소를 지시하거나 직접 제소 및 집행정지결정을 신청할 수 있다.

2025 신용한 지방자치론 p.131, 132 **정답** ①

242

'21 지방 7 지방자치론

A 광역지방자치단체의 의회는 환경부 소관의 폐기물 관리 정책과 관련하여 공익을 현저히 해치는 의결을 하였다. 이에 대한 설명으로 옳지 않은 것은?

① 환경부장관은 A 광역지방자치단체의 장에게 재의를 요구하게 할 수 있다.
② 환경부장관으로부터 재의요구를 받은 A광역지방자치단체의 장은 지방의회에 이유를 붙여 재의를 요구하여야 한다.
③ A 광역지방자치단체장의 재의요구에 대하여 지방의회에서 재적의원 과반수의 출석과 출석의원 3분의 2이상의 찬성으로 전과 같은 의결을 하면 그 의결 사항은 확정된다.
④ A 광역지방자치단체의 장은 지방의회에서 재의결된 사항이 공익을 현저히 해친다고 판단되면 재의결된 날부터 20일 이내에 대법원에 소를 제기할 수 있다.

출제유형 Ⅶ 법령
출제영역 재의요구권 및 대법원에의 제소

①, ② ⭕ 지방의회의 의결이 법령에 위반되거나, 공익을 현저히 해친다고 판단되면, 시·도에 대하여는 주무부장관이 재의를 요구하게 할 수 있으며, 재의요구를 받은 지방자치단체의 장은 의결사항을 이송받은 날부터 20일 이내 지방의회에 이유를 붙여 재의를 요구하여야 한다.

> 지방자치법 제192조【지방의회 의결의 재의와 제소】① 지방의회의 의결이 법령에 위반되거나 공익을 현저히 해친다고 판단되면 시·도에 대해서는 주무부장관이, 시·군 및 자치구에 대해서는 시·도지사가 해당 지방자치단체의 장에게 재의를 요구하게 할 수 있고, 재의 요구 지시를 받은 지방자치단체의 장은 의결사항을 이송받은 날부터 20일 이내에 지방의회에 이유를 붙여 재의를 요구하여야 한다.

③ ⭕ 재의요구에 대하여 재의의 결과 재적의원 과반수의 출석과 출석위원 3분의 2이상의 찬성으로 전과 같은 의결을 하면 그 의결 사항은 확정된다.

> 동법 제192조【지방의회 의결의 재의와 제소】③ 제1항 또는 제2항의 요구에 대하여 재의한 결과 재적의원 과반수의 출석과 출석의원 3분의 2 이상의 찬성으로 전과 같은 의결을 하면 그 의결사항은 확정된다.

④ ❌ 지방자치단체의 장은 재의결된 사항이 **법령에 위반된다고(공익을 현저히 해친다고 ×) 판단되면 재의결된 날부터 20일 이내에 대법원에 소를 제기할 수 있다.**

> 동법 제192조【지방의회 의결의 재의와 제소】④ 지방자치단체의 장은 제3항에 따라 재의결된 사항이 법령에 위반된다고 판단되면 재의결된 날부터 20일 이내에 대법원에 소를 제기할 수 있다. 이 경우 필요하다고 인정되면 그 의결의 집행을 정지하게 하는 집행정지 결정을 신청할 수 있다.

정답 ④

243

'19 서울 7 추가채용 지방자치론

「지방자치법」상 지방자치단체의 장의 선결처분(先決處分)에 대한 설명으로 가장 옳지 않은 것은?

① 지방자치단체의 장은 지방의회의 의결사항 중 주민의 생명과 재산보호를 위하여 긴급하게 필요한 사항으로서 지방의회에서 의결이 지체되어 의결되지 아니할 때에는 선결처분을 할 수 있다.
② 선결처분은 지체 없이 지방의회에 보고하여 승인을 받아야 한다.
③ 지방의회에서 선결처분의 승인을 받지 못하면 그 선결처분은 그때부터 효력을 상실한다.
④ 지방자치단체의 장은 지방의회에서 선결처분이 승인을 받지 못하면 15일 전까지 재승인을 받아야 하고, 관련 사항을 지체 없이 공고해야 한다.

출제유형 Ⅶ 법령
출제영역 지방자치단체장의 선결처분

④ ❌ 선결처분은 지방의회의 승인을 받아야 하는데 승인을 받지 못하면 그 선결처분은 그때부터 효력을 상실하며, 관련 사항을 지체 없이 공고하여야 한다.

> 지방자치법 제122조【지방자치단체의 장의 선결처분】① 지방자치단체의 장은 지방의회가 지방의회의원이 구속되는 등의 사유로 제73조에 따른 의결정족수에 미달될 때와 지방의회의 의결사항 중 주민의 생명과 재산 보호를 위하여 긴급하게 필요한 사항으로서 지방의회를 소집할 시간적 여유가 없거나 지방의회에서 의결이 지체되어 의결되지 아니할 때에는 선결처분(先決處分)을 할 수 있다.
> ② 제1항에 따른 선결처분은 지체 없이 지방의회에 보고하여 승인을 받아야 한다.
> ③ 지방의회에서 제2항의 승인을 받지 못하면 그 선결처분은 그때부터 효력을 상실한다.
> ④ 지방자치단체의 장은 제2항이나 제3항에 관한 사항을 지체 없이 공고하여야 한다.

정답 ④

244

'18 서울 7 추가채용 지방자치론

지방자치단체장의 지방의회 운영에 대한 권한 중 선결처분권의 조건에 해당하는 것을 <보기>에서 모두 고른 것은?

―| 보기 |―

ㄱ. 지방의회의원이 구속되는 등의 사유로 의결정족수에 미달하게 된 때
ㄴ. 지방의회 의결사항 중 주민의 생명과 재산보호를 위하여 긴급하게 필요한 사항으로서 지방의회를 소집할 시간적 여유가 없을 때
ㄷ. 지방의회의 의결이 월권 또는 법령에 위반되거나 공익을 현저히 해한다고 인정되는 때
ㄹ. 지방의회가 비상재해로 인한 시설의 응급 복구를 위하여 필요한 경비를 줄이는 의결을 할 때

① ㄱ
② ㄱ, ㄴ
③ ㄱ, ㄴ, ㄷ
④ ㄱ, ㄴ, ㄷ, ㄹ

출제유형 Ⅶ 법령
출제영역 지방자치단체장의 선결처분

ㄱ, ㄴ ⭕ 지방자치단체장의 선결처분의 요건은 지방의회가 성립되지 아니한 때(의원이 구속되는 등의 사유로 의결정족수에 미달하게 될 때)와 지방의회의 의결사항 중 주민의 생명과 재산보호를 위하여 긴급하게 필요한 사항으로서 지방의회를 소집할 시간적 여유가 없거나 지방의회에서 의결이 지체되어 의결되지 아니할 때이다.

> 지방자치법 제122조【지방자치단체의 장의 선결처분】① 지방자치단체의 장은 지방의회가 지방의회의원이 구속되는 등의 사유로 제73조에 따른 의결정족수에 미달될 때와 지방의회의 의결사항 중 주민의 생명과 재산 보호를 위하여 긴급하게 필요한 사항으로서 지방의회를 소집할 시간적 여유가 없거나 지방의회에서 의결이 지체되어 의결되지 아니할 때에는 선결처분(先決處分)을 할 수 있다.

ㄷ ❌ 지방의회의 의결이 월권 또는 법령에 위반되거나 공익을 현저히 해한다고 인정되는 때는 재의요구의 조건에 해당한다.

> 동법 제120조【지방의회의 의결에 대한 재의요구와 제소】① 지방자치단체의 장은 지방의회의 의결이 월권이거나 법령에 위반되거나 공익을 현저히 해친다고 인정되면 그 의결사항을 이송받은 날부터 20일 이내에 이유를 붙여 재의를 요구할 수 있다.

ㄹ ❌ 지방의회가 비상재해로 인한 시설의 응급 복구를 위하여 필요한 경비를 줄이는 의결을 할 때는 예산상 집행 불가능한 의결의 재의요구 조건에 해당한다.

> 동법 제121조【예산상 집행 불가능한 의결의 재의요구】② 지방의회가 다음 각 호의 어느 하나에 해당하는 경비를 줄이는 의결을 할 때에도 제1항과 같다.
> 1. 법령에 따라 지방자치단체에서 의무적으로 부담하여야 할 경비
> 2. 비상재해로 인한 시설의 응급 복구를 위하여 필요한 경비

2025 신용한 지방자치론 p.132 **정답** ②

245

'18 지방 7 지방자치론

「지방자치법」상 지방자치단체 보조기관의 구성 및 기능에 대한 설명으로 옳은 것만을 모두 고르면?

ㄱ. 광역자치단체의 부단체장은 정무직 또는 일반직 지방공무원으로 보한다.
ㄴ. 광역자치단체의 부단체장이 2명 또는 3명인 경우에 그 사무분장은 대통령령으로 정한다.
ㄷ. 지방자치단체 지방공무원의 정원은 대통령령으로 정하는 기준에 따라 그 지방자치단체의 조례로 정한다.
ㄹ. 지방자치단체에 국가공무원을 두는 경우 해당 공무원은 소속 장관의 제청에 의해 대통령이 임명한다.

① ㄱ, ㄷ
② ㄴ, ㄷ
③ ㄴ, ㄹ
④ ㄷ, ㄹ

출제유형 Ⅰ 말 바꾸기 + Ⅶ 법령
출제영역 지방자치단체의 보조기관

ㄱ ❌ 광역자치단체의 부단체장은 대통령령으로 정하는 바에 따라 정무직 또는 일반직 국가공무원(일반직 지방공무원 ×)으로 보한다.

> 지방자치법 제123조【부지사·부시장·부군수·부구청장】② 특별시·광역시 및 특별자치시의 부시장, 도와 특별자치도의 부지사는 대통령령으로 정하는 바에 따라 정무직 또는 일반직 국가공무원으로 보한다.

ㄴ ⭕ 지방자치법 제123조 제6항

> 동법 제123조【부지사·부시장·부군수·부구청장】⑥ 제1항제1호 및 제2호에 따라 시·도의 부시장과 부지사를 2명이나 3명 두는 경우에 그 사무 분장은 대통령령으로 정한다. 이 경우 부시장·부지사를 3명 두는 시·도에서는 그중 1명에게 특정지역의 사무를 담당하게 할 수 있다.

ㄷ ⭕ 지방자치법 제125조 제2항

> 동법 제125조【행정기구와 공무원】① 지방자치단체는 그 사무를 분장하기 위하여 필요한 행정기구와 지방공무원을 둔다.
> ② 제1항에 따른 행정기구의 설치와 지방공무원의 정원은 인건비 등 대통령령으로 정하는 기준에 따라 그 지방자치단체의 조례로 정한다.

ㄹ ❌ 지방자치단체에 국가공무원을 두는 경우 5급 이상의 국가공무원이나 고위공무원단에 속하는 공무원은 해당 지방자치단체의 장의 제청으로 소속 장관을 거쳐 대통령이 임명하고, 6급 이하의 국가공무원은 그 지방자치단체의 장의 제청으로 소속 장관이 임명한다.

> 동법 제125조【행정기구와 공무원】⑤ 지방자치단체에는 제1항에도 불구하고 법률로 정하는 바에 따라 국가공무원을 둘 수 있다.
> ⑥ 제5항에 규정된 국가공무원의 경우 「국가공무원법」 제32조제1항부터 제3항까지의 규정에도 불구하고 5급 이상의 국가공무원이나 고위공무원단에 속하는 공무원은 해당 지방자치단체의 장의 제청으로 소속 장관을 거쳐 대통령이 임명하고, 6급 이하의 국가공무원은 그 지방자치단체의 장의 제청으로 소속 장관이 임명한다.

2025 신용한 지방자치론 p.132~136 **정답** ②

246

'21 서울 7 경력경쟁 지방자치론

우리나라 지방자치단체 보조기관에 대한 설명으로 옳은 것을 <보기>에서 모두 고른 것은?

|보기|
ㄱ. 서울특별시의 부시장은 3명을 넘지 아니하는 범위에서 대통령령으로 정한다.
ㄴ. 2021년 현재 경기도의 부지사는 3명까지 둘 수 있다.
ㄷ. 서울특별시 중구의 부구청장은 일반직 지방공무원이다.
ㄹ. 세종특별자치시의 부시장은 2명까지 둘 수 있다.

① ㄱ, ㄷ
② ㄱ, ㄴ, ㄷ
③ ㄱ, ㄷ, ㄹ
④ ㄱ, ㄴ, ㄷ, ㄹ

출제유형 Ⅶ 법령
출제영역 지방자치단체의 보조기관

ㄱ, ㄴ, ㄹ ○ 지방자치법 제123조 제1항 각 호

> **지방자치법 제123조【부지사·부시장·부군수·부구청장】** ① 특별시·광역시 및 특별자치시에 부시장, 도와 특별자치도에 부지사, 시에 부시장, 군에 부군수, 자치구에 부구청장을 두며, 그 수는 다음 각 호의 구분과 같다.
> 1. 특별시의 부시장의 수 : 3명을 넘지 아니하는 범위에서 대통령령으로 정한다.
> 2. 광역시와 특별자치시의 부시장 및 도와 특별자치도의 부지사의 수 : 2명(인구 800만 이상의 광역시나 도는 3명)을 넘지 아니하는 범위에서 대통령령으로 정한다.

ㄷ ○ 지방자치법 제123조 제4항

> **동법 제123조【부지사·부시장·부군수·부구청장】** ④ 시의 부시장, 군의 부군수, 자치구의 부구청장은 일반직 지방공무원으로 보하되, 그 직급은 대통령령으로 정하며 시장·군수·구청장이 임명한다.

2025 신용한 지방자치론 p.132, 133 **정답** ④

247

'18 서울 7 추가채용 지방자치론

부단체장에 대한 설명으로 가장 옳지 않은 것은?

① 모든 광역시와 도의 부단체장 정수는 2명 이내이다.
② 특별시의 부단체장 정수는 3명 이내이다.
③ 시, 군, 자치구의 부단체장은 시장, 군수, 구청장이 임명한다.
④ 자치단체의 장이 의료기관에 60일 이상 계속하여 입원한 경우 부단체장이 그 권한을 대행한다.

출제유형 Ⅶ 법령
출제영역 부단체장

① 광역시·도·특별자치도·특별자치시의 부단체장의 정수는 2명을 넘지 않는 범위에서 정하도록 되어 있지만, **인구가 800만 명을 넘으면 3명을 초과하지 아니하는 범위에서 정하도록 하고 있다.**

> **지방자치법 제123조【부지사·부시장·부군수·부구청장】** ① 특별시·광역시 및 특별자치시에 부시장, 도와 특별자치도에 부지사, 시에 부시장, 군에 부군수, 자치구에 부구청장을 두며, 그 수는 다음 각 호의 구분과 같다.
> 1. 특별시의 부시장의 수 : 3명을 넘지 아니하는 범위에서 대통령령으로 정한다.
> 2. 광역시와 특별자치시의 부시장 및 도와 특별자치도의 부지사의 수 : 2명(인구 800만 이상의 광역시나 도는 3명)을 넘지 아니하는 범위에서 대통령령으로 정한다.
> 3. 시의 부시장, 군의 부군수 및 자치구의 부구청장의 수 : 1명으로 한다.

SUMMARY 권한대행 vs 직무대리

권한대행	부단체장이 법령과 당해 자치단체의 조례나 규칙이 정하는 바에 의하여 당해 자치단체장의 권한에 속하는 사무를 처리
직무대리	지방자치단체의 장이 출장, 휴가 등 일시적인 사유로 직무를 수행할 수 없게 될 경우 부단체장이 그 직무를 대리

2025 신용한 지방자치론 p.132~134 **정답** ①

248

'17 지방 7 지방자치론

지방자치단체의 부단체장에 대한 설명으로 옳은 것은?

① 시의 부시장, 군의 부군수, 자치구의 부구청장은 일반직 지방공무원으로 보하되, 그 직급은 행정안전부령으로 정하며 시장·군수·구청장이 임명한다.
② 특별자치시의 부시장 또는 특별자치도의 부지사를 2명이나 3명두는 경우에 1명은 대통령령으로 정하는 바에 따라 정무직·일반직 또는 별정직 지방공무원으로 보한다.
③ 일반직 국가공무원으로 보하는 광역시와 도의 부시장·부지사는 행정안전부장관의 제청으로 시·도지사의 인준을 거쳐 대통령이 임명한다.
④ 특별시의 부시장의 정수는 3명을 넘지 아니하는 범위에서 특별시의회에서 정한다.

출제유형 Ⅶ 법령
출제영역 부단체장

① ❌ 시의 부시장, 군의 부군수, 자치구의 부구청장의 **직급은 대통령령(행정안전부령 ×)으로 정한다.**

> **지방자치법 제123조【부지사·부시장·부군수·부구청장】** ④ 시의 부시장, 군의 부군수, 자치구의 부구청장은 일반직 지방공무원으로 보하되, 그 직급은 대통령령으로 정하며 시장·군수·구청장이 임명한다.

② ⭕ 지방자치법 제123조 제2항의 단서

> **동법 제123조【부지사·부시장·부군수·부구청장】** ② 특별시·광역시 및 특별자치시의 부시장, 도와 특별자치도의 부지사는 대통령령으로 정하는 바에 따라 정무직 또는 일반직 국가공무원으로 보한다. 다만, 제1항제1호 및 제2호에 따라 특별시·광역시 및 특별자치시의 부시장, 도와 특별자치도의 부지사를 2명이나 3명 두는 경우에 1명은 대통령령으로 정하는 바에 따라 정무직·일반직 또는 별정직 지방공무원으로 보하되, 정무직과 별정직 지방공무원으로 보할 때의 자격기준은 해당 지방자치단체의 조례로 정한다.

③ ❌ 일반직 국가공무원으로 보하는 부시장·부지사는 시·도지사의 제청으로 **행정안전부장관을 거쳐 대통령이 임명한다.**

> **동법 제123조【부지사·부시장·부군수·부구청장】** ③ 제2항의 정무직 또는 일반직 국가공무원으로 보하는 부시장·부지사는 시·도지사의 제청으로 행정안전부장관을 거쳐 대통령이 임명한다. 이 경우 제청된 사람에게 법적 결격사유가 없으면 시·도지사가 제청한 날부터 30일 이내에 임명절차를 마쳐야 한다.

④ ❌ 특별시의 부시장의 정수는 3명을 넘지 아니하는 범위에서 **대통령령(특별시의회 ×)으로 정한다.**

> **동법 제123조【부지사·부시장·부군수·부구청장】** ① 특별시·광역시 및 특별자치시에 부시장, 도와 특별자치도에 부지사, 시에 부시장, 군에 부군수, 자치구에 부구청장을 두며, 그 수는 다음 각 호의 구분과 같다.
> 1. 특별시의 부시장의 수 : 3명을 넘지 아니하는 범위에서 대통령령으로 정한다.

📖 2025 신용한 지방자치론 p.132, 133

정답 ②

249

'21 지방 7 지방자치론

자치제도의 특례에 대한 설명으로 옳지 않은 것은?

① 인구 500만 이상의 시·도는 부시장이나 부지사의 수를 최대 4명 이하로 할 수 있는 특례를 두고 있다.
② 제주특별자치도는 특별지방행정기관 사무의 이관, 교육자치, 자치경찰, 자치재정, 감사위원회 등의 특례를 두고 있다.
③ 자치구는 도시계획, 지역경제, 상수도 등에서 시·군과 권한을 달리하는 특례를 두고 있다.
④ 「세종특별자치시 설치 등에 관한 특별법」에서는 세종특별자치시 행정체제의 특수성을 반영한 특례를 두고 있다.

출제유형 Ⅶ 법령
출제영역 부단체장 등

① ❌ 인구 **800만(500만 ×)** 이상의 시·도는 부시장이나 부지사의 수를 **최대 3명(4명 ×)을 초과하지 않는 범위에서 대통령령으로 정할 수 있다.**

> **지방자치법 제123조【부지사·부시장·부군수·부구청장】** ① 특별시·광역시 및 특별자치시에 부시장, 도와 특별자치도에 부지사, 시에 부시장, 군에 부군수, 자치구에 부구청장을 두며, 그 수는 다음 각 호의 구분과 같다.
> 1. 특별시의 부시장의 수 : 3명을 넘지 아니하는 범위에서 대통령령으로 정한다.
> 2. 광역시와 특별자치시의 부시장 및 도와 특별자치도의 부지사의 수 : 2명(인구 800만 이상의 광역시나 도는 3명)을 넘지 아니하는 범위에서 대통령령으로 정한다.
> 3. 시의 부시장, 군의 부군수 및 자치구의 부구청장의 수 : 1명으로 한다.

② ⭕ 제주특별자치도는 특별지방행정기관 사무의 이관, 교육자치, 자치경찰, 자치재정, 감사위원회 등의 특례를 두고 있다.

③ ⭕ 지방자치법 시행령 제10조 제2항

> **지방자치법 시행령 제10조【지방자치단체의 종류별 사무】** ② 법 제2조제2항에 따라 시·군과 다르게 자치구에서 처리하지 않고 특별시·광역시에서 처리하는 사무는 별표 2와 같다. 다만, 법령에 이와 다른 규정이 있는 경우에는 그에 따른다.

> **지방자치법 시행령 [별표 2]**
> 1. 지방자치단체의 인사 및 교육 등에 관한 사무
> 2. 지방재정에 관한 사무
> 3. 매장 및 묘지 등에 관한 사무
> 4. 청소·오물에 관한 사무
> 5. 지방토목·주택건설 등에 관한 사무
> 6. 도시·군계획에 관한 사무
> 7. 도로의 개설과 유지·관리에 관한 사무
> 8. 상수도사업에 관한 사무
> 9. 공공하수도에 관한 사무
> 10. 공원 등 관광·휴양시설의 설치·관리에 관한 사무
> 11. 지방 궤도사업에 관한 사무
> 12. 대중교통행정에 관한 사무
> 13. 지역경제 육성에 관한 업무
> 14. 교통신호기, 안전표시 등의 설치·관리 등에 관한 사무

④ ⭕ 「세종특별자치시 설치 등에 관한 특별법」에서는 세종특별자치시 행정체제의 특수성을 반영하여, 국무총리 소속의 세종특별자치시위원회의 설치, 기초지방자치단체의 설치 금지, 특별자치시장 소속의 감사위원회 등의 특례를 두고 있다.

🔗 2025 신용한 지방자치론 p.64~70, 71, 133   정답 ①

250

'17 지방 7 지방자치론

지방자치법령상 지방자치단체의 장의 권한대행에 대한 설명으로 옳은 것은?

① 부시장이나 부지사 2명을 두는 시·도의 경우에는 대통령령에 따라 행정부시장·행정부지사, 정무부시장·정무부지사의 순으로 시·도지사의 권한을 대행하거나 직무를 대리한다.

② 지방자치단체의 장은 공소가 제기된 시점으로부터 부지사·부시장·부군수·부구청장이 그 권한을 대행한다.

③ 규정에 따라 직무를 대리할 부단체장이 부득이한 사유로 직무를 수행할 수 없으면 해당 지방자치단체의 장이 지명하는 공무원이 그 권한을 대행하거나 직무를 대리한다.

④ 지방자치단체의 장이 「의료법」에 따른 의료기관에 30일 이상 계속하여 입원한 경우 부단체장이 그 권한을 대행한다.

출제유형 Ⅶ 법령
출제영역 **지방자치단체장의 권한대행과 직무대리**

① ⭕ 부시장이나 부지사 2명을 두는 시·도의 경우에는 행정부시장·행정부지사, 정무부시장·정무부지사의 순으로 시·도지사의 권한을 대행하거나 직무를 대리한다.

> **지방자치법 제124조【지방자치단체의 장의 권한대행 등】** ④ 제1항부터 제3항까지의 경우에 부시장이나 부시장이 2명 이상인 시·도에서는 대통령령으로 정하는 순서에 따라 그 권한을 대행하거나 직무를 대리한다.

> **동법 시행령 제72조【권한대행 및 직무대리】** ⑤ 법 제123조제1항제1호 및 제2호에 따라 부시장이나 부지사 3명을 두는 시·도의 경우에는 행정(1)부시장·행정(1)부지사, 행정(2)부시장·행정(2)부지사, 정무부시장·정무부지사의 순으로 시·도지사의 권한을 대행하거나 직무를 대리하고, 부시장이나 부지사 2명을 두는 시·도의 경우에는 행정부시장·행정부지사, 정무부시장·정무부지사의 순으로 시·도지사의 권한을 대행하거나 직무를 대리한다.

② ❌ 공소 제기된 후 구금상태에 있는 경우(공소제기된 시점 ×) 그 권한을 대행한다.

> **동법 제124조【지방자치단체의 장의 권한대행 등】** ① 지방자치단체의 장이 다음 각 호의 어느 하나에 해당되면 부지사·부시장·부군수·부구청장(이하 이 조에서 "부단체장"이라 한다)이 그 권한을 대행한다.
> 2. 공소 제기된 후 구금상태에 있는 경우

③ ❌ 지방자치단체의 규칙에 정하여진 직제 순서에 따른 공무원이 그 권한을 대행하거나 직무를 대리한다.

> **동법 제124조【지방자치단체의 장의 권한대행 등】** ⑤ 제1항부터 제3항까지의 규정에 따라 권한을 대행하거나 직무를 대리할 부단체장이 부득이한 사유로 직무를 수행할 수 없으면 그 지방자치단체의 규칙에 정해진 직제 순서에 따른 공무원이 그 권한을 대행하거나 직무를 대리한다.

④ ❌ 60일 이상 계속하여 입원한 경우 부단체장이 그 권한을 대행한다.

> **동법 제124조【지방자치단체의 장의 권한대행 등】** ① 지방자치단체의 장이 다음 각 호의 어느 하나에 해당되면 부지사·부시장·부군수·부구청장(이하 이 조에서 "부단체장"이라 한다)이 그 권한을 대행한다.
> 3. 「의료법」에 따른 의료기관에 60일 이상 계속하여 입원한 경우

🔗 2025 신용한 지방자치론 p.133, 134   정답 ①

251

'18 서울 7 지방자치론

지방자치단체장의 권한대행과 직무대리에 대한 설명으로 가장 옳지 않은 것은?

① 부지사나 부시장이 2명 이상인 시·도에서는 조례로 정한 순서에 따라 그 권한을 대행하거나 직무를 대리한다.
② 지방자치단체장이 궐위된 경우에는 부단체장이 그 권한을 대행한다.
③ 지방자치단체장이 출장, 휴가 등 일시적 사유로 직무를 수행할 수 없는 경우에는 부단체장이 그 직무를 대리한다.
④ 지방자치단체장이 공소 제기된 후 구금상태에 있는 경우에는 부단체장이 그 권한을 대행한다.

출제유형 Ⅶ 법령
출제영역 지방자치단체장의 권한대행과 직무대리

① ✗ 조례가 아닌 **대통령령으로 정하는 순서에 따라 그 권한을 대행하거나 직무를 대리**한다.
②, ③, ④ ○ 지방자치법 제124조

> 동법 제124조【지방자치단체의 장의 권한대행 등】① 지방자치단체의 장이 다음 각 호의 어느 하나에 해당되면 부지사·부시장·부군수·부구청장(이하 이 조에서 "부단체장"이라 한다)이 그 권한을 대행한다.
> 　1. 궐위된 경우
> 　2. 공소 제기된 후 구금상태에 있는 경우
> 　3. 「의료법」에 따른 의료기관에 60일 이상 계속하여 입원한 경우
> ② 지방자치단체의 장이 그 직을 가지고 그 지방자치단체의 장 선거에 입후보하면 예비후보자 또는 후보자로 등록한 날부터 선거일까지 부단체장이 그 지방자치단체의 장의 권한을 대행한다.
> ③ 지방자치단체의 장이 출장·휴가 등 일시적 사유로 직무를 수행할 수 없으면 부단체장이 그 직무를 대리한다.
> ④ 제1항부터 제3항까지의 경우에 부지사나 부시장이 2명 이상인 시·도에서는 <u>대통령령으로 정하는</u> 순서에 따라 그 권한을 대행하거나 직무를 대리한다.
> ⑤ 제1항부터 제3항까지의 규정에 따라 권한을 대행하거나 직무를 대리할 부단체장이 부득이한 사유로 직무를 수행할 수 없으면 그 지방자치단체의 규칙에 정해진 직제 순서에 따른 공무원이 그 권한을 대행하거나 직무를 대리한다.

SUMMARY 권한대행 vs 직무대리

권한대행	부단체장이 법령과 당해 자치단체의 조례나 규칙이 정하는 바에 의하여 당해 **자치단체장의 권한에 속하는 사무**를 처리
직무대리	지방자치단체의 장이 **출장, 휴가 등 일시적인 사유**로 직무를 수행할 수 없게 될 경우 부단체장이 그 **직무를 대리**

2025 신용한 지방자치론 p.133, 134　　**정답** ①

252

'22 서울 7 경력경쟁 지방자치론

<보기>에서 지방자치단체장의 권한대행이 필요한 경우를 모두 고른 것은?

── | 보기 | ──
ㄱ. 궐위된 경우
ㄴ. 공소 제기된 후 구금상태에 있는 경우
ㄷ. 출장, 휴가 등 일시적 사유로 직무를 수행할 수 없는 경우

① ㄱ, ㄴ
② ㄱ, ㄷ
③ ㄴ, ㄷ
④ ㄱ, ㄴ, ㄷ

출제유형 Ⅶ 법령
출제영역 지방자치단체장의 권한대행과 직무대리

ㄱ, ㄴ ○ 지방자치법 제124조 제1항 각 호

> 지방자치법 제124조【지방자치단체의 장의 권한대행 등】① 지방자치단체의 장이 다음 각 호의 어느 하나에 해당되면 부지사·부시장·부군수·부구청장(이하 이 조에서 "부단체장"이라 한다)이 그 권한을 대행한다.
> 　1. 궐위된 경우
> 　2. 공소 제기된 후 구금상태에 있는 경우
> 　3. 「의료법」에 따른 의료기관에 60일 이상 계속하여 입원한 경우

ㄷ ✗ 지방자치단체의 장이 출장·휴가 등 일시적 사유로 직무를 수행할 수 없으면 부단체장이 그 **직무를 대리**(대행 ✗)한다

> 동법 제124조【지방자치단체의 장의 권한대행 등】③ 지방자치단체의 장이 출장·휴가 등 일시적 사유로 직무를 수행할 수 없으면 부단체장이 그 직무를 대리한다.

2025 신용한 지방자치론 p.133　　**정답** ①

253 '16 지방 7 지방자치론

「지방자치법」에 근거하여 적절하게 이행된 행위를 모두 고르면?

ㄱ. A광역시장은 지방의회의 의결이 법령에 위반되어 재의를 요구하였다.
ㄴ. B군의 군수는 그 직을 사임하려고 도지사와 행정안전부장관에게만 사임일이 적힌 사임통지서를 보내고 그 사임일에 사임된 것으로 간주하고 출근하지 않았다.
ㄷ. C광역시의 부시장은 시장이 부패 혐의로 공소가 제기되어 현재 구금된 상태에서 시장의 권한을 대행하고 있다.
ㄹ. D도의 도지사는 도청에 근무하는 정무직 국가공무원인 행정부지사에 대한 임명권을 행사하였다.

① ㄱ, ㄷ ② ㄱ, ㄹ
③ ㄴ, ㄷ ④ ㄷ, ㄹ

출제유형 Ⅶ 법령
출제영역 지방자치단체의 권한대행 등

ㄱ ⭕ A광역시장은 지방자치법 제120조 제1항 지방의회의 의결이 월권이거나 법령에 위반되거나 공익을 현저히 해친다고 인정되면 재의를 요구할 수 있다.

> 지방자치법 제120조 【지방의회의 의결에 대한 재의 요구와 제소】
> ① 지방자치단체의 장은 지방의회의 의결이 월권이거나 법령에 위반되거나 공익을 현저히 해친다고 인정되면 그 의결사항을 이송받은 날부터 20일 이내에 이유를 붙여 재의를 요구할 수 있다.

ㄴ ❌ B군의 군수는 지방자치법 제111조 제1항 및 제2항에 따라 사임하고자 할 때에는 **지방의회의 의장에게 사임일이 적힌 사임통지서를 보내야 한다**. 만약 지방의회의 의장에게 통지되지 아니할 경우에는 지방의회의 의장에게 사임통지가 된 날에 사임된다.

> 동법 제111조 【지방자치단체의 장의 사임】 ① 지방자치단체의 장은 그 직을 사임하려면 지방의회의 의장에게 미리 사임일을 적은 서면(이하 "사임통지서"라 한다)으로 알려야 한다.
> ② 지방자치단체의 장은 사임통지서에 적힌 사임일에 사임된다. 다만, 사임통지서에 적힌 사임일까지 지방의회의 의장에게 사임통지가 되지 아니하면 지방의회의 의장에게 사임통지가 된 날에 사임된다.

ㄷ ⭕ C광역시의 부시장은 지방자치법 제124조 제1항에 따라 지방자치단체의 장이 공소 제기된 후 구금상태에 있는 경우 부단체장이 권한을 대행한다.

> 동법 제124조 【지방자치단체의 장의 권한대행 등】 ① 지방자치단체의 장이 다음 각 호의 어느 하나에 해당되면 부지사·부시장·부군수·부구청장(이하 이 조에서 "부단체장"이라 한다)이 그 권한을 대행한다.
> 2. 공소 제기된 후 구금상태에 있는 경우

ㄹ ❌ **일반직 국가공무원으로 보하는 행정부지사에 대한 임명권은 대통령이 갖는다.**

> 동법 제123조 【부지사·부시장·부군수·부구청장】 ③ 제2항의 정무직 또는 일반직 국가공무원으로 보하는 부시장·부지사는 시·도지사의 제청으로 행정안전부장관을 거쳐 대통령이 임명한다. 이 경우 제청된 자에게 법적 결격사유가 없으면 30일 이내에 그 임명절차를 마쳐야 한다.

2025 신용한 지방자치론 p.130~133 **정답** ①

254 '18 지방 9

「지방공무원법」상 특정직 지방공무원에 해당하지 않는 것은?

① 지방의회 전문위원
② 교육감 소속의 교육전문직원
③ 자치경찰공무원
④ 공립 대학 및 전문대학에 근무하는 교육공무원

출제유형 Ⅶ 법령
출제영역 지방공무원 인사제도

① ❌ **지방의회 전문위원은 일반직 공무원이지만 일반직의 직급에 해당하는 상당계급의 별정직 지방공무원으로도 임명할 수 있다.**

> 지방자치법 제68조 【전문위원】 ③ 위원회에 두는 전문위원의 직급과 수 등에 관하여 필요한 사항은 대통령령으로 정한다.
> 지방자치단체의 행정기구와 정원기준 등에 관한 규정 【별표5】 전문위원은 일반직의 직급에 해당하는 상당계급의 별정직지방공무원으로 임명할 수 있다.

②, ③, ④ ⭕ 자치경찰공무원, 교육감 소속의 교육전문직원 등은 「지방공무원법」상 특정직 공무원에 해당한다.

> 지방공무원법 제2조 【공무원의 구분】 ① 지방자치단체의 공무원(지방자치단체가 경비를 부담하는 지방공무원을 말하며, 이하 "공무원"이라 한다)은 경력직공무원과 특수경력직공무원으로 구분한다.
> 2. 특정직공무원 : 공립 대학 및 전문대학에 근무하는 교육공무원, 교육감 소속의 교육전문직원 및 자치경찰공무원과 그 밖에 특수 분야의 업무를 담당하는 공무원으로서 다른 법률에서 특정직공무원으로 지정하는 공무원

2025 신용한 지방자치론 p.135 **정답** ①

255

'17 서울 7 지방자치론 변형

다음 중 지방공무원의 종류와 그 예시가 잘못 연결된 것은?

① 일반직 지방공무원 – 지방농촌지도사
② 특정직 지방공무원 – 자치경찰공무원
③ 별정직 지방공무원 – 지방의회 전문위원
④ 정무직 지방공무원 – 정무부지사

출제유형 Ⅶ 법령
출제영역 지방공무원

④ ✕ 우리나라 지방공무원제의 법체계는 형식상 「국가공무원법」과 구분되어 있으나 실질에 있어서는 국가공무원제와 거의 유사하다. 지방공무원도 동일하게 경력직공무원과 특수경력직 공무원으로 구분된다. 문제의 경우 '지방'을 제외하고, 농촌지도사, 의회전문의원이라고 보고 해결할 수 있으며, 정답이 되는 정무부지사는 단체장이 임명하는 별정직 지방공무원이다(정무직 ✕).

⊂⊃ 2025 신용한 지방자치론 p.135   정답 ④

256

'19 서울 7 추가채용 행정학 변형

「지방공무원법」상 특정직공무원이 아닌 것은?

① 기술에 대한 업무를 담당하는 공무원
② 공립 대학 및 전문대학에 근무하는 교육공무원
③ 자치경찰공무원
④ 교육감 소속의 교육전문직원

출제유형 Ⅶ 법령
출제영역 지방공무원

① ✕ 기술에 대한 업무를 담당하는 공무원은 경력직공무원 중 일반직 공무원에 해당한다.
②, ③, ④ ○ 공립 대학 및 전문대학에 근무하는 교육공무원, 자치경찰공무원, 경력직공무원 중 특정직공무원에 해당한다.

> **지방공무원법 제2조 【공무원의 구분】** ② "경력직공무원"이란 실적과 자격에 따라 임용되고 그 신분이 보장되며 평생 동안(근무기간을 정하여 임용하는 공무원의 경우에는 그 기간 동안을 말한다) 공무원으로 근무할 것이 예정되는 공무원을 말하며, 그 종류는 다음 각 호와 같다.
> 1. 일반직공무원 : 기술·연구 또는 행정 일반에 대한 업무를 담당하는 공무원
> 2. 특정직공무원 : 공립 대학 및 전문대학에 근무하는 교육공무원, 교육감 소속의 교육전문직원 및 자치경찰공무원과 그 밖에 특수 분야의 업무를 담당하는 공무원으로서 다른 법률에서 특정직공무원으로 지정하는 공무원

⊂⊃ 2025 신용한 지방자치론 p.135   정답 ①

257

'21 서울 7 경력경쟁 지방자치론

지방공무원과 관련된 제도에 대한 설명으로 가장 옳은 것은?

① 지방자치단체장과 시·도교육감은 별정직공무원이다.
② 서울시립대의 교원은 일반직공무원이다.
③ 지방소청심사위원회는 시·도에만 설치되어 있다.
④ 중앙정부 경비로 운영되는 공무원이 지방자치단체에 근무하더라도 신분은 지방공무원이다.

출제유형 Ⅶ 법령
출제영역 지방공무원 인사제도

① ✕ 지방자치단체장과 시·도교육감은 정무직공무원이다.
② ✕ 서울시립대의 교원은 특정직 공무원이다.
③ ○ 지방공무원법 제13조 제1항

> **지방공무원법 제13조 【소청심사위원회의 설치】** ① 지방자치단체의 장 소속 공무원의 징계, 그 밖에 그 의사에 반하는 불리한 처분이나 부작위(不作爲)에 대한 소청을 심사·결정하기 위하여 시·도에 임용권자(시·도의회의 의장 및 임용권을 위임받은 자는 제외한다) 별로 지방소청심사위원회 및 교육소청심사위원회(이하 "심사위원회"라 한다)를 둔다.

④ ✕ 중앙정부 경비로 운영되는 공무원은 지방자치단체에 근무하더라도 신분은 국가공무원이다.

⊂⊃ 2025 신용한 지방자치론 p.129, 135   정답 ③

258 '19 지방 7 지방자치론

지방공무원제도에 대한 설명으로 옳은 것은?

① 지방자치단체 인사위원회의 회의는 구성원의 과반수 출석과 출석위원 과반수의 찬성으로 의결한다.
② 변호사는 지방자치단체 인사위원회의 위촉위원이 될 수 있으며, 임기는 3년이고 한 번 연임할 수 있다.
③ 9급 지방공무원을 신규 임용하는 경우 9개월간 시보로 임용한다.
④ 지방소청심사위원회는 광역자치단체와 기초자치단체에 설치한다.

출제유형 Ⅶ 법령
출제영역 지방공무원

① ✗ 인사위원회의 회의는 구성원의 3분의 2 이상의 출석과 과반수의 찬성으로 의결한다.

> 지방공무원법 제10조【인사위원회의 회의】③ 인사위원회의 회의는 제2항에 따른 구성원 3분의 2 이상의 출석과 출석위원 과반수의 찬성으로 의결한다.

② ○ 지방공무원법 제7조 제5항 및 제7항

> 동법 제7조【인사위원회의 설치】⑤ 지방자치단체의 장과 지방의회의 의장은 각각 소속 공무원(국가공무원을 포함한다) 및 다음 각 호에 해당하는 사람으로서 인사행정에 관한 학식과 경험이 풍부한 사람 중에서 위원을 임명하거나 위촉하되, 위원의 자격요건에 관하여 필요한 사항은 대통령령으로 정한다. 다만, 시험위원은 시험실시기관의 장이 따로 위촉할 수 있다.
> 1. 법관·검사 또는 변호사 자격이 있는 사람
> ⑦ 제5항에 따라 위촉되는 위원의 임기는 3년으로 하되, 한 번만 연임할 수 있다.

③ ✗ 6급 이하에 상당하는 공무원을 신규임용하는 경우에는 6개월간 시보로 임용한다.

> 동법 제28조【시보임용】① 5급 공무원(제4조제2항에 따라 같은 조 제1항의 계급 구분이나 직군 및 직렬의 분류를 적용하지 아니하는 공무원 중 5급에 상당하는 공무원을 포함한다. 이하 같다)을 신규임용하는 경우에는 1년, 6급 이하 공무원(제4조제2항에 따라 같은 조 제1항의 계급 구분이나 직군 및 직렬의 분류를 적용하지 아니하는 공무원 중 6급 이하에 상당하는 공무원을 포함한다. 이하 같다)을 신규임용하는 경우에는 6개월간 시보로 임용하고, 그 기간의 근무성적·교육훈련성적과 공무원으로서의 자질을 고려하여 정규 공무원으로 임용한다. 다만, 대통령령으로 정하는 경우에는 시보임용을 면제하거나 그 기간을 단축할 수 있다.

④ ✗ 지방공무원법 제13조 제1항

> 동법 제13조【소청심사위원회의 설치】① 지방자치단체의 장 소속 공무원의 징계, 그 밖에 그 의사에 반하는 불리한 처분이나 부작위(不作爲)에 대한 소청을 심사·결정하기 위하여 시·도에 임용권자(시·도의회의 의장 및 임용권을 위임받은 자는 제외한다)별로 지방소청심사위원회 및 교육소청심사위원회(이하 "심사위원회"라 한다)를 둔다.
> ② 지방의회의 의장 소속 공무원의 징계, 그 밖에 그 의사에 반하는 불리한 처분이나 부작위에 대한 소청은 제1항에 따른 지방소청심사위원회에서 심사·결정한다.

2025 신용한 지방자치론 p.135~137 **정답** ②

259 '23 국가 9

「지방공무원법」상 인사위원회의 위원으로 임명되거나 위촉될 수 없는 사람은?

① 지방의회의원
② 법관·검사 또는 변호사 자격이 있는 사람
③ 공무원으로서 20년 이상 근속하고 퇴직한 사람
④ 초등학교·중학교·고등학교 교장 또는 교감으로 재직하는 사람

출제유형 Ⅶ 법령
출제영역 지방공무원 인사제도

① ✗ 지방의회의원은 인사위원회 위원으로 위촉될 수 없다.

> 지방공무원법 제7조【인사위원회의 설치】⑤ 지방자치단체의 장과 지방의회의 의장은 각각 소속 공무원(국가공무원을 포함한다) 및 다음 각 호에 해당하는 사람으로서 인사행정에 관한 학식과 경험이 풍부한 사람 중에서 위원을 임명하거나 위촉하되, 위원의 자격요건에 관하여 필요한 사항은 대통령령으로 정한다. 다만, 시험위원은 시험실시기관의 장이 따로 위촉할 수 있다.
> 1. 법관·검사 또는 변호사 자격이 있는 사람
> 2. 대학에서 조교수 이상으로 재직하거나 초등학교·중학교·고등학교 교장 또는 교감으로 재직하는 사람
> 3. 공무원(국가공무원을 포함한다)으로서 20년 이상 근속하고 퇴직한 사람
> 4. 「비영리민간단체 지원법」에 따른 비영리민간단체에서 10년 이상 활동하고 있는 지역단위 조직의 장
> 5. 상장법인의 임원 또는 「공공기관의 운영에 관한 법률」제5조에 따라 지정된 공기업의 지역단위 조직의 장으로 근무하고 있는 사람
> ⑥ 다음 각 호의 어느 하나에 해당하는 사람은 위원으로 위촉될 수 없다.
> 1. 제31조 각 호의 어느 하나에 해당하는 사람
> 2. 「정당법」에 따른 정당의 당원
> 3. 지방의회의원

2025 신용한 지방자치론 p.136 **정답** ①

260 '16 서울 7 지방자치론

「지방공무원법」상 인사위원회에 대한 설명으로 가장 옳은 것은?

① 인사위원회의 위원장은 부단체장이 되고, 부위원장은 위원회에서 호선한다.
② 인사위원회는 광역지방자치단체의 장의 지휘·감독을 받는 의결·집행기관이다.
③ 지방의회의 현직 의원은 인사위원이 될 수 없으나, 정당의 당원은 인사위원이 될 수 있다.
④ 위촉위원의 임기는 3년이며 연임할 수 없다.

출제유형 Ⅶ 법령
출제영역 지방공무원 인사제도

① ⭕ 인사위원회의 위원장은 시·도의 부시장·부지사·부교육감(부단체장), 시·군·자치구의 부시장·부군수·부구청장(부단체장)이 되고, 부위원장은 해당 인사위원회에서 호선한다.

> 지방공무원법 제9조 【인사위원회의 기관】 ① 인사위원회에 위원장·부위원장 각 1명을 두며, 위원장은 시·도의 국가공무원으로 임명하는 부시장·부지사·부교육감, 시·도의회의 사무처장, 시·군·구의 부시장·부군수·부구청장, 시·군·구의회의 사무국장 또는 사무과장이 되고, 부위원장은 해당 인사위원회에서 호선(互選)한다. 다만, 임용권을 위임받은 기관에 두는 인사위원회의 위원장과 부위원장은 해당 인사위원회에서 호선한다.

② ❌ 인사위원회는 광역·기초지방자치단체에 임용권자별로 설치하는 것으로 이들 기관들은 인사에 관한 일정한 사무를 지방자치단체장으로부터 <u>독립하여 결정하는 특별기관</u>이다.
③ ❌ <u>정당의 당원, 지방의회의원 등은 인사위원이 될 수 없다.</u>

> 동법 제7조 【인사위원회의 설치】 ⑥ 다음 각 호의 어느 하나에 해당하는 사람은 위원으로 위촉될 수 없다.
> 2. 「정당법」에 따른 <u>정당의 당원</u>
> 3. <u>지방의회의원</u>

④ ❌ <u>위원의 임기는 3년으로 하되, 한 번 연임할 수 있다.</u>

> 동법 제7조 【인사위원회의 설치】 ⑦ 제5항에 따라 <u>위촉되는 위원의 임기는 3년으로 하되, 한 번만 연임할 수 있다.</u>

🔗 2025 신용한 지방자치론 p.135, 136 **정답** ①

---

261 '18 서울 7 추가채용 지방자치론

현행 「지방공무원법」상 인사위원회에 대한 설명으로 가장 옳은 것은?

① 인사위원회에 위원장과 부위원장 각 1명을 둔다.
② 인사위원회는 서면으로 심의·의결할 수 없다.
③ 현직 법관은 인사위원이 될 수 없다.
④ 위촉위원은 임기가 3년이며 연임할 수 없다.

출제유형 Ⅶ 법령
출제영역 지방공무원 인사제도

① ⭕ 지방공무원법 제9조 제1항

> 지방공무원법 제9조 【인사위원회의 기관】 ① 인사위원회에 위원장·부위원장 각 1명을 두며, 위원장은 시·도의 국가공무원으로 임명하는 부시장·부지사·부교육감, 시·도의회의 사무처장, 시·군·구의 부시장·부군수·부구청장, 시·군·구의회의 사무국장 또는 사무과장이 되고, 부위원장은 해당 인사위원회에서 호선(互選)한다. 다만, 임용권을 위임받은 기관에 두는 인사위원회의 위원장과 부위원장은 해당 인사위원회에서 호선한다.

② ❌ <u>인사위원회의 의결은 구성원 3분의 2 이상의 출석과 출석위원 과반수의 찬성으로 의결된다.</u> 다만, 대통령령이 정하는 경미한 사항에 대하여는 서면으로 심의·의결할 수 있다.

> 동법 제10조 【인사위원회의 회의】 ③ 인사위원회의 회의는 제2항에 따른 구성원 3분의 2 이상의 출석과 출석위원 과반수의 찬성으로 의결한다. 다만, <u>대통령령으로 정하는 경미한 사항에 대하여는 서면으로 심의·의결할 수 있다.</u>

③ ❌ <u>현직 법관은 인사위원이 될 수 있다.</u>

> 동법 제7조 【인사위원회의 설치】 ⑤ 지방자치단체의 장과 지방의회의 의장은 각각 소속 공무원(국가공무원을 포함한다) 및 다음 각 호에 해당하는 사람으로서 인사행정에 관한 학식과 경험이 풍부한 사람 중에서 위원을 임명하거나 위촉하되, 위원의 자격요건에 관하여 필요한 사항은 대통령령으로 정한다. 다만, 시험위원은 시험실시 기관의 장이 따로 위촉할 수 있다.
> 1. <u>법관·검사 또는 변호사 자격이 있는 사람</u>

④ ❌ <u>위촉위원의 임기는 3년이며 한 번 연임할 수 있다.</u>

> 동법 제7조 【인사위원회의 설치】 ⑦ 제5항에 따라 위촉되는 위원의 임기는 3년으로 하되, <u>한 번만 연임할 수 있다.</u>

🔗 2025 신용한 지방자치론 p.135, 136 **정답** ①

262 '19 서울 7 지방자치론

지방자치단체의 인사위원회에 대한 설명으로 가장 옳지 않은 것은?

① 정당의 당원 및 지방의회의원은 인사위원회의 위원이 될 수 없으며, 위원의 임기는 2년으로 하되, 한 번 연임할 수 있다.
② 위원은 해당 지방자치단체 공무원 및 인사행정의 전문가 중에서 지방자치단체장과 지방의회의 의장이 임명 또는 위촉한다.
③ 인사위원회를 구성할 경우에는 외부 위촉위원이 전체 위원의 2분의 1 이상이어야 한다.
④ 각 지방자치단체에 임용권자별로 설치한다.

출제유형 I 말바꾸기 + VII 법령
출제영역 지방공무원 인사제도

① ✗ 정당의 당원 및 지방의회의원은 인사위원회의 위원이 될 수 없으며, 위원의 임기는 3년으로 하되, 한 번만 연임할 수 있다.

> 지방공무원법 제7조【인사위원회의 설치】⑥ 다음 각 호의 어느 하나에 해당하는 사람은 위원으로 위촉될 수 없다.
> 1. 제31조 각 호의 어느 하나에 해당하는 사람
> 2. 「정당법」에 따른 정당의 당원
> 3. 지방의회의원
> ⑦ 제5항에 따라 위촉되는 위원의 임기는 3년으로 하되, 한 번만 연임할 수 있다.

② ○ 지방공무원법 제7조 제5항

> 동법 제7조【인사위원회의 설치】⑤ 지방자치단체의 장과 지방의회의 의장은 각각 소속 공무원(국가공무원을 포함한다) 및 다음 각 호에 해당하는 사람으로서 인사행정에 관한 학식과 경험이 풍부한 사람 중에서 위원을 임명하거나 위촉하되, 위원의 자격요건에 관하여 필요한 사항은 대통령령으로 정한다. 다만, 시험위원은 시험실시기관의 장이 따로 위촉할 수 있다.

③ ○ 지방공무원법 제7조 제3항

> 동법 제7조【인사위원회의 설치】③ 제2항에 따라 인사위원회를 구성할 경우에는 제5항 각 호에 따라 위촉되는 위원이 전체 위원의 2분의 1 이상이어야 한다.

④ ○ 지방공무원법 제7조 제1항

> 동법 제7조【인사위원회의 설치】① 지방자치단체에 임용권자(임용권을 위임받은 자는 제외하되, 그중 시의 구청장과 지방자치단체의 장이 필요하다고 인정하는 소속 기관의 장을 포함한다)별로 인사위원회를 두되, 시·도에 특별시장·광역시장·특별자치시장·도지사·특별자치도지사(이하 "시·도지사"라 한다) 또는 교육감 소속으로 인사위원회를 두는 경우에는 필요하면 제1인사위원회와 제2인사위원회를 둘 수 있다.

2025 신용한 지방자치론 p.135, 136   **정답** ①

263 '18 서울 7 추가채용 지방자치론

현행「지방공무원법」상 공무원의 결원 보충방법을 <보기>에서 모두 고른 것은?

| 보기 |
ㄱ. 신규임용   ㄴ. 승진임용
ㄷ. 전직   ㄹ. 전보
ㅁ. 강임

① ㄱ, ㄴ
② ㄱ, ㄴ, ㄷ
③ ㄱ, ㄴ, ㄷ, ㄹ
④ ㄱ, ㄴ, ㄷ, ㄹ, ㅁ

출제유형 VII 법령
출제영역 지방공무원 인사제도

ㄱ, ㄴ, ㄷ, ㄹ, ㅁ ○ 「지방공무원법」상 공무원의 결원 보충은 신규임용, 승진임용, 강임, 전직, 전보의 방법으로 보충하도록 되어 있다.

> 지방공무원법 제26조【결원 보충 방법】임용권자는 공무원의 결원을 신규임용·승진임용·강임·전직 또는 전보의 방법으로 보충한다.

2025 신용한 지방자치론 p.137   **정답** ④

264

'21 지방 7 지방자치론

지방공무원 제도의 운영에 대한 설명으로 옳지 않은 것은?

① 임용권자는, 전직시험에서 3회 이상 불합격한 사람으로서 직무수행 능력이 부족하다고 인정될 때에는, 그 사람을 직권면직 할 수 있다.
② 지방자치단체는 해당 지방자치단체의 지방공무원 직류를 신설할 수 없다.
③ 공무원의 징계. 그 밖에 그 의사에 반하는 불리한 처분이나 부작위에 대한 소청을 심사·결정하기 위하여 시·도에 임용권자별로 지방소청심사위원회 및 교육소청심사위원회를 둔다.
④ 임용권자는 소속 공무원에 대한 능력개발 등을 위하여 해당 공무원의 상급 또는 상위 공무원, 동료, 하급 또는 하위 공무원 및 민원인 등에 의한 다면평가를 실시할 수 있다.

출제유형 Ⅶ 법령
출제영역 지방공무원 인사제도(종합)

① ◯ 전직시험에서 3회 이상 불합격한 사람으로서 직무수행 능력이 부족하다고 인정될 때 직권면직사유가 된다.

> 지방공무원법 제62조【직권면직】① 임용권자는 공무원이 다음 각 호의 어느 하나에 해당할 때에는 직권으로 면직시킬 수 있다.
> 3. 전직시험에서 3회 이상 불합격한 사람으로서 직무수행 능력이 부족하다고 인정될 때

② ✕ 지방자치단체가 필요하다고 인정하는 경우에는 조례로 정하는 바에 따라 직류를 신설할 수 있다.

> 지방공무원 임용령 제3조【공무원의 직급구분 등】① 1급부터 9급까지의 계급으로 구분하는 일반직공무원의 직군·직렬·직류 및 직급의 명칭은 별표 1과 같다. 다만, 지방자치단체는 효율적인 인력 활용을 위해 필요하다고 인정하는 경우에는 인사 여건을 고려하여 조례로 정하는 바에 따라 별표 1에 따른 직류 외의 직류를 신설할 수 있다.

③ ◯ 시·도에 임용권자별로 지방소청심사위원회 및 교육소청심사위원회를 둔다.

> 지방공무원법 제13조【소청심사위원회의 설치】① 지방자치단체의 장 소속 공무원의 징계, 그 밖에 그 의사에 반하는 불리한 처분이나 부작위(不作爲)에 대한 소청을 심사·결정하기 위하여 시·도에 임용권자(시·도의회의 의장 및 임용권을 위임받은 자는 제외한다)별로 지방소청심사위원회 및 교육소청심사위원회(이하 "심사위원회"라 한다)를 둔다.

④ ◯ 임용권자는 소속 공무원에 대해 다면평가를 실시할 수 있다.

> 지방공무원 임용령 제8조의4【다면평가 실시 및 활용】① 임용권자는 소속 공무원에 대한 능력개발 등을 위하여 해당 공무원의 상급 또는 상위 공무원, 동료, 하급 또는 하위 공무원 및 민원인 등에 의한 다면평가를 실시할 수 있다. 이 경우 다면평가의 결과(총점 및 분야별 평가점수에 한정한다)는 해당 공무원에게 공개할 수 있다.

정답 ②

265

'23 서울 7 경력경쟁 지방자치론

우리나라 지방자치단체의 인사행정기관에 대한 설명으로 가장 옳은 것은?

① 지방소청심사위원회에서 정직의 징계처분을 변경하려는 경우 심사위원 3분의 2 이상 출석과 출석위원 3분의 2 이상 합의가 있어야 한다.
② 지방인사위원회를 설치할 수 있는 권한은 지방자치단체의 장에게만 주어진다.
③ 지방인사위원회는 임용권자의 지방공무원 인사 사무를 지원하기 위한 자문위원회 성격을 가진다.
④ 지방소청심사위원회는 소청심사청구가 법률에 적합하지 아니하면 청구 기각의 결정을 내린다.

출제유형 Ⅶ 법령
출제영역 지방공무원 인사제도

① ◯ 지방소청심사위원회에서 정직 이상의 중징계 처분을 변경하려는 경우 심사위원 3분의 2 이상 출석과 출석위원 3분의 2 이상의 합의가 있어야 한다.

> 지방공무원법 제19조【심사위원회의 결정】① 심사위원회의 결정은 제14조제4항에 따른 구성원 3분의 2 이상의 출석과 출석위원 과반수의 합의에 따르되, 의견이 나뉘어 출석위원 과반수의 합의에 이르지 못하였을 때에는 과반수에 이를 때까지 소청인에게 가장 불리한 의견에 차례로 유리한 의견을 더하여 그 중에서 가장 유리한 의견을 합의된 의견으로 본다.
> ② 제1항에도 불구하고 파면·해임·강등 또는 정직에 해당하는 징계처분을 취소 또는 변경하려는 경우와 효력 유무 또는 존재 여부에 대한 확인을 하려는 경우에는 제14조제4항에 따른 구성원 3분의 2 이상의 출석과 출석위원 3분의 2 이상의 합의가 있어야 한다. 이 경우 구체적인 결정의 내용은 출석위원 과반수의 합의에 따르되, 의견이 나뉘어 출석위원 과반수의 합의에 이르지 못하였을 때에는 과반수에 이를 때까지 소청인에게 가장 불리한 의견에 차례로 유리한 의견을 더하여 그 중에서 가장 유리한 의견을 합의된 의견으로 본다.

② ✕ 지방인사위원회는 임용권자 별로 둘 수 있으며, **지방자치단체의 장뿐만 아니라 교육감도 설치할 수 있다.**

> 동법 제7조【인사위원회의 설치】① 지방자치단체에 임용권자(임용권을 위임받은 자는 제외하되, 그중 시의 구청장과 지방자치단체의 장이 필요하다고 인정하는 소속 기관의 장을 포함한다)별로 인사위원회를 두되, 시·도에 특별시장·광역시장·특별자치시장·도지사·특별자치도지사(이하 "시·도지사"라 한다) 또는 교육감 소속으로 인사위원회를 두는 경우에는 필요하면 제1인사위원회와 제2인사위원회를 둘 수 있다.

③ ✕ 지방인사위원회는 **의결위원회**에 해당한다.
④ ✕ 지방소청심사위원회는 소청심사청구가 법률에 적합하지 아니하면 **각하**(기각 ✕)의 결정을 내린다.

정답 ①

266

「지방자치법」상 보조기관과 하부 및 소속행정기관에 대한 설명으로 가장 옳은 것은?

① 자치구가 아닌 구에 읍, 면, 동을 직속기관으로 둘 수 있다.
② 서울특별시를 제외한 광역지방자치단체는 인구와 관계없이 2명의 부단체장을 둔다.
③ 서울특별시는 3명의 범위 내에서 부단체장을 둔다.
④ 지방자치단체는 보조기관으로 소방 및 교육훈련기관을 설치할 수 있다.

출제유형 Ⅶ 법령
출제영역 소속 행정기관 및 하부행정기관

①, ④ ✕ 「지방자치법」상 직속기관은 소방기관, 교육훈련기관, 보건진료기관 등을 말한다. 읍·면·동은 행정계층이다.

지방자치법 제126조【직속기관】 지방자치단체는 소관 사무의 범위에서 필요하면 대통령령이나 대통령령으로 정하는 범위에서 그 지방자치단체의 조례로 자치경찰기관(제주특별자치도만 해당한다), 소방기관, 교육훈련기관, 보건진료기관, 시험연구기관 및 중소기업지도기관 등을 직속기관으로 설치할 수 있다.

② ✕, ③ 인구 800만 이상의 광역시나 도는 3명의 부단체장을 두며, 서울특별시는 3명을 넘지 아니하는 범위에서 대통령령으로 정한다.

동법 제123조【부지사·부시장·부군수·부구청장】 ① 특별시·광역시 및 특별자치시에 부시장, 도와 특별자치도에 부지사, 시에 부시장, 군에 부군수, 자치구에 부구청장을 두며, 그 수는 다음 각 호의 구분과 같다.
1. 특별시의 부시장의 수 : 3명을 넘지 아니하는 범위에서 대통령령으로 정한다.
2. 광역시와 특별자치시의 부시장 및 도와 특별자치도의 부지사의 수 : 2명(인구 800만 이상의 광역시나 도는 3명)을 넘지 아니하는 범위에서 대통령령으로 정한다.
3. 시의 부시장, 군의 부군수 및 자치구의 부구청장의 수 : 1명으로 한다.

정답 ③

267

「지방자치법」상 보조기관과 소속 행정기관에 대한 설명으로 옳지 않은 것은?

① 지방자치단체는 소관 사무의 범위에서 필요하면 대통령령이나 대통령령으로 정하는 범위에서 조례로 교육훈련기관과 시험연구기관을 직속기관으로 설치할 수 있다.
② 인구 800만 이상의 광역시나 도의 부시장과 부지사의 수는 3명을 넘지 아니하는 범위에서 대통령령으로 정한다.
③ 지방자치단체는 외진 곳의 주민의 편의와 특정지역의 개발 촉진을 위하여 필요하면 대통령령으로 정하는 범위에서 그 지방자치단체의 조례로 출장소를 설치할 수 있다.
④ 지방자치단체는 그 소관 사무의 일부를 독립하여 수행할 필요가 있을 때 보조기관으로 합의제행정기관을 설치할 수 있다.

출제유형 Ⅶ 법령
출제영역 우리나라 지방자치법상 집행기관

① 지방자치법 제126조

지방자치법 제126조【직속기관】 지방자치단체는 소관 사무의 범위에서 필요하면 대통령령이나 대통령령으로 정하는 범위에서 그 지방자치단체의 조례로 자치경찰기관(제주특별자치도만 해당한다), 소방기관, 교육훈련기관, 보건진료기관, 시험연구기관 및 중소기업지도기관 등을 직속기관으로 설치할 수 있다.

② ○ 지방자치법 제123조 제1항

동법 제123조【부지사·부시장·부군수·부구청장】 ① 특별시·광역시 및 특별자치시에 부시장, 도와 특별자치도에 부지사, 시에 부시장, 군에 부군수, 자치구에 부구청장을 두며, 그 수는 다음 각 호의 구분과 같다.
1. 특별시의 부시장의 수 : 3명을 넘지 아니하는 범위에서 대통령령으로 정한다.
2. 광역시와 특별자치시의 부시장 및 도와 특별자치도의 부지사의 수 : 2명(인구 800만 이상의 광역시나 도는 3명)을 넘지 아니하는 범위에서 대통령령으로 정한다.
3. 시의 부시장, 군의 부군수 및 자치구의 부구청장의 수 : 1명으로 한다.

③ ○ 지방자치법 제128조

동법 제128조【출장소】 지방자치단체는 외진 곳의 주민의 편의와 특정지역의 개발 촉진을 위하여 필요하면 대통령령으로 정하는 범위에서 그 지방자치단체의 조례로 출장소를 설치할 수 있다.

④ ✕ 지방자치단체는 그 소관 사무의 일부를 독립하여 수행할 필요가 있을 때 **소속 행정기관**(보조기관 ✕)**으로 합의제행정기관을 설치할 수 있다**.

동법 제129조【합의제행정기관】 ① 지방자치단체는 소관 사무의 일부를 독립하여 수행할 필요가 있으면 법령이나 그 지방자치단체의 조례로 정하는 바에 따라 합의제행정기관을 설치할 수 있다.

정답 ④

268

'19 지방 7 지방자치론

지방자치단체의 집행기관에 대한 설명으로 옳은 것은?

① 단체위임사무를 처리할 때 지방자치단체장은 국가의 일선 지방행정기관의 지위를 갖는다.
② 지방공무원의 정원과 인건비는 행정안전부령의 기준에 따라 지방자치단체장이 정한다.
③ 지방자치단체에 두는 4급 이하의 국가공무원은 행정안전부 장관이 임명한다.
④ 지방자치단체는 조례에 근거하여 대학을 직속기관으로 설치할 수 있다.

출제유형 Ⅶ 법령
출제영역 소속 행정기관 및 하부행정기관

① ❌ **기관위임사무에 대한 설명이다**. 단체위임사무는 법령에 의하여 국가 또는 상급 자치단체로부터 그 지방자치단체에 위임된 사무이며, 이때 지방자치단체는 행정주체로서의 지위를 갖는다.

② ❌ 지방자치법 제125조 제2항

> 지방자치법 제125조【행정기구와 공무원】② 제1항에 따른 행정기구의 설치와 지방공무원의 정원은 인건비 등 대통령령으로 정하는 기준에 따라 그 지방자치단체의 조례로 정한다.

③ ❌ 지방자치법 제125조 제6항

> 동법 제125조【행정기구와 공무원】⑥ 제5항에 규정된 국가공무원의 경우「국가공무원법」제32조제1항부터 제3항까지의 규정에도 불구하고 5급 이상의 국가공무원이나 고위공무원단에 속하는 공무원은 해당 지방자치단체의 장의 제청으로 소속 장관을 거쳐 대통령이 임명하고, 6급 이하의 국가공무원은 그 지방자치단체의 장의 제청으로 소속 장관이 임명한다.

④ ⭕ 지방자치단체는 조례에 근거하여 공립의 대학·전문대학 등을 직속기관으로 설치할 수 있다.

> 동법 제126조【직속기관】지방자치단체는 소관 사무의 범위에서 필요하면 대통령령이나 대통령령으로 정하는 범위에서 그 지방자치단체의 조례로 자치경찰기관(제주특별자치도만 해당한다), 소방기관, 교육훈련기관, 보건진료기관, 시험연구기관 및 중소기업지도기관 등을 직속기관으로 설치할 수 있다.

SUMMARY 소속행정기관의 설치목적 및 근거

구분	설치목적	설치근거
직속기관	소관 사무의 범위 안에서 필요	대통령령 또는 대통령령으로 정하는 바에 따라 조례로 설치
사업소	특정 업무를 효율적으로 수행하기 위하여 필요	대통령령으로 정하는 바에 따라 조례로 설치
출장소	원격지 주민의 편의와 특정지역의 개발 촉진을 위하여 필요	대통령령으로 정하는 바에 따라 조례로 설치
합의제	소관 사무의 일부를 독립하여 수행할 필요	법령이나 조례로 정하는 바에 따라 설치
자문기관	소관사무의 범위내에서 심의회·위원회 등의 자문기관을 설치·운영	법령이나 조례로 정하는 바에 따라 설치

2025 신용한 지방자치론 p.87, 91, 135, 137

정답 ④

CHAPTER 2 지방자치정부의 공공서비스

POINT 1 지방정부 공공서비스의 유형

269 ’17 지방 7 지방자치론

사바스(E. S. Savas)의 공공서비스 공급 유형 분류에서 민간부문이 공급을 결정하고 공급하는 방식으로서 시장지향적인 접근방식에 해당하는 것은?

① 이용권지급 ② 계약방식
③ 허가방식 ④ 보조금지급방식

출제유형 Ⅳ 개념
출제영역 지방공공서비스의 공급방식

① ◯ 민간부문이 공급을 결정하고 공급하는 방식은 이용권지급이다.
②, ③, ④ ✗ 계약, 허가, 보조금 방식은 정부가 공급을 결정하고 민간부문에서 공급하는 방식이다.

SUMMARY 공공서비스 공급의 유형(Savas)

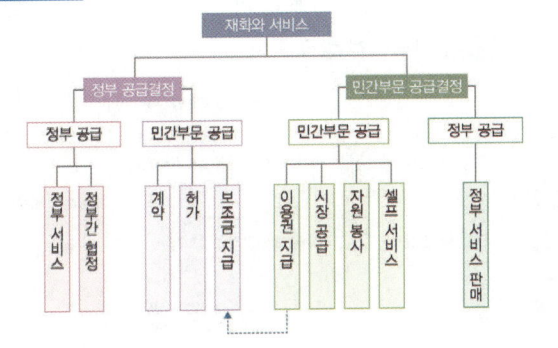

2025 신용한 지방자치론 p.141   정답 ①

---

270 ’20 지방 7 지방자치론

사바스(Savas)가 제시하는 공공서비스의 네 가지 공급유형 중 '정부가 결정하고 민간이 공급하는 유형(A)'과 '민간이 결정하고 민간이 공급하는 유형(B)'의 예로 옳은 것은?

	A	B
①	계약방식(contracting-out)	셀프 서비스(self service)
②	보조금 방식(granting)	계약방식(contracting-out)
③	허가(franchises)	정부 간 협정
④	이용권 지급(vouchers)	허가(franchises)

출제유형 Ⅳ 개념
출제영역 민영화 방식

A는 계약방식, B는 셀프서비스(자급자족) 방식이다.
① ◯ 계약방식은 협의의 민간위탁으로, 정부가 결정하고 민간이 공급하는 유형에 해당한다. 한편, 민간이 결정하고 공급하는 대표적인 유형은 자원봉사와 같은 자발적 서비스와 자급자족(self service)방식이 있다.
② ✗ 보조금 방식과 계약방식 모두 정부가 결정하고, 민간이 공급하는 A유형에 속한다.
③ ✗ 허가(franchises)는 정부가 결정하고, 민간이 공급하는 A유형에 속하고, 정부간 협정(협약)은 정부가 결정하고 정부가 공급하는 방식이다.
④ ✗ 바우처와 허가(franchises) 모두 정부가 결정하고, 민간이 공급하는 A유형에 속한다.

SUMMARY 공공서비스 공급의 유형(Savas)

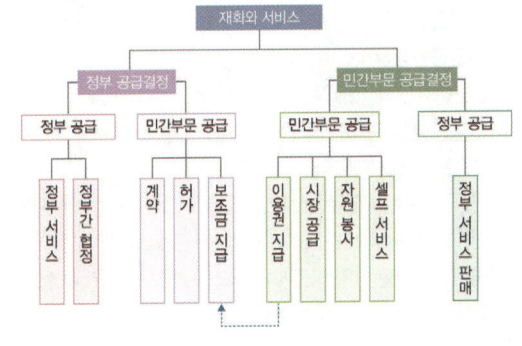

2025 신용한 지방자치론 p.141   정답 ①

271 '17 서울 7 지방자치론

다음 중 시민공동생산(citizen co-production)에 대한 설명으로 가장 옳지 않은 것은?

① 자원봉사활동은 그 대표적인 예이다.
② 시민공동생산 논의는 큰 정부, 큰 서비스 실현을 위한 방법론을 제시하였다.
③ 시민이 공공재의 소비자로 머물지 않고 정부 등 공공부문과 함께 공공재를 같이 생산하는 것을 말한다.
④ 1980년대 초 오스트롬(V.Ostrom)을 비롯한 많은 학자들에 의해 논의가 이루어졌다.

출제유형 Ⅳ 개념
출제영역 시민공동생산

① ⭕ 시민공동생산의 대표적인 예는 자원봉사활동이다.
② ❌ **시민공동생산 논의는 작은 정부(큰 정부 ×)**, 큰 서비스 실현을 위한 방법론을 제시하였다.
③ ⭕ 시민공동생산은 정규생산자인 정부와 소비생산자인 시민 또는 지역주민이 공공서비스를 같이 생산하는 것으로 정의 될 수 있다.
④ ⭕ 시민공동생산은 1980년대초 오스트롬(V. Ostrom)을 비롯한 많은 학자들에 의해 논의가 이루어졌다.

2025 신용한 지방자치론 p.142   정답 ②

272 '17 서울 7 지방자치론

다음 중 민간투자사업의 분류에 관한 설명으로 가장 옳은 것은?

① BTO방식 : 사회기반시설 준공 후 일정기간 동안 사업시행자에게 그 시설의 소유권이 인정되며, 기간 만료 시 시설소유권은 국가 또는 지방자치단체에 귀속시키는 방식이다.
② BTL방식 : 사회기반시설 준공과 동시에 당해시설의 소유권이 국가 또는 지방자치단체에 귀속되며 사업시행자에게 일정기간 시설관리운영권을 인정하는 방식이다.
③ BOT방식 : 사업시행자가 사회기반시설을 준공한 후 국가 또는 지방자치단체로 소유권을 이전하고, 그 시설을 임대하여 투자비를 회수하는 방식이다.
④ BOO방식 : 사회기반시설 준공과 동시에 사업시행자에게 당해시설의 소유권을 인정하는 방식이다.

출제유형 Ⅰ 말바꾸기 + Ⅳ 개념
출제영역 민간투자유치방식

① ❌ BTO(Build Transfer Operate) 방식은 민간이 민간자본으로 사회기반시설을 **준공(건설, Build)한 후 소유권이 정부(국가 또는 지방)에 귀속**(Transfer)되는 방식이다. 이후 민간이 일정 기간 동안 **시설을 직접 운영(Operate)하여 투자비를 회수하는 방식**이다.
② ❌ BTL(Build Transfer Lease) 방식은 민간이 민간자본으로 사회기반시설을 **준공(Build, 건설)한 후 소유권이 정부(국가 또는 지방)에 귀속**(Transfer)되고, 그 시설을 정부가 협약에서 정한 기간 동안 **민간에게 임차(Lease)하여 사용·수익하는 방식**이다.
③ ❌ BOT(Build Own Transfer) 방식은 일정기간 동안 **시설을 직접 운용하여 투자비를 회수**하고, **기간의 만료 시에 소유권과 운영권을 정부에 귀속**시키는 방식이다.
④ ⭕ BOO(Build Own Operate) 방식은 민간자본으로 민간이 준공(건설, build)한 후 민간이 소유권(own)을 가지며 직접 운용(operate)해 투자비를 회수하는 방식이다.

SUMMARY 민간투자유치방식

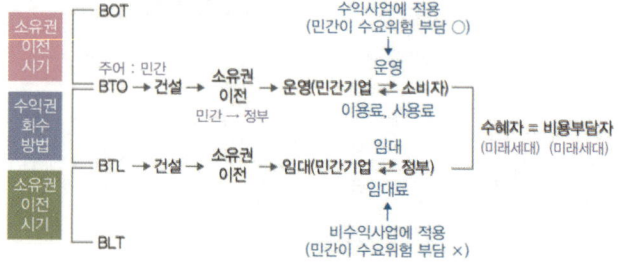

2025 신용한 지방자치론 p.142, 143   정답 ④

POINT 2 지방공기업

273　'21 서울 7 경력경쟁 지방자치론

「지방공기업법」에 규정된 지방공기업 대상사업(당연 적용사업)으로 옳은 것을 <보기>에서 모두 고른 것은?

― 보기 ―
ㄱ. 공업용수도사업
ㄴ. 공원묘지사업
ㄷ. 자동차운송사업
ㄹ. 발전사업
ㅁ. 하수도사업

① ㄱ, ㄴ, ㄹ
② ㄱ, ㄷ, ㅁ
③ ㄴ, ㄷ, ㄹ
④ ㄷ, ㄹ, ㅁ

출제유형　Ⅶ 법령
출제영역　지방공기업

② ⓞ 공업용수도사업, 자동차운송사업, 하수도 사업 등이 「지방공기업법」상 지방공기업의 적용대상 사업에 해당 한다.

> 지방공기업법 제2조【적용 범위】① 이 법은 다음 각 호의 어느 하나에 해당하는 사업(그에 부대되는 사업을 포함한다. 이하 같다) 중 제5조에 따라 지방자치단체가 직접 설치·경영하는 사업으로서 대통령령으로 정하는 기준 이상의 사업(이하 "지방직영기업"이라 한다)과 제3장 및 제4장에 따라 설립된 지방공사와 지방공단이 경영하는 사업에 대하여 각각 적용한다.
> 1. 수도사업(마을상수도사업은 제외한다)
> 2. 공업용수도사업
> 3. 궤도사업(도시철도사업을 포함한다)
> 4. 자동차운송사업
> 5. 지방도로사업(유료도로사업만 해당한다)
> 6. 하수도사업
> 7. 주택사업
> 8. 토지개발사업
> 9. 주택(대통령령으로 정하는 공공복리시설을 포함한다)·토지 또는 공용·공공용건축물의 관리 등의 수탁
> 10.「도시 및 주거환경정비법」제2조제2호에 따른 공공재개발사업 및 공공재건축사업

2025 신용한 지방자치론 p.145　정답 ②

274　'19 지방 7 지방자치론

지방공기업에 대한 설명으로 옳지 않은 것은?

① 지방공기업의 유형에는 지방직영기업, 지방공사, 지방공단 등이 있다.
② 지방공사에는 지방자치단체 외의 자가 출자할 수 있다.
③ 상·하수도사업을 담당하는 지방공기업은 자치단체 전액 출자형 지방공사에 해당한다.
④ 지방공사와 지방공단은 모두 법인으로 설립된다.

출제유형　Ⅶ 법령
출제영역　지방공기업

① ⓞ 지방공기업에는 직접경영방식의 지방직영기업 그리고 간접경영방식의 지방공사와 지방공단이 있다.
② ⓞ 지방공기업법 제53조 제2항

> 지방공기업법 제53조【출자】② 제1항에도 불구하고 공사의 운영을 위하여 필요한 경우에는 자본금의 2분의 1을 넘지 아니하는 범위에서 지방자치단체 외의 자(외국인 및 외국법인을 포함한다)로 하여금 공사에 출자하게 할 수 있다.

③ ✗ 하수도 사업의 경우 1일 처리능력 1만톤 이상의 경우는 지방직영기업 사업대상이며, 마을 상수도 사업은 지방공사의 사업적용대상에서 제외된다.

> 동법 제2조【적용 범위】① 이 법은 다음 각 호의 어느 하나에 해당하는 사업(그에 부대되는 사업을 포함한다. 이하 같다) 중 제5조에 따라 지방자치단체가 직접 설치·경영하는 사업으로서 대통령령으로 정하는 기준 이상의 사업(이하 "지방직영기업"이라 한다)과 제3장 및 제4장에 따라 설립된 지방공사와 지방공단이 경영하는 사업에 대하여 각각 적용한다.
> 1. 수도사업(마을상수도사업은 제외한다)
> 2. 공업용수도사업
> 3. 궤도사업(도시철도사업을 포함한다)
> 4. 자동차운송사업
> 5. 지방도로사업(유료도로사업만 해당한다)
> 6. 하수도사업
> 7. 주택사업
> 8. 토지개발사업
> 9. 주택(대통령령으로 정하는 공공복리시설을 포함한다)·토지 또는 공용·공공용건축물의 관리 등의 수탁
> 10.「도시 및 주거환경정비법」제2조제2호에 따른 공공재개발사업 및 공공재건축사업

④ ⓞ 지방공사와 지방공단은 모두 법인으로 설립 된다.

SUMMARY 지방공기업의 경영형태

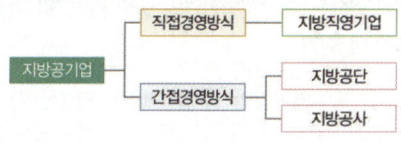

2025 신용한 지방자치론 p.146~150　정답 ③

275

'19 서울 7 추가채용 지방자치론

「지방공기업법」상 지방공기업에 대한 설명으로 가장 옳은 것은?

① 행정안전부는 지방자치단체의 지방공기업 설립에 대한 승인권이 있다.
② 보유차량이 30대 이상인 자동차 운송사업을 지방자치단체가 직접 경영할 때는 「지방공기업법」상의 지방직영기업으로 한다.
③ 지방자치단체가 지방직영기업을 설치·운영하고자 할 때에는 「지방공기업법」의 규정에 따라 지방자치단체장의 규칙으로 기본사항을 정해야 한다.
④ 지방자치단체가 「지방공기업법」이 정하는 지방공사를 설립하고자 할 때에는 기본적인 사항을 지방자치단체장의 규칙으로 정하여야 한다.

출제유형 Ⅶ 법령
출제영역 지방공기업

① ✗ 「지방공기업법」상 지방공기업의 설립은 조례로 정하며, 특히 지방공사와 지방공단의 설립은 행정안전부 장관의 승인 사항이 아닌 협의사항이다.

> 지방공기업법 제49조【설립】① 지방자치단체는 제2조에 따른 사업을 효율적으로 수행하기 위하여 필요한 경우에는 지방공사(이하 "공사"라 한다)를 설립할 수 있다. 이 경우 공사를 설립하기 전에 특별시장, 광역시장, 특별자치시장, 도지사 및 특별자치도지사(이하 "시·도지사"라 한다)는 행정안전부장관과, 시장·군수·구청장(자치구의 구청장을 말한다)은 관할 특별시장·광역시장 및 도지사와 협의하여야 한다.
>
> 제76조【설립·운영】② 공단의 설립·운영에 관하여는 제49조부터 제52조까지~규정을 준용한다. 이 경우 "공사"는 "공단"으로, "사장"은 "이사장"으로, "사채"는 "공단채"로 본다.

② 보유차량 30대 이상(동법 시행령) 자동차운송사업은 지방직영기업으로 한다.

> 동법 제2조【적용 범위】① 이 법은 다음 각 호의 어느 하나에 해당하는 사업(그에 부대되는 사업을 포함한다. 이하 같다) 중 제5조에 따라 지방자치단체가 직접 설치·경영하는 사업으로서 대통령령으로 정하는 기준 이상의 사업(이하 "지방직영기업"이라 한다)과 제3장 및 제4장에 따라 설립된 지방공사와 지방공단이 경영하는 사업에 대하여 각각 적용한다.
>   4. 자동차운송사업
>
> 동법 시행령 제2조【지방직영기업의 범위】① 「지방공기업법」 (이하 "법"이라 한다) 제2조제1항에서 "대통령령으로 정하는 기준 이상의 사업"이란 다음 각 호의 기준에 해당하는 사업을 말한다.
>   4. 자동차운송사업 : 보유차량 30대이상

③ ✗ 지방자치단체는 지방직영기업의 설치·운영의 기본사항은 조례로 정하여야 한다.

> 동법 제5조【지방직영기업의 설치】지방자치단체는 지방직영기업을 설치·경영하려는 경우에는 그 설치·운영의 기본사항을 조례로 정하여야 한다.

④ ✗ 지방자치단체는 공사를 설립하는 경우 기본적인 사항을 조례로 정해야 한다.

> 동법 제49조【설립】② 지방자치단체는 공사를 설립하는 경우 그 설립, 업무 및 운영에 관한 기본적인 사항을 조례로 정하여야 한다.

2025 신용한 지방자치론 p.145~150   정답 ②

276

'18 서울 7 추가채용 지방자치론

지방공기업에 대한 설명으로 가장 옳지 않은 것은?

① 행정기관형의 지방공기업은 별도의 법인격이 부여되지 않는다.
② 현행 「지방공기업법」에 의하면, 지방공기업에는 지방공사, 지방공단과 지방직영기업이 있다.
③ 지방공사는 민관합동의 여지가 있다.
④ 지방공사는 원칙적으로 지방정부가 위탁한 기능만을 처리할 수 있다.

출제유형 Ⅰ 말 바꾸기
출제영역 지방공기업

① ○ 행정기관형 지방공기업은 지방직영기업(직접경영방식)으로 별도의 법인격이 부여되지 않는다.
② ○ 「지방공기업법」에 따르면, 지방공기업에는 직접경영방식의 지방직영기업 그리고 간접경영방식의 지방공단과 지방공사가 있다.
③ ○ 지방공사는 필요한 경우 민간의 출자가 가능하다.
④ ✗ 지방공사는 지방정부의 위탁과 관계없이 업무의 영역을 확장해 나갈 수 있다.

SUMMARY 지방공기업의 경영형태

직접경영	간접경영		
지방직영기업	지방공단	지방공사	
행정기관으로서의 성격	지방자치단체가 전액출자	지방자치단체가 전액출자	예외적으로 1/2을 초과하지 않는 범위 내에서 예외적으로 민간자본의 출자 가능(이익배당 가능)
	위탁한 기능만 처리	위탁기능 외 업무영역의 확장이 가능	
법인격 없음.	독립된 법인격 가짐.		
정부예산(특별회계)으로 운영	정부예산이 아닌 독립채산제로 운영		
직원 : 일반 공무원	임원 : 준공무원(임기 3년) 직원 : 회사원		
상수도·하수도·공영개발·주택, 지역개발기금 등	시설관리공단, 환경공단, 경륜공단 등	서울교통공사 등	경기평택항만공사, 태백관광개발공사 등

2025 신용한 지방자치론 p.145~150   정답 ④

277 '15 지방 7 지방자치론

「지방공기업법」상 지방공기업에 대한 설명으로 옳지 않은 것은?

① 지방자치단체는 지방직영기업을 설치·경영하려는 경우에는 그 설치·운영의 기본사항을 조례로 정하여야 한다.
② 지방공사의 사장, 이사 및 감사의 임기는 2년으로 하며, 지방자치단체의 장은 대통령령으로 정하는 바에 따라 임기가 만료된 임원으로 하여금 그 후임자가 임명될 때까지 직무를 수행하게 할 수 있다.
③ 지방공사의 운영을 위하여 필요한 경우에는 자본금의 2분의 1을 넘지 아니하는 범위에서 지방자치단체 외의 자로 하여금 공사에 출자하게 할 수 있다.
④ 지방직영기업 운영을 전문화하기 위하여 필요한 경우에는 「지방공무원법」에서 정하는 바에 따라 지방직영기업 소속 공무원에 대한 전문직렬을 둘 수 있다.

출제유형 Ⅶ 법령
출제영역 지방공기업

① ○ 지방공기업법 제5조

> 지방공기업법 제5조【지방직영기업의 설치】지방자치단체는 지방직영기업을 설치·경영하려는 경우에는 그 설치·운영의 기본사항을 조례로 정하여야 한다.

② ✕ 지방공사의 사장, 이사 및 감사의 임기는 3년이다.

> 동법 제59조【임기 및 직무】① 공사의 사장, 이사 및 감사의 임기는 3년으로 한다. 이 경우 지방자치단체의 장은 대통령령으로 정하는 바에 따라 임기가 만료된 임원으로 하여금 그 후임자가 임명될 때까지 직무를 수행하게 할 수 있다.

③ ○ 지방공기업법 제53조 제2항

> 동법 제53조【출자】② 제1항에도 불구하고 공사의 운영을 위하여 필요한 경우에는 자본금의 2분의 1을 넘지 아니하는 범위에서 지방자치단체 외의 자(외국인 및 외국법인을 포함한다)로 하여금 공사에 출자하게 할 수 있다. 증자(增資)의 경우에도 또한 같다

④ ○ 지방공기업법 제10조의2

> 동법 제10조의2【기업 직원】지방직영기업 운영을 전문화하기 위하여 필요한 경우에는 「지방공무원법」에서 정하는 바에 따라 지방직영기업 소속 공무원에 대한 전문직렬을 둘 수 있다.

2025 신용한 지방자치론 p.145~150   정답 ②

278 '17 국회 8

다음 중 지방공기업에 대한 설명으로 옳지 않은 것은?

① 자동차운송사업은 지방직영기업 대상에 해당된다.
② 지방공사의 자본금은 지방자치단체가 전액 출자한다.
③ 행정안전부장관은 지방공기업에 대한 평가를 실시하고 그 결과에 따라 필요한 조치를 하여야 한다.
④ 지방공사는 법인으로 한다.
⑤ 지방공사는 지방자치단체 외의 자(법인 등)가 출자를 할 수 있지만 지방공사 자본금의 3분의 1을 넘지 못한다.

출제유형 Ⅶ 법령
출제영역 지방공기업

① ○ 「지방공기업법」 제2조 제1항 각 호에 따라 자동차운송사업은 지방직영기업 대상에 해당된다.

> 지방공기업법 제2조【적용 범위】① 이 법은 다음 각 호의 어느 하나에 해당하는 사업(그에 부대되는 사업을 포함한다. 이하 같다) 중 제5조에 따라 지방자치단체가 직접 설치·경영하는 사업으로서 대통령령으로 정하는 기준 이상의 사업(이하 "지방직영기업"이라 한다)과 제3장 및 제4장에 따라 설립된 지방공사와 지방공단이 경영하는 사업에 대하여 각각 적용한다.
> 4. 자동차운송사업

② ○ 지방공기업법 제53조 제1항

> 동법 제53조【출자】① 공사의 자본금은 그 전액을 지방자치단체가 현금 또는 현물로 출자한다.

③ ○ 「지방공기업법」 제78조 제1항

> 동법 제78조【경영평가 및 지도】① 행정안전부장관은 제3조에 따른 지방공기업의 경영 기본원칙을 고려하여 대통령령으로 정하는 바에 따라 지방공기업에 대한 경영평가를 하고, 그 결과에 따라 필요한 조치를 하여야 한다. 다만, 행정안전부장관이 필요하다고 인정하는 경우에는 지방자치단체의 장으로 하여금 경영평가를 하게 할 수 있다.

④ ○ 「지방공기업법」 제51조에 따르면 공사는 법인으로 한다고 명시되어 있다.

> 동법 제51조【법인격】공사는 법인으로 한다.

⑤ ✕ 「지방공기업법」 제53조 제2항에 따르면 공사의 운영을 위하여 필요한 경우에는 자본금의 2분의 1(3분의 1 ✕)을 넘지 아니하는 범위에서 지방자치단체 외의 자로 하여금 공사에 출자하게 할 수 있다.

> 동법 제53조【출자】② 제1항에도 불구하고 공사의 운영을 위하여 필요한 경우에는 자본금의 2분의 1을 넘지 아니하는 범위에서 지방자치단체 외의 자(외국인 및 외국법인을 포함한다)로 하여금 공사에 출자하게 할 수 있다. 증자(增資)의 경우에도 또한 같다.

2025 신용한 지방자치론 p.145~150   정답 ⑤

279

'19 서울 7 추가채용 행정학

「지방공기업법」에 근거한 지방공기업에 대한 설명으로 가장 옳지 않은 것은?

① 지방공기업은 수도사업(마을상수도사업은 제외한다), 공업용수도사업, 주택사업, 토지개발사업, 하수도사업, 자동차운송사업, 궤도사업(도시철도사업을 포함한다)을 할 수 있다.
② 지방공기업에 관한 경영평가는 원칙적으로 행정안전부장관의 주관으로 이루어진다.
③ 공사의 운영을 위하여 필요한 경우에는 자본금의 2분의 1을 넘지 아니하는 범위에서 지방자치단체 외의 자로 하여금 공사에 출자하게 할 수 있다. 단, 외국인 및 외국법인은 제외한다.
④ 지방공기업에 대한 경영평가, 관련정책의 연구, 임직원에 대한 교육 등을 전문적으로 지원하기 위하여 지방공기업평가원을 설립한다.

출제유형 | Ⅰ 말 바꾸기 + Ⅷ 법령
출제영역 | 지방공기업

① ⭕ 지방공기업법 제2조 제1항

> 지방공기업법 제2조【적용 범위】① 이 법은 다음 각 호의 어느 하나에 해당하는 사업(그에 부대되는 사업을 포함한다. 이하 같다) 중 제5조에 따라 지방자치단체가 직접 설치·경영하는 사업으로서 대통령령으로 정하는 기준 이상의 사업(이하 "지방직영기업"이라 한다)과 제3장 및 제4장에 따라 설립된 지방공사와 지방공단이 경영하는 사업에 대하여 각각 적용한다.
> 1. 수도사업(마을상수도사업은 제외한다)
> 2. 공업용수도사업
> 3. 궤도사업(도시철도사업을 포함한다)
> 4. 자동차운송사업
> 5. 지방도로사업(유료도로사업만 해당한다)
> 6. 하수도사업
> 7. 주택사업
> 8. 토지개발사업
> 9. 주택(대통령령으로 정하는 공공복리시설을 포함한다)·토지 또는 공용·공공용건축물의 관리 등의 수탁
> 10. 「도시 및 주거환경정비법」 제2조제2호에 따른 공공재개발사업 및 공공재건축사업

② ⭕ 지방공기업법 제78조 제1항

> 동법 제78조【경영평가 및 지도】① 행정안전부장관은 제3조에 따른 지방공기업의 경영 기본원칙을 고려하여 대통령령으로 정하는 바에 따라 지방공기업에 대한 경영평가를 하고, 그 결과에 따라 필요한 조치를 하여야 한다. 다만, 행정안전부장관이 필요하다고 인정하는 경우에는 지방자치단체의 장으로 하여금 경영평가를 하게 할 수 있다.

③ ❌ 공사의 운영을 위하여 필요한 경우에는 자본금의 2분의 1을 넘지 아니하는 범위에서 지방자치단체 외의 자로 하여금 공사에 출자하게 할 수 있으며 **외국인 및 외국법인을 포함한다**.

> 동법 제53조【출자】② 제1항에도 불구하고 공사의 운영을 위하여 필요한 경우에는 자본금의 2분의 1을 넘지 아니하는 범위에서 지방자치단체 외의 자(외국인 및 외국법인을 포함한다)로 하여금 공사에 출자하게 할 수 있다. 증자(增資)의 경우에도 또한 같다.

④ ⭕ 지방공기업법 제78조의4 제1항

> 동법 제78조의4【지방공기업평가원의 설립·운영】① 지방공기업에 대한 경영평가, 관련 정책의 연구, 임직원에 대한 교육 등을 전문적으로 지원하기 위하여 지방공기업평가원(이하 "평가원"이라 한다)을 설립한다.

🔗 2025 신용한 지방자치론 p.145~150   정답 ③

280

'18 지방 7 지방자치론

「지방공기업법」상의 지방직영기업에 대한 설명으로 옳은 것은?

① 지방자치단체는 지방직영기업의 업무를 관리·집행하게 하기 위하여 사업마다 1명 이상의 관리자를 두어야 한다.
② 지방직영기업이 예산 내의 지출을 하는 경우 현금이 부족할 때에 일시 차입을 하는 사항은 해당 지방자치단체장의 담당업무이다.
③ 지방직영기업의 특별회계는 재해복구 또는 그 밖의 특별한 사유로 인하여 필요한 경우에는 예산에서 정하는 바에 따라 해당 지방자치단체의 일반회계나 다른 특별회계로부터 재정적 지원을 받을 수 있다.
④ 지방직영기업의 특별회계는 경영성과 및 재무상태를 명확히 하기 위하여 재산의 증감 및 변동을 현금 흐름에 따라 회계 처리한다.

출제유형 Ⅶ 법령
출제영역 지방공기업

① ✗ 지방자치단체는 지방직영기업의 업무를 관리·집행하게 하기 위하여 관리자를 두어야 하지만 **1명 이상의 관리자를 두어야 한다는 규정은 없다**.

지방공기업법 제7조【관리자】① 지방자치단체는 지방직영기업의 업무를 관리·집행하게 하기 위하여 사업마다 관리자를 둔다. 다만, 조례로 정하는 바에 따라 성질이 같거나 유사한 둘 이상의 사업에 대하여는 관리자를 1명만 둘 수 있다.

② ✗ 지방지역기업이 예산 내의 지출을 하는 경우 현금이 부족할 때에 일시 차입을 하는 사항은 **지방직영기업의 관리자(지방자치단체장 ✗)의 업무**이다.

동법 제9조【관리자의 업무】제8조에 따라 관리자가 담당하는 주요 업무는 다음 각 호와 같다.
1. 지방직영기업에 관한 조례안 및 규칙안을 작성하여 지방자치단체의 장에게 제출하는 사항
2. 지방직영기업의 사업운영계획 및 예산안을 작성하여 지방자치단체의 장에게 제출하는 사항
3. 결산을 작성하여 지방자치단체의 장에게 제출하는 사항
4. 지방직영기업의 자산을 취득·관리·처분하는 사항
5. 계약을 체결하는 사항
6. 요금이나 그 밖의 사용료 또는 수수료를 징수하는 사항
7. 예산 내의 지출을 하는 경우 현금이 부족할 때에 일시 차입을 하는 사항과 그 밖에 예산집행에 관한 사항
8. 출납이나 그 밖의 회계 사무에 관한 사항
9. 증명서 및 공문서류를 보관하는 사항
10. 지방직영기업의 조직 및 인사(人事) 운영에 관한 사항, 그 밖에 법령이나 해당 지방자치단체의 조례 또는 규칙에 따라 관리자의 권한에 속하는 사항

③ ○ 지방공기업법 제14조 제2항

동법 제14조【독립채산】② 지방직영기업의 특별회계는 재해복구 또는 그 밖의 특별한 사유로 인하여 필요한 경우에는 예산에서 정하는 바에 따라 해당 지방자치단체의 일반회계나 다른 특별회계로부터 재정적 지원을 받을 수 있다.

④ ✗ 지방직영기업의 특별회계는 경영성과 및 재무상태를 명확히 하기 위하여 재산의 증감 및 **변동을 발생 사실에 따라 회계처리한다**.

동법 제16조【회계처리의 원칙】① 지방직영기업의 특별회계는 경영성과 및 재무 상태를 명확히 하기 위하여 재산의 증감 및 변동(이하 "회계거래"라 한다)을 발생 사실에 따라 회계처리한다.

2025 신용한 지방자치론 p.146, 147   정답 ③

281

'24 지방 7 지방자치론

「지방공기업법」상 지방공기업에 대한 설명으로 옳은 것만을 모두 고르면?

ㄱ. 지방자치단체는 지방직영기업의 급부에 대하여 요금을 징수할 수 있는데, 요금의 산정방식은 영업비용, 자본비용을 고려하여 조례로 정한다.
ㄴ. 지방공사의 사장, 이사 및 감사의 임기는 3년으로 하며, 이 경우 지방자치단체의 장은 대통령령으로 정하는 바에 따라 임기가 만료된 임원으로 하여금 그 후임자가 임명될 때까지 직무를 수행하게 할 수 있다.
ㄷ. 지방공기업 대상 사업으로는 주택사업, 자동차운송사업, 마을상수도사업, 하수도사업, 토지개발사업 등이 있다.
ㄹ. 지방공사의 운영을 위하여 필요한 경우에는 자본금의 2분의 1을 넘지 아니하는 범위에서 지방자치단체 외의 자로 하여금 공사에 출자하게 할 수 있다.

① ㄱ, ㄴ   ② ㄱ, ㄷ
③ ㄴ, ㄹ   ④ ㄷ, ㄹ

출제유형 Ⅶ 법령
출제영역 지방공기업

ㄱ ✗ 지방자치단체는 지방직영기업의 급부에 대하여 요금을 징수할 수 있는데, 요금의 산정방식은 영업비용, 자본비용 등을 고려하여 **대통령령**(조례 ✗)으로 정한다.

지방공기업법 제22조【요금】① 지방자치단체는 지방직영기업의 급부에 대하여 조례로 정하는 바에 따라 요금을 징수할 수 있다.
③ 제1항에 따른 요금의 산정방식은 영업비용, 자본비용 등을 고려하여 대통령령으로 정한다.

ㄴ ○ 지방공기업법 제59조 제1항

동법 제59조【임기 및 직무】① 공사의 사장, 이사 및 감사의 임기는 3년으로 한다. 이 경우 지방자치단체의 장은 대통령령으로 정하는 바에 따라 임기가 만료된 임원으로 하여금 그 후임자가 임명될 때까지 직무를 수행하게 할 수 있다.

ㄷ ❌ 지방공기업 대상 사업으로는 **주택사업, 자동차운송사업, 수도사업(마을상수도사업 ✕), 하수도사업, 토지개발사업 등**이 있다.

> **동법 제2조【적용 범위】** ① 이 법은 다음 각 호의 어느 하나에 해당하는 사업(그에 부대되는 사업을 포함한다. 이하 같다) 중 제5조에 따라 지방자치단체가 직접 설치·경영하는 사업으로서 대통령령으로 정하는 기준 이상의 사업(이하 "지방직영기업"이라 한다)과 제3장 및 제4장에 따라 설립된 지방공사와 지방공단이 경영하는 사업에 대하여 각각 적용한다.
> 1. 수도사업(마을상수도사업은 제외한다)
> 2. 공업용수도사업
> 3. 궤도사업(도시철도사업을 포함한다)
> 4. 자동차운송사업
> 5. 지방도로사업(유료도로사업만 해당한다)
> 6. 하수도사업
> 7. 주택사업
> 8. 토지개발사업
> 9. 주택(대통령령으로 정하는 공공복리시설을 포함한다)·토지 또는 공용·공공용건축물의 관리 등의 수탁
> 10. 「도시 및 주거환경정비법」 제2조제2호에 따른 공공재개발사업 및 공공재건축사업

ㄹ ⭕ 지방공기업법 제53조 제1항, 제2항

> **동법 제53조【출자】** ① 공사의 자본금은 그 전액을 지방자치단체가 현금 또는 현물로 출자한다.
> ② 제1항에도 불구하고 공사의 운영을 위하여 필요한 경우에는 자본금의 2분의 1을 넘지 아니하는 범위에서 지방자치단체 외의 자(외국인 및 외국법인을 포함한다)로 하여금 공사에 출자하게 할 수 있다. 증자(增資)의 경우에도 또한 같다.

↔ 2025 신용한 지방자치론 p.145~149   정답 ③

282 '18 서울 7 지방자치론

지방자치단체의 출자·출연기관 설립에 대한 설명으로 가장 옳지 않은 것은?

① 광역시·도가 출자·출연기관을 설립할 때는 조례안을 입법 예고하기 전에 행정안전부장관과 협의를 해야 한다.
② 지방자치단체는 출자·출연기관의 설립이 아니라 대통령령으로 정하는 일정금액 이상을 추가로 출자할 때는 심의위원회의 심의 및 의결을 거치지 않을 수 있다.
③ 지방자치단체가 출자하거나 출연하는 기관의 금액이 대통령령으로 정하는 기준에 미달하는 기관을 설립할 경우에 시·도지사는 행정안전부장관과 협의를 하지 않아도 된다.
④ 출자·출연기관의 설립목적, 주요사업, 기관 운영에 관한 기본적인 사항은 지방자치단체의 조례로 정한다.

출제유형 Ⅰ 말 바꾸기 + Ⅷ 법령
출제영역 제3섹터 방식의 지방공기업

①, ③ ⭕ 지방자치단체 출자·출연 기관의 운영에 관한 법률 제7조 제2항

> **지방자치단체 출자·출연 기관의 운영에 관한 법률 제7조【출자·출연 기관의 설립·운영의 타당성 검토와 설립 전 협의 등】** ② 지방자치단체가 출자·출연 기관을 설립하려는 경우에는 제1항에 따른 절차를 거친 후 제4조제3항에 따른 조례안을 입법예고하기 전에 시·도지사는 행정안전부장관과, 시장·군수·구청장은 관할 시·도지사와 협의하여야 한다. 다만, 다음 각 호의 어느 하나에 해당하는 경우에는 그 협의를 하지 아니할 수 있다.
> 1. 다른 법률(「민법」 및 「공익법인의 설립·운영에 관한 법률」은 제외한다)에 출자·출연 기관의 설립 승인과 협의 등에 관한 규정이 있는 경우
> 2. 그 밖에 출자하거나 출연하는 금액이 대통령령으로 정하는 기준에 미달하는 기관을 설립하려는 경우
> ③ 지방자치단체는 출자·출연 기관을 설립하려는 경우 제1항에 따른 출자·출연 기관의 설립 타당성 등에 대한 검토를 전문 인력 및 조사·연구 능력 등 대통령령으로 정하는 요건을 갖춘 전문기관에 의뢰하여 실시하여야 한다.
> ④ 제1항과 제2항에 따른 출자·출연 기관의 설립·운영의 타당성 등 검토 및 공개와 설립 전 협의에 필요한 사항은 대통령령으로 정한다.

② ❌ **지방자치단체는 출자·출연기관의 설립 뿐만아니라 대통령령으로 정하는 일정금액 이상을 추가로 출자할 때도 심의위원회의 심의 및 의결을 거쳐야 한다.**

> **동법 제7조【출자·출연 기관의 설립·운영의 타당성 검토와 설립 전 협의 등】** ① 지방자치단체는 출자·출연 기관(제2항제2호에 따라 협의를 하지 아니할 수 있는 출자·출연 기관을 포함한다)을 설립하려는 경우 또는 대통령령으로 정하는 일정금액 이상을 추가로 출자하거나 전년보다 증액하여 출연하려는 경우에는 출자·출연 기관의 설립·운영의 타당성 등에 대하여 검토한 후 심의위원회의 심의·의결을 거쳐야 한다. 이 경우 지방자치단체는 다음 각 호의 사항에 관하여 그 결과를 공개하여야 한다.
> 1. 지방자치단체의 투자 및 사업의 적정성
> 2. 주민복리에 미치는 효과
> 3. 그 밖에 지역경제에 미치는 효과 등 대통령령으로 정하는 사항

④ ⭕ 지방자치단체 출자·출연 기관의 운영에 관한 법률 제4조 제3항

> **동법 제4조【지방자치단체의 출자·출연과 대상 사업 등】** ③ 출자·출연 기관과 관련한 다음 각 호의 사항은 해당 지방자치단체의 조례로 정한다.
> 1. 설립 목적
> 2. 주요 업무와 사업
> 3. 출자 또는 출연의 근거와 방법
> 4. 그 밖에 기관의 운영 등에 관한 기본적인 사항

↔ 2025 신용한 지방자치론 p.149, 150   정답 ②

신용한 지방자치론

지방자치론은 결국 신용한입니다

PART 4

지방정치와 주민의 참여

CHAPTER

지방정치

주민의 참여

CHAPTER 1　지방정치
CHAPTER 2　주민의 참여

POINT

- 지역사회의 권력구조 **B**
- 지방선거제도 **A**
- 우리나라 지방선거의 절차 **D**

- 주민과 참여 **B**
  * 아른슈타인의 참여단계론 **B**
- 우리나라의 주민참여제도
  - 주민조례개폐청구제도 **C**
  - 주민투표제도 **S**
  - 주민감사청구제도 **B**
  - 주민소송제도 **B**
  - 주민소환제도 **A**

CHAPTER 1 지방정치

POINT 1 지역사회의 권력구조

283 '18 서울 7 추가채용 지방자치론

지방정치의 권력구조에 관한 이론적 설명으로 가장 옳지 않은 것은?

① 다원론에서는 지방정부와 지역사회의 영향력이 고르게 분포되어 있으며, 권력을 나누어가진 다수의 집단이 경쟁하고 협력하면서 공동의 합의점을 찾아나간다.
② 레짐이론은 다양한 형태의 지배연합 내지는 레짐이 존재할 수 없다는 것을 강조한다.
③ 스톤(Stone)에 의하면 레짐이론에서 레짐이란 '지배적인 의사를 결정하고 이를 수행하기 위해 공공부문과 민간부문이 함께 형성하는 비공식적 연합'으로 정의된다.
④ 헌터(F. Hunter)와 몰로치(H. Molotch)는 엘리트론적 관점에서 지역사회의 권력이 지역의 경제엘리트를 중심으로 형성된다고 주장하였다.

출제유형 Ⅳ 개념
출제영역 지역사회 권력구조

① ⭕ 다원론에서는 지역사회의 영향력은 지역사회전체에 비교적 고르게 분포되어 있으며, 권력을 나누어가진 다수의 집단이 경쟁하고 협력하면서 적절한 힘의 균형이 이루어진다고 본다.
② ❌ **레짐이론**은 어떤 세력이나 집단이 지역사회와 지방정부를 주도한다고 설명하는 것이 아니라 **여러 형태의 지배연합 내지는 레짐이 존재할 수 있음을 설명**하고 있다.
③ ⭕ 스톤(Stone)은 레짐(regime)이란 '정부가 공적 결정을 내리고 이를 집행하도록 하는데 필요한 민관협력을 가능하게 하는 비공식적 장치'라고 정의한다.
④ ⭕ 헌터와 몰로치는 엘리트론적 관점에서 지역사회의 권력이 지역경제엘리트를 중심으로 형성된다고 보았다. 이후 몰로치는 엘리트론적 관점과 맥을 같이하는 성장기구론을 제시하였다.

2025 신용한 지방자치론 p.154~157 정답 ②

284 '20 국가 7

지역사회 권력구조에 관한 이론에 대한 설명으로 옳은 것은?

① 레짐이론은 기업을 비롯한 민간부문 주요 주체들과의 연합이나 연대를 배제하는 특성을 갖는다.
② 성장기구론에서 성장연합은 비성장연합에 비해 부동산의 사용가치(use value), 즉 일상적 사용으로부터 오는 편익을 중시한다.
③ 지식경제 사회에서 엘리트 계층과 일반 대중 사이의 정보 비대칭성(asymmetry)이 심화되면 엘리트 이론의 설명력은 더 높아진다.
④ 신다원론에서는 정책과정이 지역사회의 모든 구성원들에게 공정하게 개방되어 있으며, 엘리트 집단의 영향력은 의도적 노력의 결과이다.

출제유형 Ⅳ 개념
출제영역 지역사회 권력구조

① ❌ 레짐이론은 도시정치에 있어서 지방정부와 비정부부문(민간부문이 주요 주체임)의 상호의존성을 강조한 이론이다. 따라서 **지방정부와 민간부문의 협력을 중시하는 특성을 가지며, 협력은 연합(coalition)이나 연대의 형태로 이루어진다.**
② ❌ **성장기구론에서 성장연합은 토지 또는 부동산의 교환가치(exchange value, 임대수익)를 증대시키기 위해 성장을 꾀하며, 반성장연합은 토지 또는 부동산의 사용가치(use value, 일상적 사용으로부터의 편익)인 주거지역의 삶의 질이나 환경을 중시한다.**
③ ⭕ 정보의 비대칭성은 불균형적인 권력관계를 만들어내는 중요한 원인으로 지식정보사회에서의 엘리트 계층과 일반 대중 사이의 정보 비대칭성의 심화는 엘리트 이론의 설명력을 더욱 높여 줄 수밖에 없다.
④ ❌ 신다원론은 고전적 다원주의에 대한 비판을 수용하여 새로운 다원주의 관점으로 제시된 이론이다. 특히 **신다원론에서는 정책과정이 지역사회의 모든 구성원들에게 공정하게 개방되어 있다는 것은 잘못 인식된 결과이며, 영향력이 상대적으로 강한 집단은 정책과정에 있어 특별한 권력적 지위를 누릴 수 있다고 본다.**

2025 신용한 지방자치론 p.154~157 정답 ③

285 '24 지방 7 지방자치론

지역사회 권력구조 이론에 대한 설명으로 옳은 것만을 모두 고르면?

> ㄱ. 다원론을 주장한 달(Dahl)은 지역사회의 권력이 소수 엘리트 집단에 집중되어 있지 않고 다양한 집단에 분산되어 있다고 설명한다.
> ㄴ. 레짐이론을 주장한 스톤(Stone)은 지역사회 문제를 자체적으로 해결하기 힘든 지방정부가 기업을 비롯한 민간부문의 주요 주체들과 일종의 통치연합을 형성하여 지역사회를 이끌어간다고 설명한다.
> ㄷ. 성장기구론을 주장한 몰로치(Molotch)는 지역사회의 정치와 경제를 토지자산가와 개발업자 등 성장연합이 주도한다고 설명한다.

① ㄱ, ㄴ ② ㄱ, ㄷ
③ ㄴ, ㄷ ④ ㄱ, ㄴ, ㄷ

출제유형 Ⅳ 개념
출제영역 지역사회 권력구조

ㄱ ⭕ 다원론에서는 지역사회의 영향력은 지역사회전체에 비교적 고르게 분포되어 있으며, 권력을 나누어가진 다수의 집단이 경쟁하고 협력하면서 적절한 힘의 균형이 이루어진다고 본다.
ㄴ ⭕ 레짐이론은 지역사회 문제를 자체의 능력만으로 해결하기 힘든 지방정부가 기업을 비롯한 민간부문의 주요 주체들과 일종의 연합을 형성하여 지역사회를 이끌어간다는 이론이다.
ㄷ ⭕ 성장기구론은 지방정치란 토지 또는 부동산의 교환가치를 높이고자 하는 토지자산과 개발관계자들, 즉 성장연합이 주도한다는 이론이다.

2025 신용한 지방자치론 p.154~157 **정답** ④

286 '24 서울 7 경력경쟁 지방자치론

지방정치이론에 대한 설명으로 가장 옳지 않은 것은?

① 다원론은 다양한 사회행위자들 간에 정치자원이 불균등하게 배분되어 있다는 것을 인정하지 않는다.
② 엘리트론은 선출직 공직자를 엘리트에 종속되어 엘리트의 의사결정을 성실히 이행하는 피동적 존재로 바라본다.
③ 다원론은 다양한 집단이나 시민에게 권력이 넓게 분산되어 있다고 보며, 대표적인 학자로 달(R. Dahl)이 있다.
④ 엘리트론은 지역 내 일부 엘리트들이 주요한 정책 결정에 결정적인 영향력을 미친다고 바라본다.

출제유형 Ⅰ 말바꾸기 + Ⅳ 개념
출제영역 지역사회 권력구조

① ❌ 다원론은 사회의 각종 이익집단은 정부의 정책과정에 동등한 접근기회를 가지고 있으나 **이익집단들 간의 영향력에 차이가 있다고 본다.**
③ ⭕ 다원론은 지역사회의 영향력은 지역사회전체에 비교적 고르게 분포되어 있으며, 일반대중도 지방정부의 정책과정이나 지역사회에 영향력을 행사한다고 보는 이론으로 대표적인 학자로 달(R. Dahl)이 있다.
④ ⭕ 엘리트론은 사회는 기본적으로 소수의 엘리트 집단에 의해 주도되고 있다고 보는 이론이다.

2025 신용한 지방자치론 p.154, 155 **정답** ①

287 '19 서울 7 지방자치론

레짐이론에 대한 설명으로 가장 옳은 것은?

① 토지 관련 기업인을 중심으로 하는 성장연합의 존재와 역할을 중시하고, 이들이 지역과 도시의 성장을 위해 노력하는 활동을 강조한다.
② 무의사 결정이 좋은 예이다.
③ 지역의 문제를 자체 능력만으로 해결하기 힘든 지방정부가 기업을 비롯한 민간부문의 주요 주체들과 연합을 형성하여 지역사회를 이끌어 간다는 이론이다.
④ 공공선택이론과 연계되기도 한다.

출제유형 Ⅳ 개념 + Ⅲ 내용분류
출제영역 지역사회 권력구조

① ✗ 성장기구론에 대한 설명이다.
② ✗ 신엘리트이론에 대한 설명이다.
③ ○ 레짐이론에 대한 설명이다. 레짐이론은 지역사회 문제를 자체의 능력만으로 해결하기 힘든 지방정부가 기업을 비롯한 민간부문의 주요 주체들과 일종의 연합을 형성하여 지역사회를 이끌어간다는 이론이다.
④ ✗ 신다원론에 대한 설명이다. 신다원론은 기업과 개발관계자들의 우월적 지위는 지역주민과 지방 정부의 합리적 선택으로 본다. 이런 맥락에서 신다원론은 사회구성원 모두가 효용을 극대화하기 위해 노력한다는 관점에서 개인과 집단의 결정행위를 분석하는 공공선택이론과 연계되기도 한다.

SUMMARY 권력구조에 대한 시각

이론	내용
엘리트론	사회는 기본적으로 소수의 엘리트 집단에 의해 주도되고 있다고 보는 이론
전통적 다원론	지역사회의 영향력은 지역사회 전체에 비교적 고르게 분포되어 있으며, 일반대중도 지방정부의 정책과정이나 지역사회에 영향력을 행사한다고 보는 이론
성장기구론	지방정치는 토지 또는 부동산의 교환가치를 높이고자 하는 토지자산가와 개발관계자들, 즉 '성장연합'이 주도한다는 이론
마르크스주의	사회는 자본주의 자체가 가진 운동원리에 의해 작동되며, 지역사회 역시 이러한 운동원리에 따라 자본세력에 의해 지배되고 있다는 이론
레짐이론	지역사회 문제를 자체의 능력만으로 해결하기 힘든 지방정부가 기업을 비롯한 민간부문의 주요 주체들과 일종의 연합을 형성하여 지역사회를 이끌어간다는 이론

2025 신용한 지방자치론 p.156 **정답** ③

288 '17 서울 7 지방자치론

다음 권력구조에 대한 시각 중 성장기구론에 대한 설명으로 가장 옳지 않은 것은?

① 지방정치는 주로 토지의 가치와 개발을 중심으로 이루어진다.
② 몰로치(H. Molotch)에 의해 1970년대 중반 제기되었으며, 이후 돔호프(W. Domhoff)를 비롯한 많은 연구자들에 의해 확산되었다.
③ 지방정치는 토지자산가와 개발업자 등 토지관련 기업인을 중심으로 한 성장연합과 이를 반대하는 반성장연합의 싸움으로 귀결된다.
④ 바크라흐(P.Bachrach)와 바라츠(M.Baratz)가 설명한 무의사결정(non-decision making)이 그 좋은 예이다.

출제유형 Ⅱ 짝짓기 + Ⅵ 이론비교
출제영역 성장기구론

① ○ 성장기구론은 지방정치란 토지 또는 부동산의 교환가치를 높이고자 하는 토지자산과 개발관계자들, 즉 성장연합이 주도한다는 이론이다.
② ○ 1970년대 중반 몰로치에 의해 제기되었으며, 이후 돔호프를 비롯한 많은 연구자들에 의해 확산되어 왔다.
③ ○ 성장기구론에서 지방정치는 토지자산가와 개발사업자 등 토지관련 기업인을 중심으로 한 성장연합과 이를 반대하는 반성장연합의 대립으로 이루어진다고 본다.
④ ✗ 바크라흐와 바라츠가 설명한 무의사결정은 신엘리트이론에 해당한다.

SUMMARY 성장기구론

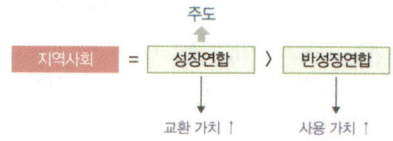

2025 신용한 지방자치론 p.155, 156 **정답** ④

289

'17 국가 7 하반기채용

지역사회의 권력구조를 설명하는 성장기구론에 대한 설명으로 옳은 것만을 모두 고른 것은?

> ㄱ. 자기소유의 주택가격 상승을 원하는 주민들이 많을수록 성장연합이 더 강한 힘을 발휘하는 경향이 있다.
> ㄴ. 토지문제와 개발문제 그리고 이와 연계된 도시의 공간확장 문제 등과 관련이 있다.
> ㄷ. 반성장연합은 일부 지역주민과 환경운동 집단 등으로 이루어진다.
> ㄹ. 성장연합은 반성장연합에 비해서 토지 또는 부동산의 교환가치보다는 사용가치를 중시한다.

① ㄱ, ㄴ, ㄷ
② ㄱ, ㄴ, ㄹ
③ ㄱ, ㄷ, ㄹ
④ ㄴ, ㄷ, ㄹ

출제유형 Ⅳ 개념
출제영역 성장기구론

ㄱ ○ 주택가격 상승은 토지자산가와 개발관계자들에게 개발의 정당성을 확보하게 하므로 성장연합에게 더 큰 힘을 발휘하게 한다.
ㄴ ○ 성장기구론은 지역사회의 정치와 경제를 토지의 가치를 높이고자 하는 토지자산가와 개발관계자들, 즉 성장연합이 지역사회를 주도한다는 이론으로 토지문제와 개발문제, 이와 연계된 도시의 공간확장 문제 등에 초점을 맞춘다.
ㄷ ○ 성장연합은 토지자산가, 개발업자, 그리고 이들과 함께 토지개발에 따른 이익을 나눌 기업인, 자영업자, 금융기관 등으로 이루어진다. 반면 반성장연합은 일반 지역주민과 환경운동 집단 등으로 이루어진다.
ㄹ ✕ 성장연합은 토지 또는 부동산의 **교환가치(exchange value) 증대를**, 반성장연합은 토지 또는 부동산의 **사용가치(use value, 공간활용, 삶의 가치 등) 증대를 중시**한다.

2025 신용한 지방자치론 p.155, 156 | 정답 ①

290

'21 서울 7 경력경쟁 지방자치론

지방정치이론으로서 성장기구론(growth machine)에 대한 설명으로 가장 옳은 것은?

① 도시개발보다는 지방정부의 의사결정에 초점을 맞춘다.
② "누가 통치하는가"보다는 "누가 도시의 물리적 구조 개편에 최고의 영향력을 행사하며, 왜, 어떤 효과를 갖는가"가 연구과제이다.
③ 성장연합의 구성원은 지역에 근간을 둔 기업가와 임대수입자에 한정된다.
④ 성장연합 구성원은 토지의 교환가치보다는 이용가치를 더 중요시한다.

출제유형 Ⅳ 개념
출제영역 성장기구론

① ✕ 성장기구론은 지역사회의 정치와 경제를 토지의 가치를 높이고자 하는 토지자산가와 개발관계자들이 주도한다는 이론이다. 토지자산가와 개발관계자들의 역할을 지나치게 해석하고 있다는 점과 성장을 지나치게 **개발위주로 파악하고 있다는 점 등에서 오히려 비판을** 받는다.
② ○ 중앙정치는 다양한 정치경제적 이해관계에 의해 움직여지지만, 지방정치는 주로 토지의 가치와 개발을 중심으로 이루어진다고 주도한다는 이론으로, 토지문제와 개발문제 그리고 이와 연계된 도시의 공간확장 문제 등에 초점을 맞추게 된다.
③ ✕ 성장연합의 구성원은 **기업가와 임대수입자에 한정되는 것이 아니라**, 토지자산가, 개발업자 그리고 이들과 함께 **토지개발에 따른 이익을 나눌 수 있는 기업인, 자영업자, 금융기관** 등으로 이루어진다.
④ ✕ 성장연합은 토지의 이용가치보다 **교환가치를 더 중요시**한다.

2025 신용한 지방자치론 p.155, 156 | 정답 ②

291 '17 지방 7

스톤(Stone)이 제시한 레짐(regime) 중 다음 내용과 가장 관련이 깊은 것은?

> A시가 지역사회와 함께 추진하는 □□산 제모습찾기 사업의 전체적인 구상은 시가지가 바라보이는 향교, 전통숲 등의 공간에는 꽃 피는 나무와 늘 푸른 나무를 적절히 심어 변화감 있는 도시경관을 만들고, 재해위험이 있는 골짜기는 정비함으로써 인근 주민들의 정주환경을 개선하고 재해로부터 안전한 산림으로 복원하는 것이다.

① 개발형 레짐
② 관리형 레짐
③ 중산층 진보 레짐
④ 저소득층 기회확장 레짐

출제유형 Ⅳ 개념
출제영역 레짐이론

③ ⭕ 중산층진보레짐은 중산계층의 주도로 자연환경보호, 삶의 질 개선, 성적·인종적 편견개선 등의 진보적 가치를 지향하는 레짐이다.

SUMMARY 레짐이론(Stone)

구분	현상 유지레짐	개발레짐	중산계층 진보레짐	하층기회 확장레짐
추구하는 가치	현상유지	지역개발, 성장, 발전	환경보호, 삶의 질 개선	저소득층 보호, 직업교육
구성원 간 관계	친밀성이 강한 소규모 지역사 회, 갈등 없음.	갈등이 심함.	시민참여와 감시 강조	대중동원이 과제
생존능력	강함.	비교적 강함.	보통	약함.

2025 신용한 지방자치론 p.156   정답 ③

---

292 '22 지방 7 지방자치론

스톤(C. Stone)의 레짐이론(Regime theory)에 대한 설명으로 옳은 것만을 모두 고르면?

> ㄱ. 미국 조지아주 애틀란타(Atlanta) 지역사회 및 지방정부 간 관계에 대한 연구를 시작으로 지방정치 권력구조를 설명하는 이론으로 발전하였다.
> ㄴ. 레짐은 의도적인 노력보다는 모든 지역사회에 자연스럽게 형성되면서 참여자들이 가치와 신념체계까지 공유한다.
> ㄷ. 환경문제와 지역 내 삶의 질에 큰 관심을 두는 레짐의 유형은 중산층 진보레짐(middle class progressive regime)이다.

① ㄱ, ㄴ
② ㄱ, ㄷ
③ ㄴ, ㄷ
④ ㄱ, ㄴ, ㄷ

출제유형 Ⅳ 개념
출제영역 지역사회 권력구조

ㄱ ⭕ 스톤(C. Stone)의 레짐이론은 1989년 미국 조지아주 애틀란타(Atlanta) 지역사회 및 지방정부 간 관계에 대한 연구를 시작으로 지방정치 권력구조를 설명하는 이론으로 발전하였다.
ㄴ ❌ 레짐은 가치와 신념체계까지 공유하는 것은 아니며 의도적 노력에 의해 만들어진다.
ㄷ ⭕ 주택문제와 환경문제, 지역 내 편의시설과 문화정책 등에 관심을 가지는 것은 중산층 진보레짐(middle class progressive regime)이다.

SUMMARY 레짐이론(Stone)

구분	현상 유지레짐	개발레짐	중산계층 진보레짐	하층기회 확장레짐
추구하는 가치	현상유지	지역개발, 성장, 발전	환경보호, 삶의 질 개선	저소득층 보호, 직업교육
구성원 간 관계	친밀성이 강한 소규모 지역사 회, 갈등 없음.	갈등이 심함.	시민참여와 감시 강조	대중동원이 과제
생존능력	강함.	비교적 강함.	보통	약함.

2025 신용한 지방자치론 p.156   정답 ②

293

'20 서울 7 경력경쟁 지방자치론

스톤(Stone)의 도시레짐이론에 대한 설명으로 가장 옳지 않은 것은?

① 도시레짐의 형성은 도시 내에서 어떠한 정책이 추진되고 수행되어야 할 것인가에 대한 공공이익과 사적이익 사이의 암묵적인 이해에 대한 의식적인 협조의 결과이다.
② 레짐이란 지배적인 의사를 결정하고 이를 수행하기 위해 공공부문과 민간부문이 함께 형성하는 공식적인 연합이다.
③ 정부의 제도만으로는 충분한 자원과 권위를 확보하기 어렵다고 보고, 공공기관과 필요한 자원을 가진 민간부문 간의 연합이 바람직하다고 본다.
④ 지역발전이라는 목표를 갖는 도시레짐은 지역 내 네트워크를 형성하고 있는 연합들의 이의제기를 적극적으로 수용하고 균형상태를 유지할 필요가 있다.

출제유형 I 말바꾸기 + IV 개념
출제영역 레짐이론

② ✗ 스톤(Stone)의 레짐이론에서 레짐이란 '지배적인 의사를 결정하고 이를 수행하기 위해 공공부문과 민간부문이 함께 형성하는 **비공식적**(공식적 ✗) 연합'으로 정의된다.

2025 신용한 지방자치론 p.156 정답 ②

POINT 2 지방선거제도

294

'16 서울 7 지방자치론

지방선거에서 중·대선거구제의 도입을 찬성하는 논거와 가장 거리가 먼 것은?

① 소지역 중심의 정치적 이기주의를 방지할 수 있다.
② 후보자와 유권자의 접촉이 용이하여 지역주민들의 정치적 소외를 방지할 수 있다.
③ 조직기반이 강한 지역정치인보다는 정책지향성이 높은 유능한 인사가 당선될 가능성이 높다.
④ 여성과 소수정당 출신의 후보들을 당선시킬 수 있으므로, 지방정부의 대표성을 강화할 수 있다.

출제유형 I 말바꾸기 + VI 이론비교
출제영역 지방선거구제

① ○ 중·대선거구는 대규모 지역을 선거구로 하는 만큼 소선거구제가 불러올 수 있는 소지역주의 내지는 소지역 이기주의를 막을 수 있다.
② ✗ **소선거구제를 찬성하는 논거이다**. 소선거구제는 후보자와 유권자의 접촉이 보다 빈번하여 유권자가 보다 쉽게 후보자를 식별할 수 있고, 당선 후에도 이러한 접촉은 지역주민들의 정치적 소외를 방지할 수 있다.
③ ○ 소선거구제는 조직을 바탕으로 한 지역정치인이 당선될 가능성이 높은 반면 중·대선거구제 아래에서는 정책지향성이 높은 유능한 인사가 당선될 가능성이 높다.
④ ○ 소선거구제에서는 당선되기 힘든 정치 신인, 여성과 소수정당 출신 인사 등을 당선시킬 수 있으므로 지방정부의 대표성을 강화할 수 있다.

SUMMARY 선거구제

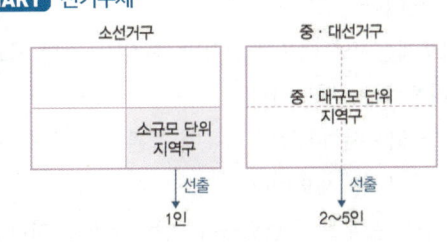

2025 신용한 지방자치론 p.159 정답 ②

295 '20 서울 7 경력경쟁 지방자치론

지방선거의 선거구제도에 대한 설명으로 가장 옳지 않은 것은?

① 대선거구제보다 소선거구제에서는 사표(死票)가 많이 발생한다.
② 대선거구제가 소선거구제보다 지방정부의 대표성을 높이는 데 더 기여한다.
③ 대선거구제보다 소선거구제에서는 상대적으로 정치신인이 당선될 가능성이 높다.
④ 현재 우리나라 광역의원선거구 중 지역구의원 선거에서는 소선거구제가 적용된다.

출제유형 Ⅰ 말 바꾸기 + Ⅳ 개념
출제영역 지방선거구제

① ◎ 소선거구제는 소규모 지역을 단위로 거기에서 1인을 선출하는 선거구제로, 최고득표자 1명만이 당선되므로 사표가 많이 발생할 수 있다.
②◎, ③ ✕ 대선거구제에서는 소선거구제에서는 당선되기 힘든 정치 신인, 여성과 소수정당 출신 인사 등 소선거구제 아래에서는 당선되기 힘든 인사들이 당선될 수 있으며, 이는 지방정부의 대표성을 높일 수 있다.
④ ◎ 현재 우리나라 광역의원선거구 중 지역구의원 선거에서는 소선거구제가 적용되며, 기초의원선거구 중 지역구의원 선거에서는 중선거구제가 적용된다.

🔗 2025 신용한 지방자치론 p.159   정답 ③

296 '24 서울 7 경력경쟁 지방자치론

지방선거제도에 대한 설명으로 가장 옳지 않은 것은?

① 정당공천제는 정당이 당원을 공직선거의 후보자로 추천하는 제도이다.
② 비례대표제는 소수대표를 보장할 수 있는 반면 사표(死票)를 늘리게 하는 제도이다.
③ 선거공영제는 선거운동의 자유에 따른 문제를 방지하는데 기여할 수 있는 제도이다.
④ 소선거구제는 후보의 난립을 줄이는 효과를 지니고 있는 제도이다.

출제유형 Ⅰ 말 바꾸기 + Ⅳ 개념
출제영역 지방선거구제

① ◎ 정당공천제는 선거에 있어 후보자에 대한 정당공천 및 정당표방을 허용하는 제도이다.
② ✕ 비례대표제는 각 정당의 지지도에 비례하여 의원의 의석을 배분하는 제도로 사표(死票)를 줄이고 정당을 발전시키는 등의 장점이 있다.
③ ◎ 선거공영제란 선거운동의 자유방임으로 인하여 야기되는 폐단을 방지하기 위하여 국가나 지방자치단체가 선거운동을 관리하거나 선거운동에 소요되는 비용의 일부 또는 전부를 부담하는 제도를 의미한다.
④ ◎ 소선거구제는 소규모 지역을 단위로 거기에서 1인을 선출하는 선거구제로 후보의 난립이 줄어들고, 선거의 관리와 불법선거 단속이 용이하다.

🔗 2025 신용한 지방자치론 p.159, 164, 166   정답 ②

297 '18 지방 7 지방자치론

지방선거 정당참여의 찬성론에 대한 설명으로 옳지 않은 것은?

① 책임정치의 구현
② 지방자치의 자율성 강화
③ 민주정치의 원리
④ 정당 배제의 현실적인 한계

출제유형 Ⅳ 개념 + Ⅵ 이론 비교
출제영역 정당공천제

①, ③ ◎ 정당의 참여는 지방정부의 정당성과 대표성을 높임으로써 책임정치를 구현하고, 민주정치의 원리를 실현하게 한다.
② ✕ 정당의 참여는 지방정치를 중앙정치의 연장으로 만들면서 지방자치의 자율성을 떨어뜨리게 된다.
④ ◎ 형식상 정당의 참여를 배제한다고 하더라도 현실적으로는 정당의 역할이 배제되지 않은 경우가 많다.

🔗 2025 신용한 지방자치론 p.161, 162   정답 ②

298

'24 서울 7 경력경쟁 지방자치론

우리나라 지방선거에 대한 설명으로 가장 옳지 않은 것은?

① 지방의회의원의 보궐선거가 실시된다면 그 요일은 수요일이다.
② 지방자치단체의 장의 보궐선거가 실시된다면 그 요일은 수요일이다.
③ 우리나라에서는 지방자치단체의 장의 재선거가 제도화되어 있다.
④ 우리나라에서는 지방의회의원의 증원선거가 허용되지 않는다.

출제유형 Ⅶ 법령
출제영역 우리나라 지방선거제도

①, ②, ③ ⭕ 공직선거법 제35조 제2항

> **공직선거법 제35조【보궐선거 등의 선거일】** ② 보궐선거·재선거·증원선거와 지방자치단체의 설치·폐지·분할 또는 합병에 의한 지방자치단체의 장 선거의 선거일은 다음 각 호와 같다.
> 1. 국회의원·지방의회의원의 보궐선거·재선거 및 지방의회의원의 증원선거는 매년 1회 실시하고, 지방자치단체의 장의 보궐선거·재선거는 매년 2회 실시하되, 다음 각 목에 따라 실시한다. 이 경우 각 목에 따른 선거일에 관하여는 제34조제2항을 준용한다.
>   가. 국회의원·지방의회의원의 보궐선거·재선거 및 지방의회의원의 증원선거는 4월 첫 번째 수요일에 실시한다. 다만, 3월 1일 이후 실시사유가 확정된 선거는 그 다음 연도의 4월 첫 번째 수요일에 실시한다.
>   나. 지방자치단체의 장의 보궐선거·재선거 중 전년도 9월 1일부터 2월 말일까지 실시사유가 확정된 선거는 4월 첫 번째 수요일에 실시한다.
>   다. 지방자치단체의 장의 보궐선거·재선거 중 3월 1일부터 8월 31일까지 실시사유가 확정된 선거는 10월 첫 번째 수요일에 실시한다.

④ ❌ 우리나라에서는 지방의회의원의 **증원선거가 허용**된다.

> **동법 제28조【임기중 지방의회의 의원정수의 조정 등】** 인구의 증감 또는 행정구역의 변경에 따라 지방의회의 의원정수·선거구 또는 그 구역의 변경이 있더라도 임기만료에 의한 총선거를 실시할 때까지는 그 증감된 선거구의 선거는 이를 실시하지 아니한다. 다만, 지방자치단체의 구역변경이나 설치·폐지·분할 또는 합병이 있는 때에는 다음 각호에 의하여 당해 지방의회의 의원정수를 조정하고, 제3호 단서·제5호 또는 제6호의 경우에는 증원선거를 실시한다.

정답 ④

299

'18 서울 7 추가채용 지방자치론

현행 지방의회 의원 정수에 대한 설명으로 가장 옳지 않은 것은?

① 하나의 시·도의원 지역구에서 선출할 지역구 시·도의원 정수는 1명이다.
② 하나의 시·군·자치구의원 지역구에서 선출할 지역구 시·군·자치구의원 정수는 2인 이상 5인 이하이다.
③ 인구가 5만명 미만인 자치구·시·군의 지역구 시·도의원 정수는 최소 1명으로 한다.
④ 시·군·자치구의회의 최소 정수는 7인으로 한다.

출제유형 Ⅶ 법령
출제영역 우리나라 지방선거제도

② ❌ 하나의 시·군·자치구의원 지역구에서 선출할 지역구 시·군·자치구의원의 정수는 **2인 이상 4인 이하이다**.

> **공직선거법 제26조【지방의회의원선거구의 획정】** ② 자치구·시·군의원지역구는 인구·행정구역·지세·교통 그 밖의 조건을 고려하여 획정하되, 하나의 자치구·시·군의원지역구에서 선출할 지역구자치구·시·군의원정수는 2인 이상 4인 이하로 하며, 그 자치구·시·군의원지역구의 명칭·구역 및 의원정수는 시·도조례로 정한다.

SUMMARY 우리나라 지방의회의원 선거

구분	지방의회의원	
	광역의회의원	기초의회의원
선거구	소선거구	중선거구
최소정수	22인 (지역구 19인 / 비례 3인)	7인 (지역구 6인 / 비례 1인)
정당공천제	○	○
비례대표제	○	○

정답 ②

CHAPTER 01 지방정치

300 '23 서울 7 경력경쟁 지방자치론

「공직선거법」상 지방의회의 의원정수에 대한 설명으로 가장 옳은 것은?

① 지역구 도의원의 총 정수는 그 관할구역 안의 시·군수의 3배수로 하되, 인구 등을 고려하여 100분의 10의 범위에서 조정할 수 있다.
② 지역구 도의원의 의원정수는 최소 25명으로 한다.
③ 자치구·시·군의회의 최소정수는 9인으로 한다.
④ 비례대표자치구·시·군의원의 정수는 자치구·시·군의원 정수의 100분의 10으로 하고, 이 경우 단수는 1로 본다.

출제유형 Ⅶ 법령
출제영역 우리나라 지방선거제도

① ❌ 지역구 도의원의 총 정수는 그 관할구역 안의 시·군수의 **2배수**(3배수 ×)로 하되, 인구 등을 고려하여 **100분의 20**(10 ×)의 범위에서 조정할 수 있다.

> 공직선거법 제22조【시·도의회의 의원정수】① 시·도별 지역구시·도의원의 총 정수는 그 관할구역 안의 자치구·시·군(하나의 자치구·시·군이 2 이상의 국회의원지역구로 된 경우에는 국회의원지역구를 말하며, 행정구역의 변경으로 국회의원지역구와 행정구역이 합치되지 아니하게 된 때에는 행정구역을 말한다)수의 2배수로 하되, 인구·행정구역·지세·교통, 그 밖의 조건을 고려하여 100분의 20의 범위에서 조정할 수 있다. 다만, 인구가 5만명 미만인 자치구·시·군의 지역구시·도의원정수는 최소 1명으로 하고, 인구가 5만명 이상인 자치구·시·군의 지역구시·도의원정수는 최소 2명으로 한다.

② ❌ 지역구 도의원의 의원정수는 **최소 19명**(25명 ×)으로 한다.

> 동법 제22조【시·도의회의 의원정수】③ 제1항 및 제2항의 기준에 의하여 산정된 의원정수가 19명 미만이 되는 광역시 및 도는 그 정수를 19명으로 한다.

③ ❌ 자치구·시·군의회의 최소정수는 **7인**(9인 ×)으로 한다.

> 동법 제23조【자치구·시·군의회의 의원정수】② 자치구·시·군의회의 최소정수는 7인으로 한다.

④ ⭕ 공직선거법 제22조 제3항

> 동법 제23조【자치구·시·군의회의 의원정수】③ 비례대표자치구·시·군의원정수는 자치구·시·군의원 정수의 100분의 10으로 한다. 이 경우 단수는 1로 본다.

정답 ④

301 '20 지방 7 지방자치론

지방선거제도에 대한 설명으로 옳은 것은?

① 기초의회의원선거에는 정당공천제를 적용하지 않고 있다.
② 기초의회의원선거는 중선거구제로 시작하였으나, 2014년부터 소선거구제로 전환되었다.
③ 제주특별자치도는 비례대표의원 정수를 지역구 의원 정수의 100분의 30 이상으로 하도록 하고 있다.
④ 광역의회의 지역구의원 선거는 소선거구제를 적용하고 있다.

출제유형 Ⅶ 법령
출제영역 우리나라 지방선거제도

① ❌ **정당공천제**는 기초·광역지방의회 의원선거, 기초·광역자치단체장 선거에 **모두 도입이 되었다**.

> 공직선거법 제47조【정당의 후보자추천】① 정당은 선거에 있어 선거구별로 선거할 정수 범위안에서 그 소속당원을 후보자로 추천할 수 있다. 다만, 비례대표자치구·시·군의원의 경우에는 그 정수 범위를 초과하여 추천할 수 있다.

② ❌ 현재 우리나라의 **기초의회의원선거는 중선거구제**(2005년 개정, 2006년 시행)로 하고 있다.

> 공직선거법 제26조【지방의회의원선거구의 획정】② 자치구·시·군의원지역구는 인구·행정구역·지세·교통 그 밖의 조건을 고려하여 획정하되, 하나의 자치구·시·군의원지역구에서 선출할 지역구자치구·시·군의원정수는 2인 이상 4인 이하로 하며, 그 자치구·시·군의원지역구의 명칭·구역 및 의원정수는 시·도조례로 정한다.

③ ❌ 제주특별자치도는 **비례대표의원 정수를 지역구 의원 정수의 100분의 20 이상으로 하도록 하고 있다**.

> 제주특별자치도 설치 및 국제자유도시 조성을 위한 특별법 제36조【도의회의원의 정수에 관한 특례】② 도의회의 비례대표의원정수는 「공직선거법」 제22조제4항에도 불구하고 제1항에 따른 의원정수(제64조에 따른 교육의원은 제외한다)의 100분의 20 이상으로 하고, 제38조에 따른 도의회의원 선거구 획정위원회가 정하는 바에 따라 도조례로 정한다. 이 경우 소수점 이하의 수는 0으로 본다.

④ ⭕ 광역의회의 지역구의원 선거는 소선거구제를 적용하고 있다.

> 공직선거법 제26조【사무직원의 정원과 임명】① 시·도의회의원지역선거구는 인구·행정구역·지세·교통 그 밖의 조건을 고려하여 자치구·시·군을 구역으로 하거나 분할하여 이를 획정하되, 하나의 시·도의원지역구에서 선출할 지역구시·도의원정수는 1명으로 하며, 그 시·도의원지역구의 명칭과 관할구역은 별표 2와 같이 한다.

정답 ④

302 '15 서울 7 지방자치론

우리나라의 지방선거제도에 대한 다음 설명 중 옳지 않은 것은?

① 광역의회 지역구 선거는 소선구제를, 기초의회 지역구 선거는 중선거구제를 채택하고 있다.
② 비례대표 광역의회 의원 정수는 지역구 광역의회 의원 정수의 100분의 10으로 하되, 최소 5인을 비례대표로 선출한다.
③ 광역·기초의원 및 광역·기초자치단체장 선거 모두 정당 참여가 허용되는 제도를 유지하고 있다.
④ 지방선거 운동의 범위와 관련하여 선별금지방식(개별제한방식)을 적용하고 있다.

출제유형 I 말바꾸기 + VII 법령
출제영역 우리나라 지방선거제도

② ✗ 비례대표 광역의회 의원 정수는 지역구 광역의회 의원 정수의 100분의 10으로 한다. 이때 **최소 3인(5인 ✗)을 비례대표로 선출**한다.

> 공직선거법 제22조 【시·도의회의 의원정수】 ③ 제1항 및 제2항의 기준에 의하여 산정된 의원정수가 19명 미만이 되는 광역시 및 도는 그 정수를 19명으로 한다.
> ④ 비례대표시·도의원정수는 제1항 내지 제3항의 규정에 의하여 산정된 지역구시·도의원정수의 100분의 10으로 한다. 이 경우 단수는 1로 본다. 다만, 산정된 비례대표시·도의원정수가 3인 미만인 때에는 3인으로 한다.

2025 신용한 지방자치론 p.159~162 정답 ②

---

303 '18 서울 7

우리나라 지방선거에 대한 설명으로 가장 옳은 것은?

① 현재 광역 – 기초자치단체장 및 광역 – 기초의회 의원 선거 모두에 정당공천제가 허용되고 있다.
② 광역의회의 지역구 선거는 기본적으로 중선거구제를 채택하고 있다.
③ 기초의회 지역구 선거는 기본적으로 소선거구제에 입각하고 있다.
④ 소선거구제의 경우에 풀뿌리 민주주의의 기반이 되는 주민과 의원과의 관계가 멀어질 수 있다는 단점이 있다.

출제유형 VII 법령
출제영역 우리나라 지방선거제도

① ○ 우리나라는 광역 – 기초자치단체 장 및 광역 – 기초의회 의원 선거 모두 정당공천제를 적용하고 있다.

> 공직선거법 제47조 【정당의 후보자추천】 ① 정당은 선거에 있어 선거구별로 선거할 정수범위안에서 그 소속당원을 후보자로 추천할 수 있다. 다만, 비례대표자치구·시·군의원의 경우에는 그 정수 범위를 초과하여 추천할 수 있다.

② ✗ 우리나라의 **광역의회의 지역구 선거**는 1선거구에 1명의 당선자를 내는 **소선거구제**이다.
③ ✗ 우리나라의 **기초의회의 지역구 선거**는 1선거구에 2~4명의 당선자를 내는 **중선거구제**이다.
④ ✗ **소선거구제는 중대선거구제보다** 후보자와 유권자의 접촉이 보다 빈번하므로 **후보자와 지역주민들과의 관계가 더욱 가까워질 수 있다.**

2025 신용한 지방자치론 p.159~162 정답 ①

304 '20 서울 7 경력경쟁 지방자치론

우리나라 현행 지방선거에 대한 설명으로 가장 옳지 않은 것은?

① 하나의 자치구·시·군의원지역구에서 선출할 지역구 자치구·시·군의원 정수는 2인 이상 4인 이하로 한다.
② 지방의회의원과 지방자치단체의 장 피선거권의 하한 연령은 18세이다.
③ 자치구·시·군의회 의원의 최소 정수는 7인이다.
④ 영주의 체류자격 취득일 후 2년이 경과한 18세 이상 외국인으로서 해당 지방자치단체의 외국인등록대장에 올라 있는 사람은 지방선거의 선거권이 있다.

출제유형 Ⅶ 법령
출제영역 우리나라 지방선거제도

① ◯ 공직선거법 제26조 제2항

> 공직선거법 제26조【지방의회의원선거구의 획정】② 자치구·시·군의원지역구는 인구·행정구역·지세·교통 그 밖의 조건을 고려하여 획정하되, 하나의 자치구·시·군의원지역구에서 선출할 지역구자치구·시·군의원정수는 2인 이상 4인 이하로 하며, 그 자치구·시·군의원지역구의 명칭·구역 및 의원정수는 시·도조례로 정한다.

② ◯ 공직선거법 제16조 제3항

> 동법 제16조【피선거권】③ 선거일 현재 계속하여 60일 이상 해당 지방자치단체의 관할구역에 주민등록이 되어 있는 주민으로서 18세 이상의 국민은 그 지방의회의원 및 지방자치단체의 장의 피선거권이 있다. 이 경우 60일의 기간은 그 지방자치단체의 설치·폐지·분할·합병 또는 구역변경(제28조 각 호의 어느 하나에 따른 구역변경을 포함한다)에 의하여 중단되지 아니한다.

③ ◯ 공직선거법 제23조 제2항

> 동법 제23조【자치구·시·군의회의 의원정수】② 자치구·시·군의회의 최소정수는 7인으로 한다.

④ ✕ 영주의 체류자격 취득일 후 **3년**(2년 ✕)이 경과한 18세 이상 외국인으로서 해당 지방자치단체의 외국인등록대장에 올라 있는 사람은 지방선거의 선거권이 있다.

> 동법 제15조【선거권】② 18세 이상으로서 제37조제1항에 따른 선거인명부작성기준일 현재 다음 각 호의 어느 하나에 해당하는 사람은 그 구역에서 선거하는 지방자치단체의 의회의원 및 장의 선거권이 있다.
> 3. 「출입국관리법」 제10조에 따른 영주의 체류자격 취득일 후 3년이 경과한 외국인으로서 같은 법 제34조에 따라 해당 지방자치단체의 외국인등록대장에 올라 있는 사람

정답 ④

305 '20 국회 9

다음은 「공직선거법」 제150조(투표용지의 정당·후보자의 게재순위 등) 제1항의 규정을 발췌한 것이다. 다음 중 현재 이 규정이 적용되지 않는 공직선거는?

> 투표용지에는 후보자의 기호·정당추천후보자의 소속정당명 및 성명을 표시하여야 한다. 다만, 무소속후보자는 후보자의 정당추천후보자의 소속정당명의 란에 "무소속"으로 표시…한다.

① 대통령선거
② 국회의원선거
③ 특별시장·광역시장·도지사선거
④ 특별시·광역시·도교육감선거
⑤ 특별시·광역시·도의회의원선거

출제유형 Ⅶ 법령
출제영역 우리나라 지방선거제도

해당 문제는 선거에 있어 후보자에 대한 정당공천 및 정당표방의 허용이 가능한지, 즉 정당공천제를 허용하는 선거와 그렇지 않은 선거를 구별하는 문제이다.

①, ②, ③, ⑤ ◯ 우리나라는 대통령선거, 국회의원 선거, 광역자치단체장 및 기초자치단체장 선거, 광역의회의원선거 및 기초의회의원선거에 정당공천제를 도입하고 있다.

④ ✕ 교육감선거에 있어서는 정당공천제가 적용되지 않는다.

> 지방교육자치에 관한 법률 제46조【정당의 선거관여행위 금지 등】① 정당은 교육감선거에 후보자를 추천할 수 없다.

SUMMARY 지방선거

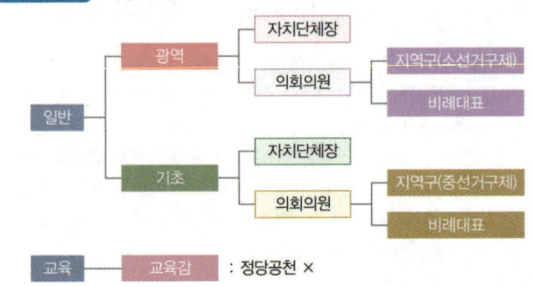

정답 ④

306

'19 서울 7 추가채용 지방자치론 변형

주민의 지방선거 선거권과 피선거권에 대한 설명으로 가장 옳은 것은?

① 지방자치단체에 주민등록은 없지만 3년 이상 주민등록표에 올라 있는 재외국민은 지방선거의 선거권이 있다.
② 선거일 현재 19세 이상의 국민으로 해당 지방자치단체에 주민등록이 되어 있는 사람은 지방선거의 선거권이 있다.
③ 지방의회 의원의 피선거권 연령 요건은 25세 이상, 지방자치단체장의 피선거권 연령 요건은 30세 이상이다.
④ 지방선거에 피선거권을 갖기 위해서 해당 지방자치단체에 주민등록이 되어 있어야 하는 기간은 선거일 현재 계속하여 60일 이상이다.

출제유형 Ⅶ 법령
출제영역 우리나라 지방선거제도

①, ② ✖ 재외국민이란 국외에 거주하고 있으나 국적을 유지하고 있는 사람으로 「공직선거법」 제15조 제2항 제2호에서 규정하고 있다.

> **공직선거법 제15조【선거권】** ② 18세 이상으로서 제37조제1항에 따른 선거인명부작성기준일 현재 다음 각 호의 어느 하나에 해당하는 사람은 그 구역에서 선거하는 지방자치단체의 의회의원 및 장의 선거권이 있다.
> 1. 「주민등록법」 제6조제1항제1호 또는 제2호에 해당하는 사람으로서 해당 지방자치단체의 관할 구역에 주민등록이 되어 있는 사람
> 2. 「주민등록법」 제6조제1항제 3호(재외국민)에 해당하는 사람으로서 주민등록표에 3개월 이상 계속하여 올라 있고 해당 지방자치단체의 관할구역에 주민등록이 되어 있는 사람

③ ✖, ④ ⭕ 선거일 현재 계속하여 60일 이상 해당 지방자치단체의 관할구역에 주민등록이 되어 있는 주민으로서 18세 이상의 국민은 그 지방의회의원 및 지방자치단체장의 피선거권이 있다.

> **동법 제16조【피선거권】** ③ 선거일 현재 계속하여 60일 이상 해당 지방자치단체의 관할구역에 주민등록이 되어 있는 주민으로서 18세 이상의 국민은 그 지방의회의원 및 지방자치단체의 장의 피선거권이 있다. 이 경우 60일의 기간은 그 지방자치단체의 설치·폐지·분할·합병 또는 구역변경(제28조 각 호의 어느 하나에 따른 구역변경을 포함한다)에 의하여 중단되지 아니한다.

2025 신용한 지방자치론 p.162, 163

정답 ④

POINT 3 우리나라 지방선거의 절차

307

'19 지방 7 지방자치론

지방선거제도에 대한 설명으로 옳은 것은?

① 자치구·시·군의회의 최소 의원정수는 6인이다.
② 정당이 비례대표지방의회의원선거에 후보자를 추천할 때에는 그 후보자 중 100분의 50 이상을 여성으로 추천하되, 그 후보자명부 순위의 매 홀수에는 여성을 추천하여야 한다.
③ 2002년부터 모든 지방선거에 정당의 후보자 추천이 허용되었다.
④ 외국인에게는 영주권을 취득한 날부터 지방선거의 선거권이 주어진다.

출제유형 Ⅶ 법령
출제영역 우리나라 지방선거제도

① ✖ 자치구·시·군의회의 최소 의원정수는 **7인**(6인 ✖)이다.

> **공직선거법 제23조【자치구·시·군의회의 의원정수】** ② 자치구·시·군의회의 최소정수는 7인으로 한다.

② ⭕ 공직선거법 제47조 제3항

> **동법 제47조【정당의 후보자추천】** ③ 정당이 비례대표국회의원선거 및 비례대표지방의회의원선거에 후보자를 추천하는 때에는 그 후보자 중 100분의 50 이상을 여성으로 추천하되, 그 후보자명부의 순위의 매 홀수에는 여성을 추천하여야 한다.

③ ✖ 2006년 이후 교육감선거를 제외한 모든 지방선거에서 정당의 후보자 추천이 이루어지고 있다.

④ ✖ 외국인은 영주의 체류자격 취득일 후 3년이 경과한 외국인으로서 같은 법 제34조에 따라 해당 지방자치단체의 외국인등록대장에 올라 있는 경우 선거권이 주어진다.

> **동법 제15조【선거권】** ② 18세 이상으로서 제37조제1항에 따른 선거인명부작성기준일 현재 다음 각 호의 어느 하나에 해당하는 사람은 그 구역에서 선거하는 지방자치단체의 의회의원 및 장의 선거권이 있다.
> 3. 「출입국관리법」 제10조에 따른 영주의 체류자격 취득일 후 3년이 경과한 외국인으로서 같은 법 제34조에 따라 해당 지방자치단체의 외국인등록대장에 올라 있는 사람

2025 신용한 지방자치론 p.162~165

정답 ②

308

지방의회 선거에 대한 설명으로 옳은 것은?

① 1991년 이후 전국 광역지방의회 의원정수의 총합은 지속적으로 증가하였다.
② 기초지방의회의원선거구의 획정은 행정구역이 아니라 인구 규모를 반영한다.
③ 2006년 기초지방의회 선거 때부터 정당공천이 허용됨과 동시에 비례대표제와 중선거구제가 도입되었다.
④ 기초지방의회의 지역구별 의원정수는 총원 증가를 억제하기 위해 조례가 아닌 「공직선거법」에서 규정한다.

출제유형 Ⅶ 법령
출제영역 우리나라 지방선거제도

① ✗ 1991년 이후 전국 광역지방의회 의원정수의 총합은 지속적으로 증가하지는 않고 **지방선거별로 증감에 변화가 있다.**
②, ④ ✗ **자치구·시·군의원지역구는 인구·행정구역·지세·교통 그 밖의 조건을 고려하여 획정**하며, **기초지방의회의 지역구별 의원정수는 시·도조례로 정한다.**

> 공직선거법 제26조 【지방의회의원선거구의 획정】② 자치구·시·군의원지역구는 인구·행정구역·지세·교통 그 밖의 조건을 고려하여 획정하되, 하나의 자치구·시·군의원지역구에서 선출할 지역구자치구·시·군의원정수는 2인 이상 4인 이하로 하며, 그 자치구·시·군의원지역구의 명칭·구역 및 의원정수는 시·도조례로 정한다.

SUMMARY 1995년 이후 지방선거제도의 변천

선거	절차		
	광역의회	기초의회	광역·기초단체장
1995년 제1회 전국동시지방선거	• 정당공천제		• 정당공천제
2002년 제3회 전국동시지방선거	• 비례대표제		
2006년 제4회 전국동시지방선거	• 유급제	• 유급제 • 정당공천제 • 비례대표제 • 중선거구제	
2010년 제5회 전국동시지방선거	• 지역구 지방의회선거에서의 여성할당제		

정답 ③

CHAPTER 2 주민의 참여

POINT 1 주민과 참여

309
'18 서울 7 지방자치론

지방자치단체의 주민에 대한 설명으로 가장 옳지 않은 것은?

① 지방자치단체의 구역 안에 주소를 가진 자는 그 지방자치단체의 주민이 된다.
② 주민은 법령으로 정하는 바에 따라 소속 지방자치단체의 재산과 공공시설을 이용할 권리를 가진다.
③ 주민은 법령으로 정하는 바에 따라 그 지방자치단체에서 실시하는 지방의회의원과 지방자치단체의 장의 선거에 참여할 권리를 가진다.
④ 외국인 주민은 주민투표, 주민소환, 조례의 제정과 개폐의 청구 자격이 없다.

출제유형 Ⅰ 말 바꾸기 + Ⅷ 법령
출제영역 지방자치단체의 주민

① ○ 지방자치법 제16조

> 지방자치법 제16조【주민의 자격】지방자치단체의 구역 안에 주소를 가진 자는 그 지방자치단체의 주민이 된다.

② ○ 지방자치법 제17조 제2항

> 동법 제17조【주민의 권리】② 주민은 법령으로 정하는 바에 따라 소속 지방자치단체의 재산과 공공시설을 이용할 권리와 그 지방자치단체로부터 균등하게 행정의 혜택을 받을 권리를 가진다.

③ ○ 주민은 법령으로 정하는 바에 따라 그 지방자치단체에서 실시하는 지방의회의원과 지방자치단체의 장의 선거에 참여할 권리를 가진다.

> 동법 제17조【주민의 권리】③ 주민은 법령으로 정하는 바에 따라 그 지방자치단체에서 실시하는 지방의회의원과 지방자치단체의 장의 선거(이하 "지방선거"라 한다)에 참여할 권리를 가진다.

④ ✕ 일정한 자격을 갖춘 외국인 주민은 주민투표, 주민소환, 조례의 제정과 개폐의 청구 자격이 주어진다.

↩ 2025 신용한 지방자치론 p.168, 169 **정답** ④

310
'17 지방 7 지방자치론

지방자치단체의 주민에 대한 설명으로 옳지 않은 것은?

① 지방자치단체 구역 안에 주소를 가진 자는 법령으로 정하는 바에 따라 소속 지방자치단체의 재산을 이용할 권리를 가진다.
② 일정한 자격을 갖춘 외국인 주민은 지방의회 의원선거에서 선거권과 피선거권을 가진다.
③ 주민의 감사청구와 관련된 주민소송제도를 인정하고 있다.
④ 영주의 체류자격 취득일 후 3년이 경과한 외국인으로서 해당 지방자치단체의 외국인등록대장에 올라 있는 사람은 조례의 제정과 개폐 청구에 참여할 수 있다.

출제유형 Ⅶ 법령
출제영역 지방자치단체의 주민

① ○ 주민은 법령으로 정하는 바에 따라 소속 지방자치단체의 재산과 공공시설을 이용할 권리를 가진다.

> 지방자치법 제17조【주민의 권리】② 주민은 법령으로 정하는 바에 따라 소속 지방자치단체의 재산과 공공시설을 이용할 권리와 그 지방자치단체로부터 균등하게 행정의 혜택을 받을 권리를 가진다.

② ✕ 외국인은 일정한 조건을 갖춘 경우 선거권은 인정될 수 있으나, 피선거권은 인정되지 않는다.

> 공직선거법 제16조【피선거권】③ 선거일 현재 계속하여 60일 이상 해당 지방자치단체의 관할구역에 주민등록이 되어 있는 주민으로서 18세 이상의 국민은 그 지방의회의원 및 지방자치단체의 장의 피선거권이 있다.

③ ○ 우리나라는 주민이 감사기관에 감사를 청구하고도 그 감사결과에 불만족하는 경우 법원에 재판을 청구하는 주민소송제도를 인정하고 있다.

④ ○ 외국인도 일정한 조건을 갖춘 경우 조례를 제정하거나 개정하거나 폐지할 것을 청구할 수 있다.

> 주민조례발안에 관한 법률 제2조【주민조례청구권자】18세 이상의 주민으로서 다음 각 호의 어느 하나에 해당하는 사람(「공직선거법」 제18조에 따른 선거권이 없는 사람은 제외한다. 이하 "청구권자"라 한다)은 해당 지방자치단체의 의회(이하 "지방의회"라 한다)에 조례를 제정하거나 개정 또는 폐지할 것을 청구(이하 "주민조례청구"라 한다)할 수 있다.
> 1. 해당 지방자치단체의 관할 구역에 주민등록이 되어 있는 사람
> 2. 「출입국관리법」 제10조에 따른 영주(永住)할 수 있는 체류자격 취득일 후 3년이 지난 외국인으로서 같은 법 제34조에 따라 해당 지방자치단체의 외국인등록대장에 올라 있는 사람

↩ 2025 신용한 지방자치론 p.168, 169, 172, 173 **정답** ②

311

'24 지방 7 지방자치론

「지방자치법」상 주민에 관한 내용으로 옳은 것만을 모두 고르면?

> ㄱ. 주민은 법령으로 정하는 바에 따라 소속 지방자치단체의 재산과 공공시설을 이용할 권리와 그 지방자치단체로부터 균등하게 행정의 혜택을 받을 권리를 가진다.
> ㄴ. 다른 기관에서 감사한 사항이라도 새로운 사항이 발견되거나 중요 사항이 감사에서 누락된 경우는 주민감사청구권이 행사될 수 있다.
> ㄷ. 주민은 그 지방자치단체의 장 및 모든 지방의회의원을 소환할 권리를 가진다.
> ㄹ. 주민소송에 따른 결과로 손해배상금이나 부당이득반환금을 지급하여야 할 당사자가 시·도지사라면 행정안전부장관이 지급을 청구하여야 한다.

① ㄱ, ㄴ   ② ㄱ, ㄷ
③ ㄴ, ㄹ   ④ ㄷ, ㄹ

출제유형 Ⅶ 법령 + Ⅰ 말바꾸기
출제영역 지방자치단체의 주민

ㄱ. ⓞ 지방자치법 제17조 제2항

> 지방자치법 제17조【주민의 권리】② 주민은 법령으로 정하는 바에 따라 소속 지방자치단체의 재산과 공공시설을 이용할 권리와 그 지방자치단체로부터 균등하게 행정의 혜택을 받을 권리를 가진다.

ㄴ. ⓞ 지방자치법 제21조 제2항

> 동법 제21조【주민의 감사 청구】② 다음 각 호의 사항은 감사 청구의 대상에서 제외한다.
> 3. 다른 기관에서 감사하였거나 감사 중인 사항. 다만, 다른 기관에서 감사한 사항이라도 새로운 사항이 발견되거나 중요 사항이 감사에서 누락된 경우와 제22조제1항에 따라 주민소송의 대상이 되는 경우에는 그러하지 아니하다.

ㄷ. ✗ 주민은 그 **지방자치단체의 장 및 지방의회의원**(비례대표 지방의회의원은 제외)을 소환할 권리를 가진다.

> 동법 제25조【주민소환】① 주민은 그 지방자치단체의 장 및 지방의회의원(비례대표 지방의회의원은 제외한다)을 소환할 권리를 가진다.

ㄹ. ✗ 손해배상금이나 부당이득반환금을 지급하여야 할 당사자가 지방자치단체의 장이면 **지방의회의 의장**(행정안전부 장관 ✗)이 지급을 청구하여야 한다.

> 동법 제23조【손해배상금 등의 지급청구 등】① 지방자치단체의 장(해당 사항의 사무처리에 관한 권한을 소속 기관의 장에게 위임한 경우에는 그 소속 기관의 장을 말한다. 이하 이 조에서 같다)은 제22조제2항제4호 본문에 따른 소송에 대하여 손해배상청구나 부당이득반환청구를 명하는 판결이 확정되면 판결이 확정된 날부터 60일 이내를 기한으로 하여 당사자에게 그 판결에 따라 결정된 손해배상금이나 부당이득반환금의 지급을 청구하여야 한다. 다만, 손해배상금이나 부당이득반환금을 지급하여야 할 당사자가 지방자치단체의 장이면 지방의회의 의장이 지급을 청구하여야 한다.

⚭ 2025 신용한 지방자치론 p.168, 179, 182, 183   정답 ①

312

'15 사회복지직 9

주민의 참여가 확대됨으로써 예상되는 긍정적 기능에 해당하지 않는 것은?

① 정책집행의 순응성 제고
② 정책의 민주성과 정당성 증대
③ 시민의 역량과 자질 증대
④ 행정적 비용의 감소

출제유형 Ⅳ 개념
출제영역 주민참여의 순기능

①, ②, ③ ⓞ 주민참여는 대의민주주의의 미비점을 보완할 뿐만 아니라 주민의 주체적 지위의 확보로 역량과 자질이 증대되고, 정책의 민주성과 정당성 증대로 행정집행의 용이성(순응성)도 제고된다.

④ ✗ 주민참여는 참여자의 전문성 부족과 참여의 비용 문제가 발생하며, 수많은 절차를 거치면서 행정지체와 비능률이 발생할 수 있다.

⚭ 2025 신용한 지방자치론 p.168, 169   정답 ④

313 '18 경간

주민참여에 관한 다음 설명 중 가장 옳지 않은 것은?

① 우리나라 주민 참여제도의 법제화 순서는 조례제정·개폐청구제도 → 주민투표제도 → 주민소송제도 → 주민소환제도이다.
② 행정과 시민간의 거리감을 감소시키고 행정의 전문화를 향상시킨다.
③ 정책의 정당성 및 정책순응을 확보할 수 있고, 시민의 역량과 자질이 증대된다.
④ 대의정치의 결함을 보완하여 행정의 민주화를 고양시킨다.

출제유형 IV 개념
출제영역 주민참여의 순기능 등

① ⓞ 우리나라 주민 참여제도의 법제화 순서는 조례제정·개폐청구제도(1999), 주민투표제도(2004), 주민소송제도(2005), 주민소환제도(2006)의 순이다.
② ✗ 주민참여의 역기능으로 참여자의 전문성 부족과 참여 비용의 문제를 들 수 있다.
③, ④ ⓞ 주민참여의 기능으로 정책의 정당성 및 정책순응을 확보, 시민의 역량과 자질 증대, 대의민주주의의 미비점 보완 등이 있다.

⟶ 2025 신용한 지방자치론 p.168, 169, 172
정답 ②

314 '18 지방 7 지방자치론

최근 국정 운영은 물론 지방정부의 운영에서도 거버넌스의 중요성이 강조되고 있다. 이에 대한 설명으로 옳지 않은 것은?

① 피터스(Peters)와 피에르(Pierre)는 정부가 아닌 네트워크, 직접 통제가 아닌 영향력 행사, 공사협동, 대안적 정책방식의 활용 등을 요소로 하는 통치방식으로 거버넌스를 보았다.
② 거버넌스의 확대가 다양한 사회 세력들의 참여를 증대시킴으로써 정부의 전횡을 방지한다는 점에서 민주화에 기여할 수 있다.
③ 선출을 통해 구성되지 않은 외부기관에 의하여 민주적 정부가 통제받는다는 점에서 민주주의의 이념에 위배되고 선거기제에 의한 민주적 통제가 곤란해질 수 있다.
④ 거버넌스의 등장배경에는 시장실패, 재정 위기의 심화, 사회적 복잡성의 증대, 통치 양식의 효율화 등 다양한 원인이 지적된다.

출제유형 I 말 바꾸기 + IV 개념
출제영역 로컬거버넌스

④ ✗ 거버넌스는 시장실패가 아닌 정부의 실패와 이에 따른 국가의 재정 위기 심화 등의 원인이 지적된다. 정부의 실패는 시장과 시민사회의 개입을 필연적으로 요구하게 됐고, 시장과 시민, 국가나 기타 사회의 다원적 영역이 참여해 공공서비스를 공급하는 새로운 정부관리의 패러다임이 요구된 것이다.

⟶ 2025 신용한 지방자치론 p.170
정답 ④

315

'19 서울 7 지방자치론

아른스타인(Arnstein)의 주민참여 8단계 중 <보기>의 A 지방자치단체의 결정이 해당되는 단계는?

| 보기 |
A 지방자치단체는 지역의 중요 현안 문제 해결을 위해 지방자치단체와 지역주민들 사이에 결정권의 소재에 대한 새로운 합의를 만들고 이를 기반으로 정책결정을 공동으로 할 수 있는 공동위원회를 구성하였다.

① 권한위임단계(delegated power)
② 주민통제단계(citizen control)
③ 동반자단계(partnership)
④ 유화단계(placation)

출제유형 Ⅳ 개념
출제영역 주민참여(Arnstein) 단계
③ ○ 해당 보기는 동반자단계(partnership)에 대한 설명이다. 동반자단계(partnership)는 행정기관이 최종 결정권을 가지고 있지만 주민이 필요하다고 판단할 경우 행정기관에 맞서서 자신의 주장을 내세울 만큼의 영향력을 갖고 있는 수준이다. 이러한 동반자단계(partnership)는 정부와 주민사이에 결정권의 소재에 대한 새로운 합의가 이루어지고, 이를 기반으로 정책결정을 공동으로 하기 위한 공동위원회(joint board) 등의 제도적인 틀이 마련되는 단계이다.

2025 신용한 지방자치론 p.171   정답 ③

316

'22 서울 7 경력경쟁 지방자치론

아른스타인(S. R. Arnstein)의 주민참여 사다리(ladder of citizen participation)에서 형식적 참여에 해당하지 않는 것은?

① 상담(consultation)
② 정보제공(informing)
③ 회유(placation)
④ 권한위임(delegated power)

출제유형 Ⅲ 내용분류
출제영역 주민참여(Arnstein) 단계
④ ✗ 권한위임은 주민권력적 참여에 해당한다.

2025 신용한 지방자치론 p.171   정답 ④

317

'18 지방 7 지방자치론

아른스타인(Arnstein)의 주민참여 8단계에서 실질적 참여에 해당하는 것은?

① 권한위임(delegated power)
② 정보제공(informing)
③ 조작(manipulation)
④ 상담(consultation)

출제유형 Ⅳ 개념
출제영역 주민참여(Arstein) 단계
②, ④ ✗ 정보제공(informing)과 상담(consultation)은 아른스타인(Arnstein)의 주민참여의 유형 중 형식적 참여의 수준이다.
③ ✗ 조작(manipulation)은 아른스타인(Arnstein)의 주민참여의 유형 중 비참여의 수준이다.

SUMMARY 주민참여의 유형(Arnstein)

조작	임시치료	정보제공	상담	회유(유화)	대등협력	권한위양	자주관리
비참여		형식적 참여			주민권력적 참여		

2025 신용한 지방자치론 p.171   정답 ①

318

'16 서울 7 지방자치론

다음 중 아른슈타인(Arnstein)이 분류한 주민참여 8단계론에서 비참여 단계에 해당하는 것은?

① 회유 - 권한위임
② 조작 - 자문
③ 정보제공 - 자문
④ 치료 - 조작

출제유형 Ⅲ 내용분류 + Ⅳ 개념
출제영역 주민참여(Arnstein) 단계
④ ○ 조작과 임시치료가 비참여의 수준이다. 비참여 수준은 결정과정에 주민참여가 거의 없고, 주민포섭에 머무르는 수준을 말한다.

SUMMARY 주민참여의 유형(Arnstein)

조작	임시치료	정보제공	상담	회유(유화)	대등협력	권한위양	자주관리
비참여		형식적 참여			주민권력적 참여		

2025 신용한 지방자치론 p.171   정답 ④

319 '24 경간

아른스타인(Arnstein)의 주민참여 8단계론에 대한 설명으로 가장 옳지 않은 것은?

① 주민참여 결과로 나타나는 영향력의 크기에 따라 주민참여를 8단계로 제시한다.
② 주민참여의 형태를 비참여, 형식적 참여, 실질적 참여의 3가지 범주로 구분한다.
③ 정보제공단계(informing)는 지방정부가 지역주민에게 정보를 일방적으로 제공하는 단계로서, 계도단계(manipulation) 및 교정단계(therapy)와 더불어 비참여의 범주에 속한다.
④ 주민통제단계(citizen control)는 주민이 지방정부의 진정한 주인으로 모든 결정을 주도하는 단계로서, 현실에 존재하기 어렵다.

출제유형 Ⅰ 말바꾸기 + Ⅳ 개념
출제영역 주민참여 단계

①, ② ⭕ 아른스타인은 참여의 실질적 의미 내지는 영향력 정도를 기준으로 주민참여의 유형을 8개로 나누어 유형화 한 후 3개 수준으로 통합하여 비참여, 형식적 참여, 주민권력적 참여의 수준으로 대별하였다.
③ ❌ 정보제공단계(informing)는 정보회로가 쌍방적이 아니라 행정기관으로부터 주민으로 통하는 일방적인 것이어서 환류를 통한 협상과 타협에 연결되지 못하는 수준으로 **형식적 참여에 해당**한다.
④ ⭕ 주민통제단계(citizen control)는 주민이 위원회 등에서 행정을 지배하고 있는 경우로서, 주민에 의한 완전자치를 실현하는 수준이다.

SUMMARY 주민참여의 유형(Arnstein)

조작	임시치료	정보제공	상담	회유(유화)	대등협력	권한위양	자주관리
비참여		형식적 참여			주민권력적 참여		

⇨ 2025 신용한 지방자치론 p.171   정답 ③

320 '17 서울 7 지방자치론

아른슈타인(Arnstein)에 의해 주장된 주민행정참여의 유형에 대한 설명으로 가장 옳은 것은?

① 아른슈타인(Arnstein)은 주민행정참여의 단계를 6가지로 구분하였다.
② 위무(placation)와 정보제공(informing)은 주민행정참여에 있어서 비참여(nonparticipation) 수준에 포함된다.
③ 주민권력적 참여(citizen power) 수준에는 시민통제(citizen control), 권한위임(delegated power), 협력(partnership) 등이 포함된다.
④ 아른슈타인(Arnstein)은 주민행정참여의 각 유형을 영향력의 정도에 따라 비참여(nonparticipation)와 주민권력적 참여(citizen power) 등 2개의 수준으로 분류하였다.

출제유형 Ⅲ 내용분류 + Ⅳ 개념
출제영역 주민참여(Arnstein) 단계

① ❌ 아른슈타인은 주민참여의 유형을 8개(조작, 임시치료, 정보제공, 상담, 회유, 대등협력, 권한위양, 자주관리)로 나누어 유형화 하였다.
② ❌ 위무(placation, 회유)와 정보제공은 형식적 참여의 수준(비참여 수준 ×)에 해당한다.
③ ⭕ 주민권력적 참여 수준에는 협력(partnership, 대등협력), 권한위임(delegated power, 권한위양), 시민통제(citizen control, 자주관리) 등이 포함된다.
④ ❌ 아른슈타인은 주민행정참여의 유형을 영향력의 정도에 따라 비참여, 형식적 참여, 주민권력적 참여 **3개의 수준으로 분류**하였다.

⇨ 2025 신용한 지방자치론 p.171   정답 ③

POINT 2 우리나라의 주민참여제도

321
'17 서울 7 지방자치론

우리나라의 주민참여 수단을 주민협조적 참여, 주민감시적 참여, 주민권력적 참여로 구분할 때 주민권력적 참여의 수단으로 보기 가장 어려운 것은?

① 주민소환제도
② 주민투표제도
③ 주민옴부즈만제도
④ 주민발의제도

출제유형 Ⅲ 내용분류 + Ⅳ 개념
출제영역 우리나라 주민참여제도

①, ②, ④ ⭕ 주민권력적 참여에는 주민소환제, 주민투표제, 주민발의제 등이 해당한다.
③ ❌ 주민옴부즈만제도는 주민감시적 참여에 해당한다.

SUMMARY 주민참여의 분류

주민협조적 참여	민원모니터제도, 공청회, 설명회, 자원봉사제도 등
주민감시적 참여	주민감사청구제, 주민소송제, 주민옴부즈만제도, 주민참여예산제 등
주민권력적 참여	주민소환제, 주민투표제, 주민발의제 등

2025 신용한 지방자치론 p.172 **정답** ③

322
'20 지방 7 지방자치론

주민참여에 대한 설명으로 옳은 것은?

① 「지방자치법」은 주민투표의 대상, 청구요건, 효력 등에 관한 상세규정을 두고 있다.
② 「지방자치법」상 주민감사청구를 하지 않은 주민도 주민소송을 제기할 수 있다.
③ 조례의 제정 및 개폐 청구제도는 주민발안에 해당한다.
④ 아른스타인(Arnstein)의 주민참여 8단계에서 회유(placation)는 비참여에 해당한다.

출제유형 Ⅰ 말바꾸기 + Ⅶ 법령
출제영역 조례제정개폐청구 등

① ❌ 주민투표의 대상, 청구요건, 효력 등은 「주민투표법」에 규정되어 있다.

> **지방자치법 제18조 【주민투표】** ① 지방자치단체의 장은 주민에게 과도한 부담을 주거나 중대한 영향을 미치는 지방자치단체의 주요 결정사항 등에 대하여 주민투표에 부칠 수 있다.
> ② 주민투표의 대상·발의자·발의요건, 그 밖에 투표절차 등에 관한 사항은 따로 법률로 정한다.
>
> **주민투표법 제1조 【목적】** 이 법은 지방자치단체의 주요결정사항에 관한 주민의 직접참여를 보장하기 위하여 「지방자치법」 제18조에 따른 주민투표의 대상·발의자·발의요건·투표절차 등에 관한 사항을 규정함으로써 지방자치행정의 민주성과 책임성을 제고하고 주민복리를 증진함을 목적으로 한다.

② ❌ 주민소송은 지방자치단체의 기관 및 직원의 공금지출·회계 등 재무행위가 위법하다고 인정되어 주민이 감사기관에 감사를 청구하고도 그 감사결과에 불만족 하는 경우에 법원에 재판을 청구하는 제도이다.

> **지방자치법 제22조 【주민소송】** ① 제21조제1항에 따라 공금의 지출에 관한 사항, 재산의 취득·관리·처분에 관한 사항, 해당 지방자치단체를 당사자로 하는 매매·임차·도급 계약이나 그 밖의 계약의 체결·이행에 관한 사항 또는 지방세·사용료·수수료·과태료 등 공금의 부과·징수를 게을리한 사항을 감사 청구한 주민은 다음 각 호의 어느 하나에 해당하는 경우에 그 감사 청구한 사항과 관련이 있는 위법한 행위나 업무를 게을리한 사실에 대하여 해당 지방자치단체의 장(해당 사항의 사무처리에 관한 권한을 소속 기관의 장에게 위임한 경우에는 그 소속 기관의 장을 말한다. 이하 이 조에서 같다)을 상대방으로 하여 소송을 제기할 수 있다.

③ ⭕ 조례의 제정 및 개폐 청구제도는 주민발안제도의 일종으로 지역주민들이 해당 지방자치단체의 의회에게 조례를 제정하거나 개정하거나 폐지할 것을 청구할 수 있는 제도이다.
④ ❌ 아른스타인(Arnstein)의 주민참여 8단계에서 회유(placation)는 형식적 참여에 해당한다.

2025 신용한 지방자치론 p.171, 172, 181 **정답** ③

323 '21 서울 7 경력경쟁 지방자치론

주민참여에 대한 설명으로 가장 옳은 것은?

① 아른스타인(Arnstein)은 주민참여의 단계에서 권한위임 단계, 주민통제단계만을 주민들이 권력을 행사하는 단계로 설명하고 있다.
② 주민감사청구는 상급기관과 감사원에 감사를 청구할 수 있도록 하는 제도이다.
③ 주민소환은 지방자치단체에 대한 불신임을 사후적으로 표명하는 제도이다.
④ 주민투표는 지방자치단체의 장의 직권에 의해 실시되는 것으로 주민 또는 지방의회의 청구에 의해서는 불가능하다.

출제유형 Ⅰ 말바꾸기 + Ⅳ 개념
출제영역 주민참여제도

① ✗ 아른스타인(Arnstein)에서 주민들이 권력을 행사하는 단계는 **권한위임, 주민통제**(자주관리), **권한위양 3가지 수준**이 존재한다.
② ✗ 주민감사청구는 **상급기관에 감사를 청구할 수 있도록 하는 제도**이다. 감사원에 감사를 청구하는 제도는 국민감사청구제도이다.

> **지방자치법 제21조【주민의 감사 청구】** ① 지방자치단체의 18세 이상의 주민으로서 다음 각 호의 어느 하나에 해당하는 사람(「공직선거법」 제18조에 따른 선거권이 없는 사람은 제외한다. 이하 이 조에서 "18세 이상의 주민"이라 한다)은 시·도는 300명, 제198조에 따른 인구 50만 이상 대도시는 200명, 그 밖의 시·군 및 자치구는 150명 이내에서 그 지방자치단체의 조례로 정하는 수 이상의 18세 이상의 주민이 연대 서명하여 그 지방자치단체와 그 장의 권한에 속하는 사무의 처리가 법령에 위반되거나 공익을 현저히 해친다고 인정되면 시·도의 경우에는 주무부장관에게, 시·군 및 자치구의 경우에는 시·도지사에게 감사를 청구할 수 있다.

③ ○ 주민소환은 유권자 일정 수 이상의 연서에 의해 지방자치단체의 장, 의회, 의원, 기타 일정한 주요 간부공무원의 해직이나, 의회의 해산 등을 그 임기 만료 전에 청구하여 주민투표로써 결정하는 제도이다.
④ ✗ **주민투표는 주민 또는 지방의회의 청구에 의해서도 가능**하다.

> **주민투표법 제9조【주민투표의 실시요건】** ① 지방자치단체의 장은 다음 각 호의 어느 하나에 해당하는 경우에는 주민투표를 실시할 수 있다. 이 경우 제1호 또는 제2호에 해당하는 경우에는 주민투표를 실시하여야 한다.
> 1. 주민이 제2항에 따라 주민투표의 실시를 청구하는 경우
> 2. 지방의회가 제5항에 따라 주민투표의 실시를 청구하는 경우
> 3. 지방자치단체의 장이 주민의 의견을 듣기 위하여 필요하다고 판단하는 경우

2025 신용한 지방자치론 p.171, 176, 178, 182   **정답** ③

---

324 '22 국회 8

현행「지방자치법」에 근거하는 제도에 해당하지 않는 것은?

① 주민참여예산제 ② 주민투표제
③ 주민감사청구제 ④ 주민소송제
⑤ 주민소환제

출제유형 Ⅶ 법령
출제영역 주민참여제도

① ✗ **주민참여예산제도는**「지방자치법」이 아니라 「**지방재정법」에 규정**되어 있다.

> **지방재정법 제39조【지방예산 편성 등 예산과정의 주민 참여】** ① 지방자치단체의 장은 대통령령으로 정하는 바에 따라 지방예산 편성 등 예산과정(「지방자치법」 제47조에 따른 지방의회의 의결사항은 제외한다. 이하 이 조에서 같다)에 주민이 참여할 수 있는 제도(이하 이 조에서 "주민참여예산제도"라 한다)를 마련하여 시행하여야 한다.

② ○ 지방자치법 제18조 제1항

> **지방자치법 제18조【주민투표】** ① 지방자치단체의 장은 주민에게 과도한 부담을 주거나 중대한 영향을 미치는 지방자치단체의 주요 결정사항 등에 대하여 주민투표에 부칠 수 있다.

③ ○ 지방자치법 제21조 제1항

> **지방자치법 제21조【주민의 감사 청구】** ① 지방자치단체의 18세 이상의 주민으로서 다음 각 호의 어느 하나에 해당하는 사람(「공직선거법」 제18조에 따른 선거권이 없는 사람은 제외한다. 이하 이 조에서 "18세 이상의 주민"이라 한다)은 시·도는 300명, 제198조에 따른 인구 50만 이상 대도시는 200명, 그 밖의 시·군 및 자치구는 150명 이내에서 그 지방자치단체의 조례로 정하는 수 이상의 18세 이상의 주민이 연대 서명하여 그 지방자치단체와 그 장의 권한에 속하는 사무의 처리가 법령에 위반되거나 공익을 현저히 해친다고 인정되면 시·도의 경우에는 주무부장관에게, 시·군 및 자치구의 경우에는 시·도지사에게 감사를 청구할 수 있다.

④ ○ 지방자치법 제22조 제1항

> **지방자치법 제22조【주민소송】** ① 제21조제1항에 따라 공금의 지출에 관한 사항, 재산의 취득·관리·처분에 관한 사항, 해당 지방자치단체를 당사자로 하는 매매·임차·도급 계약이나 그 밖의 계약의 체결·이행에 관한 사항 또는 지방세·사용료·수수료·과태료 등 공금의 부과·징수를 게을리한 사항을 감사 청구한 주민은 다음 각 호의 어느 하나에 해당하는 경우에 그 감사 청구한 사항과 관련이 있는 위법한 행위나 업무를 게을리한 사실에 대하여 해당 지방자치단체의 장(해당 사항의 사무처리에 관한 권한을 소속 기관의 장에게 위임한 경우에는 그 소속 기관의 장을 말한다. 이하 이 조에서 같다)을 상대방으로 하여 소송을 제기할 수 있다.

⑤ ○ 지방자치법 제25조 제1항

> **지방자치법 제25조【주민소환】** ① 주민은 그 지방자치단체의 장 및 지방의회의원(비례대표 지방의회의원은 제외한다)을 소환할 권리를 가진다.

2025 신용한 지방자치론 p.172   **정답** ①

325 '21 서울 7 경력경쟁 지방자치론

우리나라 지방자치제도의 역사에 대한 설명으로 가장 옳지 않은 것은?

① 1952년 최초 시·읍·면 의회의원 선거가 실시되었다.
② 1999년 주민 조례 제정·개폐 청구권, 주민감사 청구권이 신설되어, 2000년 3월부터 시행되었다.
③ 1994년 「지방자치법」에 주민투표제가 도입되었고, 2004년 「주민투표법」이 별도 입법으로 제정되었다.
④ 2016년 「주민소환에 관한 법률」이 제정되어 2017년 6월부터 시행되었다.

출제유형 | IV 개념
출제영역 | 우리나라 지방자치의 발전
④ ✗ 우리나라의 경우 2006년 「지방자치법」 개정 시 주민소환제를 규정하였고, 2007년 「주민소환에 관한 법률」이 별도로 제정·시행되었다.

2025 신용한 지방자치론 p.30, 170 정답 ④

326 '17 경간

우리나라 주민참여제도의 법제화가 시간 순으로 올바르게 나열된 것은?

가. 주민투표제도
나. 주민소환제도
다. 주민감사청구제도
라. 주민소송제도

① 가 - 나 - 다 - 라
② 다 - 가 - 라 - 나
③ 나 - 라 - 가 - 다
④ 다 - 라 - 가 - 나

출제유형 | V 순서연결
출제영역 | 우리나라 주민참여제도
② ○ 우리나라는 1995년 지방자치제의 본격적인 실시 이후 다. 주민감사청구제(1999), 가. 주민투표제(2004), 라. 주민소송제(2005), 나. 주민소환제(2006) 등의 순으로 더욱 직접적이고 실질적인 참여제도가 마련되었다.

2025 신용한 지방자치론 p.172 정답 ②

327 '18 서울 7 추가채용

주민참여제도 중 지방자치 실시 이후 가장 먼저 도입된 것은?

① 주민소환제
② 조례제정개폐청구제
③ 주민투표제
④ 주민소송제

출제유형 | V 순서연결
출제영역 | 우리나라 주민참여제도
①, ③, ④ ✗ 1999년 조례제정개폐청구제부터 2004년 주민투표제, 2005년 주민소송제, 2006년 주민소환제가 도입(제정연도 기준)되었다.
② ○ 1995년 본격적인 지방자치 실시 이후 가장 먼저 도입된 것은 1999년에 도입된 조례제정개폐청구제이다.

2025 신용한 지방자치론 p.172 정답 ②

328 '20 경간

우리나라의 주민참여제도 중 가장 나중에 도입된 것은?

① 주민투표제
② 주민소환제
③ 주민소송제
④ 조례제정개폐청구제

출제유형 | V 순서연결
출제영역 | 우리나라 주민참여제도
② ○ 1999년 조례제정개폐청구제부터 2004년 주민투표제, 2005년 주민소송제, 2006년 주민소환제가 도입되었다.

2025 신용한 지방자치론 p.172 정답 ②

329 '23 국가 9

2021년 1월 전부개정된 「지방자치법」에서 처음으로 도입된 주민참여 제도는?

① 주민소환
② 주민의 감사청구
③ 조례의 제정과 개정·폐지 청구
④ 규칙의 제정과 개정·폐지 관련 의견 제출

출제유형 Ⅴ 순서 연결
출제영역 우리나라의 주민참여제도

④ ⭕ 1999년 조례제정개폐청구제 및 주민감사청구제, 2004년 주민투표제, 2005년 주민소송제, 2006년 주민소환제가 도입되었고, 2021년 「지방자치법」 전부개정을 통해 규칙의 제정과 개정·폐지 의견제출에 관한 내용이 추가되었다.

> **지방자치법 제20조 【규칙의 제정과 개정·폐지 의견 제출】** ① 주민은 제29조에 따른 규칙(권리·의무와 직접 관련되는 사항으로 한정한다)의 제정, 개정 또는 폐지와 관련된 의견을 해당 지방자치단체의 장에게 제출할 수 있다.

2025 신용한 지방자치론 p.172, 175   **정답** ④

---

330 '18 서울 7 추가채용 지방자치론

현행법상 인정되는 지방자치단체 주민의 권리에 해당하지 않는 것은?

① 부담금 감면에 관한 조례제정 청구권
② 주민투표의 효력에 관한 소청권
③ 주민소환투표 청구권
④ 지방의회에 제출하는 청원권

출제유형 Ⅶ 법령
출제영역 주민의 권리

① ❌ 주민조례발안에 관한 법률 제4조

> **주민조례발안에 관한 법률 제4조 【주민조례청구 제외 대상】** 다음 각 호의 사항은 주민조례청구 대상에서 제외한다.
> 2. 지방세·사용료·수수료·부담금을 부과·징수 또는 감면하는 사항

2025 신용한 지방자치론 p.172~186   **정답** ①

---

331 '18 서울 7 추가채용

「지방자치법」에서는 지방자치단체의 구역 안에 주소를 가진 자를 '주민'의 자격이 있는 것으로 정의하고 있다. 주민이 갖는 권리에 해당하지 않는 것은?

① 법령으로 정하는 바에 따라 그 지방자치단체에서 실시하는 지방의회의원과 지방자치단체의 장의 선거에 참여할 권리를 가진다.
② 주민은 지방자치단체의 조례를 제정하거나 개정하거나 폐지할 것을 청구 할 수 있다.
③ 주민에게 과도한 부담을 주거나 중대한 영향을 미치는 지방자치단체의 주요 결정사항 등에 대하여 주민투표를 발의할 수 있다.
④ 지방자치단체의 장 및 지방의회의원(비례대표 지방의회의원은 제외)을 소환할 권리를 가진다.

출제유형 Ⅶ 법령
출제영역 우리나라 주민참여제도(종합)

① ⭕ 지방자치법 제17조 제3항

> **지방자치법 제17조 【주민의 권리】** ③ 주민은 법령으로 정하는 바에 따라 그 지방자치단체에서 실시하는 지방의회의원과 지방자치단체의 장의 선거(이하 "지방선거"라 한다)에 참여할 권리를 가진다.

② ⭕ 지방자치법 제19조 제1항

> **동법 제19조 【조례의 제정과 개정·폐지 청구】** ① 주민은 지방자치단체의 조례를 제정하거나 개정하거나 폐지할 것을 청구할 수 있다.

③ ❌ 주민투표의 발의는 지방자치단체의 장이 한다.

> **동법 제18조 【주민투표】** ① 지방자치단체의 장은 주민에게 과도한 부담을 주거나 중대한 영향을 미치는 지방자치단체의 주요 결정사항 등에 대하여 주민투표에 부칠 수 있다.

④ ⭕ 지방자치법 제25조 제1항

> **동법 제25조 【주민소환】** ① 주민은 그 지방자치단체의 장 및 지방의회의원(비례대표 지방의회의원은 제외한다)을 소환할 권리를 가진다.

2025 신용한 지방자치론 p.172~186   **정답** ③

332

'22 서울 7 경력경쟁 지방자치론

「지방자치법」상 주민에 대한 설명으로 가장 옳지 않은 것은?

① 법령에 따라 소속 지방자치단체의 비용을 분담해야 한다.
② 지방자치단체의 조례를 개정할 것을 청구할 수 있으나 폐지할 것을 청구할 수는 없다.
③ 지방자치단체의 장을 소환할 수 있지만 비례대표 지방의회 의원을 소환할 권리는 가지고 있지 않다.
④ 「지방자치법」에는 주민의 권리뿐 아니라 주민의 의무도 별도로 명시되어 있다.

출제유형 Ⅶ 법령
출제영역 지방자치단체의 주민

① ⭕ 지방자치법 제27조

> 지방자치법 제27조【주민의 의무】 주민은 법령으로 정하는 바에 따라 소속 지방자치단체의 비용을 분담하여야 하는 의무를 진다.

② ❌ 주민은 **지방자치단체의 조례를 개정하는 것 뿐만 아니라, 폐지할 것을 청구**할 수 있다.

> 동법 제19조【조례의 제정과 개정·폐지 청구】 ① 주민은 지방자치단체의 조례를 제정하거나 개정하거나 폐지할 것을 청구할 수 있다.
> ② 조례의 제정·개정 또는 폐지 청구의 청구권자·청구대상·청구요건 및 절차 등에 관한 사항은 따로 법률로 정한다.

③ ⭕ 지방자치법 제25조 제1항

> 동법 제25조【주민의 소환】 ① 주민은 그 지방자치단체의 장 및 지방의회의원(비례대표 지방의회의원은 제외한다)을 소환할 권리를 가진다.

④ ⭕ 「지방자치법」에는 주민의 권리뿐 아니라 주민의 의무도 별도로 명시되어 있다.

> 동법 제17조【주민의 권리】 ① 주민은 법령으로 정하는 바에 따라 주민생활에 영향을 미치는 지방자치단체의 정책의 결정 및 집행 과정에 참여할 권리를 가진다.
> ② 주민은 법령으로 정하는 바에 따라 소속 지방자치단체의 재산과 공공시설을 이용할 권리와 그 지방자치단체로부터 균등하게 행정의 혜택을 받을 권리를 가진다.
> ③ 주민은 법령으로 정하는 바에 따라 그 지방자치단체에서 실시하는 지방의회의원과 지방자치단체의 장의 선거(이하 "지방선거"라 한다)에 참여할 권리를 가진다.
> 동법 제27조【주민의 의무】 주민은 법령으로 정하는 바에 따라 소속 지방자치단체의 비용을 분담하여야 하는 의무를 진다.

2025 신용한 지방자치론 p.172~186 **정답** ②

333

'17 지방 7

우리나라의 주민참여제도에 대한 설명으로 옳은 것은?

① 지방자치제가 1995년 부활한 이후 주민투표제, 주민소환제, 주민소송제, 주민참여예산제의 순서로 도입되었다.
② 주민소환 청구요건이 엄격해 실제로 주민소환제를 통해 주민소환이 확정된 지방자치단체장이나 지방의회의원은 없다.
③ 기획재정부장관은 지방자치단체별 주민참여예산제도의 운영에 대한 평가를 실시할 수 있다.
④ 주민투표는 특정한 사항에 대하여 찬성 또는 반대의 의사표시를 하거나 두 가지 사항 중 하나를 선택하는 형식으로 실시하여야 한다.

출제유형 Ⅰ 말바꾸기 + Ⅶ 법령
출제영역 우리나라 주민참여제도(종합)

① ❌ **주민투표제(2004), 주민소송제(2005), 주민참여예산제(2005), 주민소환제(2006)의 순으로** 도입되었다.

② ❌ **우리나라의 경우 2007년 경기도 하남시에서 주민소환이 실시되었다.** 하남시장은 31%의 투표율로 개표가 이루어지지 않아 소환이 무산된 반면 해당 시의원 2명은 37%의 투표율로 1/3을 넘어 개표한 결과 소환 찬성이 과반수이어서 소환이 이루어졌다.

③ ❌ **행정안전부장관(기획재정부장관 ×)은** 지방자치단체별 주민참여예산제도의 운영에 대한 평가를 실시할 수 있다.

> 지방재정법 제39조【지방예산 편성 등 예산과정의 주민 참여】
> ④ 행정안전부장관은 지방자치단체의 재정적·지역적 여건 등을 고려하여 대통령령으로 정하는 바에 따라 지방자치단체별 주민참여예산제도의 운영에 대하여 평가를 실시할 수 있다.

④ ⭕ 주민투표법 제15조

> 주민투표법 제15조【주민투표의 형식】 주민투표는 특정한 사항에 대하여 찬성 또는 반대의 의사표시를 하거나 두 가지 사항중 하나를 선택하는 형식으로 실시하여야 한다.

2025 신용한 지방자치론 p.172~186 **정답** ④

334

'24 서울 7 경력경쟁 지방자치론

주민조례발안제도에 대한 설명으로 가장 옳지 않은 것은?

① 지방자치단체의 인구 규모에 따라 조례 청구를 위해 연대 서명해야 하는 청구권자의 수는 다르다.
② 지역주민은 누구나 조례를 제정하거나 개정 또는 폐지할 것을 청구할 수 있다.
③ 우리나라에서는 조례의 제정·개정 또는 폐지 청구의 청구권자·청구대상·청구요건 및 절차 등에 관한 사항은 따로 법률로 정해 두고 있다.
④ 청구권자가 주민조례청구를 하려는 경우에는 청구인의 대표자를 선정하여야 한다.

출제유형 Ⅶ 법령
출제영역 주민조례개폐청구제도

① ○ 주민조례발안에 관한 법률 제5조 제1항

> 주민조례발안에 관한 법률 제5조【주민조례청구 요건】① 청구권자가 주민조례청구를 하려는 경우에는 다음 각 호의 구분에 따른 기준 이내에서 해당 지방자치단체의 조례로 정하는 청구권자 수 이상이 연대 서명하여야 한다.
> 1. 특별시 및 인구 800만 이상의 광역시·도 : 청구권자 총수의 200분의 1
> 2. 인구 800만 미만의 광역시·도, 특별자치시, 특별자치도 및 인구 100만 이상의 시 : 청구권자 총수의 150분의 1
> 3. 인구 50만 이상 100만 미만의 시·군 및 자치구 : 청구권자 총수의 100분의 1
> 4. 인구 10만 이상 50만 미만의 시·군 및 자치구 : 청구권자 총수의 70분의 1
> 5. 인구 5만 이상 10만 미만의 시·군 및 자치구 : 청구권자 총수의 50분의 1
> 6. 인구 5만 미만의 시·군 및 자치구 : 청구권자 총수의 20분의 1

② ✗ 지역주민은 누구나 조례를 제정하거나 개정 또는 폐지할 것을 청구할 수 있는 것이 아니라 **주민조례청구권자에 해당하는 자만이 할 수 있다.**

> 주민조례발안에 관한 법률 제2조【주민조례청구권자】18세 이상의 주민으로서 다음 각 호의 어느 하나에 해당하는 사람은 해당 지방자치단체의 의회에 조례를 제정하거나 개정 또는 폐지할 것을 청구할 수 있다.
> 1. 해당 지방자치단체의 관할 구역에 주민등록이 되어 있는 사람
> 2. 「출입국관리법」제10조에 따른 영주(永住)할 수 있는 체류자격 취득일 후 3년이 지난 외국인으로서 같은 법 제34조에 따라 해당 지방자치단체의 외국인등록대장에 올라 있는 사람

③ ○ 지방자치법 제19조 제2항

> 지방자치법 제19조【조례의 제정과 개정·폐지 청구】② 조례의 제정·개정 또는 폐지 청구의 청구권자·청구대상·청구요건 및 절차 등에 관한 사항은 따로 법률로 정한다.

④ ○ 주민조례발안에 관한 법률 제6조 제1항

> 주민조례발안에 관한 법률 제6조【대표자 증명서 발급 등】① 청구권자가 주민조례청구를 하려는 경우에는 청구인의 대표자(이하 "대표자"라 한다)를 선정하여야 하며, 선정된 대표자는 다음 각 호의 서류를 첨부하여 지방의회의 의장에게 대표자 증명서 발급을 신청하여야 한다. 이 경우 대표자는 그 발급을 신청할 때 제7조제4항에 따른 전자서명의 요청에 필요한 제3조제2항에 따른 정보시스템(이하 "정보시스템"이라 한다)의 이용을 함께 신청할 수 있다.

SUMMARY 주민조례개폐청구제도

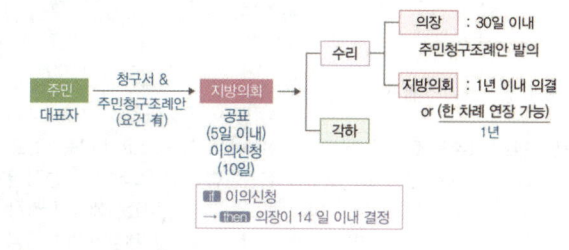

2025 신용한 지방자치론 p.173~175

정답 ②

335

'24 지방 7 지방자치론

「주민조례발안에 관한 법률」상 주민발안 제도에 대한 설명으로 옳지 않은 것은?

① 행정기구를 설치하거나 변경하는 사항은 주민조례청구 대상이 아니다.
② 「공직선거법」 제18조에 따른 선거권이 없는 사람은 주민조례청구를 할 수 없다.
③ 인구가 30만인 자치구에서, 청구권자가 주민조례청구를 하려는 경우에는, 청구권자 총수의 70분의 1 이내에서 해당 자치구의 조례로 정하는 청구권자 수 이상이 연대 서명하여야 한다.
④ 인구가 700만인 광역시에서, 청구권자가 주민조례청구를 하려는 경우에는, 청구권자 총수의 200분의 1 이내에서 해당 광역시의 조례로 정하는 청구권자 수 이상이 연대 서명하여야 한다.

출제유형 Ⅶ 법령
출제영역 조례재정개폐청구제도

① ◎ 주민조례발안에 관한 법률 제4조

> 주민조례발안에 관한 법률 제4조【주민조례청구 제외 대상】다음 각 호의 사항은 주민조례청구 대상에서 제외한다.
> 1. 법령을 위반하는 사항
> 2. 지방세·사용료·수수료·부담금을 부과·징수 또는 감면하는 사항
> 3. 행정기구를 설치하거나 변경하는 사항
> 4. 공공시설의 설치를 반대하는 사항

② ◎ 주민조례발안에 관한 법률 제2조

> 동법 제2조【주민조례청구권자】18세 이상의 주민으로서 다음 각 호의 어느 하나에 해당하는 사람(「공직선거법」 제18조에 따른 선거권이 없는 사람은 제외한다. 이하 "청구권자"라 한다)은 해당 지방자치단체의 의회(이하 "지방의회"라 한다)에 조례를 제정하거나 개정 또는 폐지할 것을 청구(이하 "주민조례청구"라 한다)할 수 있다.

③ ◎ 인구 30만(10만 이상 50만 미만)인 자치구의 경우 청구권자 총수의 70분의 1 이내에서 해당 자치구의 조례로 정하는 청구권자 수 이상이 연대 서명하여야 한다.

> 동법 제5조【주민조례청구 요건】① 청구권자가 주민조례청구를 하려는 경우에는 다음 각 호의 구분에 따른 기준 이내에서 해당 지방자치단체의 조례로 정하는 청구권자 수 이상이 연대 서명하여야 한다.
> 4. 인구 10만 이상 50만 미만의 시·군 및 자치구 : 청구권자 총수의 70분의 1

④ ✗ 인구 700만인 광역시에서는 청구권자 총수의 150분의 1 이내에서 해당 광역시의 조례로 정하는 청구권자 수 이상이 연대 서명하여야 한다. 청구권자 총수의 200분의 1은 특별시 및 인구 800만 이상의 광역시·도이다.

> 동법 제5조【주민조례청구 요건】① 청구권자가 주민조례청구를 하려는 경우에는 다음 각 호의 구분에 따른 기준 이내에서 해당 지방자치단체의 조례로 정하는 청구권자 수 이상이 연대 서명하여야 한다.
> 1. 특별시 및 인구 800만 이상의 광역시·도 : 청구권자 총수의 200분의 1
> 2. 인구 800만 미만의 광역시·도, 특별자치시, 특별자치도 및 인구 100만 이상의 시 : 청구권자 총수의 150분의 1

2025 신용한 지방자치론 p.173, 174   정답 ④

336 '16 국가 7

「주민조례발안에 관한 법률」상 주민에 의한 조례의 제정 및 개폐청구대상에 포함되지 않는 것만을 모두 고른 것은?

> ㄱ. 지방세의 부과·징수에 관한 사항
> ㄴ. 행정기구를 설치하거나 변경하는 것에 관한 사항
> ㄷ. 공공시설의 설치를 반대하는 사항

① ㄱ
② ㄱ, ㄷ
③ ㄴ, ㄷ
④ ㄱ, ㄴ, ㄷ

출제유형 Ⅶ 법령
출제영역 주민조례개폐청구제도

④ ◎ ㄱ, ㄴ, ㄷ 모두 청구대상에 제외되는 사항이다(주민조례발안에 관한 법률 제4조 각 호).

> 주민조례발안에 관한 법률 제4조【주민조례청구 제외 대상】다음 각 호의 사항은 주민조례청구 대상에서 제외한다.
> 1. 법령을 위반하는 사항
> 2. 지방세·사용료·수수료·부담금을 부과·징수 또는 감면하는 사항
> 3. 행정기구를 설치하거나 변경하는 사항
> 4. 공공시설의 설치를 반대하는 사항

SUMMARY 주민조례개폐청구제도

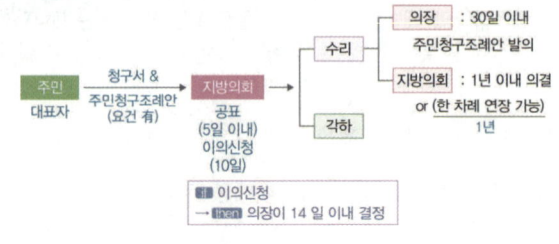

2025 신용한 지방자치론 p.174   정답 ④

337

'22 지방 7 지방자치론

「주민조례발안에 관한 법률」상 주민조례청구의 대상이 아닌 것은?

① 학생인권에 대한 사항
② 방사능 안전급식에 대한 사항
③ 원자력발전소 설치 반대에 대한 사항
④ 농어촌 기본소득에 대한 사항

출제유형 Ⅶ 법령
출제영역 주민조례개폐청구제도

③ ✗ 공공시설의 설치를 반대하는 사항은 주민조례청구 대상에서 제외된다.

> 주민조례발안에 관한 법률 제4조【주민조례청구 제외 대상】다음 각 호의 사항은 주민조례청구 대상에서 제외한다.
> 1. 법령을 위반하는 사항
> 2. 지방세·사용료·수수료·부담금을 부과·징수 또는 감면하는 사항
> 3. 행정기구를 설치하거나 변경하는 사항
> 4. 공공시설의 설치를 반대하는 사항

2025 신용한 지방자치론 p.174 정답 ③

338

'21 서울 7 경력경쟁 지방자치론

「주민조례발안에 관한 법률」상 주민에 의한 조례의 제정 및 개폐 청구 대상에서 제외되는 것에 해당하지 않는 것은?

① 법령을 위반하는 사항
② 지방세·사용료·수수료·부담금의 부과·징수 또는 감면에 관한 사항
③ 행정기구를 설치하거나 변경하는 것에 관한 사항이나 공공시설의 설치를 반대하는 사항
④ 지방자치단체장의 공약에 관한 사항

출제유형 Ⅶ 법령
출제영역 주민조례개폐청구제도

④ ✗ 지방자치단체장의 공약에 관한 사항은 주민에 의한 조례의 제정 및 개폐 청구 대상에 해당된다.

> 주민조례발안에 관한 법률 제4조【주민조례청구 제외 대상】다음 각 호의 사항은 주민조례청구 대상에서 제외한다.
> 1. 법령을 위반하는 사항
> 2. 지방세·사용료·수수료·부담금을 부과·징수 또는 감면하는 사항
> 3. 행정기구를 설치하거나 변경하는 사항
> 4. 공공시설의 설치를 반대하는 사항

2025 신용한 지방자치론 p.174 정답 ④

339

'18 지방 7 지방자치론

「주민조례발안에 관한 법률」상 주민에 의한 조례의 제정과 개폐 청구에 대한 설명으로 옳지 않은 것은?

① 해당 지방자치단체의 관할 구역에 주민등록이 되어 있고 선거권을 가진 18세 이상의 주민은 일정한 요건을 갖추어 청구할 수 있다.
② 지방세·사용료·수수료·부담금의 부과·징수 또는 감면에 관한 사항은 청구할 수 없다.
③ 공공기관 및 행정기구를 설치하거나 변경하는 것에 관한 사항을 청구할 수 있다.
④ 청구인의 대표자는 조례의 제정안·개정안·폐지안 등을 첨부하여 지방의회의 의장에게 대표자 증명서 발급을 신청하여야 한다.

출제유형 Ⅶ 법령
출제영역 조례재정개폐청구제도

① ○ 주민조례발안에 관한 법률 제2조

> 주민조례발안에 관한 법률 제2조【주민조례청구권자】18세 이상의 주민으로서 다음 각 호의 어느 하나에 해당하는 사람(「공직선거법」 제18조에 따른 선거권이 없는 사람은 제외한다. 이하 "청구권자"라 한다)은 해당 지방자치단체의 의회(이하 "지방의회"라 한다)에 조례를 제정하거나 개정 또는 폐지할 것을 청구(이하 "주민조례청구"라 한다)할 수 있다.
> 1. 해당 지방자치단체의 관할 구역에 주민등록이 되어 있는 사람

② ○, ③ ✗ 지방세·사용료·수수료·부담금의 부과·징수 또는 감면에 관한 사항, 행정기구를 설치하거나 변경하는 것에 관한 사항이나 공공시설의 설치를 반대하는 사항은 청구할 수 없다.

> 동법 제4조【주민조례청구 제외 대상】다음 각 호의 사항은 주민조례청구 대상에서 제외한다.
> 1. 법령을 위반하는 사항
> 2. 지방세·사용료·수수료·부담금을 부과·징수 또는 감면하는 사항
> 3. 행정기구를 설치하거나 변경하는 사항
> 4. 공공시설의 설치를 반대하는 사항

④ ○ 주민조례발안에 관한 법률 제6조 제1항

> 동법 제6조【대표자 증명서 발급 등】① 청구권자가 주민조례청구를 하려는 경우에는 청구인의 대표자(이하 "대표자"라 한다)를 선정하여야 하며, 선정된 대표자는 다음 각 호의 서류를 첨부하여 지방의회의 의장에게 대표자 증명서 발급을 신청하여야 한다. 이 경우 대표자는 그 발급을 신청할 때 제7조제4항에 따른 전자서명의 요청에 필요한 제3조제2항에 따른 정보시스템(이하 "정보시스템"이라 한다)의 이용을 함께 신청할 수 있다.
> 1. 주민조례청구의 취지·이유 등을 내용으로 하는 조례의 제정·개정·폐지 청구서(이하 "청구서"라 한다)
> 2. 조례의 제정안·개정안·폐지안(이하 "주민청구조례안"이라 한다)

2025 신용한 지방자치론 p.173, 174 정답 ③

340

'19 서울 7 지방자치론

조례의 제정·개정 및 폐지 청구 제도에 대한 설명으로 가장 옳지 않은 것은?

① 행정기구를 설치하거나 변경하는 것에 관한 사항이나 공공시설의 설치를 반대하는 사항은 청구할 수 없다.
② 조례의 제정·개정 또는 폐지 청구의 청구권자·청구대상·청구요건 및 절차 등에 관한 사항은 「주민조례발안에 관한 법률」에서 정한다.
③ 특별시는 청구권자 총수의 200분의 1 이내에서 지방자치단체의 조례로 정하는 청구권자 수 이상이 연대 서명하여야 한다.
④ 지방의회의 의장은 청구인명부를 제출받은 날부터 7일 이내에 청구인명부의 내용을 공표하여야 한다.

출제유형 Ⅶ 법령
출제영역 조례제정개폐청구 제도

① ○ 주민조례발안에 관한 법률 제4조

> 주민조례발안에 관한 법률 제4조【주민조례청구 제외 대상】 다음 각 호의 사항은 주민조례청구 대상에서 제외한다.
> 1. 법령을 위반하는 사항
> 2. 지방세·사용료·수수료·부담금을 부과·징수 또는 감면하는 사항
> 3. 행정기구를 설치하거나 변경하는 사항
> 4. 공공시설의 설치를 반대하는 사항

② ○ 지방자치법 제19조 제2항

> 지방자치법 제19조【조례의 제정과 개정·폐지 청구】 ② 조례의 제정·개정 또는 폐지 청구의 청구권자·청구대상·청구요건 및 절차 등에 관한 사항은 따로 법률로 정한다.

③ ○ 주민조례발안에 관한 법률 제5조 제1항

> 주민조례발안에 관한 법률 제5조【주민조례청구 요건】 ① 청구권자가 주민조례청구를 하려는 경우에는 다음 각 호의 구분에 따른 기준 이내에서 해당 지방자치단체의 조례로 정하는 청구권자 수 이상이 연대 서명하여야 한다.
> 1. 특별시 및 인구 800만 이상의 광역시·도 : 청구권자 총수의 200분의 1
> 2. 인구 800만 미만의 광역시·도, 특별자치시, 특별자치도 및 인구 100만 이상의 시 : 청구권자 총수의 150분의 1
> 3. 인구 50만 이상 100만 미만의 시·군 및 자치구 : 청구권자 총수의 100분의 1
> 4. 인구 10만 이상 50만 미만의 시·군 및 자치구 : 청구권자 총수의 70분의 1
> 5. 인구 5만 이상 10만 미만의 시·군 및 자치구 : 청구권자 총수의 50분의 1
> 6. 인구 5만 미만의 시·군 및 자치구 : 청구권자 총수의 20분의 1

④ ✗ 지방의회의 의장은 청구인명부를 제출받은 날부터 5일(7일 ✗) 이내에 청구인명부의 내용을 공표하여야 한다.

> 주민조례발안에 관한 법률 제10조【청구인명부의 제출 등】 ② 지방의회의 의장은 제1항에 따라 청구인명부를 제출받거나 청구인명부의 활용을 요청받은 날부터 5일 이내에 청구인명부의 내용을 공표하여야 하며, 공표한 날부터 10일간 청구인명부나 그 사본을 공개된 장소에 갖추어 두어 열람할 수 있도록 하여야 한다.

2025 신용한 지방자치론 p.173, 174   정답 ④

341

'23 서울 7 경력경쟁 지방자치론

우리나라의 조례의 제정·개정·폐지를 위한 주민의 청구에 대한 설명으로 가장 옳지 않은 것은?

① 주민조례발안에 관한 법률이 별도로 제정되어 있다.
② 수수료의 부과·징수 또는 감면에 관한 사항은 주민조례 청구의 대상에서 제외된다.
③ 조례 제정을 희망하는 주민은 조례안을 작성하여 지방자치단체의 장에게 청구한다.
④ 지방의회는 주민청구조례안이 수리된 날부터 1년 이내에 주민청구조례안을 의결하여야 한다.

출제유형 Ⅶ 법령
출제영역 조례제정개폐청구제도

① ○ 주민조례개폐청구제도는 1999년 「지방자치법」 개정 시 채택되었으며, 2021년 「지방자치법」전부 개정을 통해 그 근거를 「지방자치법」에 규정하고, 청구권자·청구대상·청구요건 및 절차 등을 규정한 「주민조례발안에 관한 법률」이 제정이 되었다.

> 주민조례발안에 관한 법률 제1조【목적】 이 법은 「지방자치법」 제19조에 따른 주민의 조례 제정과 개정·폐지 청구에 필요한 사항을 규정함으로써 주민의 직접참여를 보장하고 지방자치행정의 민주성과 책임성을 제고함을 목적으로 한다.

② ○ 주민조례발안에 관한 법률 제4조 각 호

> 동법 제4조【주민조례청구 제외 대상】 다음 각 호의 사항은 주민조례청구 대상에서 제외한다.
> 1. 법령을 위반하는 사항
> 2. 지방세·사용료·수수료·부담금을 부과·징수 또는 감면하는 사항
> 3. 행정기구를 설치하거나 변경하는 사항
> 4. 공공시설의 설치를 반대하는 사항

③ ✗ 조례 제정을 희망하는 주민은 조례안을 작성하여 **지방의회**(지방자치단체의 장 ✗)**에 청구**한다.

> 동법 제2조【주민조례청구권자】 18세 이상의 주민으로서 다음 각 호의 어느 하나에 해당하는 사람(「공직선거법」제18조에 따른 선거권이 없는 사람은 제외한다. 이하 "청구권자"라 한다)은 해당 지방자치단체의 의회(이하 "지방의회"라 한다)에 조례를 제정하거나 개정 또는 폐지할 것을 청구(이하 "주민조례청구"라 한다)할 수 있다.

④ ○ 주민조례발안에 관한 법률 제13조 제1항

> 동법 제13조【주민청구조례안의 심사 절차】 ① 지방의회는 제12조 제1항에 따라 주민청구조례안이 수리된 날부터 1년 이내에 주민청구조례안을 의결하여야 한다. 다만, 필요한 경우에는 본회의 의결로 1년 이내의 범위에서 한 차례만 그 기간을 연장할 수 있다.

2025 신용한 지방자치론 p.173, 174   정답 ③

342

'23 지방 7 지방자치론

법령상 주민이 지방자치단체에 요구할 수 있는 권리에 대한 설명으로 옳은 것은?

① 시·도는 500명을 넘지 아니하는 범위에서 그 지방자치단체의 조례로 정하는 수 이상의 주민이 연대 서명하여 해당 지방자치단체의 장에게 감사를 청구할 수 있다.

② 지방자치단체의 장은 지방자치단체가 수행하는 회계·계약 및 재산관리 사무에 속하는 사항이더라도 주민에게 과도한 부담을 주거나 중대한 영향을 미치는 지방자치단체의 주요 결정사항 등에 대하여 주민투표에 부칠 수 있다.

③ 주민은 주무부장관이나 시·도지사에게 감사를 청구한 날부터 60일이 지나도 감사 청구된 사항에 대하여 감사를 끝내지 아니한 경우에 주무부장관을 상대로 소송을 제기할 수 있다.

④ 주민은 행정기구를 설치하거나 변경하는 사항에 대해 지방자치단체의 조례 제·개정 및 폐지를 청구할 수 없다.

출제유형 Ⅶ 법령
출제영역 우리나라 주민참여제도(종합)

① ❌ 시·도는 **300명**(500명 ×)을 넘지 아니하는 범위에서 그 지방자치단체의 조례로 정하는 수 이상의 주민이 연대 서명하여 **시·도는 주무부장관**에게 감사를 청구할 수 있다.

> **지방자치법 제21조【주민의 감사 청구】** ① 지방자치단체의 18세 이상의 주민으로서 다음 각 호의 어느 하나에 해당하는 사람(「공직선거법」 제18조에 따른 선거권이 없는 사람은 제외한다. 이하 이 조에서 "18세 이상의 주민"이라 한다)은 <u>시·도는 300명</u>, 제198조에 따른 인구 50만 이상 대도시는 200명, 그 밖의 시·군 및 자치구는 150명 이내에서 그 지방자치단체의 조례로 정하는 수 이상의 18세 이상의 주민이 연대 서명하여 그 지방자치단체와 그 장의 권한에 속하는 사무의 처리가 법령에 위반되거나 공익을 현저히 해친다고 인정되면 시·도의 경우에는 주무부장관에게, 시·군 및 자치구의 경우에는 시·도지사에게 감사를 청구할 수 있다.

② ❌ 회계·계약 및 재산관리에 관한 사항은 **주민투표에 부칠 수 없다**.

> **주민투표법 제7조【주민투표의 대상】** ② 제1항에도 불구하고 다음 각 호의 어느 하나에 해당하는 사항은 <u>주민투표에 부칠 수 없다</u>.
> 3. 지방자치단체가 수행하는 다음 각 목의 어느 하나에 해당하는 사무의 처리에 관한 사항
>   가. 예산 편성·의결 및 집행
>   나. 회계·계약 및 재산관리

③ ❌ 주민은 주무부장관이나 시·도지사에게 감사를 청구한 날부터 60일이 지나도 감사 청구된 사항에 대하여 감사를 끝내지 아니한 경우에 **해당 지방자치단체의 장**(주무부장관 ×)을 상대로 소송을 제기할 수 있다.

> **지방자치법 제22조【주민소송】** ① 제21조제1항에 따라 공금의 지출에 관한 사항, 재산의 취득·관리·처분에 관한 사항, 해당 지방자치단체를 당사자로 하는 매매·임차·도급 계약이나 그 밖의 계약의 체결·이행에 관한 사항 또는 지방세·사용료·수수료·과태료 등 공금의 부과·징수를 게을리한 사항을 감사 청구한 주민은 다음 각 호의 어느 하나에 해당하는 경우에 그 감사 청구한 사항과 관련이 있는 위법한 행위나 업무를 게을리한 사실에 대하여 <u>해당 지방자치단체의 장</u>(해당 사항의 사무처리에 관한 권한을 소속 기관의 장에게 위임한 경우에는 그 소속 기관의 장을 말한다. 이하 이 조에서 같다)을 상대방으로 하여 소송을 제기할 수 있다.
> 1. 주무부장관이나 시·도지사가 감사 청구를 수리한 날부터 60일(제21조제9항 단서에 따라 감사기간이 연장된 경우에는 연장된 기간이 끝난 날을 말한다)이 지나도 감사를 끝내지 아니한 경우

④ ⭕ 주민조례발안에 관한 법률 제4조

> **주민조례발안에 관한 법률 제4조【주민조례청구 제외 대상】** 다음 각 호의 사항은 주민조례청구 대상에서 제외한다.
> 1. 법령을 위반하는 사항
> 2. 지방세·사용료·수수료·부담금을 부과·징수 또는 감면하는 사항
> 3. 행정기구를 설치하거나 변경하는 사항
> 4. 공공시설의 설치를 반대하는 사항

2025 신용한 지방자치론 p.172~186

정답 ④

343

'15 지방 7 지방자치론

우리나라 주민투표제도에 대한 설명으로 옳지 않은 것은?

① 주민투표는 국가정책에 관한 중앙행정기관장의 요구에 의해서도 실시될 수 있다.
② 국가정책에 관한 주민투표 결과는 권고적 효력밖에 가지지 않는다.
③ 지방자치단체장은 지방의회의 동의 없이 직권으로 주민투표를 실시할 수 있다.
④ 지방의회는 재적의원 과반수의 출석과 출석의원 3분의 2 이상의 찬성으로 지방자치단체장에게 주민투표 청구를 할 수 있다.

출제유형 Ⅶ 법령
출제영역 주민투표제

①, ② 중앙행정기관의 장은 국가정책에 관한 주민투표의 실시를 요구할 수 있으며, 주민투표의 결과는 권고적 효력만이 있다.

> **주민투표법 제8조【국가정책에 관한 주민투표】** ① 중앙행정기관의 장은 지방자치단체를 폐지하거나 설치하거나 나누거나 합치는 경우 또는 지방자치단체의 구역을 변경하거나 주요시설을 설치하는 등 국가정책의 수립에 관하여 주민의 의견을 듣기 위하여 필요하다고 인정하는 때에는 주민투표의 실시구역을 정하여 관계 지방자치단체의 장에게 주민투표의 실시를 요구할 수 있다. 이 경우 중앙행정기관의 장은 미리 행정안전부장관과 협의하여야 한다.
> ④ 제1항의 규정에 의한 주민투표에 관하여는 제7조, 제16조, 제24조제1항·제5항·제6항, 제25조 및 제26조의 규정을 적용하지 아니한다.

③ ✖ 지자체장이 직권에 의해 주민투표를 실시하고자 하는 때에는 그 <mark>지방의회 재적의원 과반수 출석과 출석의원 과반수의 동의를 얻어야 한다</mark>.

> **동법 제9조【주민투표의 실시요건】** ⑥ 지방자치단체의 장은 직권에 의하여 주민투표를 실시하고자 하는 때에는 그 지방의회 재적의원 과반수의 출석과 출석의원 과반수의 동의를 얻어야 한다.

④ 주민투표법 제9조 제5항

> **동법 제9조【주민투표의 실시요건】** ⑤ 지방의회는 재적의원 과반수의 출석과 출석의원 3분의 2 이상의 찬성으로 그 지방자치단체의 장에게 주민투표의 실시를 청구할 수 있다.

SUMMARY 주민투표제

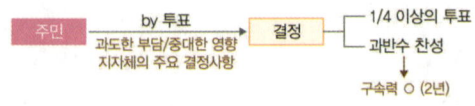

정답 ③

344

'15 지방 7 지방자치론

주민투표에 관한 설명으로 옳지 않은 것은?

① 투표운동을 목적으로 서명 또는 날인 받는 행위는 할 수 있다.
② 법령에 위반되거나 재판중인 사항은 주민투표에 부칠 수 없다.
③ 「공직선거법」상 선거권이 없는 사람에게는 주민투표권이 없다.
④ 지방자치단체의 장은 주민 또는 지방의회의 청구에 의하거나 직권에 의하여 주민투표를 실시할 수 있다.

출제유형 Ⅶ 법령
출제영역 주민투표제

① ✖ <mark>투표운동을 목적으로 서명 또는 날인을 받는 행위로 투표운동을 하여서는 안 된다</mark>.

> **주민투표법 제22조【투표운동의 제한】** ① 누구든지 다음 각 호의 1에 해당하는 방법으로 투표운동을 하여서는 아니된다.
> 2. <u>투표운동을 목적으로 서명 또는 날인을 받는 행위</u>

② 법령에 위반되거나 재판중인 사항은 주민투표에 부칠 수 없다.

> **동법 제7조【주민투표의 대상】** ② 제1항에도 불구하고 다음 각 호의 어느 하나에 해당하는 사항은 주민투표에 부칠 수 없다.
> 1. 법령에 위반되거나 재판중인 사항

③ 「주민투표법」 제5조 제1항의 단서조항에 따라 「공직선거법」상 선거권이 없는 사람에게는 주민투표권이 없다.

> **동법 제5조【주민투표권】** ① 18세 이상의 주민 중 제6조제1항에 따른 투표인명부 작성기준일 현재 다음 각 호의 어느 하나에 해당하는 사람에게는 주민투표권이 있다. 다만, 「공직선거법」 제18조에 따라 <u>선거권이 없는 사람에게는 주민투표권이 없다</u>.

④ 주민투표법 제9조 제1항

> **동법 제9조【주민투표의 실시요건】** ① 지방자치단체의 장은 다음 각 호의 어느 하나에 해당하는 경우에는 주민투표를 실시할 수 있다. 이 경우 제1호 또는 제2호에 해당하는 경우에는 주민투표를 실시하여야 한다.
> 1. 주민이 제2항에 따라 주민투표의 실시를 청구하는 경우
> 2. 지방의회가 제5항에 따라 주민투표의 실시를 청구하는 경우
> 3. 지방자치단체의 장이 주민의 의견을 듣기 위하여 필요하다고 판단하는 경우

정답 ①

345 '16 지방 7 지방자치론

「주민투표법」상 주민투표에 대한 설명으로 옳은 것을 모두 고르면?

ㄱ. 국가 또는 다른 지방자치단체의 권한 또는 사무에 속하는 사항은 주민투표에 붙일 수 없다.
ㄴ. 동일한 사항에 대하여 주민투표가 실시된 후 3년이 경과되지 아니한 사항은 주민투표에 붙일 수 없다.
ㄷ. 지방자치단체의 장은 주민의 청구 또는 직권에 의한 경우에만 주민투표를 실시할 수 있다.
ㄹ. 전체 투표수가 주민투표권자 총수의 4분의 1에 미달되는 때에도 개표를 하여야 한다.

① ㄱ, ㄷ ② ㄱ, ㄹ
③ ㄴ, ㄹ ④ ㄷ, ㄹ

출제유형 Ⅳ 개념 + Ⅶ 법령
출제영역 주민투표제

ㄱ ○, ㄴ ✗ 주민투표법 제7조 제2항

주민투표법 제7조【주민투표의 대상】② 제1항에도 불구하고 다음 각 호의 어느 하나에 해당하는 사항은 주민투표에 부칠 수 없다.
1. 법령에 위반되거나 재판중인 사항
2. 국가 또는 다른 지방자치단체의 권한 또는 사무에 속하는 사항
3. 지방자치단체가 수행하는 다음 각 목의 어느 하나에 해당하는 사무의 처리에 관한 사항
  가. 예산 편성·의결 및 집행
  나. 회계·계약 및 재산관리
3의2. 지방세·사용료·수수료·분담금 등 각종 공과금의 부과 또는 감면에 관한 사항
4. 행정기구의 설치·변경에 관한 사항과 공무원의 인사·정원 등 신분과 보수에 관한 사항
5. 다른 법률에 의하여 주민대표가 직접 의사결정주체로서 참여할 수 있는 공공시설의 설치에 관한 사항. 다만, 제9조제5항의 규정에 의하여 지방의회가 주민투표의 실시를 청구하는 경우에는 그러하지 아니하다.
6. 동일한 사항(그 사항과 취지가 동일한 경우를 포함한다)에 대하여 주민투표가 실시된 후 2년이 경과되지 아니한 사항

ㄷ ✗ 「주민투표법」상 지방자치단체의 장은 주민, 지방의회의 청구 또는 직권으로 주민투표의 실시가 가능하며, 중앙행정기관의 장도 지방자치단체의 장에게 주민투표의 실시요구가 가능하다.

ㄹ ○ 종전 「주민투표법」에는 전체 투표수가 주민투표권자 총수의 3분의 1에 미달하는 경우 개표를 하지 아니하였으나, 개정 「주민투표법」에는 해당 조항이 삭제되어 주민투표를 실시한 경우에는 모두 개표하도록 하여야 한다.

정답 ②

346 '18 국회 9

우리나라의 현행 주민투표 제도에 대한 설명으로 옳은 것은?

① 주민투표의 발의는 지방자치단체의 장만 할 수 있다.
② 외국인은 국가정책에 대한 주민투표권이 없다.
③ 중앙행정기관의 장, 지방자치단체의 장 및 지방의회는 주민투표결과 확정된 내용대로 행정·재정상의 필요한 조치를 하여야 한다.
④ 주민투표는 전체 투표수가 주민투표권자 총수의 4분의 1에 미달되는 때에는 개표를 하지 아니한다.
⑤ 주민투표에 부쳐진 사항은 주민투표권자 총수의 3분의 1 이상의 투표와 유효투표수 과반수의 득표로 확정된다.

출제유형 Ⅳ 개념 + Ⅶ 법령
출제영역 주민투표제

① ○ 주민투표의 청구는 주민 또는 지방의회도 할 수 있으나 발의는 지방자치단체의 장만 할 수 있다.

주민투표법 제9조【주민투표의 실시요건】⑤ 지방의회는 재적의원 과반수의 출석과 출석의원 3분의 2 이상의 찬성으로 그 지방자치단체의 장에게 주민투표의 실시를 청구할 수 있다.

동법 제13조【주민투표의 발의】① 지방자치단체의 장은 다음 각 호의 어느 하나에 해당하는 경우에는 지체없이 그 요지를 공표하고 관할선거관리위원회에 통지하여야 한다.

② ✗ 외국인은 일정한 경우 주민투표권이 있다. 국가정책에 관한 경우에도 마찬가지이다.

동법 제5조【주민투표권】① 18세 이상의 주민 중 제6조제1항에 따른 투표인명부 작성기준일 현재 다음 각 호의 어느 하나에 해당하는 사람에게는 주민투표권이 있다. 다만, 「공직선거법」제18조에 따라 선거권이 없는 사람에게는 주민투표권이 없다.
2. 출입국관리 관계 법령에 따라 대한민국에 계속 거주할 수 있는 자격(체류자격변경허가 또는 체류기간연장허가를 통하여 계속 거주할 수 있는 경우를 포함한다)을 갖춘 외국인으로서 지방자치단체의 조례로 정한 사람

③ ✗ 지방자치단체의 장 및 지방의회는 행·재정상의 필요한 조치를 해야 한다(중앙행정기관의 장 ✗).

동법 제24조【주민투표결과의 확정】⑤ 지방자치단체의 장 및 지방의회는 주민투표결과 확정된 내용대로 행정·재정상의 필요한 조치를 하여야 한다.

④ ✗ 종전 「주민투표법」에는 전체 투표수가 주민투표권자 총수의 3분의 1에 미달하는 경우 개표를 하지 아니하였으나, 개정 「주민투표법」에는 해당 조항이 삭제되어 주민투표를 실시한 경우에는 모두 개표하도록 하여야 한다.

⑤ ✗ 주민투표권자 총수의 4분의 1 이상의 투표와 유효투표수 과반수의 득표로 확정된다.

동법 제24조【주민투표결과의 확정】① 주민투표에 부쳐진 사항은 주민투표권자 총수의 4분의 1 이상의 투표와 유효투표수 과반수의 득표로 확정된다. 다만, 다음 각 호의 어느 하나에 해당하는 경우에는 찬성과 반대 양자를 모두 수용하지 아니하거나, 양자택일의 대상이 되는 사항 모두를 선택하지 아니하기로 확정된 것으로 본다.

정답 ①

347 '24 서울 7 경력경쟁 지방자치론

우리나라 주민투표제도에 대한 설명으로 가장 옳지 않은 것은?

① 중앙행정기관의 장은 국가정책의 수립에 관하여 관계 지방자치단체의 장에게 주민투표의 실시를 요구할 수 있다.
② 지방의회는 재적의원 과반수의 출석과 출석의원 3분의 2 이상의 찬성으로 그 지방자치단체의 장에게 주민투표의 실시를 청구할 수 있다.
③ 지방자치단체의 회계·계약 및 재산관리에 관한 사항은 주민투표에 부칠 수 없다.
④ 주민투표에 부쳐진 사항은 주민투표권자 총수의 3분의 1 이상의 투표와 유효투표수 과반수의 득표로 확정된다.

출제유형 Ⅶ 법령
출제영역 주민투표제

① ⭕ 중앙행정기관의 장은 국가정책에 관한 주민투표의 실시를 요구할 수 있으며, 주민투표의 결과는 권고적 효력만이 있다.

> **주민투표법 제8조【국가정책에 관한 주민투표】** ① 중앙행정기관의 장은 지방자치단체를 폐지하거나 설치하거나 나누거나 합치는 경우 또는 지방자치단체의 구역을 변경하거나 주요시설을 설치하는 등 국가정책의 수립에 관하여 주민의 의견을 듣기 위하여 필요하다고 인정하는 때에는 주민투표의 실시구역을 정하여 관계 지방자치단체의 장에게 주민투표의 실시를 요구할 수 있다. 이 경우 중앙행정기관의 장은 미리 행정안전부장관과 협의하여야 한다.

② ⭕ 주민투표법 제9조 제5항

> **동법 제9조【주민투표의 실시요건】** ⑤ 지방의회는 재적의원 과반수의 출석과 출석의원 3분의 2 이상의 찬성으로 그 지방자치단체의 장에게 주민투표의 실시를 청구할 수 있다.

③ ⭕ 주민투표법 제7조 제2항 제3호

> **동법 제7조【주민투표의 대상】** ② 제1항에도 불구하고 다음 각 호의 어느 하나에 해당하는 사항은 주민투표에 부칠 수 없다.
> 3. 지방자치단체가 수행하는 다음 각 목의 어느 하나에 해당하는 사무의 처리에 관한 사항
> 가. 예산 편성·의결 및 집행
> 나. 회계·계약 및 재산관리

④ ❌ 주민투표에 부쳐진 사항은 **주민투표권자 총수의 4분의 1이상의 투표와 유효투표수 과반수의 득표로 확정**된다.

> **동법 제24조【주민투표결과의 확정】** ① 주민투표에 부쳐진 사항은 주민투표권자 총수의 4분의 1 이상의 투표와 유효투표수 과반수의 득표로 확정된다. 다만, 다음 각 호의 어느 하나에 해당하는 경우에는 찬성과 반대 양자를 모두 수용하지 아니하거나, 양자택일의 대상이 되는 사항 모두를 선택하지 아니하기로 확정된 것으로 본다.

2025 신용한 지방자치론 p.175~178 **정답** ④

348 '19 서울 9

우리나라 지방자치단체 주민투표제도에 대한 설명으로 가장 옳은 것은?

① 1994년 「지방자치법」 개정에서 도입된 이래 지금까지 시행되고 있다.
② 주민투표에 부쳐진 사항은 법에서 정한 경우를 제외하고는 주민투표권자 총수의 4분의 1 이상의 투표와 유효 투표수 과반수의 득표로 확정된다.
③ 지방자치단체의 장은 주민 또는 지방의회의 청구에 의한 경우가 아닌 자신의 직권으로 주민투표를 실시 할 수 없다.
④ 일반 공직선거와 마찬가지로 외국인은 어떠한 경우에도 주민투표에 참여할 수 없다.

출제유형 Ⅳ 개념 + Ⅶ 법령
출제영역 주민투표제

① ❌ **1994년 「지방자치법」에서는 주민투표제의 도입과 구체적인 시행에 관한 내용은 따로 법률로 정하는 것을 규정하였으나 이후 법률이 제정되지 못하였다.** 이후 2004년 1월 29일 「주민투표법」이 제정되며 시행되었다.

② ⭕ 주민투표법 제24조 제1항

> **주민투표법 제24조【주민투표결과의 확정】** ① 주민투표에 부쳐진 사항은 주민투표권자 총수의 4분의 1 이상의 투표와 유효투표수 과반수의 득표로 확정된다.

③ ❌ 지방자치단체의 장은 **주민, 지방의회의 청구** 또는 **직권**으로 **주민투표의 실시가 가능**하다.

④ ❌ 출입국 관계 법령에 따라 대한민국에 계속 거주할 수 있는 자격을 갖춘 외국인으로서 **지방자치단체의 조례로 정한 외국인은 주민투표에 참여할 수 있다.**

SUMMARY 주민투표제

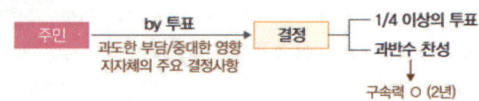

2025 신용한 지방자치론 p.175~178 **정답** ②

349

'19 지방 7 지방자치론

주민투표에 대한 설명으로 옳지 않은 것은?

① 주민에게 과도한 부담을 주거나 중대한 영향을 미치는 지방자치단체의 주요결정사항은 주민투표에 부칠 수 있다.
② 2004년 「주민투표법」이 제정된 이후 실제로 주민투표가 실시된 적이 있다.
③ 지방자치단체의 예산 편성·의결·집행, 회계·계약 및 재산관리의 사무처리에 관한 사항과 지방세·사용료·수수료·분담금 등 각종 공과금의 부과 또는 감면에 관한 사항은 주민투표에 부칠 수 없다.
④ 지방의회는 재적의원 과반수의 출석과 출석위원 과반수의 찬성으로 지방자치단체장에게 주민투표의 실시를 청구할 수 있다.

출제유형 Ⅶ 법령
출제영역 주민투표제

① 주민투표법 제7조 제1항

> 주민투표법 제7조 【주민투표의 대상】 ① 주민에게 과도한 부담을 주거나 중대한 영향을 미치는 지방자치단체의 주요결정사항은 주민투표에 부칠 수 있다.

② ○ 2004년 「주민투표법」이 제정된 이후 실제로 주민투표는 2011년 서울시 무상급식 등 지방자치단체의 주요 정책 사항이나 국책사업 유치 여부를 결정하기 위해 실시되었다.
③ ○ 주민투표법 제7조 제2항

> 동법 제7조 【주민투표의 대상】 ② 제1항에도 불구하고 다음 각 호의 어느 하나에 해당하는 사항은 주민투표에 부칠 수 없다.
> 1. 법령에 위반되거나 재판중인 사항
> 2. 국가 또는 다른 지방자치단체의 권한 또는 사무에 속하는 사항
> 3. 지방자치단체가 수행하는 다음 각 목의 어느 하나에 해당하는 사무의 처리에 관한 사항
>   가. 예산 편성·의결 및 집행
>   나. 회계·계약 및 재산관리
> 3의2. 지방세·사용료·수수료·분담금 등 각종 공과금의 부과 또는 감면에 관한 사항

④ ✗ 지방의회는 재적의원 과반수의 출석과 출석의원 3분의 2 이상의 찬성으로 지방자치단체장에게 주민투표의 실시를 청구할 수 있다.

> 동법 제9조 【주민투표의 실시요건】 ⑤ 지방의회는 재적의원 과반수의 출석과 출석의원 3분의 2 이상의 찬성으로 그 지방자치단체의 장에게 주민투표의 실시를 청구할 수 있다.

2025 신용한 지방자치론 p.175~178 | 정답 ④

350

'19 서울 7 추가채용 지방자치론

「주민투표법」상 주민투표에 부칠 수 없는 것을 <보기>에서 모두 고른 것은?

― 보기 ―
ㄱ. 법령에 위반되거나 재판중인 사항
ㄴ. 국가 또는 다른 지방자치단체의 권한 또는 사무에 속하는 사항
ㄷ. 지방자치단체의 예산 편성·의결·집행, 회계·계약 및 재산관리의 사무처리에 관한 사항
ㄹ. 행정기구의 설치·변경에 관한 사항
ㅁ. 공무원의 인사·정원 등 신분과 보수에 관한 사항

① ㄱ, ㄴ
② ㄱ, ㄴ, ㄷ
③ ㄱ, ㄴ, ㄷ, ㄹ
④ ㄱ, ㄴ, ㄷ, ㄹ, ㅁ

출제유형 Ⅳ 개념 + Ⅶ 법령
출제영역 주민투표제

ㄱ, ㄴ, ㄷ, ㄹ, ㅁ 주민투표법 제7조 제2항

> 주민투표법 제7조 【주민투표의 대상】 ② 제1항에도 불구하고 다음 각 호의 어느 하나에 해당하는 사항은 주민투표에 부칠 수 없다.
> 1. 법령에 위반되거나 재판중인 사항
> 2. 국가 또는 다른 지방자치단체의 권한 또는 사무에 속하는 사항
> 3. 지방자치단체가 수행하는 다음 각 목의 어느 하나에 해당하는 사무의 처리에 관한 사항
>   가. 예산 편성·의결 및 집행
>   나. 회계·계약 및 재산관리
> 3의2. 지방세·사용료·수수료·분담금 등 각종 공과금의 부과 또는 감면에 관한 사항
> 4. 행정기구의 설치·변경에 관한 사항과 공무원의 인사·정원 등 신분과 보수에 관한 사항
> 5. 다른 법률에 의하여 주민대표가 직접 의사결정주체로서 참여할 수 있는 공공시설의 설치에 관한 사항. 다만, 제9조제5항의 규정에 의하여 지방의회가 주민투표의 실시를 청구하는 경우에는 그러하지 아니하다.
> 6. 동일한 사항(그 사항과 취지가 동일한 경우를 포함한다)에 대하여 주민투표가 실시된 후 2년이 경과되지 아니한 사항

2025 신용한 지방자치론 p.176 | 정답 ④

351 '19 서울 7 지방자치론

「주민투표법」상 주민 투표에 부칠 수 있는 사항은?

① 국가 또는 다른 지방자치단체의 권한 또는 사무에 속하는 사항
② 행정기구의 설치 및 변경에 관한 사항
③ 사항과 취지가 동일한 주민투표가 실시된 후 2년이 경과된 사항
④ 다른 법률에 의하여 주민대표가 직접 의사결정주체로서 참여할 수 있는 공공시설의 설치에 관한 사항(단, 지방의회가 청구하는 경우는 제외한다.)

출제유형 Ⅲ 내용분류 + Ⅶ 법령
출제영역 주민투표제

①, ②, ④ ✕ , ③ ⭕ 주민투표법 제7조 제2항

> **주민투표법 제7조【주민투표의 대상】**② 제1항에도 불구하고 다음 각 호의 어느 하나에 해당하는 사항은 주민투표에 부칠 수 없다.
> 1. 법령에 위반되거나 재판중인 사항
> 2. 국가 또는 다른 지방자치단체의 권한 또는 사무에 속하는 사항
> 3. 지방자치단체가 수행하는 다음 각 목의 어느 하나에 해당하는 사무의 처리에 관한 사항
>   가. 예산 편성·의결 및 집행
>   나. 회계·계약 및 재산관리
> 3의2. 지방세·사용료·수수료·분담금 등 각종 공과금의 부과 또는 감면에 관한 사항
> 4. 행정기구의 설치·변경에 관한 사항과 공무원의 인사·정원 등 신분과 보수에 관한 사항
> 5. 다른 법률에 의하여 주민대표가 직접 의사결정주체로서 참여할 수 있는 공공시설의 설치에 관한 사항. 다만, 제9조제5항의 규정에 의하여 지방의회가 주민투표의 실시를 청구하는 경우에는 그러하지 아니하다.
> 6. 동일한 사항(그 사항과 취지가 동일한 경우를 포함한다)에 대하여 주민투표가 실시된 후 2년이 경과되지 아니한 사항

2025 신용한 지방자치론 p.176   **정답** ③

352 '16 국회 8

다음 중 우리나라에서 실시되는 주민참여제도에 대한 설명으로 옳지 않은 것은?

① 주민참여예산제도는 지방자치단체의 예산편성에 주민이 직접 참여하여 재정운영의 투명성과 책임성을 제고할 수 있도록 하는 것이다.
② 주민소송은 주민감사청구의 결과에 불복하는 경우에 하는 것이다.
③ 조례개폐청구제도는 지방선거의 유권자 중 일정 수 이상의 연서로 지방자치단체의 조례 제정 및 개폐에 대해 주민들이 직접 발안할 수 있도록 하는 것이다.
④ 주민투표제도는 지역주민에게 중대한 영향을 미치는 주요결정 사항들 중「지방자치법」에 구체적으로 명시된 사안들에 대해 주민들의 직접투표로 결정할 수 있도록 하는 것이다.
⑤ 주민소환제도는 주민소환투표청구권자 중 일정 수 이상의 서명으로 지방자치단체의 장 혹은 지방의회의원(비례대표 제외) 등을 소환하도록 청구할 수 있는 제도이다.

출제유형 Ⅶ 법령
출제영역 주민투표제 등

① ⭕ 주민참여예산제도는 지방자치단체의 예산편성단계에 주민이 참여하여 재정운영의 투명성과 책임성을 제고할 수 있도록 하는 것이다.
② ⭕ 주민소송은 지방자치단체의 기관 및 직원의 공금지출·회계 등 재무행위가 위법하다고 인정되어 주민이 감사기관에 감사를 청구하고도 그 감사결과에 불만족하는 경우에 법원에 재판을 청구하는 제도이다.
③ ⭕ 조례개폐청구제도는 주민발안제도의 일종으로 지역주민들이 해당 지방자치단체의 의회에게 조례를 제정하거나 개정하거나 폐지할 것을 청구할 수 있는 제도이다.
④ ✕ 주민투표제도는 지역주민에게 과도한 부담을 주거나 중대한 영향을 미치는 지방자치단체의 주요결정사항에 대해(지방자치법 구체적 명시 ✕) 주민들의 직접투표로 결정할 수 있도록 하는 것이다.

> **지방자치법 제18조【주민투표】**① 지방자치단체의 장은 주민에게 과도한 부담을 주거나 중대한 영향을 미치는 지방자치단체의 주요 결정사항 등에 대하여 주민투표에 부칠 수 있다.
>
> **주민투표법 제7조【주민투표의 대상】**① 주민에게 과도한 부담을 주거나 중대한 영향을 미치는 지방자치단체의 주요결정사항은 주민투표에 부칠 수 있다.

⑤ ⭕ 주민소환제도는 유권자 일정 수 이상의 연서에 의하여 지방자치단체의 장, 지방의회 의원(비례대표 제외) 등을 소환하도록 청구할 수 있는 제도이다.

2025 신용한 지방자치론 p.172~186   **정답** ④

353 '18 지방 9

「지방자치법」상 주민의 감사청구에 대한 설명으로 옳지 않은 것은?

① 주민의 감사청구는 사무처리가 있었던 날이나 끝난 날부터 3년이 지나면 제기할 수 없다.
② 주무부장관이나 시·도지사는 감사청구를 수리한 날부터 60일 이내에 감사청구된 사항에 대하여 감사를 끝내는 것을 원칙으로 한다.
③ 다른 기관에서 감사한 사항이라도 새로운 사항이 발견되거나 중요 사항이 감사에서 누락된 경우는 감사청구의 대상이 될 수 있다.
④ 지방자치단체의 19세 이상의 주민은 시·도는 500명, 인구 50만명 이상 대도시는 200명, 그 밖의 시·군 및 자치구는 100명을 넘지 아니하는 범위에서 그 지방자치단체의 조례로 정하는 19세 이상의 주민수 이상의 연서로 감사를 청구할 수 있다.

출제유형 Ⅶ 법령
출제영역 주민감사청구제도

①, ②, ③ ⭕, ④ ❌ 지방자치법 제21조

> **지방자치법 제21조【주민의 감사 청구】** ① 지방자치단체의 <u>18세 이상의 주민</u>으로서 다음 각 호의 어느 하나에 해당하는 사람(「공직선거법」 제18조에 따른 선거권이 없는 사람은 제외한다. 이하 이 조에서 "18세 이상의 주민"이라 한다)은 <u>시·도는 300명</u>, 제198조에 따른 <u>인구 50만 이상 대도시는 200명</u>, 그 밖의 시·군 및 자치구는 <u>150명</u> 이내에서 그 지방자치단체의 조례로 정하는 수 이상의 18세 이상의 주민이 연대 서명하여 그 지방자치단체와 그 장의 권한에 속하는 사무의 처리가 법령에 위반되거나 공익을 현저히 해친다고 인정되면 시·도의 경우에는 주무부장관에게, 시·군 및 자치구의 경우에는 시·도지사에게 감사를 청구할 수 있다.
> ② 다음 각 호의 사항은 감사 청구의 대상에서 제외한다.
>   1. 수사나 재판에 관여하게 되는 사항
>   2. 개인의 사생활을 침해할 우려가 있는 사항
>   3. 다른 기관에서 감사하였거나 감사 중인 사항. 다만, 다른 기관에서 감사한 사항이라도 새로운 사항이 발견되거나 중요 사항이 감사에서 누락된 경우와 제22조제1항에 따라 주민소송의 대상이 되는 경우에는 그러하지 아니하다.
>   4. 동일한 사항에 대하여 제22조제2항 각 호의 어느 하나에 해당하는 소송이 진행 중이거나 그 판결이 확정된 사항
> ③ 제1항에 따른 청구는 사무처리가 있었던 날이나 끝난 날부터 3년이 지나면 제기할 수 없다.
> ⑨ 주무부장관이나 시·도지사는 감사 청구를 수리한 날부터 60일 이내에 감사 청구된 사항에 대하여 감사를 끝내야 하며, 감사 결과를 청구인의 대표자와 해당 지방자치단체의 장에게 서면으로 알리고, 공표하여야 한다. 다만, 그 기간에 감사를 끝내기가 어려운 정당한 사유가 있으면 그 기간을 연장할 수 있으며, 기간을 연장할 때에는 미리 청구인의 대표자와 해당 지방자치단체의 장에게 알리고, 공표하여야 한다.

정답 ④

354 '17 지방 7 지방자치론

「지방자치법」상 주민 감사청구에 대한 설명으로 옳지 않은 것은?

① 개인의 사생활을 침해할 우려가 있는 사항은 감사청구의 대상에서 제외한다.
② 다른 기관에서 감사한 사항이라도 새로운 사항이 발견된 경우 감사청구의 대상이 된다.
③ 주무부장관이나 시·도지사는 주민 감사청구를 처리(각하 포함)할 때 청구인의 대표자에게 반드시 증거 제출 및 의견 진술의 기회를 주어야 한다.
④ 감사청구는 당해 사무처리가 있었던 날 또는 종료된 날부터 1년을 경과하면 청구할 수 없다.

출제유형 Ⅶ 법령
출제영역 주민감사청구제도

①, ② ⭕ 지방자치법 제21조 제2항

> **지방자치법 제21조【주민의 감사 청구】** ② 다음 각 호의 사항은 감사 청구의 대상에서 제외한다.
>   1. 수사나 재판에 관여하게 되는 사항
>   2. 개인의 사생활을 침해할 우려가 있는 사항
>   3. 다른 기관에서 감사하였거나 감사 중인 사항. 다만, 다른 기관에서 감사한 사항이라도 새로운 사항이 발견되거나 중요 사항이 감사에서 누락된 경우와 제22조제1항에 따라 주민소송의 대상이 되는 경우에는 그러하지 아니하다.
>   4. 동일한 사항에 대하여 제22조제2항 각 호의 어느 하나에 해당하는 소송이 진행 중이거나 그 판결이 확정된 사항

③ ⭕ 지방자치법 제21조 제11항

> **동법 제21조【주민의 감사 청구】** ⑪ 주무부장관이나 시·도지사는 주민 감사 청구를 처리(각하를 포함한다)할 때 청구인의 대표자에게 반드시 증거 제출 및 의견 진술의 기회를 주어야 한다.

④ ❌ 감사청구는 당해 사무 처리가 있었던 날 또는 종료된 날부터 <u>3년</u>(1년 ×)을 경과하면 청구할 수 없다.

> **동법 제21조【주민의 감사 청구】** ③ 제1항에 따른 청구는 사무처리가 있었던 날이나 끝난 날부터 <u>3년</u>이 지나면 제기할 수 없다.

정답 ④

355 '19 서울 7 지방자치론

주민감사청구에 대한 설명으로 가장 옳지 않은 것은?

① 인구 50만 이상의 대도시는 200명을 넘지 않는 범위에서 그 지방자치단체의 조례로 정하는 18세 이상의 주민 수 이상의 연서로 감사를 청구할 수 있다.
② 감사청구는 사무처리가 있었던 날이나 끝난 날부터 2년이 지나면 제기할 수 없다.
③ 다른 기관에서 감사한 사항이라도 새로운 사항이 발견되거나 중요 사항이 감사에서 누락된 경우 감사청구의 대상이 된다.
④ 주무부장관이나 시·도지사는 원칙적으로 감사청구를 수리한 날로부터 60일 이내에 감사청구된 사항에 대하여 감사를 끝내야 한다.

출제유형 Ⅰ 말바꾸기 + Ⅶ 법령
출제영역 주민감사청구제도

① ○ 지방자치법 제21조 제1항

> 지방자치법 제21조【주민의 감사 청구】① 지방자치단체의 18세 이상의 주민으로서 다음 각 호의 어느 하나에 해당하는 사람(「공직선거법」 제18조에 따른 선거권이 없는 사람은 제외한다. 이하 이 조에서 "18세 이상의 주민"이라 한다)은 시·도는 300명, 제198조에 따른 인구 50만 이상 대도시는 200명, 그 밖의 시·군 및 자치구는 150명 이내에서 그 지방자치단체의 조례로 정하는 수 이상의 18세 이상의 주민이 연대 서명하여 그 지방자치단체와 그 장의 권한에 속하는 사무의 처리가 법령에 위반되거나 공익을 현저히 해친다고 인정되면 시·도의 경우에는 주무부장관에게, 시·군 및 자치구의 경우에는 시·도지사에게 감사를 청구할 수 있다.

② ✗ 감사청구는 사무처리가 있었던 날이나 끝난 날부터 <mark>3년이 지난 경우에는 감사청구의 대상에서 제외</mark>된다.

> 동법 제21조【주민의 감사 청구】③ 제1항에 따른 청구는 사무처리가 있었던 날이나 끝난 날부터 <u>3년이 지나면 제기할 수 없다</u>.

③ ○ 지방자치법 제21조 제2항

> 동법 제21조【주민의 감사 청구】② 다음 각 호의 사항은 감사 청구의 대상에서 제외한다.
> 3. 다른 기관에서 감사하였거나 감사 중인 사항. 다만, 다른 기관에서 감사한 사항이라도 새로운 사항이 발견되거나 중요 사항이 감사에서 누락된 경우와 제22조제1항에 따라 주민소송의 대상이 되는 경우에는 그러하지 아니하다.

④ ○ 지방자치법 제21조 제9항

> 동법 제21조【주민의 감사 청구】⑨ 주무부장관이나 시·도지사는 감사 청구를 수리한 날부터 60일 이내에 감사 청구된 사항에 대하여 감사를 끝내야 하며, 감사 결과를 청구인의 대표자와 해당 지방자치단체의 장에게 서면으로 알리고, 공표하여야 한다. 다만, 그 기간에 감사를 끝내기가 어려운 정당한 사유가 있으면 그 기간을 연장할 수 있으며, 기간을 연장할 때에는 미리 청구인의 대표자와 해당 지방자치단체의 장에게 알리고, 공표하여야 한다.

2025 신용한 지방자치론 p.178~180 **정답** ②

---

356 '18 서울 7 추가채용 지방자치론

현행 「지방자치법」상 주민감사청구제도에 대한 설명으로 가장 옳은 것은?

① 감사청구인의 연령 제한은 없다.
② 감사청구는 해당 사무를 처리한 지방자치단체의 장에게 하여야 한다.
③ 감사청구는 사무처리가 끝난 날부터 3년이 지나면 제기할 수 없다.
④ 주민의 감사청구에 의한 감사결과는 공표할 수 없다.

출제유형 Ⅶ 법령
출제영역 주민감사청구제도

① ✗ 감사청구인의 연령은 <mark>18세 이상의 주민</mark>이다.
② ✗ 감사청구는 <mark>시·도에서는 주무부장관</mark>에게 <mark>시·군 및 자치구에서는 시·도지사</mark>에게 감사를 청구할 수 있다.

> 지방자치법 제21조【주민의 감사 청구】① 지방자치단체의 <u>18세 이상의 주민</u>으로서 다음 각 호의 어느 하나에 해당하는 사람(「공직선거법」 제18조에 따른 선거권이 없는 사람은 제외한다. 이하 이 조에서 "18세 이상의 주민"이라 한다)은 시·도는 300명, 제198조에 따른 인구 50만 이상 대도시는 200명, 그 밖의 시·군 및 자치구는 150명 이내에서 그 지방자치단체의 조례로 정하는 수 이상의 18세 이상의 주민이 연대 서명하여 그 지방자치단체와 그 장의 권한에 속하는 사무의 처리가 법령에 위반되거나 공익을 현저히 해친다고 인정되면 <u>시·도의 경우에는 주무부장관에게, 시·군 및 자치구의 경우에는 시·도지사에게 감사를 청구할 수 있다</u>.

③ ○ 지방자치법 제21조 제3항

> 동법 제21조【주민의 감사 청구】③ 제1항에 따른 청구는 사무처리가 있었던 날이나 끝난 날부터 3년이 지나면 제기할 수 없다.

④ ✗ <mark>감사결과는</mark> 청구인의 대표자와 해당 지방자치단체의 장에게 <mark>서면으로 알리고 공표</mark>하여야 한다.

> 동법 제21조【주민의 감사 청구】⑨ 주무부장관이나 시·도지사는 감사 청구를 수리한 날부터 60일 이내에 감사 청구된 사항에 대하여 감사를 끝내야 하며, <u>감사 결과를 청구인의 대표자와 해당 지방자치단체의 장에게 서면으로 알리고, 공표하여야 한다</u>. 다만, 그 기간에 감사를 끝내기가 어려운 정당한 사유가 있으면 그 기간을 연장할 수 있으며, 기간을 연장할 때에는 미리 청구인의 대표자와 해당 지방자치단체의 장에게 알리고, 공표하여야 한다.

2025 신용한 지방자치론 p.178~180 **정답** ③

357 '22 서울 7 경력경쟁 지방자치론

「지방자치법」상 주민의 감사 청구에 대한 설명으로 가장 옳지 않은 것은?

① 금치산선고를 받아 선거권이 없는 사람은 감사를 청구할 수 없다.
② 개인의 사생활을 침해할 우려가 있는 사항은 감사 청구의 대상에서 제외된다.
③ 도지사가 감사 청구를 받으면 청구를 받은 날부터 5일 이내에 그 내용을 공표해야 한다.
④ 시장이 주민 감사 청구를 각하할 때는 청구인의 대표자에게 증거 제출 및 의견 진술의 기회를 주지 않아도 된다.

출제유형 Ⅶ 법령
출제영역 주민감사청구제도

① 지방자치법 제21조 제1항

> **지방자치법 제21조【주민의 감사청구】** ① 지방자치단체의 18세 이상의 주민으로서 다음 각 호의 어느 하나에 해당하는 사람(「공직선거법」 제18조에 따른 선거권이 없는 사람은 제외한다. 이하 이 조에서 "18세 이상의 주민"이라 한다)은 시·도는 300명, 제198조에 따른 인구 50만 이상 대도시는 200명, 그 밖의 시·군 및 자치구는 150명 이내에서 그 지방자치단체의 조례로 정하는 수 이상의 18세 이상의 주민이 연대 서명하여 그 지방자치단체와 그 장의 권한에 속하는 사무의 처리가 법령에 위반되거나 공익을 현저히 해친다고 인정되면 시·도의 경우에는 주무부장관에게, 시·군 및 자치구의 경우에는 시·도지사에게 감사를 청구할 수 있다.
>
> **공직선거법 제18조【선거권이 없는 자】** ① 선거일 현재 다음 각 호의 어느 하나에 해당하는 사람은 선거권이 없다.
>   1. 금치산선고를 받은 자

② ◯ 지방자치법 제21조 제2항 각 호

> **동법 제21조【주민의 감사청구】** ② 다음 각 호의 사항은 감사 청구의 대상에서 제외한다.
>   1. 수사나 재판에 관여하게 되는 사항

③ ◯ 지방자치법 제21조 제5항

> **동법 제21조【주민의 감사청구】** ⑤ 주무부장관이나 시·도지사는 제1항에 따른 청구를 받으면 청구를 받은 날부터 5일 이내에 그 내용을 공표하여야 하며, 청구를 공표한 날부터 10일간 청구인명부나 그 사본을 공개된 장소에 갖추어 두어 열람할 수 있도록 하여야 한다.

④ ✗ 주무부장관이나 시·도지사는 주민 감사 청구를 처리(각하를 포함한다)할 때 청구인의 대표자에게 **반드시 증거 제출 및 의견 진술의 기회를 주어야 한다.**

> **동법 제21조【주민의 감사청구】** ⑪ 주무부장관이나 시·도지사는 주민 감사 청구를 처리(각하를 포함한다)할 때 청구인의 대표자에게 반드시 증거 제출 및 의견 진술의 기회를 주어야 한다.

2025 신용한 지방자치론 p.178~180

정답 ④

358 '24 서울 7 경력경쟁 지방자치론

<보기>와 관련된 주민참여제도에 대한 설명으로 가장 옳지 않은 것은?

> ─ 보기 ─
> 서울특별시의회 의원들이 최근 업무차 해외연수를 다녀왔다. 그러나 이 해외연수가 업무와 연관성이 부족하고, 여행경비 처리에 있어서 부당하다는 의견이 제기되고 있다.

① 서울특별시에 18세 이상의 주민으로서 주민등록이 되어 있는 사람은 300명 이내에서 서울특별시의 조례로 정하는 수 이상의 18세 이상의 주민이 연대 서명하여 주무부장관에게 감사를 청구할 수 있다.
② 서울특별시의회 의원들 개인의 사생활을 침해할 우려가 있는 사항은 감사 청구의 대상에서 제외한다.
③ 원칙상 주무부장관은 감사 청구를 수리한 날부터 60일 이내에 감사 청구된 사항에 대하여 감사를 끝내야 하며, 감사 결과를 청구인의 대표자와 서울특별시장에게 서면으로 알리고, 공표하여야 한다.
④ 주무부장관의 감사 결과에 불복할 경우, 18세 이상의 서울특별시 주민 300명 이상의 연대 서명을 받아 법원에 소송을 제기할 수 있다.

출제유형 Ⅳ 개념 + Ⅶ 법령
출제영역 주민감사청구제도

<보기>는 주민감사청구에 대한 내용이다. 주민감사청구는 주민이 지방자치단체와 그 장의 권한에 속하는 사무의 처리가 법령에 위반되거나 공익을 현저히 해친다고 인정되면 상급자치단체의 장이나 중앙행정기관의 장에게 감사를 청구할 수 있도록 한 제도이다.

① 지방자치법 제21조 제1항

> **지방자치법 제21조【주민의 감사 청구】** ① 지방자치단체의 18세 이상의 주민으로서 다음 각 호의 어느 하나에 해당하는 사람(「공직선거법」 제18조에 따른 선거권이 없는 사람은 제외한다. 이하 이 조에서 "18세 이상의 주민"이라 한다)은 시·도는 300명, 제198조에 따른 인구 50만 이상 대도시는 200명, 그 밖의 시·군 및 자치구는 150명 이내에서 그 지방자치단체의 조례로 정하는 수 이상의 18세 이상의 주민이 연대 서명하여 그 지방자치단체와 그 장의 권한에 속하는 사무의 처리가 법령에 위반되거나 공익을 현저히 해친다고 인정되면 시·도의 경우에는 주무부장관에게, 시·군 및 자치구의 경우에는 시·도지사에게 감사를 청구할 수 있다.

② ◯ 지방자치법 제21조 제2항

> **동법 제21조【주민의 감사 청구】** ② 다음 각 호의 사항은 감사 청구의 대상에서 제외한다.
>   2. 개인의 사생활을 침해할 우려가 있는 사항

③ ⭕ 지방자치법 제21조 제9항

> 동법 제21조【주민의 감사 청구】⑨ 주무부장관이나 시·도지사는 감사 청구를 수리한 날부터 60일 이내에 감사 청구된 사항에 대하여 감사를 끝내야 하며, 감사 결과를 청구인의 대표자와 해당 지방자치단체의 장에게 서면으로 알리고, 공표하여야 한다. 다만, 그 기간에 감사를 끝내기가 어려운 정당한 사유가 있으면 그 기간을 연장할 수 있으며, 기간을 연장할 때에는 미리 청구인의 대표자와 해당 지방자치단체의 장에게 알리고, 공표하여야 한다.

④ ❌ 주민감사청구는 일정인 이상의 연서를 전제로 하고 있지만 주민소송은 주민감사청구를 제기하였던 사람 중에 주민 개개인의 청구로도 할 수 있다.

SUMMARY 주민감사청구

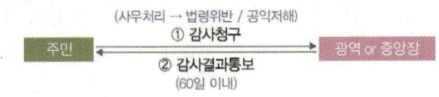

2025 신용한 지방자치론 p.181~184   정답 ④

---

359   '16 지방 7

주민참여제도에 대한 설명으로 옳지 않은 것은?

① 주민투표제도, 주민발안제도, 주민소환제도가 모두 시행되고 있다.
② 「지방자치법」은 주민감사청구 요건으로 시·군·자치구의 경우 19세 이상 주민 500명 이상의 연서를 받아 감사를 청구할 수 있도록 규정하고 있다.
③ 지방자치단체장에 대한 주민소환투표가 실시된 적이 있다.
④ 「지방재정법」은 지방자치단체의 장이 주민참여예산제도를 의무적으로 시행하도록 규정하고 있다.

출제유형 Ⅶ 법령
출제영역 주민감사청구제도 등

② ❌ 「지방자치법」상 시·군 및 자치구는 150명을 넘지 아니하는 범위에서 그 지방자치단체의 조례로 정하는 18세 이상의 주민 수 이상의 연서(連署)로 감사를 청구할 수 있도록 규정하고 있다.

> 지방자치법 제21조【주민의 감사 청구】① 지방자치단체의 18세 이상의 주민으로서 다음 각 호의 어느 하나에 해당하는 사람(「공직선거법」 제18조에 따른 선거권이 없는 사람은 제외한다. 이하 이 조에서 "18세 이상의 주민"이라 한다)은 시·도는 300명, 제198조에 따른 인구 50만 이상 대도시는 200명, 그 밖의 시·군 및 자치구는 150명 이내에서 그 지방자치단체의 조례로 정하는 수 이상의 18세 이상의 주민이 연대 서명하여 그 지방자치단체와 그 장의 권한에 속하는 사무의 처리가 법령에 위반되거나 공익을 현저히 해친다고 인정되면 시·도의 경우에는 주무부장관에게, 시·군 및 자치구의 경우에는 시·도지사에게 감사를 청구할 수 있다.

2025 신용한 지방자치론 p.172~186   정답 ②

---

360   '23 지방 7

주민참여제도에 대한 설명으로 옳은 것은?

① 주민투표의 대상·발의자·발의요건, 그 밖에 투표절차 등에 관한 사항은 따로 「주민투표법」으로 정하고 있다.
② 주민은 지방자치단체의 권한에 속하는 사무의 처리가 법령에 위반되거나 공익을 현저히 해친다고 판단될 때 해당 지방자치단체장에게 감사를 청구할 수 있다.
③ 주민은 지방자치단체의 공금지출에 관한 위법한 행위에 대하여 해당 지방자치단체의 장을 상대방으로 주민소송이 가능하며, 이 제도는 2021년 「지방자치법」 전부개정을 통해 처음 도입되었다.
④ 주민은 지방의회의원과 지방자치단체장에 대해 소환할 권리를 가지며 비례대표 지방의회의원도 소환 대상에 포함된다.

출제유형 Ⅶ 법령
출제영역 주민감사청구제도 등

① ⭕ 주민투표법 제1조

> 주민투표법 제1조【목적】이 법은 지방자치단체의 주요결정사항에 관한 주민의 직접참여를 보장하기 위하여 「지방자치법」 제18조에 따른 주민투표의 대상·발의자·발의요건·투표절차 등에 관한 사항을 규정함으로써 지방자치행정의 민주성과 책임성을 제고하고 주민복리를 증진함을 목적으로 한다.

② ❌ 시·도의 경우 주무부장관에게, 시·군 및 자치군의 경우에는 시·도지사에게 감사를 청구할 수 있다(해당 지방자치단체장 ✕).

> 지방자치법 제21조【주민의 감사 청구】① 지방자치단체의 18세 이상의 주민으로서 다음 각 호의 어느 하나에 해당하는 사람(「공직선거법」 제18조에 따른 선거권이 없는 사람은 제외한다. 이하 이 조에서 "18세 이상의 주민"이라 한다)은 시·도는 300명, 제198조에 따른 인구 50만 이상 대도시는 200명, 그 밖의 시·군 및 자치구는 150명 이내에서 그 지방자치단체의 조례로 정하는 수 이상의 18세 이상의 주민이 연대 서명하여 그 지방자치단체와 그 장의 권한에 속하는 사무의 처리가 법령에 위반되거나 공익을 현저히 해친다고 인정되면 시·도의 경우에는 주무부장관에게, 시·군 및 자치구의 경우에는 시·도지사에게 감사를 청구할 수 있다.

③ ❌ 우리나라의 주민소송 제도는 2005년 「지방자치법」 개정을 통해 주민소송제를 도입하였으며, 2006년 1월부터 발효되었다.

④ ❌ 비례대표 지방의회의원은 주민소환할 수 없다.

> 동법 제25조【주민소환】① 주민은 그 지방자치단체의 장 및 지방의회의원(비례대표 지방의회의원은 제외한다)을 소환할 권리를 가진다.

2025 신용한 지방자치론 p.172~186   정답 ①

361 '17 국가 9 하반기채용

우리나라의 주민참여제도에 대한 설명으로 옳지 않은 것은?

① 지방자치단체의 장은 주민에게 과도한 부담을 주거나 중대한 영향을 미치는 지방자치단체의 주요 결정사항 등에 대하여 주민투표에 부칠 수 있다.
② 개인의 사생활을 침해할 우려가 있는 사항이라도, 사무의 처리가 법령에 위반되거나 공익을 현저히 해친다고 인정되면 주민 감사청구를 할 수 있다.
③ 주무부장관이나 시·도지사는 주민 감사청구를 처리(각하 포함)할 때 청구인의 대표자에게 반드시 증거 제출 및 의견 진술의 기회를 주어야 한다.
④ 지방자치단체의 장은 대통령령으로 정하는 바에 따라 지방예산 편성 과정에 주민이 참여할 수 있는 절차를 마련하여 시행하여야 한다.

출제유형 Ⅶ 법령
출제영역 주민감사청구제도 등

① ◯ 지방자치법 제18조 제1항

> **지방자치법 제18조【주민투표】** ① 지방자치단체의 장은 주민에게 과도한 부담을 주거나 중대한 영향을 미치는 지방자치단체의 주요 결정사항 등에 대하여 주민투표에 부칠 수 있다.

② ✕ 지방자치법 제21조 제1항 제2호

> **지방자치법 제21조【주민의 감사 청구】** ② 다음 각 호의 사항은 <mark>감사 청구의 대상에서 제외</mark>한다.
> 1. 수사나 재판에 관여하게 되는 사항
> 2. <mark>개인의 사생활을 침해할 우려가 있는 사항</mark>
> 3. 다른 기관에서 감사하였거나 감사 중인 사항. 다만, 다른 기관에서 감사한 사항이라도 새로운 사항이 발견되거나 중요 사항이 감사에서 누락된 경우와 제22조제1항에 따라 주민소송의 대상이 되는 경우에는 그러하지 아니하다.
> 4. 동일한 사항에 대하여 제22조제2항 각 호의 어느 하나에 해당하는 소송이 진행 중이거나 그 판결이 확정된 사항

③ ◯ 지방자치법 제21조 제11항

> **지방자치법 제21조【주민의 감사 청구】** ⑪ 주무부장관이나 시·도지사는 주민 감사 청구를 처리(각하를 포함한다)할 때 청구인의 대표자에게 반드시 증거 제출 및 의견 진술의 기회를 주어야 한다.

④ ◯ 지방재정법 제39조 제1항

> **지방재정법 제39조【지방예산 편성 등 예산과정의 주민 참여】** ① 지방자치단체의 장은 대통령령으로 정하는 바에 따라 지방예산 편성 등 예산과정(「지방자치법」 제47조에 따른 지방의회의 의결사항은 제외한다. 이하 이 조에서 같다)에 주민이 참여할 수 있는 제도(이하 이 조에서 "주민참여예산제도"라 한다)를 마련하여 시행하여야 한다.

2025 신용한 지방자치론 p.172~186, 200   **정답** ②

362 '15 지방 7 지방자치론

우리나라 주민참여제도에 대한 설명으로 옳지 않은 것은?

① 조례의 제정과 개폐 청구는 해당 지방자치단체의 의회에게 할 수 있다.
② 지방의회에 청원을 하려는 자는 지방의회의원의 소개를 받아 청원서를 제출하여야 한다.
③ 주민소송은 주민이 감사청구한 모든 사항에 대해서 해당 지방자치단체의 장을 상대로 제기할 수 있다.
④ 주민의 감사청구는 사무처리가 있었던 날이나 끝난 날부터 3년이 지나면 제기할 수 없다.

출제유형 Ⅶ 법령
출제영역 주민감사청구제도 등

① ◯ 주민조례발안에 관한 법률 제2조

> **주민조례발안에 관한 법률 제2조【주민조례청구권자】** 18세 이상의 주민으로서 다음 각 호의 어느 하나에 해당하는 사람(「공직선거법」 제18조에 따른 선거권이 없는 사람은 제외한다. 이하 "청구권자"라 한다)은 해당 지방자치단체의 의회(이하 "지방의회"라 한다)에 조례를 제정하거나 개정 또는 폐지할 것을 청구(이하 "주민조례청구"라 한다)할 수 있다.
> 1. 해당 지방자치단체의 관할 구역에 주민등록이 되어 있는 사람
> 2. 「출입국관리법」 제10조에 따른 영주(永住)할 수 있는 체류자격 취득일 후 3년이 지난 외국인으로서 같은 법 제34조에 따라 해당 지방자치단체의 외국인등록대장에 올라 있는 사람

② ◯ 지방자치법 제85조 제1항

> **지방자치법 제85조【청원서의 제출】** ① 지방의회에 청원을 하려는 자는 지방의회의원의 소개를 받아 청원서를 제출하여야 한다.

③ ✕ <mark>모든 사항이 아니라 감사청구를 거친 사항 중 재무행정에 관한 사항에 한정</mark>된다.

> **지방자치법 제22조【주민소송】** ① 제21조제1항에 따라 공금의 지출에 관한 사항, 재산의 취득·관리·처분에 관한 사항, 해당 지방자치단체를 당사자로 하는 매매·임차·도급 계약이나 그 밖의 계약의 체결·이행에 관한 사항 또는 지방세·사용료·수수료·과태료 등 공금의 부과·징수를 게을리한 사항을 감사 청구한 주민은 다음 각 호의 어느 하나에 해당하는 경우에 그 감사 청구한 사항과 관련이 있는 위법한 행위나 업무를 게을리한 사실에 대하여 해당 지방자치단체의 장(해당 사항의 사무처리에 관한 권한을 소속 기관의 장에게 위임한 경우에는 그 소속 기관의 장을 말한다. 이하 이 조에서 같다)을 상대방으로 하여 소송을 제기할 수 있다.

④ ◯ 지방자치법 제21조 제3항

> **지방자치법 제21조【주민의 감사 청구】** ③ 제1항에 따른 청구는 사무처리가 있었던 날이나 끝난 날부터 3년이 지나면 제기할 수 없다.

2025 신용한 지방자치론 p.172~186   **정답** ③

363 '21 지방 7 지방자치론

주민투표 및 주민감사청구 제도에 대한 설명으로 옳지 않은 것은?

① 주민투표청구권자 총수는 전년도 12월 31일 현재의 주민등록표 및 외국인등록표에 따라 산정한다.
② 수사나 재판에 관여하게 되는 사항은 주민의 감사청구 대상에서 제외된다.
③ 주민투표와 주민감사청구 가능 연령은 2020년에 18세 이상으로 하향되었다.
④ 공무원은 주민투표에 관한 운동을 할 수 없으나 예외적으로 그 지방의회 의원은 주민투표에 관한 운동을 할 수 있다.

출제유형 Ⅶ 법령
출제영역 주민감사청구제도 등

① ○ 주민투표법 제9조 제3항

> **주민투표법 제9조 【주민투표의 실시요건】** ③ 주민투표청구권자 총수는 전년도 12월 31일 현재의 주민등록표 및 외국인등록표에 따라 산정한다.

② ○ 지방자치법 제21조 제2항

> **지방자치법 제21조 【주민의 감사 청구】** ② 다음 각 호의 사항은 감사 청구의 대상에서 제외한다.
> 1. 수사나 재판에 관여하게 되는 사항
> 2. 개인의 사생활을 침해할 우려가 있는 사항
> 3. 다른 기관에서 감사하였거나 감사 중인 사항. 다만, 다른 기관에서 감사한 사항이라도 새로운 사항이 발견되거나 중요 사항이 감사에서 누락된 경우와 제22조제1항에 따라 주민소송의 대상이 되는 경우에는 그러하지 아니하다.
> 4. 동일한 사항에 대하여 제22조제2항 각 호의 어느 하나에 해당하는 소송이 진행 중이거나 그 판결이 확정된 사항

③ ✗ 주민투표와 주민감사청구 가능 연령은 **2022년**에 18세 이상으로 **하향**되었다.

> **주민투표법 제5조 【주민투표권】** ① 18세 이상의 주민 중 제6조제1항에 따른 투표인명부 작성기준일 현재 다음 각 호의 어느 하나에 해당하는 사람에게는 주민투표권이 있다. 다만, 「공직선거법」 제18조에 따라 선거권이 없는 사람에게는 주민투표권이 없다.

> **지방자치법 제21조 【주민의 감사 청구】** ① 지방자치단체의 18세 이상의 주민으로서 다음 각 호의 어느 하나에 해당하는 사람(「공직선거법」 제18조에 따른 선거권이 없는 사람은 제외한다. 이하 이 조에서 "18세 이상의 주민"이라 한다)은 시·도는 300명, 제198조에 따른 인구 50만 이상 대도시는 200명, 그 밖의 시·군 및 자치구는 150명 이내에서 그 지방자치단체의 조례로 정하는 수 이상의 18세 이상의 주민이 연대 서명하여 그 지방자치단체와 그 장의 권한에 속하는 사무의 처리가 법령에 위반되거나 공익을 현저히 해친다고 인정되면 시·도의 경우에는 주무부장관에게, 시·군 및 자치구의 경우에는 시·도지사에게 감사를 청구할 수 있다.

④ ○ 주민투표법 제21조 제2항

> **주민투표법 제21조 【투표운동기간 및 투표운동을 할 수 없는 자】** ② 다음 각 호의 어느 하나에 해당하는 자는 투표운동을 할 수 없다.
> 2. 공무원(그 지방의회의 의원을 제외한다)

2025 신용한 지방자치론 p.175~180 **정답** ③

---

364 '17 서울 7 지방자치론

주민소송에 대한 설명으로 옳은 것을 모두 고른 것은?

ㄱ. 손해배상청구 또는 부당이득반환청구를 요구하는 소송이 가능하다.
ㄴ. 소송이 진행 중이더라도 다른 주민이 같은 사항에 대해 별도의 소송을 제기할 수 있다.
ㄷ. 소송 중에도 법원의 허가 없이 소를 취하하거나 화해 등의 방법으로 청구를 포기할 수 있다.
ㄹ. 지방자치단체를 당사자로 하는 계약의 체결·이행에 관한 사항도 소송의 대상이 될 수 있다.
ㅁ. 해당 지방자치단체의 사무소 소재지를 관할하는 행정법원의 관할로 한다.
ㅂ. 소송제기의 기한은 결과통지를 받은 날로부터 60일 이내이다.

① ㄱ, ㄹ, ㅁ
② ㄱ, ㅁ, ㅂ
③ ㄴ, ㄷ, ㅂ
④ ㄹ, ㅁ, ㅂ

출제유형 Ⅶ 법령
출제영역 주민소송

ㄱ ○ 손해배상금 또는 부당이득반환금 등의 지불 청구가 가능하다.

> **지방자치법 제22조 【주민소송】** ② 제1항에 따라 주민이 제기할 수 있는 소송은 다음 각 호와 같다.
> 4. 해당 지방자치단체의 장 및 직원, 지방의회의원, 해당 행위와 관련이 있는 상대방에게 손해배상청구 또는 부당이득반환청구를 할 것을 요구하는 소송. 다만, 그 지방자치단체의 직원이 「회계관계직원 등의 책임에 관한 법률」 제4조에 따른 변상책임을 져야 하는 경우에는 변상명령을 할 것을 요구하는 소송을 말한다.

ㄴ ✗ 소송이 진행 중이면 다른 주민은 같은 사항에 대하여 별도의 소송을 제기할 수 **없다**.

> **동법 제22조 【주민소송】** ⑤ 제2항 각 호의 소송이 진행 중이면 다른 주민은 같은 사항에 대하여 별도의 소송을 제기할 수 없다.

ㄷ ✗ 소송에서 당사자는 법원의 허가를 받지 아니하고는 소의 취하, 소송의 화해 또는 청구의 포기를 할 수 **없다**.

> **동법 제22조 【주민소송】** ⑭ 제2항에 따른 소송에서 당사자는 법원의 허가를 받지 아니하고는 소의 취하, 소송의 화해 또는 청구의 포기를 할 수 없다.

ㄹ ⭕ 해당 지방자치단체를 당사자로 하는 계약의 체결·이행에 관한 사항도 소송의 대상이 될 수 있다.

> **동법 제22조【주민소송】** ① 제21조제1항에 따라 공금의 지출에 관한 사항, 재산의 취득·관리·처분에 관한 사항, 해당 지방자치단체를 당사자로 하는 매매·임차·도급 계약이나 그 밖의 계약의 체결·이행에 관한 사항 또는 지방세·사용료·수수료·과태료 등 공금의 부과·징수를 게을리한 사항을 감사 청구한 주민은 다음 각 호의 어느 하나에 해당하는 경우에 그 감사 청구한 사항과 관련이 있는 위법한 행위나 업무를 게을리한 사실에 대하여 해당 지방자치단체의 장(해당 사항의 사무처리에 관한 권한을 소속 기관의 장에게 위임한 경우에는 그 소속 기관의 장을 말한다. 이하 이 조에서 같다)을 상대방으로 하여 소송을 제기할 수 있다.

ㅁ ⭕ 소송은 해당 지방자치단체의 사무소 소재지를 관할하는 행정법원의 관할로 한다.

> **동법 제22조【주민소송】** ⑨ 제2항에 따른 소송은 해당 지방자치단체의 사무소 소재지를 관할하는 행정법원(행정법원이 설치되지 아니한 지역에서는 행정법원의 권한에 속하는 사건을 관할하는 지방법원 본원을 말한다)의 관할로 한다.

ㅂ ❌ 결과통지를 받은 날로부터 90일 이내(60일 이내 ×)에 제기하여야 한다.

> **동법 제22조【주민소송】** ④ 제2항에 따른 소송은 다음 각 호의 구분에 따른 날부터 90일 이내에 제기하여야 한다.
> 2. 제1항제2호 : 해당 감사 결과나 조치 요구 내용에 대한 통지를 받은 날

🔗 2025 신용한 지방자치론 p.180~182   정답 ①

---

365   '18 서울 7 지방자치론

우리나라 주민소송제도에 대한 설명으로 가장 옳지 않은 것은?

① 자치행정에 대한 주민감시를 강화하기 위해 2005년에 도입했다.
② 주민감사청구를 전심절차로 하고 있다.
③ 위법한 재무행위분야에 한정하지 않고 포괄적인 일반사무 행위도 포함한다.
④ 동일한 사항에 대해 주민소송이 진행되고 있을 때에는 소송을 제기할 수 없다.

출제유형 Ⅰ 말 바꾸기 + Ⅶ 법령
출제영역 주민소송

③ ❌ 우리나라의 주민소송은 **위법한 재무행위분야에 한정**하고 있다.

> **지방자치법 제22조【주민소송】** ① 제21조제1항에 따라 공금의 지출에 관한 사항, 재산의 취득·관리·처분에 관한 사항, 해당 지방자치단체를 당사자로 하는 매매·임차·도급 계약이나 그 밖의 계약의 체결·이행에 관한 사항 또는 지방세·사용료·수수료·과태료 등 공금의 부과·징수를 게을리한 사항을 감사 청구한 주민은 다음 각 호의 어느 하나에 해당하는 경우에 그 감사 청구한 사항과 관련이 있는 위법한 행위나 업무를 게을리한 사실에 대하여 해당 지방자치단체의 장(해당 사항의 사무처리에 관한 권한을 소속 기관의 장에게 위임한 경우에는 그 소속 기관의 장을 말한다. 이하 이 조에서 같다)을 상대방으로 하여 소송을 제기할 수 있다.

🔗 2025 신용한 지방자치론 p.180~182   정답 ③

366 '15 서울 7 지방자치론

우리나라 주민참여제도에 대한 설명으로 가장 옳은 것은?

① 「지방재정법」은 지방예산 편성 과정에 주민이 참여할 수 있는 주민참여예산 절차 시행 여부를 지방자치단체의 여건에 따라 재량적으로 결정할 수 있도록 하고 있다.
② 주민소송은 자신의 개인적 권리나 이익에 관계없이 청구할 수 있으나 주민감사청구 다음에 가능하다.
③ 주민은 일정 수 이상의 주민 연서로 지방자치단체의 장에게 직접 조례의 제정 및 개폐를 청구할 수 있다.
④ 「주민소환에 관한 법률」은 주민소환제의 남용을 예방하기 위해 주민소환청구 사유를 엄격하게 제한하고 있다.

출제유형 Ⅶ 법령
출제영역 주민소송 등

① ✕ 기존에는 지방자치단체장의 지방예산편성과정에 주민이 참여할 수 있는 절차의 마련과 시행이 재량권이었으나 개정된 「지방재정법」에서는 이를 의무화하였다. 또한 주민참여예산의 실효성을 제고하기 위해 지방자치단체의 장이 예산 편성 과정에 참여한 주민의 의견을 수렴하여 그 의견서를 지방의회에 제출하는 예산안에 첨부하도록 하였다.
③ ✕ 주민은 일정 수 이상의 주민 연서로 해당 **지방자치단체의 의회(지방자치단체의 장 ✕)**에 조례를 제정하거나 개정하거나 폐지할 것을 청구할 수 있다.
④ ✕ 주민소환의 사유는 「주민소환에 관한 법률」에서 명시하고 있지 않다. 다만, 강학상 자치단체장과 의원의 직권남용, 직무유기, 위법·부당행위, 기타 비효율적·비합리적 자치운용 등이 될 것이다.

🔗 2025 신용한 지방자치론 p.172~186 **정답** ②

---

367 '23 서울 7 경력경쟁 지방자치론

주민소환에 대한 설명으로 가장 옳지 않은 것은?

① 주민은 그 지방자치단체의 장 및 지역구지방의회의원을 소환할 권리를 가진다.
② 18세 이상의 주민으로서 당해 지방자치단체 관할구역에 주민등록 되어 있는 자는 주민소환투표권이 있다.
③ 주민소환투표대상자는 주민소환투표결과를 공표할 때까지 그 권한행사가 정지된다.
④ 주민소환은 주민소환투표권자 총수의 3분의 1 이상의 투표와 유효투표 총수 과반수의 찬성으로 확정된다.

출제유형 Ⅶ 법령
출제영역 주민소환제

① ⭕ 지방자치법 제25조 제1항

> 지방자치법 제25조【주민소환】① 주민은 그 지방자치단체의 장 및 지방의회의원(비례대표 지방의회의원은 제외한다)을 소환할 권리를 가진다.

② ✕ **19세**(18세 ✕) 이상의 주민으로서 당해 지방자치단체 관할구역에 주민등록 되어 있는 자는 주민소환투표권이 있다.

> 주민소환에 관한 법률 제3조【주민소환투표권】① 제4조제1항의 규정에 의한 주민소환투표인명부 작성기준일 현재 다음 각 호의 어느 하나에 해당하는 자는 주민소환투표권이 있다.
> 1. 19세 이상의 주민으로서 당해 지방자치단체 관할구역에 주민등록이 되어 있는 자(「공직선거법」 제18조의 규정에 의하여 선거권이 없는 자를 제외한다)
> 2. 19세 이상의 외국인으로서 「출입국관리법」 제10조의 규정에 따른 영주의 체류자격 취득일 후 3년이 경과한 자 중 같은 법 제34조의 규정에 따라 당해 지방자치단체 관할구역의 외국인등록대장에 등재된 자

③ ⭕ 주민소환에 관한 법률 제21조 제1항

> 동법 제21조【권한행사의 정지 및 권한대행】① 주민소환투표대상자는 관할선거관리위원회가 제12조제2항의 규정에 의하여 주민소환투표안을 공고한 때부터 제22조제3항의 규정에 의하여 주민소환투표결과를 공표할 때까지 그 권한행사가 정지된다.

④ ⭕ 주민소환에 관한 법률 제22조 제1항

> 동법 제22조【주민소환투표결과의 확정】① 주민소환은 제3조의 규정에 의한 주민소환투표권자(이하 "주민소환투표권자"라 한다) 총수의 3분의 1 이상의 투표와 유효투표 총수 과반수의 찬성으로 확정된다.

🔗 2025 신용한 지방자치론 p.182~185 **정답** ②

368 '15 경간

우리나라의 주민소환제에 대한 설명 중 옳은 것은?

① 소환투표의 대상은 자치단체장, 선출직 국회의원 및 지방의회 의원 등이다.
② 주민소환투표권자의 과반수 투표와 유효투표 과반수 찬성으로 소환이 확정된다.
③ 19세 이상의 외국인 영주권자는 해당 조례에서 정하는 바에 따라 투표권을 지닌다.
④ 주민소환이 확정되면 주민소환투표대상자는 그 결과가 공표된 시점부터 그 직을 상실한다.

상 **중** 하

출제유형 Ⅰ 말바꾸기 + Ⅳ 개념
출제영역 주민소환제

① ✗ 주민소환의 대상은 선출직인 자치단체장과 지방의원(비례대표의원 제외), 교육감 등이다 (**선출직 국회의원 ✗**).
② ✗ **주민소환은 소환투표권자 총수의 1/3 이상의 투표와 유효투표 총수 과반수의 찬성**으로 확정된다.
③ ✗ **19세 이상의 외국인**은 「출입국관리법」 제10조의 규정에 따른 영주의 체류자격 취득일 후 3년이 경과한 외국인으로서 같은 법 제34조에 따라 당해 지방자치단체 관할구역의 **외국인등록대장에 등재된 자**에 한하여 투표권이 인정된다.
④ ◯ 주민소환에 관한 법률 제23조 제1항

> 주민소환에 관한 법률 제23조【주민소환투표의 효력】① 제22조 제1항의 규정에 의하여 주민소환이 확정된 때에는 주민소환투표대상자는 그 결과가 공표된 시점부터 그 직을 상실한다.

SUMMARY 주민소환

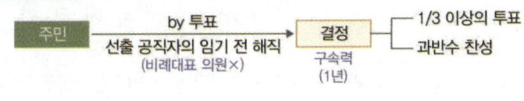

📖 2025 신용한 지방자치론 p.182~185   **정답** ④

---

369 '18 국회 8

다음 중 「지방자치법」 및 「주민소환에 관한 법률」상 주민소환제도에 대한 설명으로 옳지 않은 것은?

① 시·도지사의 소환청구 요건은 주민투표권자 총수의 100분의 10 이상이다.
② 비례대표의원은 주민소환의 대상이 아니다.
③ 주민소환투표권자의 연령은 주민소환투표일 현재를 기준으로 계산한다.
④ 주민소환투표권자의 4분의 1 이상이 투표에 참여해야 한다.
⑤ 주민소환이 확정된 때에는 주민소환투표대상자는 그 결과가 공표된 시점부터 그 직을 상실한다.

상 **중** 하

출제유형 Ⅶ 법령
출제영역 주민소환제

① ◯ 주민소환에 관한 법률 제7조 제1항 제1호

> 주민소환에 관한 법률 제7조【주민소환투표의 청구】① 전년도 12월 31일 현재 주민등록표 및 외국인등록표에 등록된 제3조제1항제1호 및 제2호에 해당하는 자(이하 "주민소환투표청구권자"라 한다)는 해당 지방자치단체의 장 및 지방의회의원(비례대표선거구시·도의회의원 및 비례대표선거구자치구·시·군의회의원은 제외하며, 이하 "선출직 지방공직자"라 한다)에 대하여 다음 각 호에 해당하는 주민의 서명으로 그 소환사유를 서면에 구체적으로 명시하여 관할선거관리위원회에 주민소환투표의 실시를 청구할 수 있다.
> 1. 특별시장·광역시장·도지사(이하 "시·도지사"라 한다) : 당해 지방자치단체의 주민소환투표청구권자 총수의 100분의 10 이상

② ◯ 지방자치법 제25조 제1항

> 지방자치법 제25조【주민소환】① 주민은 그 지방자치단체의 장 및 지방의회의원(**비례대표 지방의회의원은 제외한다**)을 소환할 권리를 가진다.

③ ◯ 주민소환에 관한 법률 제3조 제2항

> 주민소환에 관한 법률 제3조【주민소환투표권】② 주민소환투표권자의 연령은 주민소환투표일 현재를 기준으로 계산한다.

④ ✗ **주민소환투표권자의 3분의 1 이상이 투표에 참여**해야 한다.

> 주민소환에 관한 법률 제22조【주민소환투표결과의 확정】① 주민소환은 제3조의 규정에 의한 주민소환투표권자(이하 "주민소환투표자"라 한다) 총수의 3분의 1 이상의 투표와 유효투표 총수 과반수의 찬성으로 확정된다.

⑤ ◯ 주민소환에 관한 법률 제23조 제1항

> 주민소환에 관한 법률 제23조【주민소환투표의 효력】① 제22조 제1항의 규정에 의하여 주민소환이 확정된 때에는 주민소환투표대상자는 그 결과가 공표된 시점부터 그 직을 상실한다.

📖 2025 신용한 지방자치론 p.182~185   **정답** ④

370

'17 경간

우리나라 주민소환제도에 관한 설명으로 옳은 것은?

① 주민소환의 대상자는 지방자치단체의 장 및 지방의회의원이지만 비례대표 지방의회의원은 제외된다.
② 주민소환투표를 실시한 후 2년 미만인 경우에는 주민소환을 실시할 수 없다.
③ 주민소환투표결과의 확정은 주민소환투표권자 총수의 3분의 1 이상의 투표와 유효투표 총수 3분의 1 이상의 찬성을 요한다.
④ 소환투표 효력에 이의가 있는 경우 투표결과가 공표된 날부터 30일 이내 관할 선거관리위원회 위원장을 피소청인으로 하여 소청 제기가 가능하다.

출제유형 Ⅶ 법령
출제영역 주민소환제도

① ⭕ 지방자치법 제25조 제1항

> 지방자치법 제25조【주민소환】① 주민은 그 지방자치단체의 장 및 지방의회의원(비례대표 지방의회의원은 제외한다)을 소환할 권리를 가진다.

② ❌ 주민소환투표를 실시한 후 **1년 미만인 경우에는 주민소환을 실시할 수 없다.**
③ ❌ 주민소환투표결과의 확정은 주민소환투표권자 **총수의 3분의 1 이상의 투표와 유효투표 총수 과반수의 찬성을 확정**된다.
④ ❌ 소환투표 효력에 관하여 이의가 있는 해당 소환대상자 또는 소환투표권자는 투표권자 총수의 100분의 1 이상의 서명으로 투표결과가 공표된 날부터 **14일 이내에 관할 선거관리위원회 위원장을 피소청인으로 하여 그 직근 상급 선거관리위원회에 소청을 제기할 수 있다.**

SUMMARY 주민소환

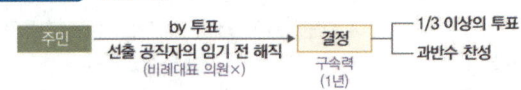

정답 ①

371

'21 지방 7 지방자치론

「주민소환에 관한 법률」상 주민소환제도에 대한 설명으로 옳은 것만을 모두 고르면?

> ㄱ. 주민소환투표의 경우 외국인의 투표권은 인정되지 않는다.
> ㄴ. 주민소환은 주민소환투표권자 총수의 3분의 1 이상의 투표와 유효투표 총수 과반수의 찬성으로 확정된다.
> ㄷ. 도지사에 대한 주민소환투표의 청구를 위해서는 당해 지방자치단체의 주민투표청구권자 총수의 100분의 20 이상에 해당하는 주민의 서명이 있어야 한다.
> ㄹ. 선출직 지방공직자의 임기개시일부터 1년이 경과하지 아니한 때나 임기만료일부터 1년 미만일 때에는 주민소환투표의 실시를 청구할 수 없다.

① ㄱ, ㄴ
② ㄱ, ㄷ
③ ㄴ, ㄹ
④ ㄷ, ㄹ

출제유형 Ⅶ 법령
출제영역 주민소환제도

ㄱ ❌ **외국인도 일정한 요건을 갖출 경우 투표권이 인정**된다.

> 주민소환에 관한 법률 제3조【주민소환투표권】① 제4조제1항의 규정에 의한 주민소환투표인명부 작성기준일 현재 다음 각 호의 어느 하나에 해당하는 자는 주민소환투표권이 있다.
> 2. 19세 이상의 외국인으로서 「출입국관리법」 제10조의 규정에 따른 영주의 체류자격 취득일 후 3년이 경과한 자 중 같은 법 제34조의 규정에 따라 당해 지방자치단체 관할구역의 외국인등록대장에 등재된 자

ㄴ ⭕ 주민소환은 투표권자 총수의 3분의 1 이상의 투표와 유효투표 총수 과반수의 찬성으로 확정된다.

> 동법 제22조【주민소환투표결과의 확정】① 주민소환은 제3조의 규정에 의한 주민소환투표권자(이하 "주민소환투표권자"라 한다) 총수의 3분의 1이상의 투표와 유효투표 총수 과반수의 찬성으로 확정된다.

ㄷ ❌ 도지사에 대한 주민소환투표의 청구를 위해서는 해당 **시·군·자치구별 주민소환투표청구권자 총수의 100분의 10 이상**의 서명을 받아야 한다.

> 동법 시행령 제2조【주민소환투표청구 서명인 수】① 법 제7조제2항 본문 및 제3항 본문에 따라 특별시장·광역시장·도지사(이하 "시·도지사"라 한다)의 주민소환투표청구를 위하여 해당 특별시·광역시·도 관할구역 안의 시·군·자치구 전체의 수가 3개 이상인 경우에 3분의 1 이상의 시·군·자치구에서 받아야 할 서명인 수와 시장·군수·구청장(자치구의 구청장을 말한다. 이하 같다) 및 지방의회의원(비례대표선거구시·도의회의원과 비례대표선거구자치구·시·군의회의원을 제외한다. 이하 같다)의 주민소환투표청구를 위하여 해당 선거구 안의 읍·면·동의 전체의 수가 3개 이상인 경우에 3분의 1 이상의 읍·면·동에서 받아야 할 서명인 수는 다음 각 호와 같다.
> 1. 시·도지사 : 해당 시·군·자치구별 주민소환투표청구권자 총수의 100분의 10 이상

ㄹ. ◯ 선출직 지방공직자의 임기개시일부터 1년이 경과하지 않거나 임기만료일부터 1년 미만일 때에는 주민소환투표의 실시를 청구할 수 없다.

동법 제8조【주민소환투표의 청구제한기간】 제7조제1항 내지 제3항의 규정에 불구하고, 다음 각 호의 어느 하나에 해당하는 때에는 주민소환투표의 실시를 청구할 수 없다.
1. 선출직 지방공직자의 임기개시일부터 1년이 경과하지 아니한 때
2. 선출직 지방공직자의 임기만료일부터 1년 미만일 때
3. 해당선출직 지방공직자에 대한 주민소환투표를 실시한 날부터 1년 이내인 때

2025 신용한 지방자치론 p.182~185 정답 ③

372

'23 지방 7 지방자치론

「지방자치법」과「주민소환에 관한 법률」상 지방의회의원이 퇴직하거나 직을 상실하는 경우가 아닌 것은?

① 지방자치단체 구역변경의 사유로 그 지방자치단체의 구역 밖으로 주민등록이 변경된 때
② 징계에 따라 제명될 때
③ 주민소환투표에 의하여 주민소환이 확정되고 그 결과가 공표된 때
④ 농업협동조합, 새마을금고의 임직원에 취임할 때

출제유형 Ⅳ 개념 + Ⅶ 법령
출제영역 주민소환제 등

① , ② ◯ 지방자치단체의 **구역변경이 없어지거나 합한 것 외의 다른 사유로** 그 지방자치단체의 구역 밖으로 주민등록을 이전하였을 때 **지방의회의원은 퇴직**된다.

지방자치법 제90조【의원의 퇴직】 지방의회의원이 다음 각 호의 어느 하나에 해당될 때에는 지방의회의원의 직에서 퇴직한다.
1. 제43조제1항 각 호의 어느 하나에 해당하는 직에 취임할 때
2. 피선거권이 없게 될 때(지방자치단체의 구역변경이나 없어지거나 합한 것 외의 다른 사유로 지방자치단체의 구역 밖으로 주민등록을 이전하였을 때를 포함한다)
3. 징계에 따라 제명될 때

③ ◯ 주민소환에 관한 법률 제23조 제1항

주민소환에 관한 법률 제23조【주민소환투표의 효력】 ① 제22조제1항의 규정에 의하여 주민소환이 확정된 때에는 주민소환투표대상자는 그 결과가 공표된 시점부터 그 직을 상실한다.

④ ◯ 지방자치법 제43조 제1항

지방자치법 제43조【겸직 등 금지】 ① 지방의회의원은 다음 각 호의 어느 하나에 해당하는 직(職)을 겸할 수 없다.
6. 농업협동조합, 수산업협동조합, 산림조합, 엽연초생산협동조합, 신용협동조합, 새마을금고(이들 조합·금고의 중앙회와 연합회를 포함한다)의 임직원과 이들 조합·금고의 중앙회장이나 연합회장

2025 신용한 지방자치론 p.125, 182~185 정답 ①

373

'18 교행 9

우리나라 주민참여의 유형에 관한 설명으로 옳은 것은?

① 감사청구는 지방자치단체에 대하여 불만이나 이의를 제기하기 위해 지방의회에 감사를 청구하는 제도이다.
② 공청회는 주민의 직접적인 제안과 토의를 거쳐 당해 지역의 정치·행정에 관한 의사결정을 직접 행하는 제도이다.
③ 주민발안은 일정한 수의 유권자의 서명으로 조례의 제정 또는 개·폐에 관하여 주민이 직접 발의하는 제도이다.
④ 주민소환은 지방자치단체장과 지방의회 의원으로 대상을 한정하여 임기만료 전에 주민들이 해임을 청구하는 제도이다.

출제유형 Ⅳ 개념 + Ⅶ 법령
출제영역 우리나라 주민참여제도(종합)

① 감사청구는 지방자치단체에 대하여 불만이나 이의를 제기하기 위해 상급자치단체의 장이나 **중앙행정기관의 장에게 감사를 청구할 수 있는 제도이다.**
② ✗ **공청회는** 정책 사안에 따라 개최되는 것으로 이해관계자 및 전문가들의 의견수렴을 목적으로 하는 것으로 **의사결정을 직접 행하는 제도가 아니다.**
③ ◯ 주민발안은 지방자치단체의 조례로 정하는 18세 이상의 주민 수 이상의 연서로 해당 지방자치단체의 의회에게 조례를 제정 또는 개정하거나 폐지할 것을 청구하는 제도이다.

주민조례발안에 관한 법률 제2조【주민조례청구권자】 18세 이상의 주민으로서 다음 각 호의 어느 하나에 해당하는 사람(「공직선거법」 제18조에 따른 선거권이 없는 사람은 제외한다. 이하 "청구권자"라 한다)은 해당 지방자치단체의 의회(이하 "지방의회"라 한다)에 조례를 제정하거나 개정 또는 폐지할 것을 청구(이하 "주민조례청구"라 한다)할 수 있다.

④ ✗ 주민소환은 **지방자치단체장과 지방의회 의원(비례대표의원은 제외)뿐만 아니라 교육감**도 대상이 된다.

2025 신용한 지방자치론 p.172~186 정답 ③

374 '19 국가 9

현행 법률 상 주민참여 수단에 대한 설명으로 옳지 않은 것은?

① 주민은 행정기구를 설치하거나 변경하는 것에 관한 사항이나 공공시설의 설치를 반대하는 사항의 조례를 제정하거나 개정하거나 폐지할 것을 청구할 수 있다.
② 주민은 그 지방자치단체의 장을 소환할 권리는 갖지만, 비례대표 지방의회의원을 소환할 권리를 가지고 있지는 못하다.
③ 18세 이상의 주민은 그 지방자치단체와 그 장의 권한에 속하는 사무의 처리가 법령에 위반되거나 공익을 현저히 해친다고 인정되면 감사를 청구할 수 있다.
④ 지방자치단체의 장은 주민에게 과도한 부담을 주거나 중대한 영향을 미치는 지방자치단체의 주요 결정사항 등에 대하여 주민투표에 부칠 수 있다.

출제유형 Ⅶ 법령
출제영역 우리나라 주민참여제도(종합)

① ❌ 행정기구를 설치하거나 변경하는 것에 관한 사항이나 공공시설의 설치를 반대하는 사항은 청구대상에서 제외한다.

> **주민조례발안에 관한 법률 제4조【주민조례청구 제외 대상】** 다음 각 호의 사항은 주민조례청구 대상에서 제외한다.
> 1. 법령을 위반하는 사항
> 2. 지방세·사용료·수수료·부담금을 부과·징수 또는 감면하는 사항
> 3. 행정기구를 설치하거나 변경하는 사항
> 4. 공공시설의 설치를 반대하는 사항

② ⭕ 지방자치법 제25조 제1항

> **지방자치법 제25조【주민소환】** ① 주민은 그 지방자치단체의 장 및 지방의회의원(비례대표 지방의회의원은 제외한다)을 소환할 권리를 가진다.

③ ⭕ 지방자치법 제21조 제1항

> **지방자치법 제21조【주민의 감사 청구】** ① 지방자치단체의 18세 이상의 주민으로서 다음 각 호의 어느 하나에 해당하는 사람(「공직선거법」 제18조에 따른 선거권이 없는 사람은 제외한다. 이하 이 조에서 "18세 이상의 주민"이라 한다)은 시·도는 300명, 제198조에 따른 인구 50만 이상 대도시는 200명, 그 밖의 시·군 및 자치구는 150명 이내에서 그 지방자치단체의 조례로 정하는 수 이상의 18세 이상의 주민이 연대 서명하여 그 지방자치단체와 그 장의 권한에 속하는 사무의 처리가 법령에 위반되거나 공익을 현저히 해친다고 인정되면 시·도의 경우에는 주무부장관에게, 시·군 및 자치구의 경우에는 시·도지사에게 감사를 청구할 수 있다.

④ ⭕ 지방자치법 제18조 제1항

> **지방자치법 제18조【주민투표】** ① 지방자치단체의 장은 주민에게 과도한 부담을 주거나 중대한 영향을 미치는 지방자치단체의 주요 결정사항 등에 대하여 주민투표에 부칠 수 있다.

🔗 2025 신용한 지방자치론 p.172~186 **정답** ①

---

375 '22 지방 7 지방자치론

우리나라의 주민참여제도에 대한 설명으로 옳지 않은 것은?

① 주민은 사용료, 수수료, 부담금의 부과·징수 또는 감면에 관한 조례 제정을 청구할 수 있다.
② 법령이나 조례를 위반한 사항은 주민의 규칙 제정에 대한 의견제출 대상에서 제외한다.
③ 국가 또는 다른 지방자치단체의 권한 또는 사무에 속하는 사항은 주민투표에 부칠 수 없다.
④ 주민은 법령으로 정하는 바에 따라 주민생활에 영향을 미치는 지방자치단체의 정책 결정 과정에 참여할 권리를 가진다.

출제유형 Ⅶ 법령
출제영역 우리나라 주민참여제도(종합)

① ❌ 주민은 사용료, 수수료, 부담금의 부과·징수 또는 감면에 관한 조례 제정을 **청구할 수 없다**.

> **주민조례발안에 관한 법률 제4조【주민조례청구 제외 대상】** 다음 각 호의 사항은 주민조례청구 대상에서 제외한다.
> 1. 법령을 위반하는 사항
> 2. 지방세·사용료·수수료·부담금을 부과·징수 또는 감면하는 사항
> 3. 행정기구를 설치하거나 변경하는 사항
> 4. 공공시설의 설치를 반대하는 사항

② ⭕ 지방자치법 제20조 제2항

> **지방자치법 제20조【규칙의 제정과 개정·폐지 의견 제출】** ② 법령이나 조례를 위반하거나 법령이나 조례에서 위임한 범위를 벗어나는 사항은 제1항에 따른 의견 제출 대상에서 제외한다.

③ ⭕ 주민투표법 제7조 제2항

> **주민투표법 제7조【주민투표의 대상】** ② 제1항에도 불구하고 다음 각 호의 어느 하나에 해당하는 사항은 주민투표에 부칠 수 없다.
> 2. 국가 또는 다른 지방자치단체의 권한 또는 사무에 속하는 사항

④ ⭕ 지방자치법 제17조 제1항

> **지방자치법 제17조【주민의 권리】** ① 주민은 법령으로 정하는 바에 따라 주민생활에 영향을 미치는 지방자치단체의 정책의 결정 및 집행 과정에 참여할 권리를 가진다.

🔗 2025 신용한 지방자치론 p.172~186 **정답** ①

376 '19 경간

우리나라의 지방자치제도에 대한 설명으로 가장 옳은 것은?

① 우리나라 주민참여제도는 「주민조례개폐청구제 → 주민투표제 → 주민소환제 → 주민소송제」순으로 법제화되었다.
② 주민투표의 효력에 대해 이의가 있는 경우 투표결과가 공표된 날부터 20일 이내에 소청을 제기할 수 있다.
③ 주민소환은 지방자치단체의 장 및 비례대표 시·도의원을 대상으로 하며, 임기개시일로부터 1년 이내에는 청구할 수 없다.
④ 주민소송은 주민의 감사청구를 전심절차로 하며, 다수 주민의 연서를 필요로 하지 않는다.

출제유형 Ⅰ 말 바꾸기 + Ⅶ 법령
출제영역 우리나라 주민참여제도(종합)

① ✗ 우리나라 주민참여제도는 주민조례제정개폐청구제(1999) → 주민투표제(2004) → 주민소송제(2005) → 주민소환제(2006) 순으로 법제화되었다.

② ✗ 14일 이내에 소청을 제기할 수 있다.

주민투표법 제25조【주민투표소송 등】① 주민투표의 효력에 관하여 이의가 있는 주민투표권자는 주민투표권자 총수의 100분의 1 이상의 서명으로 제24조제3항에 따라 주민투표결과가 공표된 날부터 14일 이내에 관할선거관리위원회 위원장을 피소청인으로 하여 시·군·구의 경우에는 시·도선거관리위원회에, 시·도의 경우에는 중앙선거관리위원회에 소청할 수 있다.

③ ✗ 비례대표 지방의회의원은 제외한다.

지방자치법 제25조【주민소환】① 주민은 그 지방자치단체의 장 및 지방의회의원(비례대표 지방의회의원은 제외한다)을 소환할 권리를 가진다.
주민소환에 관한 법률 제8조【주민소환투표의 청구제한기간】제7조제1항 내지 제3항의 규정에 불구하고, 다음 각 호의 어느 하나에 해당하는 때에는 주민소환투표의 실시를 청구할 수 없다.
1. 선출직 지방공직자의 임기개시일부터 1년이 경과하지 아니한 때

정답 ④

---

377 '18 서울 7 지방자치론

「지방자치법」상 서울특별시 주민의 권리에 대한 설명으로 옳은 것을 <보기>에서 모두 고른 것은?

ㄱ. 서울특별시장을 소환할 권리를 가진다.
ㄴ. 서울특별시 비례대표 지방의회의원을 소환할 수 없다.
ㄷ. 서울특별시와 서울특별시장의 권한에 속하는 사무의 처리가 법령에 위반되면 감사를 청구할 수 있다.
ㄹ. 서울특별시는 법률의 위임이 있어야 주민의 권리 제한 또는 의무 부과에 관한 사항이나 벌칙을 정할 수 있다.

① ㄱ
② ㄴ, ㄷ
③ ㄱ, ㄴ, ㄷ
④ ㄱ, ㄴ, ㄷ, ㄹ

출제유형 Ⅶ 법령
출제영역 우리나라 주민참여제도(종합)

ㄱ, ㄴ ◯ 지방자치법 제25조 제1항

지방자치법 제25조【주민소환】① 주민은 그 지방자치단체의 장 및 지방의회의원(비례대표 지방의회의원은 제외한다)을 소환할 권리를 가진다.

ㄷ ◯ 지방자치법 제21조 제1항

동법 제21조【주민의 감사 청구】① 지방자치단체의 18세 이상의 주민으로서 다음 각 호의 어느 하나에 해당하는 사람(「공직선거법」 제18조에 따른 선거권이 없는 사람은 제외한다. 이하 이 조에서 "18세 이상의 주민"이라 한다)은 시·도는 300명, 제198조에 따른 인구 50만 이상 대도시는 200명, 그 밖의 시·군 및 자치구는 150명 이내에서 그 지방자치단체의 조례로 정하는 수 이상의 18세 이상의 주민이 연대 서명하여 그 지방자치단체와 그 장의 권한에 속하는 사무의 처리가 법령에 위반되거나 공익을 현저히 해친다고 인정되면 시·도의 경우에는 주무부장관에게, 시·군 및 자치구의 경우에는 시·도지사에게 감사를 청구할 수 있다.

ㄹ ◯ 지방자치법 제28조 제1항

동법 제28조【조례】① 지방자치단체는 법령의 범위에서 그 사무에 관하여 조례를 제정할 수 있다. 다만, 주민의 권리 제한 또는 의무 부과에 관한 사항이나 벌칙을 정할 때에는 법률의 위임이 있어야 한다.

정답 ④

378 '16 지방 9

「지방자치법」상 우리나라 지방자치단체에 대한 설명으로 옳지 않은 것은?

① 지방자치단체인 구는 특별시와 광역시의 관할 구역 안의 구만을 말한다.
② 자치구가 아닌 구의 명칭과 구역의 변경은 그 지방자치단체의 조례로 정한다.
③ 주민은 지방자치단체와 그 장의 권한에 속하는 사무의 처리가 법령에 위반되거나 공익을 현저히 해친다고 인정되면 감사를 청구할 수 있다.
④ 주민은 그 지방자치단체의 장뿐만 아니라 지방에 속한 모든 의회의원까지도 소환할 권리를 가진다.

출제유형 Ⅶ 법령
출제영역 우리나라 주민참여제도(종합)

① ⭕ 지방자치법 제2조 제2항

> **지방자치법 제2조 【지방자치단체의 종류】** ② 지방자치단체인 구(이하 "자치구"라 한다)는 특별시와 광역시의 관할 구역의 구만을 말하며, 자치구의 자치권의 범위는 법령으로 정하는 바에 따라 시·군과 다르게 할 수 있다.

② ⭕ 지방자치법 제7조 제1항
③ ⭕ 지방자치법 제21조 제1항
④ ❌ **모든 지방의회의원이 주민소환 대상은 아니다.** 지방의회의원 중 **비례대표 지방의회의원은 제외**된다.

> **동법 제25조 【주민소환】** ① 주민은 그 지방자치단체의 장 및 지방의회의원(비례대표 지방의회의원은 제외한다)을 소환할 권리를 가진다.

↪ 2025 신용한 지방자치론 p.70, 168, 172~186   **정답** ④

---

379 '19 지방 7

다음 중 현행 법률상 허용되지 않는 것만을 모두 고르면?

> ㄱ. 비례대표 지방의회의원에 대한 주민소환
> ㄴ. 수사에 관여하게 되는 사항에 대한 주민감사청구
> ㄷ. 수수료 감면을 위한 주민의 조례 개정 청구
> ㄹ. 지방공무원의 정원에 관한 주민투표

① ㄱ, ㄷ   ② ㄱ, ㄴ, ㄹ
③ ㄴ, ㄷ, ㄹ   ④ ㄱ, ㄴ, ㄷ, ㄹ

출제유형 Ⅶ 법령
출제영역 우리나라 주민참여제도(종합)

ㄱ ⭕ 비례대표 지방의회의원은 주민소환을 할 수 없다.

> **지방자치법 제25조 【주민소환】** ① 주민은 그 지방자치단체의 장 및 지방의회의원(비례대표 지방의회의원은 제외한다)을 소환할 권리를 가진다.

ㄴ ⭕ 수사에 관여하게 되는 사항은 주민감사청구를 할 수 없다.

> **지방자치법 제21조 【주민의 감사 청구】** ② 다음 각 호의 사항은 감사 청구의 대상에서 제외한다.
> 1. 수사나 재판에 관여하게 되는 사항

ㄷ ⭕ 수수료 감면에 관한 사항은 조례 개정 청구를 할 수 없다.

> **주민조례발안에 관한 법률 제4조 【주민조례청구 제외 대상】** 다음 각 호의 사항은 주민조례청구 대상에서 제외한다.
> 2. 지방세·사용료·수수료·부담금을 부과·징수 또는 감면하는 사항

ㄹ ⭕ 지방공무원의 정원 등 신분과 보수에 관한 사항은 주민투표에 부칠 수 없다.

> **주민투표법 제7조 【주민투표의 대상】** ② 제1항에도 불구하고 다음 각 호의 어느 하나에 해당하는 사항은 주민투표에 부칠 수 없다.
> 4. 행정기구의 설치·변경에 관한 사항과 공무원의 인사·정원 등 신분과 보수에 관한 사항

↪ 2025 신용한 지방자치론 p.170~184   **정답** ④

380 '15 서울 9

우리나라 주민 직접 참여 제도에 대한 다음 설명 중 가장 옳지 않은 것은?

① 주민은 지방자치단체의 조례를 제정하거나 개정하거나 폐지할 것을 청구할 수 있다.
② 지방자치단체의 장은 주민에게 과도한 부담을 주거나 중대한 영향을 미치는 지방자치단체의 주요 결정사항 등에 대하여 주민투표에 부칠 수 있다.
③ 주민은 해당 지방자치단체와 그 장의 권한에 속하는 사무의 처리가 법령에 위반되거나 공익을 현저히 해친다고 인정되면 감사를 청구할 수 있다.
④ 주민은 그 지방자치단체의 장 및 비례대표 지방의회의원을 포함한 지방의회의원을 소환할 권리를 가진다.

출제유형 Ⅶ 법령
출제영역 우리나라 주민참여제도(종합)

① ○ 조례개폐청구제도(「지방자치법」 제19조)에 대한 설명이다.
② ○ 주민투표제도(「지방자치법」 제18조)에 대한 설명이다.
③ ○ 주민의 감사청구제도(「지방자치법」 제21조)에 대한 설명이다.
④ ✗ **주민소환의 대상은 선출직인 지방자치단체장과 지방의회의원이다. 다만, 비례대표 지방의회의원은 제외된다**(지방자치법 제25조).

> 지방자치법 제25조【주민소환】① 주민은 그 지방자치단체의 장 및 지방의회의원(비례대표 지방의회의원은 제외한다)을 소환할 권리를 가진다.

2025 신용한 지방자치론 p.172~186　　정답 ④

381 '20 서울 7 경력경쟁 지방자치론

주민참여 수단에 대한 설명으로 가장 옳지 않은 것은?

① 지방자치단체의 분담금 부과에 관한 사항은 주민투표에 부칠 수 없다.
② 주민은 지방자치단체의 장과 비례대표 지방의회의원을 포함한 지방의회의원을 소환할 권리를 가진다.
③ 다른 기관에서 감사한 사항이라도 새로운 사항이 발견되었다면 주민감사 청구의 대상이 될 수 있다.
④ 감사기간이 연장되지 않았음에도 불구하고 시·도지사가 감사청구를 수리한 날부터 60일이 지나도 감사를 끝내지 않은 경우 주민소송을 제기할 수 있다.

출제유형 Ⅶ 법령
출제영역 우리나라 주민참여제도(종합)

① ○ 주민투표법 제7조 제2항 각 호

> 주민투표법 제7조【주민투표의 대상】② 제1항에도 불구하고 다음 각 호의 어느 하나에 해당하는 사항은 주민투표에 부칠 수 없다.
> 3의2. 지방세·사용료·수수료·분담금 등 각종 공과금의 부과 또는 감면에 관한 사항

② ✗ **주민소환의 대상**에는 **비례대표 지방의회의원은 제외**된다.

> 지방자치법 제25조【주민소환】① 주민은 그 지방자치단체의 장 및 지방의회의원(비례대표 지방의회의원은 제외한다)을 소환할 권리를 가진다.

③ ○ 지방자치법 제21조 제2항 각 호

> 지방자치법 제21조【권한행사의 정지 및 권한대행】② 다음 각 호의 사항은 감사 청구의 대상에서 제외한다.
> 3. 다른 기관에서 감사하였거나 감사 중인 사항. 다만, 다른 기관에서 감사한 사항이라도 새로운 사항이 발견되거나 중요 사항이 감사에서 누락된 경우와 제22조제1항에 따라 주민소송의 대상이 되는 경우에는 그러하지 아니하다.

④ ○ 지방자치법 제22조 제1항

> 지방자치법 제22조【주민소송】① 제21조제1항에 따라 공금의 지출에 관한 사항, 재산의 취득·관리·처분에 관한 사항, 해당 지방자치단체를 당사자로 하는 매매·임차·도급 계약이나 그 밖의 계약의 체결·이행에 관한 사항 또는 지방세·사용료·수수료·과태료 등 공금의 부과·징수를 게을리한 사항을 감사 청구한 주민은 다음 각 호의 어느 하나에 해당하는 경우에 그 감사 청구한 사항과 관련이 있는 위법한 행위나 업무를 게을리한 사실에 대하여 해당 지방자치단체의 장(해당 사항의 사무처리에 관한 권한을 소속 기관의 장에게 위임한 경우에는 그 소속 기관의 장을 말한다. 이하 이 조에서 같다)을 상대방으로 하여 소송을 제기할 수 있다.
> 1. 주무부장관이나 시·도지사가 감사 청구를 수리한 날부터 60일(제21조제9항 단서에 따라 감사기간이 연장된 경우에는 연장된 기간이 끝난 날을 말한다)이 지나도 감사를 끝내지 아니한 경우

2025 신용한 지방자치론 p.172~186　　정답 ②

382 '18 지방 7 지방자치론

우리나라의 주민 참여제도에 대한 설명으로 옳지 않은 것은?

① 주민 옴부즈만제도는 현재 우리나라의 일부 자치단체에서만 실시된다.
② 주민소환제는 인적 대상에 대한 처리라는 점에서 일반적 안건에 관한 주민 결정제도인 주민투표제와는 구분된다.
③ 현행법상 주민참여예산제도를 의무적으로 실시하고 있다.
④ 주민감사청구제는 사법적 방법으로 주민의 직접 참여를 보장하는 제도이다.

383 '19 지방 9

주민참여제도에 대한 설명으로 옳지 않은 것은?

① 주민참여제도에는 주민투표, 주민소환, 주민소송 등이 있다.
② 「지방자치법」에서는 주민소송에 관한 사항을 명시하고 있다.
③ 지역구지방의회의원에 대한 주민소환투표는 당해 지방의회의원의 지역선거구를 대상으로 한다.
④ 19세 이상의 주민 중 지방자치단체가 조례를 제정하면 해당지역에 거주하는 외국인에게도 주민투표권이 부여된다.

출제유형 Ⅰ 말 바꾸기 + Ⅳ 개념 + Ⅶ 법령
출제영역 우리나라 주민참여제도(종합)

① ⭕ 주민옴부즈만제도는 부천시가 전국 지방자치단체에서 처음으로 주민의 권리와 이익을 보호하고 시정을 민주적으로 통제하기 위하여 옴부즈만제도를 설치·운영하고 있으며, 현재 우리나라의 일부 자치단체에서만 실시되고 있다.
② ⭕ 주민소환제는 주민들이 지방자치단체의 행정처분이나 결정에 심각한 문제점이 있다고 판단할 경우, 단체장과 지방의원 등을 소환하여 해직할 수 있게 하는 제도이며, 주민투표제는 지방자치단체의 주요 정책 사안에 대하여 직접 주민표결로서 결정하는 제도이다.
③ ⭕ 현행법상 주민참여예산제도를 의무적으로 실시하고 있다.

> **지방재정법 제39조【지방예산 편성 등 예산과정의 주민 참여】**
> ① 지방자치단체의 장은 대통령령으로 정하는 바에 따라 지방예산 편성 등 예산과정(「지방자치법」 제47조에 따른 지방의회의 의결사항은 제외한다. 이하 이 조에서 같다)에 주민이 참여할 수 있는 제도(이하 이 조에서 "주민참여예산제도"라 한다)를 마련하여 시행하여야 한다.

④ ❌ **주민감사청구제는** 지방자치단체와 그 장의 권한에 속하는 사무의 처리가 법령에 위반되거나 공익을 현저히 해친다고 인정되면 상급 자치단체의 장이나 중앙행정기관의 장에게 감사를 청구하는 제도로 **행정적 방법**이다. 사법적 방법으로 주민의 직접 참여를 보장하는 제도로는 주민소송 등이 있다.

🔗 2025 신용한 지방자치론 p.172~186, 200 **정답** ④

출제유형 Ⅶ 법령
출제영역 우리나라 주민참여제도(종합)

④ ❌ 지방자치단체가 조례를 제정하면 해당 지역에 거주하는 **18세 (19세 ×) 이상의 외국인에게 주민투표권**이 부여된다.

> **주민투표법 제5조【주민투표권】** ① 18세 이상의 주민 중 제6조제1항에 따른 투표인명부 작성기준일 현재 다음 각 호의 어느 하나에 해당하는 사람에게는 주민투표권이 있다. 다만, 「공직선거법」 제18조에 따라 선거권이 없는 사람에게는 주민투표권이 없다.
> 1. 그 지방자치단체의 관할 구역에 주민등록이 되어 있는 사람
> 2. 출입국관리 관계 법령에 따라 대한민국에 계속 거주할 수 있는 자격(체류자격변경허가 또는 체류기간연장허가를 통하여 계속 거주할 수 있는 경우를 포함한다)을 갖춘 외국인으로서 지방자치단체의 조례로 정한 사람

🔗 2025 신용한 지방자치론 p.172~186 **정답** ④

384   '21 국회 8

우리나라에서 채택하고 있는 주민참여제도에 대한 설명으로 옳지 않은 것은?

① 주민발안제도를 통해 주민들이 지방자치단체의 조례의 제정 및 개·폐를 지방자치단체의 의회에 청구할 수 있다.
② 지방자치단체장, 지방의회의원에 대한 주민소환제도는 임기 만료 1년 미만일 때는 청구할 수 없다.
③ 주민들이 지방자치단체의 주요 현안을 직접 결정하기 위해서 주민투표의 실시를 청구할 수 있다.
④ 지방자치단체의 재무행위가 위법하다고 인정되는 경우에 주민들은 자신의 권익에 침해가 없는 경우에도 주민소송을 청구할 수 있다.
⑤ 주민참여예산제도는 「지방재정법」상 지방자치단체의 의무이므로, 주민참여예산제도를 통해 수렴된 주민의 의견은 예산에 반영되어야만 한다.

출제유형 I 말바꾸기 + VII 법령
출제영역 주민참여제도

① ⭕ 조례개폐청구제도는 주민발안제도의 일종으로 지역주민들이 해당 지방자치단체의 의회에게 조례를 제정하거나 개정하거나 폐지할 것을 청구할 수 있는 제도이다.
② ⭕ 주민소환에 관한 법률 제8조

> **주민소환에 관한 법률 제8조【주민소환투표의 청구제한기간】** 제7조제1항 내지 제3항의 규정에 불구하고, 다음 각 호의 어느 하나에 해당하는 때에는 주민소환투표의 실시를 청구할 수 없다.
> 1. 선출직 지방공직자의 임기개시일부터 1년이 경과하지 아니한 때
> 2. 선출직 지방공직자의 임기만료일부터 1년 미만일 때
> 3. 해당선출직 지방공직자에 대한 주민소환투표를 실시한 날부터 1년 이내인 때

③ ⭕ 주민투표제도는 지방자치단체의 중요한 사안에 대하여 주민이 직접 결정권을 행사하는 제도이다.

> **지방자치법 제18조【주민투표】** ① 지방자치단체의 장은 주민에게 과도한 부담을 주거나 중대한 영향을 미치는 지방자치단체의 주요 결정사항 등에 대하여 주민투표에 부칠 수 있다.

④ ⭕ 주민소송은 재무행위와 관련한 감사청구를 한 주민이 제기하는 것으로 자치단체의 위법행위로 피해를 받지 않은 주민도 제기가 가능하다.
⑤ ❌ 주민참여예산제도는 「지방재정법」에 예산편성과정에의 주민참여 법적 근거와 절차를 규정하여 2006년 1월부터 시행되었으며, 2011년 9월부터 의무화되었으나, **주민의 의견 반영여부는 재량이다**.

> **지방재정법 제39조【지방예산 편성 등 예산과정의 주민 참여】** ① 지방자치단체의 장은 대통령령으로 정하는 바에 따라 지방예산 편성 등 예산과정(「지방자치법」 제47조에 따른 지방의회의 의결사항은 제외한다. 이하 이 조에서 같다)에 주민이 참여할 수 있는 제도(이하 이 조에서 "주민참여예산제도"라 한다)를 마련하여 시행하여야 한다.
>
> **지방재정법 시행령 제46조【지방예산 편성 등 예산과정에의 주민 참여】** ② 지방자치단체의 장은 제1항에 따라 수렴된 주민의견을 검토하고 그 결과를 예산과정에 반영할 수 있다.

정답 ⑤

385   '23 경간

주민참여제도에 대한 설명으로 옳은 것만을 모두 묶은 것은?

가. 주민은 지방자치단체의 조례를 개정하거나 폐지할 것을 청구할 수 있다.
나. 주민투표에 부쳐진 사항은 주민투표권자 총수의 4분의 1 이상의 투표와 유효투표수 과반수의 득표로 확정된다.
다. 주민의 감사청구는 사무처리가 있었던 날이나 끝난 날부터 3년이 지나면 제기할 수 없다.
라. 주민은 그 지방자치단체의 장을 포함한 모든 지방의회의원을 소환할 권리를 가진다.

① 가, 나
② 가, 다
③ 가, 나, 다
④ 가, 다, 라

출제유형 VII 법령
출제영역 우리나라 주민참여제도(종합)

가 ⭕ 지방자치법 제19조 제1항

> **지방자치법 제19조【조례의 제정과 개정·폐지 청구】** ① 주민은 지방자치단체의 조례를 제정하거나 개정하거나 폐지할 것을 청구할 수 있다.

나 ⭕ 주민투표법 제24조 제1항

> **주민투표법 제24조【주민투표결과의 확정】** ① 주민투표에 부쳐진 사항은 주민투표권자 총수의 4분의 1 이상의 투표와 유효투표수 과반수의 득표로 확정된다. 다만, 다음 각 호의 어느 하나에 해당하는 경우에는 찬성과 반대 양자를 모두 수용하지 아니하거나, 양자택일의 대상이 되는 사항 모두를 선택하지 아니하기로 확정된 것으로 본다.
> 1. 전체 투표수가 주민투표권자 총수의 4분의 1에 미달되는 경우
> 2. 주민투표에 부쳐진 사항에 관한 유효득표수가 동수인 경우

다 ⭕ 지방자치법 제21조 제3항

> **지방자치법 제21조【주민의 감사 청구】** ③ 제1항에 따른 청구는 사무처리가 있었던 날이나 끝난 날부터 3년이 지나면 제기할 수 없다.

라 ❌ 주민소환은 선출직인 지방자치단체장과 지방의원이 해당되지만, **비례대표의원은 제외**된다.

> **지방자치법 제25조【주민소환】** ① 주민은 그 지방자치단체의 장 및 지방의회의원(비례대표 지방의회의원은 제외한다)을 소환할 권리를 가진다.

정답 ③

386 ○○○　　　　　　　　　　　　　　　'16 서울 9

다음 중 주민의 직접적 지방행정 참여제도와 가장 거리가 먼 것은?

① 주민소환제도
② 주민감사청구제도
③ 주민협의회제도
④ 주민참여예산제도

출제유형 Ⅲ 내용 분류
출제영역 직접적 참여 vs 간접적 참여

①, ②, ④ ○ 주민소환제도, 주민감사청구제도, 주민참여예산제도 등은 주민의 직접적 참여방식에 해당한다.
③ ✕ 자문위원회, 주민협의회 등은 간접적 참여방식에 해당한다.

2025 신용한 지방자치론 p.185　　　　　정답 ③

387 ○○○　　　　　　　　　　　　　　　'16 경간

주민참여 제도를 직접참여와 간접참여로 나눌 때, 다음 중 유형이 다른 것은?

① 주민참여예산제
② 환경연합회
③ 주민투표제
④ 주민감사청구제

출제유형 Ⅲ 내용분류
출제영역 직접적 참여 vs 간접적 참여

② ✕ 각종 환경연합회는 자문위원회, 협의회 등과 함께 간접참여방식에 해당한다. 직접적 참여방식에는 주민감사청구, 주민투표, 주민소환제도 등이 있다.

2025 신용한 지방자치론 p.185　　　　　정답 ②

신용한 지방자치론

지방자치론은 결국 신용한입니다

PART 5

지방자치의 재정

CHAPTER

지방재정과 지방자치예산

지방자치재원

CHAPTER 1 지방재정과 지방자치예산
CHAPTER 2 지방자치재원

POINT

- 지방재정의 본질과 운영원칙 **B**
- 지방자치예산 **S**

- 지방자치재원의 구성체계 **D**
- 자주재원
  - 지방세 **C**
  - 세외수입 **S**
- 의존재원
  - 교부세 **B**
  - 보조금 **B**
  - 조정교부금 **B**
- 지방채 **B**
- 지방재정력 평가 및 문제점 **C**

CHAPTER 1 지방재정과 지방자치예산

POINT 1 지방재정의 본질과 운영원칙　B

388 □□□　'22 경간

지방재정에 대한 설명 중 가장 적절하지 않은 것은?

① 지방재정은 중앙재정에 비해 지역 주민의 복지 및 후생에 직접 관계가 있는 지출의 비중이 크다.
② 지방재정은 중앙재정에 비해 외부효과로 인해 자원배분의 비효율이 발생할 가능성이 높다.
③ 지방재정은 중앙재정에 비해 수익자부담주의(응익주의)에 입각한 재정운영이 쉽다.
④ 지방재정은 중앙재정에 비해 자원배분 기능, 소득재분배 기능, 지역경제 안정화 기능 등 더 포괄적인 기능을 수행한다.

출제유형 ┃ 말바꾸기 + Ⅳ 개념
출제영역 ┃ 지방재정 vs 국가재정

④ ✖ **국가재정**은 자원배분·소득재분배·경제안정·사회개발 기능 등 포괄적인 기능을 수행하는 반면, **지방재정**은 **주로 자원배분 기능을 중점적으로 수행**한다.

SUMMARY 국가재정 VS 지방재정

구분	주체	세입	공급	경쟁도	조세부담	기능
국가재정	단일주체	조세 의존적	주로 순수공공재	낮다	응능주의	• 포괄적 기능 • 공평성 중시
지방재정	다수의 자치단체	다양한 세입원	주로 준공공재	높다	응익주의	• 자원배분 기능 • 효율성 중시

🔗 2025 신용한 지방자치론 p.190, 191　　정답 ④

389 □□□　'17 서울 7 지방자치론

티보(Tiebout) 가설에 대한 설명으로 가장 옳지 않은 것은?

① '발에 의한 투표(voting with feet)'를 통해 지방자치단체 간 경쟁을 촉진할 수 있다고 강조한다.
② 무임승차(free rider) 문제는 정치적 수단으로 해결될 수 있다고 주장한다.
③ 적정수준의 지방자치단체가 될 때까지 주민구성의 재분류가 일어난다고 지적한다.
④ 지방공공재를 공급하는 분권화된 체제의 효율성을 통해 지방자치의 당위성을 강조한다.

출제유형 ┃ 말바꾸기
출제영역 ┃ 티부가설(Tiebout hypothesis)

① ◯ 티보(Tiebout) 가설은 발로 하는 투표에 의해서 선호표출이 이루어지기 때문에 지방자치단체 간 경쟁을 촉진할 수 있다고 강조한다.
② ✖ **티보(Tiebout) 가설은 외부효과가 존재하지 않는다고 가정하기 때문에 무임승차(free rider) 문제가 발생하지 않는다고 보며** 이는 비현실적이라는 비판을 받는다.
③ ◯ 티보(Tiebout) 가설에 의하면 적절한 규모보다 작은 지역은 더 낮은 평균비용으로 공공재를 생산할 수 있도록 새로운 거주자들을 유인하려고 하고, 적정 규모의 인구를 넘어선 지역은 더 높은 평균 비용이 발생하므로 새로운 이주자를 배척하게 되며 적정규모를 유지하는 지역은 인구를 원래대로 유지하려고 한다. 그렇기 때문에 적정수준의 지방자치단체가 될 때까지 주민구성의 재분류가 일어나게 된다.
④ ◯ 티보(Tiebout) 가설은 지방공공재는 지방정부로 구성된 분권화 체제하에서 효율적인 공급이 이루어질 수 있다고 본다.

🔗 2025 신용한 지방자치론 p.191　　정답 ②

390 '16 국가 9

티부(Tiebout) 모형의 가정(assumptions)으로 옳지 않은 것은?

① 충분히 많은 수의 지방정부가 존재한다.
② 공급되는 공공서비스는 지방정부 간에 파급효과 및 외부효과를 발생시킨다.
③ 주민들은 언제나 자유롭게 이동할 수 있다.
④ 주민들은 지방정부들의 세입과 지출 패턴에 관하여 완전히 알고 있다.

출제유형 | 말바꾸기
출제영역 | 티부가설(Tiebout hypothesis)
② ✗ 티부모형에서 **공공서비스로 인한 외부효과는 존재하지 않는 것으로 가정한다**. 즉, 한 지방정부가 제공하는 서비스는 그 지역주민에게만 영향을 미치는 것으로 본다.

> 티부가설의 기본 가정 및 전제
> 1. 완전한 정보와 시민의 완전한 이동성
> 2. 다수의 지방정부
> 3. 공공서비스로 인한 외부효과의 부존재
> 4. 단위당 평균비용의 동일(규모수익 불변)
> 5. 각 지방별 고정적 생산요소의 존재
> 6. 각 지방정부는 인구의 최적 규모 추구
> 7. 재원은 당해지역 주민들의 재산세로 충당

2025 신용한 지방자치론 p.191 정답 ②

391 '19 국가 7

티부가설(Tiebout Hypothesis)의 가정이 아닌 것은?

① 다수의 이질적인 지방정부가 존재한다.
② 주민들은 지방정부가 제공하는 서비스의 정보를 완전히 알고 있다.
③ 지방공공재는 외부효과가 존재한다.
④ 개인들은 자유롭게 다른 지역으로 이주할 수 있다.

출제유형 | 말바꾸기 + IV 개념
출제영역 | 티부가설(Tiebout hypothesis)
③ ✗ **티부가설에서는 한 지방정부가 제공하는 공공서비스는 그 지역주민에게만 영향을 미친다고 가정한다**. 즉, 외부효과가 존재하지 않는다고 가정한다.

2025 신용한 지방자치론 p.191 정답 ③

392 '18 서울 7 추가채용 행정학

분권화된 지방정부에서 발에 의한 투표(vote by feet)가 가능해지기 위한 전제조건들에 대한 설명으로 가장 옳지 않은 것은?

① 지방정부의 시민들은 그들의 선호체계에 가장 적합한 지역으로 이동하는 것이 가능하다.
② 시민들이 지방정부들의 세입 세출 형태에 관해 완전한 정보를 가지고 있어야 한다.
③ 시민들이 배당수입에 의존하여 생활해야 한다.
④ 공급되는 공공재도 외부비용과 외부효과 문제를 가지고 있을 수 있다.

출제유형 | IV 개념
출제영역 | 티부가설(Tiebout hypothesis)
④ ✗ **외부효과가 존재하지 않는다고 가정한다**. 이는 특정 지자체의 의도하지 않은 서비스공급이 인접 지자체에 긍정적 또는 부정적 파급효과를 미치지 않는다는 것을 의미한다.

2025 신용한 지방자치론 p.191 정답 ④

393 '24 지방 7 지방자치론

티부(Tiebout) 가설의 전제 조건으로 옳지 않은 것은?

① 주민이 선택할 수 있는 지방자치단체의 수는 충분히 많다.
② 주민은 이동에 아무런 제약이 없다.
③ 주민은 각 지방자치단체의 재정 정보를 완전하게 알고 있다.
④ 공공재의 공급으로 외부경제와 외부불경제가 나타난다.

출제유형 | 말바꾸기 + IV 개념
출제영역 | 티부가설(Tiebout hypothesis)
④ ✗ **티부가설에서 공공서비스로 인한 외부효과는 존재하지 않는 것으로 가정한다**. 즉, 한 지방정부가 제공하는 서비스는 그 지역주민에게만 영향을 미치는 것으로 본다.

2025 신용한 지방자치론 p.191 정답 ④

394   '19 사회복지직 9 추가채용

티부(C. M. Tiebout) 모형에서 제시한 '발로 하는 투표(vote by feet)'의 전제조건에 해당하지 않는 것은?

① 정보의 불완전성
② 다수의 지방정부
③ 고정적 생산요소의 존재
④ 배당수입에 의한 소득

출제유형 Ⅳ 개념
출제영역 티부가설(Tiebout hypothesis)

① ✗ **티부가설의 기본가정 및 전제는** 지방정부가 제공하는 서비스의 정보가 공개되고, 시민은 자신의 선호에 맞는 지방정부로 자유로운 이동이 가능하다는 **완전한 정보와 시민의 완전한 이동성이다.**
④ ○ 배당수입에 의한 소득으로 전제한 것은 시민의 자유로운 이동과 관련된다. 시민이 지방정부를 선택할 때 고용기회의 제약으로 인한 영향이 없도록, 즉 모든 주민이 배당수입에 의존한다고 가정한다.

2025 신용한 지방자치론 p.191   정답 ①

395   '18 서울 7 지방자치론

티보 가설(Tiebout hypothesis)의 내용에 대한 설명으로 가장 옳지 않은 것은?

① 지방공공재의 최적 공급규모 결정에 관한 이론이다.
② 지방정부가 합리적이고 자립적이라는 것을 전제로 한다.
③ 지방공공재 공급의 분권화가 효율적이라는 논리적 근거를 제공한다.
④ 외부효과와 규모의 경제효과가 존재하지 않는다는 것을 가정한다.

출제유형 Ⅳ 개념
출제영역 티부가설(Tiebout hypothesis)

① ✗ **티보 가설은 지방공공재의 효율적 공급 주체에 관한 이론**이다.
②, ③, ④ ○ 티보 가설(Tiebout hypothesis)은 지방공공재의 경우 발로 하는 투표에 의해서 선호표출이 이루어지기 때문에, 지방정부로 구성된 분권화체제하에서는 효율적 공급이 이루어질 수 있다고 보는 이론으로 기본적인 가정은 외부효과가 존재하지 않음, 규모의 경제효과가 존재하지 않음, 지방자치단체는 합리적이고 자립적임 등이다.

2025 신용한 지방자치론 p.191   정답 ①

396   '19 지방 7 지방자치론

티부 가설(Tiebout Hypothesis)에 대한 설명으로 옳지 않은 것은?

① 주민들은 더 나은 공공서비스를 제공하는 지역으로 이동한다고 본다.
② 외부효과의 배제, 복수의 지방정부, 완전한 정보 등을 전제조건으로 한다.
③ '복지의 자석효과'를 주장한 피터슨(Peterson)의 도시한계론의 영향을 받았다.
④ 분권적 배분체제에서는 공공재 공급이 효율적이지 못하다는 새뮤얼슨(Samuelson)의 이론을 반박한다.

출제유형 Ⅰ 말바꾸기 + Ⅳ 개념
출제영역 티부가설(Tiebout hypothesis)

①, ② ○ 티부 가설의 기본전제는 완전한 정보와 시민의 완전한 이동성, 다수의 지방정부, 외부효과의 부존재 등이다.

티부가설의 기본 가정 및 전제
1. 완전한 정보와 시민의 완전한 이동성
2. 다수의 지방정부
3. 공공서비스로 인한 외부효과의 부존재
4. 단위당 평균비용의 동일(규모수익 불변)
5. 각 지방별 고정적 생산요소의 존재
6. 각 지방정부는 인구의 최적 규모 추구
7. 재원은 당해지역 주민들의 재산세로 충당

③ ✗ 피터슨(Peterson)의 도시한계론은 서비스와 세금의 조합에 따라 주민이 자유롭게 이동하는 상황에서 지방정부가 생산적 노동과 자본의 유치와 확보에 도움이 되는 정책에 우선순위를 두는 것은 불가피하다고 보는 이론이다. 따라서, **도시한계론은 티부가설의 영향을 받았다**.
④ ○ 티부가설에서는 자립적이고 자치권을 가진 다수의 지방정부가 독자적인 판단에 의해 지방공공재를 공급하는 분권화된 체제가 효율적이라고 주장함으로써 새뮤얼슨의 이론을 반박한다.

2025 신용한 지방자치론 p.191   정답 ③

397 '20 서울 7 경력경쟁 지방자치론

티부가설(Tiebout Hypothesis)에 대한 설명으로 가장 옳지 않은 것은?

① 지방공공재의 경우 "발로하는 투표(voting with feet)"에 의해서 선호표출이 이루어지기 때문에 개인들은 자신들이 가장 좋아하는 공공서비스와 세금의 조합을 제공하는 자치단체에 위치하게 된다.
② 사람들은 공공재에 대한 수요를 적절한 자치단체를 찾아 거기서 세금을 지불함으로써 만족시킨다.
③ 티부모형의 균형에서 각 개인은 자신이 원하는 수준의 공공서비스를 받게 되며, 다른 지방자치단체로 움직인다고 해서 후생이 증가하지 않는다.
④ 개인들이 여러 지방자치단체로 옮겨 다닐 수 있는 능력이 있어서 지방공공재에 무임승차자가 양산된다.

출제유형 VI 이론 비교
출제영역 단체자치 vs 주민자치

①, ② ○ 티부가설은 다수의 지방정부가 다양한 정책을 제시하고 주민들의 지방 간 이동이 자유로운 경우 지방정부 간 경쟁의 발생과 주민들의 선호가 주민의 이동을 통해 나타나게(발로하는 투표)되면 지방공공재 공급의 적정규모가 결정될 수 있음을 설명한 이론이다. 따라서 주민들은 자신들의 선호에 의해 자신들이 가장 좋아하는 공공서비스와 세금의 조합을 제공하는 자치단체에 위치하게 되며, 공공재에 대한 수요를 적절한 자치단체를 찾아 거기서 세금을 지불함으로써 만족시킨다.
④ ✗ 티부가설에서 재원은 **재산세로 충당함을 가정**하므로, 지방공공재에 **무임승차자는 양산되지 않는다**.

2025 신용한 지방자치론 p.1191   정답 ④

398 '17 서울 7 지방자치론

다음 중 지방자치재정의 운용원칙에 관한 설명으로 옳지 않은 것은?

① 건전재정의 원칙 : 최소의 경비로써 최대의 서비스를 행할 수 있도록 그 재정을 보다 합리적이고 효율적으로 운용해야 한다.
② 장기적 재정안정의 원칙 : 예산의 집행, 정책과 사업계획 수립의 행위 등을 하고자 할 때에는 장기적인 안정이 유지되도록 하여야 한다.
③ 재정질서 유지의 원칙 : 국가 또는 다른 지방자치단체에 부당한 영향을 미치는 지방재정운용을 하여서는 안 된다.
④ 지방재정운영 조화의 원칙 : 지방재정운영에 조화되는 한도 안에서 실행해야 하고 국가시책 및 국가정책의 시행을 우선해야 한다.

출제유형 IV 개념
출제영역 지방재정의 운영원칙

① ○ 건전재정의 원칙은 ㉠ 수지에 있어 적자가 생기지 않게 할 뿐 아니라, ㉡ 지방자치단체의 세출을 지방채 이외의 재원으로 충당하고, 일시차입금을 해당 회계연도 수입으로 상환해야 하며, ㉢ 최소의 경비로써 최대의 서비스를 행할 수 있도록 운용해야 한다는 원칙이다.
② ○ 장기적 재정안정의 원칙은 재정을 장기적인 재정안정을 고려하여 운용하여야 한다는 원칙이다.
③ ○ 재정질서 유지의 원칙은 국가 또는 다른 지방자치단체에 부당한 영향을 미치는 재정 운영을 하여서는 안 된다는 원칙이다.
④ ✗ 국가시책의 구현을 위해 노력하며 재정운용을 국가정책과 조화되는 한도 안에서 하여야 한다는 것은 **국가재정준수의 원칙(지방재정운영 조화의 원칙 ✗)**이다.

2025 신용한 지방자치론 p.192, 193   정답 ④

399 '20 서울 7 경력경쟁 지방자치론

지방재정의 운영원칙에 대한 설명으로 가장 옳지 않은 것은?

① 수지균형원칙에 따라 건전하게 운영하여야 한다.
② 국가는 지방재정의 자주성과 건전한 운영을 조장하여야 한다.
③ 국가의 부담을 지방자치단체에게 전가할 수 있다.
④ 장기적인 재정안정을 고려하여 운영하여야 한다.

출제유형 | Ⅰ 말바꾸기 + Ⅳ 개념
출제영역 지방재정의 운영원칙

③ ✗ 국가는 지방재정의 자주성과 건전한 운영을 조장하여야 하며, **국가의 부담을 지방자치단체에게 전가해서는 안 된다.**

🔗 2025 신용한 지방자치론 p.192, 193 정답 ③

---

400 '18 서울 7 지방자치론

지방재정운영에 대한 설명으로 가장 옳지 않은 것은?

① 지방자치단체는 그 재정을 수지균형의 원칙에 따라 건전하게 운영하여야 한다.
② 국가는 지방재정의 자주성과 건전한 운영을 조장하여야 한다.
③ 지방자치단체가 국가시책을 달성하기 위하여 필요한 경비에 대한 국고보조율과 지방비부담률은 법령으로 정한다.
④ 지방자치단체의 특별회계는 법률로만 정할 수 있다.

출제유형 | Ⅰ 말 바꾸기 + Ⅷ 법령
출제영역 지방재정의 운영원칙

①, ② ○ 지방자치법 제137조 제1항 및 제2항

> 지방자치법 제137조 【건전재정의 운영】 ① 지방자치단체는 그 재정을 수지균형의 원칙에 따라 건전하게 운영하여야 한다.
> ② 국가는 지방재정의 자주성과 건전한 운영을 장려하여야 하며, 국가의 부담을 지방자치단체에 넘겨서는 아니 된다.

③ ○ 지방자치법 제138조 제2항

> 동법 제138조 【국가시책의 구현】 ② 제1항에 따라 국가시책을 달성하기 위하여 필요한 경비의 국고보조율과 지방비부담률은 법령으로 정한다.

④ ✗ **지방자치단체의 특별회계는 법률이나 조례로 설치할 수 있다.**

> 동법 제141조 【회계의 구분】 ② 특별회계는 법률이나 지방자치단체의 조례로 설치할 수 있다.

🔗 2025 신용한 지방자치론 p.192, 193 정답 ④

POINT 2 지방자치예산 Ⓢ

401 '16 서울 7 지방자치론

다음 중 지방자치단체의 채무 및 채권관리에 대한 설명으로 가장 옳지 않은 것은?

① 지방자치단체조합은 따로 법률로 정하는 바에 따라 지방채를 발행할 수 있다.
② 지방자치단체의 장은 공익을 위하여 필요하다고 인정하면 지방의회의 의결없이 보증채무부담행위를 할 수 있다.
③ 지방자치단체의 장은 따로 법률로 정하는 바에 따라 지방자치단체의 채무부담의 원인이 될 계약을 체결할 수 있다.
④ 지방자치단체는 조례나 계약에 의하지 아니하고는 그 채무의 이행을 지체할 수 없다.

출제유형 | Ⅳ 개념 + Ⅷ 법령
출제영역 채무부담행위

② ✗ **지방자치단체의 장은 지방의회의 의결을 받아 보증채무부담행위를 할 수 있다.**

> 지방자치법 제139조 【지방채무 및 지방채권의 관리】 ① 지방자치단체의 장이나 지방자치단체조합은 따로 법률로 정하는 바에 따라 지방채를 발행할 수 있다.
> ② 지방자치단체의 장은 따로 법률로 정하는 바에 따라 지방자치단체의 채무부담의 원인이 될 계약의 체결이나 그 밖의 행위를 할 수 있다.
> ③ 지방자치단체의 장은 공익을 위하여 필요하다고 인정하면 미리 지방의회의 의결을 받아 보증채무부담행위를 할 수 있다.
> ④ 지방자치단체는 조례나 계약에 의하지 아니하고는 채무의 이행을 지체할 수 없다.
> ⑤ 지방자치단체는 법령이나 조례의 규정에 따르거나 지방의회의 의결을 받지 아니하고는 채권에 관하여 채무를 면제하거나 그 효력을 변경할 수 없다.

🔗 2025 신용한 지방자치론 p.197 정답 ②

402

'24 서울 7 경력경쟁 지방자치론

지방채무 및 지방채권의 권리에 대한 설명으로 가장 옳지 않은 것은?

① 지방자치단체의 장이나 지방자치단체조합은 따로 법률로 정하는 바에 따라 지방채를 발행할 수 있다.
② 지방자치단체의 장은 공익을 위하여 필요하다고 인정하면 미리 지방의회의 의결을 받아 보증채무부담행위를 할 수 있다.
③ 지방자치단체는 조례나 계약에 의하지 않고 채무의 이행을 지체할 수 있다.
④ 지방자치단체는 법령이나 조례의 규정에 따르거나 지방의회의 의결을 받지 아니하고는 채권에 관하여 채무를 면제하거나 그 효력을 변경할 수 없다.

출제유형 Ⅰ 말 바꾸기 + Ⅶ 법령
출제영역 지방재정의 운영원칙

Ⅶ 법령
채무부담행위
① ◯ 지방자치법 제139조 제1항

> 지방자치법 제139조【지방채무 및 지방채권의 관리】① 지방자치단체의 장이나 지방자치단체조합은 따로 법률로 정하는 바에 따라 지방채를 발행할 수 있다.

② ◯ 지방자치법 제139조 제3항

> 동법 제139조【지방채무 및 지방채권의 관리】③ 지방자치단체의 장은 공익을 위하여 필요하다고 인정하면 미리 지방의회의 의결을 받아 보증채무부담행위를 할 수 있다.

③ ✕ 지방자치단체는 조례나 계약에 의하지 않고 채무의 이행을 **지체할 수 없다.**

> 동법 제139조【지방채무 및 지방채권의 관리】④ 지방자치단체는 조례나 계약에 의하지 아니하고는 채무의 이행을 지체할 수 없다.

④ ◯ 지방자치법 제139조 제5항

> 동법 제139조【지방채무 및 지방채권의 관리】⑤ 지방자치단체는 법령이나 조례의 규정에 따르거나 지방의회의 의결을 받지 아니하고는 채권에 관하여 채무를 면제하거나 그 효력을 변경할 수 없다.

2025 신용한 지방자치론 p.197   정답 ③

403

'15 지방 7 지방자치론

「지방재정법」상 지방자치단체의 예산에 대한 설명으로 옳지 않은 것은?

① 예산안에는 성인지 예산서가 첨부되어야 한다.
② 한 회계연도의 모든 수입을 세입으로 하고 모든 지출을 세출로 한다.
③ 지방자치단체의 장은 매년 다음 회계연도부터 5회계연도 이상의 기간에 대한 중기지방재정계획을 수립하여 지방의회에 제출하여야 한다.
④ 지방의회의 소속으로 설치하여야 하는 지방재정투자심사위원회는 다른 위원회가 그 기능을 대신할 수 없다.

출제유형 Ⅶ 법령
출제영역 우리나라 재정제도

① ◯ 지방재정법 제36조의2 제2항

> 지방재정법 제36조의2【성인지 예산서의 작성·제출】②「지방자치법」제142조에 따른 예산안에는 성인지 예산서가 첨부되어야 한다.

② ◯ 지방재정법 제34조 제1항

> 동법 제34조【예산총계주의 원칙】① 한 회계연도의 모든 수입을 세입으로 하고 모든 지출을 세출로 한다.

③ ◯ 지방재정법 제33조 제1항

> 동법 제33조【중기지방재정계획의 수립 등】① 지방자치단체의 장은 지방재정을 계획성 있게 운용하기 위하여 매년 다음 회계연도부터 5회계연도 이상의 기간에 대한 중기지방재정계획을 수립하여 예산안과 함께 지방의회에 제출하고, 회계연도 개시 30일 전까지 행정안전부장관에게 제출하여야 한다.

④ ✕ 지방자치단체의 장 소속으로 설치되는 지방재정투자심사위원회는 투자심사에 관한 학식이나 전문성을 갖춘 다른 위원회가 있는 경우 **조례로 정하는 바에 따라 지방재정투자심사위원회의 기능을 대신할 수 있다.**

> 동법 제37조의3【지방재정투자심사위원회】① 투자심사에 관한 지방자치단체의 장의 자문에 응하기 위하여 지방자치단체의 장 소속으로 지방재정투자심사위원회를 둔다. 다만, 지방재정투자심사위원회의 기능을 담당하기에 적합한 다른 위원회가 있고 그 위원회의 위원이 지방재정 또는 투자심사에 관한 학식이나 전문성을 갖춘 경우에는 조례로 정하는 바에 따라 그 위원회가 지방재정투자심사위원회의 기능을 대신할 수 있다.

2025 신용한 지방자치론 p.194~202   정답 ④

404

'19 서울 7 추가채용 지방자치론

지방자치단체의 예산에 대한 설명으로 가장 옳지 않은 것은?

① 지방자치단체의 장은 대통령령으로 정하는 바에 따라 각 정책사업 내의 예산액 범위에서 각 단위사업 또는 목의 금액을 전용(轉用)할 수 있다.
② 지방자치단체의 장은 지방의회의 예산안 심의 결과 폐지되거나 감액된 지출항목에 대해서는 예비비를 사용할 수 없다.
③ 지방자치단체의 세입예산은 그 내용의 기능별·사업별 또는 성질별로 주요항목 및 세부항목으로 구분한다.
④ 예산은 예산총칙, 세입·세출예산, 계속비, 채무부담행위 및 명시이월비(明示移越費)를 총칭한다.

405

'16 지방 7 지방자치론

지방자치단체의 예산과 결산에 대한 설명으로 옳지 않은 것은?

① 예산은 전통적으로 주민대표기관의 예산집행기관에 대한 통제의 수단으로서 발전하였다.
② 예산안의 편성권은 지방자치단체의 장에게만 있다.
③ 지방자치단체의 장은 출납 폐쇄 후 80일 이내에 결산서와 증빙서류를 작성하고 행정안전부장관이 선임한 검사위원의 검사의견서를 첨부하여 다음 연도 지방의회의 승인을 받아야 한다.
④ 지방자치단체의 장은 지방의회의 결산 승인을 받으면 5일 이내에 시·도에서는 행정안전부장관에게, 시·군 및 자치구에서는 시·도지사에게 각각 보고하고 그 내용을 고시하여야 한다.

출제유형 Ⅶ 법령
출제영역 우리나라 재정제도

① ⭕ 지방재정법 제49조 제1항

> 지방재정법 제49조 【예산의 전용】 ① 지방자치단체의 장은 대통령령으로 정하는 바에 따라 각 정책사업 내의 예산액 범위에서 각 단위사업 또는 목의 금액을 전용(轉用)할 수 있다.

② ⭕ 지방재정법 제43조 제3항

> 동법 제43조 【예비비】 ③ 지방자치단체의 장은 지방의회의 예산안 심의 결과 폐지되거나 감액된 지출항목에 대해서는 예비비를 사용할 수 없다.

③ ❌ 지방자치단체의 세입예산은 그 내용의 성질과 기능을 고려하여 장(章)·관(款)·항(項)으로 구분한다. 그 내용의 기능별·사업별 또는 성질별로 주요항목 및 세부항목으로 구분하는 것은 세출예산이다.

> 동법 제41조 【예산의 과목 구분】 ① 지방자치단체의 세입예산은 그 내용의 성질과 기능을 고려하여 장(章)·관(款)·항(項)으로 구분한다.
> ② 지방자치단체의 세출예산은 그 내용의 기능별·사업별 또는 성질별로 주요항목 및 세부항목으로 구분한다. 이 경우 주요항목은 분야·부문·정책사업으로 구분하고, 세부항목은 단위사업·세부사업·목으로 구분한다.

④ ⭕ 지방재정법 제40조 제1항

> 동법 제40조 【예산의 내용】 ① 예산은 예산총칙, 세입·세출예산, 계속비, 채무부담행위 및 명시이월비(明示移越費)를 총칭한다.

정답 ③

출제유형 Ⅶ 법령
출제영역 우리나라 재정제도

③ ❌ 지방자치단체의 장은 출납 폐쇄 후 80일 이내에 결산서와 증빙서류를 작성하고 지방의회(행정안전부장관 ×)가 선임한 검사위원의 검사의견서를 첨부하여 다음 연도 지방의회의 승인을 받아야 한다.

> 지방자치법 제150조 【결산】 ① 지방자치단체의 장은 출납 폐쇄 후 80일 이내에 결산서와 증명서류를 작성하고 지방의회가 선임한 검사위원의 검사의견서를 첨부하여 다음 해 지방의회의 승인을 받아야 한다. 결산의 심사 결과 위법하거나 부당한 사항이 있는 경우에 지방의회는 본회의 의결 후 지방자치단체 또는 해당 기관에 변상 및 징계 조치 등 그 시정을 요구하고, 지방자치단체 또는 해당 기관은 시정 요구를 받은 사항을 지체 없이 처리하여 그 결과를 지방의회에 보고하여야 한다.

정답 ③

406

「지방자치법」상 지방자치단체의 예산과 결산에 대한 설명으로 가장 옳지 않은 것은?

① 지방자치단체의 회계연도는 매년 1월 1일에 시작하여 그 해 12월 31일에 끝난다.
② 시·도, 시·군 및 자치구의 지방자치단체의 장은 회계연도마다 예산안을 편성하여 회계연도 시작 50일전까지 지방의회에 제출하여야 한다.
③ 지방의회는 지방자치단체의 장의 동의 없이 지출예산 각 항의 금액을 증가시키거나 새로운 비용항목을 설치할 수 없다.
④ 지방의회는 새로운 재정부담이 따르는 조례나 안건을 의결하려면 미리 지방자치단체의 장의 의견을 들어야 한다.

출제유형 Ⅶ 법령
출제영역 지방자치단체의 예산과정

① ○ 지방자치법 제140조
> 지방자치법 제140조【회계연도】지방자치단체의 회계연도는 매년 1월 1일에 시작하여 그 해 12월 31일에 끝난다.

② ✕ 지방자치단체의 장은 회계연도마다 예산안을 편성하여 **시·도는 회계연도 시작 50일 전까지, 시·군 및 자치구는 회계연도 시작 40일 전까지 지방의회에 제출**하여야 한다
> 동법 제142조【예산의 편성 및 의결】① 지방자치단체의 장은 회계연도마다 예산안을 편성하여 시·도는 회계연도 시작 50일 전까지, 시·군 및 자치구는 회계연도 시작 40일 전까지 지방의회에 제출하여야 한다.

③ ○ 지방자치법 제142조 제3항
> 동법 제142조【예산의 편성 및 의결】③ 지방의회는 지방자치단체의 장의 동의 없이 지출예산 각 항의 금액을 증가시키거나 새로운 비용항목을 설치할 수 없다.

④ ○ 지방자치법 제148조
> 동법 제148조【재정부담이 따르는 조례 제정 등】지방의회는 새로운 재정부담이 따르는 조례나 안건을 의결하려면 미리 지방자치단체의 장의 의견을 들어야 한다.

정답 ②

407

「지방재정법」상 지방자치단체의 예산에 대한 설명으로 옳지 않은 것은?

① 지방자치단체의 장은 지방의회의 예산안 심의 결과 폐지되거나 감액된 지출항목에 대해서는 예비비를 사용할 수 없다.
② 계속비로 지출할 수 있는 연한(年限)은 그 회계연도부터 5년 이내로 하지만 필요하다고 인정될 때에는 지방의회의 의결을 거쳐 다시 그 연한을 연장할 수 있다.
③ 지방자치단체는 예산이 여성과 남성에게 미치는 효과를 평가하고, 그 결과를 지방자치단체의 예산에 반영하기 위하여 노력하여야 한다.
④ 지방자치단체의 장은 지방자치단체의 기구·직제 또는 정원에 관한 법령이나 조례의 제정·개정 또는 폐지로 인하여 관계 기관 사이의 직무권한이 변동되었을 때는 지방의회의 의결을 거쳐 그 예산을 상호 이체(移替)하여야 한다.

출제유형 Ⅶ 법령
출제영역 우리나라 재정제도

① ○ 지방재정법 제43조 제3항
> 지방재정법 제43조【예비비】③ 지방자치단체의 장은 지방의회의 예산안 심의 결과 폐지되거나 감액된 지출항목에 대해서는 예비비를 사용할 수 없다.

② ○ 지방재정법 제42조 제2항
> 동법 제42조【계속비 등】② 제1항에 따라 계속비로 지출할 수 있는 연한(年限)은 그 회계연도부터 5년 이내로 한다. 다만, 필요하다고 인정될 때에는 지방의회의 의결을 거쳐 다시 그 연한을 연장할 수 있다.

③ ○ 지방재정법 제3조 제2항
> 동법 제3조【지방재정 운용의 기본원칙】② 지방자치단체는 예산이 여성과 남성에게 미치는 효과를 평가하고, 그 결과를 지방자치단체의 예산에 반영하기 위하여 노력하여야 한다.

④ ✕ 예산을 이체할 때, 지방의회의 의결을 거치는 것은 아니다.
> 동법 제47조의2【예산의 이용·이체】② 지방자치단체의 장은 지방자치단체의 기구·직제 또는 정원에 관한 법령이나 조례의 제정·개정 또는 폐지로 인하여 관계 기관 사이에 직무권한이나 그 밖의 사항이 변동되었을 때에는 그 예산을 상호 이체(移替)할 수 있다. 이 경우 지방자치단체의 장은 분기별로 분기만료일이 속하는 달의 다음 달 말일까지 그 내역을 지방의회에 제출하여야 한다.

정답 ④

408

'23 지방 7 지방자치론

「지방재정법」상 정부 회계의 운영 방법에 대한 설명으로 옳지 않은 것은?

① 목적세에 따른 세입·세출은 다른 법률에 특별한 규정이 있는 경우를 제외하고는 특별회계를 설치·운용하여야 한다.

② 지방자치단체의 장은 기금운용계획과는 별개로 회계·기금 간의 여유 재원을 예탁하여 통합적으로 활용할 수 있고, 이 경우 통합재정안정화기금의 통합 계정으로 운용할 수 있다.

③ 법률에 따라 의무적으로 설치·운용되는 특별회계를 제외하고, 지방자치단체가 특별회계를 설치하려면 5년 이내의 범위에서 특별회계의 존속기한을 해당 조례에 명시하여야 한다.

④ 법률에 따라 의무적으로 설치·운용되는 특별회계를 제외하고, 지방자치단체의 장은 특별회계를 신설하거나 그 존속기한을 연장하려면 해당 조례안을 입법예고하기 전에 지방재정계획심의위원회의 심의를 거쳐야 한다.

출제유형 Ⅶ 법령
출제영역 우리나라 재정제도

① ○ 지방재정법 제9조 제2항 단서

> 지방재정법 제9조 【회계의 구분】② 특별회계는 「지방공기업법」에 따른 지방직영기업이나 그 밖의 특정사업을 운영할 때 또는 특정자금이나 특정세입·세출로서 일반세입·세출과 구분하여 회계처리할 필요가 있을 때에만 법률이나 조례로 설치할 수 있다. 다만, 목적세에 따른 세입·세출은 다른 법률에 특별한 규정이 있는 경우를 제외하고는 특별회계를 설치·운용하여야 한다.

② 지방자치단체의 장은 **기금운용계획에 반영**하여 회계·기금 간의 여유 재원을 예탁하여 통합적으로 활용할 수 있는데 이 경우 통합재정안정화기금의 통합 계정으로 운용하여야 한다.

> 동법 제9조의2 【회계·기금 간 여유재원의 예수·예탁】① 지방자치단체의 장은 재정의 효율적 운용을 위하여 필요한 경우에는 다른 법률 또는 조례에도 불구하고 회계 및 기금의 목적 수행에 지장을 초래하지 아니하는 범위에서 회계와 기금 간, 회계 상호 간 그리고 기금 상호 간에 여유재원 또는 기금 예치금을 예탁하거나 예수하여 통합적으로 활용할 수 있다. 이 경우 그 내용을 예산 또는 기금운용계획에 반영하여야 한다.
> ② 제1항에 따른 여유재원의 예탁 및 예수와 기금 예치금의 예탁 및 예수는 「지방자치단체 기금관리기본법」 제16조에 따른 통합재정안정화기금의 통합 계정으로 운용하여야 한다.

③ ○ 지방재정법 제9조 제3항

> 동법 제9조 【회계의 구분】③ 지방자치단체가 특별회계를 설치하려면 5년 이내의 범위에서 특별회계의 존속기한을 해당 조례에 명시하여야 한다. 다만, 법률에 따라 의무적으로 설치·운용되는 특별회계는 그러하지 아니하다.

④ ○ 지방재정법 제9조 제4항

> 동법 제9조 【회계의 구분】④ 지방자치단체의 장은 특별회계를 신설하거나 그 존속기한을 연장하려면 해당 조례안을 입법예고하기 전에 제33조제9항에 따른 지방재정계획심의위원회의 심의를 거쳐야 한다. 다만, 법률에 따라 의무적으로 설치·운용되는 특별회계는 그러하지 아니하다.

2025 신용한 지방자치론 p.194 **정답** ②

409

'19 서울 7 지방자치론

지방의회의 의결을 통과하기 전에 일부 변경하여 제출하는 예산을 뜻하는 것은?

① 가예산
② 잠정예산
③ 추가경정예산
④ 수정예산

출제유형 Ⅳ 개념
출제영역 지방자치단체의 예산구조

④ ○ 예산안의 의회제출 후 부득이한 사유로 그 내용의 일부를 수정하여 다시 제출되는 예산은 수정예산이다.

> 지방자치법 제142조 【예산의 편성 및 의결】④ 지방자치단체의 장은 제1항의 예산안을 제출한 후 부득이한 사유로 그 내용의 일부를 수정하려면 수정예산안을 작성하여 지방의회에 다시 제출할 수 있다.

2025 신용한 지방자치론 p.195 **정답** ④

410 '22 서울 7 경력경쟁 지방자치론

「지방자치법」상 지방자치단체의 예산에 대한 설명으로 가장 옳지 않은 것은?

① 지방의회는 새로운 재정부담이 따르는 안건을 의결한 후에는 지방자치단체의 장의 의견을 들어야 한다.
② 지방자치단체의 장은 추가경정예산안을 편성하여 지방의회의 의결을 받아야 한다.
③ 지방자치단체의 장은 계속비에 대해 지방의회의 의결을 받아야 한다.
④ 예비비의 지출은 다음 해 지방의회의 승인을 받아야 한다.

출제유형 Ⅶ 법령
출제영역 우리나라 재정제도

① ✗ 지방의회는 새로운 재정부담이 따르는 조례나 안건을 **의결하려면** (의결한 후 ✗) 지방자치단체의 장의 의견을 들어야 한다.

> 지방자치법 제148조【재정부담이 따르는 조례 제정 등】지방의회는 새로운 재정부담이 따르는 조례나 안건을 의결하려면 미리 지방자치단체의 장의 의견을 들어야 한다.

② ○ 지방자치법 제145조 제1항

> 동법 제145조【추가경정예산】① 지방자치단체의 장은 예산을 변경할 필요가 있으면 추가경정예산안을 편성하여 지방의회의 의결을 받아야 한다.

③ ○ 지방자치법 제143조

> 동법 제143조【계속비】지방자치단체의 장은 한 회계연도를 넘어 계속하여 경비를 지출할 필요가 있으면 그 총액과 연도별 금액을 정하여 계속비로서 지방의회의 의결을 받아야 한다.

④ ○ 지방자치법 제144조 제2항

> 동법 제144조【예비비】① 지방자치단체는 예측할 수 없는 예산 외의 지출이나 예산초과지출에 충당하기 위하여 세입·세출예산에 예비비를 계상하여야 한다.
> ② 예비비의 지출은 다음 해 지방의회의 승인을 받아야 한다.

정답 ①

411 '18 국가 7

「국가재정법」 및 「지방자치법」상 정부와 지방자치단체의 장은 국회와 지방의회에 회계연도 개시 며칠 전까지 예산안을 제출해야 하는가?

	정부	광역지방자치단체	기초지방자치단체
①	90일	40일	30일
②	90일	50일	30일
③	120일	50일	40일
④	130일	50일	30일

출제유형 Ⅶ 법령
출제영역 지방자치단체의 예산과정

③ ○ 국가재정제도는 회계연도 120일 전까지 예산안을 제출해야하고 지방재정제도의 경우 광역단체는 50일 전, 기초단체는 40일 전까지 예산안을 제출해야 한다.

> 국가재정법 제33조【예산안의 국회제출】정부는 제32조의 규정에 따라 대통령의 승인을 얻은 예산안을 회계연도 개시 120일 전까지 국회에 제출하여야 한다.
>
> 지방자치법 제142조【예산의 편성 및 의결】① 지방자치단체의 장은 회계연도마다 예산안을 편성하여 시·도는 회계연도 시작 50일 전까지, 시·군 및 자치구는 회계연도 시작 40일 전까지 지방의회에 제출하여야 한다.

SUMMARY 예산의 편성

구분	편성	심의
중앙	120일전	30일전
광역	50일전	15일전
기초	40일전	10일전

정답 ③

412

'17 서울 7 지방자치론

다음 중 「지방자치법」상 예산의 편성 및 의결에 관한 설명으로 옳지 않은 것은?

① 시·도의 지방자치단체의 장은 각 회계연도마다 예산안을 편성하여 회계연도 시작 50일 전까지 지방의회에 제출하여야 한다.
② 지방의회는 지방자치단체의 장의 동의 없이 지출예산 각 항의 금액을 증가하거나 새로운 비용항목을 설치할 수 없다.
③ 시·도의회에서는 회계연도 시작 1개월 전까지, 시·군 및 자치구의회에서는 회계연도 시작 15일 전까지 의결하여야 한다.
④ 지방자치단체의 장은 예산안을 제출한 후 부득이한 사유로 그 내용의 일부를 수정하려면 수정예산안을 작성하여 다시 지방의회에 제출할 수 있다.

출제유형 Ⅶ 법령
출제영역 지방자치단체의 예산과정

①, ②, ④ ⭕, ③ ❌ 시·도의회에서는 **회계연도 시작 15일(1개월 ✕) 전까지, 시·군 및 자치구의회는 회계연도 시작 10일(15일 ✕) 전까지 의결하여야 한다.**

> 지방자치법 제142조 【예산의 편성 및 의결】 ① 지방자치단체의 장은 회계연도마다 예산안을 편성하여 시·도는 회계연도 시작 50일 전까지, 시·군 및 자치구는 회계연도 시작 40일 전까지 지방의회에 제출하여야 한다.
> ② 시·도의회는 제1항의 예산안을 회계연도 시작 15일 전까지, 시·군 및 자치구의회는 회계연도 시작 10일 전까지 의결하여야 한다.
> ③ 지방의회는 지방자치단체의 장의 동의 없이 지출예산 각 항의 금액을 증가시키거나 새로운 비용항목을 설치할 수 없다.
> ④ 지방자치단체의 장은 제1항의 예산안을 제출한 후 부득이한 사유로 그 내용의 일부를 수정하려면 수정예산안을 작성하여 지방의회에 다시 제출할 수 있다.

2025 신용한 지방자치론 p.198~200 **정답** ③

413

'23 지방 7 지방자치론

지방예산 편성 및 의결에 대한 설명으로 옳지 않은 것은?

① 지방자치단체의 장이 예산을 편성할 때에는 중기지방재정계획과 투자심사 결과를 기초로 하여야 한다.
② 지방의회는 지방자치단체의 장의 동의가 없더라도 지출예산 각 항의 금액을 증가시키거나 새로운 비용 항목을 설치할 수 있다.
③ 지방의회는 시·도의 경우 회계연도 시작 15일 전까지, 시·군·자치구는 회계연도 시작 10일 전까지 예산안을 의결하여야 한다.
④ 지방자치단체의 장은 회계연도마다 예산안을 편성하여 시·도는 회계연도 시작 50일 전까지, 시·군·자치구는 회계연도 시작 40일 전까지 지방의회에 제출하여야 한다.

출제유형 Ⅶ 법령
출제영역 우리나라 재정제도

① ⭕ 지방재정법 제36조 4항

> 지방재정법 제36조 【예산의 편성】 ④ 지방자치단체의 장이 예산을 편성할 때에는 제33조에 따른 중기지방재정계획과 제37조에 따른 투자심사 결과를 기초로 하여야 한다.

② ❌ 지방의회는 **지방자치단체의 장의 동의 없이 지출예산 각 항의 금액을 증가시키거나 새로운 비용항목을 설치할 수 없다.**

> 지방자치법 제142조 【예산의 편성 및 의결】 ③ 지방의회는 지방자치단체의 장의 동의 없이 지출예산 각 항의 금액을 증가시키거나 새로운 비용항목을 설치할 수 없다.

③ ⭕ 지방자치법 제142조 제2항

> 지방자치법 제142조 【예산의 편성 및 의결】 ② 시·도의회는 제1항의 예산안을 회계연도 시작 15일 전까지, 시·군 및 자치구의회는 회계연도 시작 10일 전까지 의결하여야 한다.

④ ⭕ 지방자치법 제142조 제1항

> 지방자치법 제142조 【예산의 편성 및 의결】 ① 지방자치단체의 장은 회계연도마다 예산안을 편성하여 시·도는 회계연도 시작 50일 전까지, 시·군 및 자치구는 회계연도 시작 40일 전까지 지방의회에 제출하여야 한다.

2025 신용한 지방자치론 p.198~200 **정답** ②

414

'19 서울 7 지방자치론

지방자치단체의 재정운영 원칙에 대한 설명으로 가장 옳지 않은 것은?

① 지방자치단체는 예산이 여성과 남성에게 미치는 효과를 평가하고, 그 결과를 예산에 반영하기 위하여 노력하여야 한다.
② 지방자치단체조합의 장이 발행한 지방채에 대해서는 그 상환과 이자 지급에 관하여 조합과 그 구성원인 지방자치단체가 연대책임을 진다.
③ 목적세에 따른 세입·세출은 다른 법률에 규정이 있는 경우를 포함하여 특별회계를 설치·운용하여야 한다.
④ 지방의회는 지방자치단체장의 동의 없이 새로운 비용항목을 설치할 수 없다.

출제유형 Ⅵ 제도 비교 + Ⅶ 법령
출제영역 예산과정(종합)

① ○ 지방자치단체는 성인지 예산서를 작성하여야 하며, 예산안에 첨부해야 한다.

> 지방재정법 제36조의2 【성인지 예산서의 작성·제출】 ① 지방자치단체의 장은 예산이 여성과 남성에게 미칠 영향을 미리 분석한 보고서[이하 "성인지 예산서"(性認知 豫算書)라 한다]를 작성하여야 한다.
> ② 「지방자치법」 제142조에 따른 예산안에는 성인지 예산서가 첨부되어야 한다.

② ○ 지방재정법 제11조 제5항

> 지방재정법 제11조 【지방채의 발행】 ④ 「지방자치법」 제176조에 따른 지방자치단체조합(이하 "조합"이라 한다)의 장은 그 조합의 투자사업과 긴급한 재난복구 등을 위한 경비를 조달할 필요가 있을 때 또는 투자사업이나 재난복구사업을 지원할 목적으로 지방자치단체에 대부할 필요가 있을 때에는 지방채를 발행할 수 있다. 이 경우 행정안전부장관의 승인을 받은 범위에서 조합의 구성원인 각 지방자치단체 지방의회의 의결을 얻어야 한다.
> ⑤ 제4항에 따라 발행한 지방채에 대하여는 조합과 그 구성원인 지방자치단체가 그 상환과 이자의 지급에 관하여 연대책임을 진다.

③ ✕ 목적세에 따른 세입·세출은 다른 법률에 특별한 규정이 있는 경우를 제외하고는 특별회계를 설치·운용하여야 한다.

> 지방재정법 제9조 【회계의 구분】 ② 특별회계는 「지방공기업법」에 따른 지방직영기업이나 그 밖의 특정사업을 운영할 때 또는 특정자금이나 특정세입·세출로서 일반세입·세출과 구분하여 회계처리할 필요가 있을 때에만 법률이나 조례로 설치할 수 있다. 다만, 목적세에 따른 세입·세출은 다른 법률에 특별한 규정이 있는 경우를 제외하고는 특별회계를 설치·운용하여야 한다.

④ ○ 지방자치법 제142조 제3항

> 지방자치법 제142조 【예산의 편성 및 의결】 ③ 지방의회는 지방자치단체의 장의 동의 없이 지출예산 각 항의 금액을 증가시키거나 새로운 비용항목을 설치할 수 없다.

정답 ③

415

'15 지방 7 지방자치론

「지방재정법」상 지방예산 과정에서 주민 참여와 감시에 대한 설명으로 옳지 않은 것은?

① 지방자치단체의 장은 대통령령으로 정하는 바에 따라 지방예산 편성 과정에 주민이 참여할 수 있는 절차를 마련하여 시행하여야 한다.
② 지방자치단체의 장은 행정안전부장관과 협의하여 주민참여예산제도의 운영에 대한 평가를 실시하여야 한다.
③ 지방자치단체의 예산절약 또는 수입증대와 관련한 의견이 있는 자는 해당 지방자치단체의 장에게 그 의견을 제안할 수 있다.
④ 지방자치단체의 장은 지방예산 편성 과정에 참여한 주민의 의견을 수렴하여 그 의견서를 지방의회에 제출하는 예산안에 첨부하여야 한다.

출제유형 Ⅶ 법령
출제영역 주민참여예산제

① ○ 지방재정법 제39조 제1항

> 지방재정법 제39조 【지방예산 편성 등 예산과정의 주민 참여】 ① 지방자치단체의 장은 대통령령으로 정하는 바에 따라 지방예산 편성 등 예산과정(「지방자치법」 제47조에 따른 지방의회의 의결사항은 제외한다. 이하 이 조에서 같다)에 주민이 참여할 수 있는 제도(이하 이 조에서 "주민참여예산제도"라 한다)를 마련하여 시행하여야 한다.

② ✕ 지방재정법 제39조 제4항

> 동법 제39조 【지방예산 편성 등 예산과정의 주민 참여】 ④ 행정안전부장관은 지방자치단체의 재정적·지역적 여건 등을 고려하여 대통령령으로 정하는 바에 따라 지방자치단체별 주민참여예산제도의 운영에 대하여 평가를 실시할 수 있다.

③ ○ 지방재정법 제48조의2 제2항

> 동법 제48조의2 【예산·기금의 불법지출·낭비에 대한 주민감시】 ② 지방자치단체의 예산절약 또는 수입증대와 관련한 의견이 있는 자는 해당 지방자치단체의 장 또는 기금관리주체에게 그 의견을 제안할 수 있다.

④ ○ 지방재정법 제39조 제3항

> 동법 제39조 【지방예산 편성 등 예산과정의 주민 참여】 ③ 지방자치단체의 장은 주민참여예산제도를 통하여 수렴한 주민의 의견서를 지방의회에 제출하는 예산안에 첨부하여야 한다.

정답 ②

416 '16 서울 7 지방자치론

주민참여예산제에 대한 설명으로 옳은 것을 모두 고른 것은?

ㄱ. 예산과정의 투명성 및 공정성을 제고할 수 있다.
ㄴ. 중앙 정부의 입법에 의해 처음 지방자치단체에서 실시되었다.
ㄷ. 주민의 참여 절차는 「지방자치법」에 규정되어 있다.
ㄹ. 지방의회의 예산심의권과 충돌할 수 있다.

① ㄱ, ㄷ　　② ㄱ, ㄹ
③ ㄴ, ㄹ　　④ ㄷ, ㄹ

출제유형 Ⅳ 개념
출제영역 주민참여예산제

ㄱ 〇 주민참여예산제도는 예산의 투명성과 공정성을 높이고 예산에 대한 시민사회의 지지를 획득할 수 있다.
ㄴ ✕ 우리나라의 주민참여예산제도는 기초자치단체인 광주광역시 북구에서 2004년에 처음 도입한 후 「지방재정법」에 주민참여의 법적 근거와 절차를 규정하였다.
ㄷ ✕ 주민의 참여 절차는 「지방재정법」에 규정되어 있다.
ㄹ 〇 주민참여예산제도는 주민이 예산 편성과정에 직접적으로 참여하는 제도이다. 그러나, 주민의 의사결정권을 간접적으로 행사하는 의회의 예산심의 결과와 다를 경우 직접적인 의사(주민)와 간접적인 의사(의회)가 충돌 할 수 있다.

2025 신용한 지방자치론 p.200, 201　　**정답** ②

417 '18 교행 9

주민참여예산제도에 관한 설명으로 옳은 것을 <보기>에서 모두 고른 것은?

| 보기 |
ㄱ. 주민참여예산제도는 재정민주주의를 구현하는 제도이다.
ㄴ. 브라질의 포르투 알레그레(Porto Alegre)시는 주민참여예산제도를 가장 먼저 실시한 도시이다.
ㄷ. 우리나라의 주민참여예산제도는 「지방재정법」에 의하여 지방자치단체가 의무적으로 시행하도록 하고 있다.
ㄹ. 우리나라의 주민참여예산제도에 의하면 수렴된 주민의 의견서를 지방의회에 제출하는 예산안에 첨부하지 않도록 하고 있다.

① ㄱ, ㄴ　　② ㄷ, ㄹ
③ ㄱ, ㄴ, ㄷ　　④ ㄱ, ㄷ, ㄹ

출제유형 Ⅳ 개념 + Ⅶ 법령
출제영역 주민참여예산제

ㄱ, ㄴ 〇 주민참여예산제도는 재정민주주의를 구현하는 제도로 브라질의 포르투 알레그리(Porto Alegre)시에서 1989년 세계 최초로 시행되었다.
ㄷ 〇, ㄹ ✕ 지방재정법 제39조 제1항 및 제3항

지방재정법 제39조【지방예산 편성 등 예산과정의 주민 참여】
① 지방자치단체의 장은 대통령령으로 정하는 바에 따라 지방예산 편성 등 예산과정(「지방자치법」 제47조에 따른 지방의회의 의결사항은 제외한다. 이하 이 조에서 같다)에 주민이 참여할 수 있는 제도(이하 이 조에서 "주민참여예산제도"라 한다)를 마련하여 시행하여야 한다.
③ 지방자치단체의 장은 주민참여예산제도를 통하여 수렴한 주민의 의견서를 지방의회에 제출하는 예산안에 첨부하여야 한다.

2025 신용한 지방자치론 p.200, 201　　**정답** ③

418 '20 지방 7 지방자치론

주민참여예산제도에 대한 설명으로 옳지 않은 것은?

① 행정안전부장관은 지방자치단체의 재정적·지역적 여건 등을 고려하여 대통령령으로 정하는 바에 따라 지방자치단체별 주민참여예산제도의 운영에 대하여 평가를 실시할 수 있다.
② 임의규정으로 강제력은 없으나, 지방의회의 예산심의기능을 강화시킬 수 있다.
③ 지방자치단체의 장은 주민참여예산제도를 통하여 수렴한 주민의 의견서를 지방의회에 제출하는 예산안에 첨부하여야 한다.
④ 광주광역시 북구는 전국 최초로 주민참여예산제도를 도입하였다.

출제유형 Ⅶ 법령
출제영역 주민참여예산제

① ⭕ 지방재정법 제39조 제4항

> 지방재정법 제39조 【지방예산 편성 등 예산과정의 주민 참여】
> ④ 행정안전부장관은 지방자치단체의 재정적·지역적 여건 등을 고려하여 대통령령으로 정하는 바에 따라 지방자치단체별 주민참여예산제도의 운영에 대하여 평가를 실시할 수 있다.

② ❌ 주민참여예산제도의 시행은 임의규정이 아닌 강제규정(의무화)이며, 예산제도에 주민이 직접 참여하는 경우 지방의회의 예산심의권과 충돌할 수 있는 문제점이 있다.

> 동법 제39조 【지방예산 편성 등 예산과정의 주민 참여】 ① 지방자치단체의 장은 대통령령으로 정하는 바에 따라 지방예산 편성 등 예산과정(「지방자치법」 제47조에 따른 지방의회의 의결사항은 제외한다. 이하 이 조에서 같다)에 주민이 참여할 수 있는 제도(이하 이 조에서 "주민참여예산제도"라 한다)를 마련하여 시행하여야 한다.

③ ⭕ 지방재정법 제39조 제3항

> 동법 제39조 【지방예산 편성 등 예산과정의 주민 참여】 ③ 지방자치단체의 장은 주민참여예산제도를 통하여 수렴한 주민의 의견서를 지방의회에 제출하는 예산안에 첨부하여야 한다.

④ ⭕ 우리나라는 기초자치단체인 광주광역시 북구에서 2004년 참여예산제도를 처음 도입했으며, 이후 「지방재정법」에 예산편성과정에의 주민참여 법적 근거와 절차를 규정하여 2006년 1월부터 시행되었다. 이후 2011년 9월부터 의무화되었다.

2025 신용한 지방자치론 p.200, 201 **정답** ②

419 '19 지방 7

주민참여예산제도에 대한 설명으로 옳지 않은 것은?

① 지방자치단체의 장은 주민참여예산제도를 통하여 수렴한 주민의 의견서를 지방의회에 제출하는 예산안에 첨부하여야 한다.
② 주민참여예산기구의 구성·운영과 그 밖에 필요한 사항은 해당 지방자치단체의 조례로 정한다.
③ 2011년 「지방자치법」의 개정으로 모든 지방자치단체가 의무적으로 이행해야 하는 제도가 되었다.
④ 행정안전부장관은 지방자치단체의 재정적 여건을 고려하여 지방자치단체별 주민참여예산제도의 운영을 평가할 수 있다.

출제유형 Ⅶ 법령
출제영역 주민참여예산제

① ⭕ 지방재정법 제39조 제3항

> 지방재정법 제39조 【지방예산 편성 등 예산과정의 주민 참여】
> ③ 지방자치단체의 장은 주민참여예산제도를 통하여 수렴한 주민의 의견서를 지방의회에 제출하는 예산안에 첨부하여야 한다.

② ⭕ 지방재정법 제39조 제5항

> 동법 제39조 【지방예산 편성 등 예산과정의 주민 참여】 ⑤ 주민참여예산기구의 구성·운영과 그 밖에 필요한 사항은 해당 지방자치단체의 조례로 정한다.

③ ❌ 2011년 9월 「지방재정법」 개정으로 주민참여예산제도는 의무화되었다.

④ ⭕ 지방재정법 제39조 제4항

> 동법 제39조 【지방예산 편성 등 예산과정의 주민 참여】 ④ 행정안전부장관은 지방자치단체의 재정적·지역적 여건 등을 고려하여 대통령령으로 정하는 바에 따라 지방자치단체별 주민참여예산제도의 운영에 대하여 평가를 실시할 수 있다.

2025 신용한 지방자치론 p.200, 201 **정답** ③

420　'18 국가 7

참여예산제도에 대한 설명으로 옳지 않은 것은?

① 브라질의 포르투 알레그리(Porto Alegre)시는 참여예산제도를 도입한 대표적인 사례다.
② 예산과정에서의 시민참여는 중앙정부와 지방정부 모두 가능하지만, 참여예산제는 주로 지방정부를 대상으로 시행된다.
③ 참여예산제는 과정적 측면보다는 결과적 측면의 이념을 지향한다.
④ 예산 과정의 단계별로 볼 때 예산편성 단계에서의 참여에 초점을 둔다.

출제유형 Ⅰ 말 바꾸기 + Ⅳ 개념
출제영역 주민참여예산제

① ◯ 참여예산제는 브라질의 포르투 알레그리(Porto Alegre)시에서 1989년 세계 최초로 시행되었다.
② ◯ 참여예산제도는 우리나라의 경우도 참여범위의 한계로 주로 지방정부를 대상으로 논의되었으나 최근 중앙정부로까지 확대되었다.
③ ✗, ④ ◯ **참여예산제는** 예산편성단계에 주민이 참여하는 제도로 결과적 측면보다는 **과정적 측면의 이념을 강조**한다.

2025 신용한 지방자치론 p.200, 201　정답 ③

421　'19 경간

주민참여예산제도에 대한 설명으로 가장 옳지 않은 것은?

① 주민참여예산제도를 세계 최초로 실시한 도시는 브라질의 포르투 알레그레(Porto Alegre)시이다.
② 우리나라에서 주민참여예산제도는 광주광역시 북구에서 처음으로 시작되었다.
③ 우리나라에서 주민참여예산제도의 시행여부는 지방자치단체의 의무사항이다.
④ 우리나라에서 주민참여예산제도는 주민들이 예산심의과정에 참여한다.

출제유형 Ⅰ 말 바꾸기 + Ⅶ 법령
출제영역 주민참여예산제

① ◯ 주민참여예산제도는 브라질의 포르투 알레그리 시(市)에서 1989년 세계 최초로 실시하였다.
② ◯ 우리나라에서는 기초자치단체인 광주광역시 북구에서 2004년 참여예산제도를 처음 도입하였다.
③ ◯ 2011년 9월 「지방재정법」 개정으로 주민참여예산제도는 의무화되었다.
④ ✗ **주민참여예산제도는** 주민들이 예산심의가 아닌 **예산편성 과정에 참여하는 제도이다.**

2025 신용한 지방자치론 p.200, 201　정답 ④

422 '20 경간

주민참여예산제도에 대한 설명으로 옳은 것을 모두 고른 것은?

가. 주민참여예산제도는 실질적 참여가 이루어지는 것을 전제로 하기 때문에 Arnstein의 주민권력단계에 속한다고 할 수 있다.
나. 주민참여예산제도는 결과적 측면보다는 과정적 측면의 이념을 지향한다.
다. 주민참여예산제도는 주로 예산심의 과정에 주민들을 참여시켜 재정민주주의를 구현하기 위한 제도이다.
라. 우리나라의 주민참여예산제도는 「지방자치법」에 근거하여 모든 지방자치단체가 의무적으로 시행하고 있다.
마. 우리나라의 경우 지방자치단체의 장은 주민참여예산제도를 통하여 수렴한 주민의 의견서를 지방의회에 제출하는 예산안에 첨부하여야 한다.

① 가, 나, 다, 라, 마   ② 나, 다, 마
③ 가, 나, 라, 마   ④ 가, 나, 마

출제유형 Ⅰ 말바꾸기 + Ⅳ 개념
출제영역 주민참여예산제

가 ○ 아른슈타인(Arnstein)은 주민참여의 유형을 8개로 나누어 유형화한 후 3개 수준으로 통합하여, 비참여·형식참여·주민권력적 참여의 수준으로 구분하였다. 그 중 주민권력적 참여의 수준이란 주민이 일정한 범위의 권한을 가지고 자주적인 관리를 하는 수준으로 주민의 실질적 참여를 전제하는 주민참여예산제도가 이에 속한다.
나 ○ 주민참여예산제도는 예산편성단계에 주민이 참여하는 제도로 결과적 측면보다는 과정적 측면의 이념을 강조한다.
다 ✗ 주민참여예산제도는 주민들이 예산심의가 아닌 예산편성 과정에 참여하는 제도이다.
라 ✗ 우리나라의 주민참여예산제도는 「지방자치법」이 아닌 「지방재정법」 개정으로 의무화되었다.
마 ○ 지방재정법 제39조 제3항

> 지방재정법 제39조【지방예산 편성 등 예산과정의 주민 참여】
> ③ 지방자치단체의 장은 주민참여예산제도를 통하여 수렴한 주민의 의견서를 지방의회에 제출하는 예산안에 첨부하여야 한다.

정답 ④

423 '20 서울 7 경력경쟁 지방자치론

「지방재정법」상 주민참여예산제도에 대한 설명으로 가장 옳지 않은 것은?

① 지방자치단체의 장은 조례로 정하는 바에 따라 지방예산 편성 등 예산과정에 주민참여예산제도를 마련하여 시행하여야 한다.
② 지방예산 편성 등 예산과정의 주민 참여와 관련되는 사항을 심의하기 위하여 지방자치단체의 장 소속으로 주민참여예산위원회 등 주민참여예산기구를 둘 수 있다.
③ 지방자치단체의 장은 주민참여예산제도를 통하여 수렴한 주민의 의견서를 지방의회에 제출하는 예산안에 첨부하여야 한다.
④ 주민참여예산기구의 구성·운영과 그 밖에 필요한 사항은 해당 지방자치단체의 조례로 정한다.

출제유형 Ⅶ 법령
출제영역 주민참여예산제

① ✗ 지방자치단체의 장은 **대통령령**(조례 ×)로 정하는 바에 따라 지방예산편성 등 예산과정에 주민참여예산제도를 마련하여 시행하여야 한다.

> 지방재정법 제39조【지방예산 편성 등 예산과정의 주민 참여】 ① 지방자치단체의 장은 대통령령으로 정하는 바에 따라 지방예산 편성 등 예산과정(「지방자치법」 제47조에 따른 지방의회의 의결사항은 제외한다. 이하 이 조에서 같다)에 주민이 참여할 수 있는 제도(이하 이 조에서 "주민참여예산제도"라 한다)를 마련하여 시행하여야 한다

② ○ 지방재정법 제39조 제2항

> 동법 제39조【지방예산 편성 등 예산과정의 주민 참여】 ② 지방예산 편성 등 예산과정의 주민 참여와 관련되는 다음 각 호의 사항을 심의하기 위하여 지방자치단체의 장 소속으로 주민참여예산위원회 등 주민참여예산기구(이하 "주민참여예산기구"라 한다)를 둘 수 있다.

③ ○ 지방재정법 제39조 제3항

> 동법 제39조【지방예산 편성 등 예산과정의 주민 참여】 ③ 지방자치단체의 장은 주민참여예산제도를 통하여 수렴한 주민의 의견서를 지방의회에 제출하는 예산안에 첨부하여야 한다.

④ ○ 지방재정법 제39조 제5항

> 동법 제39조【지방예산 편성 등 예산과정의 주민 참여】 ⑤ 주민참여예산기구의 구성·운영과 그 밖에 필요한 사항은 해당 지방자치단체의 조례로 정한다.

정답 ①

CHAPTER 2 지방자치재원

POINT 1 지방자치재원의 구성체계

424 □□□ '20 지방 9

지방재정의 세입항목 중 자주재원에 해당하는 것은?

① 지방교부세
② 재산임대수입
③ 조정교부금
④ 국고보조금

출제유형 Ⅲ 내용분류
출제영역 자주재원 vs 의존재원

①, ③, ④ ✖ 지방교부세, 조정교부금, 국고보조금 등은 의존재원에 해당한다.
② ◯ 재산임대수입은 자치단체가 소유하는 잡종재산의 임대 또는 매각에 의한 수입으로 자주재원 중 세외수입(경상적 수입)에 해당한다.

↪ 2025 신용한 지방자치론 p.203   **정답** ②

425 □□□ '18 국가 7

지방재정의 구성 요소 중 의존재원의 기능으로 적절하지 않은 것은?

① 지방자치단체에 대한 유도·조정을 통한 국가차원의 통합성 유지
② 지방재정의 안정성 확보
③ 지방재정의 지역 간 불균형 시정
④ 지방자치단체의 다양성과 지방분권화 촉진

출제유형 Ⅳ 개념
출제영역 의존재원의 기능

④ ✖ 의존재원은 국가나 상급 지방자치단체에 의해 결정·실현되는 재원으로 지방자치단체의 다양성과 지방분권화를 저해(촉진 ✖)하게 된다.

↪ 2025 신용한 지방자치론 p.205   **정답** ④

426 □□□ '18 국회 9

우리나라의 지방재정에 대한 설명으로 옳지 않은 것은?

① 지방자치단체의 세입재원 중 자주재원에는 지방세와 세외수입이 있고, 의존재원에는 국고보조금과 지방교부세 등이 있다.
② 지방자치단체 간의 재정적 불균형을 조정하는 지방교부세의 종류로는 보통교부세, 특별교부세, 부동산교부세 등이 있다.
③ 지방세 중 목적세로는 지방교육세와 지방소비세가 있다.
④ 지방재정조정제도의 종류에는 조정교부금과 국고보조금 등이 있다.
⑤ 중앙정부와 지방정부 사이의 수직적 재정조정 기능이 있다.

출제유형 Ⅰ 말 바꾸기 + Ⅲ 내용 분류
출제영역 우리나라 지방재정

① ◯ 자주재원에는 지방세, 세외수입 등이 있고, 의존재원에는 교부세, 국고보조금, 조정교부금 등이 있다.
② ◯ 지방교부세의 종류에는 보통교부세, 특별교부세, 소방안전교부세, 부동산교부세 등이 있다.
③ ✖ 지방세 중 목적세에는 지방교육세와 지역자원시설세가 있다.
④ ◯ 지방재정조정제도의 종류에는 국가에 의한 재정조정제도인 국고보조금, 지방교부세와 상급자치단체에 의한 재정조정제도인 조정교부금 등이 있다.
⑤ ◯ 지방재정조정제도는 중앙정부와 지방정부사이의 불균형을 조정하는 수직적 재정조정 기능이 있으며, 동일한 계층에 속하는 자치단체 간 재정력 격차의 불균형을 조정하는 수평적 재정조정 기능이 있다.

SUMMARY 지방재정의 구성체계

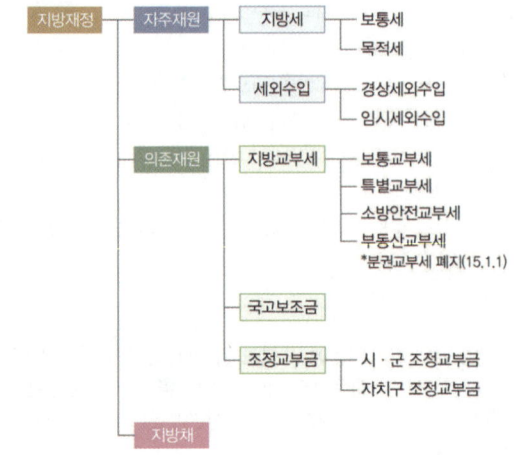

↪ 2025 신용한 지방자치론 p.204~208   **정답** ③

427

'19 서울 7 추가채용 행정학

지방재정에 대한 설명으로 가장 옳지 않은 것은?

① 지방수입에 있어서 자주재원의 핵심은 지방세와 세외수입으로 지방세는 법률이 정하는 바에 따라 강제적으로 징수하고, 세외수입은 지방세 외의 모든 수입을 포함하는 개념이다.
② 의존재원은 지방교부세, 국고보조금, 조정교부금, 지방채로 구성되며, 지방자치단체에서 필요로 하거나, 부족한 재원을 외부에서 조달한다는 특징이 있다.
③ 지방자치단체 지방수입의 구조에서 가장 두드러진 특징 중 하나는 자주재원에 비해 의존재원이 매우 많다는 점으로, 지방자치단체의 국가재정에 대한 의존도가 상당히 크다 할 수 있다.
④ 재정자립도는 지방자치단체 총 예산규모 중 자주재원이 차지하는 비율로 그 산식에 있어서 분모와 분자에 모두 자주재원이 존재함으로 인해 재정자립도를 결정하는 데에 중요한 요인은 의존재원이 된다.

출제유형 Ⅳ 개념
출제영역 우리나라 지방재정

① ○ 자주재원은 지방세와 세외수입으로 구성되어 있으며, 지방세는 법률로 정하는 바에 따라 징수하며, 세외수입은 자치단체의 자체수입 가운데 지방세 이외의 수입을 총칭한다.
② ✕ 의존재원은 중앙정부나 상급지방정부 등 외부로부터 받는 자금을 의미하는 것으로 지방교부세, 국고보조금, 조정교부금으로 구성된다.
③ ○ 우리나라는 지방사무의 양에 비해 세원 자체가 부족하여 자치단체가 필요로 하는 재정확보가 항상 어렵다는 문제점이 있다. 따라서 국가재정에 대한 의존도가 높다.
④ ○ 재정자립도는 지방자치단체의 일반회계 세입총액(자주재원 + 의존재원) 가운데 자주재원이 차지하는 비율로 분모와 분자에 모두 자주재원이 들어가 있어 의존재원이 중요한 결정요인으로 작용한다.

2025 신용한 지방자치론 p.203~209, 232 **정답** ②

428

'20 지방 7 지방자치론

지방자치단체의 재정에 대한 설명으로 옳은 것은?

① 국고보조금은 대부분 용도와 수행조건 등을 특정하지 않고 교부한다.
② 지방세 중 목적세로 분류되는 지방교육세와 지역자원시설세는 시군세에 속한다.
③ 자치구 조정교부금뿐 아니라 시·군 조정교부금도 이전재원의 예이다.
④ 시·도의 장은 예산안을 편성하여 회계연도 시작 30일 전까지 지방의회에 제출하고, 시·도 의회에서는 회계연도 시작 10일 전까지 예산안을 의결하여야 한다.

출제유형 Ⅰ 말 바꾸기 + Ⅳ 개념
출제영역 우리나라 지방재정

① ✕ 국고보조금은 국가가 시책상 또는 지방자치단체의 재정상정상 필요하다고 인정될 때에 예산의 범위 안에서 용도를 특정하여 교부하는 자금(특정재원)으로 원칙적으로 반대급부를 요하지 않는 것을 말한다.
② ✕ 지방세 중 지방교육세와 지역자원시설세는 목적세로 특별시·광역시세, 도세(광역자치단체에서 부과)에 속한다.
③ ○ 자치구 조정교부금은 특별시나 광역시가 관내 자치구에 대하여 행하는 재정조정제도이며, 시·군 조정교부금은 광역시·도가 관할 구역 안의 시·군에 배분하는 재정조정 제도로 재정력이 취약한 지방자치단체로의 재원을 이전(대가 없이 지급하는 금전적 이동)하여 주는 사례이다.
④ ✕ 시·도의 장은 예산안을 편성하여 회계연도 개시 50일 전까지 지방의회에 제출하고, 시·도의회는 회계연도 시작 15일 전까지 의결하여야 한다.

> **지방자치법 제142조【예산의 편성 및 의결】** ① 지방자치단체의 장은 회계연도마다 예산안을 편성하여 시·도는 회계연도 시작 50일 전까지, 시·군 및 자치구는 회계연도 시작 40일 전까지 지방의회에 제출하여야 한다.
> ② 시·도의회는 제1항의 예산안을 회계연도 시작 15일 전까지, 시·군 및 자치구의회는 회계연도 시작 10일 전까지 의결하여야 한다.

2025 신용한 지방자치론 p.203~208 **정답** ③

429 '15 교행

우리나라 지방재정의 세입에 관한 기술로 틀린 것은?

① 세외수입은 자주재원이지만 그 용도가 제한되는 경우가 있다.
② 지방교부세의 종류는 보통교부세, 특별교부세, 분권교부세, 부동산 교부세로 구분한다.
③ 상급지방자치단체가 하급지방자치단체를 지원하는 제도로 자치구조정교부금과 시·군조정교부금이 있다.
④ 지방재정의 세입구조는 수입원에 따라 자주재원과 의존재원으로, 용도의 제한성에 따라 일반재원과 특정재원으로 분류된다.

출제유형 Ⅳ 개념
출제영역 우리나라 지방재정

① ○ 세외수입은 자치단체의 자체수입 가운데 지방세 이외의 수입을 총칭하는 것으로 자주재원이다. 그러나 일반재원으로 분류되는 것도 있지만, 재원의 용도가 특정되는 경우가 많다.
② ✕ 현재 지방교부세의 종류로는 보통교부세, 특별교부세, 소방안전교부세, 부동산교부세 등으로 구분한다.
③ ○ 조정교부금에는 특별시·광역시가 자치구에 교부하는 자치구 조정교부금과 광역시·도가 시·군에 교부하는 시·군 조정교부금이 있다.
④ ○ 지방재정의 세입구조는 해당자치단체가 자주적으로 결정·실현하는 자주재원과 국가나 상급자치단체에 의해 결정·실현되는 의존재원으로 나눌 수 있다. 용도의 제한성에 따라서는 일반재원과 특정재원으로 분류된다.

2025 신용한 지방자치론 p.203~208 정답 ②

430 '23 국가 7

지방재정에 대한 설명으로 옳지 않은 것은?

① 부동산교부세는 일반재원이다.
② 내국세 및 교육세의 일부는 지방교육재정교부금의 재원이다.
③ 지역균형발전특별회계는 노무현 정부의 국가균형발전특별회계의 신설에서 비롯되었다.
④ 지역상생발전기금은 지방소비세 도입 과정에서의 광역지자체와 기초지자체 간 세수입 배분의 불균형을 해소하기 위한 것이다.

출제유형 Ⅳ 개념
출제영역 우리나라 지방재정

① ○ 부동산교부세는 종합부동산세의 전액을 재원으로 자치단체의 재정여건 등을 고려하여 교부하는 일반재원이다.
② ○ 지방교육재정교부금법 제3조 제2항

> 지방교육재정교부금법 제3조【교부금의 종류와 재원】② 교부금 재원은 다음 각 호의 금액을 합산한 금액으로 한다.
> 1. 해당 연도 내국세[목적세 및 종합부동산세, 담배에 부과하는 개별소비세 총액의 100분의 45 및 다른 법률에 따라 특별회계의 재원으로 사용되는 세목(稅目)의 해당 금액은 제외한다. 이하 같다] 총액의 1만분의 2,079
> 2. 해당 연도 「교육세법」에 따른 교육세 세입액 중 「유아교육지원특별회계법」 제5조제1항에서 정하는 금액 및 「고등·평생교육지원특별회계법」 제6조제1항에서 정하는 금액을 제외한 금액

③ ○ 2005년 노무현정부 때 국가균형발전특별회계가 신설된 이후, 지방시대 종합계획과 지역균형발전 관련 사업의 효율적 추진을 위해 '국가균형발전특별회계'를 '지역균형발전특별회계'로 변경하였다.
④ ✕ 지역상생발전기금은 지방소비세도입에 따른 수도권과 타 지역간 재정격차를 우려(광역지자체와 기초지자체 간 불균형 ✕)하여 도입한 지방자치단체 간 상생발전을 위한 수평적 형평화 수단의 재정조정제도이다. 지역상생발전기금은 서울·인천·경기도가 징수하는 지방소비세의 35%를 조성하여 비수도권 광역자치단체에 배분한다.

> 지방자치단체 기금관리기본법 제17조【지역상생발전기금의 설치·운용】① 특별시·광역시·특별자치시·도·특별자치도(이하 "시·도"라 한다)는 지방자치단체 간 상생(相生) 발전을 지원하고, 기금의 여유자금을 효율적으로 관리·활용하기 위하여 지역상생발전기금(이하 "발전기금"이라 한다)을 설치한다.

2025 신용한 지방자치론 p.203~208 정답 ④

POINT 2~3 자주재원

431 □□□ '17 지방 7 지방자치론

다음에서 설명하는 지방세 원칙은?

- 세원이 각 지역에 가급적 고르게 분포되어 지방정부 간 수입이 균형화될 수 있도록 해야 한다.
- 전국적으로 동일한 지방세 체계를 갖추고 있는 우리나라에서 특히 중요하다.
- 이 원칙에 비추어 우리나라의 레저세는 지방세 세목으로 적합성이 떨어진다.

① 안정성의 원칙 ② 충분성의 원칙
③ 보편성의 원칙 ④ 신장성의 원칙

출제유형 Ⅳ 개념
출제영역 지방세의 원칙

③ ◉ 보편성의 원칙은 세원이 특정지역에 편재되어서는 안 되며, 각 자치단체에 고루 분포되어 있어야 한다는 원칙이다.

SUMMARY 지방세의 원칙

(1) 재정 수입의 측면

보편성의 원칙	세원이 특정지역이 아닌 각 자치단체에 고루 분포되어 있어야 한다는 원칙
안정성의 원칙	세수의 연도별 격차가 심하지 않고 안정적이어야 한다는 원칙
신축성 (탄력성)의 원칙	자치단체의 특성에 따라 세목 등이 신축적으로 조정될 수 있어야 한다는 원칙
충분성의 원칙	세수가 자치단체의 행정수요에 대응하여 충분한 금액이어야 한다는 원칙

(2) 주민 부담의 측면

응익성의 원칙	주민이 향유한 수익의 정도에 비례해서 부과되어야 한다는 원칙
분담성의 원칙 (부담분임의 원칙)	가급적 많은 주민들이 그 자치단체의 소요경비를 분담하여야 한다는 원칙 ex 주민세균등할
형평성의 원칙 (부담보편의 원칙)	동등한 지위에 있는 자에게는 동등하게 과세하고, 조세감면의 폭이 너무 넓어서는 안 된다는 원칙

(3) 징세 행정의 측면

정착성의 원칙	세원이 자치단체의 관할구역 안에 정착하여 이동성이 없어야 한다는 원칙
자주성의 원칙	자치단체가 과세행정상 자치성을 보장받을 수 있어야 한다는 원칙

📎 2025 신용한 지방자치론 p.206, 207   정답 ③

432 □□□ '15 사회복지직 9

다음 설명에 해당하는 지방세의 원칙은?

- 납세자의 지불능력보다는 공공서비스의 수혜정도를 기준으로 한다.
- 세외수입 역시 이 원칙의 적용을 받는다.

① 신장성의 원칙
② 응익성의 원칙
③ 안정성의 원칙
④ 부담분임의 원칙

출제유형 Ⅳ 개념
출제영역 지방세의 원칙

② ◉ 응익성의 원칙이란 주민이 향유한 수익의 정도(공공서비스의 수혜정도)에 비례해서 지방세가 부과되어야 한다는 원칙이다. 국가는 일반적으로 응능성(조세부담 능력에 비례한 조세부담주의)이 원칙이지만, 지방재정은 응익성(수익자 부담주의가 적용)의 원칙이 강하게 적용된다.

📎 2025 신용한 지방자치론 p.206, 207   정답 ②

433

'23 지방 7 지방자치론

「지방세기본법」상 지방자치단체의 세목에 해당하지 않는 것은?

① 농어촌특별세
② 담배소비세
③ 지방소득세
④ 자동차세

출제유형 Ⅲ 내용 분류 + Ⅶ 법령
출제영역 지방세

① ✕ **농어촌특별세는 국세**에 해당한다.
②, ③, ④ ○ 지방세기본법 제7조 제2항

> 지방세기본법 제7조【지방세의 세목】② 보통세의 세목은 다음 각 호와 같다.
> 1. 취득세
> 2. 등록면허세
> 3. 레저세
> 4. 담배소비세
> 5. 지방소비세
> 6. 주민세
> 7. 지방소득세
> 8. 재산세
> 9. 자동차세

SUMMARY 우리나라의 지방세 세목체계

구 분		특별시·광역시세	자치구세	도 세	시·군세
지방세	보통세	취득세, 주민세, 자동차세, 레저세, 담배소비세, 지방소비세, 지방소득세	등록면허세, 재산세	취득세, 레저세, 등록면허세, 지방소비세	주민세, 재산세, 자동차세, 담배소비세, 지방소득세
	목적세	지방교육세, 지역자원시설세		지방교육세, 지역자원시설세	
국세	내국세 직접세	소득세, 법인세, 상속·증여세, 종합부동산세			
	내국세 간접세	부가가치세, 개별소비세, 주세, 인지세, 증권거래세			
	목적세	교육세, 농어촌특별세, 교통·에너지·환경세(21.12.31까지 연장)			
	관세				

2025 신용한 지방자치론 p.207   정답 ①

434

'15 지방 7 지방자치론

지방세 중 도(道)세에 해당하는 것은?

① 담배소비세
② 지방소득세
③ 지방소비세
④ 자동차세

출제유형 Ⅲ 내용분류
출제영역 지방세

③ ○ 도세에는 취득세, 레저세, 등록면허세, 지방소비세 등이 있다.

SUMMARY 우리나라의 지방세 세목체계

구 분		특별시·광역시세	자치구세	도 세	시·군세
지방세	보통세	취득세, 주민세, 자동차세, 레저세, 담배소비세, 지방소비세, 지방소득세	등록면허세, 재산세	취득세, 레저세, 등록면허세, 지방소비세	주민세, 재산세, 자동차세, 담배소비세, 지방소득세
	목적세	지방교육세, 지역자원시설세		지방교육세, 지역자원시설세	
국세	내국세 직접세	소득세, 법인세, 상속·증여세, 종합부동산세			
	내국세 간접세	부가가치세, 개별소비세, 주세, 인지세, 증권거래세			
	목적세	교통·에너지·환경세(24.12.31까지 연장), 교육세, 농어촌특별세			
	관세				

2025 신용한 지방자치론 p.207   정답 ③

435

'16 지방 9

「지방세 기본법」상 특별시·광역시의 세원이 아닌 것은?

① 취득세
② 자동차세
③ 등록면허세
④ 레저세

출제유형 Ⅲ 내용분류 + Ⅶ 법령
출제영역 지방세

①, ②, ④ ○ 특별시·광역시세에는 취득세, 주민세, 자동차세, 레저세, 담배소비세, 지방소비세, 지방소득세 등이 있다.
③ ✕ **등록면허세**는 광역자치단체인 도세이면서 기초자치단체의 자치구세에 해당한다.

2025 신용한 지방자치론 p.207   정답 ③

436 '16 서울 7

다음 <보기>에서 특별(광역)시세로만 짝지어진 것은?

가. 레저세	나. 담배소비세
다. 지방소비세	라. 주민세
마. 자동차세	바. 재산세
사. 지방교육세	아. 등록면허세
자. 지역자원시설세	

① 가, 나, 다 ② 라, 마, 바
③ 라, 마, 아 ④ 사, 아, 자

출제유형 Ⅶ 법령
출제영역 지방세

가, 나, 다, 라, 마, 사, 자 ◯ 특별시·광역시세에는 취득세, 주민세, 자동차세, 레저세, 담배소비세, 지방소비세, 지방소득세, 지방교육세, 지역자원시설세 등이 있다.

2025 신용한 지방자치론 p.207 **정답** ①

437 '22 지방 9

특별시·광역시의 보통세와 도의 보통세에 공통적으로 속하는 세목만을 모두 고르면?

ㄱ. 지방소득세	ㄴ. 지방소비세
ㄷ. 주민세	ㄹ. 레저세
ㅁ. 재산세	ㅂ. 취득세

① ㄱ, ㄴ, ㄹ ② ㄱ, ㄷ, ㅁ
③ ㄴ, ㄹ, ㅂ ④ ㄷ, ㅁ, ㅂ

출제유형 Ⅲ 내용분류 + Ⅶ 법령
출제영역 지방세

③ ◯ 특별시·광역시의 보통세와 도의 보통세에 공통적으로 속하는 세목에는 ㄴ. 지방소비세, ㄹ. 레저세, ㅂ. 취득세가 있다.

SUMMARY 우리나라의 지방세 세목체계

구 분		특별시·광역시세	자치구세	도 세	시·군세
지방세	보통세	취득세, 주민세, 자동차세, 레저세, 담배소비세, 지방소비세, 지방소득세	등록면허세, 재산세	취득세, 레저세, 등록면허세, 지방소비세	주민세, 재산세, 자동차세, 담배소비세, 지방소득세
	목적세	지방교육세, 지역자원시설세		지방교육세, 지역자원시설세	
국세	내국세	직접세	소득세, 법인세, 상속·증여세, 종합부동산세		
		간접세	부가가치세, 개별소비세, 주세, 인지세, 증권거래세		
	목적세	교통·에너지·환경세(24.12.31까지 연장), 교육세, 농어촌특별세			
	관세				

2025 신용한 지방자치론 p.207 **정답** ③

438 '22 지방 7 지방자치론

「지방세기본법」상 특별시·광역시와 도가 부과할 수 있는 지방세 중 공통인 것만을 모두 고르면?

ㄱ. 취득세	ㄴ. 재산세
ㄷ. 지방소비세	ㄹ. 지방소득세
ㅁ. 주민세	ㅂ. 지방교육세

① ㄱ, ㄴ, ㄹ ② ㄱ, ㄷ, ㅂ
③ ㄴ, ㄷ, ㅁ ④ ㄹ, ㅁ, ㅂ

출제유형 Ⅲ 내용분류 + Ⅶ 법령
출제영역 지방세

② ⭕ 「지방세기본법」상 특별시·광역시와 도가 부과할 수 있는 공통적인 세목은 ㄱ. 취득세, ㄷ. 지방소비세, ㅂ. 지방교육세이다.

2025 신용한 지방자치론 p.207   정답 ②

440 '17 서울 7 지방자치론

다음 중 재산세를 부과·징수할 수 없는 지방자치단체는?

① 세종특별자치시
② 대전광역시 유성구
③ 경기도
④ 제주특별자치도

출제유형 Ⅳ 개념 + Ⅶ 법령
출제영역 우리나라 지방세제

①, ②, ④ ⭕ 재산세는 기초자치단체가 부과·징수하는 세목이다. 또한 재산세는 특별자치시세와 제주특별자치도세에 해당한다.
③ ❌ 경기도는 광역자치단체로 재산세를 부과·징수할 수 없다.

지방세기본법 제8조【지방자치단체의 세목】⑤ 특별자치시세와 특별자치도세는 다음 각 호와 같다.
1. 취득세 / 2. 등록면허세 / 3. 레저세 / 4. 담배소비세 /
5. 지방소비세 / 6. 주민세 / 7. 지방소득세 / 8. 재산세 /
9. 자동차세 / 10. 지역자원시설세 / 11. 지방교육세

2025 신용한 지방자치론 p.207   정답 ③

439 '16 지방 7 지방자치론

「지방세 기본법」상 경상북도가 부과·징수할 수 없는 지방세에 해당하는 것은?

① 취득세   ② 레저세
③ 지방교육세 ④ 재산세

출제유형 Ⅲ 내용분류 + Ⅶ 법령
출제영역 지방세

④ ❌ 경상북도(도세)가 부과·징수할 수 있는 지방세에는 취득세, 레저세, 등록면허세, 지방소비세, 지방교육세 등이 있다. **재산세는 시·군, 자치구세이다.**

2025 신용한 지방자치론 p.207   정답 ④

441 '21 서울 7 경력경쟁 지방자치론

서울특별시의 자치구세에 해당하는 것은?

① 등록면허세
② 담배소비세
③ 레저세
④ 자동차세

출제유형 Ⅲ 내용분류
출제영역 지방세

① ⭕ 서울특별시의 자치구세는 등록면허세와 재산세가 있다.

2025 신용한 지방자치론 p.207   정답 ①

442 '19 지방 7 지방자치론

지방자치단체가 부과할 수 있는 세목의 연결이 옳지 않은 것은?

① 서울특별시 노원구 - 재산세, 등록면허세
② 제주특별자치도 - 지방소득세, 재산세
③ 충청남도 공주시 - 담배소비세, 지방소득세
④ 울산광역시 울주군 - 지방소득세, 등록면허세

출제유형 Ⅳ 개념 + Ⅶ 법령
출제영역 우리나라 지방세제

① ○ 노원구는 기초자치단체(자치구세)로서 재산세, 등록면허세를 둔다.
② ○ 제주특별자치도는 광역자치단체이므로 보통세(재산세, 취득세, 담배소비세, 지방소득세 등)와 목적세(지역자원시설세 등)를 둔다.
③ ○ 공주시는 기초자치단체(시세)로서 담배소비세, 지방소득세, 재산세 등과 같은 보통세를 둔다.
④ ✕ 울주군은 기초자치단체(군세)로서 보통세인 주민세, 재산세, 자동차세 등이 있다. 등록면허세는 자치구세에 해당한다.

2025 신용한 지방자치론 p.207   정답 ④

443 '23 서울 7 경력경쟁 지방자치론

「지방세기본법」상 세목과 과세주체에 따른 지방세를 옳게 짝지은 것은?

① 자동차세 - 특별시·광역시세, 도세
② 주민세 - 자치구세, 시·군세
③ 지방소비세 - 특별시·광역시, 도세
④ 등록면허세 - 자치구세, 시·군세

출제유형 Ⅲ 내용분류 + Ⅶ 법령
출제영역 지방세

① ✕ 자동차세는 시·군세이다.
② ✕ 주민세는 시·군세에 해당하며 자치구세는 등록면허세와 재산세이다.
③ ○ 지방소비세는 특별시·광역시, 도세에 해당한다.
④ ✕ 등록면허세는 자치구세에 해당 한다. 시·군세는 담배소비세, 지방소득세, 자동차세, 주민세, 재산세가 해당된다.

2025 신용한 지방자치론 p.207   정답 ③

444 '21 지방 7 지방자치론

「지방세기본법」상 지방세의 부과에 대한 설명으로 옳은 것은?

① 경기도 안성시 주민인 최모씨가 오늘 아침에 구입한 담배에 부과된 담배소비세는 경기도에 납부될 것이다.
② 사업자등록을 하고 승마투표권을 판매한 강원도 강릉시 주민 이모씨에게 부과된 레저세는 강릉시에 납부될 것이다.
③ 충청남도 태안군 주민인 강모씨가 오늘 취득한 양식업권에 부과된 등록면허세는 충청남도에 납부될 것이다.
④ 자동차를 소유하고 있는 충청북도 제천시 주민인 오모씨에게 부과된 자동차세는 충청북도에 납부될 것이다.

출제유형 Ⅳ 개념 + Ⅶ 법령
출제영역 우리나라 지방세제

① ✕ 담배소비세는 시·군세에 해당되는 것으로 안성시에 납부될 것이다.
② ✕ 레저세는 광역자치단체에 부과되는 도세로 강원도에 납부될 것이다.
③ ○ 등록면허세는 도세에 해당되는 것으로 충청남도에 납부될 것이다.
④ ✕ 자동차세는 시·군세에 해당되는 것으로 제천시에 납부될 것이다.

2025 신용한 지방자치론 p.207, 208   정답 ③

445　'21 경간

다음 지방세 중에서 목적세에 해당하는 것은?

① 취득세　　② 지방교육세
③ 재산세　　④ 레저세

출제유형 Ⅲ 내용분류 + Ⅶ 법령
출제영역 우리나라 지방세제(목적세)

①, ③, ④ ✗ **취득세, 재산세, 레저세는 보통세**이다.
② ○ 지방교육세와 지역자원시설세는 목적세이다.

SUMMARY 우리나라의 지방세 세목체계

구 분		특별시·광역시세	자치구세	도 세	시·군세
지방세	보통세	취득세, 주민세, 자동차세, 레저세, 담배소비세, 지방소비세, 지방소득세	등록면허세, 재산세	취득세, 레저세, 등록면허세, 지방소비세	주민세, 재산세, 자동차세, 담배소비세, 지방소득세
	목적세	지방교육세, 지역자원시설세		지방교육세, 지역자원시설세	
국세	내국세	직접세	소득세, 법인세, 상속·증여세, 종합부동산세		
		간접세	부가가치세, 개별소비세, 주세, 인지세, 증권거래세		
	목적세	교통·에너지·환경세(24.12.31까지 연장), 교육세, 농어촌특별세			
	관세				

2025 신용한 지방자치론 p.207, 208　　정답 ②

446　'20 서울 7 경력경쟁 지방자치론

「지방세기본법」상 지방세목에 대한 설명으로 가장 옳은 것은?

① 도세 중 보통세에는 취득세, 등록면허세, 레저세, 지방소득세가 있다.
② 시·군세에는 담배소비세, 주민세, 지방소비세, 재산세, 자동차세가 있다.
③ 특별시세와 광역시세 중 목적세에는 지역자원시설세, 지방교육세, 레저세가 있다.
④ 구세에는 등록면허세, 재산세가 있다.

출제유형 Ⅳ 개념 + Ⅶ 법령
출제영역 지방세

① ✗ **지방소득세는 시·군세에 해당**한다.
② ✗ 시·군세에는 담배소비세, 주민세, **지방소득세**(지방소비세 ✗), 재산세, 자동차세가 있다.
③ ✗ 목적세에는 지역자원시설세, 지방교육세가 있으며 **레저세는 보통세**에 해당한다.
④ ○ 구세에는 등록면허세와 재산세가 해당된다.

2025 신용한 지방자치론 p.207　　정답 ④

447　'19 지방 7 지방자치론

지방소비세에 대한 설명으로 옳지 않은 것은?

① 지방자치단체의 부족한 세원을 지원하기 위해 2010년에 도입하였다.
② 2018년 기준 지방소비세는 지방세에서 취득세보다 낮은 비중을 차지하였다.
③ 국세인 부가가치세 세수의 20%를 세원으로 한다.
④ 시·도별 배분에 있어 권역별로 민간 최종 소비 지출 지표에 가중치를 적용한다.

출제유형 Ⅳ 개념
출제영역 우리나라 지방세제(지방소비세)

① ○ 지방소비세는 2010년 종합부동산세 축소개편에 따른 지방재정 손실을 보전할 목적 등으로 도입되었다.
② ○ 2018년도 기준 세수비중은 취득세 29% 지방소비세 9%이며, 일반적으로 취득세가 지방소비세에 비해 세수비중이 크다.
③ ✗ **지방소비세의 세액은 부가가치세의 납부세액에서 1천분의 253을 적용하여 계산한 금액으로 한다.**
④ ○ 지방소비세의 배분은 시·도별로 민간최종소비지출 비중을 기준으로 하되, 지역간 재정격차를 완화하기 위해 수도권·광역시·도 등 권역별로 가중치를 적용한다.

2025 신용한 지방자치론 p.208　　정답 ③

448 '17 지방 7

우리나라의 지방자치제도에 대한 설명으로 옳은 것은?

① 시·군의 지방세 세목에는 담배소비세, 주민세, 지방소득세, 재산세, 자동차세가 있다.
② 지방의회는 지방자치단체를 외부에 대표하는 기능, 국가위임사무 집행 기능 등을 가진다.
③ 지방자치단체는 2층제이며, 16개의 광역자치단체와 220개의 기초자치단체가 설치되어 있다.
④ 기관통합형 구조를 채택하고 있으며, 기초자치단체장 선거에서는 정당공천제를 실시하지 않고 있다.

출제유형 | 말바꾸기 + Ⅳ 개념
출제영역 | 우리나라 지방세제 등

① ○ 등 - 산 / 담배 - 소득 - 자동 - 주민 - 재산
② ✗ **지방자치단체장(지방의회 ✗)**은 지방자치단체의 목적을 적극적으로 실현하는 **최고 집행기관으로서, 해당 자치단체를 대표한다.**
③ ✗ 우리나라 자치단체의 유형은 광역과 기초로 구분되는 2계층의 중층제를 채택하고 있으며, **광역자치단체는 17개, 기초자치단체는 226개로 구성**되어 있다.
④ ✗ **우리나라의 경우 기관대립형 구조를 채택**하고 있으며 **기초자치단체장 선거에서 정당공천제를 실시**하고 있다.

🔗 2025 신용한 지방자치론 p.61, 112, 207　　정답 ①

449 '17 서울 9

우리나라의 지방재정에 대한 설명으로 가장 옳지 않은 것은?

① 지방자치단체의 세입재원은 크게 자주재원과 의존재원으로 나눌 수 있는데, 자주재원에는 지방세와 세외수입이 있고, 의존재원에는 국고보조금과 지방교부세 등이 있다.
② 지방세 중 목적세로는 담배소비세, 레저세, 자동차세, 지역자원시설세, 지방교육세 등이 있다.
③ 지방교부세는 지방자치단체 간 재정력의 불균형을 조정하는 재원으로, 보통교부세, 특별교부세, 부동산교부세 및 소방안전교부세로 구분한다.
④ 지방재정자립도를 높이기 위해 국세의 일부를 지방세로 전환할 경우 지역 간 재정불균형이 심화될 수 있다.

출제유형 | 말바꾸기 + Ⅳ 개념
출제영역 | 우리나라 지방세제 등

① ○ 지방자치단체의 세입 재원은 자주재원과 의존재원으로 나눌 수 있으며, 지방세와 세외수입은 자주재원이고 지방교부세와 보조금은 의존재원에 해당한다.
② ✗ **지방세의 목적세에 해당하는 것은 지역자원시설세, 지방교육세이다.** 담배소비세, 레저세, 자동차세 등은 보통세에 해당한다.
③ ○ 지방자치단체의 재정활동을 지원하고 지역 간 재정 형평성을 유지하기 위해 지방교부세를 운영하고 있으며, 보통교부세, 특별교부세, 소방안전교부세, 부동산교부세로 구분된다.
④ ○ 국세 세목을 지방세 세목으로 전환하게 되면 지방정부간의 세원 편재로 인해 '보편성'의 문제를 야기하게 된다. 결국 세원의 편재는 지방세 수입의 불균형을 낳게 되고 지역 간 재정 불균형이 심화될 수 있다.

🔗 2025 신용한 지방자치론 p.203, 207, 234　　정답 ②

450 '22 국회 9

우리나라 지방재정에 대한 설명으로 옳지 않은 것은?

① 지방세 제도와 관련하여 지방자치단체의 역할이 제한적이다.
② 소득 및 소비과세의 비중이 높아서 지방세의 세수확장에 한계가 있다.
③ 지방재정은 국가재정과 달리 지방교육재정이 별도로 운영된다.
④ 지방재정의 세입구조는 수입원에 따라 자주재원과 의존재원으로 나눌 수 있다.
⑤ 국가는 정책상 필요하다고 인정할 때 또는 지방자치단체의 재정 사정상 특히 필요하다고 인정할 때에는 예산의 범위에서 지방자치단체에 보조금을 교부할 수 있다.

출제유형 Ⅳ 개념
출제영역 지방재정

② ✗ 지방세는 **자산과세 중심으로, 소비과세와 소득과세에 비해 경제성장이나 소득증가에 따른 세수의 신장성을 기대하기 어렵다.**
③ ○ 지방교육자치에 관한 법률 제38조

> **지방교육자치에 관한 법률 제38조【교육비특별회계】** 시·도의 교육·학예에 관한 경비를 따로 경리하기 위하여 해당지방자치단체에 교육비특별회계를 둔다

④ ○ 지방재정은 수입결정의 주도성에 따라 지방자치단체가 자주적으로 결정·실현하는 재원인 '자주재원'과 국가나 상급 지방자치단체에 의해 결정·실현되는 재원인 '의존재원'으로 나눌 수 있다.
⑤ ○ 지방재정법 제23조 제1항

> **지방재정법 제23조【보조금의 교부】** ① 국가는 정책상 필요하다고 인정할 때 또는 지방자치단체의 재정 사정상 특히 필요하다고 인정할 때에는 예산의 범위에서 지방자치단체에 보조금을 교부할 수 있다.

2025 신용한 지방자치론 p.209, 221   **정답** ②

---

451 '16 교행 9

지방세 체계에 대한 설명 중 옳지 않은 것은?

① 광역시의 경우에는 주민세 사업소분 및 종업원분은 광역시세가 아니고 구세로 한다.
② 광역시의 군지역은 광역시세와 자치구세의 세목 구분이 적용되지 않고 도세와 시·군세의 세목 구분이 적용된다.
③ 시·도는 지방교육세를 매 회계연도 일반회계예산에 계상하여 교육비특별회계로 전출하여야 한다.
④ 특별시의 재산세는 특별시분과 자치구분으로 구분하고, 특별시분은 구의 지방세수 등을 고려하여 자치구에 차등 분배하고 있다.

출제유형 Ⅰ 말바꾸기 + Ⅶ 법령
출제영역 지방세

① ○ 지방세기본법 제11조

> **지방세기본법 제11조【주민세의 특례】** 광역시의 경우에는 「지방세법」 제7장제3절 및 제4절에 따른 주민세 사업소분 및 종업원분은 제8조제1항제1호마목에도 불구하고 구세로 한다.

④ ✗ **원래 재산세는 자치구의 세목**이지만, 서울특별시의 경우 자치구 간 재정불균형을 개선하기 위해 재산세를 특별시세(50%)와 자치구세(50%)로 공동과세하며, 재산세 중 특별시세에 해당하는 50%는 관할 구역 안의 **자치구에 균등 배분**(차등 배분 ✗)하여 교부한다.

2025 신용한 지방자치론 p.207~210   **정답** ④

452

'15 지방 9

지방세제에 대한 설명으로 옳지 않은 것은?

① 지방소비세는 국세인 부가가치세의 일부를 일정한 기준에 따라 광역지방자치단체에 이전하는 일종의 세원공유 방식의 지방세이다.
② 지역자원시설세와 지방교육세는 목적세이다.
③ 레저세는 국세인 개별소비세와 지방세인 경주·마권세의 일부가 전환된 세목이다.
④ 지방세는 재산과세의 비중이 높으며 중앙정부의 부동산 정책과 지역경제 상황에 따라 영향을 받는다.

출제유형 Ⅳ 개념
출제영역 지방세

① ⓞ 지방소비세는 국세인 부가가치세액의 일부를 지방세로 전환한 세목으로 재화와 용역을 소비하는 자에 대해 주소지 또는 소재지의 자치단체가 부과한다.
② ⓞ 목적세에는 지역자원시설세와 지방교육세가 있다.
③ ✗ **레저세는** 경륜, 경마 등의 사업을 하는 자 또는 사업장에 부과하는 것으로 **종전의 경주·마권세를 2002년부터 개칭한 세목**이다.
④ ⓞ 지방세는 재산과세 비중이 높아 소비과세나 소득과세에 비해 경제성장이나 소득증가에 따른 세수의 신장성을 기대하기 어렵다.

2025 신용한 지방자치론 p.207~209   **정답** ③

453

'22 지방 7

현행 지방세의 탄력세율 제도에 대한 설명으로 옳은 것만을 모두 고르면?

> ㄱ. 지방세 일부 세목의 세율에 대해 일정 범위 내에서 지방자치단체가 자율적으로 결정할 수 있다.
> ㄴ. 레저세, 지방소비세는 탄력세율이 적용되지 않는다.
> ㄷ. 조례로 담배소비세, 주행분 자동차세에 대해 표준세율의 50%를 가감하는 방식과 같이 일정 비율을 가감하는 방식이 주로 활용된다.

① ㄱ
② ㄱ, ㄴ
③ ㄴ, ㄷ
④ ㄱ, ㄴ, ㄷ

출제유형 Ⅱ 짝짓기+Ⅳ 개념
출제영역 우리나라 자치재정권

ㄱ. ⓞ 탄력세율제도란, 세법상 정해진 세율(기본세율 또는 표준세율)을 법률의 위임에 의해서 대통령령 등의 명령이나 지방정부의 조례에 의해 다르게 정할 수 있는 제도를 말한다.
ㄴ. ⓞ 탄력세율의 적용분야는 대통령령 규정사항에 따른 자동차세(자동차 주행에 대한 자동차세), 담배소비세, 그리고 조례 규정사항에 따른 등록면허세, 주민세, 재산세, 지방세, 자동차세, 취득세, 지역자원시설세, 지방교육세(레저세 ✗, 지방소비세 ✗)이다.
ㄷ. ✗ **담배소비세, 주행분 자동차세는 대통령령**(조례 ✗) 규정사항에 따른 탄력세율 적용분야이다.

2025 신용한 지방자치론 p.210   **정답** ②

454

'20 지방 7 지방자치론

지방자치단체의 세외수입에 대한 설명으로 옳은 것은?

① 수입연도별 안정성과 균형성이 높으며, 수입의 근거・종류・형태가 단순하다.
② 세외수입 중 재산수입에는 재산매각수입과 재산임대수입이 있는데, 전자는 경상적 수입이고 후자는 임시적 수입이다.
③ 세외수입 중 사용료란 지방자치단체의 활동에 개별적으로 특수한 이익을 누리는 사람으로부터 그 비용의 일부 또는 전부를 반대급부로 징수하는 수입이다.
④ 서비스 이용의 혼잡 방지와 자원 절약의 장점이 있으며, 일반회계와 특별회계 모두에서 발생할 수 있다.

출제유형 Ⅰ 말바꾸기 + Ⅳ 개념
출제영역 세외수입의 특징

① ✗ 세외수입은 회계연도 간 불규칙성이 강하며, 수입의 근거와 종류 및 형태가 매우 다양하다.
② ✗ 재산매각수입은 임시적 수입, 재산임대수입은 경상적 수입이다.
③ ✗ 수수료 수입에 대한 설명이다. 사용료 수입은 지방자치단체의 공공시설 또는 공용재산을 사용함으로써 얻은 이익에 대한 반대보상으로서 징수하는 공과금이다.
④ ◯ 세외수입은 지방자치단체가 설치・제공하는 공물의 사용이나 서비스 제공 등에 대하여 이용자나 수혜자에게 반대급부 또는 대가적 성격으로 징수하는 수입으로, 일반회계와 특별회계 모두에서 발생할 수 있으며, 서비스를 무료로 제공하는 것에 비하여 상대적으로 서비스 이용의 혼잡을 방지하고 자원을 절약할 수 있는 장점이 있다.

SUMMARY 세외수입의 구성

세외수입 (일반회계)	경상적 수입	사용료 수입, 수수료 수입, 재산임대수입, 징수교부금수입, 사업장수입, 이자수입
	임시적 수입	재산매각수입, 이월금, 순세계잉여금, 전입금, 융자금, 부담금, 잡수입, 지난년도 수입

2025 신용한 지방자치론 p.211, 212 **정답** ④

455

'21 서울 7 경력경쟁 지방자치론

세외수입의 특징에 대한 설명으로 옳은 것을 <보기>에서 모두 고른 것은?

| 보기 |

ㄱ. 노력에 따라 신장가능성이 크다.
ㄴ. 강제적으로 부과・징수된다.
ㄷ. 지불주체에 대한 직접적인 반대급부의 성격을 갖지 않는다.
ㄹ. 분포 차원에서 지역별, 연도별 격차가 크다.
ㅁ. 수입원에 따라 세출용도가 특정되는 경우가 많다.
ㅂ. 현금 외에도 수입증지와 같이 다른 징수행태를 가진다.

① ㄴ, ㄷ
② ㄱ, ㄷ, ㅂ
③ ㄷ, ㅁ, ㅂ
④ ㄱ, ㄹ, ㅁ, ㅂ

출제유형 Ⅰ 말바꾸기 + Ⅳ 개념
출제영역 세외수입의 특징

ㄱ, ㄹ, ㅁ, ㅂ ◯ 세외수입은 지방자치단체의 자주재원 가운데 지방세 이외의 수입을 총칭하는 개념을 의미하며 지방자치단체의 자주적인 노력과 절차에 의한 수입이므로 신장가능성이 크며, 불규칙한 수입, 비용용도가 특정이 되는 경우가 많으며, 현금 외에 수입증지와 같이 다른 징수행태를 가진다.
ㄴ, ㄷ ✗ 세외수입은 강제적으로 부과・징수되는 것이 아니라, **지방자치단체의 경제활동이나 서비스에 대한 반대보상적인 성격의 수입**이다.

2025 신용한 지방자치론 p.211 **정답** ④

456

'23 서울 7 경력경쟁 지방자치론

지방세와 비교할 때 지방세외수입의 특징에 대한 설명으로 가장 옳지 않은 것은?

① 지방세외수입은 지방세에 비해 재원의 안정성이 비교적 낮다.
② 지방세는 응익부담 원칙이, 지방세외수입은 응능부담원칙이 적용된다.
③ 지방세외수입은 사법상 계약에 의해서도 발생할 수 있다.
④ 지방세외수입은 지방세에 비해 상대적으로 조세저항이 낮다.

출제유형 | 말바꾸기 + Ⅳ 개념
출제영역 | 세외수입의 특징

① ⭕ 지방세외수입은 지방 간 불균형성과, 회계연도 간 불규칙성이 강하므로 지방세에 비해 재원의 안정성이 비교적 낮다.
② ❌ **지방세외수입**은 **응익부담**의 원칙이, 지방세는 응능부담원칙이 적용된다.
③, ④ ⭕ 지방세외 수입은 사법상 계약에 의해서도 발생할 수 있으며, 지방세외 수입은 지방자치단체의 경제활동이나 서비스에 대한 반대보상적인 성격의 수입이므로 지방세에 비해 상대적으로 조세저항이 낮다.

2025 신용한 지방자치론 p.211   정답 ②

457

'24 지방 7 지방자치론

지방자치단체의 세외수입에 대한 설명으로 옳지 않은 것은?

① 세외수입은 지방자치단체의 노력에 따라 확대될 수 있으므로 수입 규모에 있어 지방자치단체 간에 차이가 날 수 있다.
② 세외수입은 모두 특별회계로 관리되기 때문에 일반회계에서 관리되는 세외수입은 없다.
③ 지방자치단체가 소유하고 있는 재산을 매각해 얻은 수입은 임시수입으로 세외수입에 해당한다.
④ 지방자치단체의 특정 사업으로 특별한 이익을 얻은 개인에게 당해 사업에 필요한 비용의 일부를 부담시키기 위해 징수하는 부담금은 세외수입의 하나이다.

출제유형 | 말바꾸기 + Ⅳ 개념
출제영역 | 세외수입의 특징

① ⭕ 세외수입은 지방자치단체의 자주적인 노력과 절차에 의한 수입으로 지방 간 불균형성과, 회계연도 간 불규칙성이 강하다.
② ❌ **세외수입**은 지방세 이외의 수입으로, 사용료·수수료·과징금·자산매각 수입 등이 포함되며, **일반회계와 특별회계 모두에서 관리될 수 있다. 일반회계에서는 행정 운영을 위한 사용료·수수료·과징금 등이 포함**되며, **특별회계에서는 지방공기업 운영 수익 등과 같이 특정 사업과 관련된 세외수입이 관리**된다.
③ ⭕ 자치단체 소유의 재산을 지방자치단체 이외의 자에게 매각함으로써 얻게 되는 수입인 재산매각수입은 임시적 수입에 해당한다.
④ ⭕ 부담금은 지방정부의 특정사업으로 특별한 이익을 얻게 되는 개인이나 단체에게 당해 사업에 필요한 비용의 일부를 부담시키기 위해 징수하는 공과금으로 세외수입에 해당한다.

2025 신용한 지방자치론 p.211, 212   정답 ②

458

'15 지방 7 지방자치론

다음은 「지방자치법」상 지방재정수입에 대한 설명이다. ㉠~㉢에 들어갈 용어로 옳은 것은?

> (가) 지방자치단체는 공공시설의 이용에 대해 (㉠)을/를 징수할 수 있다.
> (나) 지방자치단체는 그 공공시설의 설치로 주민의 일부가 특히 이익을 받으면 이익을 받는 자로부터 (㉡)을/를 징수할 수 있다.
> (다) 지방자치단체는 그 지방자치단체의 사무가 특정인을 위한 것이면 그 사무에 대하여 (㉢)을/를 징수할 수 있다.

	㉠	㉡	㉢
①	수수료	사용료	분담금
②	분담금	수수료	사용료
③	공동시설세	재산세	사업소세
④	사용료	분담금	수수료

출제유형 Ⅱ 짝짓기 + Ⅶ 법령
출제영역 세외수입의 구성

④ ◉ ㉠-사용료, ㉡-분담금, ㉢-수수료

㉠ 사용료

> 지방자치법 제153조【사용료】지방자치단체는 공공시설의 이용 또는 재산의 사용에 대하여 <u>사용료</u>를 징수할 수 있다.

㉡ 분담금

> 지방자치법 제155조【분담금】지방자치단체는 그 재산 또는 공공시설의 설치로 주민의 일부가 특히 이익을 받으면 이익을 받는 자로부터 그 이익의 범위에서 <u>분담금</u>을 징수할 수 있다.

㉢ 수수료

> 지방자치법 제154조【수수료】① 지방자치단체는 그 지방자치단체의 사무가 특정인을 위한 것이면 그 사무에 대하여 <u>수수료</u>를 징수할 수 있다.

2025 신용한 지방자치론 p.212 **정답** ④

459

'18 서울 7 지방자치론

<보기>는 「지방자치법」상 지방자치단체의 수수료에 관한 설명이다. ㄱ~ㄷ에 들어갈 용어로 옳은 것은?

> • 사용료·수수료 또는 분담금의 징수에 관한 사항은 (ㄱ)(으)로 정한다.
> • 다만, 국가가 지방자치단체나 그 기관에 위임한 사무와 자치사무의 수수료 중 전국적으로 통일할 필요가 있는 수수료에 관한 사항에 다른 법령의 규정에도 불구하고 (ㄴ)으로 정하는 표준금액으로 징수하되, 지방자치단체가 다른 금액으로 징수하고자 하는 경우에는 표준금액의 (ㄷ)의 범위에서 조례로 가감 조정하여 징수할 수 있다.

	ㄱ	ㄴ	ㄷ
①	조례	행정안전부령	50퍼센트
②	지방재정법	대통령령	10퍼센트
③	조례	대통령령	50퍼센트
④	조례	행정안전부령	10퍼센트

출제유형 Ⅶ 법령
출제영역 세외수입의 구성

③ ◉ 지방자치법 제156조 제1항 및 단서조항

> 지방자치법 제156조【사용료의 징수조례 등】① 사용료·수수료 또는 분담금의 징수에 관한 사항은 (ㄱ. 조례)로 정한다.
> 다만, 국가가 지방자치단체나 그 기관에 위임한 사무와 자치사무의 수수료 중 전국적으로 통일할 필요가 있는 수수료에 관한 사항은 다른 법령의 규정에도 불구하고 (ㄴ. 대통령령)으로 정하는 표준 금액으로 징수하되, 지방자치단체가 다른 금액으로 징수하고자 하는 경우에는 표준금액의 (ㄷ. 50퍼센트)의 범위에서 조례로 가감 조정하여 징수할 수 있다.

2025 신용한 지방자치론 p.212 **정답** ③

460

'20 국회 8

우리나라 지방재정에 대한 설명으로 옳지 않은 것은?

① 중앙관서의 장은 그 소관 사무로서 지방자치단체의 경비 부담을 수반하는 사무에 관한 법령을 제정하거나 개정하려면 미리 행정안전부장관의 의견을 들어야 한다.
② 지방자치단체의 장은 이미 성립된 예산을 변경할 필요가 있을 때에는 추가경정예산을 편성할 수 있다.
③ 국가는 정책상 필요하다고 인정할 때 또는 지방자치단체의 재정 사정상 특히 필요하다고 인정할 때에는 예산의 범위에서 지방자치단체에 교부금을 지급할 수 있다.
④ 지방자치단체의 장은 대통령령으로 정하는 바에 따라 각 정책사업 내의 예산액 범위에서 각 단위사업 또는 목의 금액을 전용할 수 있다.
⑤ 행정안전부장관은 지방자치단체가 소속 공무원의 인건비를 30일 이상 지급하지 못한 경우 해당 지방자치단체를 긴급재정관리단체로 지정할 수 있다.

출제유형 Ⅶ 법령
출제영역 우리나라 지방재정

① ○ 지방재정법 제25조

> 지방재정법 제25조 【지방자치단체의 부담을 수반하는 법령안】 중앙관서의 장은 그 소관 사무로서 지방자치단체의 경비부담을 수반하는 사무에 관한 법령을 제정하거나 개정하려면 미리 행정안전부장관의 의견을 들어야 한다.

② ○ 지방재정법 제45조

> 동법 제45조 【추가경정예산의 편성 등】 지방자치단체의 장은 이미 성립된 예산을 변경할 필요가 있을 때에는 추가경정예산(追加更正豫算)을 편성할 수 있다. 다만, 다음 각 호의 경비는 추가경정예산의 성립 전에 사용할 수 있으며, 이는 같은 회계연도의 차기 추가경정예산에 계상하여야 한다.
> 1. 시·도의 경우 국가로부터, 시·군 및 자치구의 경우 국가 또는 시·도로부터 그 용도가 지정되고 소요 전액이 교부된 경비
> 2. 시·도의 경우 국가로부터, 시·군 및 자치구의 경우 국가 또는 시·도로부터 재난구호 및 복구와 관련하여 복구계획이 확정·통보된 경우 그 소요 경비

③ ✕ 국가는 정책상 필요하다고 인정할 때 또는 지방자치단체의 재정 사정상 특히 필요하다고 인정할 때에는 <mark>예산의 범위에서 지방자치단체에 보조금(교부금 ✕)을 교부할 수 있다.</mark>

> 동법 제23조 【보조금의 교부】 ① 국가는 정책상 필요하다고 인정할 때 또는 지방자치단체의 재정 사정상 특히 필요하다고 인정할 때에는 예산의 범위에서 지방자치단체에 보조금을 교부할 수 있다.

④ ○ 지방재정법 제49조 제1항

> 동법 제49조 【예산의 전용】 ① 지방자치단체의 장은 대통령령으로 정하는 바에 따라 각 정책사업 내의 예산액 범위에서 각 단위사업 또는 목의 금액을 전용(轉用)할 수 있다.

⑤ ○ 지방재정법 제60조의3 제1항

> 동법 제60조의3 【긴급재정관리단체의 지정 및 해제】 ① 행정안전부장관은 지방자치단체가 다음 각 호의 어느 하나에 해당하여 자력으로 그 재정위기상황을 극복하기 어렵다고 판단되는 경우에는 해당 지방자치단체를 긴급재정관리단체로 지정할 수 있다. 이 경우 행정안전부장관은 긴급재정관리단체로 지정하려는 지방자치단체의 장과 지방의회의 의견을 미리 들어야 한다.
> 1. 제55조의2에 따라 재정위기단체로 지정된 지방자치단체가 제55조의3에 따른 재정건전화계획을 3년간 이행하였음에도 불구하고 재정위기단체로 지정된 때부터 3년이 지난 날 또는 그 이후의 지방자치단체의 재정위험 수준이 재정위기단체로 지정된 때보다 대통령령으로 정하는 수준 이하로 악화된 경우
> 2. 소속 공무원의 인건비를 30일 이상 지급하지 못한 경우
> 3. 상환일이 도래한 채무의 원금 또는 이자에 대한 상환을 60일 이상 이행하지 못한 경우

2025 신용한 지방자치론 p.195, 199, 205, 251 | 정답 ③

461

'20 국가 7

부담금에 대한 설명으로 옳지 않은 것은?

① 특정의 공공서비스를 창출하거나 바람직한 행위를 유도하기 위해 사용된다.
② 수익자 부담의 원칙이 적용된다.
③ 「지방세법」상 지방세 수입의 재원 중 하나이다.
④ 부담금에 관한 주요 정책과 그 운용방향 등을 심의하기 위하여 기획재정부장관 소속으로 부담금심의위원회를 둔다.

출제유형 Ⅳ 개념 + Ⅶ 법령
출제영역 부담금

① ○ 부담금은 특정한 공익사업에 드는 경비의 충당을 목적으로 한다.
② ○ 부담금은 국가 또는 시·도가 시행하는 공익사업 등이 다른 자치단체에 이익을 줄 경우 수익을 받는 지방자치단체에 대해 사업에 필요한 경비의 일부를 부담시키는 공과금으로, 수익자 부담의 원칙이 적용된다.
③ ✕ <mark>부담금은 「지방세법」상 지방세 수입의 재원이 아니며, 세외수입 중 임시적 수입에 포함</mark>된다.
④ ○ 부담금심의위원회는 기획재정부장관 소속이다.

> 부담금관리 기본법 제9조 【부담금운용심의위원회】 ① 부담금에 관한 주요정책과 그 운용방향 등을 심의하기 위하여 기획재정부장관 소속으로 부담금운용심의위원회(이하 "위원회"라 한다)를 둔다.

2025 신용한 지방자치론 p.213 | 정답 ③

POINT 4~6 의존재원

462 '16 지방 7

지방재정에 대한 설명으로 옳은 것은?

① 지방교부세의 기본 목적은 지방자치단체 간 재정격차를 줄임으로써 기초적인 행정서비스가 제공될 수 있도록 하는 데 있다.
② 세외수입은 연도별 신장률이 안정적이며 그 종류와 형태가 다양하다.
③ 보통교부세, 특별교부세, 분권교부세, 부동산교부세 등의 지방교부세가 운영되고 있다.
④ 대부분의 국고보조사업에는 차등보조율이 적용되고 있다.

출제유형 Ⅳ 개념 + Ⅶ 법령
출제영역 지방교부세 등

① ◯ 지방교부세는 지방재정의 지역 간 불균형을 시정하기 위하여 국가가 내국세액의 일정비율을 각 자치단체에 배분하는 재원이다.
② ✕ 세외수입은 수입의 근거와 종류 및 형태가 매우 다양하며, 지방 간 불균형성과 회계연도 간 불규칙성이 강하다.
③ ✕ 지방교부세는 보통교부세, 특별교부세, 소방안전교부세, 부동산교부세(분권교부세 ✕) 등으로 운영되고 있다.
④ ✕ 「보조금 관리에 관한 법률」에 따라 대부분의 국고보조사업은 기준보조율이 적용되며, 필요에 따라 차등보조율이 적용된다.

> 보조금 관리에 관한 법률 제9조【보조금의 대상 사업 및 기준보조율 등】① 보조금이 지급되는 대상 사업, 경비의 종목, 국고보조율 및 금액은 매년 예산으로 정한다.
> 동법 제10조【차등보조율의 적용】① 기획재정부장관은 매년 지방자치단체에 대한 보조금 예산을 편성할 때에 필요하다고 인정되는 보조사업에 대하여는 해당 지방자치단체의 재정 사정을 고려하여 기준보조율에서 일정 비율을 더하거나 빼는 차등보조율을 적용할 수 있다. 이 경우 기준보조율에서 일정 비율을 빼는 차등보조율은 「지방교부세법」에 따른 보통교부세를 교부받지 아니하는 지방자치단체에 대하여만 적용할 수 있다.

2025 신용한 지방자치론 p.211, 215~224   정답 ①

463 '17 지방 7 지방자치론

「지방교부세법」상 시행되고 있는 지방교부세가 아닌 것은?

① 부동산교부세
② 소방안전교부세
③ 특별교부세
④ 분권교부세

출제유형 Ⅳ 개념 + Ⅶ 법령
출제영역 지방교부세

①, ②, ③ ◯, ④ ✕ 「지방교부세법」상 시행되고 있는 지방교부세는 보통교부세, 특별교부세, 소방안전교부세, 부동산교부세이다.

SUMMARY 교부세의 종류

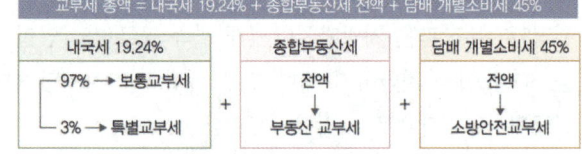

2025 신용한 지방자치론 p.215   정답 ④

464 '18 지방 9

지방재정조정제도 중 「지방교부세법」에서 규정하고 있지 않은 것은?

① 소방안전교부세
② 보통교부세
③ 조정교부금
④ 부동산교부세

출제유형 Ⅳ 개념 + Ⅶ 법령
출제영역 지방교부세

①, ②, ④ ◯, ③ ✕ 「지방교부세법」에서 규정하고 있는 교부세의 종류는 보통교부세, 특별교부세, 부동산교부세 및 소방안전교부세이다.

> 지방교부세법 제3조【교부세의 종류】지방교부세(이하 "교부세"라 한다)의 종류는 보통교부세·특별교부세·부동산교부세 및 소방안전교부세로 구분한다.

2025 신용한 지방자치론 p.215~219   정답 ③

465 '23 국회 9

2023년 7월 현재 우리나라의 지방교부세 종류에 해당되지 않는 것은?

① 보통교부세
② 특별교부세
③ 부동산교부세
④ 소방안전교부세
⑤ 분권교부세

- 출제유형 : Ⅳ 개념
- 출제영역 : 지방교부세

⑤ ❌ 지방교부세는 **보통교부세, 특별교부세, 소방안전교부세, 부동산교부세**(분권교부세 ✕) 등으로 운영되고 있다.

2025 신용한 지방자치론 p.215~219　　정답 ⑤

---

466 '20 국회 9

지방자치단체의 소방 인력 운용, 소방 및 안전시설 확충, 안전관리 강화 등을 위해 현재 지방자치단체에 교부되고 있는 소방안전교부세의 재원은?

① 「유통세법」에 따라 담배에 부과하는 유통세 총액의 일부 금액
② 「부가가치세법」에 따라 담배에 부과하는 부가가치세 총액의 일부 금액
③ 「개별소비세법」에 따라 담배에 부과하는 개별소비세 총액의 일부 금액
④ 「지방세법」에 따라 담배에 부과하는 담배소비세 총액의 일부 금액
⑤ 「지방세법」에 따라 담배에 부과하는 지방소비세 총액의 일부 금액

- 출제유형 : Ⅳ 개념
- 출제영역 : 지방교부세

③ ⭕ 소방안전교부세는 **담배 개별소비세 총액의 45%에 해당하는 금액을 재원으로 한다.**

지방교부세법 제4조 【교부세의 재원】 ① 교부세의 재원은 다음 각 호로 한다.
　3. 「개별소비세법」에 따라 담배에 부과하는 개별소비세 총액의 100분의 45에 해당하는 금액
② 교부세의 종류별 재원은 다음 각 호와 같다.
　5. 소방안전교부세 : 제1항제3호의 금액 + 제1항 제6호의 정산액

2025 신용한 지방자치론 p.218　　정답 ③

---

467 '15 지방 7

우리나라의 지방교부세에 대한 설명으로 옳지 않은 것은?

① 국가보조금제도와 함께 지방재정조정제도 중의 하나로 운영되고 있다.
② 지방교부세는 대표적인 지방세로서, 내국세의 일정 비율의 금액으로 법정되어 있다.
③ 보통교부세는 그 용도를 특정하지 아니한 일반재원이다.
④ 특별교부세는 중앙정부가 지방정부를 통제하기 위한 수단으로 사용된다는 비판도 있다.

- 출제유형 : Ⅳ 개념
- 출제영역 : 지방교부세

② ❌ **지방교부세는 지방세가 아니다.** 지방교부세는 지방재정의 지역 간 불균형을 시정하기 위하여 국가가 내국세액의 일정비율과 종합부동산세 전액, 담배 개별소비세의 일정비율을 재원으로 하여 각 자치단체에 배분하여 교부하는 재원이다.

SUMMARY 지방교부세

보통교부세	① 용도 : 지자체의 기본적 행정수준 유지를 위해 용도의 지정 없이 교부되는 일반재원 ② 재원 : 내국세 총액의 19.24% 중 97% ③ 산정 : 기준재정 수입액이 기준재정 수요액에 미달하는 규모를 기초로 산정
특별교부세	① 용도 : 국가 역점 시책사업 추진에 대한 보전 등 특수한 사정으로 발생한 재정수요를 충당하기 위해 교부되는 특정재원 ② 재원 : 내국세 총액의 19.24% 중 3% ③ 산정 : 자치단체가 교부신청 시 교부 목적의 타당성을 검토하여 교부. 신청없이도 행정안전부 장관이 일정기준에 따라 지급가능
소방안전교부세	① 용도 : 지자체의 소방 인력 운용, 소방 및 안전시설 확충, 안전관리 강화 등을 위하여 자치단체에 대하여 교부하는 특정재원 ② 재원 : 담배에 부과하는 개별소비세 총액의 45%에 해당하는 금액 ③ 산정 : 지방자치단체의 소방 및 안전시설 현황, 소방 및 안전시설 투자 소요, 재난예방 및 안전강화 노력, 재정여건 등을 고려하여 대통령령으로 정함
부동산교부세	① 용도 : 지방세였던 종토세가 국세인 종합부동산세로 전환됨에 따라 이를 재원으로 지자체에 교부(일반재원) ② 재원 : 국세인 종합부동산세의 총액 ③ 산정 : 자치단체의 재정여건이나 지방세 운영상황 등을 고려하여 대통령령으로 정함('10년 개정)

* 분권교부세 폐지(15. 1. 1)

2025 신용한 지방자치론 p.215~220　　정답 ②

468

우리나라의 지방교부세에 대한 설명으로 가장 옳지 않은 것은?

① 지방교부세는 모든 지방자치단체가 일정 수준의 행정서비스를 제공할 수 있도록 재정조정기능을 수행한다.
② 지방교부세의 재원은 내국세의 19.24%, 종합부동산세의 45% 및 담배에 부과되는 개별소비세액 전액으로 법정화되어 있다.
③ 지방교부세의 종류는 보통교부세·특별교부세·부동산교부세 및 소방안전교부세로 구분한다.
④ 행정안전부장관은 소방안전교부세를 지방자치단체에 전액 교부해야 하는데, 이 경우 소방 분야에 대해서는 소방청장의 의견을 들어 교부해야 한다.

출제유형 Ⅰ 말바꾸기 + Ⅶ 법령
출제영역 지방교부세

① ⭕ 지방교부세는 지방재정의 지역간 불균형을 시정하기 위하여 국가가 내국세액의 일정비율과 종합부동산세 전액, 담배 개별소비세의 일정 비율을 재원으로 하여 각 자치단체에 배분하여 교부하는 재원이다.
② ❌ 지방교부세는 **내국세액의 일정비율(19.24%), 종합부동산세 전액, 담배 개별소비세 45%를 재원**으로 한다.
③ ⭕ 지방교부세는 보통교부세, 특별교부세, 소방안전교부세, 부동산교부세 등으로 운영되고 있다.
④ ⭕ 지방교부세법 제9조의4 제1항

> **지방교부세법 제9조의4【소방안전교부세의 교부】** ① 행정안전부장관은 다음 각 호의 구분에 따라 소방안전교부세를 지방자치단체에 전액 교부하여야 한다. 이 경우 소방 분야에 대해서는 소방청장의 의견을 들어 교부하여야 한다.

정답 ②

469

지방교부세에 대한 설명으로 가장 옳지 않은 것은?

① 지방정부의 재원을 보전하고 지방정부 간 재정격차를 조정하기 위한 재정조정제도 중 하나이다.
② 통상적으로 부수적인 조건이 붙거나 분담금(matching fund)이 요구되지 않는다.
③ 다른 조건이 변화하지 않는다면, 지방교부세 지원을 확대하면 재정자립도는 높아진다.
④ 현행「지방교부세법」에서는 교부세의 종류로 보통교부세, 특별교부세, 부동산교부세 및 소방안전교부세 4가지를 규정하고 있다.

출제유형 Ⅰ 말 바꾸기 + Ⅳ 개념
출제영역 지방교부세

① ⭕ 지방교부세는 자치단체의 기능과 업무 수행에 필요한 재원의 부족분을 보충해 주고 각 지방자치단체 간의 불균형 현상을 완화하고자 국가나 상급지방자치단체가 재정력이 취약한 지방자치단체로 재원을 이전하여 주는 제도이다.
② ⭕ 지방교부세는 목적 자체가 균형화와 최소한의 행정서비스를 보장하는데 있으므로 지방교부세에는 통상 부수적인 조건이 붙거나 분담금(matching fund)이 요구되지 않는다. '끈이 달리지 않은 돈(money without string)'이란 뜻이다.
③ ❌ **교부세의 확대지급은 재정능력**은 강화시키나 **재정자립도를 저하**시키는 문제가 발생한다.
④ ⭕ 지방교부세법 제3조

> **지방교부세법 제3조【교부세의 종류】** 지방교부세(이하 "교부세"라 한다)의 종류는 보통교부세·특별교부세·부동산교부세 및 소방안전교부세로 구분한다.

정답 ③

470 '17 교행 9

지방교부세에 관한 설명으로 옳은 것은?

① 2005년부터 도입되었던 분권교부세는 2015년부터 소방안전교부세로 전환되었다.
② 지방교부세의 총액은 내국세 총액의 19.24%와 담배에 부과하는 개별소비세 총액의 45%를 합한 금액이다.
③ 행정안전부장관은 지방재정분석 결과 건전성과 효율성 등이 우수한 지방자치단체라 하더라도 특별교부세를 별도로 교부할 수 없다.
④ 행정안전부장관이 필요하다고 인정하는 경우에는 지방자치단체장의 신청이 없는 경우에도 일정한 기준을 정하여 특별교부세를 교부할 수 있다.

출제유형 | 말바꾸기 + Ⅷ 법령
출제영역 지방교부세

① ❌ 분권교부세는 2015년 1월 1일부터 **보통교부세**(소방안전교부세 ×)로 **통합**되었다.
② ❌ 지방교부세는 **내국세액의 일정비율(19.24%), 종합부동산세 전액, 담배 개별소비세 45%**를 재원으로 한다.
③ ❌ 행정안전부장관은 지방행정 및 재정운용실적이 우수한 지방자치단체에 재정지원 등 특별한 재정수요가 있을 경우 **특별교부세를 별도로 교부할 수 있다.**
④ ⭕ 특별교부세는 교부신청이 없는 경우에도 행정안전부장관이 필요하다고 인정하는 경우에는 일정한 기준을 정하여 교부가 가능하다.

SUMMARY 지방교부세

보통 교부세	① 용도 : 지자체의 기본적 행정수준 유지를 위해 용도의 지정 없이 교부되는 일반재원 ② 재원 : 내국세 총액의 19.24% 중 97% ③ 산정 : 기준재정 수입액이 기준재정 수요액에 미달하는 규모를 기초로 산정
특별 교부세	① 용도 : 국가 역점 시책사업 추진에 대한 보전 등 특수한 사정으로 발생한 재정수요를 충당하기 위해 교부되는 특정재원 ② 재원 : 내국세 총액의 19.24% 중 3% ③ 산정 : 자치단체가 교부신청 시 교부 목적의 타당성을 검토하여 교부. 신청없이도 행정안전부 장관이 일정기준에 따라 지급가능
소방안전 교부세	① 용도 : 지자체의 소방 인력 운용, 소방 및 안전시설 확충, 안전관리 강화 등을 위하여 자치단체에 대하여 교부하는 특정재원 ② 재원 : 담배에 부과하는 개별소비세 총액의 45%에 해당하는 금액 ③ 산정 : 지방자치단체의 소방 및 안전시설 현황, 소방 및 안전시설 투자 소요, 재난예방 및 안전강화 노력, 재정여건 등을 고려하여 대통령령으로 정함
부동산 교부세	① 용도 : 지방세였던 종토세가 국세인 종합부동산세로 전환됨에 따라 이를 재원으로 지자체에 교부(일반재원) ② 재원 : 국세인 종합부동산세의 총액 ③ 산정 : 자치단체의 재정여건이나 지방세 운영상황 등을 고려하여 대통령령으로 정함('10년 개정)

* 분권교부세 폐지(15. 1. 1)

📖 2025 신용한 지방자치론 p.215~220   **정답** ④

---

471 '19 서울 7 추가채용 지방자치론

「지방교부세법」상 지방교부세에 대한 설명으로 가장 옳지 않은 것은?

① 추가경정예산에 의하여 지방교부세의 재원인 국세가 늘거나 줄면 지방교부세도 함께 조절하여야 한다.
② 기준재정수입액은 기준세율로 산정한 해당 지방자치단체의 보통세와 목적세 수입액으로 하며, 기준세율은 「지방세법」에 규정된 표준세율의 100분의 70에 해당하는 세율로 한다.
③ 지방교부세는 1년을 4기(期)로 나누어 교부한다. 다만, 특별교부세는 예외로 할 수 있다.
④ 행정안전부장관이 필요하다고 인정하는 경우에는 신청이 없는 경우에도 일정한 기준을 정하여 특별교부세를 교부할 수 있다.

출제유형 | 말바꾸기 + Ⅷ 법령
출제영역 지방교부세

① ⭕ 지방교부세법 제5조 제2항

> **지방교부세법 제5조【예산 계상】** ② 추가경정예산에 의하여 교부세의 재원인 국세(國稅)가 늘거나 줄면 교부세도 함께 조절하여야 한다. 다만, 국세가 줄어드는 경우에는 지방재정 여건 등을 고려하여 다음 다음 연도까지 교부세를 조절할 수 있다.

② ❌ 기준재정수입액은 기준세율로 산정한 해당 지방자치단체 **보통세(목적세 ×) 수입액으로 하며**, 지방세법에 규정된 표준세율의 **100분의 80(100분의 70 ×)에 해당하는 세율**로 한다.

> **동법 제8조【기준재정수입액】** ① 기준재정수입액은 기준세율로 산정한 해당 지방자치단체의 보통세 수입액으로 한다.
> ② 제1항의 기준세율은 「지방세법」에 규정된 표준세율의 100분의 80에 해당하는 세율로 한다.

③ ⭕ 지방교부세법 제10조

> **동법 제10조【교부 시기】** 교부세는 1년을 4기(期)로 나누어 교부한다. 다만, 특별교부세는 예외로 할 수 있다.

④ ⭕ 지방교부세법 제9조 제2항 단서

> **동법 제9조【특별교부세의 교부】** ② 행정안전부장관은 지방자치단체의 장이 제1항 각 호에 따른 특별교부세의 교부를 신청하는 경우에는 이를 심사하여 특별교부세를 교부한다. 다만, 행정안전부장관이 필요하다고 인정하는 경우에는 신청이 없는 경우에도 일정한 기준을 정하여 특별교부세를 교부할 수 있다.

📖 2025 신용한 지방자치론 p.215~219   **정답** ②

472

'20 지방 7 지방자치론

지방교부세에 대한 설명으로 옳지 않은 것은?

① 지방자치단체 간 재정 격차를 완화하는 재정 균형화 기능을 수행한다.
② 보통교부세, 특별교부세, 부동산교부세, 소방안전교부세 등의 종류가 있다.
③ 부동산교부세는 지방자치단체에 전액 교부한다.
④ 보통교부세의 기준재정 수입액을 산정할 때 기초 수입액은 지방세 중 보통세 수입 총액의 95 %를 반영한다.

출제유형 Ⅶ 법령
출제영역 지방교부세

①, ② ⭕ 지방교부세는 중앙정부가 각 지방자치단체의 재정력 균형을 위해 각 자치단체의 재정 부족액을 산정해 용도에 제한을 두지 않고 교부하는 재원을 말하며, 그 종류에는 보통교부세, 특별교부세, 소방안전교부세, 부동산교부세 등이 있다.
③ ⭕ 부동산교부세는 국세인 종합부동산세의 전액을 재원으로 하여 지방자치단체에 전액 교부한다.
④ ❌ **기준재정수입액은 지방세 중 보통세 수입 총액의 80%를 반영**한다.

지방교부세법 제8조 【기준재정수입액】 ① 기준재정수입액은 기준세율로 산정한 해당 지방자치단체의 <u>보통세 수입액</u>으로 한다. ② 제1항의 기준세율은 「지방세법」에 규정된 표준세율의 <u>100분의 80</u>에 해당하는 세율로 한다.

정답 ④

473

'16 서울 7 지방자치론

우리나라 특별교부세의 교부에 대한 설명으로 가장 옳은 것은?

① 기준재정수요액의 산정방법으로는 파악할 수 없는 지역 현안에 대한 특별한 재정수요가 있는 경우에는 특별교부세 재원의 100분의 50에 해당하는 금액을 교부한다.
② 국가적 장려사업, 국가와 지방자치단체 간에 시급한 협력이 필요한 사업 등 특별한 재정수요가 있을 경우에는 특별교부세 재원의 100분의 10에 해당하는 금액을 교부한다.
③ 행정안전부장관은 지방자치단체의 장의 신청이 있는 경우에 한하여 이를 심사하여 특별교부세를 교부할 수 있다.
④ 보통교부세의 산정기일 후에 발생한 재난을 복구하거나 재난 및 안전관리를 위한 특별한 재정수요가 생기거나 재정수입이 감소한 경우에는 특별교부세 재원의 100분의 40에 해당하는 금액을 교부한다.

출제유형 Ⅶ 법령
출제영역 지방교부세

① ❌ 기준재정수요액의 산정방법으로는 파악할 수 없는 **지역 현안에 대한 특별한 재정수요가 있는 경우에는 특별교부세 재원의 100분의 40에 해당하는 금액을 교부한다.**
③ ❌ 행정안전부장관은 지자체장의 신청이 있는 경우에 이를 심사하여 특별교부세를 교부하지만, **행정안전부장관이 필요하다고 인정하는 경우에는 신청이 없어도 일정한 기준을 정하여 특별교부세를 교부할 수 있다.**
④ ❌ 보통교부세의 산정기일 후에 발생한 **재난을 복구하거나 재난 및 안전관리를 위한 특별한 재정수요가 생기거나 재정수입이 감소한 경우에는 특별교부세 재원의 100분의 50에 해당하는 금액을 교부한다.**

지방교부세법 제9조 【특별교부세의 교부】 ① 특별교부세는 다음 각 호의 구분에 따라 교부한다.
1. 기준재정수요액의 산정방법으로는 파악할 수 없는 지역 현안에 대한 특별한 재정수요가 있는 경우 : 특별교부세 재원의 100분의 40에 해당하는 금액
2. 보통교부세의 산정기일 후에 발생한 재난을 복구하거나 재난 및 안전관리를 위한 특별한 재정수요가 생기거나 재정수입이 감소한 경우 : 특별교부세 재원의 100분의 50에 해당하는 금액
3. 국가적 장려사업, 국가와 지방자치단체 간에 시급한 협력이 필요한 사업, 지역 역점시책 또는 지방행정 및 재정운용 실적이 우수한 지방자치단체에 재정 지원 등 특별한 재정수요가 있을 경우 : 특별교부세 재원의 100분의 10에 해당하는 금액

정답 ②

474

「지방교부세법」상 특별교부세에 대한 설명으로 옳지 않은 것은?

① 국가적 장려사업, 지역 역점시책 등 특별한 시정수요가 있는 경우 정해진 일정 금액을 교부한다.
② 행정안전부장관은 특별교부세를 교부하는 경우 민간에 지원하는 보조사업에도 교부할 수 있다.
③ 보통교부세의 산정기일 후에 발생한 재난을 복구하거나 재난 및 안전관리를 위한 특별한 재정수요가 생기거나 재정수입이 감소한 경우 특별교부세 재원의 절반에 해당하는 금액을 교부한다.
④ 행정안전부장관이 필요하다고 인정하는 경우에는 신청이 없는 경우에도 일정한 기준을 정하여 특별교부세를 교부할 수 있다.

출제유형 Ⅶ 법령
출제영역 지방교부세

② ✗ 행정안전부장관은 특별교부세를 교부하는 경우 민간에 지원하는 보조사업에 대하여는 교부할 수 없다.

> 지방교부세법 제9조【특별교부세의 교부】① 특별교부세는 다음 각 호의 구분에 따라 교부한다.
>   1. 기준재정수요액의 산정방법으로는 파악할 수 없는 지역 현안에 대한 특별한 재정수요가 있는 경우 : 특별교부세 재원의 100분의 40에 해당하는 금액
>   2. 보통교부세의 산정기일 후에 발생한 재난을 복구하거나 재난 및 안전관리를 위한 특별한 재정수요가 생기거나 재정수입이 감소한 경우 : 특별교부세 재원의 100분의 50에 해당하는 금액
>   3. 국가적 장려사업, 국가와 지방자치단체 간에 시급한 협력이 필요한 사업, 지역 역점시책 또는 지방행정 및 재정운용 실적이 우수한 지방자치단체에 재정 지원 등 특별한 재정수요가 있을 경우 : 특별교부세 재원의 100분의 10에 해당하는 금액
> ② 행정안전부장관은 지방자치단체의 장이 제1항제1호 및 제3호에 따른 특별교부세의 교부를 신청하는 경우에는 이를 심사하여 특별교부세를 교부한다. 다만, 행정안전부장관이 필요하다고 인정하는 경우에는 신청이 없는 경우에도 일정한 기준을 정하여 특별교부세를 교부할 수 있다.
> ⑥ 행정안전부장관은 제1항에 따른 특별교부세를 교부하는 경우 민간에 지원하는 보조사업에 대하여는 교부할 수 없다.

정답 ②

475

우리나라 지방자치단체의 세입·세출에 대한 설명으로 옳지 않은 것은?

① 의존재원의 비중이 높아지면 재정분권이 취약해질 수 있다.
② 보통교부세는 중앙정부가 용도를 제한하여 지방자치단체의 재량권이 없는 재원이다.
③ 지방세와 세외수입은 자주재원에 속하고, 보조금은 의존재원에 속한다.
④ 현행법상 지방자치단체의 관할구역 자치사무에 필요한 경비는 그 지방자치단체가 전액을 부담한다.

출제유형 Ⅳ 개념
출제영역 지방교부세 등

① ◯ 의존재원은 국가나 상급 지방자치단체의 의해 결정·실현되는 재원으로 비중이 높아지면 재정분권이 취약해 질 수 있다.
② ✗ 보통교부세는 중앙정부가 각 지방자치단체의 재정력 균형을 위해 각 자지단체의 재정 부족액을 산정해 용도에 제한을 두지 않고 교부하는 일반재원이다.
④ ◯ 자치사무는 지방자치단체가 경비를 전액 부담하는 것이 원칙이다.

> 지방재정법 제20조【자치사무에 관한 경비】지방자치단체의 관할구역 자치사무에 필요한 경비는 그 지방자치단체가 전액을 부담한다.

정답 ②

476

'16 지방 7 지방자치론

지방재정조정제도의 특징으로 옳은 것은?

① 지방자치단체의 재정력 격차의 해소보다 지역발전에 중점을 둔다.
② 지방자치단체에게 최대한의 행정수준을 제공하도록 보장하고 있다.
③ 지방자치단체 상호 간의 재정불균형을 조정할 뿐만 아니라 중앙정부의 지방자치단체 간의 수직적 재정조정기능도 갖는다.
④ 지방교부세와 국고보조금은 「지방자치법」에 근거한다.

출제유형 Ⅶ 법령
출제영역 지방교부세 등

① 지방재정조정제도는 각 지방자치단체 간의 불균형 현상(재정력 격차)을 완화하고자 하는 제도이다.
② 지방자치단체에게 최소한의 기본적인 행정수준을 보장해 줄 수 있도록 한 제도이다.
④ 지방교부세는 「지방교부세법」, 국고보조금은 「보조금 관리에 관한 법률」에 근거한다.

SUMMARY 지방교부세와 국고보조금

구분	지방교부세	국고보조금
법적 근거	지방교부세법	보조금 관리에 관한 법률
주무부처	행정안전부	기획재정부
재원	내국세의 19.24% + 종합부동산세 전액 + 담배개별소비세 45%	중앙정부의 일반회계와 특별회계
용도	일반재원 (용도지정 ×)	특정재원 (국가시책 등 용도지정 ○)
지방부담	없음(정액보조).	있음(정률보조).
성격	수직적·수평적 조정재원	수직적 조정재원
기능	재정의 형평화	자원의 효율적 배분
종류	① 보통교부세 : 내국세의 19.24%의 97% ② 특별교부세 : 내국세의 19.24%의 3% ③ 소방안전교부세 : 담배개별소비세의 45% ④ 부동산교부세 : 종합부동산세 총액	① 협의의 보조금 (고유사무 장려) ② 부담금(단체위임사무 - 공동부담) ③ 교부금(기관위임사무 - 전액부담)

정답 ③

477

'21 국회 8

지방재정조정제도에 대한 설명으로 옳은 것은?

① 교부세의 재원에는 내국세 총액의 19.24%, 종합부동산세 총액, 담배에 부과하는 개별소비세 총액의 45%가 포함된다.
② 부동산교부세는 지방교부세 중 가장 최근에 신설되었다.
③ 소방안전교부세는 담배소비세 총액의 100분의 20을 재원으로 하였으나 2020년 100분의 40으로 상향조정되었다.
④ 특별교부세는 그 교부 주체가 기획재정부장관으로 통합·일원화되었다.
⑤ 국고보조금은 지정된 사업목적 이외의 용도로 사용할 수 있는 재원이다.

출제유형 Ⅶ 법령
출제영역 지방교부세 등

① ○ 지방교부세법 제4조 제1항

> **지방교부세법 제4조【교부세의 재원】** ① 교부세의 재원은 다음 각 호로 한다.
> 1. 해당 연도의 내국세(목적세 및 종합부동산세, 담배에 부과하는 개별소비세 총액의 100분의 45 및 다른 법률에 따라 특별회계의 재원으로 사용되는 세목의 해당 금액은 제외한다. 이하 같다) 총액의 1만분의 1,924에 해당하는 금액
> 2. 「종합부동산세법」에 따른 종합부동산세 총액
> 3. 「개별소비세법」에 따라 담배에 부과하는 개별소비세 총액의 100분의 45에 해당하는 금액

② 지방교부세 중 가장 최근에 신설된 것은 2015년 소방안전교부세이다.
③ 소방안전교부세는 담배 개별소비세 총액의 100분의 20에서 100분의 45에 해당하는 금액으로 상향조정되었다.
④ 특별교부세의 교부 주체는 행정안전부장관이다.

> **지방교부세법 제9조【특별교부세의 교부】** ② 행정안전부장관은 지방자치단체의 장이 제1항 각 호에 따른 특별교부세의 교부를 신청하는 경우에는 이를 심사하여 특별교부세를 교부한다. 다만, 행정안전부장관이 필요하다고 인정하는 경우에는 신청이 없는 경우에도 일정한 기준을 정하여 특별교부세를 교부할 수 있다.

⑤ 국고보조금은 지방교부세와 달리 지정된 용도로만 사용할 수 있는 재원이다.

> **보조금 관리에 관한 법률 제22조【용도 외 사용 금지】** ① 보조사업자는 법령, 보조금 교부 결정의 내용 또는 법령에 따른 중앙관서의 장의 처분에 따라 선량한 관리자의 주의로 성실히 그 보조사업을 수행하여야 하며 그 보조금을 다른 용도에 사용하여서는 아니 된다.

정답 ①

478   '24 경간

지방재정조정제도에 대한 설명으로 가장 옳지 않은 것은?

① 국가와 지방자치단체 간의 수직적 재정불균형을 시정하려는 목적이 있다.
② 지방교부세와 국고보조금은 지방자치단체의 자체수입이 아닌 중앙정부로부터 지원되는 의존재원이라는 공통점이 있다.
③ 보통교부세는 사용 목적과 용도가 정해져 있지 않은 일반재원의 성격을 가진다.
④ 지방교부세 대비 국고보조금의 비중 증가는 지방재정의 자율성을 강화한다.

출제유형 Ⅳ 개념
출제영역 지방교부세 등

① ○ 지방재정조정제도는 국가나 상급자치단체와 하급자치단체 간의 재정력 격차의 불균형을 조정하는 목적(수직적 불균형의 조정), 동일한 계층에 속하는 자치단체 간 재정력 격차의 불균형을 조정하는 목적(수평적 불균형의 조정)이 있다.
② ○ 지방교부세와 국고보조금은 국가에 의해 재정조정을 받는 의존재원이다.
③ ○ 보통교부세는 중앙정부가 각 지방자치단체의 재정력 균형을 위해 각 자치단체의 재정 부족액을 산정해 용도에 제한을 두지 않고 교부하는 재원이다.
④ ✕ 지방교부세 대비 국고보조금의 비중 증가는 중앙에 대한 지방재정의 의존도를 강화시킴으로써 **지방재정의 자율성을 약화**시킬 수 있다.

2025 신용한 지방자치론 p.215~219   **정답** ④

---

479   '22 국가 9

지방교부세에 대한 설명으로 옳지 않은 것은?

① 지역 간 재정력 격차를 완화시키는 재정 균등화 기능을 수행한다.
② 보통교부세, 특별교부세, 부동산교부세, 소방안전교부세로 구분한다.
③ 신청주의를 원칙으로 하며 각 중앙관서의 예산에 반영되어야 한다.
④ 부동산교부세는 종합부동산세를 재원으로 하며 전액을 지방자치단체에 교부한다.

출제유형 Ⅳ 개념
출제영역 지방교부세 등

① ○ 지방교부세는 지방재정의 지역 간 불균형을 시정하기 위하여 국가가 내국세액의 일정비율과 종합부동산세 전액, 담배 개별소비세의 일정비율을 재원으로 하여 각 자치단체에 배분하여 교부하는 재원이다.
② ○ 지방교부세법 제3조

> **지방교부세법 제3조【교부세의 종류】** 지방교부세(이하 "교부세"라 한다)의 종류는 보통교부세·특별교부세·부동산교부세 및 소방안전교부세로 구분한다.

③ ✕ 국고보조금에 대한 설명이다.
④ ○ 부동산교부세는 종합부동산세 전액을 재원으로 하며, 지방자치단체에 전액 교부하여야 한다.

> **동법 제9조의3【부동산교부세의 교부】** ① 부동산교부세는 지방자치단체에 전액 교부하여야 한다.

2025 신용한 지방자치론 p.215~219   **정답** ③

480 '15 국회 9

다음 <보기> 중 국고보조금에 대한 설명으로 옳은 것을 모두 고르면?

> ㄱ. 지방자치단체의 행정이 중앙정부의 지배체제하에 놓이게 됨으로써 지방자치단체의 자유로운 활동이 저해된다.
> ㄴ. 내국세 총액의 일정 비율과 종합부동산세를 국가보조금의 재원으로 하고 있으므로 모든 자치단체가 공유하는 독립재원이다.
> ㄷ. 국고보조금은 자치단체 간 재정격차를 시정해 주는 기능을 한다.
> ㄹ. 일반적으로 매년 수입되는 경상재원으로 분류된다.

① ㄱ, ㄴ ② ㄱ, ㄷ ③ ㄱ, ㄹ
④ ㄴ, ㄷ ⑤ ㄷ, ㄹ

출제유형 Ⅰ 말바꾸기 + Ⅳ 개념
출제영역 국고보조금

ㄱ ⭕ 국고보조금은 지방자치단체의 행정상, 재정상의 자주성을 저해하게 된다.

ㄴ ❌ **국고보조금의 재원은 중앙정부의 일반회계와 특별회계**이다. 내국세 총액의 일정비율과 종합부동산세, 담배개별소비세 등을 재원으로 하고 있는 것은 지방교부세이다.

ㄷ ❌ **국고보조금은 수직적 조정재원의 성격을 더 크게 가지며, 자치단체 간 수평적 격차를 조정해 주는 성격을 더 크게 갖는 것은 지방교부세**이다.

ㄹ ⭕ 국고보조금은 거의 매년 들어오므로 자치단체의 입장에서는 일반적으로 경상재원으로 분류된다. 다만, 국가의 재정에 따라 중단될 수 있다는 점을 들어 반대하는 일부견해도 있다.

SUMMARY 지방교부세와 국고보조금

구분	지방교부세	국고보조금
법적 근거	지방교부세법	보조금 관리에 관한 법률
주무부처	행정안전부	기획재정부
재원	내국세의 19.24% + 종합부동산세 전액 + 담배개별소비세 45%	중앙정부의 일반회계와 특별회계
용도	일반재원 (용도지정 ×)	특정재원 (국가시책 등 용도지정 ○)
지방부담	없음(정액보조).	있음(정률보조).
성격	수직적·수평적 조정재원	수직적 조정재원
기능	재정의 형평화	자원의 효율적 배분
종류	① 보통교부세: 내국세의 19.24%의 97% ② 특별교부세: 내국세의 19.24%의 3% ③ 소방안전교부세: 담배개별소비세의 45% ④ 부동산교부세: 종합부동산세 총액	① 협의의 보조금 (고유사무 장려) ② 부담금(단체위임사무 - 공동부담) ③ 교부금(기관위임사무 - 전액부담)

정답 ③

481 '17 국가 7

국고보조금에 대한 설명으로 옳은 것은?

① 내국세 총액의 일정비율과 「종합부동산세법」에 따른 종합부동산세 총액을 재원으로 한다.
② 사업별 보조율은 50%로 사업비의 절반은 지방자치단체가 부담해야 한다.
③ 국고보조사업의 수행에서 중앙정부의 감독을 받으므로 지방자치단체의 자율성이 약화될 우려가 있다.
④ 중앙관서의 장은 보조사업을 수행하려는 자로부터 신청받은 보조금의 명세 및 금액을 조정하여 행정안전부장관에게 보조금 예산을 요구하여야 한다.

출제유형 Ⅳ 개념 + Ⅶ 법령
출제영역 국고보조금

① ❌ 내국세 총액의 일정비율과 「종합부동산세법」에 따른 종합부동산세 총액을 재원으로 하는 것은 **지방교부세이다.**

② ❌ 사업별 보조율 등은 **매년 예산으로 정한다.**

> 보조금 관리에 관한 법률 제9조 【보조금의 대상 사업 및 기준보조율 등】 ① 보조금이 지급되는 대상 사업, 경비의 종목, 국고 보조율 및 금액은 매년 예산으로 정한다. 다만, 지방자치단체에 대한 보조금의 경우 다음 각 호에 해당하는 사항은 대통령령으로 정한다.
> 1. 보조금이 지급되는 대상 사업의 범위
> 2. 보조금의 예산 계상 신청 및 예산 편성 시 보조사업별로 적용하는 기준이 되는 국고보조율(이하 "기준보조율"이라 한다)

③ ⭕ 국고보조금은 강력한 감독·통제성 등을 통하여 지방자치단체의 세입 중 가장 자율성이 없는 재원이다.

④ ❌ 중앙관서의 장은 보조사업을 수행하려는 자로부터 신청 받은 보조금의 명세 및 금액을 조정하여 **기획재정부장관(행정안전부장관 ×)에게 보조금 예산을 요구하여야 한다.**

> 동법 제6조 【중앙관서의 장의 보조금 예산 요구】 ① 중앙관서의 장은 보조사업을 수행하려는 자로부터 신청받은 보조금의 명세 및 금액을 조정하여 기획재정부장관에게 보조금 예산을 요구하여야 한다.

정답 ③

482　'20 지방 7

다음 사례에 대한 설명으로 옳은 것은?

> 2013년 환경부는 상수도 낙후지역에 사는 국민이 안심하고 마실 수 있는 수돗물을 공급하기 위해 총사업비 8,833억 원(국비 30%, 지방비 70%)을 들여 '상수관망 최적관리시스템 구축사업'을 추진한다고 발표하였다. 그러나 A시는 상수도 사업을 자체관리하기로 결정하고, 당초 요청하기로 계획했던 국고보조금 56억 원을 신청하지 않았다.

① 만약 A시가 이 사업에 참여하여 당초 요청하기로 계획했던 보조금이 그대로 배정된다면, A시가 부담해야 하는 비용은 총 56억 원이다.
② 상수관망을 통해 공급되는 수돗물과 민간재인 생수가 모두 정상재(normal goods)라고 가정하면, 환경부의 사업보조금은 수돗물과 생수의 공급수준을 모두 증가시키는 소득효과만을 유발시킨다.
③ 이 사례에서와 같은 보조금은 지역 간에 발생하는 외부효과를 시정하거나 중앙정부의 특정 목적을 달성하기 위해 운영된다.
④ A시가 신청하지 않은 보조금은 일반정액보조금에 해당한다.

출제유형　Ⅰ 말바꾸기 + Ⅳ 개념
출제영역　국고보조금

① ✗ 문제에서 국비 지방비 비율이 3 : 7이므로 국고보조금이 56억(30%)이 배정될 계획이었다면, **비율에 따라 A시가 부담해야 하는 비용은 131억(70%)이다.**
② ✗ 수돗물과 생수는 소득이 증가하면 소비가 증가하는 정상재이며, 수돗물 증가는 생수의 감소로 이어지는 대체재이다. 따라서 **수돗물의 수질이 좋아지면 국민들이 저렴하게 물소비가 가능해져 가계의 실질 소득 증가효과가 나타난다. 이러한 실질 소득증가는 수돗물 공급과 생수 공급을 증가시키는 소득효과를 유발한다. 또한 저렴한 수돗물에 대한 수요증가로 수돗물 공급이 생수의 공급을 대체하는 대체효과도 유발한다.**

구분	개념
정상재(normal goods)	다른 조건이 불변일 때, 소득이 증가(감소)함에 따라 수요가 증가(감소)하는 재화
소득효과	상품의 가격의 하락이 소비자의 실질소득을 증가시켜 그 상품의 구매력이 증가하게 되는 현상
대체효과	A와 B의 동일한 용도의 물건이 있을 때 A의 가격이 내리면 그전까지 B를 사던 사람이 A를 사게 되는 현상

③ ◯ 보조금은 지역 간에 발생하는 외부효과를 시정하고 적정수준의 공급, 중앙정부의 특정 목적을 달성하기 위해 운영된다.
④ ✗ 정액보조란 특정한 사무 또는 사업의 실시에 대하여 일정한 금액의 보조금을 교부하는 것으로 그 예로 지방교부세가 있다. **정률보조란 지방자치단체가 지출하는 경비의 일정비율의 금액을 국가가 보조하는 것으로 국고보조금이 이에 해당한다.**

2025 신용한 지방자치론 p.221~224　　정답 ③

483　'24 지방 7 지방자치론

우리나라 국고보조금의 특징으로 옳지 않은 것은?

① 사전 신청 여부에 따라 신청보조금과 무신청보조금으로 구분된다.
② 보조 형태에 따라 정액보조금과 정률보조금으로 구분된다.
③ 보조금 규모는 국가예산에 의해 결정되기 때문에 매년 변화할 수 있다.
④ 용도를 지정하거나 부수적인 조건을 달지 않으며 운영에 대한 별도의 감독을 하지 않는다.

출제유형　Ⅳ 개념
출제영역　국고보조금

① ◯ 국고보조금은 신청여부에 따라 신청보조금과 무신청보조금으로 구분될 수 있다.

> 보조금 관리에 관한 법률 제5조 【예산 계상 신청이 없는 보조사업에 대한 예외조치】 국가는 제4조에 따른 보조금의 예산 계상 신청이 없는 보조사업의 경우에도 국가시책 수행상 부득이하여 대통령령으로 정하는 경우에는 필요한 보조금을 예산에 계상할 수 있다.

② ◯ 보조금은 보조형태를 기준으로 정률보조금, 정액보조금으로 구분이 된다.

구분	내용
정률보조금	지방자치단체가 지출하는 경비의 일정비율의 금액을 국가가 보조하는 것, 일반적인 유형으로 대부분 국가 보조금지급대상 사업이 해당
정액보조금	특정한 사무 또는 사업의 실시에 대하여 일정한 금액의 보조금을 교부 하는 것, 특정한 사무·사업에 대한 장려적 효과와 재정지원적 효과가 있음.

③ ◯ 국고보조금은 규모는 예산에 의해 결정되므로 매년 변동 될 수 있다.
④ ✗ 보조금은 **특정재원**으로 용도가 지정되거나 부수적인 조건이 수반되는게 일반적이며, **운영에 대한 별도의 감독을 하게 된다.**

2025 신용한 지방자치론 p.221~224　　정답 ④

484 '21 지방 9

지방재정에 대한 설명으로 옳지 않은 것은?

① 재정자립도는 일반회계 세입 중 지방세와 세외수입이 차지하는 비중을 말한다.
② 국고보조금은 지방재정운영의 자율성을 제고한다.
③ 지방교부세는 지역 간의 재정 불균형을 시정하기 위한 제도이다.
④ 지방자치단체는 재해예방 및 복구사업에 경비를 조달하기 위해서 지방채를 발행할 수 있다.

출제유형 Ⅰ 말바꾸기 + Ⅳ 개념
출제영역 국고보조금 등

① ⭕ 재정자립도는 지방자치단체의 일반회계 세입총액 가운데 자주재원(지방세 수입 + 세외수입)이 차지하는 비중이다.
② ❌ **국고보조금**은 자금 활용에 있어 용도가 정해진 '특정재원'으로, **지방재정운영의 자율성이 저해될 위험이 존재**한다.
③ ⭕ 지방교부세는 수평적 조정으로서 지방재원의 균형화 기능을 하며, 수직적 조정으로서 지방재원의 보강기능을 한다.
④ ⭕ 지방재정법 제11조 제1항

> **지방재정법 제11조【지방채의 발행】** ① 지방자치단체의 장은 다음 각 호를 위한 자금 조달에 필요할 때에는 지방채를 발행할 수 있다. 다만, 제5호 및 제6호는 교육감이 발행하는 경우에 한한다.
> 1. 공유재산의 조성 등 소관 재정투자사업과 그에 직접적으로 수반되는 경비의 충당
> 2. 재해예방 및 복구사업
> 3. 천재지변으로 발생한 예측할 수 없었던 세입결함의 보전
> 4. 지방채의 차환
> 5. 「지방교육재정교부금법」 제9조제3항에 따른 교부금 차액의 보전
> 6. 명예퇴직(「교육공무원법」 제36조 및 「사립학교법」 제60조의3에 따른 명예퇴직을 말한다. 이하 같다) 신청자가 직전 3개 연도 평균 명예퇴직자의 100분의 120을 초과하는 경우 추가로 발생하는 명예퇴직 비용의 충당

2025 신용한 지방자치론 p.215~224, 230, 232 　 정답 ②

---

485 '20 지방 7 지방자치론

「지방재정법」상 지방재정관리위원회에 대한 설명으로 옳은 것만을 모두 고르면?

> ㄱ. 위원장은 행정안전부장관으로 하며, 민간위원인 부위원장은 위원회에서 호선하여 선정한다.
> ㄴ. 위원장·부위원장을 포함한 15명 이내의 위원으로 구성한다.
> ㄷ. 국고보조사업 중 국가와 지방자치단체 간, 시·도와 시·군·자치구 간 재원분담 비율 조정에 관한 사항을 심의한다.

① ㄱ, ㄴ
② ㄱ, ㄷ
③ ㄴ, ㄷ
④ ㄱ, ㄴ, ㄷ

출제유형 Ⅳ 개념 + Ⅶ 법령
출제영역 지방재정관리위원회

ㄱ ⭕ 지방재정법 제27조의2 제3항

> **지방재정법 제27조의2【지방재정관리위원회】** ③ 위원회의 위원장은 행정안전부장관이 되고, 부위원장은 행정안전부차관과 민간위원으로 하되, 민간위원인 부위원장은 위원회에서 호선하여 선정한다.

ㄴ ⭕ 지방재정법 제27조의2 제2항

> **동법 제27조의2【지방재정관리위원회】** ② 위원회는 위원장·부위원장을 포함하여 15명 이내의 위원으로 구성하되, 성별을 고려하여야 한다.

ㄷ ⭕ 지방재정법 제27조의2 제1항

> **동법 제27조의2【지방재정관리위원회】** ① 지방자치단체의 재정부담 및 재정위기관리에 관한 다음 각 호의 사항을 심의하기 위하여 행정안전부장관 소속으로 지방재정관리위원회(이하 "위원회"라 한다)를 둔다.
> 1. 지방자치단체의 재정부담에 관한 다음 각 목의 사항
>   다. 국고보조사업 중 국가와 지방자치단체 간, 시·도와 시·군·자치구 간 재원분담 비율 조정에 관한 사항

2025 신용한 지방자치론 p.222 　 정답 ④

486

'15 서울 7 지방자치론

우리나라 지방재정조정제도에 대한 설명으로 옳은 것은?

① 특별시·광역시 관할구역의 자치구 간 재정력 격차의 조정을 위한 자치구 조정교부금의 배분은 지방보조금관리위원회의 심의를 거쳐 정한다.
② 최근 국고보조사업에 대한 지방비 부담 비중이 점차 감소하는 추세에 있다.
③ 현재 지방교부세는 보통교부세, 특별교부세, 부동산교부세 및 소방안전교부세로 구성된다.
④ 국고보조금은 지방자치단체의 신청 없이는 국가가 보조금을 예산에 계상할 수 없도록 하고 있다.

출제유형 Ⅶ 법령
출제영역 우리나라 지방조정제도(종합)

① ✗ **지방보조금관리위원회는** 지방보조금 예산편성, 지방보조금 관련 조례안을 지방의회에 제출 할 때 등과 같이 **지방보조금과 관련된 사항을 심의하기 위한 위원회이다.**
② ✗ **최근 보조금의 규모는 갈수록 영세화되고 있는 추세이다.** 따라서 **지방비 부담이 가중(감소 ×)되고 있다.**
③ ○ 지방교부세법이 개정되어 현재 지방교부세는 보통교부세, 특별교부세, 소방안전교부세, 부동산교부세로 구성된다.
④ ✗ **국가는 보조금의 예산 계상 신청이 없는 경우에도** 국가시책 수행 상 부득이하여 **대통령령으로 정하는 경우에는 필요한 보조금을 예산에 계상할 수 있다.**

> **보조금 관리에 관한 법률 제5조【예산 계상 신청이 없는 보조사업에 대한 예외조치】** 국가는 제4조에 따른 보조금의 예산 계상 신청이 없는 보조사업의 경우에도 국가시책 수행 상 부득이하여 대통령령으로 정하는 경우에는 필요한 보조금을 예산에 계상할 수 있다.

정답 ③

487

'19 지방 7 지방자치론

지방재정조정제도에 대한 설명으로 옳지 않은 것은?

① 국가와 지방자치단체 간의 수직적 재정불균형을 시정하려는 목적이 있다.
② 보통교부세는 사용 목적과 용도가 정해져 있는 특정 재원이다.
③ 시·군 특별조정교부금은 민간에 지원하는 보조금의 재원으로 사용할 수 없다.
④ 국고보조금은 지방비 부담을 초래하여 지방재정의 압박요인으로 작용하고 있다.

출제유형 Ⅳ 개념
출제영역 우리나라 지방조정제도(종합)

① ○ 지방재정조정제도는 국가가 국세수입 중 일부를 지방자치단체에 교부하여 지방자치단체의 재정을 보강함과 동시에 국가와 지방 간의 재정불균형을 시정하는 기능을 수행한다.
② ✗ **보통교부세는 그 용도를 특정하지 아니한 일반재원**이다.
③ ○ 지방재정법 제29조의3

> **지방재정법 제29조의3【조정교부금의 종류와 용도】** 제29조 및 제29조의2에 따른 조정교부금은 일반적 재정수요에 충당하기 위한 일반조정교부금과 특정한 재정수요에 충당하기 위한 특별조정교부금으로 구분하여 운영하되, 특별조정교부금은 민간에 지원하는 보조사업의 재원으로 사용할 수 없다.

④ ○ 국고보조금을 받은 자치단체는 일반적으로 그 보조금에 따른 사무 또는 사업의 수행에 일정부분의 지방비를 부담을 하게되므로 이는 자치단체의 재정압박을 초래하는 하나의 요인으로 작용하고 있다.

정답 ②

488

정부 간 재정 조정제도에 대한 설명으로 가장 옳은 것은?

① 정부 간 재정 관계는 중앙정부와 지방정부 간의 재정배분 시스템만을 의미한다.
② 국고보조금은 용도가 지정된 조건부 지원금으로 중앙정부 입장에서 특정 공공재를 공급하고자 할 때 유리한 측면이 있다.
③ 지방교부세는 보통교부세, 특별교부세, 부동산교부세, 소방안전교부세로 구분되며, 이 중 용도가 지정된 것은 특별교부세, 부동산교부세, 소방안전교부세이다.
④ 정부 간 재정 조정제도는 지역 간의 재정 격차 완화에 목적을 두고 있지는 않다.

출제유형 I 말바꾸기 + IV 개념
출제영역 우리나라 지방조정제도(종합)

① ✗ 정부 간 재정 관계는 중앙정부와 지방정부 간의 재정배분 시스템만을 의미하는 것이 아니라, **상급자치단체에 의한 재정조정 또한 포함**된다.
② ○ 국고보조금은 용도가 지정된 조건부 지원금으로서 특정한 사무나 사업의 수행을 장려하기 하여 소요되는 경비에 충당하는 것을 조건으로 국가가 교부하는 자금이다.
③ ✗ 특별교부세, 소방안전교부세는 용도가 지정 된 특정재원에 해당하지만 부동산교부세, 보통교부세는 용도가 지정되지 않은 일반재원에 해당한다.
④ ✗ 정부 간 재정 조정제도는 자치단체의 기능과 업무 수행에 필요한 재원의 부족분을 보충해 주고 각 **지방자치단체 간의 재정격차를 완화**하고자 국가나 상급지방자치단체가 재정력이 취약한 지방자치단체로 재원을 이전하여 주는 제도이다.

정답 ②

489

다음 중 서울특별시가 자치구에 교부하는 조정교부금의 재원이 될 수 없는 것은?

① 지방소득세
② 담배소비세
③ 취득세
④ 지방교육세

출제유형 IV 개념
출제영역 조정교부금

④ ✗ **조정교부금의 재원은 시의 보통세이다.** 이 점을 생각하고 접근하는 것이 중요하다. 결국 문제를 바꿔보면, '다음 중 보통세가 아닌 것은?'으로 대체할 수 있다. 서울특별시가 자치구에 교부하는 조정교부금의 재원은 시의 보통세이다. 지방교육세는 목적세에 해당한다.

SUMMARY 조정교부금

구분	자치구 조정교부금	시·군 조정교부금
주체	특별시·광역시 ⇒ 자치구	광역시·도 ⇒ 시·군
목적	자치구 간 재정불균형의 시정 자치구에 대한 최소한의 재원 보장	시·군에 대한 재정 보전을 확충
근거	지방자치법 제173조 지방재정법 제29조의 2 지방재정법 시행령 제36조의 2	지방재정법 제29조 지방재정법 시행령 제36조

정답 ④

490

'18 서울 7 추가채용 지방자치론

서울특별시의 자치구 조정교부금에 대한 설명 중 가장 옳지 않은 것은?

① 자치구 조정교부금은 보통세 수입의 일정액을 확보하여 자치구 간 재정력 격차를 조정하기 위해 교부한다.
② 일반조정교부금은 매년도의 기준재정수입액이 기준재정수요액에 미달되는 자치구에 대하여 그 미달액을 기초로 하여 교부한다.
③ 기준재정수입액은 해당 연도의 세입 중 목적이 특정되어 있는 의존재원을 제외한 지방세, 세외수입(재산매각수입 제외), 지방교부세, 재정보전금 등의 추계액으로 한다.
④ 일반조정교부금의 재원은 조정교부금 총액의 100분의 80에 해당하는 금액으로 하고, 특별조정교부금의 재원은 총액의 100분의 20에 해당하는 금액으로 한다.

출제유형 Ⅶ 법령
출제영역 서울시 자치구 조정교부금

① ⭕ 자치구 조정교부금은 특별시장 및 광역시장이 대통령령으로 정하는 보통세 수입의 일정액을 조정교부금으로 확보하여 조례로 정하는 바에 따라 해당 지방자치단체 관할구역의 자치구 간 재정력 격차를 조정하는 제도이다.
② ⭕ 자치구 조정교부금의 교부율, 산정방법 등은 지방자치단체의 조례로 정한다. 서울특별시 조례에 따르면 다음과 같다.

> **서울특별시 자치구의 재원조정에 관한 조례 제6조 【일반조정교부금의 교부】** ① 일반조정교부금은 매년도의 기준재정수입액이 기준재정수요액에 미달되는 자치구에 대하여 그 미달액(이하 "재정부족액"이라 한다)을 기초로 하여 교부한다.

③ ⭕ 동조례 제9조에 따르면, 기준재정수입액은 해당연도의 세입 중 목적이 특정되어 있는 의존재원을 제외한 지방세, 세외수입(재산매각수입 제외), 지방교부세, 재정보전금 등의 추계액으로 한다.
④ ❌ 서울특별시 자치구의 재원조정에 관한 조례 제4조 제3항

> **동조례 제4조 【조정교부금의 재원】** ③ 일반조정교부금의 재원은 제2항에 따른 조정교부금 총액의 100분의 90에 해당하는 금액으로 하고, 특별조정교부금의 재원은 제2항에 따른 조정교부금 총액의 100분의 10에 해당하는 금액으로 한다.

정답 ④

491

'18 서울 7 지방자치론

서울특별시 자치구 조정교부금에 대한 설명으로 가장 옳은 것은?

① 특별조정교부금은 민간에 지원하는 보조사업의 재원으로 사용할 수 없다.
② 일반조정교부금은 조정교부금 총액의 97%, 특별조정교부금은 3%에 해당하는 금액으로 한다.
③ 자치구 조정교부금의 재원은 보통세 수입의 일정률에 해당하는 금액으로서 그 비율은 「지방재정법」에 의해 광역시의 자치구 조정교부금과 함께 획일적으로 정해져 있다.
④ 일반조정교부금과 특별조정교부금은 용도를 제한하지 않는 무조건부 지원금인 점에서는 그 성격이 동일하다.

출제유형 Ⅶ 법령
출제영역 서울시 자치구 조정교부금

① ⭕ 지방재정법 제29조의3

> **지방재정법 제29조의3 【조정교부금의 종류와 용도】** 제29조 및 제29조의2에 따른 조정교부금은 일반적 재정수요에 충당하기 위한 일반조정교부금과 특정한 재정수요에 충당하기 위한 특별조정교부금으로 구분하여 운영하되, 특별조정교부금은 민간에 지원하는 보조사업의 재원으로 사용할 수 없다.

② ❌ 지방재정법 시행령 제36조의2, 서울시 자치구의 재원조정에 관한 조례 제4조 제3항

> **서울특별시 자치구의 재원조정에 관한 조례 제4조 【조정교부금의 재원】** ③ 일반조정교부금의 재원은 제2항에 따른 조정교부금 총액의 100분의 90에 해당하는 금액으로 하고, 특별조정교부금의 재원은 제2항에 따른 조정교부금 총액의 100분의 10에 해당하는 금액으로 한다.

③ ❌ 지방재정법 제29조의2 제1항

> **지방재정법 제29조의2 【자치구 조정교부금】** ① 특별시장 및 광역시장은 대통령령으로 정하는 보통세 수입의 일정액을 조정교부금으로 확보하여 조례로 정하는 바에 따라 해당 지방자치단체 관할구역의 자치구 간 재정력 격차를 조정하여야 한다.

④ ❌ **특별조정교부금은 용도를 제한할 수 있다는 점에서 일반조정교부금과 다르다.**

> **서울특별시 자치구의 재원조정에 관한 조례 제11조 【특별조정교부금의 교부】** ① 특별조정교부금은 다음 각 호의 어느 하나에 해당하는 경우에 이를 교부한다.
> 1. 재해로 인한 특별한 재정수요가 있어 예비비를 포함한 해당 자치구의 재원으로 충당할 수 없는 경우
> 2. 자치구의 청사 그 밖에 공공시설의 신설·복구·보수 등의 사유로 인한 특별한 재정수요가 있어 시장이 필요하다고 인정하는 경우
> 3. 그 밖에 특별한 재정수입의 감소가 있거나 특별한 재정수요가 있어 시장이 필요하다고 인정하는 경우
> ② 특별조정교부금은 자치구청장의 교부신청이 있는 경우 시장이 이를 심사하여 교부한다. 다만, 시장이 필요하다고 인정하는 경우에는 교부신청이 없는 경우에도 교부할 수 있다.
> ③ 제2항에 따른 특별조정교부금에는 그 사용에 관하여 조건을 붙이거나 용도를 제한할 수 있다.
> ④ 자치구청장은 제3항에 따른 교부조건이나 용도를 변경하여 특별조정교부금을 사용하고자 할 때에는 미리 시장의 승인을 얻어야 한다.

정답 ①

492　'21 지방 7

우리나라 지방재정조정제도에 대한 설명으로 옳은 것은?

① 「지방교부세법」상 지방교부세는 보통교부세, 특별교부세, 부동산교부세 및 소방안전 교부세로 구분된다.
② 지방교부세는 중앙정부가 국가 사무를 지방정부에 위임하거나 지방정부가 추진하는 사업 경비의 전부 또는 일부를 보조하거나 지원하기 위한 제도이다.
③ 조정교부금은 전국적 최소한 동일 행정서비스 수준 보장을 위해 중앙정부가 내국세의 일정 비율을 자치단체에 배분하는 것이다.
④ 지방교부세 대비 국고보조금의 비중 증가는 지방재정의 자율성을 강화한다.

출제유형 | VI 제도 및 이론비교
출제영역 | 우리나라 지방조정제도(종합)

① ⓞ 지방교부세법 제3조

> 지방교부세법 제3조【교부세의 종류】지방교부세(이하 "교부세"라 한다)의 종류는 보통교부세·특별교부세·부동산교부세 및 소방안전교부세로 구분한다.

② ✕ **국고보조금에 대한 설명이다**. 지방교부세는 지방재정의 지역 간 불균형을 시정하기 위해 중앙정부가 내국세의 일정 비율을 자치단체에 배분하는 제도이다.
③ ✕ **교부세에 대한 설명이다**. 조정교부금은 중앙정부가 아닌 광역자치단체가 기초자치단체에게 재정을 조정해주는 재정조정제도를 말한다.
④ ✕ 지방교부세 대비 국고보조금의 비중 증가는 중앙에 대한 지방재정의 의존도를 강화시킴으로써 **지방재정의 자율성을 약화**시킬 수 있다.

2025 신용한 지방자치론 p.215~225　　정답 ①

493　'21 국회 9

지방자치단체의 재정에 대한 설명으로 옳지 않은 것은?

① 재정자주도는 일반회계 세입에 대비하여 자주재원과 지방교부세를 합한 일반재원이 차지하는 비율로 계산된다.
② 조정교부금이란 광역자치단체가 관할 기초자치단체 간 재정격차를 해소함으로써 균형적인 행정서비스를 제공하기 위한 재정조정제도를 말한다.
③ 국고보조금은 사용의 용도나 조건이 정해져 있으며 지방정부는 보조금을 주는 중앙부처가 지정한 용도와 조건에 맞게 지출해야 한다.
④ 지방교부세는 지방자치단체의 의사결정에 따라 지출의 용도가 자유로운 일반보조금으로서 지방자치단체의 세출재량권이 상당히 보장된다.
⑤ 국고보조금의 구체적인 세출사항에 대해서는 국회 심의 절차를 거치지 않고, 지방자치단체가 자율적으로 결정하되 사후적인 배분내역만을 공개하고 있다.

출제유형 | I 말바꾸기 + IV 개념
출제영역 | 국고보조금 등

① ⓞ 재정자주도는 일반회계 세입에서 자주재원과 지방교부세 등을 합한 일반재원의 비중으로 재정자립도가 반영하지 못하는 지방교부세 등을 포함한 실질적인 지방자치단체의 재원 활용능력을 표시할 수 있는 지표이다.
② ⓞ 조정교부금은 국가가 아닌 광역자치단체가 기초자치단체에게 재정을 조정해주는 재정조정제도로 수평적 불균형을 해결하려는 목적을 가진다.
③ ⓞ 국고보조금은 특정한 사무나 사업의 수행을 장려하기 위하여 소요되는 경비에 충당하는 것을 조건으로 국가가 교부하는 자금으로 특정재원에 해당한다.
④ ⓞ 지방교부세는 자치단체의 기능과 업무 수행에 필요한 재원의 부족분을 보충해 주고 각 지방자치단체 간의 불균형 현상을 완화하고자 국가나 상급지방자치단체가 재정력이 취약한 지방자치단체로 재원을 이전하여 주는 제도로 비용·용도에 제한이 없는 일반재원의 성격을 가진다(특별교부세, 소방안전교부세 제외).
⑤ ✕ **지방교부세에 대한 설명**이다. 지방교부세는 국가가 그 용도를 제한하거나 조건을 달지 않기 때문에 자치단체가 자율적으로 사용할 수 있는 일반재원이다. 따라서 지방교부세의 구체적인 제출사항에 대해서는 국회의 심의를 거치지 않고 지방자치단체가 자율적으로 결정하며 다만 사후적인 배분내역만을 공개하고 있다.

2025 신용한 지방자치론 p.215~227　　정답 ⑤

POINT 7 지방채

494 '18 지방 7 지방자치론

「지방재정법」상 지방자치단체의 장이 자금을 조달하기 위해 지방채를 발행할 수 있는 경우가 아닌 것은?

① 공유재산의 조성 등 소관 재정투자사업과 그에 직접적으로 수반되는 경비의 충당
② 재해예방 및 복구사업
③ 지방공기업의 손실 보전
④ 지방채의 차환

출제유형 Ⅶ 법령
출제영역 지방채의 발행

①, ②, ④ ⭕, ③ ❌ 「지방재정법」상 지방공기업의 손실 보전을 위해 지방채를 발행할 수는 없다.

> 지방재정법 제11조【지방채의 발행】① 지방자치단체의 장은 다음 각 호를 위한 자금 조달에 필요할 때에는 지방채를 발행할 수 있다. 다만, 제5호 및 제6호는 교육감이 발행하는 경우에 한한다.
> 1. 공유재산의 조성 등 소관 재정투자사업과 그에 직접적으로 수반되는 경비의 충당
> 2. 재해예방 및 복구사업
> 3. 천재지변으로 발생한 예측할 수 없었던 세입결함의 보전
> 4. 지방채의 차환

SUMMARY 지방채

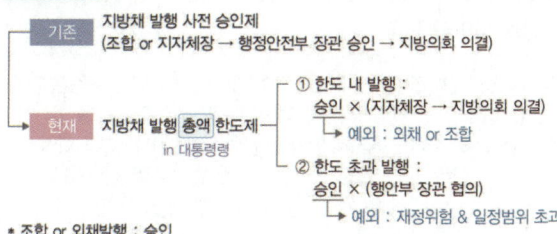

* 조합 or 외채발행 : 승인
* 한도초과 : 협의 & 예외적 승인

2025 신용한 지방자치론 p.230 　　　정답 ③

---

495 '19 서울 7 추가채용 지방자치론

「지방재정법」상 지방채의 발행에 대한 설명으로 가장 옳지 않은 것은?

① 지방채는 법률에 의하지 아니하고는 발행할 수 없다.
② 지방자치단체의 장은 지방채를 발행하려면 재정 상황 및 채무 규모 등을 고려하여 대통령령으로 정하는 지방채 발행 한도액의 범위에서 지방의회의 의결을 얻어야 한다.
③ 지방채 발행 한도액 범위더라도 외채를 발행하는 경우에는 지방의회의 의결을 거치기 전에 행정안전부장관의 승인을 받아야 한다.
④ 지방자치단체의 장은 국회와 협의 한 경우에는 그 협의한 범위안에서 지방의회의 의결을 얻어 지방채 발행 및 한도액의 범위를 초과하여 지방채를 발행할 수 있다.

출제유형 Ⅳ 개념 + Ⅶ 법령
출제영역 지방채의 발행

① ⭕ 지방재정법 제11조의2

> 지방재정법 제11조의2【지방채 발행의 제한】지방채는 이 법과 다음 각 호의 법률에 의하지 아니하고는 발행할 수 없다.

②, ③ ⭕ 지방재정법 제11조 제2항

> 동법 제11조【지방채의 발행】② 지방자치단체의 장은 제1항에 따라 지방채를 발행하려면 재정 상황 및 채무 규모 등을 고려하여 대통령령으로 정하는 지방채 발행 한도액의 범위에서 지방의회의 의결을 얻어야 한다. 다만, 지방채 발행 한도액 범위더라도 외채를 발행하는 경우에는 지방의회의 의결을 거치기 전에 행정안전부장관의 승인을 받아야 한다.

④ ❌ 지방자치단체의 장은 행정안전부장관(국회 ×)과 협의한 경우에는 그 협의한 범위안에서 지방의회의 의결을 얻어 지방채 발행 및 한도액의 범위를 초과하여 지방채를 발행할 수 있다.

> 동법 제11조【지방채의 발행】③ 지방자치단체의 장은 제2항에도 불구하고 대통령령으로 정하는 바에 따라 행정안전부장관과 협의한 경우에는 그 협의한 범위에서 지방의회의 의결을 얻어 제2항에 따른 지방채 발행 한도액의 범위를 초과하여 지방채를 발행할 수 있다. 다만, 재정책임성 강화를 위하여 재정위험수준, 재정 상황 및 채무 규모 등을 고려하여 대통령령으로 정하는 범위를 초과하는 지방채를 발행하는 경우에는 행정안전부장관의 승인을 받은 후 지방의회의 의결을 받아야 한다.

2025 신용한 지방자치론 p.228~231 　　　정답 ④

496 '22 지방 7 지방자치론

「지방재정법」상 지방채에 대한 설명으로 옳은 것은?

① 지방자치단체조합의 장은 지방채 발행의 주체가 될 수 없다.
② 지방채의 발행, 원금의 상환, 이자의 지급, 증권에 관한 사무절차 및 사무 취급기관은 조례로 정한다.
③ 지방자치단체의 장은 기획재정부장관의 승인을 득한 경우에 승인의 범위 내에서 지방채 발행 한도액의 범위를 초과해 발행할 수 있다.
④ 지방채는 「지방재정법」이 아니더라도 「기업도시개발 특별법」 및 「역세권의 개발 및 이용에 관한 법률」에 의해서도 발행할 수 있다.

출제유형 Ⅳ 개념 + Ⅶ 법령
출제영역 지방채의 발행

① ✗ 지방자치단체조합의 장은 지방채를 발행할 수 있다.

> 지방재정법 제11조【지방채의 발행】④ 「지방자치법」 제176조에 따른 지방자치단체조합(이하 "조합"이라 한다)의 장은 그 조합의 투자사업과 긴급한 재난복구 등을 위한 경비를 조달할 필요가 있을 때 또는 투자사업이나 재난복구사업을 지원할 목적으로 지방자치단체에 대부할 필요가 있을 때에는 지방채를 발행할 수 있다. 이 경우 행정안전부장관의 승인을 받은 범위에서 조합의 구성원인 각 지방자치단체 지방의회의 의결을 얻어야 한다.

② ✗ 지방재정법 제12조 제1항

> 동법 제12조【지방채 발행의 절차】① 제11조에 따른 지방채의 발행, 원금의 상환, 이자의 지급, 증권에 관한 사무절차 및 사무 취급기관은 대통령령으로 정한다.

③ ✗ 지방재정법 제11조 제3항

> 동법 제11조【지방채의 발행】③ 지방자치단체의 장은 제2항에도 불구하고 대통령령으로 정하는 바에 따라 행정안전부장관과 협의한 경우에는 그 협의한 범위에서 지방의회의 의결을 얻어 제2항에 따른 지방채 발행 한도액의 범위를 초과하여 지방채를 발행할 수 있다. 다만, 재정책임성 강화를 위하여 재정위험수준, 재정 상황 및 채무 규모 등을 고려하여 대통령령으로 정하는 범위를 초과하는 지방채를 발행하는 경우에는 행정안전부장관의 승인을 받은 후 지방의회의 의결을 받아야 한다.

④ ○ 지방재정법 제11조의 2

> 동법 제11조의 2【지방채 발행의 제한】지방채는 이 법과 다음 각 호의 법률에 의하지 아니하고는 발행할 수 없다.
> 7. 「기업도시개발 특별법」
> 13. 「역세권의 개발 및 이용에 관한 법률」

정답 ④

---

497 '18 국가 7

지방채에 대한 설명으로 옳은 것은?

① 지방자치단체조합의 장은 지방채를 발행할 수 없다.
② 이미 발행한 지방채의 차환을 위해서 지방자치단체의 장은 지방채를 발행할 수 없다.
③ 제주특별자치도지사는 제주특별자치도의 발전과 관계가 있는 사업을 위하여 필요하면 도의회 의결을 마친 후 외채 발행과 지방채 발행 한도액의 범위를 초과한 지방채 발행을 할 수 있다.
④ 외채를 발행할 경우에는 지방채 발행 한도액 범위더라도 지방의회의 의결을 거치기 전에 기획재정부장관의 승인을 받아야 한다.

출제유형 Ⅰ 말 바꾸기 + Ⅶ 법령
출제영역 지방채의 발행

① ✗ 지방자치단체조합의 장은 지방채를 발행할 수 있다.

> 지방재정법 제11조【지방채의 발행】④ 「지방자치법」 제176조에 따른 지방자치단체조합(이하 "조합"이라 한다)의 장은 그 조합의 투자사업과 긴급한 재난복구 등을 위한 경비를 조달할 필요가 있을 때 또는 투자사업이나 재난복구사업을 지원할 목적으로 지방자치단체에 대부할 필요가 있을 때에는 지방채를 발행할 수 있다. 이 경우 행정안전부장관의 승인을 받은 범위에서 조합의 구성원인 각 지방자치단체 지방의회의 의결을 얻어야 한다.

② ✗ 이미 발행한 지방채의 차환을 위해서 지방자치단체의 장은 지방채를 발행 할 수 있다.

> 지방재정법 제11조【지방채의 발행】① 지방자치단체의 장은 다음 각 호를 위한 자금 조달에 필요할 때에는 지방채를 발행할 수 있다.
> 4. 지방채의 차환

③ ○ 제주특별자치도 설치 및 국제자유도시 조성을 위한 특별법 제126조

> 제주특별자치도 설치 및 국제자유도시 조성을 위한 특별법 제126조【지방채 등의 발행 특례】도지사는 제주자치도의 발전과 관계가 있는 사업을 위하여 필요하면 「지방재정법」 제11조에도 불구하고 도의회의 의결을 마친 후 외채 발행과 지방채 발행 한도액의 범위를 초과한 지방채 발행을 할 수 있다. 이 경우 「지방재정법」 제11조제2항에서 대통령령으로 정하는 지방채 발행 한도액을 초과하여 지방채를 발행하려면 도의회 재적의원 과반수가 출석하고 출석의원 3분의 2 이상의 찬성을 받아야 한다.

④ ✗ 외채를 발행할 경우에는 지방채 발행 한도액 범위더라도 지방의회의 의결을 거치기 전에 행정안전부장관(기획재정부장관 ×)의 승인을 받아야 한다.

> 지방재정법 제11조【지방채의 발행】② 지방자치단체의 장은 제1항에 따라 지방채를 발행하려면 재정 상황 및 채무 규모 등을 고려하여 대통령령으로 정하는 지방채 발행 한도액의 범위에서 지방의회의 의결을 얻어야 한다. 다만, 지방채 발행 한도액 범위더라도 외채를 발행하는 경우에는 지방의회의 의결을 거치기 전에 행정안전부장관의 승인을 받아야 한다.

정답 ③

498

'21 지방 7 지방자치론

중앙통제에 대한 설명으로 옳지 않은 것은?

① 지방자치단체의 장이 외채를 발행하는 경우에는 지방채 발행 한도액 범위더라도 지방의회의 의결을 거쳐 행정안전부장관의 승인을 받아야 한다.
② 자치사무에 관한 시·도지사의 명령이나 처분이 법령에 위반된다고 인정되면 주무부장관이 기간을 정하여 서면으로 시정할 것을 명하고, 그 기간에 이행하지 아니하면 이를 취소하거나 정지할 수 있다.
③ 지방자치단체의 장은 재정책임성 강화를 위하여 재정위험수준, 재정 상황 및 채무 규모 등을 고려하여 대통령령으로 정하는 범위를 초과하는 지방채를 발행하는 경우에는 행정안전부 장관의 승인을 받은 후 지방의회의 의결을 받아야 한다.
④ 행정안전부장관 또는 긴급재정관리인은 긴급재정관리단체의 긴급재정관리계획의 이행상황을 점검하거나 보고 또는 자료제출을 요구할 수 있다.

출제유형 | Ⅰ 말바꾸기 + Ⅳ 개념
출제영역 | 지방채의 특징 등

① ❌ 지방자치단체의 장이 외채를 발행하는 경우에는 지방채 한도액 범위더라도 지방의회의 의결을 거치기 전에 행정안전부장관의 승인을 받아야 한다.

> 지방재정법 제11조【지방채의 발행】② 지방자치단체의 장은 제1항에 따라 지방채를 발행하려면 재정 상황 및 채무 규모 등을 고려하여 대통령령으로 정하는 지방채 발행 한도액의 범위에서 지방의회의 의결을 얻어야 한다. 다만, 지방채 발행 한도액 범위더라도 외채를 발행하는 경우에는 지방의회의 의결을 거치기 전에 행정안전부장관의 승인을 받아야 한다.

② ⭕ 지방자치법 제188조 제1항

> 지방자치법 제188조【위법·부당한 명령이나 처분의 시정】① 지방자치단체의 사무에 관한 지방자치단체의 장(제103조제2항에 따른 사무의 경우에는 지방의회의 의장을 말한다. 이하 이 조에서 같다)의 명령이나 처분이 법령에 위반되거나 현저히 부당하여 공익을 해친다고 인정되면 시·도에 대해서는 주무부장관이, 시·군 및 자치구에 대해서는 시·도지사가 기간을 정하여 서면으로 시정할 것을 명하고, 그 기간에 이행하지 아니하면 이를 취소하거나 정지할 수 있다. ⑤ 제1항부터 제4항까지의 규정에 따른 자치사무에 관한 명령이나 처분에 대한 주무부장관 또는 시·도지사의 시정명령, 취소 또는 정지는 법령을 위반한 것에 한정한다.

③ ⭕ 지방재정법 제11조 제3항

> 지방재정법 제11조【지방채의 발행】③ 지방자치단체의 장은 제2항에도 불구하고 대통령령으로 정하는 바에 따라 행정안전부장관과 협의한 경우에는 그 협의한 범위에서 지방의회의 의결을 얻어 제2항에 따른 지방채 발행 한도액의 범위를 초과하여 지방채를 발행할 수 있다. 다만, 재정책임성 강화를 위하여 재정위험수준, 재정 상황 및 채무 규모 등을 고려하여 대통령령으로 정하는 범위를 초과하는 지방채를 발행하는 경우에는 행정안전부장관의 승인을 받은 후 지방의회의 의결을 받아야 한다.

④ ⭕ 지방재정법 제60조의6 제2항

> 지방재정법 제60조의6【긴급재정관리계획의 이행 등】② 행정안전부장관 또는 긴급재정관리인은 긴급재정관리단체의 긴급재정관리계획의 이행상황을 점검하거나 보고 또는 자료제출을 요구할 수 있다. 이 경우 긴급재정관리단체의 장은 이에 성실히 따라야 한다.

🔗 2025 신용한 지방자치론 p.228~231, 252   정답 ①

499

'20 지방 7 지방자치론

행정안전부장관의 승인이 필요한 것만을 모두 고르면?

> ㄱ. 지방채 중 외채의 발행
> ㄴ. 시·도의 지방공사 설립
> ㄷ. 행정구의 명칭 변경과 읍·면·동의 구역 변경

① ㄱ
② ㄷ
③ ㄱ, ㄴ
④ ㄴ, ㄷ

출제유형 | Ⅳ 개념
출제영역 | 우리나라 지방자치(종합)

ㄱ. ⭕ 지방재정법 제11조 제2항

> 지방재정법 제11조【지방채의 발행】② 지방자치단체의 장은 제1항에 따라 지방채를 발행하려면 재정 상황 및 채무 규모 등을 고려하여 대통령령으로 정하는 지방채 발행 한도액의 범위에서 지방의회의 의결을 얻어야 한다. 다만, 지방채 발행 한도액 범위더라도 외채를 발행하는 경우에는 지방의회의 의결을 거치기 전에 행정안전부장관의 승인을 받아야 한다.

ㄴ. ❌ 「지방공기업법」상 지방공기업의 설립은 조례로 정하며, 특히 지방공사와 지방공단의 설립은 행정안전부 장관의 승인 사항이 아닌 **협의사항이다**.

> 지방공기업법 제49조【설립】① 지방자치단체는 제2조에 따른 사업을 효율적으로 수행하기 위하여 필요한 경우에는 지방공사(이하 "공사"라 한다)를 설립할 수 있다. 이 경우 공사를 설립하기 전에 특별시장, 광역시장, 특별자치시장, 도지사 및 특별자치도지사(이하 "시·도지사"라 한다)는 행정안전부장관과, 시장·군수·구청장(자치구의 구청장을 말한다)은 관할 특별시장·광역시장 및 도지사와 협의하여야 한다.

ㄷ. ❌ 지방자치법 제7조 제1항

> 지방자치법 제7조【자치구가 아닌 구와 읍·면·동 등의 명칭과 구역】① 자치구가 아닌 구와 읍·면·동의 명칭과 구역은 종전과 같이 하고, 자치구가 아닌 구와 읍·면·동을 폐지하거나 설치하거나 나누거나 합칠 때에는 행정안전부장관의 승인을 받아 그 지방자치단체의 조례로 정한다. 다만, 명칭과 구역의 변경은 그 지방자치단체의 조례로 정하고, 그 결과를 특별시장·광역시장·도지사에게 보고하여야 한다.

🔗 2025 신용한 지방자치론 p.98, 147, 230   정답 ①

POINT 8 지방재정력 평가 및 문제점

500 □□□   '19 서울 7 지방자치론

재정자립도에 대한 설명으로 가장 옳은 것은?

① 자주재원적 성격이 강한 지방교부세의 특성을 제대로 반영하지 못하고 있다.
② 지방자치단체 간 재정 규모의 차이를 분석할 수 있는 장점이 있다.
③ 지방자치단체별 세출 구조에 대한 정확한 반영을 통해 지방재정의 건전성 여부를 알려준다.
④ 지방자치단체의 세입 결산액 중 지방세 수입이 차지하는 백분비로 나타낸다.

출제유형 Ⅰ 말바꾸기 + Ⅳ 개념
출제영역 재정자립도의 특징

① ⊙ 재정자립도는 지방교부세 수입을 일률적으로 의존수입으로 파악하고 있는데, 지방교부세는 국세 수입의 일정 비율을 반드시 지방자치단체에 교부하도록 하여 중앙정부의 자의성이 제한되어 있으므로, 지방자치단체의 의존수입이라기 보다는 지방세의 대체재원적 성격과 국가와의 공유재원적 성격을 띤 자주재원으로 해석할 여지가 많은 수입이다.
② ✕ 재정자립도는 자치단체간의 상대적 재정 규모를 평가하지 못하는 문제점이 있다. 예를 들어 A라는 자치단체의 재정자립도와 B라는 자치단체의 재정자립도가 똑같이 50%라 할지라도 A의 일반회계 예산 총액이 2,000억 원이고 B의 경우 100억 원이라면, A라는 자치단체는 1,000억 원의 자체재원이 존재하는 것인데 비해 B라는 자치단체는 50억 원의 자체재원을 갖고 있는 것이므로 재정자립도만으로 자치단체의 재정 규모를 측정하는 것이 불가능하다.
③ ✕ 재정자립도의 개념이 세입 중심적 관점에서 산정됨으로써 자치단체의 세출구조를 파악하지 못하는 문제점을 가진다.
④ ✕ 재정자립도는 지방자치단체의 일반회계 세입 가운데 자체수입(지방세 + 세외수입)이 차지하는 비중으로 나타낸다.

2025 신용한 지방자치론 p.232~234   **정답** ①

---

501 □□□   '16 서울 7 지방자치론

지방재정에 대한 설명으로 가장 옳지 않은 것은?

① 지방재정자립도는 일반회계를 기준으로 지방정부 예산 규모에서 지방세수입과 세외수입의 합계액이 차지하는 비율을 의미한다.
② 지방재정자립도는 의존재원이 적으면 적을수록 높게 나타난다.
③ 일반재원의 비중이 커지면 지출 선택범위가 넓어져 재정 운영의 자주성과 탄력성이 커진다.
④ 재정자립도가 같으면 그 두 자치단체 간 재정규모도 같다고 할 수 있다.

출제유형 Ⅳ 개념
출제영역 재정자립도의 특징

① ⊙ 지방재정자립도는 일반회계 세입총액 가운데 자주재원(지방세수입 + 세외수입)이 차지하는 비중이다.
② ⊙ 의존재원이 적다는 것은 세입총액 가운데 자주재원의 비중이 높다는 의미이므로 지방재정자립도는 높게 나타난다.
③ ⊙ 특정재원보다 일반재원의 비중이 커지면 재정운영의 자주성과 탄력성이 확보된다.
④ ✕ 재정자립도는 총재정규모를 알지 못한다. 따라서 재정자립도가 같다고 해서 재정규모까지 동일하다고 말할 수 없다.

SUMMARY 지방재정력 평가모형

재정규모	• 재정규모 = [자주재원 + 의존재원 + 지방채] or 총세출액 / 인구수 • 지방재정력에 대한 가장 기초적인 정보를 제공. 양적지표 • 한계 : 질적인 요소를 파악하기 어려움.
재정자립도	• 일반회계 세입에서 자주재원이 차지하는 비중 • 재정자립도 = [지방세수입 + 세외수입] / 일반회계 세입총액 • 한계 : 세출의 질 or 총재정규모 or 정부지원규모 등 실질 재정상태를 나타내지 못함. ※ 지자법 시행령에서는 자주재원에 지방채를 산입하지 않음.
재정자주도	• 일반회계 세입에서 자주재원과 지방교부세를 합한 일반재원의 비중 • 재정자주도 = 일반재원(지방세 + 세외수입 + 지방교부세 + 조정교부금)/일반회계 세입총액 • 자치단체의 보조율 or 기준부담율 적용기준으로 활용
재정력지수	• 자치단체가 기초적 재정수요를 어느 정도 자체적으로 해결할 능력을 가지고 있는가의 개념 • 재정력지수 = 기준재정수입액 / 기준재정수요액 ⇨ 1이 넘으면 우수 • 1이하인 경우 부족분에 대해서는 지방교부세 중 보통교부세라는 일반재원을 통해 중앙정부가 충당(보통교부세의 판단기준으로 활용)

2025 신용한 지방자치론 p.232   **정답** ④

502 '19 서울 9

지방자치단체의 재정자립도에 대한 설명으로 가장 옳지 않은 것은?

① 재정자립도는 세입총액에서 지방세수입과 세외수입이 차지하는 비율을 나타낸다.
② 자주재원이 적더라도 중앙정부가 지방교부세를 증액하면 재정자립도는 올라간다.
③ 재정자립도가 높다고 지방정부의 실질적 재정이 반드시 좋다고 볼 수는 없다.
④ 국세의 지방세 이전은 재정자립도 증대에 도움이 된다.

출제유형 | I 말바꾸기 + IV 개념
출제영역 | 재정자립도의 특징

② ✗ 재정자립도는 지방자치단체의 일반회계 세입총액 가운데 자주재원이 차지하는 비중을 의미한다. 따라서 지방교부세의 확대지급은 분모인 일반회계 세입 총액의 증가로 이어져 재정능력은 강화시키나 재정자립도는 내려간다.

2025 신용한 지방자치론 p.232~234   정답 ②

503 '18 서울 7 추가채용 지방자치론

재정자주도의 산출 공식에서 분자에 포함되지 않은 항목은?

① 세외수입
② 지방교부세
③ 조정교부금
④ 국고보조금

출제유형 | III 내용 분류
출제영역 | 재정자주도

④ ✗ 재정자주도는 일반회계 세입에서 자주재원과 지방교부세 등을 합한 일반재원의 비중이다. 이는 재정자주도 = (지방세수입 + 세외수입 + 지방교부세 + 조정교부금) / 일반회계재정이 되며 국고보조금은 해당하지 않는다.

2025 신용한 지방자치론 p.233   정답 ④

504 '21 군무원 9

지방재정 지표 중 총세입(總歲入)에서 자율적으로 사용가능한 재원의 비율을 나타내는 것은?

① 재정자립도
② 재정탄력도
③ 재정자주도
④ 재정력지수

출제유형 | IV 개념
출제영역 | 재정자주도

③ ○ 재정자주도는 일반회계 세입에서 자주재원과 지방교부세 등을 합한 일반재원의 비중으로 재정자립도가 반영하지 못하는 지방교부세 등을 포함한 실질적인 지방자치단체의 재원 활용능력을 표시할 수 있는 지표이다.

SUMMARY 지방재정력 평가모형

재정규모	• 재정규모 = [자주재원 + 의존재원 + 지방채] or 총세출액 / 인구수 • 지방재정력에 대한 가장 기초적인 정보를 제공. 양적지표 • 한계 : 질적인 요소를 파악하기 어려움.
재정자립도	• 일반회계 세입에서 자주재원이 차지하는 비중 • 재정자립도 = [지방세수입 + 세외수입] / 일반회계 세입총액 • 한계 : 세출의 질 or 총재정규모 or 정부지원규모 등 실질 재정상태를 나타내지 못함. ※ 지자법 시행령에서는 자주재원에 지방채를 산입하지 않음.
재정자주도	• 일반회계 세입에서 자주재원과 지방교부세를 합한 일반재원의 비중 • 재정자주도 = 일반재원(지방세 + 세외수입 + 지방교부세 + 조정교부금)/일반회계 세입총액 • 자치단체의 보조율 or 기준부담율 적용기준으로 활용
재정력지수	• 자치단체가 기초적 재정수요를 어느 정도 자체적으로 해결할 능력을 가지고 있는가의 개념 • 재정력지수 = 기준재정수입액 / 기준재정수요액 ⇨ 1이 넘으면 우수 • 1이하인 경우 부족분에 대해서는 지방교부세 중 보통교부세라는 일반재원을 통해 중앙정부가 충당(보통교부세의 판단 기준으로 활용)

2025 신용한 지방자치론 p.232, 233   정답 ③

505

<보기 1>의 재정지표와 <보기 2>의 설명을 옳게 짝지은 것은?

| 보기 1 |

ㄱ. 재정자주도
ㄴ. 재정력지수
ㄷ. 재정자립도

| 보기 2 |

(가) 지방자치단체의 전체 재원에 대한 자주재원의 비율을 의미한다.
(나) 일반회계 세입에서 자주재원과 지방교부세 등을 합한 일반재원의 비중으로 측정한다.
(다) 지방자치단체가 표준적인 행정서비스를 제공하는 데 기준이 되는 재정수요에 대하여 재정수입이 어느 정도 충당하고 있는지를 나타낸다.

	(가)	(나)	(다)
①	ㄱ	ㄴ	ㄷ
②	ㄴ	ㄷ	ㄱ
③	ㄷ	ㄱ	ㄴ
④	ㄷ	ㄴ	ㄱ

출제유형 Ⅲ 짝짓기 + Ⅳ 개념
출제영역 지방재정력 평가 모형

③ ◯ (가) - 재정자립도, (나) - 재정자주도, (다) - 재정력지수
(가) 재정자립도에 대한 설명이다.
(나) 재정자주도에 대한 설명이다.
(다) 재정력지수에 대한 설명이다.

2025 신용한 지방자치론 p.232, 233   정답 ③

506

지방재정에 대한 설명으로 옳지 않은 것은?

① 재정자립도는 일반회계 예산규모에서 지방세와 세외수입 합계액의 비(比)를 의미하며 지방자치단체의 실제 재정력과 차이가 있다는 비판이 있다.
② 재정자주도는 일반회계 예산규모에서 자체수입과 자주재원 합계액의 비를 의미하며 보통교부세 교부 여부의 적용기준으로 활용된다.
③ 재정력지수는 기준재정수요액에서 기준재정수입액의 비를 의미하며 기본적 행정 수행을 위한 재정수요의 실질적 확보 능력을 판단하는 기준이 된다.
④ 주민 1인당 지방세 부담액은 지방세액을 해당 지방자치단체 주민 수로 나눈 것으로 세입구조 안정성을 판단하는 기준이 된다.

출제유형 Ⅰ 말 바꾸기 + Ⅳ 개념
출제영역 지방재정력 평가모형(종합)

① ◯ 재정자립도는 지방자치단체의 일반회계 세입총액 가운데 자주재원이 차지하는 비중으로 지방자치단체의 실제 재정력과 차이가 있다는 비판이 있다.
② ✗ 재정자주도는 일반회계 세입에서 자주재원과 지방교부세 등을 합한 일반재원의 비중이다. 보통교부세 교부 여부의 적용기준으로 활용되는 것은 재정력지수이다.
③ ◯ 재정력지수는 지방자치단체가 기초적인 재정수요를 어느 정도 자체적으로 해결할 능력을 가지고 있는가를 추정하는 지표이다.
④ ◯ 주민 1인당 지방세 부담액은 지방세액을 해당 지방자치단체 주민 수로 나눈 것으로 세입구조 안정성을 판단하는 기준이 된다.

2025 신용한 지방자치론 p.232~234   정답 ②

신용한 지방자치론

지방자치론은 결국 신용한입니다

PART 6

정부 간 관계

CHAPTER

중앙과 지방정부 간 관계

지방자치단체의 상호 간 관계

CHAPTER 1   중앙과 지방정부 간 관계
CHAPTER 2   지방자치단체의 상호 간 관계

POINT

- 중앙과 지방 간 관계모형 **A**
- 중앙통제 **D**
- 우리나라의 국가와 지방자치단체 간의 관계 **S**
- 특별지방행정기관 **C**

- 지방정부 간 갈등과 분쟁조정제도 **B**
- 광역행정 **C**
- 우리나라의 광역행정제도 **A**

CHAPTER 1 중앙과 지방정부 간 관계

POINT 1 중앙과 지방 간 관계모형

507 '23 지방 9

라이트(Wright)의 정부간관계(Inter-Governmental Relations : IGR) 모형에 대한 설명으로 옳지 않은 것은?

① 정부 간 상호권력관계와 기능적 상호의존관계를 기준으로 정부간 관계(IGR)를 3가지 모델로 구분한다.
② 대등권위모형(조정권위모형, coordinate-authority model)은 연방정부, 주정부, 지방정부가 모두 동등한 권한을 가지고 있다고 설명한다.
③ 내포권위모형(inclusive-authority model)은 연방정부, 주정부, 지방정부를 수직적 포함관계로 본다.
④ 중첩권위모형(overlapping-authority model)은 연방정부, 주정부, 지방정부가 상호 독립적인 실체로 존재하며 협력적 관계라고 본다.

출제유형 Ⅰ 말 바꾸기 + Ⅳ 개념
출제영역 Wright의 정부 간 관계모형

① ○ 라이트(Wright)는 중앙정부와 지방정부의 권력관계 및 기능적 상호의존관계를 기준으로 정부 간 관계모형을 포함형(포괄형), 분리형, 중첩형으로 구분하고 있다.
② ✗ 대등권위모형(조정권위모형, coordinate-authority model)은 **연방정부와 주정부가 동등한 권위**를 가지고 있고, **지방정부는 주정부에 귀속**되어 있는 형태이다.
③ ○ 내포권위모형(inclusive-authority model)은 지방정부가 중앙정부에 전적으로 의존하는 수직적인 관계로 계층적 권위하에 포괄적·종속적 관계를 지니는 형태이다.
④ ○ 중첩권위모형(overlapping-authority model)은 중앙정부와 지방정부가 상호 독자성을 유지하며 기능적으로 상호의존관계에 있는 경우이다.

SUMMARY Wright의 정부 간 관계모형
Wright의 정부간 관계모형 : 중첩형이 가장 이상적. 우리나라는 포괄형에 속함

포괄형(종속형)	분리형(독립형)	중첩형(상호의존형)
관계 : 포괄·종속적	관계 : 분리·독립적	관계 : 상호의존적
권위 : 계층적(엄격한 명령·복종)	권위 : 독립적	권위 : 협상적
사무 : 기관위임사무 중종	사무 : 고유사무 중종	사무 : 고유 > 기관위임사무
재정·인사 : 완전 종속	재정·인사 : 완전 분리	재정·인사 : 상호 의존과 교류

2025 신용한 지방자치론 p.238, 239 정답 ②

508 '18 서울 7 추가채용 지방자치론

라이트(Wright)의 정부 간 관계 모형에 대한 설명으로 가장 옳지 않은 것은?

① 동등권위형(coordinate model)은 연방정부와 주정부, 지방정부가 모두 동등한 권한을 가지고 있고, 주정부와 지방정부의 자치권은 고유의 권한으로 침해될 수 없는 형태이다.
② 내포권위형(inclusive model)은 주정부가 연방정부 아래 놓여 있는 상황으로, 권한의 범위도 연방정부가 가장 넓고 다음이 주정부, 지방정부순인 형태이다.
③ 중첩권위형(overlapping model)은 연방·주·지방정부의 권한과 기능은 분산되어 있으며, 세 정부는 많은 부분에 있어 경쟁하거나 협력하는 관계를 맺는다.
④ 라이트(Wright)는 중첩권위형 모델이 미국 연방제를 가장 잘 설명하고 있다고 주장했다.

출제유형 Ⅰ 말 바꾸기 + Ⅳ 개념
출제영역 라이트의 정부 간 관계모형

① ✗ **동등권위형(coordinate model)은 연방정부와 주정부가 동등한 권한을 가지고 지방정부는 주정부에 귀속되어 있는 형**으로 주정부의 자치권은 고유의 권리로서 중앙정부의 의지에 의해 함부로 축소되거나 침해될 수 없다.

> **참고** 분리권위형(동등권위형)의 다른 형태

③ ○ 중첩권위형(overlapping model)은 어느 한 정부가 배타적인 권한을 행사하는 영역이 많지 않다고 판단하기 때문에 공적 기능과 권한이 분산되어 있으며, 많은 부분에 있어 세 정부가 동시에 관여하는 일이 벌어진다. 이 과정에서 세 정부는 경쟁하고 협력하는 관계를 맺는다.

2025 신용한 지방자치론 p.238, 239 정답 ①

509 □□□

'21 지방 7 지방자치론

라이트(Wright)의 정부간 관계론에 대한 설명으로 옳지 않은 것은?

① 내포권위모형(Inclusive Authority Model)에 의하면, 연방정부와 주정부 그리고 지방정부가 동시에 경쟁하거나 협력하는 관계를 맺으며 그 과정에서 합의를 이루고 협력체계를 구축하기 위한 협상이 계속된다.

② 분리권위모형(Separated Authority Model)에 의하면, 중앙정부와 주정부가 독자적인 사무영역과 처리권능을 지니고 있으며, 상호협력을 할 필요도, 상호의존을 할 이유도 없다.

③ 중첩권위모형(Overlapping Authority Model)에 의하면, 연방정부와 주정부 그리고 지방정부가 모두 제한된 권한을 가지고 있으며, 한 정부가 배타적인 권한을 행사하는 영역은 상대적으로 많지 않다.

④ 분리권위모형(Separated Authority Model)에 의하면, 연방정부와 주정부는 대등한 관계를, 주정부와 지방정부는 포함 관계를 유지한다.

상 중 하

출제유형 Ⅰ 말 바꾸기 + Ⅳ 개념

출제영역 라이트의 정부 간 관계모형

① ☒ 내포권위형(포괄권위형)은 지방정부가 중앙정부에 전적으로 의존하는 수직적인 관계로 계층적 권위하에 포괄적·종속적 관계를 지니는 형태이다.

②, ④ ◎ 분리권위형(동등권위형)은 연방정부와 주정부가 동등한 권한을 가지고 있고, 지방정부는 주정부에 귀속되어 있는 형이다. 주정부의 자치권은 고유의 권리로서 중앙정부의 의지에 의해 함부로 축소되거나 침해될 수 없으며, 기능적으로도 중앙정부와 주정부는 상호 독립적이다. 독자적인 사무영역과 처리권능을 지니고 있으며, 상호협력을 할 필요도, 상호의존을 할 이유도 없다.

③ ◎ 중첩권위형은 중앙정부와 지방정부가 상호 독자성을 유지하며 기능적으로 상호의존관계에 있는 경우이다. 그렇기 때문에 어느 한 정부가 배타적인 권한을 행사하는 영역은 그리 많지 않고 자연히 공적 기능과 권한은 분산되어 있으며, 많은 부분에 있어 세 정부가 동시에 관여하는 일이 벌어진다.

2025 신용한 지방자치론 p.238, 239

정답 ①

510 □□□

'23 지방 7 지방자치론

정부 간 관계에 관한 엘코크(Elcock) 또는 로즈(Rhodes)의 대리인 모형에 대한 설명으로 옳은 것만을 모두 고르면?

> ㄱ. 지방정부는 중앙정부의 기술적·재정적 지원에 의존한다.
> ㄴ. 중앙정부의 통제에 대한 수용 여부는 지방정부의 재량에 속한다.
> ㄷ. 주요 정책 영역에서 지방의 정치행위자들이 상호 경쟁하고 있음에 주목한다.
> ㄹ. 주요한 정책은 중앙정부의 관료에 의해 발의되고 결정된다.

① ㄱ, ㄴ　　② ㄱ, ㄹ
③ ㄴ, ㄷ　　④ ㄴ, ㄹ

상 중 하

출제유형 Ⅰ 말 바꾸기 + Ⅳ 개념

출제영역 정부 간 관계 모형

ㄴ, ㄷ ☒ 대리인 모형은 지방은 단순한 대리인에 불과하다고 인식하는 것으로 지방정부는 중앙정부의 위임된 사무를 수행하는 것이며, 재량권이 거의 없는 것으로 설명하는 모형이다.

2025 신용한 지방자치론 p.240, 241

정답 ②

511 '15 경간

다음 중앙정부와 지방정부간의 관계를 설명한 모형 중 성격이 가장 다른 하나는?

① 로즈(Rhodes)의 전략적 협상 관계모형
② 킹덤(Kingdom)의 소작인모형
③ 라이트(Wright)의 분리권위형
④ 엘코크(Elcock)의 교환모형

512 '16 지방 9

정부 간 관계(IGR) 모형에 대한 설명으로 옳은 것만을 모두 고른 것은?

> ㄱ. 로즈(Rhodes)모형에서 지방정부는 중앙정부에 완전히 예속되는 것도 아니고 완전히 동등한 관계가 되는 것도 아닌 상태에서 상호 의존한다.
> ㄴ. 로즈(Rhodes)는 지방정부는 법적 자원, 재정적 자원에서 우위를 점하며, 중앙정부는 정보자원과 조직자원의 측면에서 우위를 점한다고 주장한다.
> ㄷ. 라이트(Wright)는 정부 간 관계를 포괄형, 분리형, 중첩형의 세 유형으로 나누고, 각 유형별로 지방정부의 사무내용, 중앙·지방 간 재정관계와 인사관계의 차이가 있음을 밝히고 있다.
> ㄹ. 라이트(Wright) 모형 중 포괄형에서는 정부의 권위가 독립적인데 비하여, 분리형에서는 계층적이다.

① ㄱ, ㄴ
② ㄴ, ㄷ, ㄹ
③ ㄱ, ㄷ
④ ㄱ, ㄴ, ㄷ

출제유형 Ⅲ 내용분류
출제영역 정부 간 관계 모형

①, ②, ④ ⭕ 로즈(Rhodes)의 전략적 협상 관계모형, 킹덤(Kingdom)의 소작인모형, 엘코크(Elcock)의 교환모형 등은 중앙정부와 지방정부의 협상관계, 상호의존관계를 설명하는 모형이다.
③ ❌ 라이트(Wright)의 분리권위형은 중앙정부와 지방정부 간 독립적 관계를 설명하는 모형이다.

SUMMARY Wright의 정부 간 관계모형

Wright의 정부간 관계모형 : 중첩형이 가장 이상적. 우리나라는 포괄형에 속함

포괄형(종속형)	분리형(독립형)	중첩형(상호의존형)
관계 : 포괄·종속적 권위 : 계층적(엄격한 명령·복종) 사무 : 기관위임사무 주종 재정·인사 : 완전 종속	관계 : 분리·독립적 권위 : 독립적 사무 : 고유사무 주종 재정·인사 : 완전 분리	관계 : 상호의존적 권위 : 협상적 사무 : 고유 > 기관위임 사무 재정·인사 : 상호 의존과 교류

정답 ③

출제유형 Ⅱ 짝짓기 + Ⅳ 개념
출제영역 정부 간 관계 모형

ㄱ ⭕ 로즈는 지방정부와 중앙정부 간의 전략적 협상관계 모형을 제시하였다. 즉, 중앙정부와 지방정부의 관계는 상호의존적 게임의 상황으로 인식한다.
ㄴ ❌ **지방정부**는 현장의 정보를 가지고 있고 현장에 서비스를 제공하기 때문에 **정보자원과 조직자원**의 측면에서 우위를 점하는 것이며, **중앙정부**는 지방정부보다 **재정자원**을 더 많이 보유하고 있으며, 법률을 제정하는 **법적 자원**을 가지고 있어 이러한 측면에서 우위를 점한다.
ㄷ ⭕ 라이트는 정부 간 관계모형에서 포괄권위형(포괄형), 분리권위형(분리형), 중첩권위형(중첩형)으로 나누고 각 유형에서 지방정부의 사무 구성, 중앙·지방 간 재정관계와 인사관계의 차이를 밝히고 있다.
ㄹ ❌ 라이트의 모형 중에서 포괄형은 정부의 권위가 계층적인데 비하여, 분리형에서는 독립적이다.

정답 ③

513 '18 지방 7 지방자치론

라이트(Wright)와 로즈(Rhodes)의 정부간 관계모형은 상하위 정부간 관계의 성격에서 유사한 특성을 보여주고 있다. 두 학자의 모형 중 특성이 유사한 모형을 바르게 묶은 것은?

라이트 (Wright) 모형	ㄱ. 분리권위모형(separated authority model) ㄴ. 내포권위모형(inclusive authority model) ㄷ. 중첩권위모형(overlapping authority model)
로즈 (Rhodes) 모형	A. 상호의존모형(interdependent model) B. 대리인모형(agent model) C. 동반자모형(partnership model)

① ㄱ - A, ㄴ - B, ㄷ - C
② ㄱ - B, ㄴ - A, ㄷ - C
③ ㄱ - C, ㄴ - A, ㄷ - B
④ ㄱ - C, ㄴ - B, ㄷ - A

출제유형 Ⅲ 내용 분류
출제영역 정부 간 관계 모형

④ ⭘ ㄱ - C, ㄴ - B, ㄷ - A
ㄱ - C : 분리권위모형(ㄱ)은 중앙정부와 지방정부가 상호 대등한 입장에 있는 경우로 중앙과 지방이 상호 협력적이고 국정의 파트너로서 동등한 권한과 의무를 지는 관계를 맺고 있다고 인식하는 동반자모형(C)과 유사하다.
ㄴ - B : 내포권위형(ㄴ)모형은 지방정부가 중앙정부에 전적으로 의존하는 수직적 관계로 지방은 단순한 대리인에 불과하다고 보는 대리인 모형(B)과 유사하다.
ㄷ - A : 중첩권위모형(ㄷ)은 중앙정부와 지방정부가 상호 독자성을 유지하며 기능적으로 상호의존관계에 있는 경우로 중앙정부와 지방정부의 양자가 서로 의존하고 있는 네트워크로 연결된 상호작용의 관계에 초점을 맞춘 상호의존모형(A)과 유사하다.

2025 신용한 지방자치론 p.238-241   정답 ④

514 '20 국회 8

정부 간 관계이론에 대한 설명으로 옳지 않은 것은?

① 라이트(Wright)의 이론 중 중첩권위형은 중앙정부와 지방정부가 상호의존적인 관계를 맺고 있는 유형을 말하며 가장 이상적인 형태다.
② 던사이어(Dunsire)의 이론 중 하향식모형은 지방정부가 중앙정부에 전적으로 의존하는 유형을 말한다.
③ 엘코크(Elcock)의 이론 중 동반자모형은 지방정부가 중앙정부의 감독 및 지원 하에 국가정책을 집행하는 유형을 말한다.
④ 윌다브스키(Wildavsky)의 이론 중 갈등 - 합의 모형은 중앙정부와 지방정부의 관계가 인사와 재정상으로 완전하게 분리되어 서로 독립적·자치적으로 운영되는 유형을 말한다.
⑤ 무라마츠 미치오(村松岐夫)는 중앙정부와 지방정부 간의 관계를 수직적 통제모형과 수평적 경쟁모형으로 나눈다.

출제유형 Ⅰ 말 바꾸기 + Ⅳ 개념
출제영역 정부 간 관계 모형

① ⭘ 중첩권위형은 중앙정부와 지방정부가 정치적 타협과 협상에 의한 상호의존관계에 있는 형태이며, Wright는 중첩권위형을 연방정부와 주정부 간의 이상적 관계로 설명한다.
② ⭘ 던사이어(Dunsire)의 이론 중 하향식모형은 지방정부는 중앙정부의 하위기관 또는 대리기관에 불과하다고 본다.
③ ✖ 엘코크(Elcock)의 이론 중 대리인 모형에 대한 설명이다. 동반자 모형은 중앙과 지방정부는 동반자의 관계로 서로 대등한 입장에서 상호 작용을 하는 것을 설명하는 모형이다.
④ ⭘ 윌다브스키(Wildavsky)의 이론 중 갈등 - 합의 모형은 중앙정부와 지방정부 양자는 대등한 관계를 유지하고 있으며, 지방정부는 정책입안과 집행에 있어서 상당한 자율성을 보유한다.
⑤ ⭘ 무라마츠 중앙 지방정부 간 관계를 수직적 통제모형과 수평적 통제모형으로 구분한다.

2025 신용한 지방자치론 p.238-241   정답 ③

515 '19 서울 7 지방자치론

<보기>의 정부 간 관계(IGR) 모형에 대한 설명 중 옳은 것을 모두 고른 것은?

| 보기 |

ㄱ. 라이트(Wright)의 중첩권위모형은 연방·주·지방정부가 서로의 독자성을 존중하면서 상호의존적 관계를 가진다고 본다.
ㄴ. 로즈(Rhodes)는 정부 간의 상호작용을 '자원의 교환 과정'으로 인식한다.
ㄷ. 윌슨과 게임(Wilson & Game)의 권력의존모형은 중앙·지방정부를 평등한 파트너 관계로 본다.

① ㄱ, ㄴ　　② ㄱ, ㄷ
③ ㄴ, ㄷ　　④ ㄱ, ㄴ, ㄷ

출제유형 Ⅳ 개념
출제영역 정부 간 관계 모형

ㄱ ◯ 라이트(Wright)는 중첩권위형을 중앙정부와 지방정부가 상호 독자성을 유지하며 기능적으로 상호의존관계에 있는 경우로 보았다.
ㄴ ◯ 로즈(Rhodes)는 중앙정부와 지방정부의 관계는 이들 정부가 필요로 하거나 소유하고 있는 또는 동원 가능한 자원을 중심으로 파악해야 한다는 전략적 협상관계 모형을 제시하였다. 전략적 협상관계 모형에서 정부는 법적 자원, 재정적 자원, 조직자원, 정보자원을 가지고 있으며, 정부 간의 상호작용은 이러한 자원의 교환과정으로 보고 있다.
ㄷ ◯ 윌슨과 게임(Wilson & Game)은 정부 간 관계를 대리인모형, 권력의존모형, 지배인모형으로 설명하고 있다. 대리인모형은 기본적으로 지방정부를 중앙정부에 종속된 대리인으로 보는 것이며, 동반자모형 또는 권력의존모형은 중앙정부와 지방정부를 동반자적이고 평등한 파트너 관계로 인식하는 것이다. 지배인모형은 지방정부가 중앙정부의 통제하에 놓여 있기는 하지만, 어느 정도 상대적 자율성을 가지고 있다고 보는 모형이다.

2025 신용한 지방자치론 p.238~241　　**정답** ④

516 '22 지방 7

지방자치에 관한 이론에 대한 설명으로 옳은 것은?

① 피터슨(Peterson)의 저서 「도시한계(City Limits)」에 따르면, 개방체제로서의 지방정부는 재분배정책보다 개발정책을 추구하는 경향이 있다.
② 라이트(Wright)는 정부 간 관계를 분쟁형, 창조형, 교환형으로 분류하고, 연방정부와 주정부 간 사회적·문화적 측면의 동태적 관계를 기술하였다.
③ 로즈(Rhodes)의 정부 간 관계론은 지방정부가 조직자원과 재정자원 측면에서 중앙정부보다 우월한 지위에 있다고 본다.
④ 티부(Tiebout)의 발에 의한 투표(voting with feet)가 가능하기 위해서는 주민의 자유로운 이동성, 공공서비스 제공에서 외부효과 존재 등의 전제조건이 충족되어야 한다.

출제유형 Ⅳ 개념
출제영역 정부 간 관계모형

① ◯ 피터슨(Peterson)의 도시한계론은 서비스와 세금의 조합에 따라 주민이 자유롭게 이동하는 개방체제의 상황에서 지방정부가 생산적 노동과 자본의 유치·확보에 도움이 되는 개발정책에 우선순위를 두는 것은 불가피하다고 설명하였다.
② ✗ 라이트(Wright)는 정부간 관계를 **포괄권위형, 분리권위형, 중첩권위형으로 분류하였다.**
③ ✗ 로즈(Rhodes)는 전략적 협상관계모형을 통해, 중앙은 지방에 비해 재정적 자원과 법적 자원을 가지고 있는 반면 **지방은 정보자원과 현장에 서비스를 제공하는 조직자원을 가지고 있다고 보았다.**
④ ✗ 티부(Tiebout)가 주장한 발에 의한 투표(voting with feet)를 위해서는 완전한 정보와 시민의 완전한 이동성, **공공서비스로 인한 외부효과의 부존재 등의 전제조건이 충족되어야 한다.**

2025 신용한 지방자치론 p.238~241　　**정답** ①

517

'15 서울 7 지방자치론

다음 중 지방정부의 권한은 주(州)정부로부터 나온다는 것을 선언한 것으로, '지방정부는 주정부로부터 명시적으로 위임받은 권한만을 행사할 수 있다.'라는 내용을 의미하는 것은?

① 딜론의 원칙(Dillon's rule)
② 쿨리 독트린(Cooly doctrine)
③ 자치헌장(Home rule) 전통
④ 주 - 자치정부(State-County) 협약

출제유형 Ⅳ 개념
출제영역 집권 - 분권에 대한 역사적 원칙과 제도

① ○ 딜론의 원칙에 대한 설명이다. 아이오와 주 대법관이었던 딜런은 판결문에서 지방정부에 대한 궁극적인 권한은 주의회에 있으며, 지방정부는 주의회가 명시적으로 부여한 권한만 수행할 수 있다고 하였다.
② ✗ 미시간 주(州)의 대법관이었던 **쿨리(Thomas Cooley)는 딜론의 견해가 나온 3년 뒤 디트로이트시와 미시간 주 사이에 벌어진 한 소송에서 '지방정부의 자치권은 절대적인 것이며 주(州)는 이를 앗아갈 수 없다'**는 소위 쿨리 독트린(Cooley doctine)을 제시하였다.

2025 신용한 지방자치론 p.242   **정답** ①

518

'17 서울 7 지방자치론

다음 중 쿨리 독트린(Cooley doctrine)에 대한 설명으로 옳지 않은 것은?

① 지방정부의 자치권은 절대적인 것이며, 주(州)는 이를 앗아갈 수 없다는 원칙이다.
② 미국에서 1871년 디트로이트 시와 미시건 주 사이에 벌어진 소송에서 나온 견해이다.
③ 당시 미국의 대다수 주(州)에서 이 독트린은 채택되지 않았다.
④ 딜론의 원칙(Dillon's rule)을 뒷받침한 것이다.

출제유형 Ⅳ 개념
출제영역 집권 - 분권에 대한 역사적 원칙과 제도

①, ②, ③ ○ 쿨리 독트린(Cooley doctrine)은 딜런의 견해가 나온 3년 뒤 디트로이트(Detroit)시와 미시간(Michigan) 주 사이에 벌어진 한 소송에서 미시간 주의 대법관이었던 쿨리(Thomas Cooley)는 '지방정부의 자치권은 절대적인 것이며 주는 이를 앗아갈 수 없다'는 원칙을 제시한 것이다.
④ ✗ **쿨리 독트린(Cooley doctrine)은 분권 지향적인 원칙인 반면 딜런의 원칙(Dillon's rule)은 집권 지향적인 원칙**이다.

2025 신용한 지방자치론 p.242   **정답** ④

519

'19 서울 7 지방자치론

쿨리 독트린(Cooley doctrine)에 대한 설명으로 가장 옳은 것은?

① 지방정부가 행사하는 자치권을 국가로부터 위탁된 것으로 보는 견해이다.
② 지방정부의 자치권은 절대적인 것이며 주(州)는 이를 앗아갈 수 없다.
③ 지방정부의 권한을 소극적으로 해석한 것이다.
④ 오늘날에 이르기까지 미국의 주와 지방정부의 법적관계를 규정하는 중요한 원칙이 되고 있다.

출제유형 Ⅲ 내용분류 + Ⅳ 개념
출제영역 집권 - 분권에 대한 역사적 원칙과 제도

①, ③, ④ ✗, ② ○ 쿨리 독트린(Cooley doctrine)은 딜런의 견해가 나온 3년 뒤 디트로이트(Detroit)시와 미시간(Michigan) 주 사이에 벌어진 한 소송에서 미시간 주의 대법관이었던 쿨리(Thomas Cooley)가 '지방정부의 자치권은 절대적인 것이며 주는 이를 앗아갈 수 없다'는 원칙을 제시한 것이다. 그러나 대부분 미국의 주는 딜런의 원칙을 채택하고 있다.

2025 신용한 지방자치론 p.242   **정답** ②

520 '15 지방 9

다음 중 소규모 자치행정 구역을 지지하는 논리로 맞는 것을 모두 고른 것은?

> ㄱ. 티부(Tiebout)모형을 지지하는 공공선택이론가들의 관점
> ㄴ. 새뮤얼슨(Samuelson)의 공공재 공급 이론
> ㄷ. 지역격차의 완화에 공헌
> ㄹ. 주민과 지방정부 간의 소통·접촉 기회 증대

① ㄱ, ㄷ
② ㄱ, ㄹ
③ ㄴ, ㄷ
④ ㄴ, ㄹ

521 '21 국가 7

오츠(Oates)의 분권화정리가 성립하기 위한 조건에 대한 설명으로 옳은 것만을 모두 고르면?

> ㄱ. 중앙정부의 공공재 공급 비용이 지방정부의 공공재 공급 비용보다 더 적게 든다.
> ㄴ. 공공재의 지역 간 외부효과가 없다.
> ㄷ. 지방정부가 해당 지역에서 파레토 효율적 수준으로 공공재를 공급한다.

① ㄱ
② ㄷ
③ ㄱ, ㄴ
④ ㄴ, ㄷ

출제유형 Ⅲ 내용분류
출제영역 집권 – 분권에 대한 역사적 원칙과 제도

소규모 자치행정 구역 즉, 지방자치(지방분권)를 지지하는 논리를 찾는 문제이다.

ㄱ, ㄹ ⭕ 티부가설은 지방분권을 지향하는 원칙에 해당한다. 이 외에도 보충성의 원칙, 홈룰(Home-rule) 등이 있다. 지방분권은 주민과 지방정부 간의 소통 및 접촉 기회를 증대시켜 지역실정에 맞는 행정 구현이 가능하다.

ㄴ, ㄷ ❌ **사무엘슨의 공공재이론과 지역격차를 완화시키고자 하는 노력은 중앙집권의 지지논리**에 해당한다.

정답 ②

출제유형 Ⅳ 개념
출제영역 오츠(Oates)의 분권화정리

ㄴ, ㄷ ⭕ 분권화 정리는 지역공공재의 생산을 어느 단계의 정부가 담당하든 동일한 비용이 든다면, 지방정부가 스스로의 판단에 의해 그 지역에 적정량의 지역공공재를 공급하는 것이 중앙정부에 의한 공급보다 효율적이라는 것이다. 공공서비스의 지리적 외부성에 따라 중앙 – 광역 – 기초의 정부간 '독점적' 재정기능 분담구조 제안하며, 다양한 지방정부가 파레토 효율적으로 공공재를 공급하게 되면 사회전체 효용이 극대화된다고 하였다. 결국 개인선호가 다양해질수록 분권화를 통해 사회효용은 더욱 커지게 된다고 보았다(Oates, 1972).

정답 ④

522

'21 서울 7 경력경쟁 지방자치론

오츠(Oates)의 분권화이론에 대한 설명으로 옳은 것을 <보기>에서 모두 고른 것은?

| 보기 |

ㄱ. 오츠의 이론을 따를 경우 지방정부의 규모는 작을수록 효율적이다.
ㄴ. 오츠는 경제적인 측면에서 지방정부의 필요성을 설명하고 있다.
ㄷ. 오츠의 이론은 중앙정부와 지방정부 간 사무 배분원칙인 보충성의 원칙과 맥을 같이한다.
ㄹ. 오츠의 이론에 따르면, 특정 공공재 소비의 수혜범위가 지리적으로 한정되지 않고 외부효과가 발생한다면 상위 정부의 공급이 바람직할 수 있다.

① ㄱ, ㄴ
② ㄷ, ㄹ
③ ㄱ, ㄴ, ㄹ
④ ㄱ, ㄴ, ㄷ, ㄹ

출제유형 Ⅰ 말 바꾸기 + Ⅳ 개념
출제영역 오츠(Oates)의 분권화정리

ㄱ, ㄴ, ㄷ ◯ 오츠(Oates)의 분권화 이론은, 각 행정구역에 소비될 공공재의 공급비용이 중앙정부와 해당 지방정부에서 동일하다면, 중앙정부가 모든 구역에서 획일적으로 공공재를 공급하는 것보다 지방정부가 공급하는 것이 효율적이라는 이론이며 이는 중앙정부와 지방정부 간 사무 배분원칙인 보충성의 원칙과 맥을 같이 한다.
ㄹ ◯ 오츠(Oates)의 이론에 따르면 특정 공공재의 소비의 수혜범위가 지리적으로 한정되지 않고 외부효과가 발생한다면 집권화를 통해 규모의 경제를 기대할 수 있는 상위 정부의 공급이 바람직할 수 있다고 주장한다.

2025 신용한 지방자치론 p.242 **정답** ④

523

'24 지방 7 지방자치론

정부 간 재정관계에 대한 설명으로 옳은 것만을 모두 고르면?

ㄱ. 오츠(Oates)가 주장한 분권화 정리(decentralization theorem)란 중앙정부와 해당 지방정부의 공공재 공급 비용이 동일하다면, 지방정부가 해당 지역에서 공공재를 공급하는 것이 중앙정부가 모든 구역에 걸쳐 획일적으로 공급하는 것보다 더 효율적이거나 최소한 비슷하게 효율적이라는 것을 의미한다.
ㄴ. 그램리치(Gramlich)가 주장한 끈끈이 효과(flypaper effect)란 하위 지방정부가 상위정부로부터 지원금을 받으면 그것을 이용하여 해당 지역주민의 조세 부담을 경감시키는 지출 효과를 의미한다.
ㄷ. 코르나이(Kornai)가 주장한 연성예산제약(soft budget constraint)이란 지방정부가 재정적 곤란에 처하게 될 경우, 중앙정부가 상당한 재정지원을 할 것이라고 기대하는 지방정부가 방만한 재정운영 행태를 보이게 되는 것을 의미한다.

① ㄱ, ㄴ
② ㄱ, ㄷ
③ ㄴ, ㄷ
④ ㄱ, ㄴ, ㄷ

출제유형 Ⅰ 말바꾸기 + Ⅳ 개념
출제영역 집권 - 분권에 대한 역사적 원칙과 제도

ㄱ ◯ 오츠(Oates)의 분권화 이론은, 각 행정구역에 소비될 공공재의 공급비용이 중앙정부와 해당 지방정부에서 동일하다면, 중앙정부가 모든 구역에서 획일적으로 공공재를 공급하는 것보다 지방정부가 공급하는 것이 효율적이라는 이론이며 이는 중앙정부와 지방정부 간 사무 배분원칙인 보충성의 원칙과 맥을 같이 한다.
ㄴ ✗ 그램리치(Gramlich)가 주장한 끈끈이 효과(flypaper effect)란 **하위 지방정부가 상위정부로부터 지원금을 받으면 지방세출이 더 증가된다는 것**이다.
ㄷ ◯ 연성예산제약은 특정 경제 주체의 재정 운영 시 수입 이상의 지출을 하여도 단기적으로는 별문제가 발생하지 않아 재정 운용에 긴장감이 상대적으로 없는 상태를 의미한다.

2025 신용한 지방자치론 p.191 **정답** ②

524 '23 지방 7 지방자치론

자치권의 원리에 대한 설명으로 옳지 않은 것은?

① 딜런의 룰(Dillon's Rule)에 따르면, 지방정부는 미국 주(州)정부에 의해 명시적으로 위임 받은 권한과 그에 필연적으로 함축되어 있는 권한만을 행사할 수 있다.
② 영국에서 등장한 월권금지의 원칙(ultra vires doctrine)에 따르면, 지방정부의 자치권은 절대적인 권리로서 지방정부가 행하는 어떠한 활동도 존중되어야 한다.
③ 보충성(subsidiarity)의 원리는 사무배분에 있어 시민에게 가장 가까운 기초지방정부가 우선 처리하고 그렇지 못한 사무는 상위 지방정부나 국가가 단계적으로 보충할 것을 강조한다.
④ 미국의 홈-룰(Home-Rule)은 주(州)의 헌법을 위반하지 않는 범위 내에서 지방정부가 스스로 자치헌장을 만들고 헌장에 규정된 권한을 자율적으로 행사할 수 있도록 한다.

출제유형 Ⅳ 개념
출제영역 집권 - 분권에 대한 역사적 원칙과 제도

① ◯ 딜런의 규칙(Dillon's rule)은 지방정부는 주(州) 의회가 명시적으로 부여한 권한만 수행할 수 있다고 보는 것으로 지방정부의 권한을 소극적으로 해석한 것이었다.
② ✗ 월권금지의 원칙(ultra vires doctrine)은 자연인과 달리 법인은 법에 의하여 권한이 부여된 사항만을 행사할 수 있다고 본다. 따라서 지방자치단체도 법률에 의해 개별적으로 수권받은 사무에 대해서는 지방자치단체가 자치권을 보유하지만, <mark>그 범위를 벗어나는 행위는 금지</mark>된다.
③ ◯ 보충성 원칙은 중앙과 지방의 기능배분에 있어 지방사무는 원칙적으로 지방정부의 관할권으로 인정하고, 지방정부가 처리하기 어려운 일에 대하여 중앙정부가 관여한다는 원칙을 말한다.
④ ◯ 홈룰(Home-rule)은 주(州)의회가 아닌 각 지방자치단체가 그 스스로 자신의 상황에 맞는 헌장(홈룰)을 제정할 수 있는 완전한 자치권 획득을 위한 운동이다.

2025 신용한 지방자치론 p.21, 26, 242 **정답** ②

---

525 '20 지방 7 지방자치론

정부 간 관계에 관한 로즈(Rhodes)의 권력의존 모형에 대한 설명으로 옳지 않은 것은?

① 중앙정부와 지방정부를 상호의존적인 행위자로 본다.
② 정책공동체는 중앙정부와 지방정부의 연계에 중요한 역할을 한다.
③ 정부 간 관계에서 교섭과 거래는 조직 간 자원 교환과정의 일종으로 이해한다.
④ 지방정부는 법률적 자원, 정보 자원, 물리적 자원에서 우월한 위치를 차지한다.

출제유형 Ⅰ 말 바꾸기 + Ⅳ 개념
출제영역 전략적 협상관계 모형

① ◯, ④ ✗ 로즈의 권력의존 모형에 따르면, <mark>중앙정부는 입법권한과 재원의 확보라는 측면에서 지방정부 보다 법률적, 재정적 자원에서 우위에 있는 반면, 지방정부는 행정서비스 집행의 필수적인 조직자원과 정보의 수집·처리 능력면에서 중앙정부보다 우위에 있다고 설명</mark>한다. 따라서 지방은 중앙에 완전히 예속되는 것도 아니며, 동등한 관계도 아닌 상호의존적인 관계로 본다.
③ ◯ 정부는 법적 자원, 재정적 자원, 조직자원, 정보자원을 가지고 있으며, 정부 간의 상호작용은 이러한 자원의 교환과정으로 이해한다.

2025 신용한 지방자치론 p.241 **정답** ④

POINT 2 중앙통제

526

'14 지방 7 지방자치론

지방자치단체에 대한 중앙정부의 통제방식 중 그 성격이 다른 것은?

① 시·도의 자치사무에 대한 행정안전부장관의 감사
② 확정된 예산에 대한 시·도지사의 행정안전부장관에의 보고
③ 시·도가 설립하는 지방자치단체조합에 대한 행정안전부장관의 승인
④ 국가위임사무에 대한 시·도지사의 직무해태 시 주무부처장관의 직무 이행명령

출제유형 Ⅲ 내용분류 + Ⅶ 법령
출제영역 우리나라의 중앙통제

①, ③, ④ ⭕ 시·도의 자치사무에 대한 행정안전부장관의 감사, 시·도가 설립하는 지방자치단체조합에 대한 행정안전부장관의 승인, 국가위임사무에 대한 시·도지사의 직무해태 시 주무부처장관의 직무 이행명령 등은 권력적 통제방식에 해당한다.

② ❌ 확정된 예산에 대한 시·도지사의 행정안전부장관에의 보고는 비권력적 통제방식이다.

SUMMARY 권력적 통제와 비권력적 통제의 유형

권력적 통제 (일방·권력·강제적)	비권력적 통제(장려·유도·조성적)
1. 임면 : 행정관리의 책임자를 임명 또는 해임	1. 계도 : 감독기관이 지자체의 행정방향을 제시, 최저기준설정, 질의응답, 기법계몽, 조언과 권고
2. 승인 : 행정행위의 법적 효력을 완성시킴.	2. 지원 : 기술적·재정적 원조
3. 처분 : 감독기관이 직접 지방자치단체의 행정사항에 대해 조치	3. 정보제공 : 정보·자료 제공, 보고받기, 정보·자료 요청
4. 감사 : 지자체의 행정행위의 합법성과 타당성을 심사하여 시정조치를 취하는 사후통제 방식	4. 조정 : 업무수행의 통합, 부조화·분쟁조정

2025 신용한 지방자치론 p.244 **정답** ②

POINT 3 우리나라의 국가와 지방자치단체 간의 관계

527

'22 지방 7 지방자치론

「중앙지방협력회의법령」상 중앙지방협력회의에 대한 설명으로 옳은 것은?

① 국가가 협력회의 심의 결과에 따른 이행 결과를 협력회의에 보고할 의무는 없다.
② 지역 간 균형발전에 관한 사항은 중앙지방협력회의 심의 대상에 포함되지 않는다.
③ 중앙지방협력회의 의장은 국무총리이고 부의장은 시·도지사협의회의 의장과 행정안전부장관이다.
④ 중앙지방협력회의는 구성원 3분의 2 이상의 출석으로 개의하고 출석구성원 과반수의 찬성으로 의결한다.

출제유형 Ⅶ 법령
출제영역 중앙지방협력회의

① ❌ 중앙지방협력회의의 구성 및 운영에 관한 법률 제4조 제2항

> 중앙지방협력회의의 구성 및 운영에 관한 법률 제4조【심의 결과의 활용】② 국가 및 지방자치단체는 심의 결과에 따른 조치 계획 및 이행 결과를 협력회의에 보고하여야 한다.

② ❌ 지역 간 균형발전에 관한 사항은 심의대상이다.

> 동법 제2조【중앙지방협력회의의 기능】중앙지방협력회의(이하 "협력회의"라 한다)는 다음 각 호의 사항을 심의한다.
> 1. 국가와 지방자치단체 간 협력에 관한 사항
> 2. 국가와 지방자치단체의 권한, 사무 및 재원의 배분에 관한 사항
> 3. 지역 간 균형발전에 관한 사항
> 4. 지방자치단체의 재정 및 세제에 영향을 미치는 국가 정책에 관한 사항
> 5. 그 밖에 지방자치 발전에 관한 사항

③ ❌ 중앙지방협력회의의 의장은 대통령이고, 부의장은 국무총리와 시·도지사 협의체의 대표자가 공동으로 된다.

> 동법 제3조【구성 및 운영】② 협력회의의 의장(이하 "의장"이라 한다)은 대통령이 된다.
> ③ 협력회의의 부의장(이하 "부의장"이라 한다)은 국무총리와 「지방자치법」 제182조제1항제1호에 따라 설립된 시·도지사 협의체의 대표자(이하 "시·도지사협의회장"이라 한다)가 공동으로 된다.

④ ⭕ 중앙지방협력회의의 구성 및 운영에 관한 법률 시행령 제4조

> 동법 시행령 제4조【의사정족수 및 의결정족수】협력회의는 구성원 3분의 2 이상의 출석으로 개의(開議)하고, 출석구성원 과반수의 찬성으로 의결한다.

2025 신용한 지방자치론 p.246 **정답** ④

528

'23 지방 7 지방자치론

행정협의조정위원회와 중앙지방협력회의에 대한 설명으로 옳은 것은?

① 지역 간 균형발전 또는 지방자치단체의 재정 및 세제에 영향을 미치는 국가 정책에 관한 사항을 심의하기 위해 행정협의조정위원회를 둔다.
② 행정협의조정위원회는 기획재정부장관을 위원장으로 하고, 13명 이내의 위원으로 구성한다.
③ 시·군 및 자치구의회의 의장이 상호 간의 교류와 협력을 증진하고 공동의 문제를 협의하기 위하여 설립한 전국적 협의체의 대표자는 중앙지방협력회의의 구성원이 된다.
④ 중앙지방협력회의의 운영과 실무협의회의 업무를 효율적으로 지원하기 위해 행정안전부에 중앙지방협력회의지방지원단을 둔다.

출제유형 Ⅶ 법령
출제영역 중앙지방협력회의 등

① ✕ 중앙행정기관의 장과 지방자치단체의 장이 **사무를 처리할 때 의견을 달리하는 경우 이를 협의·조정**하기 위하여 국무총리 소속으로 행정협의조정위원회를 둔다.

> 지방자치법 제187조【중앙행정기관과 지방자치단체 간 협의·조정】① 중앙행정기관의 장과 지방자치단체의 장이 사무를 처리할 때 의견을 달리하는 경우 이를 협의·조정하기 위하여 국무총리 소속으로 행정협의조정위원회를 둔다.

② ✕ 행정협의조정위원회의 **위원장은 위촉위원 중에서 국무총리가 위촉**하며, 13명 이내의 위원으로 구성한다.

> 지방자치법 제187조【중앙행정기관과 지방자치단체 간 협의·조정】② 행정협의조정위원회는 위원장 1명을 포함하여 13명 이내의 위원으로 구성한다.
> ③ 행정협의조정위원회의 위원은 다음 각 호의 사람이 되고, 위원장은 제3호의 위촉위원 중에서 국무총리가 위촉한다.
> 1. 기획재정부장관, 행정안전부장관, 국무조정실장 및 법제처장
> 2. 안건과 관련된 중앙행정기관의 장과 시·도지사 중 위원장이 지명하는 사람
> 3. 그 밖에 지방자치에 관한 학식과 경험이 풍부한 사람 중에서 국무총리가 위촉하는 사람 4명

③ 중앙지방협력회의의 구성 및 운영에 관한 법률 제3조 제1항

> 중앙지방협력회의의 구성 및 운영에 관한 법률 제3조【구성 및 운영】① 협력회의는 대통령, 국무총리, 기획재정부장관, 교육부장관, 행정안전부장관, 국무조정실장, 법제처장, 특별시장·광역시장·특별자치시장·도지사·특별자치도지사(이하 "시·도지사"라 한다), 「지방자치법」 제182조제1항제2호부터 제4호까지의 규정에 따른 전국적 협의체의 대표자 및 그 밖에 대통령령으로 정하는 사람으로 구성한다.

④ ✕ 중앙지방협력회의의 운영과 실무협의회의 업무를 효율적으로 지원하기 위해 **행정안전부에 중앙지방협력회의중앙지원단**(중앙지방협력회의지방지원단 ✕)을 둔다.

> 중앙지방협력회의의 구성 및 운영에 관한 법률 시행령 제12조【중앙지방협력회의중앙지원단 등】① 협력회의의 운영과 실무협의회의 업무를 효율적으로 지원(제2항에 따른 지방 안건의 발굴·조정 지원은 제외한다)하기 위해 행정안전부에 중앙지방협력회의중앙지원단(이하 "중앙지원단"이라 한다)을 둔다.

🔗 2025 신용한 지방자치론 p.246, 262, 263　　　정답 ③

529

'19 서울 7 지방자치론

「지방자치법」상 기초자치단체에 대한 시·도지사의 지도·감독에 대한 설명으로 가장 옳은 것은?

① 자치사무에 관한 기초자치단체장의 처분은 법령을 위반한 경우에 한하여 시·도지사가 이를 취소하거나 정지할 수 있다.
② 시·도지사는 시·도 위임사무가 아닌 기초자치단체의 자치사무에 관하여는 지도할 수 없다.
③ 시·도지사는 기초자치단체장이 이행명령에 따르지 않으면 시·도의 비용으로 대집행할 수 있다.
④ 자치사무에 대한 기초자치단체장의 처분을 시·도지사가 취소·정지하거나 시정명령을 하는 것에 대하여 이의가 있으면 기초자치단체장은 행정법원에 소를 제기할 수 있다.

출제유형 Ⅶ 법령
출제영역 우리나라의 중앙통제

① 지방자치법 제188조 제5항

> 지방자치법 제188조【위법·부당한 명령·처분의 시정】⑤ 제1항부터 제4항까지의 규정에 따른 자치사무에 관한 명령이나 처분에 대한 주무부장관 또는 시·도지사의 시정명령, 취소 또는 정지는 법령을 위반한 것에 한정한다.

② ✕ **시·도지사는** 시·도 위임사무가 아닌 **기초자치단체의 자치사무에 관하여서도 지도, 조언, 권고할 수 있다.**

> 동법 제184조【지방자치단체의 사무에 대한 지도와 지원】① 중앙행정기관의 장이나 시·도지사는 지방자치단체의 사무에 관하여 조언 또는 권고하거나 지도할 수 있으며, 이를 위하여 필요하면 지방자치단체에 자료 제출을 요구할 수 있다.

③ ❌ **시·도지사는** 기초자치단체장이 이행명령에 따르지 않으면 **기초자치단체(시·도 ×)의 비용으로** 대집행할 수 있다.

> 동법 제189조 【지방자치단체의 장에 대한 직무이행명령】 ② 주무부장관이나 시·도지사는 해당 지방자치단체의 장이 제1항의 기간에 이행명령을 이행하지 아니하면 그 지방자치단체의 비용부담으로 대집행하거나 행정상·재정상 필요한 조치를 할 수 있다. 이 경우 행정대집행에 관하여는 「행정대집행법」을 준용한다.

④ ❌ **자치사무에 대한 기초자치단체장의 처분을** 시·도지사가 취소·정지하거나 시정명령을 하는 것에 대하여 이의가 있으면 **기초자치단체장은 대법원(행정법원 ×)에 소를 제기할 수 있다.**

> 동법 제188조 【위법·부당 명령·처분의 시정】 ⑥ 지방자치단체의 장은 제1항, 제3항 또는 제4항에 따른 자치사무에 관한 명령이나 처분의 취소 또는 정지에 대하여 이의가 있으면 그 취소처분 또는 정지처분을 통보받은 날부터 15일 이내에 대법원에 소를 제기할 수 있다.

🔗 2025 신용한 지방자치론 p.246~249   정답 ①

530 ☐☐☐   '15 서울 7 지방자치론

우리나라 지방자치단체에 대한 국가의 지도·감독에 관한 설명으로 옳은 것은?

① 지방자치단체의 자치사무라고 하더라도 공익을 해친다고 인정되면 행정안전부장관이 회계를 감사할 수 있다.

② 지방자치단체장의 위법한 명령·처분에 대해 주무부장관이 취소하기 위해서는 대법원에 소(訴)를 제기하여 위법성을 확인하여야 한다.

③ 지방의회의 의결이 법령에 위반된다고 판단되면 주무부장관이 직접 지방의회에 이유를 붙여 재의를 요구할 수 있다.

④ 시·도지사가 국가위임사무에 대한 이행명령을 서면 고지한 기간 안에 이행하지 아니하면 주무부장관이 그 지방자치단체의 비용부담으로 대집행할 수 있다.

출제유형 Ⅶ 법령
출제영역 우리나라의 중앙통제

① ❌ 자치사무의 경우에는 **법령위반사항에 대하여만** 행정안전부장관이 회계를 감사할 수 있다.

> 지방자치법 제190조 【지방자치단체의 자치사무에 대한 감사】 ① 행정안전부장관이나 시·도지사는 지방자치단체의 자치사무에 관하여 보고를 받거나 서류·장부 또는 회계를 감사할 수 있다. 이 경우 감사는 법령위반사항에 대하여만 실시한다.

② ❌ **지방자치단체장의 위법한 명령·처분에 대해 주무부장관이 취소하기 위해서 대법원의 위법성 판단을 받아야 하는 것은 아니다.**

> 동법 제188조 【위법·부당 명령이나 처분의 시정】 ① 지방자치단체의 사무에 관한 지방자치단체의 장(제103조제2항에 따른 사무의 경우에는 지방의회의 의장을 말한다. 이하 이 조에서 같다)의 명령이나 처분이 법령에 위반되거나 현저히 부당하여 공익을 해친다고 인정되면 시·도에 대해서는 주무부장관이, 시·군 및 자치구에 대해서는 시·도지사가 기간을 정하여 서면으로 시정할 것을 명하고, 그 기간에 이행하지 아니하면 이를 취소하거나 정지할 수 있다.

③ ❌ **시·도에 대하여는 주무부장관이, 시·군 및 자치구에 대하여는 시·도지사가 지방의회에 재의를 요구하게 할 수 있다(직접 ×).**

> 동법 제192조 【지방의회 의결의 재의와 제소】 ① 지방의회의 의결이 법령에 위반되거나 공익을 현저히 해친다고 판단되면 시·도에 대해서는 주무부장관이, 시·군 및 자치구에 대해서는 시·도지사가 해당 지방자치단체의 장에게 재의를 요구하게 할 수 있고, 재의 요구 지시를 받은 지방자치단체의 장은 의결사항을 이송받은 날부터 20일 이내에 지방의회에 이유를 붙여 재의를 요구하여야 한다.

④ ⭕ 주무부장관은 이행명령 후 필요한 행·재정상의 필요한 조치를 취할 수 있다.

> 동법 제189조 【지방자치단체의 장에 대한 직무이행명령】 ② 주무부장관이나 시·도지사는 해당 지방자치단체의 장이 제1항의 기간에 이행명령을 이행하지 아니하면 그 지방자치단체의 비용부담으로 대집행 또는 행정상·재정상 필요한 조치(이하 이 조에서 "대집행 등"이라 한다)를 할 수 있다. 이 경우 행정대집행에 관하여는 「행정대집행법」을 준용한다.

🔗 2025 신용한 지방자치론 p.246~249   정답 ④

531

'16 지방 7 지방자치론

「지방자치법」상 지방자치단체에 대한 중앙정부의 통제와 관여에 대한 설명으로 옳지 않은 것은?

① 지방자치단체의 장이 법령의 규정에 따라 그 의무에 속하는 국가위임사무의 관리와 집행을 명백히 게을리하고 있다고 인정되는 시·도에 대하여는 주무부장관이 기간을 정하여 서면으로 이행할 사항을 명령할 수 있다.
② 지방자치단체의 장이 직무이행명령을 기간 내 이행하지 않을 경우라도 대집행을 할 수 없다.
③ 지방의회의 의결이 법령에 위반되거나 공익을 현저히 해친다고 판단되면 시·군 및 자치구에 대하여는 시·도지사가 재의를 요구하게 할 수 있다.
④ 행정안전부장관은 지방자치단체의 자치사무에 관하여 보고를 받을 수 있으며 법령위반사항에 대하여 회계를 감사할 수 있다.

출제유형 Ⅳ 개념 + Ⅶ 법령
출제영역 우리나라의 중앙통제

① ⭕ 지방자치법 제189조 제1항

> 지방자치법 제189조【지방자치단체의 장에 대한 직무이행명령】① 지방자치단체의 장이 법령에 따라 그 의무에 속하는 국가위임사무나 시·도위임사무의 관리와 집행을 명백히 게을리하고 있다고 인정되면 시·도에 대해서는 주무부장관이, 시·군 및 자치구에 대해서는 시·도지사가 기간을 정하여 서면으로 이행할 사항을 명령할 수 있다.

② ❌ 지방자치단체의 장이 직무이행명령을 기간 내 이행하지 아니하면 대집행을 할 수 있다.

> 동법 제189조【지방자치단체의 장에 대한 직무이행명령】② 주무부장관이나 시·도지사는 해당 지방자치단체의 장이 제1항의 기간에 이행명령을 이행하지 아니하면 그 지방자치단체의 비용부담으로 대집행 또는 행정상·재정상 필요한 조치(이하 이 조에서 "대집행 등"이라 한다)를 할 수 있다. 이 경우 행정대집행에 관하여는 「행정대집행법」을 준용한다.

③ ⭕ 지방자치법 제192조 제1항

> 동법 제192조【지방의회 의결의 재의와 제소】① 지방의회의 의결이 법령에 위반되거나 공익을 현저히 해친다고 판단되면 시·도에 대해서는 주무부장관이, 시·군 및 자치구에 대해서는 시·도지사가 해당 지방자치단체의 장에게 재의를 요구하게 할 수 있고, 재의 요구 지시를 받은 지방자치단체의 장은 의결사항을 이송받은 날부터 20일 이내에 지방의회에 이유를 붙여 재의를 요구하여야 한다.

④ ⭕ 지방자치법 제190조 제1항

> 동법 제190조【지방자치단체의 자치사무에 대한 감사】① 행정안전부장관이나 시·도지사는 지방자치단체의 자치사무에 관하여 보고를 받거나 서류·장부 또는 회계를 감사할 수 있다. 이 경우 감사는 법령 위반사항에 대해서만 한다.

2025 신용한 지방자치론 p.246~249 정답 ②

532

'17 지방 7 지방자치론

「지방자치법」상 지방자치단체에 대한 국가의 지도·감독에 대한 설명으로 옳지 않은 것은?

① 중앙행정기관의 장은 지방자치단체의 사무에 관하여 조언, 권고, 지도에 필요한 자료제출을 요구할 수 있다.
② 중앙행정기관의 장과 지방자치단체의 장이 사무처리 시 의견이 다른 경우 협의·조정하기 위하여 국무총리 소속으로 행정협의조정위원회를 둔다.
③ 행정안전부장관은 지방자치단체가 법령을 위반한 자치사무에 대하여 서류·장부 또는 회계를 감사할 수 있다.
④ 지방자치단체나 그 장에게 위임된 국가사무에 관하여 시·도는 행정안전부장관의 지도·감독을 받는다.

출제유형 Ⅶ 법령
출제영역 우리나라의 중앙통제

① ⭕ 지방자치법 제184조 제1항

> 지방자치법 제184조【지방자치단체의 사무에 대한 지도와 지원】① 중앙행정기관의 장이나 시·도지사는 지방자치단체의 사무에 관하여 조언 또는 권고하거나 지도할 수 있으며, 이를 위하여 필요하면 지방자치단체에 자료 제출을 요구할 수 있다.

② ⭕ 지방자치법 제187조 제1항

> 동법 제187조【중앙행정기관과 지방자치단체 간 협의·조정】① 중앙행정기관의 장과 지방자치단체의 장이 사무를 처리할 때 의견을 달리하는 경우 이를 협의·조정하기 위하여 국무총리 소속으로 행정협의조정위원회를 둔다.

③ ⭕ 지방자치법 제190조 제1항

> 동법 제190조【지방자치단체의 자치사무에 대한 감사】① 행정안전부장관이나 시·도지사는 지방자치단체의 자치사무에 관하여 보고를 받거나 서류·장부 또는 회계를 감사할 수 있다. 이 경우 감사는 법령 위반사항에 대해서만 한다.

④ ❌ 지방자치단체나 그 장에게 위임된 국가사무에 관하여 시·도는 주무부장관(행정안전부장관 ×)의 지도·감독을 받는다.

> 동법 제185조【국가사무나 시·도사무 처리의 지도·감독】① 지방자치단체나 그 장이 위임받아 처리하는 국가사무에 관하여 시·도에서는 주무부장관, 시·군 및 자치구에서는 1차로 시·도지사, 2차로 주무부장관의 지도·감독을 받는다.

2025 신용한 지방자치론 p.246~249 정답 ④

533 '18 서울 7 추가채용

지방자치단체장(서울시장)의 직무이행명령에 대한 설명 중 가장 옳지 않은 것은?

① 서울시장이 국가위임사무의 관리와 집행을 명백히 게을리 하고 있다고 인정되면 주무부장관이 기간을 정하여 서면으로 이행할 사항을 명령할 수 있다.
② 주무부장관은 서울시장이 국가위임사무에 대한 이행명령을 이행하지 아니하면 서울시의 비용부담으로 대집행하거나 행정상·재정상 필요한 조치를 할 수 있다.
③ 서울시장은 주무부장관의 이행명령에 이의가 있으면 이행명령서를 접수한 날부터 20일 이내에 대법원에 소를 제기할 수 있다.
④ 위 ③의 경우 서울시장은 이행명령의 집행을 정지하게 하는 집행정지결정을 신청할 수 있다.

출제유형 Ⅷ 법령
출제영역 직무이행명령

③ ❌ 지방자치단체의 장(서울시장)은 주무부장관의 **이행명령에 이의가 있으면 이행명령서를 접수한 날부터 15일(20일 ❌) 이내에 대법원에 소를** 제기할 수 있다.

> 지방자치법 제189조 【지방자치단체의 장에 대한 직무이행명령】
> ⑥ 지방자치단체의 장은 제1항 또는 제4항에 따른 이행명령에 이의가 있으면 이행명령서를 접수한 날부터 15일 이내에 대법원에 소를 제기할 수 있다. 이 경우 지방자치단체의 장은 이행명령의 집행을 정지하게 하는 집행정지결정을 신청할 수 있다.

SUMMARY 시정명령 vs 직무이행명령

구분	시정명령	직무이행명령
대상	지방자치단체의 사무	위임사무
사유	법령위반 or 부당한 처분 ▶ 자치사무 → only 법령위반	관리 및 집행을 게을리한 때
1차	서면으로 기간을 정하여 시정명령	서면으로 기간을 정하여 직무이행명령
2차	취소·정지	해당 지자체의 비용부담으로 대집행 또는 행정상·재정상 필요한 조치
불복시	자치사무에 한하여 지자체장은 15일 이내 대법원에 소 제기	지자체장은 15일 이내 대법원에 소 제기 ▶ 집행정지결정신청 가능

2025 신용한 지방자치론 p.246~249 **정답** ③

534 '18 서울 7 추가채용 지방자치론

지방자치단체장이 국가위임사무의 집행을 게을리 할 경우 주무부장관이 취할 수 있는 사항에 속하지 않은 것은?

① 서면 이행명령
② 대집행
③ 재정 불이익 조치
④ 정지권

출제유형 Ⅷ 법령
출제영역 직무이행명령

④ ❌ **국가위임사무에 대해 지방자치단체장이 집행을 게을리 할 경우 취할 수 있는 사항은 서면 이행명령, 대집행, 재정 불이익 조치이다.** 정지권의 경우 위법, 부당한 명령·처분의 시정을 위해 사용된다.

> 지방자치법 제188조 【위법·부당한 명령·처분의 시정】① 지방자치단체의 사무에 관한 지방자치단체의 장(제103조제2항에 따른 사무의 경우에는 지방의회의 의장을 말한다. 이하 이 조에서 같다)의 명령이나 처분이 법령에 위반되거나 현저히 부당하여 공익을 해친다고 인정되면 시·도에 대해서는 주무부장관이, 시·군 및 자치구에 대해서는 시·도지사가 기간을 정하여 서면으로 시정할 것을 명하고, 그 기간에 이행하지 아니하면 이를 취소하거나 정지할 수 있다.

2025 신용한 지방자치론 p.246~249 **정답** ④

535 '18 서울 7 지방자치론

「지방자치법」상 국가의 지도·감독에 대한 내용으로 가장 옳지 않은 것은?

① 환경부장관은 서울특별시의 사무에 관하여 조언 또는 권고하거나 지도할 수 있다.
② 환경부장관과 서울특별시장이 사무를 처리할 때 의견을 달리하는 경우에는 국무총리 소속의 행정협의조정위원회에서 협의·조정할 수 있다.
③ 행정안전부장관은 서울특별시의 자치사무 중에서 법령 위반사항이 있는 경우 감사를 할 수 있다.
④ 서울특별시 자치구에서 처리하는 환경부로부터 위임받은 국가사무에 대하여는 1차로 환경부장관의, 2차로 서울특별시장의 지도·감독을 받는다.

출제유형 Ⅳ 개념 + Ⅶ 법령
출제영역 우리나라의 중앙통제

① ⭕ 지방자치법 제184조 제1항

> 지방자치법 제184조【지방자치단체의 사무에 대한 지도와 지원】① 중앙행정기관의 장이나 시·도지사는 지방자치단체의 사무에 관하여 조언 또는 권고하거나 지도할 수 있으며, 이를 위하여 필요하면 지방자치단체에 자료 제출을 요구할 수 있다.

② ⭕ 지방자치법 제187조 제1항

> 동법 제187조【중앙행정기관과 지방자치단체 간 협의·조정】① 중앙행정기관의 장과 지방자치단체의 장이 사무를 처리할 때 의견을 달리하는 경우 이를 협의·조정하기 위하여 국무총리 소속으로 행정협의조정위원회를 둔다.

③ ⭕ 지방자치법 제190조 제1항

> 동법 제190조【지방자치단체의 자치사무에 대한 감사】① 행정안전부장관이나 시·도지사는 지방자치단체의 자치사무에 관하여 보고를 받거나 서류·장부 또는 회계를 감사할 수 있다. 이 경우 감사는 법령 위반사항에 대해서만 한다.

④ ❌ 지방자치단체나 그 장이 위임받아 처리하는 국가사무에 관하여 시·군 및 자치구에서는 1차로 시·도지사의, 2차로 주무부장관의 지도·감독을 받는다.

> 동법 제185조【국가사무나 시·도사무 처리의 지도·감독】① 지방자치단체나 그 장이 위임받아 처리하는 국가사무에 관하여 시·도에서는 주무부장관, 시·군 및 자치구에서는 1차로 시·도지사, 2차로 주무부장관의 지도·감독을 받는다.

🔗 2025 신용한 지방자치론 p.247~249, 262 정답 ④

---

536 '22 지방 7 지방자치론

「지방자치법」상 지방자치단체에 대한 국가의 지도·감독에 대한 설명으로 옳지 않은 것은?

① 중앙행정기관의 장이나 시·도지사는 지방자치단체의 사무에 관하여 조언 또는 권고하거나 지도할 수 있다.
② 시·군 및 자치구나 그 장이 위임받아 처리하는 시·도의 사무에 관하여는 주무부장관의 지도·감독을 받는다.
③ 행정안전부장관이나 시·도지사는 지방자치단체의 자치사무에 관하여 보고를 받거나 서류·장부 또는 회계를 법령 위반사항에 대해서만 감사할 수 있다.
④ 중앙행정기관의 장과 지방자치단체의 장이 사무를 처리할 때 의견을 달리하는 경우 이를 협의·조정하기 위하여 국무총리 소속으로 행정협의조정위원회를 둔다.

출제유형 Ⅳ 개념 + Ⅶ 법령
출제영역 우리나라의 중앙통제

① ⭕ 지방자치법 제184조 제1항

> 지방자치법 제184조【지방자치단체의 사무에 대한 지도와 지원】① 중앙행정기관의 장이나 시·도지사는 지방자치단체의 사무에 관하여 조언 또는 권고하거나 지도할 수 있으며, 이를 위하여 필요하면 지방자치단체에 자료 제출을 요구할 수 있다.

② ❌ 시·군 및 자치구나 그 장이 위임받아 처리하는 시·도의 사무에 관하여는 시·도지사(주무부장관 ×)의 지도·감독을 받는다.

> 동법 제185조【국가사무나 시·도 사무 처리의 지도·감독】② 시·군 및 자치구나 그 장이 위임받아 처리하는 시·도의 사무에 관하여는 시·도지사의 지도·감독을 받는다.

③ ⭕ 지방자치법 제190조 제1항

> 동법 제190조【지방자치단체의 자치사무에 대한 감사】① 행정안전부장관이나 시·도지사는 지방자치단체의 자치사무에 관하여 보고를 받거나 서류·장부 또는 회계를 감사할 수 있다. 이 경우 감사는 법령 위반사항에 대해서만 한다.

④ ⭕ 지방자치법 제187조 제1항

> 동법 제187조【중앙행정기관과 지방자치단체 간 협의·조정】① 중앙행정기관의 장과 지방자치단체의 장이 사무를 처리할 때 의견을 달리하는 경우 이를 협의·조정하기 위하여 국무총리 소속으로 행정협의조정위원회를 둔다.

🔗 2025 신용한 지방자치론 p.247~249, 262 정답 ②

537

'24 지방 7 지방자치론

「지방자치법」상 국가와 지방자치단체 간의 관계에 관한 설명으로 옳은 것은?

① 행정안전부장관은 시·군 및 자치구의 자치사무에 대한 감사를 시작한 후 30일 이내에 해당 사무의 처리가 법령에 위반되는지 등을 통보해야 한다.
② 지방자치단체의 장이 법령에 따라 그 의무에 속하는 국가위임사무의 관리와 집행을 명백히 게을리하고 있다고 인정되면 시·도에 대해서는 주무부장관이 기간을 정하여 서면으로 이행할 사항을 명령할 수 있다.
③ 시·군 및 자치구의회의 의결이 공익을 현저히 해친다고 판단됨에도 불구하고 시·도지사가 해당 시장·군수 및 자치구의 구청장에게 재의를 요구하게 하지 아니한 경우 주무부장관이 직접 시장·군수 및 자치구의 구청장에게 재의를 요구하게 할 수 있다.
④ 중앙행정기관의 장과 지방자치단체의 장이 사무를 처리할 때 의견을 달리하는 경우 이를 협의·조정하기 위하여 행정안전부장관 소속으로 행정협의조정위원회를 둔다.

출제유형 Ⅶ 법령 + Ⅰ 말바꾸기
출제영역 우리나라의 중앙통제

① ✗ 지방자치법 제190조 제2항

> 지방자치법 제190조【지방자치단체의 자치사무에 대한 감사】② 행정안전부장관 또는 시·도지사는 제1항에 따라 감사를 하기 전에 해당 사무의 처리가 법령에 위반되는지 등을 확인하여야 한다.

② ○ 지방자치법 제189조 제1항

> 동법 제189조【지방자치단체의 장에 대한 직무이행명령】① 지방자치단체의 장이 법령에 따라 그 의무에 속하는 국가위임사무나 시·도위임사무의 관리와 집행을 명백히 게을리하고 있다고 인정되면 시·도에 대해서는 주무부장관이, 시·군 및 자치구에 대해서는 시·도지사가 기간을 정하여 서면으로 이행할 사항을 명령할 수 있다.

③ ✗ 지방자치법 제192조 제2항

> 동법 제192조【지방의회 의결의 재의와 제소】② 시·군 및 자치구의회의 의결이 법령에 위반된다고 판단됨에도 불구하고 시·도지사가 제1항에 따라 재의를 요구하게 하지 아니한 경우 주무부장관이 직접 시장·군수 및 자치구의 구청장에게 재의를 요구하게 할 수 있고, 재의 요구 지시를 받은 시장·군수 및 자치구의 구청장은 의결사항을 이송받은 날부터 20일 이내에 지방의회에 이유를 붙여 재의를 요구하여야 한다.

④ ✗ 지방자치법 제187조 제1항

> 동법 제187조【중앙행정기관과 지방자치단체 간 협의·조정】① 중앙행정기관의 장과 지방자치단체의 장이 사무를 처리할 때 의견을 달리하는 경우 이를 협의·조정하기 위하여 국무총리 소속으로 행정협의조정위원회를 둔다.

정답 ②

538

'20 서울 7 경력경쟁 지방자치론

「지방자치법」에 명시된 우리나라의 중앙통제에 대한 설명으로 가장 옳지 않은 것은?

① 중앙행정기관의 장이나 시·도지사는 지방자치단체의 사무에 관하여 조언, 권고 또는 지도를 할 수 있다.
② 지방자치단체 또는 그 장이 위임받아 처리하는 국가사무는 주무부장관이나 시·도지사의 지도·감독을 받는다.
③ 자치사무에 대한 장의 명령과 처분이 법령에 위반되거나 부당하여 공익을 해한다고 인정되는 경우 주무부장관이 시정을 명령하고 이를 취소하거나 정지할 수 있다.
④ 지방자치단체의 장이 국가위임사무의 관리 및 집행을 명백히 게을리하는 경우 주무부장관 또는 시·도지사는 이행을 명령할 수 있고, 지방자치단체의 장이 이행명령을 이행하지 않으면 대집행 또는 행·재정상 조치를 취할 수 있다.

출제유형 Ⅶ 법령
출제영역 우리나라의 중앙통제

① ○ 지방자치법 제184조 제1항

> 지방자치법 제184조【지방자치단체의 사무에 대한 지도와 지원】① 중앙행정기관의 장이나 시·도지사는 지방자치단체의 사무에 관하여 조언 또는 권고하거나 지도할 수 있으며, 이를 위하여 필요하면 지방자치단체에 자료 제출을 요구할 수 있다.

② ○ 지방자치법 제185조 제1항

> 동법 제185조【국가사무나 시·도 사무 처리의 지도·감독】① 지방자치단체나 그 장이 위임받아 처리하는 국가사무에 관하여 시·도에서는 주무부장관, 시·군 및 자치구에서는 1차로 시·도지사, 2차로 주무부장관의 지도·감독을 받는다.

③ ✗ **지방자치단체의 사무**(자치사무 ✗)에 대한 장의 명령과 처분이 법령에 위반되거나 부당하여 공익을 해한다고 인정되는 경우 주무부장관이 시정을 명령하고 이를 취소하거나 정지할 수 있으며, **자치사무**에 관한 명령이나 처분에 대한 **주무부장관 또는 시·도지사의 시정명령, 취소 또는 정지**는 **법령에 위반한 것에 한정**된다.

> 동법 제185조【위법·부당한 명령이나 처분의 시정】① 지방자치단체의 사무에 관한 지방자치단체의 장(제103조제2항에 따른 사무의 경우에는 지방의회의 의장을 말한다. 이하 이 조에서 같다)의 명령이나 처분이 법령에 위반되거나 현저히 부당하여 공익을 해친다고 인정되면 시·도에 대해서는 주무부장관이, 시·군 및 자치구에 대해서는 시·도지사가 기간을 정하여 서면으로 시정할 것을 명하고, 그 기간에 이행하지 아니하면 이를 취소하거나 정지할 수 있다.
> ⑤ 제1항부터 제4항까지의 규정에 따른 자치사무에 관한 명령이나 처분에 대한 주무부장관 또는 시·도지사의 시정명령, 취소 또는 정지는 법령을 위반한 것에 한정한다.

④ ⭕ 지방자치법 제189조 제3항, 제4항

> **동법 제189조【지방자치단체의 장에 대한 직무이행명령】** ③ 주무부장관은 시장·군수 및 자치구의 구청장이 법령에 따라 그 의무에 속하는 국가위임사무의 관리와 집행을 명백히 게을리하고 있다고 인정됨에도 불구하고 시·도지사가 제1항에 따른 이행명령을 하지 아니하는 경우 시·도지사에게 기간을 정하여 이행명령을 하도록 명할 수 있다.
> ④ 주무부장관은 시·도지사가 제3항에 따른 기간에 이행명령을 하지 아니하면 제3항에 따른 기간이 지난 날부터 7일 이내에 직접 시장·군수 및 자치구의 구청장에게 기간을 정하여 이행명령을 하고, 그 기간에 이행하지 아니하면 주무부장관이 직접 대집행등을 할 수 있다.

🔗 2025 신용한 지방자치론 p.247~249　　　　정답 ③

---

540 ○○○
'24 서울 7 경력경쟁 지방자치론

지방자치단체의 재정분석 및 진단에 대한 설명으로 가장 옳지 않은 것은?

① 지방자치단체는 재정분석 결과와 재정진단 결과에 따라 재정위기단체로 지정될 수 있다.
② 지방자치단체는 재정분석 결과와 재정진단 결과에 따라 재정주의단체로 지정될 수 있다.
③ 기획재정부장관은 재정분석 및 진단을 한 후 그 결과에 따라 지방자치단체의 재정 상황의 수준을 지정한다.
④ 행정안전부장관은 재정분석 결과와 재정진단 결과를 공개할 수 있다.

---

539 ○○○
'22 서울 7 경력경쟁 지방자치론

중앙정부의 지방정부 통제와 그에 대한 지방정부의 대응 수단에 대한 설명으로 가장 옳지 않은 것은?

① 중앙정부는 지방정부에 대한 입법, 사법, 행정통제 수단을 가진다.
② 중앙정부는 사법통제의 헌법적 근거를 가지고 있다.
③ 국무총리 소속 행정협의조정위원회의 조정 결정은 강제력이 있다.
④ 지방정부는 중앙정부의 위법한 통제에 대해 행정소송 등으로 대응할 수 있다.

상 ⓒ 하

출제유형 Ⅰ 말 바꾸기 + Ⅳ 개념
출제영역 우리나라의 중앙통제

③ ❌ 중앙과 지방정부 간의 분쟁을 조정하는 **국무총리 소속의 행정협의조정위원회의 결정은 강제력을 가지지 못한다.** 「지방자치법 시행령」 제106조에서는 행정협의조정위원회가 협의·조정사항에 관한 결정을 하면 통보를 받은 관계 중앙행정기관의 장과 그 지방자치단체의 장은 그 협의·조정 결정사항을 이행하여야 한다고 규정하고 있다. 그러나 조정 결정사항을 이행하지 않을 시 **이행명령이나 대집행 등의 실질적인 구속력 확보의 장치가 없어 강제력을 가지지못한다는 문제점**이 있다.

🔗 2025 신용한 지방자치론 p.247~249, 263　　　　정답 ③

상 ⓒ 하

출제유형 Ⅶ 법령
출제영역 재정분석 및 공개

①, ② ⭕, ③ ❌ **행정안전부장관**(기획재정부장관 ×)은 재정분석 및 진단을 한 후 그 결과에 따라 지방자치단체의 재정 상황의 수준을 지정한다.

> **지방재정법 제55조의2【재정위기단체와 재정주의단체의 지정 및 해제】** ① 행정안전부장관은 제55조제1항에 따른 재정분석 결과와 같은 조 제3항에 따른 재정진단 결과 등을 토대로 위원회의 심의를 거쳐 다음 각 호의 구분에 따라 해당 지방자치단체를 재정위기단체 또는 재정주의단체(財政注意團體)로 지정할 수 있다.
> 1. 재정위기단체 : 재정위험 수준이 심각하다고 판단되는 지방자치단체
> 2. 재정주의단체 : 재정위험 수준이 심각한 수준에 해당되지 아니하나 지방자치단체 재정의 건전성 또는 효율성 등이 현저하게 떨어졌다고 판단되는 지방자치단체

④ ⭕ 지방재정법 제55조 제4항

> **동법 제55조【재정분석 및 재정진단 등】** ④ 행정안전부장관은 제1항 및 제3항에 따른 재정분석 결과와 재정진단 결과를 공개할 수 있다.

🔗 2025 신용한 지방자치론 p.250~253　　　　정답 ③

541

'16 지방 7 지방자치론

「지방재정법」상 재정분석 및 공개에 대한 설명으로 옳지 않은 것은?

① 행정안전부 장관은 재정위기단체의 재정건전화계획 수립 및 이행 결과가 현저히 부진하다고 판단하는 경우에도 교부세를 감액하거나 그 밖의 재정상의 불이익을 부여할 수 없다.
② 재정위기단체의 장은 재정건전화계획 및 이행상황을 매년 2회 이상 주민에게 공개하여야 한다.
③ 재정위기단체의 장은 재정건전화계획의 이행상황을 지방의회 및 행정안전부장관에게 보고하여야 한다.
④ 재정위기단체의 장은 행정안전부장관의 승인과 지방의회의 의결을 얻은 재정건전화계획에 의하지 아니하고는 대통령령으로 정하는 규모 이상의 재정투자사업에 관한 예산을 편성할 수 없다.

출제유형 Ⅶ 법령
출제영역 재정분석 및 공개

① ❌ 지방재정법 제55조의5 제1항

> **지방재정법 제55조의5 【재정건전화 이행 부진 지방자치단체에 대한 불이익 부여】** ① 행정안전부장관은 재정위기단체의 재정건전화계획 수립 및 이행 결과가 현저히 부진하다고 판단하는 경우에는 <u>교부세를 감액하거나 그 밖의 재정상의 불이익을 부여할 수 있다.</u>

②, ③ 지방재정법 제55조의3 제4항 및 제7항

> **동법 제55조의3 【재정위기단체 등의 의무 등】** ④ 재정위기단체의 장은 재정건전화계획의 이행상황을 지방의회 및 행정안전부장관에게 보고하여야 한다. 이 경우 시장·군수 및 자치구의 구청장은 시·도지사를 경유하여야 한다.
> ⑦ 재정위기단체의 장은 재정건전화계획 및 이행상황을 매년 2회 이상 주민에게 공개하여야 한다.

④ ⭕ 지방재정법 제55조의4 제2항

> **동법 제55조의4 【재정위기단체의 지방채 발행 제한 등】** ② 재정위기단체의 장은 제37조에도 불구하고 행정안전부장관의 승인과 지방의회의 의결을 얻은 재정건전화계획에 의하지 아니하고는 대통령령으로 정하는 규모 이상의 재정투자사업에 관한 예산을 편성할 수 없다.

2025 신용한 지방자치론 p.250~253   **정답** ①

542

'17 서울 7 지방자치론

다음 중 긴급재정관리제도에 대한 설명으로 가장 옳지 않은 것은?

① 행정안전부장관은 자력으로 재정위기 상황을 극복하는 것이 어렵다고 판단되는 지방자치단체에 대하여 해당 지방자치단체의 장과 지방의회의 의견을 듣지 않고 긴급재정관리단체로 지정할 수 있다.
② 긴급재정관리제도는 지방자치단체가 스스로 해결할 수 없는 예외적인 재정위기 상황이 발생할 경우 중앙정부와 지방자치단체가 협력해 재정위기를 신속히 극복하기 위한 조치이다.
③ 소속 공무원의 인건비를 30일 이상 지급하지 못한 경우 해당 지방자치단체는 긴급재정관리단체로 지정될 수 있다.
④ 행정안전부장관은 지방재정관리위원회의 심의·의결을 거쳐 국가공무원 또는 재정관리 전문가를 긴급재정관리인으로 긴급재정관리단체에 파견해야 한다.

출제유형 Ⅶ 법령
출제영역 긴급재정관리제도

① ❌, ② ⭕ 긴급재정관리제도는 지방자치단체의 자력으로 그 재정위기상황을 극복하기 어려운 경우에 **행정안전부 장관이 지방자치단체의 장과 지방의회의 의견을 수렴**하여 해당 지방자치단체를 긴급재정관리단체로 지정할 수 있다. 이는 국가와 지방자치단체가 협력하여 재정위기를 극복하도록 하는 제도이다.

③ ⭕ 소속공무원의 인건비를 30일 이상 지급하지 못한 경우는 긴급재정관리단체의 지정요건에 해당한다.

> **지방재정법 제60조의3 【긴급재정관리단체의 지정 및 해제】** ① 행정안전부장관은 지방자치단체가 다음 각 호의 어느 하나에 해당하여 자력으로 그 재정위기상황을 극복하기 어렵다고 판단되는 경우에는 해당 지방자치단체를 긴급재정관리단체로 지정할 수 있다. 이 경우 행정안전부장관은 긴급재정관리단체로 지정하려는 지방자치단체의 장과 지방의회의 의견을 미리 들어야 한다.
> 1. 제55조의2에 따라 재정위기단체로 지정된 지방자치단체가 제55조의3에 따른 재정건전화계획을 3년간 이행하였음에도 불구하고 재정위기단체로 지정된 때부터 3년이 지난 날 또는 그 이후의 지방자치단체의 재정위험 수준이 재정위기단체로 지정된 때보다 대통령령으로 정하는 수준 이하로 악화된 경우
> 2. <u>소속 공무원의 인건비를 30일 이상 지급하지 못한 경우</u>
> 3. 상환일이 도래한 채무의 원금 또는 이자에 대한 상환을 60일 이상 이행하지 못한 경우

④ 긴급재정관리단체로 지정되면 행정안전부장관은 지방재정관리위원회의 심의·의결을 거쳐 국가기관 소속 공무원 또는 재정관리에 관한 전문가를 긴급재정관리인으로 선임하여 긴급재정관리단체에 파견하여야 한다.

> **동법 제60조의4 【긴급재정관리인의 선임 및 파견】** ① 행정안전부장관은 국가기관 소속 공무원 또는 재정관리에 관한 업무 지식과 경험이 풍부한 사람을 긴급재정관리인으로 선임하여 긴급재정관리단체에 파견하여야 한다.
> ② 행정안전부장관은 제1항에 따라 긴급재정관리인을 선임하려면 미리 위원회의 심의·의결을 거쳐야 한다.

2025 신용한 지방자치론 p.250~253   **정답** ①

543

'19 서울 7 추가채용 지방자치론

「지방재정법」상 긴급재정관리단체의 지정에 대한 설명으로 가장 옳지 않은 것은?

① 행정안전부장관은 지방자치단체가 자력으로 재정위기상황을 극복하기 어렵다고 판단되는 경우 해당 지방자치단체를 긴급재정관리단체로 지정할 수 있다.
② 재정위기단체로 지정된 지방자치단체가 재정건전화계획을 3년간 이행하였음에도 재정위험수준이 대통령령으로 정하는 수준 이하로 악화된 경우, 행정안전부장관은 해당 지방자치단체를 긴급재정관리단체로 지정할 수 있다.
③ 소속 공무원의 인건비를 30일 이상 지급하지 못한 경우 행정안전부장관은 해당 지방자치단체를 긴급재정관리단체로 지정할 수 있다.
④ 상환일이 도래한 채무의 원금 또는 이자에 대한 상환을 지방자치단체가 90일 이상 이행하지 못한 경우 행정안전부장관은 해당 지방자치단체를 긴급재정관리단체로 지정할 수 있다.

출제유형 Ⅶ 법령
출제영역 긴급재정관리제도

①, ②, ③ ⭕, ④ ❌ 지방재정법 제60조의3 제1항

> **지방재정법 제60조의3【긴급재정관리단체의 지정 및 해제】** ① 행정안전부장관은 지방자치단체가 다음 각 호의 어느 하나에 해당하여 자력으로 그 재정위기상황을 극복하기 어렵다고 판단되는 경우에는 해당 지방자치단체를 긴급재정관리단체로 지정할 수 있다. 이 경우 행정안전부장관은 긴급재정관리단체로 지정하려는 지방자치단체의 장과 지방의회의 의견을 미리 들어야 한다.
> 1. 제55조의2에 따라 재정위기단체로 지정된 지방자치단체가 제55조의3에 따른 재정건전화계획을 3년간 이행하였음에도 불구하고 재정위기단체로 지정된 때부터 3년이 지난 날 또는 그 이후의 지방자치단체의 재정위험 수준이 재정위기단체로 지정된 때보다 대통령령으로 정하는 수준 이하로 악화된 경우
> 2. 소속 공무원의 인건비를 30일 이상 지급하지 못한 경우
> 3. 상환일이 도래한 채무의 원금 또는 이자에 대한 상환을 60일 이상 이행하지 못한 경우

2025 신용한 지방자치론 p.250~253   **정답** ④

544

'22 지방 7 지방자치론

「지방재정법」상 재정위기단체 또는 긴급재정관리에 대한 설명으로 옳은 것은?

① 긴급재정관리단체의 장은 직접 긴급재정관리계획안을 작성하는 것이 적절하지 아니한 경우로서 대통령령으로 정하는 경우에는 긴급재정관리인으로 하여금 긴급재정관리계획안을 작성하게 하여야 한다.
② 기획재정부장관은 재정위험 수준이 심각한 수준에 해당되지 아니하나 지방자치단체 재정의 건전성 또는 효율성 등이 현저하게 떨어졌다고 판단되는 지방자치단체의 경우 재정위기단체로 지정한다.
③ 기획재정부장관은 재정분석 및 재정진단 결과 등을 토대로 재정위험 수준이 심각하다고 판단되는 지방자치단체를 지방재정관리위원회의 심의를 거쳐 재정위기단체로 지정할 수 있다.
④ 행정안전부장관은 지방자치단체가 상환일이 도래한 채무의 원금 또는 이자에 대한 상환을 30일 이상 이행하지 못하여 자력으로 그 재정위기상황을 극복하기 어렵다고 판단되는 경우에는 해당 지방자치단체를 긴급재정관리단체로 지정할 수 있다.

출제유형 Ⅶ 법령
출제영역 긴급재정관리제도 등

① ⭕ 지방재정법 제60조의5 제1항

> **지방재정법 제60조의5【긴급재정관리계획의 수립】** ① 긴급재정관리단체의 장은 다음 각 호의 사항이 포함된 긴급재정관리계획안을 작성하여 긴급재정관리인의 검토를 받아 지방의회의 의결을 거친 후 행정안전부장관의 승인을 받아야 한다. 다만, 긴급재정관리단체의 장은 직접 긴급재정관리계획안을 작성하는 것이 적절하지 아니한 경우로서 대통령령으로 정하는 경우에는 긴급재정관리인으로 하여금 긴급재정관리계획안을 작성하게 하여야 한다.
> 1. 긴급재정관리단체의 채무 상환 및 감축 계획
> 2. 경상비 및 사업비 등의 세출구조조정 계획
> 3. 긴급재정관리단체의 수입 증대 계획
> 4. 그 밖에 긴급재정관리단체의 재정위기 극복을 위하여 대통령령으로 정하는 사항

② ✗ **행정안전부장관**(기획재정부장관 ✗)은 재정위험 수준이 심각한 수준에 해당되지 아니하나 지방자치단체 재정의 건전성 또는 효율성 등이 현저하게 떨어졌다고 판단되는 지방자치단체의 경우 **지방재정관리위원회의 심의를 거쳐 재정주의단체**(재정위기단체 ✗)**로 지정할 수 있다**.

> 동법 제55조의2【재정위기단체와 재정주의단체의 지정 및 해제】
> ① 행정안전부장관은 제55조제1항에 따른 재정분석 결과와 같은 조 제3항에 따른 재정진단 결과 등을 토대로 위원회의 심의를 거쳐 다음 각 호의 구분에 따라 해당 지방자치단체를 재정위기단체 또는 재정주의단체(財政注意團體)로 지정할 수 있다.
> 　2. 재정주의단체 : 재정위험 수준이 심각한 수준에 해당되지 아니하나 지방자치단체 재정의 건전성 또는 효율성 등이 현저하게 떨어졌다고 판단되는 지방자치단체

③ ✗ **행정안전부장관**(기획재정부장관 ✗)은 재정분석 및 재정진단 결과 등을 토대로 재정위험 수준이 심각하다고 판단되는 지방자치단체를 지방재정관리위원회의 심의를 거쳐 재정위기단체로 지정할 수 있다.

> 동법 제55조의2【재정위기단체와 재정주의단체의 지정 및 해제】
> ① 행정안전부장관은 제55조제1항에 따른 재정분석 결과와 같은 조 제3항에 따른 재정진단 결과 등을 토대로 위원회의 심의를 거쳐 다음 각 호의 구분에 따라 해당 지방자치단체를 재정위기단체 또는 재정주의단체(財政注意團體)로 지정할 수 있다.
> 　1. 재정위기단체 : 재정위험 수준이 심각하다고 판단되는 지방자치단체

④ ✗ 행정안전부장관은 지방자치단체가 상환일이 도래한 채무의 원금 또는 이자에 대한 상환을 **60일**(30일 ✗) **이상** 이행하지 못하여 자력으로 그 재정위기상황을 극복하기 어렵다고 판단되는 경우에는 해당 지방자치단체를 긴급재정관리단체로 지정할 수 있다.

> 동법 제60조의3【긴급재정관리단체의 지정 및 해제】① 행정안전부장관은 지방자치단체가 다음 각 호의 어느 하나에 해당하여 자력으로 그 재정위기상황을 극복하기 어렵다고 판단되는 경우에는 해당 지방자치단체를 긴급재정관리단체로 지정할 수 있다. 이 경우 행정안전부장관은 긴급재정관리단체로 지정하려는 지방자치단체의 장과 지방의회의 의견을 미리 들어야 한다.
> 　1. 제55조의2에 따라 재정위기단체로 지정된 지방자치단체가 제55조의3에 따른 재정건전화계획을 3년간 이행하였음에도 불구하고 재정위기단체로 지정된 때부터 3년이 지난 날 또는 그 이후의 지방자치단체의 재정위험 수준이 재정위기단체로 지정된 때보다 대통령령으로 정하는 수준 이하로 악화된 경우
> 　2. 소속 공무원의 인건비를 30일 이상 지급하지 못한 경우
> 　3. 상환일이 도래한 채무의 원금 또는 이자에 대한 상환을 60일 이상 이행하지 못한 경우

2025 신용한 지방자치론 p.250~253　　정답 ①

545

'19 지방 7 지방자치론

지방재정의 건전성 관리에 대한 설명으로 옳지 않은 것은?

① 지방자치단체의 장은 행정안전부장관이 정하는 바에 따라 매년 재정건전성관리계획을 수립하여 시행하여야 한다.
② 지방자치단체의 출자·출연 기관의 부채는 통합부채관리 대상에 포함되지 않는다.
③ 재정위기단체 지정제도는 지방자치단체의 재정위기 상황을 관리하기 위해 도입되었다.
④ 재정위기단체로 지정된 지방자치단체의 장은 재정건전화계획을 수립하여야 한다.

출제유형 Ⅶ 법령
출제영역 지방재정 건전성 관리

① ○ 지방재정법 제87조의3 제1항

> 지방재정법 제87조의3【지방재정건전성의 관리】① 지방자치단체의 장은 행정안전부장관이 정하는 바에 따라 매년 재정건전성관리계획을 수립하여 시행하여야 한다.

② ✗ 통합부채관리 대상에는 「지방공기업법」에 따른 **지방공기업과** 「지방자치단체 출자·출연 기관의 운영에 관한 법률」에 따른 **출자·출연기관이 모두 포함된다**.

> 동법 제44조의2【예산안의 첨부서류】② 제1항제1호에 따른 재정운용상황개요서에는 다음 각 호의 사항이 포함되어야 한다.
> 　2. 통합부채「지방공기업법」에 따른 지방공기업(이하 "지방공기업"이라 한다) 및 「지방자치단체 출자·출연 기관의 운영에 관한 법률」에 따른 출자기관·출연기관(이하 "지방자치단체 출자·출연기관"이라 한다)의 부채를 포함한 부채를 말한다

③ ○ 재정위기단체 지정제도는 지방자치단체의 재정위기 상황을 관리하기 위해 도입되었다.

④ ○ 지방재정법 제55조의3 제1항

> 동법 제55조의3【재정위기단체 등의 의무 등】① 제55조의2제1항제1호에 따른 재정위기단체로 지정된 지방자치단체의 장(이하 "재정위기단체의 장"이라 한다)은 대통령령으로 정하는 바에 따라 재정건전화계획을 수립하여 행정안전부장관의 승인을 받아야 한다. 이 경우 시장·군수 및 자치구의 구청장은 시·도지사를 경유하여야 한다.

2025 신용한 지방자치론 p.250~253　　정답 ②

546 '19 서울 7

지방재정의 사전관리제도에 해당하는 것을 <보기>에서 모두 고른 것은?

> ㄱ. 중기지방재정계획
> ㄴ. 지방재정투자심사
> ㄷ. 행정사무감사
> ㄹ. 성인지 예산제도
> ㅁ. 재정공시

① ㄱ, ㄴ
② ㄴ, ㄷ
③ ㄱ, ㄴ, ㄹ
④ ㄷ, ㄹ, ㅁ

출제유형 Ⅲ 내용분류 + Ⅳ 개념
출제영역 지방재정에 대한 국가에 관여

③ ◎ (ㄱ, ㄴ, ㄹ) 중기지방재정계획, 지방재정투자심사, 성인지예산 제도는 지방재정의 사전관리제도에 속하며, 행정사무감사, 재정공시 등은 지방재정의 사후관리제도이다.

2025 신용한 지방자치론 p.253 **정답** ③

POINT 4 특별지방행정기관

547 '16 경간

다음 중 우리나라의 특별지방행정기관에 대한 설명으로 가장 옳지 않은 것은?

① 국가의 사무를 집행하기 위해 중앙행정기관이 설치한 일선 집행기관을 말한다.
② 특별지방행정기관은 지방자치단체와 기능 중복으로 인해 지방이양이 추진되고 있다.
③ 감독의 용이성이라는 중앙행정기관의 부처이기주의에 따라 설치가 남용되는 문제가 있다.
④ 모든 특별지방행정기관은 지방자치단체의 관할 경계와 일치하여 설치된다.

출제유형 Ⅳ 개념
출제영역 특별지방행정기관의 특징

① ◎ 특별지방행정기관은 국가의 특정한 중앙행정기관에 소속되어, 당해 관할구역 내에서 소속 중앙행정기관의 사무에 속하는 특수한 전문분야의 행정사무를 처리하는 지방행정기관을 말한다. 중앙행정기관의 하부기관으로서 지방에 설치된 국가의 일선기관을 의미한다.
② ◎ 특별지방행정기관의 정비는 1991년 지방자치제가 부활된 이후 항상 정부개혁과제로 대두되어 왔다. 현 「지방자치분권 및 지역균형발전에 관한 특별법」에서도 특별지방행정기관의 정비를 지방분권을 위한 추진과제로 규정하고 있다.

> 지방자치분권 및 지역균형발전에 관한 특별법 제34조 【특별지방행정기관의 정비 등】 ① 국가는 「정부조직법」 제3조에 따른 특별지방행정기관이 수행하고 있는 사무 중 지방자치단체가 수행하는 것이 더 효율적인 사무는 지방자치단체가 담당하도록 하여야 한다.
> ② 국가는 새로운 특별지방행정기관을 설치하려는 경우에는 그 기능이 지방자치단체가 수행하고 있는 기능과 유사하거나 중복되지 아니하도록 하여야 한다.

③ ◎ 우리나라의 특별지방행정기관은 광역행정의 요청이라는 긍정적 측면과 중앙통제와 관리감독의 편의라는 부처이기주의의 부정적 측면이 동시에 작용한 것으로 평가되고 있다.
④ ✗ 특별지방행정기관은 지방자치단체의 관할경계와 일치하여 설치되는 것은 아니다. 업무관련성이나 지역적 사정에 비추어 통합하여 하나의 기관으로 하며, 다른 지방행정기관과의 협조관계를 고려하여 여러 기관을 한 지점에 모아 설치한다.

2025 신용한 지방자치론 p.254~256 **정답** ④

548 '19 국가 7

특별지방행정기관에 대한 설명으로 옳은 것은?

① 국가의 사무를 집행하기 위해 설치한 일선집행기관으로 고유의 법인격을 가지고 있다.
② 전문분야의 행정을 보다 효율적으로 수행하기 위해 설치하나 행정기관 간의 중복을 야기하기도 한다.
③ 특별지방행정기관의 예로는 자치구가 아닌 일반행정구가 있다.
④ 특별지방행정기관은 지방행정의 전문성을 제고하여 지방분권강화에 긍정적인 역할을 미친다.

549 '21 경간

특별지방행정기관 제도에 대한 설명으로 옳은 것은?

① 특별지방행정기관의 설치로 지역 주민들을 위한 공공서비스의 책임 행정이 약해진다.
② 특별지방행정기관의 관할 범위가 넓을수록 이용자인 국민의 편의가 증진된다.
③ 특별지방행정기관과 지방자치단체 간 기능의 보완으로 효율성을 제고할 수 있다는 장점이 있다.
④ 특별지방행정기관은 지방자치단체에서 별도로 설치한 일선집행기관이다.

출제유형 Ⅳ 개념
출제영역 특별행정기관의 특징

① ✗ 특별지방행정기관은 국가의 사무를 집행하기 위해 설치한 일선기관으로 고유한 법인격을 가지고 있지 않다. 지방자치단체(일반지방행정기관)가 법인격을 갖는다.
③ ✗ 특별지방행정기관의 예로는 지방경찰서, 지방고용노동청, 지방세무서 등이 있다. 자치구가 아닌 일반 행정구는 하부행정기관이다.
④ ✗ 특별지방행정기관은 전국적 통일성을 요하는 사무나 특수한 전문분야의 사무를 중앙에서 처리하는 것으로 중앙집권성(중앙통제의 강화)에 대한 우려가 있다.

SUMMARY 특별지방행정기관 vs 보통(일반)지방행정기관

구분	특별지방행정기관	보통지방행정기관 (지방자치단체)
법인격	無(피고 : 대한민국)	有(피고 : 단체장)
처리사무	국가사무(관치행정)	자치사무와 위임사무(자치행정)
특성	전문행정을 수행	종합행정을 수행

정답 ②

출제유형 Ⅳ 개념
출제영역 특별행정기관의 특징

① ○ 특별지방행정기관은 관할지역 주민들의 직접적인 통제와 참여가 어렵기 때문에 책임행정을 실현하기 어렵다.
② ✗ 특별지방행정기관의 범위가 넓을수록 지방행정의 종합성이 상실되고, 행정의 할거성이 강화될 우려가 있다.
③ ✗ 지방행정기관의 이원화로 고객의 혼란과 불편을 초래할 수 있다.
④ ✗ 특별지방행정기관은 국가의 특정한 중앙행정기관에 소속되어, 당해 관할구역 내에서 소속 중앙행정기관의 사무에 속하는 특수한 전문분야의 행정사무를 처리하는 지방행정기관이다.

정답 ①

550 '23 국회 8

특별지방행정기관에 대한 설명으로 옳지 않은 것은?

① 특별지방행정기관의 소속 공무원은 지방공무원이기 때문에 상급기관과의 인사이동에 장벽이 있다.
② 특별지방행정기관은 광역 단위 지방청 아래 소속기관들을 두는 중층 구조를 가진 경우가 많다.
③ 특별지방행정기관은 중앙의 통제를 받다 보니 지방자치단체에 비해 주민의 요구에 대한 대응이 둔감하다.
④ 행정서비스의 특성에 따른 적정수준의 광역행정을 실현하기 위하여 특별지방행정기관의 설치가 필요하다.
⑤ 「지방자치분권 및 지역균형발전에 관한 특별법」에 따르면 국가는 특별지방행정기관이 수행하고 있는 사무 중 지방자치단체가 수행하는 것이 더 효율적인 사무는 지방자치단체가 담당하도록 하여야 한다.

551 '18 서울 7 지방자치론

지방분권에 대한 설명으로 옳지 않은 것을 <보기>에서 모두 고른 것은?

> ㄱ. 기관위임사무는 국가나 상급자치단체가 위임한 것으로 지방의회의 관여가 인정된다.
> ㄴ. 자치사무는 지방자치단체가 자기 의사와 책임 아래 자주적으로 처리하는 사무이다.
> ㄷ. 2003년에 「지방분권 촉진에 관한 특별법」을 제정하였다.
> ㄹ. 특별지방행정기관은 자치권은 없지만 법인격을 갖는다.
> ㅁ. 특별지방행정기관은 지방자치단체와의 관계에서 기능중복으로 비효율이 발생할 수 있다는 한계가 있다.

① ㄱ, ㄷ, ㄹ, ㅁ
② ㄴ, ㄹ, ㅁ
③ ㄱ, ㄷ
④ ㄱ, ㄷ, ㄹ

출제유형 Ⅳ 개념
출제영역 특별지방행정기관의 특징

① ✗ 특별지방행정기관은 중앙정부의 일선행정기관으로서 **특별지방행정기관의 소속 공무원은 국가공무원**에 해당하고, 상급기관과의 인사이동에 장벽이 없다.
② ○ 특별지방행정기관은 중층 구조를 가진 경우가 많으므로, 이들 간 지시-감독-통제 관계로 인해 관료적 속성이 강화되고, 이를 통해 서비스 전달의 효율성을 떨어뜨릴 수 있다는 문제점이 있다.
③ ○ 특별지방행정기관은 국가의 특정한 중앙행정기관에 소속되어, 당해 관할구역 내에서 소속 중앙행정기관의 사무에 속하는 특수한 전문 분야의 행정사무를 처리하는 지방행정기관이다. 따라서 주민들에 의한 직접적인 통제나 책임행정을 실현하기 어려운 문제점이 발생한다.
④ ○ 특별지방행정기관은 전국적 통일성을 요하는 국가사무의 수행을 위해 설치가 필요하다.
⑤ ○ 지방자치분권 및 지역균형발전에 관한 특별법 제34조 제1항

> **지방자치분권 및 지역균형발전에 관한 특별법 제34조 【특별지방행정기관의 정비 등】** ① 국가는 「정부조직법」 제3조에 따른 특별지방행정기관이 수행하고 있는 사무 중 지방자치단체가 수행하는 것이 더 효율적인 사무는 지방자치단체가 담당하도록 하여야 한다.

📖 2025 신용한 지방자치론 p.254~256 **정답** ①

출제유형 Ⅰ 말 바꾸기 + Ⅳ 개념
출제영역 특별지방행정기관의 특징 등

ㄱ ✗ **기관위임사무**는 법령에 의해 국가나 상급 지방자치단체로부터 지방자치단체의 집행기관에게 위임된 사무를 의미하는 것으로 **원칙적으로 지방의회는 관여하지 못한다**.
ㄴ ○ 자치사무는 지역주민의 공공복리를 위해 지방자치단체가 자기의 책임과 부담으로 처리하는 지방적 공공사무이다.
ㄷ ✗ 2003년에 **노무현 정부는 「지방분권특별법」을 제정**하였고, 2008년 이명박 정부 때 「지방분권 촉진에 관한 특별법」으로 개정되었다.
ㄹ ✗ **특별지방행정기관은 국가의 특정한 중앙행정기관에 소속되는 기관으로 자치권과 법인격이 없다**.
ㅁ ○ 특별지방행정기관은 지방자치단체와의 관계에서의 기능 중복으로 이중행정, 이중감독 등의 비효율이 발생할 수 있다.

📖 2025 신용한 지방자치론 p.34, 89, 90, 254~256 **정답** ④

552 '15 국가 9

특별지방행정기관에 대한 설명으로 옳지 않은 것은?

① 관할지역 주민들의 직접적인 통제와 참여가 용이하기 때문에 책임행정을 실현할 수 있다.
② 출입국관리, 공정거래, 근로조건 등 국가적 통일성이 요구되는 업무를 수행한다.
③ 현장의 정보를 중앙정부에 전달하거나 중앙정부와 지방자치단체 사이의 매개 역할을 수행하기도 한다.
④ 국가의 사무를 집행하기 위해 중앙정부에서 설치한 일선 행정기관으로 자치권을 가지고 있지 않다.

- 출제유형: IV 개념
- 출제영역: 특별지방행정기관의 필요성과 문제점
① ✗ **특별지방행정기관은** 국가의 특정한 중앙행정기관에 소속되어, 당해 관할구역 내에서 소속 중앙행정기관의 사무에 속하는 특수한 전문분야의 행정사무를 처리하는 지방행정기관이다. 따라서 **주민들에 의한 직접적인 통제나 책임행정을 실현하기 어려운 문제점이 발생한다.**

SUMMARY 특별지방행정기관의 필요성과 문제점

필요성	① 양적 팽창과 질적 전문화로 복잡화된 행정을 보다 효율적·광역적으로 수행함. ② 전국적 통일성을 요하는 사무는 특별지방행정기관을 통해 수행하는 것이 바람직함.
문제점	① 중앙통제의 강화에 대한 우려가 있음. ② 지방행정의 종합성의 상실, 행정의 할거성이 강화됨. ③ 지방행정기관의 이원화로 고객의 혼란과 불편을 초래 ④ 지방행정의 민주성 상실을 초래 ⑤ 지방자치단체와 마찰 증대(이중행정, 이중감독의 문제)의 우려가 있음.

2025 신용한 지방자치론 p.254~256　　정답 ①

553 '16 국회 9

다음 중 특별행정기관에 대한 설명으로 옳지 않은 것은?

① 특별행정기관은 국가사무를 집행하고자 중앙부처가 설치하는 일선집행기관이다.
② 특별행정기관은 국가사무의 효율적 집행과 광역적 추진에 효과적이다.
③ 특별행정기관은 중앙부처의 감독을 용이하게 하는 반면, 부처이기주의를 초래하는 요인이 되기도 한다.
④ 특별행정기관은 지방분권과 지방자치 측면에서 볼 때 자치단체인 일반행정기관의 책임행정 구현에 공헌한다.
⑤ 특별행정기관은 일반행정기관과의 기능 중복으로 인한 비효율성이 문제로 제기된다.

- 출제유형: IV 개념
- 출제영역: 특별지방행정기관의 필요성과 문제점
④ ✗ **특별지방행정기관은** 국가의 특정한 중앙행정기관에 소속되어, 당해 관할구역 내에서 소속 중앙행정기관의 사무에 속하는 특수한 전문분야의 행정사무를 처리하는 지방행정기관이다. 따라서 **지방분권과 지방자치의 측면에서 볼 때 자치단체인 일반행정기관(보통지방행정기관)의 책임행정 구현을 저해하게 된다.**

2025 신용한 지방자치론 p.254~256　　정답 ④

554 '19 경간

특별지방행정기관에 대한 설명으로 가장 옳지 않은 것은?

① 특별지방행정기관은 국가사무를 집행하고자 중앙부처가 설치하는 일선기관이다.
② 특별지방행정기관은 관할지역 주민들의 직접적인 통제와 참여가 용이하기 때문에 책임행정을 실현할 수 있다.
③ 특별지방행정기관은 국가사무의 효율적이고 광역적 수행을 용이하게 한다.
④ 특별지방행정기관은 중앙부처의 감독을 용이하게 하는 반면, 부처이기주의를 초래하는 요인이 되기도 한다.

- 출제유형: I 말 바꾸기 + IV 개념
- 출제영역: 특별지방행정기관의 필요성과 문제점
② ✗ **특별지방행정기관은** 속해 있는 중앙행정기관의 구체적인 지시에 따라 행정을 수행할 뿐, **주민의 행정참여나 주민에 대한 책임행정 등 주민으로부터의 민주적 통제를 거의 허용하지 않는다.**

2025 신용한 지방자치론 p.254~256　　정답 ②

555

'18 지방 7 지방자치론

특별지방행정기관에 대한 설명으로 옳지 않은 것은?

① 중앙부처의 할거성이 특별지방행정기관을 통해 지방의 종합 행정으로 전환되는 장점이 있다.
② 특별지방행정기관과 지방자치단체 간의 기능 중복으로 인해 비효율성과 행정력 낭비가 초래될 수 있다.
③ 특별지방행정기관에 대해서는 주민들의 직접 통제와 참여가 용이하지 않아 책임행정이 결여될 수 있다.
④ 현장의 정보를 중앙정부에 전달하고 중앙정부와 지방자치단체 간 매개 역할을 수행하는 순기능이 있다.

출제유형 Ⅰ 말 바꾸기 + Ⅳ 개념
출제영역 특별지방행정기관의 필요성과 문제점

① ✕ 중앙통제의 관리감독의 편리성과 중앙부처의 할거성(할거주의)으로 인해 특별지방행정기관이 난립되는 경우가 발생하며, 이러한 **특별지방행정기관은 지방의 종합 행정을 저해하며 행정의 할거성을 심화시키는 단점이 있다.**
② ◯ 특별지방행정기관은 지방자치단체 간의 기능 중복, 이중 감독 등으로 비효율성이 발생하게 된다.
③ ◯ 특별지방행정기관은 책임소재를 불분명하게 하고 행정에 대한 주민의 관심 및 통제력을 약화시킨다.
④ ◯ 특별지방행정기관은 특정한 지방공공사무를 수행함에 있어 지역 현장의 정보를 중앙정부에 전달하고 매개하는 기능을 수행하기도 한다.

2025 신용한 지방자치론 p.254~256 정답 ①

556

'20 지방 7 지방자치론

특별지방행정기관의 필요성으로 적절하지 않은 것은?

① 공공서비스 제공의 형평성 제고
② 광역적 사무의 원활한 처리
③ 지방분권의 촉진
④ 행정 업무의 전문성 제고

출제유형 Ⅳ 개념
출제영역 특별지방행정기관 필요성과 문제점

①, ②, ④ ◯ 특별지방행정기관은 국가 또는 지방자치단체에 소속하여 특수한 전문분야의 행정 사무를 처리하는 지방행정기관을 말한다. 특별지방행정기관을 설치하는 이유는 행정기능이 날로 양적 팽창하고 있을 뿐 아니라 질적으로 전문화와 기술화를 더하고 있어 공공서비스 제공의 형평성을 제고하고, 광역적 사무를 원활히 처리하며, 전문분야의 행정을 보다 효율적·통일적으로 수행해 나가기 위해서이다.
③ ✕ **특별지방행정기관의 설치는 지방에 대한 중앙통제가 강화되는 것으로 지방분권을 저해시키는 문제점**을 가지고 있다.

SUMMARY 특별지방행정기관의 필요성과 문제점

필요성	① 양적 팽창과 질적 전문화로 복잡화된 행정을 보다 효율적·광역적으로 수행함. ② 전국적 통일성을 요하는 사무는 특별지방행정기관을 통해 수행하는 것이 바람직함.
문제점	① 중앙통제의 강화에 대한 우려가 있음. ② 지방행정의 종합성의 상실, 행정의 할거성이 강화됨. ③ 지방행정기관의 이원화로 고객의 혼란과 불편을 초래 ④ 지방행정의 민주성 상실을 초래 ⑤ 지방자치단체와 마찰 증대(이중행정, 이중감독의 문제)의 우려가 있음.

2025 신용한 지방자치론 p.256 정답 ③

CHAPTER 2 지방자치단체의 상호 간 관계

POINT 1~2 지방정부 간 갈등과 분쟁조정제도 B

557 ○○○ '24 서울 7 경력경쟁 지방자치론

지역의 공공갈등 해결 방안 중 대체적 분쟁해결 방식(Alternative Dispute Resolution)에 해당하지 않는 것은?

① 조정(mediation)
② 소송(lawsuit)
③ 협상(negotiation)
④ 중재(arbitration)

출제유형 Ⅲ 내용분류
출제영역 ADR(Alternative Dispute Resolution)

①, ③, ④ ○, ② ✕ 대체적 분쟁해결 방식(Alternative Dispute Resolution)은 소송에 의한 재판 이외의 방법으로써 분쟁을 해결하는 수단으로 화해, 알선, 조정, 중재 등이 있다.

2025 신용한 지방자치론 p.259 **정답** ②

558 ○○○ '16 서울 9

자치단체 상호 간의 적극적 협력을 제고하기 위한 제도적, 비제도적 방식에 해당하지 않은 것은?

① 자치단체조합   ② 전략적 협력
③ 분쟁조정위원회   ④ 사무위탁

출제유형 Ⅲ 내용분류
출제영역 정부 간 분쟁조정제도

①, ②, ④ ○ 자치단체조합, 전략적 협력, 사무위탁 등은 자치단체 상호 간의 적극적 협력을 제고하기 위한 방식에 해당한다. 특히 자치단체조합과 사무위탁 등은 지방자치단체 「지방자치법」에 제도적으로 규정되어 있는 방식이다.
③ ✕ 분쟁조정위원회는 지방 – 지방 간의 분쟁이 발생하였을 때 이를 조정하기 위한 기구이다.

2025 신용한 지방자치론 p.260~263 **정답** ③

559 ○○○ '24 서울 7 경력경쟁 지방자치론

지방자치단체 간 분쟁이 발생하였을 때, 이를 심의·의결하는 분쟁조정위원회로 잘못 짝지어진 것은?

① 서울시와 경기도 – 중앙분쟁조정위원회
② 서울시 송파구와 경기도 – 중앙분쟁조정위원회
③ 서울시 송파구와 경기도 성남시 – 지방분쟁조정위원회
④ 서울시 송파구와 서울시 강남구 – 지방분쟁조정위원회

출제유형 Ⅶ 법령
출제영역 정부 간 분쟁조정제도

①, ②, ④ ○, ③ ✕ 서울시 송파구와 경기도 성남시 간 분쟁이 발생하였을 때, 이를 심의·의결하는 분쟁조정위원회는 중앙분쟁조정위원회이다.

SUMMARY 중앙분쟁조정위원회 vs 지방분쟁조정위원회

중앙분쟁조정위원회	• 광역을 달리하는 자치단체 간 또는 그 장 간의 분쟁조정 • 광역과 기초자치단체 간 또는 그 장 간의 분쟁조정
지방분쟁조정위원회	동일 광역 내 기초자치단체 간 분쟁조정

2025 신용한 지방자치론 p.260 **정답** ③

560

'19 지방 7 지방자치론

지방자치단체 및 지방자치단체의 장 상호 간의 분쟁조정제도에 대한 설명으로 옳지 않은 것은?

① 분쟁조정을 위해 시·도에는 지방자치단체지방분쟁조정위원회를 둔다.
② 행정안전부장관이 분쟁을 조정하고자 할 때에는 관계 중앙행정기관의 장과의 협의를 거쳐 지방자치단체중앙분쟁조정위원회의 의결에 따라 조정하여야 한다.
③ 지방자치단체 상호 간이나 지방자치단체의 장 상호 간 사무를 처리할 때 의견이 달라 분쟁이 생기면 당사자의 신청에 의해서만 조정할 수 있다.
④ 지방자치단체중앙분쟁조정위원회의 조정 결과를 당사자에게 통보하면, 당사자는 결정사항을 이행할 의무를 지며 불이행 시에는 이행명령과 대집행이 가능하다.

출제유형 Ⅶ 법령
출제영역 정부 간 분쟁조정제도

① ◎ 지방자치법 제166조 제1항

> 지방자치법 제166조【지방자치단체중앙분쟁조정위원회 등의 설치와 구성 등】 ① 제165조제1항에 따른 분쟁의 조정과 제173조제1항에 따른 협의사항의 조정에 필요한 사항을 심의·의결하기 위하여 행정안전부에 지방자치단체중앙분쟁조정위원회(이하 "중앙분쟁조정위원회"라 한다)를, 시·도에 지방자치단체지방분쟁조정위원회(이하 "지방분쟁조정위원회"라 한다)를 둔다.

② ◎ 지방자치법 제165조 제3항

> 동법 제165조【지방자치단체 상호 간의 분쟁조정】 ③ 행정안전부장관이나 시·도지사가 제1항의 분쟁을 조정하려는 경우에는 관계 중앙행정기관의 장과의 협의를 거쳐 제166조에 따른 지방자치단체중앙분쟁조정위원회나 지방자치단체지방분쟁조정위원회의 의결에 따라 조정을 결정하여야 한다.

③ ✗ 지방자치법 제165조 제1항

> 동법 제165조【지방자치단체 상호 간의 분쟁조정】 ① 지방자치단체 상호 간 또는 지방자치단체의 장 상호 간에 사무를 처리할 때 의견이 달라 다툼(이하 "분쟁"이라 한다)이 생기면 다른 법률에 특별한 규정이 없으면 행정안전부장관이나 시·도지사가 당사자의 신청을 받아 조정할 수 있다. 다만, 그 분쟁이 공익을 현저히 해쳐 조속한 조정이 필요하다고 인정되면 <u>당사자의 신청이 없어도 직권으로 조정할 수 있다.</u>

④ ◎ 지방자치단체중앙분쟁조정위원회의 조정 결과는 당사자에게 구속력을 가지며, 불이행 시에는 이행명령과 대집행이 가능하다.

SUMMARY 중앙분쟁조정위원회 vs 지방분쟁조정위원회

중앙분쟁 조정위원회	• 광역을 달리하는 자치단체 간 또는 그 장 간의 분쟁조정 • 광역과 기초자치단체 간 또는 그 장 간의 분쟁조정
지방분쟁 조정위원회	동일 광역 내 기초자치단체 간 분쟁조정

2025 신용한 지방자치론 p.260~263   정답 ③

561

'19 지방 7 지방자치론

지방자치단체 간의 관계에 대한 설명으로 옳지 않은 것은?

① 기초자치단체와 광역자치단체의 관계는 대등한 것이 원칙이지만, 법령 규정으로 감독 관계가 성립하기도 한다.
② 지방자치단체 간의 행정협의회의 회장과 위원은 규약으로 정하는 바에 따라 관계 지방자치단체의 직원 중에서 선임한다.
③ 시·도지사 전국협의체를 설립한 때에는 그 협의체의 대표자는 국무총리에게 신고하여야 한다.
④ 지방자치단체조합을 해산한 경우에 그 재산의 처분은 관계 지방자치단체의 협의에 따른다.

출제유형 Ⅶ 법령
출제영역 정부 간 분쟁조정제도

① ◎ 광역자치단체와 기초자치단체는 법상으로 대등한 법인이고, 그 사이에는 원칙적으로 상하관계가 존재하지 않지만, 일부 규정에서는 광역과 기초 간 상하층의 관계에서 국가전체의 통치구조 속에 포함되는 위치로 규정하고 있다.

② ◎ 지방자치법 제170조 제2항

> 지방자치법 제170조【협의회의 조직】 ② 회장과 위원은 규약으로 정하는 바에 따라 관계 지방자치단체의 직원 중에서 선임한다.

③ ✗ 시·도지사 전국협의체를 설립한 때에 그 <mark>협의체의 대표자는 행정안전부장관에게(국무총리 ✗)</mark> 신고하여야 한다.

> 동법 제182조【지방자치단체의 장 등의 협의체】 ③ 제1항에 따른 협의체나 제2항에 따른 연합체를 설립하였을 때에는 그 협의체·연합체의 대표자는 지체 없이 <u>행정안전부장관에게 신고하여야 한다.</u>

④ ◎ 지방자치법 제181조 제2항

> 동법 제181조【지방자치단체조합의 규약 변경 및 해산】 ② 지방자치단체조합을 해산한 경우에 그 재산의 처분은 관계 지방자치단체의 협의에 따른다.

2025 신용한 지방자치론 p.268~272   정답 ③

562 '23 국가 9

「지방자치법」상 지방자치단체 상호 간 분쟁 발생 시 조정에 대한 설명으로 옳지 않은 것은?

① 지방자치단체 상호 간 사무를 처리할 때 의견이 달라 생긴 분쟁이 공익을 현저히 해쳐 조속한 조정이 필요하다고 인정되면 당사자의 신청이 없어도 행정안전부장관이나 시·도지사가 직권으로 조정할 수 있다.
② 행정안전부장관이나 시·도지사는 조정 결정 사항이 성실히 이행되지 아니할 경우 그 지방자치단체에 대하여 직무이행명령을 통해 이행하게 할 수 있다.
③ 지방분쟁조정위원회는 시·도에 설치하며 시·도와 시·군 및 자치구 간 또는 그 장 간의 분쟁을 심의·의결한다.
④ 중앙분쟁조정위원회는 행정안전부에 설치하며 시·도 간 또는 그 장 간의 분쟁을 심의·의결한다.

출제유형 Ⅶ 법령
출제영역 정부 간 분쟁조정제도

① ○ 지방자치법 제165조 제1항 단서

> 지방자치법 제165조【지방자치단체 상호 간의 분쟁조정】① 지방자치단체 상호 간 또는 지방자치단체의 장 상호 간에 사무를 처리할 때 의견이 달라 다툼(이하 "분쟁"이라 한다)이 생기면 다른 법률에 특별한 규정이 없으면 행정안전부장관이나 시·도지사가 당사자의 신청을 받아 조정할 수 있다. 다만, <u>그 분쟁이 공익을 현저히 해쳐 조속한 조정이 필요하다고 인정되면 당사자의 신청이 없어도 직권으로 조정할 수 있다.</u>

② ○ 지방자치법 제165조 제7항

> 동법 제165조【지방자치단체 상호 간의 분쟁조정】⑦ 행정안전부장관이나 시·도지사는 제4항부터 제6항까지의 규정에 따른 조정 결정 사항이 성실히 이행되지 아니하면 그 지방자치단체에 대하여 제189조(지방자치단체의 장에 대한 직무이행명령)를 준용하여 이행하게 할 수 있다.

③ , ④ ○ 지방분쟁조정위원회는 시·도에, 중앙분쟁조정위원회는 행정안전부에 설치한다. **중앙분쟁조정위원회는 시·도 간 또는 그 장 간의 분쟁, 시·도와 시·군 및 자치구 간 또는 그 장의 분쟁을 심의·의결한다.**

> 동법 제166조【지방자치단체중앙분쟁조정위원회 등의 설치와 구성 등】① 제165조제1항에 따른 분쟁의 조정과 제173조제1항에 따른 협의사항의 조정에 필요한 사항을 심의·의결하기 위하여 <u>행정안전부에 지방자치단체중앙분쟁조정위원회(이하 "중앙분쟁조정위원회"라 한다)를, 시·도에 지방자치단체지방분쟁조정위원회(이하 "지방분쟁조정위원회"라 한다)를 둔다.</u>
> ② 중앙분쟁조정위원회는 다음 각 호의 분쟁을 심의·의결한다.
> 1. 시·도 간 또는 그 장 간의 분쟁
> 3. 시·도와 시·군 및 자치구 간 또는 그 장 간의 분쟁

정답 ③

563 '20 지방 7 지방자치론

「지방자치법」상 분쟁조정위원회에 대한 설명으로 옳은 것은?

① 시·도를 달리하는 시·군 및 자치구 장 간의 분쟁은 중앙분쟁조정위원회의 심의·의결 대상이다.
② 공무원이 아닌 위원장 및 위원의 임기는 2년으로 하되 연임할 수 있다.
③ 분쟁조정위원회는 위원장을 포함한 위원 11명 이상의 출석으로 개의하고, 출석위원 과반의 찬성으로 의결한다.
④ 중앙분쟁조정위원회와 지방분쟁조정위원회는 각각 위원장을 포함한 15명 이내의 위원으로 구성한다.

출제유형 Ⅰ 말바꾸기 + Ⅶ 법령
출제영역 정부 간 분쟁조정제도

① ○ 지방자치법 제166조 제2항

> 지방자치법 제166조【지방자치단체중앙분쟁조정위원회 등의 설치와 구성 등】② 중앙분쟁조정위원회는 다음 각 호의 분쟁을 심의·의결한다.
> 2. 시·도를 달리하는 시·군 및 자치구 간 또는 그 장 간의 분쟁

② 지방자치법 제166조 제7항

> 동법 제166조【지방자치단체중앙분쟁조정위원회 등의 설치와 구성 등】⑦ <u>공무원이 아닌 위원장 및 위원의 임기는 3년으로 하며, 연임할 수 있다.</u> 다만, 보궐위원의 임기는 전임자 임기의 남은 기간으로 한다.

③ ✗ 지방자치법 제167조 제1항

> 동법 제167조【분쟁조정위원회의 운영 등】① 분쟁조정위원회는 위원장을 포함한 위원 <u>7명 이상의 출석으로 개의하고, 출석위원 3분의 2 이상의 찬성으로 의결한다.</u>

④ ✗ 지방자치법 제166조 제4항

> 동법 제166조【지방자치단체중앙분쟁조정위원회 등의 설치와 구성 등】④ 중앙분쟁조정위원회와 지방분쟁조정위원회(이하 "분쟁조정위원회"라 한다)는 각각 <u>위원장을 포함한 11명 이내의 위원으로</u> 구성한다.

정답 ①

564 '22 지방 7 지방자치론

「지방자치법」상 분쟁의 조정에 대한 설명으로 옳지 않은 것은?

① 분쟁조정위원회는 위원장을 포함한 위원 7명 이상의 출석으로 개의한다.
② 시·도를 달리하는 지방자치단체조합 간의 분쟁은 중앙분쟁조정위원회에서 심의 및 의결한다.
③ 중앙분쟁조정위원회와 지방분쟁조정위원회는 각각 위원장 1명을 제외한 11명 이내의 위원으로 구성한다.
④ 행정안전부장관이나 시·도지사는 분쟁이 공익을 현저히 해쳐 조속한 조정이 필요하다고 인정되면 당사자의 신청이 없어도 직권으로 조정할 수 있다.

출제유형 Ⅶ 법령
출제영역 정부 간 분쟁조정제도

① ⭕ 지방자치법 제167조 제1항

> 지방자치법 제167조【분쟁조정위원회의 운영 등】① 분쟁조정위원회는 위원장을 포함한 위원 7명 이상의 출석으로 개의하고, 출석위원 3분의 2 이상의 찬성으로 의결한다.

② ⭕ 지방자치법 제166조 제2항

> 동법 제166조【지방자치단체중앙분쟁조정위원회 등의 설치와 구성 등】② 중앙분쟁조정위원회는 다음 각 호의 분쟁을 심의·의결한다.
> 1. 시·도 간 또는 그 장 간의 분쟁
> 2. 시·도를 달리하는 시·군 및 자치구 간 또는 그 장 간의 분쟁
> 3. 시·도와 시·군 및 자치구 간 또는 그 장 간의 분쟁
> 4. 시·도와 지방자치단체조합 간 또는 그 장 간의 분쟁
> 5. 시·도를 달리하는 시·군 및 자치구와 지방자치단체조합 간 또는 그 장 간의 분쟁
> 6. 시·도를 달리하는 지방자치단체조합 또는 그 장 간의 분쟁

③ ❌ 지방자치법 제166조 제4항

> 동법 제166조【지방자치단체중앙분쟁조정위원회 등의 설치와 구성 등】④ 중앙분쟁조정위원회와 지방분쟁조정위원회(이하 "분쟁조정위원회"라 한다)는 각각 위원장 1명을 포함하여 11명 이내의 위원으로 구성한다.

④ ⭕ 지방자치법 제165조 제1항

> 동법 제165조【지방자치단체 상호 간의 분쟁조정】① 지방자치단체 상호 간 또는 지방자치단체의 장 상호 간에 사무를 처리할 때 의견이 달라 다툼(이하 "분쟁"이라 한다)이 생기면 다른 법률에 특별한 규정이 없으면 행정안전부장관이나 시·도지사가 당사자의 신청을 받아 조정할 수 있다. 다만, 그 분쟁이 공익을 현저히 해쳐 조속한 조정이 필요하다고 인정되면 당사자의 신청이 없어도 직권으로 조정할 수 있다.

정답 ③

---

565 '20 서울 7 경력경쟁 지방자치론

지방자치단체 간 사무의 처리에 관한 분쟁과 조정에 대한 설명으로 가장 옳지 않은 것은?

① 서울특별시와 경기도 간의 분쟁은 지방자치단체중앙분쟁조정위원회에서 심의·의결한다.
② 지방자치단체지방분쟁조정위원회는 위원장을 포함한 11명 이내의 위원으로 구성한다.
③ 지방자치단체중앙분쟁조정위원회는 위원장을 포함한 위원 7명 이상의 출석으로 개의하고, 출석위원 과반수 이상의 찬성으로 의결한다.
④ 서울특별시와 경기도 간의 분쟁이 공익을 현저히 저해하여 조속한 조정이 필요하다고 인정되면 당사자의 신청이 없어도 행정안전부장관이 직권으로 조정할 수 있다.

출제유형 Ⅶ 법령
출제영역 정부 간 분쟁조정제도

① ⭕ 지방자치법 제166조 제2항 각 호

> 지방자치법 제166조【지방자치단체중앙분쟁조정위원회 등의 설치와 구성 등】① 제165조제1항에 따른 분쟁의 조정과 제173조제1항에 따른 협의사항의 조정에 필요한 사항을 심의·의결하기 위하여 행정안전부에 지방자치단체중앙분쟁조정위원회(이하 "중앙분쟁조정위원회"라 한다)를, 시·도에 지방자치단체지방분쟁조정위원회(이하 "지방분쟁조정위원회"라 한다)를 둔다.
> ② 중앙분쟁조정위원회는 다음 각 호의 분쟁을 심의·의결한다.
>   1. 시·도 간 또는 그 장 간의 분쟁

② ⭕ 지방자치법 제166조 제4항

> 동법 제166조【지방자치단체중앙분쟁조정위원회 등의 설치와 구성 등】④ 중앙분쟁조정위원회와 지방분쟁조정위원회(이하 "분쟁조정위원회"라 한다)는 각각 위원장 1명을 포함하여 11명 이내의 위원으로 구성한다.

③ ❌ 분쟁조정위원회는 위원장을 포함한 위원 7명 이상의 출석으로 개의하고, 출석위원 3분의 2 이상의 찬성으로 의결한다.

> 동법 제167조【분쟁조정위원회의 운영 등】① 분쟁조정위원회는 위원장을 포함한 위원 7명 이상의 출석으로 개의하고, 출석위원 3분의 2 이상의 찬성으로 의결한다.

④ ⭕ 지방자치법 제165조 제1항

> 동법 제165조【지방자치단체 상호 간의 분쟁조정】① 지방자치단체 상호 간 또는 지방자치단체의 장 상호 간에 사무를 처리할 때 의견이 달라 다툼(이하 "분쟁"이라 한다)이 생기면 다른 법률에 특별한 규정이 없으면 행정안전부장관이나 시·도지사가 당사자의 신청을 받아 조정할 수 있다. 다만, 그 분쟁이 공익을 현저히 해쳐 조속한 조정이 필요하다고 인정되면 당사자의 신청이 없어도 직권으로 조정할 수 있다.

정답 ③

566 ☐☐☐

'21 서울 7 경력경쟁 지방자치론

지방자치단체 상호 간이나 지방자치단체의 장 상호 간 분쟁이 생겼을 때 분쟁을 조정하는 방안에 대한 설명으로 가장 옳지 않은 것은?

① 지방자치단체지방분쟁조정위원회는 시·군·구에 설치된 심의·의결기구이다.

② 분쟁 조정 시 관계 중앙행정기관의 장과의 협의를 거쳐 지방자치단체중앙분쟁조정위원회나 지방자치단체지방분쟁조정위원회의 의결에 따라 조정한다.

③ 지방자치단체중앙분쟁조정위원회는 행정안전부에 설치된 심의·의결기구이다.

④ 지방자치단체 상호 간 분쟁이 발생했을 때 다른 법률에 특별한 규정이 없으면 행정안전부 장관이나 시·도지사가 당사자의 신청에 따라 조정할 수 있다.

상 중 하

출제유형 Ⅶ 법령

출제영역 정부 간 분쟁조정제도

① ☒, ③ ◎ 지방자치단체지방분쟁조정위원회는 시·도(시·군·구 ×)에 설치된 심의·의결 기구이다.

> **지방자치법 제166조【지방자치단체중앙분쟁조정위원회 등의 설치와 구성 등】** ① 제165조제1항에 따른 분쟁의 조정과 제173조제1항에 따른 협의사항의 조정에 필요한 사항을 심의·의결하기 위하여 행정안전부에 지방자치단체중앙분쟁조정위원회(이하 "중앙분쟁조정위원회"라 한다)를, 시·도에 지방자치단체지방분쟁조정위원회(이하 "지방분쟁조정위원회"라 한다)를 둔다.

② ◎ 지방자치법 제165조 제1항

> **동법 제165조【지방자치단체 상호 간의 분쟁조정】** ③ 행정안전부장관이나 시·도지사가 제1항의 분쟁을 조정하려는 경우에는 관계 중앙행정기관의 장과의 협의를 거쳐 제166조에 따른 지방자치단체중앙분쟁조정위원회나 지방자치단체지방분쟁조정위원회의 의결에 따라 조정을 결정하여야 한다.

④ ◎ 지방자치법 제165조 제1항

> **동법 제165조【지방자치단체 상호 간의 분쟁조정】** ① 지방자치단체 상호 간 또는 지방자치단체의 장 상호 간에 사무를 처리할 때 의견이 달라 다툼(이하 "분쟁"이라 한다)이 생기면 다른 법률에 특별한 규정이 없으면 행정안전부장관이나 시·도지사가 당사자의 신청을 받아 조정할 수 있다. 다만, 그 분쟁이 공익을 현저히 해쳐 조속한 조정이 필요하다고 인정되면 당사자의 신청이 없어도 직권으로 조정할 수 있다.

2025 신용한 지방자치론 p.260~263 정답 ①

567 ☐☐☐

'22 서울 7 경력경쟁 지방자치론

「지방자치법」상 지방자치단체지방분쟁조정위원회에 대한 설명으로 가장 옳지 않은 것은?

① 시·도와 시·군 및 자치구 간 또는 그 장 간의 분쟁을 심의·의결한다.

② 위원장 1인을 포함하여 11명 이내의 위원으로 구성한다.

③ 위원회에는 조례로 정하는 해당 지방자치단체 소속 공무원이 당연직위원으로 참여한다.

④ 위원장을 포함한 위원 7명 이상의 출석으로 개의하고 출석위원 3분의 2 이상의 찬성으로 의결한다.

상 중 하

출제유형 Ⅶ 법령

출제영역 정부 간 분쟁조정제도

① ☒ 시·도와 시·군 및 자치구 간 또는 그 장 간의 분쟁을 심의·의결하는 것은 지방자치단체중앙분쟁조정위원회이다.

> **지방자치법 제166조【지방자치단체중앙분쟁조정위원회 등의 설치와 구성 등】** ② 중앙분쟁조정위원회는 다음 각 호의 분쟁을 심의·의결한다.
> 3. 시·도와 시·군 및 자치구 간 또는 그 장 간의 분쟁

② ◎ 지방자치법 제166조 제4항

> **동법 제166조【지방자치단체중앙분쟁조정위원회 등의 설치와 구성 등】** ④ 중앙분쟁조정위원회와 지방분쟁조정위원회(이하 "분쟁조정위원회"라 한다)는 각각 위원장 1명을 포함하여 11명 이내의 위원으로 구성한다.

③ ◎ 지방자치법 제166조 제6항

> **동법 제166조【분쟁조정위원회의 운영 등】** ⑥ 지방분쟁조정위원회의 위원장과 위원 중 5명은 제5항 각 호의 사람 중에서 시·도지사가 임명하거나 위촉하고, 조례로 정하는 해당 지방자치단체 소속 공무원은 당연직위원이 된다.

④ ◎ 지방자치법 제167조 제1항

> **동법 제167조【분쟁조정위원회의 운영 등】** ① 분쟁조정위원회는 위원장을 포함한 위원 7명 이상의 출석으로 개의하고, 출석위원 3분의 2 이상의 찬성으로 의결한다.

2025 신용한 지방자치론 p.260, 261 정답 ①

568 '24 지방 7 지방자치론

「지방자치법」상 지방자치단체 상호 간의 분쟁조정에 관한 설명으로 옳은 것은?

① 분쟁조정위원회는 위원장을 포함한 위원 7명 이상의 출석으로 개의하고, 출석위원 과반수의 찬성으로 의결한다.
② 중앙분쟁조정위원회와 지방분쟁조정위원회의 경우, 공무원이 아닌 위원장 및 위원의 임기는 3년으로 하며, 연임할 수 없다.
③ 중앙분쟁조정위원회와 지방분쟁조정위원회는 각각 위원장 1명을 포함하여 13명 이내의 위원으로 구성한다.
④ 분쟁이 공익을 현저히 해쳐 조속한 조정이 필요하다고 인정되면, 행정안전부장관이나 시·도지사가 당사자의 신청이 없어도 직권으로 조정할 수 있다.

출제유형 Ⅶ 법령
출제영역 정부 간 분쟁조정 제도

① ✖ 분쟁조정위원회는 위원장을 포함한 위원 7명 이상의 출석으로 개의하고 **출석위원 3분의 2 이상의 찬성**(과반수 ✖)으로 의결한다.

> 지방자치법 제167조【분쟁조정위원회의 운영 등】① 분쟁조정위원회는 위원장을 포함한 위원 7명 이상의 출석으로 개의하고, 출석위원 3분의 2 이상의 찬성으로 의결한다.

② ✖ 중앙분쟁조정위원회와 지방분쟁조정위원회의 경우, 공무원이 아닌 위원장 및 위원의 임기는 3년으로 하며, **연임할 수 있다.**

> 동법 제166조【지방자치단체중앙분쟁조정위원회 등의 설치와 구성 등】⑦ 공무원이 아닌 위원장 및 위원의 임기는 3년으로 하며, 연임할 수 있다. 다만, 보궐위원의 임기는 전임자 임기의 남은 기간으로 한다.

③ ✖ 중앙분쟁조정위원회와 지방분쟁조정위원회는 각각 위원장 1명을 포함하여 **11명**(13명 ✖) 이내의 위원으로 구성한다.

> 동법 제166조【지방자치단체중앙분쟁조정위원회 등의 설치와 구성 등】④ 중앙분쟁조정위원회와 지방분쟁조정위원회(이하 "분쟁조정위원회"라 한다)는 각각 위원장 1명을 포함하여 11명 이내의 위원으로 구성한다.

④ ⭕ 지방자치법 제165조 제1항

> 동법 제165조【지방자치단체 상호 간의 분쟁조정】① 지방자치단체 상호 간 또는 지방자치단체의 장 상호 간에 사무를 처리할 때 의견이 달라 다툼(이하 "분쟁"이라 한다)이 생기면 다른 법률에 특별한 규정이 없으면 행정안전부장관이나 시·도지사가 당사자의 신청을 받아 조정할 수 있다. 다만, 그 분쟁이 공익을 현저히 해쳐 조속한 조정이 필요하다고 인정되면 당사자의 신청이 없어도 직권으로 조정할 수 있다.

2025 신용한 지방자치론 p.260-263   **정답** ④

---

569 '15 교행 9

우리나라 중앙정부와 지방자치단체 간 또는 지방자치단체 상호 간의 관계에 대한 기술로 틀린 것은?

① 행정안전부장관은 공익상 필요하면 지방자치단체조합의 설립이나 해산을 명할 수 있다.
② 지방자치단체 간 의견이 달라 분쟁이 생길 경우 당사자의 신청 없이는 조정을 할 수 없다.
③ 중앙행정기관의 장과 지방자치단체의 장 간에 의견을 달리하는 경우 국무총리 소속으로 행정협의조정위원회를 두어 조정한다.
④ 「지방자치법」상 인정되는 지방자치단체 간의 협력방안으로 '지방자치단체조합의 설립', '사무위탁', '행정협의회의 구성' 등이 있다.

출제유형 Ⅳ 개념 + Ⅶ 법령
출제영역 정부 간 분쟁조정제도

① ⭕ 지방자치법 제180조 제2항

> 지방자치법 제180조【지방자치단체조합의 지도·감독】② 행정안전부장관은 공익상 필요하면 지방자치단체조합의 설립이나 해산 또는 규약 변경을 명할 수 있다.

② ✖ 지방자치법 제165조 제1항의 단서

> 동법 제165조【지방자치단체 상호 간의 분쟁조정】① 지방자치단체 상호 간 또는 지방자치단체의 장 상호 간에 사무를 처리할 때 의견이 달라 다툼(이하 "분쟁"이라 한다)이 생기면 다른 법률에 특별한 규정이 없으면 행정안전부장관이나 시·도지사가 당사자의 신청을 받아 조정할 수 있다. 다만, 그 분쟁이 공익을 현저히 해쳐 조속한 조정이 필요하다고 인정되면 당사자의 신청이 없어도 직권으로 조정할 수 있다.

③ ⭕ 지방자치법 제187조 제1항

> 동법 제187조【중앙행정기관과 지방자치단체 간 협의·조정】① 중앙행정기관의 장과 지방자치단체의 장이 사무를 처리할 때 의견을 달리하는 경우 이를 협의·조정하기 위하여 국무총리 소속으로 행정협의조정위원회를 둔다.

④ ⭕ 「지방자치법」에서 규정하고 있는 지방자치단체의 협력방식은 사무위탁, 행정협의회, 지방자치단체조합, 자치단체장 등의 협의체 등 4가지를 규정하고 있다.

SUMMARY 분쟁조정

구분	자치단체 간 분쟁조정 : 분쟁조정위원회	중앙-자치단체 간 분쟁조정
조정	중앙분쟁조정위원회 (행정안전부장관) 지방분쟁조정위원회 (시·도지사)	국무총리 소속 행정협의조정위원회
조정요건	당사자의 신청 or 직권	당사자의 신청
조정결정의 구속력	법적구속력 有 대집행 등 실질적 구속력 강함	법적구속력 有 실질적 구속력이 약함

2025 신용한 지방자치론 p.260-263, 273   **정답** ②

570 '17 사회복지직 9

중앙행정기관의 장과 지방자치단체의 장이 사무를 처리할 때 의견을 달리하는 경우 이를 협의·조정하기 위하여 설치하는 기구는?

① 중앙분쟁조정위원회
② 지방분쟁조정위원회
③ 갈등관리심의위원회
④ 행정협의조정위원회

출제유형 Ⅳ 개념 + Ⅶ 법령
출제영역 행정협의조정위원회

④ ⭕ 중앙행정기관의 장과 지방자치단체의 장이 사무를 처리할 때 의견을 달리하는 경우 이를 협의·조정하기 위하여 설치하는 기구는 행정협의조정위원회이다.

> **지방자치법 제187조【중앙행정기관과 지방자치단체 간 협의·조정】** ① 중앙행정기관의 장과 지방자치단체의 장이 사무를 처리할 때 의견을 달리하는 경우 이를 협의·조정하기 위하여 국무총리 소속으로 행정협의조정위원회를 둔다.

2025 신용한 지방자치론 p.262, 263   **정답** ④

571 '16 서울 7 지방자치론

중앙행정기관과 지방자치단체 간 사무를 처리할 때 의견을 달리하는 경우, 이를 조정·협의하기 위하여 행정협의조정위원회를 둔다. 다음 중 행정협의조정위원회의 위원 자격이 없는 사람은?

① 기획재정부장관
② 안건과 관련된 시·도지사 중 위원장이 지명하는 사람
③ 지방자치에 관한 학식과 경험이 풍부한 사람 중 전국 시·도지사 협의회에서 추천하는 사람
④ 법제처장

출제유형 Ⅶ 법령
출제영역 행정협의조정위원회

③ ❌ 지방자치에 관한 학식과 경험이 풍부한 사람 중에서 **국무총리**(시·도지사 협의회 ❌)가 위촉하는 사람이다.

> **지방자치법 제187조【중앙행정기관과 지방자치단체 간 협의·조정】** ③ 행정협의조정위원회의 위원은 다음 각 호의 사람이 되고, 위원장은 제3호의 위촉위원 중에서 국무총리가 위촉한다.
> 1. 기획재정부장관, 행정안전부장관, 국무조정실장 및 법제처장
> 2. 안건과 관련된 중앙행정기관의 장과 시·도지사 중 위원장이 지명하는 사람
> 3. 그 밖에 지방자치에 관한 학식과 경험이 풍부한 사람 중에서 국무총리가 위촉하는 사람 4명

2025 신용한 지방자치론 p.262, 263   **정답** ③

572

'20 서울 7 경력경쟁 지방자치론

「지방자치법」상 행정협의조정위원회에 대한 설명으로 가장 옳지 않은 것은?

① 중앙행정기관의 장과 지방자치단체의 장이 사무를 처리할 때 의견을 달리하는 경우 이를 협의·조정하기 위하여 국무총리 소속으로 행정협의조정위원회를 둔다.
② 행정협의조정위원회는 위원장 1명을 포함하여 13명 이내의 위원으로 구성한다.
③ 위원장은 위촉위원 중에서 국무총리가 위촉한다.
④ 행정협의조정위원회의 구성과 운영 등에 필요한 사항은 국무총리령으로 정한다.

출제유형 Ⅶ 법령
출제영역 행정협의조정위원회

① ⭕ 지방자치법 제187조 제1항

> 지방자치법 제187조 【중앙행정기관과 지방자치단체 간 협의·조정】 ① 중앙행정기관의 장과 지방자치단체의 장이 사무를 처리할 때 의견을 달리하는 경우 이를 협의·조정하기 위하여 국무총리 소속으로 행정협의조정위원회를 둔다.

② ⭕ 지방자치법 제187조 제2항

> 동법 제187조 【중앙행정기관과 지방자치단체 간 협의·조정】 ② 행정협의조정위원회는 위원장 1명을 포함하여 13명 이내의 위원으로 구성한다.

③ ⭕ 지방자치법 제187조 제3항

> 동법 제187조 【중앙행정기관과 지방자치단체 간 협의·조정】 ③ 행정협의조정위원회의 위원은 다음 각 호의 사람이 되고, 위원장은 제3호의 위촉위원 중에서 국무총리가 위촉한다.

④ ❌ 행정협의조정위원회의 구성과 운영 등에 필요한 사항은 **대통령령** (국무총리령 ×)으로 정한다.

> 동법 제187조 【중앙행정기관과 지방자치단체 간 협의·조정】 ④ 제1항부터 제3항까지에서 규정한 사항 외에 행정협의조정위원회의 구성과 운영 등에 필요한 사항은 대통령령으로 정한다.

📖 2025 신용한 지방자치론 p.262, 263 **정답** ④

573

'15 지방 9

우리나라의 중앙정부와 지방정부 간 관계에 대한 설명으로 옳지 않은 것은?

① 중앙정부와 지방정부 간의 인사교류 활성화는 소모적 갈등의 완화에 기여할 수 있다.
② 특별지방행정기관과 지방정부 간 기능이 유사·중복되어 갈등이 발생하기도 한다.
③ 중앙정부와 지방정부 간 재원 및 재정 부담을 둘러싼 갈등이 심화되고 있다.
④ 중앙정부와 지방정부 간 갈등을 해결하기 위하여 설치된 행정협의조정위원회의 결정은 강제력을 가진다.

출제유형 Ⅳ 개념 + Ⅶ 법령
출제영역 행정협의조정위원회 등

④ ❌ 중앙과 지방정부 간의 분쟁을 조정하는 국무총리 소속의 행정협의조정위원회의 결정은 실질적 구속력을 가지지 못한다. 「지방자치법 시행령」 제106조에서는 행정협의조정위원회가 협의·조정사항에 관한 결정을 하면 통보를 받은 관계 중앙행정기관의 장과 그 지방자치단체의 장은 그 협의·조정 결정사항을 이행하여야 한다고 규정하고 있다. 그러나 조정 결정사항을 이행하지 않을 시 이행명령이나 대집행 등의 실질적인 구속력 확보의 장치가 없어 강제력을 가지지 못한다는 문제점이 있다. 즉, 이 문제에서 강제력이란 행정협의조정위원회의 결정사항을 이행하지 않을 경우 '실질적인 구속력 확보'의 장치가 있는지를 묻고 있는 것이다.

> 지방자치법 시행령 제106조 【행정협의조정위원회의 기능 및 협의·조정 절차】 ① 행정협의조정위원회는 중앙행정기관의 장이나 지방자치단체의 장의 신청에 따라 당사자 간에 의견을 달리하는 사항에 대하여 협의·조정한다.
> ⑤ 행정협의조정위원회의 위원장은 제1항에 따른 협의·조정사항에 관한 결정을 하면 지체 없이 서면으로 국무총리에게 보고하고, 행정안전부장관, 관계 중앙행정기관의 장과 해당 지방자치단체의 장에게 통보해야 한다.
> ⑥ 제5항에 따른 통보를 받은 관계 중앙행정기관의 장과 해당 지방자치단체의 장은 그 협의·조정 결정사항을 이행해야 한다.

📖 2025 신용한 지방자치론 p.260~263 **정답** ④

574

'15 서울 7

중앙정부와 지방정부 간 갈등관계에 대한 설명으로 가장 옳지 않은 것은?

① 중앙정부와 지방정부 간 공식적인 갈등조정 기구는 대통령 소속의 행정협의조정위원회이다.
② 중앙정부와 지방정부 간 국책사업 갈등에는 지역주민이 갈등의 당사자로 참여하는 경우가 있다.
③ 중앙정부와 지방정부는 사무권한과 관련한 갈등의 경우 헌법재판소에 권한쟁의심판을 청구할 수 있다.
④ 취득세 감면조치는 중앙정부와 지방정부의 갈등요인으로 작용할 수 있다.

[출제유형] Ⅳ 개념 + Ⅶ 법령
[출제영역] 행정협의조정위원회 등

① ✗ 중앙정부와 지방정부 간 관계에서 공식적인 갈등 조정 기구는 **국무총리(대통령 ✗) 소속의 행정협의조정위원회**이다.

> 지방자치법 제187조【중앙행정기관과 지방자치단체 간 협의·조정】 ① 중앙행정기관의 장과 지방자치단체의 장이 사무를 처리할 때 의견을 달리하는 경우 이를 협의·조정하기 위하여 <u>국무총리 소속으로 행정협의조정위원회를 둔다.</u>

② ◯ 밀양 송전탑 사태와 같이 국책사업 진행 시 지역주민이 갈등의 직접 당사자로 참여하는 경우가 있다.
③ ◯ 헌법재판소는 국가기관 상호간, 국가기관과 지방자치단체간 및 지방자치단체 상호간의 권한쟁의에 관한 심판을 관장한다(권한쟁의 심판, 헌법 제111조).
④ ◯ 취득세는 지방세(광역자치단체)이므로 취득세의 감면조치는 중앙정부와 지방정부의 갈등요인으로 작용할 수 있다.

SUMMARY 분쟁조정제도

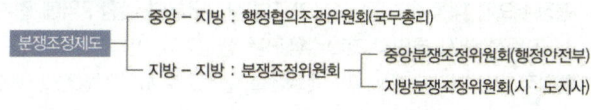

2025 신용한 지방자치론 p.262, 263   정답 ①

575

'19 서울 7 지방자치론

공공갈등을 관리하기 위한 제도에 대한 설명으로 가장 옳지 않은 것은?

① 행정협의조정위원회는 중앙행정기관의 장과 지방자치단체의 장이 이견을 가질 경우 이를 협의·조정하기 위해 설치된 국무총리 소속의 갈등조정기구이다.
② 「공공기관의 갈등 예방과 해결에 관한 규정」은 법률이 아닌 대통령령이며, 원칙적으로 중앙행정기관, 지방자치단체 및 그 밖의 공공기관에 적용한다.
③ 중앙분쟁조정위원회는 시·도와 시·군 및 자치구 간 또는 그 장 간의 분쟁을 심의·의결한다.
④ 서울특별시장은 시정 전반의 공공갈등을 예방하기 위하여 공공갈등에 대한 진단을 실시해야 한다.

[출제유형] Ⅰ 말바꾸기 + Ⅶ 법령
[출제영역] 행정협의조정위원회 등

① ◯ 지방자치법 제187조 제1항

> 지방자치법 제187조【중앙행정기관과 지방자치단체 간 협의·조정】 ① 중앙행정기관의 장과 지방자치단체의 장이 사무를 처리할 때 의견을 달리하는 경우 이를 협의·조정하기 위하여 국무총리 소속으로 행정협의조정위원회를 둔다.

② ✗ 「공공기관의 갈등 예방과 해결에 관한 규정」은 **중앙행정기관에 적용함을 원칙**으로 한다.

> 공공기관의 갈등 예방과 해결에 관한 규정 제3조【적용대상】 ① 이 영은 <u>중앙행정기관(총리령으로 정하는 대통령 소속기관 및 국무총리 소속기관을 포함한다. 이하 같다)에 적용함을 원칙</u>으로 한다.
> ② 지방자치단체, 그 밖의 공공기관은 이 영과 동일한 취지의 갈등 관리제도를 운영할 수 있다.

③ ◯ 지방자치법 제166조 제2항

> 지방자치법 제166조【지방자치단체중앙분쟁조정위원회 등의 설치와 구성 등】 ② 중앙분쟁조정위원회는 다음 각 호의 분쟁을 심의·의결한다.
> 3. 시·도와 시·군 및 자치구 간 또는 그 장 간의 분쟁

④ ◯ 서울특별시 공공갈등 예방 및 조정에 관한 조례 제3조 제1항

> 서울특별시 공공갈등 예방 및 조정에 관한 조례 제3조【시장의 책무】 ① 서울특별시장(이하 "시장"이라 한다)은 시정 전반의 공공갈등을 예방하고 그 해결 능력을 강화하기 위하여 공공갈등에 대한 진단을 실시하고 종합적인 시책을 수립하여 추진하여야 한다.

2025 신용한 지방자치론 p.262, 263   정답 ②

POINT 3 광역행정

576 '14 서울 7 지방자치론

광역행정의 일반적 촉진요인으로 볼 수 없는 것은?

① 사회·경제권의 확대
② 정책의 지역적 실험
③ 산업·경제의 고도성장
④ 규모경제의 요청
⑤ 행정능력 향상의 요청

출제유형 Ⅳ 개념
출제영역 광역행정의 촉진요인
② ❌ 정책의 지역적 실험은 소규모 지방자치가 실현 되었을때 기대할 수 있는 효과이다. 광역행정은 넓은 단위의 행정으로 지역적 실험보다는 지역적 행정수준의 평준화를 위해 요구된다.

🔗 2025 신용한 지방자치론 p.264, 265   **정답** ②

577 '20 군무원 9

시·군 통합의 긍정적 효과에 대한 설명으로 옳지 않은 것은?

① 행정의 대응성 제고
② 규모의 경제 실현
③ 생활권과 행정권의 일치
④ 광역적 문제의 효과적 해결

출제유형 Ⅳ 개념
출제영역 광역행정의 장단점
시·군을 통합하는 것은 광역행정이다. 광역행정이란 기존의 지방자치단체의 구역을 초월해서 발생하는 행정수요에 대응하여 둘 이상의 지방자치단체의 관할구역에 걸쳐서 공동적 내지 통일적으로 수행되는 행정을 말한다.
① ❌ 광역행정의 경우 지역별 다양한 행정수요가 경시, 지역주민의 참여활동에 대한 제약과 주민의 자치의식을 결여시킬 가능성 등의 단점이 있기 때문에 행정의 대응성이 저해될 수 있다.

🔗 2025 신용한 지방자치론 p.264, 265   **정답** ①

578 '17 서울 7 지방자치론

다음 중 광역행정에 있어서 관할구역의 다양화로 인해 나타날 수 있는 결과와 가장 거리가 먼 것은?

① 신지방분권화(new decentralization)
② 권한의 대립(conflict of authority)
③ 불충분한 서비스(inadequacy of services)
④ 지역계획의 결여(lack of regional planning)

출제유형 Ⅳ 개념
출제영역 광역행정의 장단점
① ❌ 광역행정으로 인해 신중앙집권화(신지방분권화 ×)의 경향성이 발생할 수 있다.
② ⭕ 기존 지방자치단체의 자치권 침해로 인해 권한의 대립(conflict of authority)이 발생할 수 있다.
③, ④ ⭕ 지역별 다양한 행정수요가 경시되어 불충분한 서비스(inadequacy of services), 지역계획의 결여(lack of regional planning)등이 나타날 수 있다.

🔗 2025 신용한 지방자치론 p.264, 265   **정답** ①

579 '19 지방 9

광역행정에 대한 설명으로 옳지 않은 것은?

① 기존의 행정구역을 초월해 더 넓은 지역을 대상으로 행정을 수행한다.
② 행정권과 주민의 생활권을 일치시켜 행정 효율성을 증진시킬 수 있다.
③ 규모의 경제를 확보하기 어렵다.
④ 지방자치단체 간에 균질한 행정서비스를 제공하는 계기로 작용해 왔다.

출제유형 Ⅰ 말바꾸기 + Ⅳ 개념
출제영역 광역행정의 장단점
③ ❌ 광역행정은 기존의 지방자치단체의 구역을 초월해서 발생하는 행정수요에 대응하여 둘 이상의 지방자치단체의 관할구역에 걸쳐서 공동적 내지 통일적으로 수행되는 행정이다. 따라서 광역행정은 통일적 행정 처리를 통해 규모의 경제를 실현할 수 있다는 장점이 있다.

🔗 2025 신용한 지방자치론 p.264, 265   **정답** ③

580 '19 국회 8

광역행정에 대한 설명으로 옳지 않은 것은?

① 광역행정의 방식 중 통합방식에는 합병, 일부사무조합, 도시공동체가 있다.
② 광역행정은 지방자치단체 간의 재정 및 행정서비스의 형평적 배분을 도모한다.
③ 광역행정은 규모의 경제를 실현할 수 있다.
④ 광역행정은 지방자치단체 간의 갈등해소와 조정의 기능을 수행한다.
⑤ 행정협의회에 의한 광역행정은 지방자치단체 간의 동등한 지위를 기초로 상호협조에 의하여 광역행정사무를 처리하는 방식이다.

출제유형 Ⅵ 이론 비교 + Ⅰ 말바꾸기
출제영역 광역행정의 방식 등

① ✗ 광역행정의 방식 중 통합방식에는 합병, 흡수통합, 전부사무조합 등이 있다. 일부사무조합은 공동처리방식에 해당하며, 도시공동체는 연합방식에 해당한다.

정답 ①

581 '13 서울 7 지방자치론

광역행정의 방식 중 연합 방식에 해당하는 것은?

① 복합사무조합
② 일부사무조합
③ 사무위탁
④ 공동기관
⑤ 연락회의

출제유형 Ⅲ 내용분류 + Ⅳ 개념
출제영역 광역행정의 방식

연합방식은 둘 이상의 지방자치단체가 그 고유의 독립적인 법인격은 그대로 가지면서 그 전역에 걸친 단체를 새로 창설하여 광역행정에 관한 사무를 처리하는 방식이다. 연합방식의 종류에는 지방자치단체연합, 도시공동체, 복합사무조합 등이 있다.

① ◎ 복합사무조합은 둘 이상의 지방자치단체가 계약에 의해 몇 가지 광역적 사무를 동시에 처리하는 별도의 법인인 조합을 설립하여 광역행정을 수행하는 방식이다.
② ✗ 일부사무조합은 공동처리방식의 유형으로 지방자치단체의 사무 일부를 공동처리하기 위해 지방자치단체 간 계약으로 새로운 법인(조합)을 설립하는 방식이다. 둘 다 새로운 법인을 설립하지만 연합방식은 연합체 자체가 주체성을 가지며, 스스로 사업의 주체가 되나, 공동처리방식은 그 일부 사무에 대해서만 조합이 만들어진다는 점에서 차이가 있다.
③ ✗ 사무위탁방식은 공동처리방식의 유형으로 둘 이상의 자치단체가 계약에 의하여 자기사무의 일부를 상대방에 위탁하여 처리하는 방식으로 지방정부가 공공서비스의 결정자이며, 생산자가 되는 방식이다.
④ ✗ 공동기관은 공동처리방식의 유형으로 둘 이상의 지방자치단체가 그 기관의 간소화, 전문직원 확보, 재정절약 등을 위하여 별도의 행정기관을 계약에 의해 기관장, 위원, 직원 등을 공동으로 두는 방식이다.
⑤ ✗ 연락회의는 공동처리방식의 유형으로 둘 이상의 자치단체가 일정한 상호관련 사무에 관한 연락을 원활히 하기 위하여 각 자치단체의 대표들로 구성되는 연락회의를 두는 방식이다.

SUMMARY 광역행정의 방식

구분	공동처리방식	연합방식	통합방식
형태	공동처리 방식 (A, B 함께 처리 가)	연합 방식 (A, B → C 가, 나, 다, 라 …)	통합 방식 (A, B → C 가, 나, 다, 라 …)
기존지자체의 변동	×	×	○
광역사무처리 주체	A & B	C	C

정답 ①

582

'18 교행 9

광역행정의 공동처리 방식에 관한 설명으로 옳은 것은?

① 사무위탁은 둘 이상의 지방자치단체가 계약에 의하여 자기 사무의 일부를 상대방에게 위탁하여 처리하는 방식이다.
② 연락회의는 둘 이상의 지방자치단체가 광역적 갈등 분쟁을 원활하게 해결하기 위하여 조정권을 갖는 연락기구를 구성하는 방식이다.
③ 공동기관은 둘 이상의 지방자치단체가 광역사무를 처리하기 위하여 조례에 의해 공동으로 법인격을 갖는 기관을 운영하는 방식이다.
④ 협의회는 둘 이상의 지방자치단체가 광역적 지역 개발사업을 수행하기 위하여 규칙에 의해 법인격을 갖는 기관을 운영하는 방식이다.

출제유형 Ⅰ 말 바꾸기 + Ⅳ 개념
출제영역 광역행정의 방식

② ✗ 연락회의는 둘 이상의 자치단체가 일정한 상호관련적 사무에 관한 연락을 원활히 하기 위하여 각 자치단체의 대표들로 구성되는 연락회의를 두는 방식으로 조정권이 없는 단순한 대화·연락기구이다.
③ ✗ 공동기관은 둘 이상의 지방자치단체가 그 기관의 간소화, 전문직원 확보, 재정절약 등을 위하여 별도의 광역행정기관을 계약에 의해 기관장, 위원, 직원 등을 공동으로 두는 방식으로 법인격을 갖지 않는다.
④ ✗ 협의회는 여러 지방자치단체가 상호 연락·조정, 광역사무 공동처리를 위하여 협의기관을 설치하는 방식으로 법인격을 갖지 않는다.

SUMMARY 광역행정의 방식

(1) **공동처리방식**: 둘 이상의 지방자치단체가 상호협력관계를 형성하여 광역적 행정사무를 함께 처리하는 방식

행정협의회	• 여러 자치단체가 광역사무의 공동처리를 위한 협의기관을 설치하는 방식 • 장점: 기존자치단체의 구조 변화없이 사무처리의 융통성 향상 가능. • 단점: 협의회는 독립된 법인격이 없어 사무처리의 효과가 각 자치단체에 귀속되어 실질적 협력의 효과가 크지 않음.
일부사무조합	• 자치단체간 계약으로 사무 일부를 공동처리하기 위해 새로운 법인(조합)을 설치하는 방식 • 장점: 조합은 법인격을 가지고 있어서 그 사무처리의 효과가 조합에 귀속(구성원은 지자체) 협력의 효과가 협의회의 경우보다 크다. • 단점: 책임소재가 불분명
사무위탁	• 둘 이상의 자치단체가 계약에 의하여 자기사무의 일부를 상대방에 위탁하여 처리하는 방식(우리나라 채택) • 장점: 비용절감과 서비스 성과증진의 효과 • 단점: 위탁처리비용의 객관적 산정이 어려워 이에 대한 자치단체간 합의의 어려움.

(2) **연합방식**: 둘 이상의 지방자치단체가 그 고유의 독립적인 법인격은 그대로 가지면서 그 전역에 걸친 '단체'를 새로 창설하여 광역행정에 관한 사무를 거기에서 처리하는 방식(ex 자치단체연합, 도시공동체, 복합사무조합)

(3) **통합(합병)방식**: 일정 광역권 안에 여러 자치단체를 통합하여 단일 정부를 설립하는 방식. 기존 지방자치단체의 자치권이 가장 크게 제약받는 방식

합병	몇 개의 지자체를 통폐합하여 하나의 법인격을 가진 새 지자체를 신설
흡수통합	하급자치단체가 가지고 있던 권한 또는 지위를 흡수
전부사무조합	둘 이상의 지자체가 모든 사무를 종합적으로 처리할 조합을 설치

(4) **특별구역지정방식**: 특수한 광역행정사무를 처리하기 위하여 일반행정구역이나 자치구역과는 별도의 구역을 지정하는 방식
(ex 美 학교구, 英 상수도특별구 등)

2025 신용한 지방자치론 p.265~273 정답 ①

583

'21 국회 8

광역행정의 방식 중에서 법인격을 갖춘 새 기관을 설립하는 방식만을 <보기>에서 모두 고르면?

보기
ㄱ. 사무위탁 ㄴ. 행정협의회 ㄷ. 지방자치단체 조합 ㄹ. 연합 ㅁ. 합병

① ㄱ, ㄷ
② ㄴ, ㄹ
③ ㄷ, ㄹ
④ ㄷ, ㅁ
⑤ ㄹ, ㅁ

출제유형 Ⅲ 내용 분류
출제영역 광역행정방식

ㄱ ✗ **사무위탁**은 둘 이상의 지방자치단체가 계약에 의하여 자기사무의 일부를 상대방에 위탁하여 처리하는 방식으로 **법인격을 갖춘 새 기관을 설립하지는 않는다**.
ㄴ ✗ **행정협의회는** 여러 지방자치단체가 상호 연락·조정·협의 등을 통한 광역사무의 공동처리를 위하여 협의회를 설치하는 방식으로 **독립된 법인격이 없다**.
ㄷ ○ 지방자치단체 조합은 둘 이상의 지방자치단체가 그 하나 또는 둘 이상의 사무를 공동으로 처리하기 위해 협의하여 설립하는 법인격을 갖는 특별지방자치단체이다.
ㄹ ✗ **연합방식은 둘 이상의 지방자치단체가 그 고유의 독립적인 법인격은 그대로 가지면서**, 그 전역에 걸친 '단체'를 새로 창설하여 '광역행정에 관한 일체의 사무'를 거기에서 처리하는 방식이다.
ㅁ ○ 합병(통합)방식은 일정한 광역권 안에 여러 지방자치단체를 포괄하는 단일의 정부를 설립하여 그 정부의 주도로 잡다한 광역사무를 처리하는 방식이다.

2025 신용한 지방자치론 p.265~267 정답 ④

POINT 4 우리나라의 광역행정제도 A

584 □□□   '17 지방 7 지방자치론

지방자치단체 간 협력방식에 대한 설명으로 옳지 않은 것은?

① 지방자치단체가 계약에 의해 자기사무의 일부를 다른 지방자치단체에게 위탁해 처리하는 사무위탁제도를 도입해 운영 중이다.
② 2개 이상의 지방자치단체가 지방자치단체조합을 설립할 경우 조합 규약을 정해 지방의회의 의결을 거쳐야 한다.
③ 2개 이상의 지방자치단체가 구성하는 행정협의회는 법인격을 가지고 있어 지방자치단체 간 강력한 협력방식으로 분류된다.
④ 지방자치단체의 장이나 지방의회의 장은 상호 간의 교류와 협력을 증진하기 위하여 전국적 협의체를 설립할 수 있다.

출제유형 Ⅶ 법령
출제영역 우리나라 광역행정방식

① ○ 「지방자치법」에는 사무위탁이 규정되어 있다.

> 지방자치법 제168조 【사무의 위탁】 ① 지방자치단체나 그 장은 소관 사무의 일부를 다른 지방자치단체나 그 장에게 위탁하여 처리하게 할 수 있다.

② ○ 지방자치단체조합의 설립은 지방의회의 의결이 필요하다.

> 동법 제176조 【지방자치단체조합의 설립】 ① 2개 이상의 지방자치단체가 하나 또는 둘 이상의 사무를 공동으로 처리할 필요가 있을 때에는 규약을 정하여 지방의회의 의결을 거쳐 시·도는 행정안전부장관의 승인, 시·군 및 자치구는 시·도지사의 승인을 받아 지방자치단체조합을 설립할 수 있다. 다만, 지방자치단체조합의 구성원인 시·군 및 자치구가 2개 이상의 시·도에 걸쳐 있는 지방자치단체조합은 행정안전부장관의 승인을 받아야 한다.

③ ✕ 행정협의회는 독립된 법인격이 없어 사무처리의 효과가 각 지방자치단체에 귀속되며, 실질적 협력의 효과가 크지 않다.

④ ○ 지방자치단체의 장이나 지방의회의 의장은 전국적 협의체를 설립할 수 있다.

> 동법 제182조 【지방자치단체의 장 등의 협의체】 ① 지방자치단체의 장이나 지방의회의 의장은 상호 간의 교류와 협력을 증진하고, 공동의 문제를 협의하기 위하여 다음 각 호의 구분에 따라 각각 전국적 협의체를 설립할 수 있다.

024 신용한 지방자치론 p.268~271   정답 ③

585 □□□   '18 서울 7 추가채용 지방자치론

현행 「지방자치법」상 행정협의회의 구성에 관한 설명으로 가장 옳지 않은 것은?

① 시·도지사가 지방자치단체 협의회 구성을 권고할 수 있다.
② 지방자치단체 협의회를 구성하려면 지방의회에 보고하여야 한다.
③ 지방자치단체 협의회의 구성은 주민투표를 거쳐야 확정된다.
④ 협의회 회장과 위원은 관계 지방자치단체의 직원 중에서 선임한다.

출제유형 Ⅶ 법령
출제영역 행정협의회

① ○ 지방자치법 제169조 제3항

> 지방자치법 제169조 【행정협의회의 구성】 ③ 행정안전부장관이나 시·도지사는 공익상 필요하면 관계 지방자치단체에 대하여 협의회를 구성하도록 권고할 수 있다.

② ○ 지방자치법 제169조 제2항

> 동법 제169조 【행정협의회의 구성】 ② 지방자치단체는 협의회를 구성하려면 관계 지방자치단체 간의 협의에 따라 규약을 정하여 관계 지방의회에 각각 보고한 다음 고시하여야 한다.

③ ✕ 지방자치단체 협의회는 시·도가 구성원이면 행정안전부장관과 관계 중앙행정기관의 장에게, 시·군 또는 자치구가 구성원이면 시·도지사에게 이를 보고하여야 한다.

> 동법 제169조 【행정협의회의 구성】 ① 지방자치단체는 2개 이상의 지방자치단체에 관련된 사무의 일부를 공동으로 처리하기 위하여 관계 지방자치단체 간의 행정협의회(이하 "협의회"라 한다)를 구성할 수 있다. 이 경우 지방자치단체의 장은 시·도가 구성원이면 행정안전부장관과 관계 중앙행정기관의 장에게, 시·군 또는 자치구가 구성원이면 시·도지사에게 이를 보고하여야 한다.

④ ○ 지방자치법 제170조 제2항

> 동법 제170조 【협의회의 조직】 ② 회장과 위원은 규약으로 정하는 바에 따라 관계 지방자치단체의 직원 중에서 선임한다.

2025 신용한 지방자치론 p.269~270   정답 ③

586

'15 지방 7 지방자치론

지방자치단체인 A군(郡)과 B군(郡)이 사무의 일부를 공동으로 처리하기 위하여 '행정협의회'를 구성하고자 할 때, 이에 대한 설명으로 옳지 않은 것은?

① A군수와 B군수는 행정협의회의 구성에 대하여 행정안전부장관과 관계 중앙행정기관의 장에게 보고하여야 한다.
② 행정협의회의 회장과 위원은 규약으로 정하는 바에 따라 A군과 B군의 직원 중에서 선임한다.
③ A군과 B군은 협의회를 구성하려면 양 군(郡) 간의 협의에 따라 규약을 정하여 관계 지방의회에 각각 보고한 다음 고시하여야 한다.
④ 행정안전부장관이나 시·도지사는 공익상 필요하면 관계 지방자치단체에 대하여 행정협의회를 구성하도록 권고할 수 있다.

출제유형 Ⅶ 법령
출제영역 행정협의회

① ✕ 행정협의회의 구성원이 군이므로 시·도지사에게 이를 보고하여야 한다.

> 지방자치법 제169조 【행정협의회의 구성】 ① 지방자치단체는 2개 이상의 지방자치단체에 관련된 사무의 일부를 공동으로 처리하기 위하여 관계 지방자치단체 간의 행정협의회(이하 "협의회"라 한다)를 구성할 수 있다. 이 경우 지방자치단체의 장은 시·도가 구성원이면 행정안전부장관과 관계 중앙행정기관의 장에게, <u>시·군 또는 자치구가 구성원이면 시·도지사에게 이를 보고하여야 한다.</u>

② ◯ 지방자치법 제170조 제2항

> 동법 제170조 【협의회의 조직】 ② 회장과 위원은 규약으로 정하는 바에 따라 관계 지방자치단체의 직원 중에서 선임한다.

③ ◯ 지방자치법 제169조 제2항

> 동법 제169조 【행정협의회의 구성】 ② 지방자치단체는 협의회를 구성하려면 관계 지방자치단체 간의 협의에 따라 규약을 정하여 관계 지방의회에 각각 보고한 다음 고시하여야 한다.

④ ◯ 지방자치법 제169조 제3항

> 동법 제169조 【행정협의회의 구성】 ③ 행정안전부장관이나 시·도지사는 공익상 필요하면 관계 지방자치단체에 대하여 협의회를 구성하도록 권고할 수 있다.

정답 ①

587

'19 서울 7 추가채용 지방자치론

우리나라 지방자치단체 상호 간의 관계에 대한 설명으로 옳은 것을 <보기>에서 모두 고른 것은?

| 보기 |

ㄱ. 서울특별시는 협의회를 구성하려면 관계 지방자치단체 간의 협의에 따라 규약을 정하여 관계 지방의회에 각각 보고한 다음 고시하여야 한다.
ㄴ. 서울특별시와 경기도 기초지방자치단체 간의 분쟁은 지방분쟁조정위원회에서 심의·의결한다.
ㄷ. 서울특별시장은 사무위탁의 당사자가 시·도나 그 장이면 행정안전부장관과 관계 중앙행정기관의 장에게 보고하여야 한다.
ㄹ. 지방자치단체 간 분쟁이 공익을 현저히 저해하여 조속한 조정이 필요하다고 인정되더라도 반드시 당사자의 신청이 있어야 조정할 수 있다.

① ㄱ
② ㄴ, ㄷ
③ ㄱ, ㄴ, ㄷ
④ ㄱ, ㄴ, ㄷ, ㄹ

출제유형 Ⅶ 법령
출제영역 행정협의회 등

ㄱ ◯ 지방자치법 제169조 제2항

> 지방자치법 제169조 【행정협의회의 구성】 ② 지방자치단체는 협의회를 구성하려면 관계 지방자치단체 간의 협의에 따라 규약을 정하여 관계 지방의회에 각각 보고한 다음 고시하여야 한다.

ㄴ ✕ 서울특별시와 경기도 기초지방자치단체 간의 분쟁은 **중앙분쟁조정위원회**(지방분쟁조정위원회 ✕)에서 심의·의결한다.

> 동법 제166조 【지방자치단체중앙분쟁조정위원회 등의 설치와 구성 등】 ② 중앙분쟁조정위원회는 다음 각 호의 분쟁을 심의·의결한다.
> 1. 시·도 간 또는 그 장 간의 분쟁
> 2. 시·도를 달리하는 시·군 및 자치구 간 또는 그 장 간의 분쟁
> 3. <u>시·도와 시·군 및 자치구 간 또는 그 장 간의 분쟁</u>
> 4. 시·도와 지방자치단체조합 간 또는 그 장 간의 분쟁
> 5. 시·도를 달리하는 시·군 및 자치구와 지방자치단체조합 간 또는 그 장 간의 분쟁
> 6. 시·도를 달리하는 지방자치단체조합 간 또는 그 장 간의 분쟁

ㄷ ✕ 종전에는 사무위탁에 대한 사항(시행·변경·해지)을 상급 기관에게 보고하도록 되어있었으나, 「지방자치법」의 개정(2022. 1. 13.)을 통해 보고 규정을 삭제하여 절차를 간소화하였다.

ㄹ ✕ 지방자치단체 간 분쟁이 공익을 현저히 저해하여 조속한 조정이 필요하다고 인정되면 직권으로도 조정이 가능하다.

> 동법 제165조 【지방자치단체 상호 간의 분쟁조정】 ① 지방자치단체 상호 간 또는 지방자치단체의 장 상호 간에 사무를 처리할 때 의견이 달라 다툼(이하 "분쟁"이라 한다)이 생기면 다른 법률에 특별한 규정이 없으면 행정안전부장관이나 시·도지사가 당사자의 신청을 받아 조정할 수 있다. 다만, 그 분쟁이 공익을 현저히 해쳐 조속한 조정이 필요하다고 인정되면 <u>당사자의 신청이 없어도 직권으로 조정할 수 있다.</u>

정답 ①

588

'18 지방 7 지방자치론

다음 중 광역행정에 대한 설명으로 옳지 않은 것은?

① 지방자치단체 간 협력(광역행정)방식으로 사무의 위탁, 사무의 공동처리, 통합·합병 방식 등이 있다.
② 지방자치단체 간 분쟁조정기구의 하나로 행정안전부에 지방자치단체 중앙분쟁조정위원회가 있다.
③ 지방자치단체 간 재정력 격차의 심화, 규모의 경제 효과 확보 등의 문제는 광역행정이 필요한 이유다.
④ 2개 이상의 지방자치단체는 주민을 구성원으로 하는 지방자치단체조합을 설립할 수 있다.

출제유형 Ⅳ 개념 + Ⅶ 법령
출제영역 지방자치단체조합 등

④ ✗ 지방자치단체조합의 구성원은 지방자치단체(주민 ×)이다.

> 지방자치법 제176조【지방자치단체조합의 설립】① 2개 이상의 지방자치단체가 하나 또는 둘 이상의 사무를 공동으로 처리할 필요가 있을 때에는 규약을 정하여 지방의회의 의결을 거쳐 시·도는 행정안전부장관의 승인, 시·군 및 자치구는 시·도지사의 승인을 받아 지방자치단체조합을 설립할 수 있다. 다만, 지방자치단체조합의 구성원인 시·군 및 자치구가 2개 이상의 시·도에 걸쳐 있는 지방자치단체조합은 행정안전부장관의 승인을 받아야 한다.

2025 신용한 지방자치론 p.266~271   정답 ④

589

'19 서울 7 지방자치론

<보기>는「지방자치법」의 내용을 정리한 것이다. ㉠, ㉡에 들어갈 알맞은 단어를 순서대로 배열한 것은?

| 보기 |

2개 이상의 시·군 및 자치구가 하나 또는 둘 이상의 사무를 공동으로 처리할 필요가 있을 때에는 규약을 정하여 그 (㉠)을 거쳐 (㉡)의 승인을 받아 지방자치단체조합을 설립할 수 있다.

	㉠	㉡
①	지방의회의 의결	행정안전부장관
②	지방의회의 의결	시·도지사
③	시·군 및 자치구 단체장의 승인	시·도지사
④	시·군 및 자치구 단체장의 승인	행정안전부장관

출제유형 Ⅳ 개념
출제영역 지방자치단체조합

② ○ 보기의 내용은 지방자치단체조합의 설립에 관한 내용이다. 2개 이상의 지방자치단체가 하나 또는 둘 이상의 사무를 공동으로 처리할 필요가 있을 때에는 규약을 정하여 그 지방의회의 의결을 거쳐 시·도는 행정안전부장관의, 시·군 및 자치구는 시·도지사의 승인을 받아 지방자치단체조합을 설립할 수 있다.

> 지방자치법 제176조【지방자치단체조합의 설립】① 2개 이상의 지방자치단체가 하나 또는 둘 이상의 사무를 공동으로 처리할 필요가 있을 때에는 규약을 정하여 지방의회의 의결을 거쳐 시·도는 행정안전부장관의 승인, 시·군 및 자치구는 시·도지사의 승인을 받아 지방자치단체조합을 설립할 수 있다. 다만, 지방자치단체조합의 구성원인 시·군 및 자치구가 2개 이상의 시·도에 걸쳐 있는 지방자치단체조합은 행정안전부장관의 승인을 받아야 한다.

SUMMARY 우리나라 지방자치법상 광역행정방식

구분	절차	
사무위탁	규약을 정하여 고시	관계 자치단체 간 협의
행정협의회	지방의회에 보고 상급기관장에 보고	시·도 ⇨ 행안부 장관, 관계 중앙행정기관의 장 시·군·구 ⇨ 시·도지사
지방자치단체조합	지방의회의 의결 ⇨ 상급기관 장의 승인	시·도 ⇨ 행안부 장관 시·군·구 ⇨ 시·도지사(2개 이상 – 행안부 장관 승인)
지자체장 등의 협의체	행안부 장관에 신고	

2025 신용한 지방자치론 p.270, 271   정답 ②

590

'21 지방 7 지방자치론

지방자치단체조합을 설립할 때 행정안전부장관의 승인을 받아야 하는 상황만을 모두 고르면?

- ㄱ. A도와 B도 간의 조합 설립
- ㄴ. A도 내의 C시와 D군 간의 조합 설립
- ㄷ. E광역시 내의 F군과 G자치구 간의 조합 설립
- ㄹ. A도 C시와 E광역시 G자치구 간의 조합 설립

① ㄱ, ㄴ
② ㄱ, ㄹ
③ ㄴ, ㄷ
④ ㄷ, ㄹ

출제유형 Ⅳ 개념
출제영역 지방자치단체조합

② ⭕ 2개 이상의 지방자치단체가 지방자치단체조합을 설립할 때, 시·도(ㄱ)나 시·군 및 자치구가 2개 이상의 시·도에 걸치는(ㄹ) 지방자치단체 조합은 행정안전부 장관의 승인을 받아야 한다.

> **지방자치법 제176조【지방자치단체조합의 설립】** ① 2개 이상의 지방자치단체가 하나 또는 둘 이상의 사무를 공동으로 처리할 필요가 있을 때에는 규약을 정하여 지방의회의 의결을 거쳐 시·도는 행정안전부장관의 승인, 시·군 및 자치구는 시·도지사의 승인을 받아 지방자치단체조합을 설립할 수 있다. 다만, 지방자치단체조합의 구성원인 시·군 및 자치구가 2개 이상의 시·도에 걸쳐 있는 지방자치단체조합은 행정안전부장관의 승인을 받아야 한다.

2025 신용한 지방자치론 p.270, 271 **정답** ②

591

'16 지방 7 지방자치론

지방자치단체조합에 대한 설명으로 옳지 않은 것은?

① 지방자치단체조합은 따로 법률로 정하는 바에 따라 지방채를 발행할 수 있다.
② 지방자치단체의 자율성을 보장하면서도 다양한 광역사무를 효과적으로 처리할 수 있는 협력방식으로 활용된다.
③ 1991년 서울시, 경기도, 인천시 간에 결성된 수도권매립지 운영관리조합을 예로 들 수 있다.
④ 지방자치단체조합의 설립에 참여한 지방자치단체의 장과 의회 의원은 지방자치단체조합회의의 위원이나 조합장을 겸할 수 없다.

출제유형 Ⅶ 법령
출제영역 지방자치단체조합

④ ❌ 관계 지방자치단체의 의회 의원과 그 지방자치단체의 장은 지방자치단체조합회의의 위원이나 지방자치단체조합장을 겸할 수 있다.

> **지방자치법 제177조【지방자치단체조합의 조직】** ③ 관계 지방의회 의원과 관계 지방자치단체의 장은 제43조제1항과 제109조제1항에도 불구하고 지방자치단체조합회의의 위원이나 지방자치단체조합장을 겸할 수 있다.

2025 신용한 지방자치론 p.270, 271 **정답** ④

592

'18 서울 7 지방자치론

우리나라 지방자치단체조합에 대한 설명으로 가장 옳지 않은 것은?

① 지방자치단체조합을 설립할 경우 상급기관의 승인을 얻어야 한다.
② 지방자치단체조합은 법인격을 가진다.
③ 지방자치단체조합은 조례 및 규칙 제정권을 가진다.
④ 지방자치단체조합은 지방채를 발행할 수 있다.

출제유형 Ⅳ 개념 + Ⅶ 법령
출제영역 지방자치단체조합

①, ② ○ 지방자치법 제176조 제1항 및 제2항

> **지방자치법 제176조【지방자치단체조합의 설립】** ① 2개 이상의 지방자치단체가 하나 또는 둘 이상의 사무를 공동으로 처리할 필요가 있을 때에는 규약을 정하여 지방의회의 의결을 거쳐 시·도는 행정안전부장관의 승인, 시·군 및 자치구는 시·도지사의 승인을 받아 지방자치단체조합을 설립할 수 있다. 다만, 지방자치단체조합의 구성원인 시·군 및 자치구가 2개 이상의 시·도에 걸쳐 있는 지방자치단체조합은 행정안전부장관의 승인을 받아야 한다.
> ② 지방자치단체조합은 법인으로 한다.

③ ✕ 2006년에 지방자치단체조합(특별지방자치단체)제도 확립의 차원에서 지방자치단체조합에 조례 및 규칙의 제정권을 부여하는 입법예고까지 있었으나 실현되지 못하였다.

④ ○ 지방자치법 제139조 제1항

> **동법 제139조【지방채무 및 지방채권의 관리】** ① 지방자치단체의 장이나 지방자치단체조합은 따로 법률로 정하는 바에 따라 지방채를 발행할 수 있다.

2025 신용한 지방자치론 p.270, 271   **정답** ③

593

'19 국회 9

지방자치단체와 지방자치단체조합에 대한 설명으로 옳은 것은?

① 지방자치단체는 법인이나 지방자치단체조합은 법인이 아니다.
② 지방자치단체는 필요에 따라 국방과 국세에 해당하는 국가사무를 처리할 수 있다.
③ 관계 지방자치단체의 의회 의원과 그 지방자치단체의 장은 지방자치단체조합회의의 위원이나 지방자치단체조합장을 겸할 수 없다.
④ 지방자치단체조합의 구성원인 시·군 및 자치구가 2개 이상의 시·도에 걸치는 지방자치단체조합은 시·도지사의 지도·감독을 받는다.
⑤ 특별시·광역시 및 특별자치시가 아닌 인구 50만 이상의 시에는 자치구가 아닌 구를 둘 수 있다.

출제유형 Ⅶ 법령
출제영역 지방자치단체조합

① ✕ 지방자치법 제176조 제2항

> **지방자치법 제176조【지방자치단체조합의 설립】** ② 지방자치단체조합은 법인으로 한다.

② ✕ 지방자치단체는 국방과 국세에 해당하는 국가사무를 관장할 수 없다.

③ ✕ 지방자치단체의 의회 의원과 그 지방자치단체의 장은 지방자치단체조합회의의 위원이나 지방자치단체조합장을 겸할 수 있다.

> **동법 제177조【지방자치단체조합의 조직】** ③ 관계 지방의회의원과 관계 지방자치단체의 장은 제43조제1항과 제109조제1항에도 불구하고 지방자치단체조합회의의 위원이나 지방자치단체조합장을 겸할 수 있다.

④ ✕ 지방자치법 제180조 제1항

> **동법 제180조【지방자치단체조합의 지도·감독】** ① 시·도가 구성원인 지방자치단체조합은 행정안전부장관, 시·군 및 자치구가 구성원인 지방자치단체조합은 1차로 시·도지사, 2차로 행정안전부장관의 지도·감독을 받는다. 다만, 지방자치단체조합의 구성원인 시·군 및 자치구가 2개 이상의 시·도에 걸쳐 있는 지방자치단체조합은 행정안전부장관의 지도·감독을 받는다.

⑤ ○ 특별시·광역시 및 특별자치시가 아닌 인구 50만 이상의 시에는 자치구가 아닌 구를 둘 수 있다.

> **동법 제3조【지방자치단체의 법인격과 관할】** ③ 특별시·광역시 또는 특별자치시가 아닌 인구 50만 이상의 시에는 자치구가 아닌 구를 둘 수 있고, 군에는 읍·면을 두며, 시와 구(자치구를 포함한다)에는 동을, 읍·면에는 리를 둔다.

SUMMARY 지방자치단체 vs 지방자치단체조합

구분	지방자치단체	지방자치단체조합 (특별지방자치단체)
기능	일반적·종합적 사무의 처리	특정적·한정적 사무의 처리
구성원	주민	지방자치단체
설립 및 해산	법률에 의한 폐치·분합	지방의회의 의결과 감독기관의 승인

2025 신용한 지방자치론 p.270, 271   **정답** ⑤

594

「지방자치법」상 지방자치단체조합에 대한 설명으로 옳지 않은 것은?

① 2개 이상의 지방자치단체가 하나 또는 둘 이상의 사무를 공동으로 처리할 필요가 있을 때에 소정의 절차를 거쳐 설립할 수 있는 법인이다.
② 설립뿐 아니라 규약변경이나 해산의 경우에도 지방의회의 의결을 거쳐야 한다.
③ 해산한 경우에 그 재산의 처분은 행정안전부장관의 승인을 받아야 한다.
④ 구성원인 시·군 및 자치구 2개 이상의 시·도에 걸치는 지방자치단체조합은 행정안전부장관의 지도·감독을 받는다.

출제유형 Ⅶ 법령
출제영역 지방자치단체조합

① ○ 지방자치법 제176조 제1항

> 지방자치법 제176조【지방자치단체조합의 설립】① 2개 이상의 지방자치단체가 하나 또는 둘 이상의 사무를 공동으로 처리할 필요가 있을 때에는 규약을 정하여 지방의회의 의결을 거쳐 시·도는 행정안전부장관의 승인, 시·군 및 자치구는 시·도지사의 승인을 받아 지방자치단체조합을 설립할 수 있다. 다만, 지방자치단체조합의 구성원인 시·군 및 자치구가 2개 이상의 시·도에 걸쳐 있는 지방자치단체조합은 행정안전부장관의 승인을 받아야 한다.

②○, ③ ✕ 조합을 해산한 경우 재산의 처분은 관계 지방자치단체 협의에 따른다.

> 동법 제181조【지방자치단체조합의 규약 변경 및 해산】① 지방자치단체조합의 규약을 변경하거나 지방자치단체조합을 해산하려는 경우에는 제176조제1항을 준용한다.
> ② 지방자치단체조합을 해산한 경우에 그 재산의 처분은 관계 지방자치단체의 협의에 따른다.

④ ○ 지방자치법 제180조 제1항

> 동법 제180조【지방자치단체조합의 지도·감독】① 시·도가 구성원인 지방자치단체조합은 행정안전부장관, 시·군 및 자치구가 구성원인 지방자치단체조합은 1차로 시·도지사, 2차로 행정안전부장관의 지도·감독을 받는다. 다만, 지방자치단체조합의 구성원인 시·군 및 자치구가 2개 이상의 시·도에 걸쳐 있는 지방자치단체조합은 행정안전부장관의 지도·감독을 받는다.

정답 ③

595

(가)~(다)에 들어갈 말을 A~C에서 바르게 연결한 것은?

> • 지방자치단체는 2개 이상의 지방자치단체에 관련된 사무의 일부를 공동으로 처리하기 위하여 관계 지방자치단체 간의 (가)(을)를 구성할 수 있다. 이 경우 지방자치단체의 장은 시·도가 구성원이면 행정안전부장관과 관계 중앙행정기관의 장에게, 시·군 또는 자치구가 구성원이면 시·도지사에게 이를 보고하여야 한다.
> • (나)(이)라 함은 특정한 중앙행정기관에 소속되어, 당해 관할구역내에서 시행되는 소속 중앙행정기관의 권한에 속하는 행정사무를 관장하는 국가의 지방행정기관을 말한다.
> • 2개 이상의 지방자치단체가 하나 또는 둘 이상의 사무를 공동으로 처리할 필요가 있을 때에는 규약을 정하여 지방의회의 의결을 거쳐 시·도는 행정안전부장관의 승인, 시·군 및 자치구는 시·도지사의 승인을 받아 (다)(을)를 설립할 수 있다.

> A. 행정협의회
> B. 특별지방행정기관
> C. 지방자치단체조합

	(가)	(나)	(다)
①	A	B	C
②	A	C	B
③	B	C	A
④	C	B	A

출제유형 Ⅳ 개념 + Ⅶ 법령
출제영역 우리나라 광역행정방식

① ○ (가) - A, (나) - B, (다) - C
(가) - A 행정협의회

> 지방자치법 제169조【행정협의회의 구성】① 지방자치단체는 2개 이상의 지방자치단체에 관련된 사무의 일부를 공동으로 처리하기 위하여 관계 지방자치단체 간의 **(가) 행정협의회**(이하 "협의회"라 한다)를 구성할 수 있다. 이 경우 지방자치단체의 장은 시·도가 구성원이면 행정안전부장관과 관계 중앙행정기관의 장에게, 시·군 또는 자치구가 구성원이면 시·도지사에게 이를 보고하여야 한다.

(나) - B 특별지방행정기관

> **(나) 특별지방행정기관**이라 함은 특정한 중앙행정기관에 소속되어, 당해 관할구역내에서 시행되는 소속 중앙행정기관의 권한에 속하는 행정사무를 관장하는 국가의 지방행정기관을 말한다.

(다) - C 지방자치단체 조합

> 동법 제176조【지방자치단체조합의 설립】① 2개 이상의 지방자치단체가 하나 또는 둘 이상의 사무를 공동으로 처리할 필요가 있을 때에는 규약을 정하여 지방의회의 의결을 거쳐 시·도는 행정안전부장관의 승인, 시·군 및 자치구는 시·도지사의 승인을 받아 **(다) 지방자치단체조합을 설립**할 수 있다. 다만, 지방자치단체조합의 구성원인 시·군 및 자치구가 2개 이상의 시·도에 걸쳐 있는 지방자치단체조합은 행정안전부장관의 승인을 받아야 한다.

2025 신용한 지방자치론 p.254~256, 265~267   정답 ①

출제유형 Ⅶ 법령
출제영역 우리나라 광역행정방식

① ⭕ 지방자치법 제182조 제6항

> 지방자치법 제182조【지방자치단체의 장 등의 협의체】⑥ 제1항에 따른 협의체나 제2항에 따른 연합체는 지방자치와 관련된 법률의 제정·개정 또는 폐지가 필요하다고 인정하는 경우에는 국회에 서면으로 의견을 제출할 수 있다.

② ❌ 지방자치법 제169조 제1항

> 동법 제169조【행정협의회의 구성】① 지방자치단체는 2개 이상의 지방자치단체에 관련된 사무의 일부를 공동으로 처리하기 위하여 관계 지방자치단체 간의 행정협의회(이하 "협의회"라 한다)를 구성할 수 있다. 이 경우 지방자치단체의 장은 시·도가 구성원이면 행정안전부장관과 관계 중앙행정기관의 장에게, 시·군 또는 자치구가 구성원이면 시·도지사에게 이를 <u>보고하여야 한다</u>.

③ ❌ 지방자치법 제176조 제1항

> 동법 제176조【지방자치단체조합의 설립】① 2개 이상의 지방자치단체가 하나 또는 둘 이상의 사무를 공동으로 처리할 필요가 있을 때에는 규약을 정하여 지방의회의 의결을 거쳐 시·도는 행정안전부장관의 승인, <u>시·군 및 자치구는 시·도지사의 승인</u>을 받아 지방자치단체조합을 설립할 수 있다. 다만, 지방자치단체조합의 구성원인 시·군 및 자치구가 2개 이상의 시·도에 걸쳐 있는 지방자치단체조합은 행정안전부장관의 승인을 받아야 한다.

④ ❌ 지방자치법 제165조 제4항

> 동법 제165조【지방자치단체 상호 간의 분쟁조정】④ 행정안전부장관이나 시·도지사는 제3항에 따라 조정을 결정하면 서면으로 지체 없이 관계 지방자치단체의 장에게 통보하여야 하며, 통보를 받은 <u>지방자치단체의 장은 그 조정 결정 사항을 이행하여야 한다</u>.

2025 신용한 지방자치론 p.261, 269~273   정답 ①

---

596 '18 서울 7 지방자치론

우리나라 지방자치단체 상호간의 협력체제에 대한 설명으로 가장 옳은 것은?

① 지방자치단체장이나 지방의회의장의 전국적 협의체는 지방자치와 관련된 법률의 제정·개정 또는 폐지가 필요하다고 인정하는 경우 국회에 서면으로 의견을 제출할 수 있다.

② 지방자치단체는 공동으로 사무를 처리하기 위하여 행정안전부장관의 승인을 받아 행정협의회를 구성할 수 있다.

③ 시·군 및 자치구는 사무를 공동으로 처리할 필요가 있을 때 행정안전부장관의 승인을 받아 지방자치단체조합을 설립할 수 있다.

④ 지방자치단체중앙분쟁조정위원회의 의결에 따른 행정안전부장관의 분쟁조정 결정사항에 대해 분쟁 관련 지방자치단체는 그 이행여부를 선택할 수 있다.

597

'20 지방 7 지방자치론

「지방자치법」상 지방자치단체 상호 간의 관계에 대한 설명으로 옳지 않은 것은?

① 행정안전부장관은 물론 시·도지사도 공익상 필요하면 관계 지방자치단체에 대하여 행정협의회를 구성하도록 권고할 수 있다.
② 시·군·자치구의회의 의장도 상호 간의 교류와 협력을 증진하고, 공동의 문제를 협의하기 위하여 전국적 협의체를 설립할 수 있다.
③ 지방자치단체나 그 장이 소관 사무의 일부를 위탁하려면 관계 지방자치단체와의 협의에 따라 규약을 정하여 고시하여야 하며, 이때 위탁사무의 관리와 처리에 드는 경비의 부담과 지출방법은 규약에 포함된다.
④ 행정협의회의 회장은 관계 지방자치단체의 장 중에서 선출하며, 위원은 회장이 선임한다.

출제유형 VII 법령
출제영역 우리나라 광역행정방식

① ○ 지방자치법 제169조 제3항

> 지방자치법 제169조【행정협의회의 구성】③ 행정안전부장관이나 시·도지사는 공익상 필요하면 관계 지방자치단체에 대하여 협의회를 구성하도록 권고할 수 있다.

② ○ 지방자치법 제182조 제1항 제4호

> 동법 제182조【지방자치단체의 장 등의 협의체】① 지방자치단체의 장이나 지방의회의 의장은 상호 간의 교류와 협력을 증진하고, 공동의 문제를 협의하기 위하여 다음 각 호의 구분에 따라 각각 전국적 협의체를 설립할 수 있다.
> 4. 시·군 및 자치구의회의 의장

③ ○ 지방자치법 제168조 제2항 및 제3항 제4호

> 동법 제168조【사무의 위탁】② 지방자치단체나 그 장은 제1항에 따라 사무를 위탁하려면 관계 지방자치단체와의 협의에 따라 규약을 정하여 고시하여야 한다.
> ③ 제2항의 사무위탁에 관한 규약에는 다음 각 호의 사항이 포함되어야 한다.
> 4. 위탁사무의 관리와 처리에 드는 경비의 부담과 지출방법

④ ✗ 행정협의회의 회장과 위원은 규약에 정하는 바에 따라 관계 지방자치단체의 직원 중에서 선임한다.

> 동법 제170조【협의회의 조직】② 회장과 위원은 규약으로 정하는 바에 따라 관계 지방자치단체의 직원 중에서 선임한다.

2025 신용한 지방자치론 p.269~273   정답 ④

598

'22 지방 7 지방자치론

「지방자치법」상 지방자치단체 상호 간의 관계에 대한 설명으로 옳지 않은 것은?

① 지방자치단체조합의 구성원인 시·군 및 자치구가 2개 이상의 시·도에 걸쳐 있는 지방자치단체조합의 설립은 행정안전부장관의 승인을 받아야 한다.
② 지방자치단체 간의 행정협의회는 관계 지방자치단체 간의 협의에 따라 규약을 정하여 관계 지방의회의 의결을 거친 뒤 고시하여 설립한다.
③ 지방자치단체의 장이 소관 사무의 일부를 다른 지방자치단체의 장에게 위탁하려면 관계 지방자치단체와의 협의에 따라 규약을 정하여 고시하여야 한다.
④ 특별지방자치단체를 설치하기 위해서 구성 지방자치단체는 상호 협의에 따른 규약을 정해 구성 지방자치단체의 지방의회 의결을 거쳐 행정안전부장관의 승인을 받아야 한다.

출제유형 VII 법령
출제영역 우리나라 광역행정방식

① ○ 지방자치법 제176조 제1항

> 지방자치법 제176조【지방자치단체조합의 설립】① 2개 이상의 지방자치단체가 하나 또는 둘 이상의 사무를 공동으로 처리할 필요가 있을 때에는 규약을 정하여 지방의회의 의결을 거쳐 시·도는 행정안전부장관의 승인, 시·군 및 자치구는 시·도지사의 승인을 받아 지방자치단체조합을 설립할 수 있다. 다만, 지방자치단체조합의 구성원인 시·군 및 자치구가 2개 이상의 시·도에 걸쳐 있는 지방자치단체조합은 행정안전부장관의 승인을 받아야 한다.

② ✗ 종전에는 행정협의회 설립 시 지방의회의 의결을 필요로 하였으나, 「지방자치법」 전면 개정을 통해 설립절차를 간소화(의회의결 → 의회보고)하였다.

> 동법 제169조【행정협의회의 구성】② 지방자치단체는 협의회를 구성하려면 관계 지방자치단체 간의 협의에 따라 규약을 정하여 관계 지방의회에 각각 보고한 다음 고시하여야 한다.

③ ○ 지방자치법 제168조 제2항

> 동법 제168조【사무의 위탁】① 지방자치단체나 그 장은 소관 사무의 일부를 다른 지방자치단체나 그 장에게 위탁하여 처리하게 할 수 있다.
> ② 지방자치단체나 그 장은 제1항에 따라 사무를 위탁하려면 관계 지방자치단체와의 협의에 따라 규약을 정하여 고시하여야 한다.

④ ○ 지방자치법 제199조 제1항

> 동법 제199조【설치】① 2개 이상의 지방자치단체가 공동으로 특정한 목적을 위하여 광역적으로 사무를 처리할 필요가 있을 때에는 특별지방자치단체를 설치할 수 있다. 이 경우 특별지방자치단체를 구성하는 지방자치단체(이하 "구성 지방자치단체"라 한다)는 상호 협의에 따른 규약을 정하여 구성 지방자치단체의 지방의회 의결을 거쳐 행정안전부장관의 승인을 받아야 한다.

2025 신용한 지방자치론 p.54, 270, 271   정답 ②

599

'20 국회 8

우리나라 지방자치단체 상호 간의 관계에 대한 설명으로 옳지 않은 것은?

① 지방자치단체나 그 장은 소관 사무의 일부를 다른 지방자치단체나 그 장에게 위임하여 처리하게 할 수 있다.
② 2개 이상의 지방자치단체에 관련된 사무의 일부를 공동으로 처리하기 위하여 행정협의회를 구성할 수 있다.
③ 지방자치단체장 상호 간의 교류와 협력을 위하여 전국적 협의체를 설립할 수 있다.
④ 중앙행정기관장과 지방자치단체장이 사무를 처리함에 있어서 의견을 달리하는 경우 이를 협의·조정하기 위하여 국무총리 소속으로 행정협의조정위원회를 둔다.
⑤ 지방자치단체 조합의 사무 처리의 효과는 지방자치단체가 아닌 지방자치단체 조합에 귀속된다.

출제유형 Ⅶ 법령
출제영역 우리나라 광역행정방식

① ✖ 지방자치단체나 그 장은 소관 사무의 일부를 다른 지방자치단체나 그 장에게 **위탁**(위임 ✕)하여 처리하게 할 수 있다.

> 지방자치법 제168조【사무의 위탁】① 지방자치단체나 그 장은 소관 사무의 일부를 다른 지방자치단체나 그 장에게 위탁하여 처리하게 할 수 있다.

② ○ 지방자치법 제169조 제1항

> 동법 제169조【행정협의회의 구성】① 지방자치단체는 2개 이상의 지방자치단체에 관련된 사무의 일부를 공동으로 처리하기 위하여 관계 지방자치단체 간의 행정협의회(이하 "협의회"라 한다)를 구성할 수 있다. 이 경우 지방자치단체의 장은 시·도가 구성원이면 행정안전부장관과 관계 중앙행정기관의 장에게, 시·군 또는 자치구가 구성원이면 시·도지사에게 이를 보고하여야 한다.

③ ○ 지방자치법 제182조 제1항

> 동법 제182조【지방자치단체의 장 등의 협의체】① 지방자치단체의 장이나 지방의회의 의장은 상호 간의 교류와 협력을 증진하고, 공동의 문제를 협의하기 위하여 다음 각 호의 구분에 따라 각각 전국적 협의체를 설립할 수 있다.

④ ○ 지방자치법 제187조 제1항

> 동법 제187조【중앙행정기관과 지방자치단체 간 협의·조정】① 중앙행정기관의 장과 지방자치단체의 장이 사무를 처리할 때 의견을 달리하는 경우 이를 협의·조정하기 위하여 국무총리 소속으로 행정협의조정위원회를 둔다.

⑤ ○ 지방자치단체 조합은 둘 이상의 지방자치단체가 그 하나 또는 둘 이상의 사무를 공동으로 처리하기 위해 협의하여 설립하는 법인격을 갖는 특별지방자치단체로서 조합의 명으로 공동사무를 처리할 수 있고, 그 효과도 조합에 귀속된다.

2025 신용한 지방자치론 p.269~273 **정답** ①

600

'24 지방 7 지방자치론

「지방자치법」상 행정안전부장관의 승인을 받아야 하는 것은?

① 시·도지사 협의체 설립
② 특별지방자치단체 설치
③ 지방자치단체 연합체 설립
④ 시·군 및 자치구의회의 의장 협의체 설립

출제유형 Ⅲ 내용 분류 + Ⅶ 법령
출제영역 우리나라 광역행정방식

①, ③, ④ ✖ 협의체와 연합체를 설립하였을 때는 **행정안전부장관에게 신고**하여야 한다.

> 지방자치법 제182조【지방자치단체의 장 등의 협의체】① 지방자치단체의 장이나 지방의회의 의장은 상호 간의 교류와 협력을 증진하고, 공동의 문제를 협의하기 위하여 다음 각 호의 구분에 따라 각각 전국적 협의체를 설립할 수 있다.
> 1. 시·도지사
> 2. 시·도의회의 의장
> 3. 시장·군수 및 자치구의 구청장
> 4. 시·군 및 자치구의회의 의장
> ② 제1항 각 호의 전국적 협의체는 그들 모두가 참가하는 지방자치단체 연합체를 설립할 수 있다.
> ③ 제1항에 따른 협의체나 제2항에 따른 연합체를 설립하였을 때에는 그 협의체·연합체의 대표자는 지체 없이 행정안전부장관에게 신고하여야 한다.

② ○ 지방자치법 제199조 제1항

> 동법 제199조【설치】① 2개 이상의 지방자치단체가 공동으로 특정한 목적을 위하여 광역적으로 사무를 처리할 필요가 있을 때에는 특별지방자치단체를 설치할 수 있다. 이 경우 특별지방자치단체를 구성하는 지방자치단체(이하 "구성 지방자치단체"라 한다)는 상호 협의에 따른 규약을 정하여 구성 지방자치단체의 지방의회 의결을 거쳐 행정안전부장관의 승인을 받아야 한다.

SUMMARY 우리나라 지방자치법상 광역행정방식

구분	절차	
사무위탁	규약을 정하여 고시	관계 자치단체 간 협의
행정협의회	지방의회에 보고 상급기관장에 보고	시·도 ⇨ 행안부 장관, 관계 중앙행정기관의 장 시·군·구 ⇨ 시·도지사
지방자치단체 조합	지방의회의 의결 ⇨ 상급기관 장의 승인	시·도 ⇨ 행안부 장관 시·군·구 ⇨ 시·도지사(2개 이상 - 행안부 장관 승인)
특별지방자치단체	지방의회의 의결 ⇨ 행정안전부 장관 승인	행안부장관의 승인
지자체장 등의 협의체	행안부 장관에 신고	

2025 신용한 지방자치론 p.72, 272, 273 **정답** ②

신용한 지방자치론

지방자치론은 결국 신용한입니다

지방자치론은 결국 신용한입니다

신용한 지방자치론

지방자치론은 결국 신용한입니다

신용한 지방자치론

지방자치론은 결국 신용한입니다